Hagen Schölzel
Guerillakommunikation

Hagen Schölzel (Dr. rer. pol.) arbeitet als Politikwissenschaftler in Leipzig. Seine Interessen liegen in der politischen Kultur- und Kommunikationsforschung sowie der Kultur- und Diskurstheorie.

Hagen Schölzel
Guerillakommunikation
Genealogie einer politischen Konfliktform

[transcript]

Bibliografische Information der Deutschen Nationalbibliothek
Die Deutsche Nationalbibliothek verzeichnet diese Publikation in der Deutschen Nationalbibliografie; detaillierte bibliografische Daten sind im Internet über http://dnb.d-nb.de abrufbar.

© 2013 transcript Verlag, Bielefeld

Die Verwertung der Texte und Bilder ist ohne Zustimmung des Verlages urheberrechtswidrig und strafbar. Das gilt auch für Vervielfältigungen, Übersetzungen, Mikroverfilmungen und für die Verarbeitung mit elektronischen Systemen.

Umschlagkonzept: Kordula Röckenhaus, Bielefeld
Lektorat: Anja Krause
Satz: Hagen Schölzel
Druck: Majuskel Medienproduktion GmbH, Wetzlar
ISBN 978-3-8376-2235-5

Gedruckt auf alterungsbeständigem Papier mit chlorfrei gebleichtem Zellstoff.
Besuchen Sie uns im Internet: *http://www.transcript-verlag.de*
Bitte fordern Sie unser Gesamtverzeichnis und andere Broschüren an unter: *info@transcript-verlag.de*

Inhalt

AUSGANGSLAGE

Einleitung: Politische Kommunikation als Irritation | 11

Kommunikation und Guerilla – Eine Spurensuche | 19
Umberto Ecos semiologische Guerilla | 20
Guerillamarketing und Kommunikationsguerilla | 22
Situationistische Internationale und künstlerischer Aktivismus | 26
Militanz und militärische Rhetorik | 28

Begriffliche und methodische Orientierung | 31
Strukturalistische Sprachtheorie und Kulturelle Grammatik | 32
Diskursanalyse und Kommunikationsguerilla | 36
Genealogische Perspektive und Guerillakommunikation | 41

MILITÄRISCHES DENKEN

Guerillakrieg als politischer Konflikt | 47
Der politische Charakter des Guerillakriegs | 52
Maos Ansichten zur Struktur und Dynamik eines Guerillakriegs | 59
Guevaras Konzept des *foco guerillero* und der Übergang zum Volkskrieg | 66
Der transitorische Charakter der Guerilla | 71
Das politische Ende eines Guerillakriegs | 75
Zwischenfazit: Guerillakrieg und politische Kommunikation | 77

KUNSTAVANTGARDEN ALS KULTURGUERILLAS

Die Kunst der Revolte – Guerillakommunikation *avant la lettre* | 85

Dada – Geburt eines leeren Signifikanten | 89
Innere Heterogenität und entfesselte Dynamik | 94
Organisation öffentlicher Präsenz | 97
(Anti-)Politischer Aktionismus und gesellschaftliche Wirksamkeit | 101
Sinnentleerung und Zufallskonstruktion | 107
Organisatorischer Zusammenbruch | 110
Dada und Guerillakommunikation | 113

Surrealismus – Psychologien der Revolte | 119
Exkurs: Edward Bernays' *Propaganda* | 123
Erforschung des Unbewussten und gesellschaftlicher Nonkonformismus | 127
Vom *Objektiven Zufall* zur *Kritischen Paranoia* | 133
Surrealismus und Kommunismus | 138
Die psychologische Struktur der Massengesellschaft | 142
Eine Wahlkampagne als surrealistischer Staatsstreich | 149
Surrealismus, Public Relations und Politik | 156

Situationistische Internationale – Gegen die diskursive Ordnung des *Spektakels* | 163
Die Aufhebung der Kunst und der Übergang in die Politik | 167
Die diskursive Ordnung des *Spektakels* | 175
Exkurs: Kybernetik und Hyperrealität | 182
Die Methoden *détournement* und *dérive*
und die Konstruktion von Situationen | 196
Situationistische Internationale und Guerillakommunikation | 205

Zwischenfazit: Drei Guerillakonzepte gegen drei Formen Kultureller Grammatik | 211

ENTWICKLUNGSLINIEN DER GUERILLAKOMMUNIKATION

Kommerzielle Werbung oder politische Kritik? | 223

Guerillamarketing – Unternehmenspolitik zwischen Konkurrenzkampf und Kundenorientierung | 231
Kreativität, Innovation und Regelbruch
als kulturelle Merkmale des Guerillamarketings | 240
Effizienz und Effektivität des Guerillamarketings | 249
Virale Prozesse: Zur Emergenz der Guerillamarketing-Botschaften | 253
Zusammenfassung: Das Netzwerk als Strukturmerkmal
des Guerillamarketings | 260

Kommunikationsguerilla – Irritation als Gesellschaftskritik | 265
Symbolische Kämpfe zwischen Alltagskreativität
und Strategie der Taktiken | 272
Aktionsräume der Kommunikationsguerilla | 277
Dimensionen der Kritik | 287
Die *Yes Men* – Transformationen einer Kommunikationsguerilla | 303

**Auf der Schwelle zu kommunikativen
Netz- und Schwarmkonflikten?** | 311

Schluss

**Aussagen in Stellung bringen.
Rückblick und Perspektiven** | 329

Bibliographie | 341

Dank | 367

Ausgangslage

Einleitung:
Politische Kommunikation als Irritation

»Zur Auflösung [des] Paradoxes der Konfusion zweier Welten benötigt man Imagination oder kreative Anregungen, die sich zwar reflexiv auf den gerade erreichten Systemzustand beziehen, aber durch ihn nicht determiniert sind. Der Systemzustand geht als Irritation, als Überraschung, als Neuheit in die weitere Kommunikation ein, ohne dass dies Mysterium des Ursprungs, der Herkunft der Neuheit des Neuen mit den Operationen des Systems geklärt werden könnte.«[1]
NIKLAS LUHMANN

Seit einigen Jahren geistert die Metapher der *Guerilla* in verschiedenen Varianten auffällig unauffällig in der Welt der Kommunikation umher. Zu erkunden, was sich hinter dieser Metapher verbirgt und insbesondere welche politischen Dimensionen sich mit diesem Begriff verbinden, ist das Ziel der folgenden Untersuchung. Im Internet existieren zahlreiche Spuren, die die massenmediale Wahrnehmung von Guerillakommunikation in den vergangenen Jahren dokumentieren. Man findet bspw. Überschriften wie »Guerilla gegen Google« (Stöcker 2008), »Achtung, Gag-Guerilla!« (Klawitter 2009), »Die konservative Klick-Guerilla« (Küchemann 2004), »Guerilla-Gärtner: Kampf der Betonwüste« (Proganatz 2009), »Web-Guerilla erklärt dem Urheberrecht den Krieg« (Knoke 2009) oder »Studenten beim Guerilla-Training« (Roberts 2010), und die dazu gehörigen Artikel beschreiben unterschiedliche kommunikative oder symbolische Praktiken: provokative Suchanfragen zur Manipulation von Online-Suchmaschinen, Aktivismus gegen Konzerne und Institutionen, Online-Demonstrationen, illegales Bepflanzen oder Gestalten öffentlicher Flächen

---

1 | Luhmann 2004: 27.

und weitere Varianten. Die Attribute, die an diese Form von Kommunikation geknüpft werden, bilden eine lange, heterogene und scheinbar unabschließbare Liste. Begriffe wie Provokation, Anarchismus, Kampf, Ungehorsam oder Untergrund tauchen dort neben Originalität, Experiment oder Kreativität auf, Fälschung und Wahnsinn neben Aktivismus und Friedlichkeit. Erkennbar wird bereits anhand dieser kleinen Auswahl, dass die Praktiken der Guerillakommunikation offenbar durch eine Konfliktdimension geprägt sind, dass sie Interesse und Aufmerksamkeit aufgrund einer Abweichung vom Normalen und Alltäglichen zu erwecken vermögen und dass diese Form von Kommunikation ein weites Spektrum unterschiedlicher positiver oder negativer Bewertungen nach sich ziehen kann. Sie ist irgendwie »[v]erboten gut« (Jackisch 2010) – diese Feststellung wurde jedenfalls mit Blick auf Guerillamarketing geäußert, jener inzwischen recht weit verbreiteten Form der Guerillakommunikation in der Wirtschaft, auf die in dieser Arbeit ebenfalls einzugehen sein wird. Etwas allgemeiner und ohne Werturteil lässt sich sagen, dass Guerillakommunikation zunächst *Verunsicherung* hervorruft – auch hierbei handelt es sich um ein verbreitetes Attribut für diese Erscheinung.

Ein möglicher Bezug des Phänomens Guerillakommunikation zur Politik bzw. zur politischen Kommunikation wurde im Februar und März 2011 anhand der Affäre um die plagiierte Dissertation des damaligen Bundesverteidigungsministers Karl-Theodor zu Guttenberg deutlich. Ein Beitrag des Internetportals Spiegel Online bezeichnete die Konstellation, in welcher das Thema während der Zeit zwischen dem Bekanntwerden der ersten Vorwürfe und dem Rücktritt des Ministers in der massenmedialen Öffentlichkeit verhandelt wurde, als »Guerilla-Journalismus gegen Kampagnenjournalismus« (Stöcker 2011). Angesprochen war damit auf der einen Seite die Gruppe anonymer Freiwilliger, die in Kleinarbeit[2] jede einzelne Seite der Dissertation auf plagiierte Stellen untersuchte und die Ergebnisse als differenzierte Auswertung im Internet[3] veröffentlichte. Auf der anderen Seite wurde insbesondere die Bild-Zeitung angesprochen, die eine Unterstützungskampagne für Guttenberg unter dem Motto »Macht keinen guten Mann kaputt. Scheiß auf den Doktor« (Wagner 2011a) betrieben hatte. Der Autor des Artikels in Spiegel Online, Christian Stöcker, resümierte am Tag des Ministerrücktritts, dem 1. März 2011:

»Am heutigen Dienstag ist endgültig klar geworden: Gerhard Schröders altes Bonmot, zum Regieren brauche er nur ›Bild, Bams und Glotze‹ stimmt nicht mehr. Zumindest dann nicht, wenn sich jemand tatsächlich etwas hat zuschulden kommen lassen. Es gibt eine neue Öffentlichkeit da draußen, und die macht sich ihre eigenen Erregungszyklen. Hier geht es auch nicht um die immer wieder bemühte ominöse ›Netzgemeinde‹.« (Stöcker 2011)

---

2 | Das spanische Wort *guerrilla* bedeutet Kleinkrieg.
3 | Vgl. http://de.guttenplag.wikia.com/wiki/GuttenPlag_Wiki (26.03.2011).

Im Anschluss an Guttenbergs Rücktritt als Minister tauchte noch eine weitere »Guerilla gegen Guttenberg« in der Öffentlichkeit auf. Zwei Tage nach seiner Demission wurden in einer Nacht- und Nebelaktion durch eine anonyme Gruppe in München mehrere Dutzend Zeitungsständer der Bild-Zeitung mit gefälschten Schlagzeilen bestückt, die Guttenberg bspw. als Nachfolger von Thomas Gottschalk in der Moderation der Sendung *Wetten dass..?* ankündigten oder ein Interview mit einem angeblichen Ghostwriter des ehemaligen Ministers versprachen (Eisenack 2011). Anhand dieser Episode wird das Motiv der Verunsicherung, das hier die Anhänger und Unterstützer Guttenbergs treffen sollte, deutlich erkennbar. Aber auch der sog. Guerillajournalismus zur Aufklärung der Vorwürfe wurde als Verunsicherung der bekannten Prozesse politischer Kommunikation bewertet. Eine in diesem Sinne interpretierbare These Stöckers lautete: »Von dem Bild von den paar Irren da draußen im Reich des Digitalen, die man getrost ignorieren kann, muss sich die deutsche Politik schleunigst verabschieden« (Stöcker 2011). Außerdem wird in dieser These oder Aufforderung an die etablierte Politik auch das Anliegen dieser Arbeit am konkreten Beispiel formuliert: Es geht darum, ein Phänomen politischer Kommunikation, das bisher als vermeintliche Randerscheinung, als lustiges oder ärgerliches Nebenbei weitgehend ignoriert wurde, einer ernsthaften Betrachtung zu unterziehen.

Was aber ist gemeint, wenn von politischer Kommunikation die Rede ist? Bis zum heutigen Tag existiert dafür keine allgemein anerkannte Definition, und es spricht einiges dafür, dass eine solche Definition aus prinzipiellen Erwägungen heraus gar nicht möglich ist.[4] Bereits vor einiger Zeit sprach Ulrich Saxer in diesem Sinne von einer »Grenzenlosigkeit und Hyperkomplexität« des Themas (Saxer 1998: 22), das zwei Begriffe – Politik und Kommunikation – zusammenführt, über deren Bedeutung ebenfalls kein Konsens herrscht. Inzwischen existieren eine Reihe unterschiedlicher Definitionen nebeneinander. Eine prominente Variante, jene von Otfried Jarren und Patrick Donges, fasst politische Kommunikation als den »zentrale[n] Mechanismus bei der Formulierung, Aggregation, Herstellung und Durchsetzung kollektiv bindender Entscheidungen« (Jarren/Donges 2006: 22). Neben dieser vergleichsweise präzisen und vor allem zielgerichteten Definition existieren aber auch andere Varianten. Ulrich Sarcinelli schlägt unter Hinweis auf Doris Graber folgende, vergleichsweise offene Bestimmung vor: »[P]olitische Kommunikation [beschäftigt sich] mit der Produktion, Mitteilung und Verbreitung von Kommunikationsbotschaften, die das Potential haben, substantiell – direkt oder indirekt – Effekte auf den politischen Prozess auszuüben« (Sarcinelli 2011: 19, vgl. Graber/Smith 2005: 479). Trotz aller Unterschiede und der Unklarheiten, die vielleicht ge-

---

4 | Buchstein/Jörke (2003: 470) argumentieren bspw., dass Begriffe, die ihren umstrittenen oder umkämpften Charakter verlieren, im selben Moment aus dem Bereich des Politischen herausfallen. Demnach wäre *politische Kommunikation* in dem Moment, da sich eine verbindliche Definition des Begriffs durchsetzen würde, nicht mehr *politisch*.

rade in solchen komplexen Definitionen bestehen bleiben, existiert dagegen relative Einigkeit in der Annahme, dass »politische Kommunikation nicht nur Mittel der Politik«, sondern »selbst auch Politik« sei (Jarren/Donges 2006: 22). Man könnte also anstatt von politischer Kommunikation auch von kommunikativer Politik sprechen.

Über die begriffliche Offenheit hinaus existieren weitere Schwierigkeiten im wissenschaftlichen Umgang mit dem Thema. Politische Kommunikation ist – je nachdem, was man darunter versteht – Untersuchungsgegenstand bzw. weckt Interesse in vielen verschiedenen sozial- und geisteswissenschaftlichen Teildisziplinen: von der Philosophie und Psychologie über Soziologie, Politik- und Kommunikationswissenschaft bis zu Kultur-, Literatur- und Theaterwissenschaft usw. Im engeren Feld jener Forschungen, die zwischen der Kommunikations- und der Politikwissenschaft angesiedelt werden können und die einen Großteil der wissenschaftlichen Studien zum Thema produzieren, wird darüber hinaus ein Übergewicht kommunikationswissenschaftlicher Fragestellungen konstatiert, während »zentrale politikwissenschaftliche Fragen [...] nicht bzw. nicht mehr gestellt werden« (Sarcinelli 2011: 20). Zweifel bestehen zudem daran, was genau eine »spezifisch politikwissenschaftliche Kommunikationsforschung zu den Kernfragen der Politikwissenschaft beizutragen hat und womit sie sich überhaupt beschäftigt« (Marcinkowski 2001: 238). Als Beispiel für diese Problematik mag die Beobachtung herhalten, dass ein beachtlicher Teil der dominierenden Forschung besonderes Interesse am Themenfeld massenmedialer Kommunikation bzw. inzwischen auch an den ›neuen Medien‹ als medialen Kontexten für politische Kommunikation zeigt. Vermutet wird dabei ein Zusammenhang zwischen einer »dynamische[n] Veränderung im Mediensystem selbst und [den] daraus resultierenden Bedingungen für politische Kommunikation«, dem nachgegangen werden soll (Sarcinelli 2011: 22). Als weitere Schwierigkeit für die politische Kommunikationsforschung wird ein Mangel an geeigneten Theorieentwürfen zur Erforschung des Feldes konstatiert, die einen spezifisch politischen Blick ermöglichen würden: »Die meisten der theoretischen und konzeptionellen Arbeiten stammen von Soziologen und sind überwiegend systemtheoretisch ›kontaminiert‹« (Sarcinelli 2011: 30).

Diese Probleme können im Rahmen dieser Arbeit freilich nicht gelöst werden, wenngleich der hier in den Blick genommene Gegenstand weder eine kommunikationswissenschaftliche Schlagseite hat noch die Arbeit sich auf (massen-)mediale Phänomene konzentriert und auch kein systemtheoretischer Zugang gewählt wird. Vergleicht man jedoch noch einmal die o.a. Definitionen politischer Kommunikation mit den danach beschriebenen Schwierigkeiten der Forschung, dann fällt auf, dass ein wichtiger Begriff, der gerade aus systemtheoretischer Sicht im Zusammenhang mit massenmedialer Kommunikation eine Rolle spielen sollte, in den Definitionen offenbar keinerlei Niederschlag gefunden hat: der Begriff der *Irritation*. Niklas Luhmann, gleichsam der Übervater der deutschsprachigen Systemtheorie, führte die Beobachtung in die Debatte ein, »dass die Funktion von Massenmedien in der ständigen Erzeugung und Bearbeitung von Irritation besteht – und weder in der

Vermehrung von Erkenntnis noch in einer Sozialisation oder Erziehung in Richtung auf Konformität mit Normen« (Luhmann 2004: 174). Zwar erzeugt nach Luhmann jedes System notwendig Irritationen für seine Umwelt (Luhmann 1995: 55ff.), jedoch besteht die Besonderheit der Massenmedien (und man könnte und sollte vielleicht sagen: jeder Form öffentlicher Kommunikation[5]) darin, dass sie die Irritation der Gesellschaft als ihre spezifische Funktion erfüllen: »Nur von den Massenmedien erwarten wir diese Sonderleistung jeden Tag« (Luhmann 2004: 175). Während das massenmediale System Irritation leistet, operiert das System der Politik aus Luhmanns Blickwinkel dagegen im Medium der Macht. Insofern könnte gerade eine systemtheoretische Definition politischer Kommunikation oder kommunikativer Politik deren spezifische Leistung im Grunde als ›mächtige Irritation‹ bzw. als ›irritierende Macht‹ begreifen.

Ohne in den Tiefen der Systemtheorie zu verschwinden, lassen sich bei oberflächlicher Betrachtung dieser Aussagen zwei Feststellungen treffen. Erstens scheint eine solche Vorstellung von politischer Kommunikation der o.a. Definition von Jarren und Donges genau entgegengesetzt zu sein, denn jene zielt auf kollektiv verbindliche Entscheidungen, das heißt auf eine Wirkung in Richtung gesellschaftlicher Normen, die Luhmann zwar als Funktion der Politik, explizit jedoch nicht als Wirkung massenmedialer Kommunikation beschreibt. Zweitens wird mit Irritation eine negative Größe der Eigenlogik von Systemen bezeichnet und damit genau jene Verunsicherung des ›Normalen‹, die oben bereits als Merkmal von Guerillakommunikation bezeichnet wurde: »Irritierbarkeit wird ja durch Erwartungshorizonte erzeugt, die entweder Normalitätserwartungen bereitstellen, die aber im Einzelfall durch Zufälle, Vorfälle, Unfälle durchbrochen werden können; oder durch Unbestimmtheitsstellen, die als laufend ausfüllungsbedürftig reproduziert werden« (Luhmann 2004: 150). Aus diesem Blickwinkel könnte man also sagen, dass das Thema der folgenden Untersuchung Erscheinungen politischer Kommunikation sind, die man als Irritation solcher Erwartungshorizonte der Gesellschaft begreifen kann und die in der Debatte der vergangenen Jahre unter dem Begriff der Guerillakommunikation zusammengefasst wurden.

---

5 | Zwar spricht Luhmann nur von massenmedialer Kommunikation, jedoch verwendet er dabei einen sehr weiten Begriff von Massenmedien: »Mit dem Begriff der Massenmedien sollen [...] alle Einrichtungen der Gesellschaft erfasst werden, die sich zur Verbreitung von Kommunikation technischer Mittel der Vervielfältigung bedienen« (Luhmann 2004: 10). Im Umkehrschluss könnte man behaupten, dass aus dieser Sicht die meisten Formen von Kommunikation, die nicht direkt oder technisch vermittelt nur zwischen zwei Personen stattfinden, massenmediale Kommunikation und damit Irritation sind. Massenmedien in diesem Sinne wären bspw. auch Schablonengraffitis oder Megaphone.

Da das Thema Guerillakommunikation als wissenschaftlicher Untersuchungsgegenstand kaum in Ansätzen existiert, widmet sich das folgende Kapitel *Kommunikation und Guerilla – Eine Spurensuche* zunächst einer ersten inhaltlichen Konturierung des Untersuchungsfeldes. Neben einer kurzen Bestandsaufnahme der bisherigen wissenschaftlichen Auseinandersetzungen geht es dabei vor allem um eine Begutachtung der Metapher Guerillakommunikation.[6] Diese existiert in zwei unterschiedlichen Varianten, als Guerillamarketing in der Wirtschaft und als politische Kommunikationsguerilla. Ausgehend von diesen beiden Varianten eröffnet sich der Zugang zu zwei Teilaspekten, die für deren Verständnis bedeutsam sind. Einerseits handelt es sich um militärtheoretische Überlegungen zum Guerillakrieg als einer besonderen Konfliktform, andererseits um Ideen und Praktiken einiger künstlerischer Avantgardebewegungen des 20. Jahrhunderts, die sich in den Vorgehensweisen der Guerillakommunikation wiederfinden. Im darauf folgenden Kapitel *Begriffliche und methodische Orientierung* werden Überlegungen hinsichtlich des methodischen Vorgehens der Untersuchung angestellt. Erläutert wird die Anwendung einer Diskursanalyse in Anlehnung an Michel Foucault bzw. Philipp Sarasin sowie die Logik der genealogischen Perspektive, der die Untersuchung folgt. In diesem Kapitel wird zudem der Begriff der Kulturellen Grammatik, der theoretischen Überlegungen der Kommunikationsguerilla entnommen wird, präzisiert als Begriff zur Beschreibung der Strukturmerkmale eines Diskurses. Die Strukturmerkmale und inhaltlichen Aussagen eines Diskurses bilden den Interventionsraum für die diskursiven Praktiken der Guerillakommunikation. Die Kulturelle Grammatik und Guerillakommunikation als diskursive Praxis ihrer Irritation werden als das begriffliche Grundgerüst der Untersuchung vorgestellt. Im Anschluss an diese beiden einführenden Kapitel folgen die drei Hauptteile der Untersuchung. Im Abschnitt *Militärisches Denken* wird zunächst dem militärischen Phänomen des Guerillakriegs nachgegangen, wobei insbesondere auf die Überlegungen Mao Tse-tungs[7] und Ernesto Guevaras eingegangen wird. Dabei zeichnet sich ab, dass diese Kriege Auseinandersetzungen um die politische Verfassung einer Gesellschaft sind, die mit unkonventionellen militärischen Mitteln ausgefochten werden. Im Gegensatz zu regulären Kriegen der klassischen Kriegstheorie drehen sie sich nicht um die Eroberung eines fremden Territoriums, sondern um die Zerstörung gegnerischer politischer Strukturen und den Neuaufbau eigener Strukturen bzw. um die politische Transformation einer Gesellschaft. Aus diesen Überlegungen lassen sich zahlreiche Analogien zur politischen Kommunikation ableiten. Im Abschnitt *Kunstavantgarden als Kul-*

---

6 | Vgl. zu einer ersten Betrachtung der Thematik auch den Aufsatz *Militärische Rhetorik und künstlerische Praxis. Bemerkungen zu Guerillakommunikation in der Politik* (Schölzel 2010a).

7 | Im Text wird für diesen Namen durchgängig anstatt der regulären Schreibweise *Mao Zedong* die ältere Schreibweise *Mao Tse-tung* genutzt, da in der zitierten Literatur diese Schreibweise dominiert.

turguerillas werden die drei künstlerischen Avantgardebewegungen Dada, Surrealismus und Situationistische Internationale diskutiert. Sie lassen sich als kulturelle Guerillabewegungen interpretieren, die analog zu militärischen Guerillabewegungen einen revolutionären Kampf um die politische Verfassung einer Gesellschaft führten. In allen drei Fällen lassen sich recht präzise Vorstellungen unterschiedlicher Kultureller Grammatiken herausfiltern, innerhalb derer diese Gruppierungen agierten und die sie mit ihren Praktiken zu überwinden trachteten. Die Avantgardebewegungen analysierten die politisch-kulturellen Verfassungen ihrer Zeit, entwickelten Vorstellungen von Subjekten und Organisationsformen sowie zahlreiche kulturelle und kommunikative Vorgehensweisen, welche die sozialen Strukturen ihrer Zeit in Frage stellten oder neue soziale Strukturen schaffen sollten und die deutlich auf Formen und Vorgehensweisen der Guerillakommunikation verweisen. Im Anschluss an diesen Teil der Untersuchung folgt im Abschnitt *Entwicklungslinien der Guerillakommunikation* die Diskussion der beiden Varianten des Guerillamarketings und der Kommunikationsguerilla. Deutlich wird, dass sich keine eindeutige Kulturelle Grammatik unserer Zeit ausmachen lässt, sondern je nachdem welche Konfliktkonstellation zur Debatte steht, verschiedene konkrete Vorgehensweisen und Praktiken der Guerillakommunikation erkennbar werden. Dennoch lassen sich gemeinsame allgemeine Merkmale dieser Varianten festhalten. Der Abschnitt mündet in die Beschreibung kommunikativer Netz- und Schwarmphänomene, die sich als Elemente einer möglicherweise im Entstehen begriffenen Kulturellen Grammatik der Gegenwart in den Formen der Guerillakommunikation abzeichnen.

Die Arbeit verfolgt das Ziel, das Phänomen der Guerillakommunikation, das als Metapher in der öffentlichen Debatte existiert und dort verschiedene konkrete Praktiken beschreibt, als wissenschaftlichen Untersuchungsgegenstand greifbar zu machen. Sie versucht dies in Form einer ideengeschichtlichen Auseinandersetzung, die der Entwicklungsgeschichte dieses politisch-kulturellen Phänomens auf die Spur zu kommen versucht. Als Untersuchungsmaterial werden programmatische Schriften herangezogen, die über Ideen und Vorstellungen ihrer Autoren Auskunft erteilen können. Im Teil *Militärisches Denken* handelt es sich dabei zumeist um militärtheoretische Überlegungen, die teilweise parallel zu realen Kampfhandlungen, teilweise auch mit etwas Abstand zu solchen Geschehnissen entstanden sind. Im Abschnitt *Kunstavantgarden als Kulturguerillas* besteht das Quellenmaterial vor allem aus einer Anzahl politisch-künstlerischer Schriften mit Manifestcharakter sowie einigen längeren theoretischen Abhandlungen der Protagonisten. Im Abschnitt *Entwicklungslinien der Guerillakommunikation* werden insbesondere handbuchartige, praxisorientierte Veröffentlichungen sowie Dokumentationen von Guerillakommunikation aus der Feder der beteiligten Praktiker_innen diskutiert. Neben diesem schriftlichen Quellenmaterial wird in den drei Hauptkapiteln in einigen Fällen Sekundärliteratur herangezogen, die für die hier interessierende Untersuchungsperspektive von Nutzen erscheint. Daneben wird dann und wann auf weitere Artefakte, bspw. Kunstwerke der Avantgarden oder Erzeugnisse der Guerillakommunikation, Bezug genommen, insofern sie eine programmatische Idee illustrieren helfen. Obwohl die Untersuchung auf der Ebene von Ideen und Vorstellungen angesiedelt bleibt, finden sich doch an manchen Stellen Hinweise darauf, dass diese Ideen in die Praxis der Politik bzw. der politischen Kommunikation eingegangen sind. Und auch wenn ein Determinismus zwischen Ideen und Praktiken nicht begründet werden kann, bleibt doch der Ausgangspunkt dieser genealogischen Untersuchung ein praktisches Problem: die offensichtliche Existenz des Phänomens Guerillakommunikation als Praxis und Programm, in dem sich Spuren eines älteren Denkens abzeichnen.

Kommunikation und Guerilla –
Eine Spurensuche

»Die Welt der technologischen Kommunikation würde [...] von Kommunikationsguerilleros durchzogen, die eine kritische Dimension in das passive Rezeptionsverhalten hereinbrächten.«[1]
UMBERTO ECO

Die wissenschaftliche Betrachtung des Phänomens der Guerillakommunikation erfolgte bisher in einer vergleichsweise geringen Zahl an Aufsätzen und Buchpublikationen. Diese Feststellung betrifft sowohl die Beschäftigung mit Guerillamarketing als auch die Beschäftigung mit politischer Kommunikationsguerilla, das heißt jenen zwei Erscheinungsweisen der Guerillakommunikation, die sich bei einer oberflächlichen Betrachtung sogleich grob voneinander unterscheiden lassen und auf die später noch im Detail eingegangen wird. Das Thema ist mit anderen Worten im Feld der Wissenschaft äußerst randständig. Diese geringe wissenschaftliche Aufmerksamkeit kontrastiert allerdings auffällig mit der quantitativ zunehmenden Aufmerksamkeit, die solche Guerillapraktiken in der öffentlichen Kommunikation seit einigen Jahren genießen. Dieser Zuwachs an Aufmerksamkeit gilt sowohl dem Guerillamarketing als auch der Kommunikationsguerilla, wie inzwischen aus den Reihen der Wissenschaft konstatiert wurde (Neujahr/Mänz 2009: 7, Teune 2008: 60). Aus der geringen wissenschaftlichen Aufmerksamkeit gegenüber diesen Phänomenen folgt ihre meist nur anekdotische Reflexion. Selbst in der praxisorientierten Forschung zu Guerillamarketing – der Bereich, aus dem die höchste Anzahl an Publikationen stammt – werden die vorhandenen Veröffentlichungen als »eher publizistische Texte« betrachtet, die den »Mangel an einer fundierten Betrachtung der Thematik« bisher kaum beheben konnten (Kuchar/Herbert 2010: 11). Die Präsenz und Diskussion des Themas beschränkt sich weitgehend auf die durch Guerillakommunikation selbst hergestellte öffentliche Aufmerksamkeit und deren journalistische Weiterverbrei-

---

1 | Eco 1967: 156.

tung sowie eine seit den 1980er Jahren wachsende praxisorientierte Literatur mit Handbuchcharakter. Die Wissenschaft hat dagegen augenscheinlich entweder kein Interesse oder aber Probleme, das Phänomen aus ihrem Blickwinkel zu erfassen und zu reflektieren, obwohl aus ihrem Feld heraus bereits vor mehreren Jahrzehnten, Ende der 1960er Jahre, eine Praxis der Guerillakommunikation als gesellschaftlich notwendig begründet wurde (Eco 2007). Auf diesen Ansatz zu einer Wissenschaft der Guerillakommunikation, der bisher beinahe singulär geblieben ist, wird in der Folge zuerst eingegangen. Inhaltlich beschränkt sich die wissenschaftliche Beschäftigung sowohl mit Guerillamarketing als auch mit dem politischen Phänomen der Kommunikationsguerilla auf Überblicksdarstellungen in Form von kürzeren Aufsätzen, bspw. aus der anwendungsorientierten Perspektive des Kommunikationsmanagements oder des Marketings (Kuchar/Herbert 2010, Neujahr/Mänz 2009, Zerr 2003), der soziologischen Protestforschung (Teune 2008) oder aber der kritischen Kommunikationsforschung (Kleiner 2005). Einzelne längere Arbeiten[2] ähnlichen Charakters wurden auch in Buchform publiziert oder werden im Internet frei zur Verfügung gestellt. Andere Aufsätze leisten die Untersuchung einzelner Phänomene, entweder mit rein deskriptiver Herangehensweise (Sarreiter 2007) oder als analytische Betrachtung unter einzelnen theoretischen Blickwinkeln (Mundhenke 2008). Nicht existent ist bisher eine Untersuchung, die das Phänomen der Guerillakommunikation in größerem Maßstab historisch und theoretisch zu erfassen versucht, also die Geschichte einzelner Praktiken mit einer übergreifenden sozialtheoretischen Problematisierung in Beziehung setzt. Aus dem Blickwinkel der Politikwissenschaft bzw. ihres noch recht jungen Zweigs der politischen Kommunikationsforschung wurde das Thema bisher gar nicht wahrgenommen.

Umberto Ecos semiologische Guerilla

Im Herbst 1967 hielt Umberto Eco am New Yorker *International Center for Communication, Art and Sciences* einen Vortrag mit dem Titel *Für eine semiologische Guerilla* (Eco 2007). In diesem Vortrag knüpfte er erstmalig die semantische Verbindung zwischen Kommunikation und Guerilla, der sich diese Untersuchung widmet. Für Umberto Eco ging es mit seinem Plädoyer für eine semiologische Guerilla zunächst

---

2 | Es handelt sich insbesondere um eine überblicksartige, universitäre Diplomarbeit zur Geschichte und Theorie der Kommunikationsguerilla (Teune 2004) sowie eine sehr tiefgründig theoretisch argumentierende Arbeit über semiotische Widerstandsformen in einer Welt des Markenkapitalismus, bei der allerdings nicht erkennbar ist, in welchem Kontext sie verfasst wurde (Völlinger 2010). Daneben existiert eine publizierte Diplomarbeit über Guerillamarketing und Virales Marketing (Kutzborski 2007).

um die Suche nach Möglichkeiten eines kritischen Umgangs mit den Botschaften der damals scheinbar alles dominierenden Massenmedien. Seiner Ansicht nach konnte sich politische Herrschaft in modernen westlichen Demokratien nicht mehr länger nur auf die Kontrolle der militärischen Potentiale des Landes, also die Mittel zur Ausübung physischer Gewaltsamkeit stützen, sondern benötigte auch die Kontrolle über die Massenmedien, also die Mittel zur Beeinflussung des Denkens und der Meinungen der Bürger_innen im Lande. Zwei unterschiedliche Vorstellungen hinsichtlich des gesellschaftlichen Einflusses der Massenmedien wurden in den 1960er Jahren diskutiert. Beide Problematisierungen stützten sich dabei auf eine Analyse der technischen Struktur dieser Medien. Massenmedien sind dadurch gekennzeichnet, dass sich einem zentralen Sender zahllose, über das ganze Land verstreute Empfänger gegenüber befinden. Die eine Kritik zielte auf die Macht derjenigen, die bestimmen konnten, welche Inhalte über die Massenmedien verbreitet wurden. Die Kontrolle über den einen oder die wenigen Sender versprach einen solch großen gesellschaftlichen Einfluss, dass ihm politische Konkurrenten nichts Vergleichbares entgegen zu setzen hatten. Verfügte man nicht über Zugang zu den Sendern, schien Kritik trotz der formal vorhandenen Möglichkeiten, sie zu äußern, angesichts der Unmöglichkeit, sie effektiv zu verbreiten, keine gesellschaftliche Relevanz erlangen zu können. Die zweite Problematisierung zielte noch deutlicher auf das Medium selbst bzw. dessen Funktionsweise, die Inhalte von Sendungen gleichsam irrelevant werden ließ. Marshall McLuhans bekanntes Bonmot *The Medium is the Message* (Das Medium ist die Botschaft), das nicht weniger treffend auch in der Version *The Medium is the Massage* (Das Medium ist Massage) kursiert und ebenfalls aus dem Jahr 1967 (McLuhan/Fiore 1967) stammt, brachte die jener zweiten Kritik zugrunde liegende Idee auf den Punkt. Die enorme Reichweite und Allgegenwart der Rundfunkempfänger und Fernsehapparate im alltäglichen Leben der Menschen würde weniger durch die immer selben und zentral bestimmten Botschaften Relevanz erlangen, als vielmehr durch seine technischen Charakteristika, die soziales Leben in völlig neuen Formen modellierten. Massenmedien, so lässt sich diese Vorstellung zusammenfassen, etablieren eine Situation, in der einem zentralen Sender, der den Rhythmus des Programms, seinen Anfang, sein Ende, Unterbrechungen und Kontinuitäten bestimmt, eine große Masse Empfänger gegenübersitzt, die sich der verführerischen Kraft dieses Medienrhythmus kaum entziehen können. Im Bann der Massenmedien würden Menschen, die zuvor zu individuellem und komplexem Sozialverhalten fähig waren, tendenziell zu passiven, homogenen und voneinander getrennten Gliedern einer anonymen Masse.

Umberto Ecos semiologische Guerilla sollte angesichts dieser Analysen Wege der kritischen Auseinandersetzung jenseits der massenmedialen Kommunikation erkunden. Damit wurde eine Form der Kritik ins Spiel gebracht, der es nicht um eine vermeintlich bessere Verwendung der Massenmedien selbst ging, wie bspw. Hans Magnus Enzensberger sie wenig später, allerdings aufgrund einer anderen Analyse der durch die Massenmedien etablierten technischen Bedingungen, diskutierte (Enzensberger 1970). Nicht alternative Verwendung der Massenmedien durch deren kritische Kontrolle, sondern symbolischer Widerstand gegen sie und der Konflikt mit den Massenmedien kennzeichneten die Idee der semiologischen Guerilla. Sie drehte sich um die Frage eines kritischen Umgangs mit den massenmedial verbreiteten Botschaften. Durch das Besetzen der ersten Position vor den Fernsehbildschirmen und Rundfunkempfängern sollte Guerillakommunikation in Form von kritischen Interpretationen Relevanz erlangen können und die Rezipient_innen zu einem reflexiven Umgang mit den Sendungsinhalten der hierarchisch verfassten Massenmedien anregen: »[D]er Empfänger [hat] beim Empfang der Botschaft noch einen Rest von Freiheit, nämlich sie *anders zu lesen*« (Eco 1967: 149, Hervorhebung im Original).

Zwei Charakteristika, die uns im Verlauf der folgenden Untersuchung immer wieder begegnen werden, treten in dieser Diskussion bereits deutlich hervor. In beiden Punkten gleicht die Idee der Guerillakommunikation dabei ihrem metaphorischen Vorbild, der militärischen Guerilla. Zum einen werden soziale Situationen vorgestellt, die durch deutlich asymmetrische Beziehungen gekennzeichnet sind, in denen reziproker Austausch nicht möglich erscheint und in denen Guerillakommunikation einen Handlungsmodus auf der schwächeren Seite dieser Beziehungen beschreibt. Zum anderen offenbart diese Diskussion einen engen Bezug zu einem Konfliktdenken, das nicht nur im Begriff der Guerilla selbst deutlich wird, durch den wörtlich der Kleinkrieg von Partisanen bezeichnet wird, sondern auch in der Vorstellung, dass massenmediale Kommunikation ein Substitut für oder wenigstens eine notwendige Ergänzung zu physischer Gewaltsamkeit sein müsse, sowie in einer Haltung, die Politik bzw. politische Kommunikation eben als Konflikt und nicht etwa als Versuch der Verständigung oder Konsenssuche beschreibt. Ecos semiologische Guerilla erscheint als Affirmation einer kommunikativ agierenden Konfliktpartei, die in einer asymmetrischen sozialen Beziehung aus einer unterlegenen oder defensiven Lage heraus agieren soll.

GUERILLAMARKETING UND KOMMUNIKATIONSGUERILLA

Nach Ecos einflussreichem Aufsatz tauchte die Guerillametapher mit engem Bezug zu Kommunikation erst in den 1980er und 1990er Jahren wieder auf, diesmal in zwei vordergründig ganz unterschiedlichen Ausprägungen. Als *Guerillamarketing* oder neuerdings auch als *Guerilla-PR* einerseits wird sie zur Beschreibung einer bestimmten Form der Werbung für das Warenangebot von Unternehmen oder der öffentlichen Kommunikation von Organisationen verwandt. Als *Kommunikationsguerilla* andererseits soll sie das Erkunden weiterer Wege des kritischen Umgangs mit einer problematisierten Kultur der Gegenwart ermöglichen. Die zweite Variante bewegt sich damit deutlich in der politischen Tradition von Ecos Überlegungen.

Im Bereich der Unternehmenskommunikation führte Jay Conrad Levinson den Begriff und das Konzept des Guerillamarketing ein, das gleichnamige Buch wurde 1984 im Amerikanischen und 1990 im Deutschen veröffentlicht (Levinson 1990). Guerillamarketing dient seither als Synonym für »offensives Werben und Verkaufen für kleinere Unternehmen«, wie es der Untertitel jenes ersten Ratgebers versprach, und verweist damit auf eine asymmetrische Auseinandersetzung mit größeren Unternehmen auf umkämpften Warenmärkten. Die Ansätze des Guerillamarketings entwickelten sich im Verlauf der 1990er Jahre von einer eher exotischen Nischenexistenz hin zu einem etablierten Marketingkonzept, das inzwischen mit großen Erwartungen seitens der Werbewirtschaft beladen wird. Insbesondere seit Beginn der 2000er Jahre wird immer wieder eine Krise konventioneller Werbung konstatiert, die vor allem auf die Wirkung flächendeckender Präsenz und eines hohen Werbedrucks durch beständige Wiederholung ihrer Botschaften baut. Angesicht tausender solcher Eindrücke, die täglich auf die meisten Bürger_innen der Bundesrepublik einströmen und kaum noch in deren Bewusstsein dringen, soll Guerillamarketing eine alternative und wirksamere Form der Verbreitung von Werbung sein (Neujahr/ Menz 2009: 9; Zerr 2003: 2). Statt auf flächendeckende Präsenz und ständige Wiederholung wird auf einprägsame Effekte einmaliger Aktionen von ungewöhnlicher Qualität, das heißt auf die Kraft von Irritationen gesetzt. Wegen seiner besonderen Qualitäten wird es mit Begriffen wie »rebellisch, überraschend, unkonventionell und besonders effizient« (Zerr 2003: 1) oder weiteren vergleichbaren Attributen verbunden und soll inzwischen auch oder gerade für große, transnational agierende Konzerne als verkaufsfördernde Maßnahme für Lifestyleprodukte interessant sein.

Ungeachtet der Frage, ob solche Erwartungen tatsächlich erfüllt werden können, dient die Guerillametapher im Kontext der Ökonomie und angesichts der kolportierten Werbeflaute damit zurzeit wohl wesentlich als »Trendbegriff mit Marketing-Funktion« (Bentele 2008) für Werbeagenturen und Kommunikationsdienstleister selbst. Der Trend zur kommunikativen Revolte scheint so wirksam zu sein, dass Jay Conrad Levinson, der selbsternannte »Father of Guerrilla Marketing« (Vater des Guerillamarketings), auf seiner Webseite verkünden kann: »Guerrilla Marketing is the best known marketing brand in history« (Guerillamarketing ist die bekannteste Marketingmarke der Geschichte). Dass sich Levinson im selben Atemzug gewissermaßen zu einem Mao Tse-tung der Werbung stilisieren muss, lenkt die Aufmerksamkeit allerdings sogleich auch auf die Schattenseiten des Erfolgs: »If it's not authorized by Jay, it's not Guerrilla«[3]. Der Sinn dieser Klarstellung wird deutlich, wenn man sich den mittlerweile inflationären Gebrauch der *Marke Guerillamarketing* im Konkurrenzkampf der Anbieter aus der Werbewirtschaft vor Augen führt. Eine zu Beginn des Jahres 2010 unternommene Anfrage an eine einschlägige Suchmaschine im Internet nach den Begriffen *Guerillamarketing* und *Agentur* listet über 74.000

---

3 | »Wenn es nicht durch Jay autorisiert ist, dann handelt es sich nicht um Guerilla« (http://www.gmarketing.com [20.01.2010], Übersetzung: H.S.).

Treffer auf, ein Online-Buchversand zeigt unter dem Stichwort *Guerillamarketing* über 70 Ratgeber an, die, um nur willkürlich aus den ersten zehn Treffern zu zitieren, Guerillamarketing »des 21. Jahrhunderts« (Levinson 2008), »im Kulturbetrieb« (Carls 2007), »für Anwalt, Notar, Steuerberater« (Gmeiner 2008), »für Unternehmertypen« (Schulte 2007), »für Schauspieler« (Gehricke 2009), »für Arzt, Zahnarzt, Tierarzt und Apotheker« (Gmeiner 2008a) oder auch »für Dummies« (Margolis/Garrigan/Mistol 2009) erklären wollen.

Daneben finden sich im diskursiven Umfeld der Metapher Guerillamarketing eine Reihe weiterer Konzepte und Methoden, die teils als verwandte, teils als Unterformen des Guerillamarketing verhandelt werden. Man begegnet Begriffen wie »Ambient-Marketing«, »Ambush-Marketing« oder »Viral-Marketing« (Zerr 2003: 4f.), »Anti-Marketing«, »Buzz-Marketing«, »Chat-Attack«, »Blogging« oder »Dark-Marketing« (Neujahr/Menz 2009: 4, 7f. und 17). Das Konzept des *Cultural Hacking* (Düllo/Liebl 2005) ist in diesem Umfeld das vielleicht interessanteste, sicherlich das theoretisch anspruchsvollste Kommunikationskonzept, mit dessen Hilfe Brücken zwischen Produzent_innen und Konsument_innen geschlagen werden sollen. Es knüpft, wie noch zu sehen sein wird, mit seinen theoretischen Bezügen und Praxisformen zudem am deutlichsten an jenen zweiten Faden an, das Projekt *Kommunikationsguerilla*, das diese Metapher im Kontext politischer Aktionen aufgenommen hat und den Faden dort weiterspinnt.

Die Idee zu einer Kommunikationsguerilla entstand ohne Verweis auf Guerillamarketing in den 1990er Jahren als »eine Antwort auf die Erschöpfung des traditionellen linken Aktivismus nach dem Fall der Mauer« (autonome a.f.r.i.k.a. gruppe 2002: 1). Der Begriff geht auf Autor_innenkollektive zurück, die unter Namen wie autonome a.f.r.i.k.a. gruppe, Luther Blissett oder Sonja Brünzels auftreten und bereits mit diesem Detail herrschende kulturelle Codes wie die Behauptung einer notwendig individuellen Identität einzelner Autor_innen zu unterwandern trachten. Kommunikationsguerilla steht als praktizierte Medien- und Gesellschaftskritik deutlich in der Tradition der semiologischen Guerilla Umberto Ecos. Ganz ähnlich zu Ecos Problembeschreibung übermächtiger Massenmedien konstatieren die Erfinder_innen der Kommunikationsguerilla in einem frühen Text:

»Angesichts der offensichtlichen Übermacht der ›Bewusstseinsindustrie‹ muss die kommunikative Auseinandersetzung unserer Meinung nach mit den Mitteln der Subversion geführt werden. Es geht weniger um Gegeninformation als darum, das Rezeptionsverhalten und den Umgang der ZuhörerInnen mit den massenmedialen ›Informationen‹ zu verändern.« (autonome a.f.r.i.k.a. gruppe/mittlerer neckar 1994a: 146)

Auch im Diskursfeld des politischen Aktivismus existieren unterschiedliche Guerillaansätze und verwandte Konzepte, die ohne die Guerillametapher auskommen. Unter die erstgenannte Gruppe fallen insbesondere die *Medienguerilla* und die

Spaßguerilla (Kleiner 2005: 314-321). Ein verwandtes Konzept, das mit ähnlichen Problembeschreibungen und Methoden aufwartet, ist das aus Kanada kommende und besonders durch Kalle Lasn etablierte *Culture Jamming*, das auch unter den Namen *Adbusting* oder *Antiwerbung* bekannt ist (Lasn 2005, vgl. Kleiner 2005: 343-345). Es konzentriert seine Kritik anders als die Kommunikationsguerilla allerdings auf den engeren Bereich kommerzieller Werbung und die über diesen Weg verbreiteten gesellschaftlichen Wertvorstellungen. Neben diesen Beispielen existiert mit dem Konzept *Konsumguerilla* eine weitere Variante der Guerillametapher, die Aktivitäten im Raum zwischen ökonomischer Sphäre und politischem Aktivismus beschreibt. Sie bildet gewissermaßen das komplementäre Stück zu dem oben bereits genannten Cultural Hacking, mit dem sie auch gemeinsam verhandelt wird, und verbindet damit ihrerseits die beiden Fäden des ökonomischen Guerillamarketing und der politischen Kommunikationsguerilla von dieser Seite her (Richard/Ruhl 2008).

Eine eindeutige Abgrenzung von Kommunikationsguerilla und Guerillamarketing fällt damit zunehmend schwer, zumal die Praktiken sich oft zum Verwechseln gleichen: Formen von Graffiti werden für kommerzielle Werbung eingesetzt, kostümierte Figuren im öffentlichen Raum könnten genauso gut Straßentheater kritischer Aktivist_innen gegen die Monotonie des disziplinierten Alltags wie Marketingmaskottchen von Unternehmen sein. Die Guerillametapher wird inzwischen zur Beschreibung zahlloser, mehr oder weniger ungewöhnlicher Aktivitäten in Anschlag gebracht. Eines der jüngsten Beispiele für diese Ausweitung des Begriffs ist das sog. Guerilla-Gardening, das seit einigen Jahren in verschiedenen europäischen Großstädten praktiziert wird. Es beschreibt das Begrünen öffentlicher oder privater Grundstücke, den Anbau von Nutzpflanzen in der Stadt, das Bepflanzen von Golfplätzen oder Gentechnikfeldern mit Dornenbüschen sowie weitere Varianten des (bisweilen illegalen) Gartenbaus (Reynolds 2009). In jedem Fall handelt es sich um ein Spiel mit der symbolischen Ordnung eines bestimmten Ortes, die in Frage gestellt wird. Mohrrüben, Tomatenpflanzen oder Blumenbeete an scheinbar ungewöhnlichen Plätzen stellen dabei Fragen, wie die nach der ästhetischen Gestaltung öffentlicher Räume, die nicht unbesehen denjenigen überlassen werden soll, die mit großen finanziellen Ressourcen Architekturen, Fassadenfarben oder Inhalte von Werbeflächen bestimmen. Oder sie fragen, inwiefern Nahrungsmittelproduktion ein industrieller Prozess sein soll und nach welchen Regeln die Produktion ablaufen könnte. Analog zur Kommunikationsguerilla geht es also auch hier darum, alternative kulturelle Codierungen zu herrschenden symbolischen Ordnungen in Do-it-yourself-Manier zu erproben.

Situationistische Internationale und künstlerischer Aktivismus

Die vielfältigen Probleme, die Kommunikationsguerillas thematisiert haben und deren symbolischer Bearbeitung sie sich widmen, ähneln zwar in ihrer Grundstruktur den Überlegungen Ecos, wie im oben angeführten Zitat deutlich wurde. Immer wieder steht eine zur Herrschaftsordnung verfestigte, asymmetrische Machtbeziehung in der Kritik, die durch bestimmte symbolische Codierungen gekennzeichnet ist. Allerdings wird auch deutlich, dass die Dimensionen des Problems inzwischen deutlich komplexer gesehen werden als dies bei Eco der Fall war, und deren Kritik somit über eine auf die Kontrolle der Massenmedien gestützte Macht hinausweist. Entsprechend überrascht es nicht, dass Ecos Konzeption einer semiologischen Guerilla nur einer von mehreren theoretischen Referenzpunkten dieser Bewegung ist. Zudem liegt der Fokus der Kommunikationsguerillas eher auf der Erprobung politischer Praktiken, nicht auf Theoriediskussionen; die Praktiken sind allerdings meist hoch reflektiert und mit zahlreichen unterschiedlichen Theoriebezügen angereichert. Im *Handbuch der Kommunikationsguerilla* schreiben die Autor_innenkollektive, die selbst aktive Kommunikationsguerillas sind:

»Das Konzept entstand aus dem Anspruch, die eigenen, durchaus unterschiedlichen politischen Praxen und theoriegeleitete Gesellschaftskritik zusammenzudenken, sie aufeinander zu beziehen und beide Herangehensweisen sich gegenseitig stimulieren zu lassen, statt sie gegeneinander auszuspielen.« (autonome a.f.r.i.k.a. gruppe u.a. 2001: 6)

Eine der wichtigsten Inspirationsquellen der Kommunikationsguerillas wie auch der »Kreativabteilungen« des Guerillamarketing ist die Kunst, präziser ein Teil jener künstlerischen Avantgarden, die seit Anfang des 20. Jahrhunderts aktiv waren. Genauer muss man sagen, dass es sich bei Kommunikationsguerilla meist um künstlerisch-politischen Aktivismus handelt, der mit unterschiedlichen Spielarten avantgardistischer Kunst identisch oder wenigsten sehr eng verwandt ist. Als häufigste Referenz aus diesem künstlerischen Kontext werden dabei die theoretischen Reflexionen und Praxisformen der Situationistischen Internationale genannt. Sowohl Kommunikationsguerillas im engeren Sinne beziehen sich auf diese Gruppe (autonome a.f.r.i.k.a. gruppe u.a. 2001: 7 und 33ff.) als auch bspw. die Culture-Jamming-Bewegung (Lasn 2005: 14, 108ff., 203ff.) oder die Entwickler_innen und Erforscher_innen des Marketingkonzepts Cultural Hacking (Liebl/Düllo/Kiel 2005). In einer Genealogie der Guerillakommunikation nimmt die Situationistische Internationale damit eine Schlüsselstellung ein.

Bei dieser Gruppe handelt es sich um eine Künstler_innengemeinschaft, die Mitte des 20. Jahrhunderts aktiv war und letztlich ein politisches – oder besser kulturrevolutionäres – Projekt im Zeichen einer Rückführung der Kunst in das Alltagsleben verfolgte. Das Jahr 1967, in dem Eco seinen programmatischen Vortrag über die semiologische Guerilla hielt, erscheint auch in Bezug auf die Aktivitäten dieser Gruppierung als wichtiges Datum. Damals wurden zum einen die kultur- und gesellschaftskritischen Hauptwerke zweier wichtiger Köpfe der Gruppe, Guy Debords *Die Gesellschaft des Spektakels* und Raoul Vaneigems *Handbuch für die Lebenskunst der jungen Generationen* publiziert (Debord 1996, Vaneigem 1980). Mit gewissen Ähnlichkeiten zu Umberto Ecos Problematisierung der Massenmedien versuchten sie sich an einer Kritik der Gegenwartskultur, die allerdings deutlich umfassender ausfiel und eine kulturell-medial-kommunikative Herrschaftsordnung problematisierte. Die Bücher widmeten sich also recht genau dem uns interessierenden Zusammenhang. Daneben erreichte die Gruppe mit der Provokation des »Straßburger Skandals«, den sie durch die Publikation einer wilden Polemik mit dem Titel *Über das Elend im Studentenmilieu*[4] gegen die damaligen Studienbedingungen an französischen Hochschulen im Spätherbst 1966 auslöste, am Vorabend des Pariser Mai 1968 einen Höhepunkt ihres direkten öffentliche Einflusses.

Die Bezugnahmen der Kommunikationsguerillas auf die Situationistische Internationale ermöglichen es, einen weiteren Entwicklungsstrang der Genealogie der Guerillakommunikation in den Blick zu nehmen, der meist als künstlerischer Aktivismus in der Politik oder als Auseinandersetzung künstlerischer Avantgarden mit Politik verhandelt wird (Hieber/Moebius 2009). Die Situationistische Internationale war ihrerseits in kritischer Auseinandersetzung mit zwei früheren Avantgarden, der Dada-Bewegung und dem Surrealismus, entstanden. Im hier relevanten Kontext sind diese Gruppierungen besonders interessant, weil sie im gleichen Bereich von Kunst, Politik, Gesellschaft und (medialer) Öffentlichkeit agierten, in dem Kommunikationsguerillas heute aktiv sind. Zudem lassen sich einige der Arbeitstechniken, die sowohl durch Kommunikationsguerillas als auch im oft beschworenen ›kreativen‹ Guerillamarketing angewandt werden, direkt auf künstlerische Praktiken zurückführen, die durch diese Gruppierungen oder in ihrem engen Umfeld erfunden wurden. Zudem wirkten, wie wir noch sehen werden, sowohl Dada als auch Surrealismus als Innovatoren im Bereich professioneller kommerzieller Werbung oder allgemeiner im Feld der Kommunikation von Organisationen. Alle drei Avantgarden sollen daher hier gewissermaßen als Spielarten von Kommunikationsguerilla *avant la lettre* verhandelt werden. Sie bilden mit ihren theoretischen Überlegungen

---

4 | Den vollständigen Text findet man im Internet bspw. unter: www.bildungskritik.de/Texte/ElendStudenten/elendstudenten.htm (16.03.2010). Ein Bericht über den Hergang der Ereignisse wurde in der Ausgabe 11 (1967) der Zeitschrift *Situationistische Internationale* unter dem Titel *Über unsere Ziele und Methoden im Strassburger Skandal* veröffentlicht. Alle Artikel der Zeitschrift werden in deutscher Übersetzung im Internet unter www.si-revue.de zur Verfügung gestellt (16.03.2010).

und den durch sie entwickelten Praktiken einen wichtigen Hintergrund, ohne den heutige Guerillakommunikation kaum verständlich werden kann.

Militanz und militärische Rhetorik

Der insgesamt sehr integrativ und undogmatische erscheinende Ansatz der Kommunikationsguerillas, die sich für ihre Aktivitäten aus zahlreichen Theoriebausteinen und Praxiserfahrungen frei bedienen und diese situativ passend kombinieren, wird allerdings begleitet durch eine recht deutliche Abgrenzung, die bereits in einem dem *Handbuch der Kommunikationsguerilla* vorangestellten Zitat Roland Barthes' deutlich wird. Barthes wird mit der Frage zitiert: »Ist die beste Subversion nicht die, Codes zu entstellen, statt sie zu zerstören?« (autonome a.f.r.i.k.a. gruppe u.a. 2001: 2ff.). Deutlich wird hier, dass trotz aller scheinbar gewaltsamen Rhetorik, die bspw. in Begriffen wie »Medienrandale« (autonome a.f.r.i.k.a. gruppe/mittlerer neckar 1994) aufscheint, »die ›Militanz‹ nicht mehr im militärischen Sinne« verstanden werden soll (autonome a.f.r.i.k.a. gruppe u.a. 2001: 6). Kommunikationsguerilla beschreibt eine Form symbolischen Konflikts, die nicht die Ausübung physischer Gewaltsamkeit beinhaltet. Es geht weniger um Störung von Kommunikation und nicht um die physische Zerstörung von Kommunikationswegen, sondern um deren kreative Umdeutung und andere Verwendung.

»Während militärische Militanz und Sabotage auf eine Unterbrechung des Kommunikationskanals zielen, begreift Kommunikationsguerilla die Formen der Kommunikation selbst als Herrschaftspraxen. Sie macht sich die Strukturen der Macht zunutze, indem sie ihre Zeichen und Codes entwendet und verfremdet.« (autonome a.f.r.i.k.a. gruppe u.a. 2001: 10)

Dass die semantische Beziehung zum Militärischen im Kontext der Guerillakommunikation dennoch kein Zufall ist, wurde weiter oben bereits in Ansätzen thematisiert. Hinsichtlich ihrer Form, Konflikte auszutragen, beziehen sich Kommunikationsguerillas jedenfalls direkt auf Analysen kriegerischer Auseinandersetzungen, deren Erfahrungen mit Strategien und Taktiken militärischer Operationen sie zu Rate ziehen. Man liest dann bspw. im *Handbuch der Kommunikationsguerilla*:

»[T]atsächlich bietet sich die Guerilla-Metapher für dieses Projekt an: Guerilla agiert nicht aus der sichtbaren Position eines offiziellen Heeres heraus, sondern aus den zerklüfteten Abwegen abseits befahrener Routen. Guerilla besteht nicht aus vielen, auch wenn sie auf das Einverständnis der Bevölkerung angewiesen ist oder zumindest von ihr geduldet wird. Ihre Taktik beruht auf der Kenntnis des Terrains, sie agiert lokal und punktuell. Guerillas handeln aus dem Verborgenen, und bevor sie erwischt werden, wechseln sie den

Standort. Sie stellen sich nicht dem offenen Kampf, denn sie hätten gegen die Übermacht der ›ordentlichen‹ Verbände wenig Chancen. Übertragen auf den Kommunikationsprozess heißt das: Sie entwischen dem vorgegebenen Rahmen von Argumentationsstrukturen und haben ihre eigenen Vorstellungen darüber, was sich gehört und was nicht.« (autonome a.f.r.i.k.a. gruppe u.a. 2001: 9)

Auch im Bereich des Guerillamarketings werden direkte semantische Verbindungen zwischen kriegerischen Auseinandersetzungen, an denen militärische Guerillas beteiligt waren, und kommunikativen Praktiken geknüpft. So wird bspw. das erfolgreiche Agieren von Guerillagruppierungen gegen die technisch weit überlegene Armee der Vereinigten Staaten von Amerika im Vietnamkrieg der 1960er und 1970er Jahre direkt in Zusammenhang gebracht mit ersten Überlegungen zur Adaption dort angewandter Strategien im Bereich des kommerziellen Marketing. »Hauptelemente« für Guerillamarketing werden direkt aus theoretischen Entwürfen zur Guerillakriegsführung abgeleitet, wie sie bspw. Ernesto Che Guevara erarbeitet hat (Neujahr/Mänz 2009: 2ff.). Diese Nähe zu militärischem Denken sorgt dafür, dass die Legitimität von Guerillamarketing-Aktionen umstritten ist und bisweilen starke Ressentiments gegen diese Form der Kommunikation bestehen. In seinem Lexikon-Stichwort »Guerilla-PR« im *Handbuch der Public Relations* führt Günter Bentele daher aus:

»Mit Ausnahme des Überraschungsmoments, das auch in klassischen Guerilla-Strategien eine wichtige Rolle spielt, haben die kommunikativen Strategien bzw. die eingesetzten Mittel, die unter Namen [sic] G.-PR oder Guerilla-Marketing eingesetzt werden, aber nichts mit dem bewaffneten Guerilla-Kampf alteuropäischer, lateinamerikanischer oder chinesischer Provenienz zu tun.« (Bentele 2008: 592; vgl. Neujahr/Mänz 2009: 4, Anm. 2)

Unter einem organisationstheoretischen Blickwinkel, wie ihn die PR-Forschung einnimmt, und wenn man mit engem Bezug zu den eingesetzten Mitteln argumentiert, mag diese Aussage stimmen. Aus einer gesellschaftstheoretischen Perspektive, wenn also wie in unserem Zusammenhang Verfahrensweisen kommunikativer Konfliktaustragung und deren Beziehung zu bestimmten Vorstellungen von der Organisation der Gesellschaft im Zentrum der Aufmerksamkeit stehen, lohnt sich dennoch eine genauere Betrachtung dieser Problematik. Es eröffnet sich hier der Zugang zu einem weiteren Diskurselement, das für eine Genealogie der Guerillakommunikation von Bedeutung ist und dessen Betrachtung uns näher an das Phänomen und besonders auch an seine Grenzen heranführt. Im Feld politischer Kommunikation existieren weit über die Guerillametapher hinaus eine Fülle von Begriffen mit engem Bezug zum Militärischen und eine Sprache, die handfeste Auseinandersetzungen zu suggerieren scheint. Der Begriff *Kampagne* ist in dieser Ansammlung aggressiver

Semantiken der zentrale Terminus zur Beschreibung zahlreicher Praxisformen politischer Kommunikation. »Wie sein militärisches Pendant dreht er sich um Terrain, das zu verteidigen oder zu erobern ist, und einen Gegner, der niederzuhalten, zu schlagen und zu vertreiben ist« (Althaus 2002: 12). Literatur zum Thema Kommunikationskampagnen ist mittlerweile fester Bestandteil der deutschsprachigen politik- und kommunikationswissenschaftlichen Diskussion (bspw. Röttger 2006). Mit Blick auf die Politik werden seit mindestens 30 Jahren Debatten unter dem Zeichen der »Kampagne in Deutschland« (Glotz 1986) geführt oder wird von »Politik als Kampagne« (Baringhorst 1998) gesprochen. Begriffe wie *permanent campaigning* sind allgemein geläufig, und dass politische Kommunikation ihre periodischen Höhepunkte in Phasen intensiver Wahlkampagnen bzw. Wahl*kämpfe* findet, scheint eine Binsenweisheit zu sein. Politische Kommunikation in Kampagnenform zu betreiben, bedeutet jedenfalls nichts anderes als *Feldzüge um die öffentliche Meinung* zu führen (Vowe 2006).

Neben der offensichtlichen semantischen Nähe dieses Verständnisses politischer Kommunikation zu einem militärischen Vokabular findet man in einigen zentralen Texten der semiwissenschaftlichen Praktiker- bzw. Ratgeberliteratur zudem explizite Anleihen bei militärischem Denken. Damit ist zumindest unter diesem formalen Gesichtspunkt eine erstaunliche Nähe zu den ebenso praxisnahen Ausführungen der Kommunikationsguerillas und des Guerillamarketings dokumentiert. Anstatt sich auf die Gedankenwelt Che Guevaras oder Mao Tse-tungs zu beziehen und deren Partisanenverbände zu studieren, sucht man hier allerdings Inspiration bei Denkern klassischer militärischer Auseinandersetzungen, in denen sich reguläre Armeen gegenüber stehen. Zitiert werden dann Kriegstheoretiker wie Carl von Clausewitz, Niccolò Macchiavelli und Sun Tsu. Oder man konsultiert moderne Strategieleitfäden, die sonst in der militärischen Ausbildung von Soldat_innen Anwendung finden (Althaus 2002: 28ff.). Die nähere Betrachtung der militärischen Anleihen im Feld der Guerillakommunikation als dritter Strang der Untersuchung muss daher sowohl eine Analyse der positiven Identifizierungen mit ihrem militärischen Vorbild leisten als auch zu einer differenzierteren Sicht auf die Grenzen der Guerillametaphorik im Feld der Kommunikation führen.

Begriffliche und methodische Orientierung

»Den Machtwirkungen, wie sie einem als wissenschaftlich betrachteten Diskurs eigen sind, muss die Genealogie den Kampf ansagen.«[1]
MICHEL FOUCAULT

Über Guerillakommunikation in Form einer Genealogie schreiben zu wollen, könnte auf den ersten Blick als paradoxes Unterfangen erscheinen. Denn mit Genealogie wird eine bestimmte Weise Geschichte zu schreiben bezeichnet, die einen Diskurs in seiner »Entstehung, die zugleich zerstreut, diskontinuierlich und geregelt ist,« (Foucault 2007: 41) untersucht. Wie in der vorangegangenen Spurensuche deutlich wurde, erscheint es angesichts der Heterogenität des Untersuchungsfeldes allerdings recht wenig sinnvoll, von *einem* Diskurs der Guerillakommunikation zu sprechen. Man könnte angesichts der skizzierten Unübersichtlichkeit daher zunächst die Vermutung äußern, dass sich der Diskurs der Guerillakommunikation gewissermaßen noch *in statu nascendi* befinde, dass seine teils zerstreute und diskontinuierliche, teilweise geregelte Entstehungsgeschichte noch nicht zu einem geschlossenen, herrschenden Diskurs geführt habe. Allerdings würde eine solche Sichtweise Gefahr laufen, die konstitutive Heterogenität jener Praktiken, die hier als Guerillakommunikation bezeichnet werden, sowie deren relative Unbestimmtheit als Mangel oder Anzeichen von Vorläufigkeit zu betrachten. Beim Versuch, Ordnung in den Diskurs der Guerillakommunikation zu bringen, könnte aus dem Blick geraten, dass seine Unklarheiten konstitutive Elemente des Phänomens selbst sind. Entsprechende Hinweise findet man zahlreich in den meisten Auseinandersetzungen mit dem Thema, und sie sprechen eine deutliche Sprache. Bspw. suche Guerillamarketing »außerhalb der eingefahrenen Wege bewusst nach neuen, unkonventionellen, bisher missachteten [...] Möglichkeiten des Instrumentaleinsatzes« und müsse »unbedingt überraschend [und] innovativ« sein (Zerr 2003: 1f.). »Guerilla Marketing Aktionen sind oft

---

1 | Foucault 2001b: 24.

singulär, d.h. einmalig, zeitlich begrenzt und selten unverändert replizierbar« (Zerr 2003: 5), ihre »Realisierung folgt dem Prinzip der Einmaligkeit statt der Wiederholung« (Neujahr/Mänz 2009: 27). Guerillamarketing ergebe Sinn »als anerkannte Einzelmaßnahme« und hinsichtlich der konkreten Kommunikationsaktivitäten sei »in der Regel keine permanente Wiederholung möglich« (Neujahr/Mänz 2009: 26f.).[2] Ganz ähnlich diskutieren auch Kommunikationsguerillas das Unbestimmte ihrer Aktivitäten für den Bereich politischer Kommunikation. Ihr Anspruch besteht darin, »weder ein wasserdichtes Theoriekonzept noch genau festgelegte Regeln für die konkrete Ausgestaltung einer emanzipatorischen politischen Praxis« zu liefern (autonome a.f.r.i.k.a. gruppe u.a. 2001: 6). Im *Handbuch der Kommunikationsguerilla* wird deshalb explizit festgehalten, dass jede ihrer Aktionen »für sich genommen nur ein momentaner oder lokaler Modus der Grenzüberschreitung« sein könne; das Handbuch »kann und soll kein Rezeptbuch sein« (autonome a.f.r.i.k.a. gruppe u.a. 2001: 9f.). Und auch in Bezug auf die militärische Guerilla bzw. die Figur des Partisanen lässt sich genau diese prinzipielle Nichteindeutigkeit feststellen: »Als Idealtyp nicht fassbar bleibt der Partisan [...] politisch-theoretisch das, was er militärtaktisch schon immer ist: ein Chamäleon« (Münkler 1990b: 16). Angesichts dieser konstitutiven und gewollten Unverbindlichkeit, die einen Diskurs der Guerillakommunikation kaum greifbar werden lässt, scheint es angebracht, einige Überlegungen hinsichtlich des der Untersuchung zugrunde liegenden Diskursverständnisses anzustellen und zu verdeutlichen, inwiefern eine genealogische Perspektive dessen Analyse nützen kann.

STRUKTURALISTISCHE SPRACHTHEORIE UND KULTURELLE GRAMMATIK

Um der ersten Problematik, der Frage nach den strukturellen Merkmalen jenes »prekäre[n] Objekt[s] ›Diskurs‹« (Sarasin 2006: 128), näher zu kommen, ist ein Blick auf den wissenschaftstheoretischen Hintergrund hilfreich, vor dem Foucault seine Diskursanalyse entwickelt hat.[3] Wichtig für diese Diskussion sind die linguistischen Annahmen des Strukturalismus, die Foucault aufgreift. Ausgangspunkt aller

---

2 | In Levinsons Ratgebern für Guerillamarketing wird dieses Prinzip der Einmaligkeit allerdings nicht vertreten. »Zugang zum Unbewussten im Menschen« als wirksamer »Schlüssel« eines erfolgreichen Marketings verspricht nach seiner Ansicht allein das Prinzip der Wiederholung (Levinson 1990: 86ff., vgl. Levinson 2008: 402).

3 | Vgl. zu den folgenden Ausführungen »*Une analyse structurale du signifié*«. *Zur Genealogie der Foucault'schen Diskursanalyse* (Sarasin 2006) sowie *Spielräume der Wissenschaft. Diskursanalyse und Genealogie bei Michel Foucault* (Schölzel 2010b).

strukturalistischen Gesellschaftsanalysen war die Sprach- und Zeichentheorie Ferdinand de Saussures in der Variante, die im Buch *Cours de linguistique générales* von 1916 dargelegt wurde. Die Sprache (*la langue*) wird dort als ein abstraktes System aus Zeichen vorgestellt, sie sei »eine Form und nicht eine Substanz« (Saussure 2001: 146), so lautet eine oft zitierte Aussage. Sie wird unterschieden vom Sprechen (*la parole*), das eine konkrete Aktualisierung der Sprache durch individuelle Sprecher_innen in bestimmten Situationen bezeichnet. Das abstrakte System der Sprache bleibt den meisten Sprecher_innen unbewusst. Es wird als intersubjektiv geteilte, systematische Struktur gedacht, die aber nicht unabhängig von ihren Aktualisierungen im konkreten Sprechen existiert. Die in einer Sprache existierenden und zum Sprechen genutzten sprachlichen Zeichen bestehen nach strukturalistischer Ansicht aus zwei Seiten – dem Signifikant, der symbolischen Erscheinungsform des Zeichens, und dem Signifikat, der Bedeutung des Zeichens. Signifikant und Signifikat werden dabei als zwei voneinander getrennte oder jedenfalls lösbare Ebenen gedacht, was z.B. dann deutlich wird, wenn der gleiche Signifikant verschiedene Bedeutungen haben kann.

Wichtig ist nun die Frage, wie ein Zeichen seine Bedeutung erlangt bzw. wie sprachlicher Sinn entsteht. Die Annahme strukturalistischer Forschungen lautet, dass sich die Bedeutungen der Sprachzeichen (die Signifikate) nicht von einem bezeichneten Gegenstand her denken lassen, sondern durch strukturelle Differenzen innerhalb des abstrakten Systems der Sprache gebildet werden. Das Netz der Signifikanten, das »im Wesentlichen als Fläche ohne zeitliche Dimension« (Sarasin 2006: 122) behandelt wird, bildet durch die Verweise seiner einzelnen Elemente auf einander die Signifikate. Es etabliert jene arbiträre Beziehung zwischen Signifikant und Signifikat, die für diese Denktradition bedeutsam ist. Die daraus abgeleiteten (und hier sehr schematisch skizzierten) Folgen für die strukturalistische Geistes- und Sozialwissenschaft sind weitreichend. Da sie ihre ›Gegenstände‹ nur vermittelt durch Sprache behandeln und erschließen können, lautete die radikale Schlussfolgerung des strukturalistischen Denkens, dass nichts unabhängig von (sprachlichen) Strukturen existiere, bzw. etwas immer durch außerhalb seiner selbst liegende Strukturen determiniert sei.

Entsprechende Annahmen findet man auch unter den zahlreichen theoretischen Inspirationsquellen der Kommunikationsguerilla.[4] Die für deren Analysen und Aktivitäten wichtige Metapher einer Kulturellen Grammatik, die »sich auf die Sprachwissenschaft [bezieht und] Grammatik [als] das der Sprache zugrunde liegende Regelsystem« begreift, transferiert die Idee einer grundlegenden Grammatik aus der Sprache in die Gesellschaft, wo sie »das Regelsystem [bezeichnet], das gesellschaftliche Beziehungen und Interaktionen strukturiert« (autonome a.f.r.i.k.a. gruppe u.a. 2001: 17). Sie unterstellt die Existenz eines analysierbaren »Gerüst[s]

---

4 | In der Literatur über Guerillamarketing findet man demgegenüber keine Verweise auf sprachtheoretische Hintergrundannahmen.

von Normalitäten«, dessen Untersuchung sichtbar machen soll, »wie (bürgerliche) gesellschaftliche Normen das alltägliche Leben der Menschen bestimmen« (autonome a.f.r.i.k.a. gruppe u.a. 2001: 24ff.).

Eine Untersuchung abstrakter (Sprach-)Systeme erscheint in strukturalistischen Untersuchungen als Schlüssel zur Erkenntnis der Gesellschaft. Während man vor Saussure davon ausging, eine wie auch immer geartete soziale Wirklichkeit existiere *vor* der Sprache und sei in dieser, wie wenig präzise auch immer, abgebildet, wurde in strukturalistischen Untersuchungen diese Annahme gewissermaßen umgekehrt. Damit stand die Behauptung im Raum, soziale Wirklichkeit sei der Sprache *nach*geordnet. Das linguistische Paradigma meint mit anderen Worten: Seit den *Cours de linguistique générales* kann man Sprache nicht mehr sinnvoll als Abbild objektiv vorhandener sozialer Phänomene denken, die soziale Wirklichkeit lässt sich im Gegensatz dazu jedoch als ein Effekt von Sprache beschreiben. »Der Strukturalismus«, so beschreibt ihn Foucault,

»stellt die Frage nach den formalen Bedingungen der Entstehung von Sinn, wobei er bevorzugt von der Sprache ausgeht, da die Sprache selbst ein außerordentlich komplexes Objekt darstellt, das sich in vielfältiger Weise analysieren lässt. Zugleich dient die Sprache jedoch als Modell für die Analyse der Entstehung anderer Bedeutungen, die nicht genau linguistischer oder sprachlicher Art sind.« (Foucault 2001a: 772)

Im *Handbuch der Kommunikationsguerilla* findet sich als eine wichtige Theoriereferenz Roland Barthes' Buch *Mythen des Alltags* (autonome a.f.r.i.k.a. gruppe u.a. 2001: 20).[5] Anhand der darin angestellten Überlegungen wird scheinbar ganz in strukturalistischer Tradition das Konzept der Kulturellen Grammatik theoretisch hergeleitet. Es entspricht weitgehend der Vorstellung von einer systematischen Struktur, die das konkrete Sprechen in einen regulierenden Rahmen fasst, der allerdings den meisten Sprecher_innen unbewusst bleibt. Die Kulturelle Grammatik beschreibe, so meinen die Autor_innen, ein mythisches System im Sinne Barthes', das heißt ein sekundäres semiologisches System:

»Gemäß Barthes setzt sich ein Zeichen aus zwei Elementen zusammen: Dem Bedeutungsträger oder Signifikanten und der damit ausgedrückten Bedeutung, dem Signifikat. Wichtig für die Funktionsweise von Kultureller Grammatik ist, dass sich oft zwei Zeichensysteme unterscheiden lassen: Im ersten System haben die Signifikanten eine offensichtliche, sprachlich ausgedrückte

---

5 | *Mythen des Alltags* (Barthes 1964) ist ein Auszug aus dem 1957 erschienen Buch *Mythologies*. Barthes löste sich mit seinen Überlegungen allerdings bereits von einem allzu formalistischen Sprachverständnis und gilt selbst als einer der Wegbereiter poststrukturalistischen Denkens.

Bedeutung, also ein Signifikat. Aus dem Verhältnis zwischen Signifikant und Signifikat ergibt sich ein Sinn. In diesem ersten Zeichensystem hat etwa eine Vereinssitzung mit ihren festgelegten Strukturen den Sinn, die Belange des Vereins rationell und wirksam zu regeln. Im zweiten Zeichensystem wird die Sitzung zur bloßen Form, zum Signifikanten. [Es kommt] darauf an, dass die Sitzung ordentlich entsprechend der kulturellen Grammatik durchgeführt wird [...]. In diesem zweiten Zeichensystem, das Barthes als System des Mythos bezeichnet, bedeutet die Vereinssitzung nichts anderes, als dass Macht akzeptiert und gesellschaftliche Prozesse hierarchisch geregelt werden müssen.« (autonome a.f.r.i.k.a. gruppe u.a. 2001: 20f.)

Ein Blick in Barthes' Aufsatz offenbart jedoch, dass er den Mythos als Aussage bzw. als Mitteilungssystem oder Botschaft konzipierte (Barthes 1964: 85). Seine Ausführungen drehten sich zwar auch um die Struktur einer mythischen Aussage – also gewissermaßen deren ›Grammatik‹ –, blieben aber darauf beschränkt, sie als jenes sekundäre semiologische System im Sinne der strukturalistischen Sprachwissenschaft vorzustellen. Die Struktur des Mythos entsprach seines Erachtens ganz der Struktur der Sprache, der Mythos glich formal dem Zeichen, beide setzten sich jeweils aus Signifikant und Signifikat zusammen (Barthes 1964: 88ff.). Barthes' Interesse galt also weniger der Struktur des Mythos, sondern neben unterschiedlichen mythischen Inhalten vornehmlich der Wirkungsweise mythischer Aussagen. Insbesondere analysierte er im Mythosaufsatz das Spiel zwischen dem sprachlichen Sinn und der mythischen Bedeutung, die Beziehungen zwischen dem primären semiologischen System der Sprache und dem sekundären semiologischen System des Mythos sowie die sich daraus ergebenden Doppeldeutigkeiten konkreter Botschaften. Die Funktionsweise der Mythen folgte nach Barthes' Analyse stets demselben Muster. Mythen entstanden durch die kommunikative Verwandlung historischer Phänomene in scheinbar natürliche Gegebenheiten, sie bewirkten »die Verkehrung von *Antinatur* in *Pseudonatur*« (Barthes 1964: 130, Hervorhebung im Original). Im Bereich der Politik meinte dies die Naturalisierung bzw. die Essentialisierung bestimmter sozialer Strukturmuster, die sich erst in historischen Konflikten herausgebildet hatten. Die Wirkung des Mythos bestand darin, diese Historizität sozialer Strukturmuster und die dahinter liegenden politischen Konflikte und Kämpfe zu verdecken, indem die etablierte Ordnung als ›normal‹, ›natürlich‹ oder ähnliches dargestellt wurde.[6]

---

6 | Barthes diskutiert bspw. recht ausführlich das Titelblatt einer Zeitschrift mit der Abbildung eines französischen Soldaten afrikanischer Herkunft, der eine Flagge der Republik grüßt. Geleugnet werde mit dieser Abbildung nicht die Existenz des französischen Kolonialregimes, sondern seine konfliktreiche Geschichte. Die Herrschaft Frankreichs über seine afrikanischen Kolonien werde als normale oder richtige Ordnung, letztlich als gleichsam natürliche Ordnung dargestellt (Barthes 1964).

Der Begriff der Kulturellen Grammatik verweist jedoch auf die formale Struktur bzw. die den Aussagen zugrunde liegenden Regelsysteme. Diese entscheidende Verschiebung, weg vom Mythos als Aussage und hin zur Kulturellen Grammatik als formaler Struktur, lässt sich mit Barthes' Konzeption des Mythos nur schwer nachvollziehen. Da die Kulturelle Grammatik zudem als historisch wandelbare Struktur (nicht als historisch wandelbare Aussage wie Barthes' Mythos) vorgestellt wird (autonome a.f.r.i.k.a. gruppe u.a. 2001: 20), scheint ein Rekurs auf die strukturalistische Sprach- oder Sozialwissenschaft allgemein wenig sinnvoll. Mit Mitteln des Strukturalismus lassen sich zwar statische Strukturen in synchroner Perspektive untersuchen, nicht jedoch historisch wandelbare oder dynamische Strukturen in diachroner Perspektive. Entsprechend beschränkte sich Barthes' Untersuchung auf »eine synchronische Skizzierung der zeitgenössischen Mythen« (Barthes 1964: 124). Mit der Diskursanalyse steht jedoch ein sozialwissenschaftliches Instrumentarium zur Verfügung, das einige wichtige Annahmen des Strukturalismus teilt, das darüber hinaus jedoch insbesondere die historischen Wandlungsprozesse einer formalen Struktur erfassen kann, wie sie die Kulturelle Grammatik charakterisieren. Es soll daher hier vorgeschlagen werden, dieses Konzept im Sinne einer abstrakten diskursiven Ordnung zu verstehen, in Anlehnung an das, was Michel Foucault als die *Ordnung des Diskurses* beschrieben hat (Foucault 2007). Man kann mit einem solchen Verständnis detaillierter die Frage stellen, auf welche Weise Aussagen (bzw. Elemente eines Diskurses) organisiert, das heißt zueinander in Beziehung gesetzt und zu einem typischen ›Muster‹ angeordnet werden, und wie sich auf diese Weise ›normale‹ Verfahren der Kommunikation etablieren, die andere Kommunikationsformen, fremde Sprecher und/oder alternative Inhalte tendenziell verdrängen. Während Foucault allerdings von *der* Ordnung des Diskurses im Singular spricht, impliziert das Konzept der Kulturellen Grammatik, dass es unterschiedliche solche Ordnungsmuster geben könnte, die historisch variieren. Die Kulturelle Grammatik soll in diesem Sinne in der Folge als diskursive Ordnung begriffen werden, die sowohl in Hinblick auf ihre inhaltlichen Aussagen als auch in Hinblick auf ihre formalen Strukturmerkmale von Interesse sein kann.

DISKURSANALYSE UND KOMMUNIKATIONSGUERILLA

Foucaults Diskurskonzept unterscheidet sich in einer spezifischen Hinsicht von der strukturalistischen Konzeption, die Signifikant und Signifikat klar voneinander trennt und dem im System der Sprache verankerten Netz der Signifikanten eine sinnstiftende Kraft zubilligt. Deutlich wird die Differenz anhand von Sarasins Neuübersetzung einer wichtigen methodologischen Aussage aus dem Buch *Die Geburt der Klinik* (Foucault 1991), welche die Bemühungen Foucaults, sich mit dem linguistischen Paradigma im Hintergrund über dieses hinwegzusetzen, auf den Punkt bringt. Foucaults dort geäußerte Frage an sich selbst lautet: »Wäre nicht eine strukturale Analyse des Signifikats möglich, die dem Schicksal des Kommentars entgeht, indem sie den Signifikanten und das Signifikat in ihrer ursprünglichen Entsprechung belässt« (Sarasin 2006: 122)? Streng strukturalistisch gedacht, wäre eine solche strukturale Analyse des Signifikats allerdings gar nicht möglich, da ein Signifikat, wie oben dargestellt, nur als arbiträrer Effekt der Struktur des Signifikantennetzes, der ständigen und systematischen Verweise von Signifikanten aufeinander, gedacht werden kann. Was also bedeutet diese *strukturale Analyse des Signifikats*?

Jedenfalls ist kein Rückfall hinter die Erkenntnisse Saussures gemeint, sie meint also nicht, eine systematische und ungeschichtliche Sprache würde eine vor ihr liegende, außersprachliche Referenz oder soziale Wirklichkeit abbilden. Wenn Signifikant und Signifikat als synthetische Einheit gedacht werden, »als ein festes, positives Zeichen, als Aussage, an der es nichts zu rütteln gibt«[7] (Sarasin 2006: 122), läuft dies vielmehr auf die Hypothese hinaus, es gebe keinen prinzipiellen Unterschied zwischen sozialer Wirklichkeit und symbolischer Welt. Die Welt der Zeichen und die Welt der Dinge stehen dann nicht länger in einem hierarchischen Verhältnis zueinander, bei dem die eine Seite die andere abbildet oder determiniert, sondern in einer kontingenten Beziehung als jeweils reale Aussagen. Eine Analyse konkreter Diskurse verfolgt das Ziel, die jeweils spezifische Struktur solcher Beziehungen und deren Aussagen zu erkunden. Die Aufgabe von Diskursanalysen besteht deshalb darin, Diskurse nicht

»als Gesamtheit von Zeichen (von bedeutungstragenden Elementen, die auf Inhalte oder Repräsentationen verweisen), sondern als Praktiken zu behandeln, die systematisch die Gegenstände bilden, von denen sie sprechen. Zwar bestehen diese Diskurse aus Zeichen; aber sie benutzen diese Zeichen für mehr als nur zur Bezeichnung der Sachen. Dieses *mehr* macht sie irreduzibel auf das Sprechen und die Sprache. Dieses *mehr* muss man ans Licht bringen und beschreiben.« (Foucault 2008a: 525)

Entsprechend drehen sich Diskursanalysen bei Foucault um die »Analyse der für unsere Kultur charakteristischen kulturellen Tatsachen« (Foucault 2001a: 776) und agieren damit »ebenso weit von den ›Worten‹ wie von den ›Dingen‹ entfernt« (Sarasin 2003a: 33f., vgl. Foucault 2008a: 524). Ganz ähnlich zu dieser Konzeption von

---

7 | Diese Annahme Foucaults bzw. Sarasins gleicht einer erst in jüngerer Zeit bewusst gewordenen Ansicht Saussures, der den binären Zeichenbegriff zugunsten eines synthetischen Zeichenbegriffs aufgegeben hatte. Die in den *Cours de linguistique générales* vertretene und für den Strukturalismus so folgenreiche These, Zeichen hätten eine binäre Struktur, geht wohl wesentlich auf die Herausgeber Charles Bally und Albert Sechehaye zurück, die dieses Buch auf Grundlage von Mitschriften aus Saussures Vorlesungen publizierten (Jäger 1975: 111ff.).

Diskursen als kulturellen Tatsachen fassen Kommunikationsguerillas auch ihr Konzept der Kulturellen Grammatik auf und lösen es damit aus der Analogie zu einem abstrakten Sprachsystem:

»Wenn von Kultureller Grammatik die Rede ist, dann umfasst der Begriff ›Kultur‹ mehr als den bürgerlichen Kanon von Bildender Kunst, Musik und Literatur einschließlich des darauf beruhenden Kunstbetriebs, und auch mehr als dessen Erweiterung um Formen von Subkultur. [...] In weiterem Sinne umfasst Kultur alle menschlichen Ausdrucksformen, Bedeutungszuschreibungen, Handlungen und Produkte des Alltags. In dieser Definition beschreibt der Begriff eine bestimmte Sicht auf die Art und Weise, wie Menschen die Setzungen, Anforderungen und Möglichkeiten innerhalb des gesellschaftlichen Rahmens umsetzen, nutzen und interpretieren.« (autonome a.f.r.i.k.a. gruppe u.a. 2001: 25)

Man müsste also die Kulturelle Grammatik analog zu diskursiven Strukturen verstehen. Konkrete Aussagen und Wissensbestände würden dann als Bestandteile einer realen, historischen Wirklichkeit behandelt. Gewissermaßen als Rückseite kommunikativer Äußerungen wären die historisch wandelbaren Praktiken und Institutionen in ihrer Struktur gleich einem Zeichenprozess zu analysieren, als Differenzierung der einzelnen Diskurselemente voneinander. Eine solche Historisierung veranschaulicht zudem, dass die Vorstellung *einer* stabilen Form des Sozialen eine Fiktion ist. Denn als erkenntnistheoretische Hintergrundannahme diskursanalytischer Forschungen wird die in weiten Bereichen moderner Wissenschaft unterstellte Existenz *der* Wahrheit, die es zu ergründen gelte, verworfen und stattdessen der Fokus auf die Untersuchung von Prozessen innerhalb konkreter historischer Diskursformationen gelenkt, als deren Effekte scheinbar wahre Aussagen erst entstehen. Analog zu dieser Sichtweise wird die Kulturelle Grammatik durch ihre Erfinder_innen als »etwas historisch Gewordenes« betrachtet, das »zu einer scheinbar natürlichen Gegebenheit wird« und dadurch »Macht hinter dieser Natürlichkeit unsichtbar« werden lässt (autonome a.f.r.i.k.a. gruppe u.a. 2001: 20).

Ein Unterschied zwischen einer strukturalistischen (Sprach-)Analyse und einer Diskursanalyse im hier dargestellten Sinn besteht demzufolge hinsichtlich der Frage, was unter Bedeutung bzw. Sinn zu verstehen ist. Im Fall des Strukturalismus arbeitet man mit der Vorstellung eines abstrakten Systems, der Sprache, das Bedeutungen konstituiert und auf diesem Weg soziale Praktiken determiniert. Im Fall der Diskursanalyse geht man jedoch davon aus, dass alles – jede Praxis, jede Institution, jede Form von Kommunikation – für sich bereits bedeutsam ist. Der Begriff *Diskurs* beschreibt kein abstraktes System, sondern ein historisch variables System von Aussagen, ein *historisches Apriori* (Foucault 2008a: 610ff.). Diskursanalysen untersuchen Wirklichkeiten, die niemals vollständig stabilisierbar sind, weil sie vergleichbar mit einer konkret gedachten und historisch wandelbaren Sprache sind, deren Merkmale die »prinzipielle Unabschließbarkeit [einer] immer polysemischen Sprache und damit [die] Nichtfixierbarkeit von Sinn« (Sarasin 2003a: 33) sind. Die Untersuchung eines spezifischen Diskurses offenbart diesen als nur scheinbar stabile, prinzipiell jedoch »instabile Konventionalisierung von Aussageweisen« (Sarasin 2003a: 33). Geradezu zwangsläufig rücken mit einer solchen Konzeption beständig die gefährdeten Ränder der Diskurse in den Fokus. Mit Diskursanalysen kann man ihre Grenzräume, ihre Brüche und ihre Übergänge zu anderen Diskursen erkunden – Phänomene, die aus anderer Perspektive meist als sinnlos oder unbedeutend erscheinen. Während strukturalistische Untersuchungen also eher die Frage stellen, wie Bedeutungen oder Sinn aus einer ihnen vorgelagerten, formalen Struktur entstehen, versuchen Diskursanalysen gewissermaßen das Gegenteil, wie Foucault in einem Interview 1967 verdeutlichte: »[I]m Grunde befasse ich mich weder mit Sinn noch mit den Bedingungen, unter denen Sinn entsteht, sondern mit den Bedingungen, unter denen Sinn verschwindet, so dass anderes an seine Stelle treten kann« (Foucault 2001: 773). Weil es jeder Form von Guerillakommunikation darum geht, die Werte ihrer Gegner_innen in Frage zu stellen und deren Sinn verschwinden zu lassen, lassen sich ihre Aktivitäten besser in diskursanalytischem als in strukturalistischem Vokabular erforschen.

Die hier skizzierte Lesart der Foucault'schen Diskursanalyse weist eine große Nähe zu Jacques Derridas Praxis oder Methode der Dekonstruktion auf, so dass man auch von einer dekonstruktiven Diskursanalyse sprechen könnte.[8] Derridas Theorie basiert ebenfalls auf der strukturalistischen Sprachwissenschaft Saussures und kommt auf einem anderen Argumentationsweg zu einer formal ganz ähnlichen Korrektur. Im Gegensatz zu Foucault, der gegen den Strukturalismus das gewissermaßen empirische Argument ins Feld führte, es sei angesichts historischer Wandlungsprozesse unplausibel, von der angenommenen Existenz einer abstrakten, in sich geschlossenen und systematischen Sprachstruktur auszugehen, deckte Derrida einen blinden Fleck in Saussures Theorie auf. Diese operierte, wie erwähnt, mit der Annahme, ein Zeichen (Signifikant) gewinne seine Bedeutung (Signifikat) in einem Prozess der Differenzierung verschiedener Signifikanten voneinander. Die berechtigte Frage Derridas lautete nun, woher derjenige Signifikant, den man selbst ›Zeichen‹ nennt, eigentlich seine Bedeutung erlange, das heißt woher die angenommene binäre Struktur aus Signifikant und Signifikat sowie alle sich daraus ergebenden Folgen stammten. In Saussures Theorie war dieses ›Zeichen des Zeichens‹ als gleichsam metaphysisches Ding gesetzt, es bildete das unhinterfragte Zentrum der gesamten Theorie und verlieh so dem sprachlichen System seine geschlossene Systematik und Stabilität. Nach Derridas Ansicht allerdings »müsste man sogar den Begriff und das Wort des Zeichens zurückweisen«, das heißt die unhinterfragte Bedeutung des Wortes ›Zeichen‹ problematisieren (Derrida 2000: 425). Er stellte damit dessen beson-

---

8 | Sarasin spricht mit Blick auf Foucaults diskursanalytische Arbeiten zum Teil sogar explizit von »Dekonstruktionen« (Sarasin 2009: 9).

deren Status als stabiles Zentrum eines strukturalen Sprachsystems in Frage und brachte es in das Spiel der Differenzierungen ein. Auf diesem Weg wurden Diskurse sichtbar, das heißt ebensolche prekäre Aussagesysteme, wie Foucaults sie beschrieben hatte. Sie setzten sich aus aufeinander verweisenden Elementen zusammen, deren Sinn niemals endgültig stabilisiert werden konnte.

Nach Derridas Ansicht waren zwei Möglichkeiten des wissenschaftlichen Umgangs mit diesen prekären Strukturen denkbar, die seines Erachtens zwei »gänzlich unversöhnbar[e]« Interpretationsweisen dieser Unsicherheit meinten, wie in den »Wissenschaften vom Menschen« vorzugehen sei:

»Die eine träumt davon, eine Wahrheit und einen Ursprung zu entziffern, die dem Spiel und der Ordnung des Zeichens entzogen sind, und erlebt die Notwendigkeit der Interpretation gleich einem Exil. Die andere, die dem Ursprung nicht länger zugewandt bleibt, bejaht das Spiel und will über den Menschen und den Humanismus hinausgelangen, weil Mensch der Name des Wesens ist, das die Geschichte der Metaphysik und der Onto-theologie hindurch, das heißt im Ganzen seiner Geschichte, die volle Präsenz, den versichernden Grund, den Ursprung und das Ende des Spiels geträumt hat.« (Derrida 2000: 441)

Seine eigene Vorgehensweise, die Dekonstruktion, ist eine bestimmte Form der Lektüre bzw. der Analyse von Diskursen, die der zweiten Interpretationsmöglichkeit entspricht. Es handelt sich um eine spielerische Vorgehensweise innerhalb der prekären Aussagesysteme, das heißt der Diskurse. Die Dekonstruktion lässt sich als eine ständige Verschiebung instabiler Aussagen beschreiben, die sich nur temporär und nur unter einem bestimmten Gesichtspunkt stabilisieren lassen. Durch Perspektivenwechsel wird dagegen das Prekäre der Struktur sichtbar. Die Dekonstruktion vereinigt zwei gegenläufige Operationen, eine destruktive Bewegung, die unhinterfragte, scheinbar stabile Elemente eines Diskurses sichtbar macht und destabilisiert, und eine konstruktive Bewegung, die zugleich mit der Zerstörung fest gefügter Bedeutungsmuster etwas Neues entstehen lässt. Sie bewegt sich zwischen zwei Polen, nämlich einerseits der Idee, dass man existierenden Zeichen eine neue oder andere Bedeutung geben kann, und andererseits der Idee, dass man neue Begriffe, das heißt neue Zeichen mit neuen Bedeutungen in das Spiel der Differenzierungen einbringen kann. Derrida bezeichnete die Vorgehensweisen der Dekonstruktion auch als »Partisanenoperationen« (Derrida 2002: 219), und dass die hier angewandte Methodik diesen Ideen ein Stück weit folgt, ist keineswegs ein Zufall. Denn das Phänomen der Guerillakommunikation entzieht sich einem direkten Zugriff ebenso wie ein Guerillero oder Partisan sich dem Zugriff einer regulären Armee zu entziehen versucht. So wie der Partisan stirbt, wenn er durch eine Armee gefangen wird, verschwindet auch Guerillakommunikation aus der Wahrnehmung, wenn man versucht, ihre Eigenschaften eindeutig zu fixieren. Daher bleiben nur zwei Varianten der Annäherung übrig, nämlich einmal »zu versuchen, wie im Partisanenkrieg erprobtes Militär, [das Phänomen] zu umstellen und einzukreisen«, oder aber den direkten Kontakt zu suchen: »Wer das Chamäleonhafte des Partisanen nachzeichnen will, muss sich ihm anverwandeln« (Münkler 1990a: 8ff.). Für eine Untersuchung der Guerillakommunikation mögen dieselben Notwendigkeiten bestehen: Um ihren Eigenschaften auf die Spur zu kommen sind partisanengleiche Operationen im Feld der Wissenschaft von Nöten.

GENEALOGISCHE PERSPEKTIVE UND GUERILLAKOMMUNIKATION

Während das Anliegen diskursanalytischer Arbeiten darin besteht, »die historische Varianz der freigelegten Denkstrukturen« zu verdeutlichen (Saar 2007: 191), rückt mit der genealogischen Perspektive auf solche Phänomene die Frage nach den strategischen Kalkülen im Umgang mit solch unsicheren Wissensordnungen in den Vordergrund. Es geht darum, wie Konventionalisierungen von Aussageweisen im Einzelnen geschehen bzw. wie Diskurse ihren Status als *historische Apriori* erlangen. Für eine Untersuchung der Guerillakommunikation stellt sich daher die Frage, wie Kulturelle Grammatiken ihre scheinbare Stabilität erlangen. »Ich setze voraus«, so führt Foucault in *Die Ordnung des Diskurses* aus,

»dass in jeder Gesellschaft die Produktion des Diskurses zugleich kontrolliert, selektiert, organisiert und kanalisiert wird – und zwar durch gewisse Prozeduren, deren Aufgabe es ist, die Kräfte und die Gefahren des Diskurses zu bändigen, sein unberechenbar Ereignishaftes zu bannen, seine schwere und bedrohliche Materialität zu umgehen.« (Foucault 2007: 10f.)

Solche Ordnung stiftenden Prozesse erkennen Kommunikationsguerillas in der »Durchsetzung und Praktizierung von Regeln und Verkehrsformen, Symbolen und Kommunikationsweisen« (autonome a.f.r.i.k.a. gruppe u.a. 2001: 24). Deren politische Relevanz besteht darin, bestimmte Verfahrensweisen sozialer Interaktion verbindlich festzuschreiben und damit die grundlegende Struktur sozialer Beziehungen zu bestimmen. Politische Herrschaft könne, so lautet deren These, auf diese Weise ohne Androhung unmittelbarer Gewaltanwendung aufrechterhalten werden, da die Kulturelle Grammatik für alle relevanten Bereiche der Gesellschaft eine verbindliche Art und Weise des Kommunizierens definiere. Ziel der Kommunikationsguerilla sei es, die Struktur der Kulturellen Grammatik wenigstens für Momente sichtbar zu machen und zu verschieben, indem deren Funktionsweise erkannt und deren Ordnung möglichst nachhaltig durcheinander gebracht werde.

Beide bisher grob unterschiedenen Varianten, die politische Kommunikationsguerilla und das ökonomisch interessierte Guerillamarketing, können daher mit

Blick auf ihre heterogenen inhaltlichen Aussagen nicht als sinnstiftende Praxis verstanden werden. Es handelt sich aus dieser Perspektive um negative Praktiken. Ihr gemeinsames Merkmal ist der Kampf gegen ein scheinbar übermächtiges Gegenüber. Sie wollen auf fragwürdige Ansprüche, Ungereimtheiten und lückenhafte Begründungen bereits herrschender kommunikativer Ordnungsmuster aufmerksam machen und diese destabilisieren. Diese ›rebellische‹ Dimension zeichnet gerade auch die im ökonomischen Wettbewerb agierende Variante der Guerillakommunikation aus:

»Die vom Guerilla Marketing ausgehende Rebellion zielt darauf ab, die Werte der direkten Wettbewerber, der herkömmlichen Kommunikationswege und ihrer Funktionsweisen oder der ›Antikunden‹ in Frage zu stellen oder – in einer aggressiveren Ausprägung – zu destabilisieren.« (Zerr 2003: 4f.)

Das Interesse solcher Guerillaaktionen richtet sich allerdings nicht in erster Linie auf die durchaus problematisierten inhaltlichen Aussagen. Guerillakommunikation lässt sich auch in ihrer dezidiert politischen Erscheinungsform nicht auf Ideologiekritik reduzieren. Es geht ihren Akteur_innen nicht um das »Verbindlichmachen einer besseren Ideologie« (autonome a.f.r.i.k.a. gruppe u.a. 2001: 28). Ihre fragmentarischen Interventionen bleiben situativ gebunden, ihre Kritik auf der Ebene inhaltlicher Aussagen ist daher zumeist Reaktion. Entsprechend erscheinen ihre speziellen Umgangsformen mit herrschenden Diskursen und die Heterogenität der immer wieder neuen und anders vorgehenden Guerillakommunikation nicht als anderer, konkurrierender Diskurs. Ein Diskurs im Sinne eines analysierbaren Systems bestimmter Aussagen scheint damit weitgehend zu fehlen.

Das Konzept der Kulturellen Grammatik beschreibt aber weniger einen Zusammenhang inhaltlicher Aussagen als vielmehr formale Merkmale bestimmter Verfahrensweisen, die bedeutsam sind, weil sie die Möglichkeiten einschränken, welche Aussagen überhaupt gebildet werden können. Diesen Verfahrensweisen gilt das besondere Interesse der Kommunikationsguerillas. Ihre Prinzipien etablieren eine formale Logik der Struktur herrschender Diskurse, die Kulturelle Grammatik. Sie wirken nicht nur als Gerüst politischer oder wirtschaftlicher Dominanz, sondern geben auch den Ort für kommunikative Guerillaaktionen ab. Dieser Ort oder besser dieser strukturierte Raum wird von den Guerillas als eine Art Kreativspielplatz angesehen, dessen Elemente sich umbauen, neu anordnen oder aus dem Spiel entfernen bzw. durch neue Elemente ergänzen lassen. Das Grundprinzip der angewandten Verfahren beschreiben sie als Verfremdung oder Neukodierung bereits vorhandener kultureller Tatsachen:

»Wer in der Kommunikation die Regeln der Kulturellen Grammatik nicht nur unbewusst praktiziert, sondern kreativ mit ihnen umgeht, kann sie für seine eigenen Zwecke benutzen, instrumentalisieren oder umdrehen, indem er sie mit abweichenden Inhalten füllt, in die ritualisierten Gewänder schlüpft, sich fremde Rollen anmaßt und dabei unter Umständen im Tonfall der Macht spricht. [...] Wir setzen auf Aktionen, die ästhetische Momente von Herrschaft dekonstruieren und die Regeln der Kulturellen Grammatik durcheinanderwerfen [...].« (autonome a.f.r.i.k.a. gruppe u.a. 2001: 26ff.)

Mit ihren fragmentarischen Äußerungen erweist sich Guerillakommunikation in diesem Spiel gewissermaßen als kongeniale Partnerin genealogischer Forschungen. Deren Anliegen besteht in der Erforschung historischer Prozesse, in denen fragmentarische Aussagen Stück für Stück zu komplexen Diskursen geformt werden. Genealogien versuchen, die Aufmerksamkeit darauf zu lenken, »[d]ass es hinter den Dingen ›etwas ganz anderes‹ gibt: nicht deren geheimes, zeitloses Wesen, sondern das Geheimnis, dass sie gar kein Wesen haben oder dass ihr Wesen Stück für Stück aus Figuren konstruiert wurde, die ihnen fremd waren« (Foucault 2002: 168f.). Ihr Verständnis einer antideterministischen und antiteleologischen Geschichte versteht historische Forschungen nicht als Suche nach vermeintlichen Ursprüngen oder Ursachen einer kausalen Folge von Ereignissen, was grob dem Blickwinkel traditioneller Geschichtsschreibungen entspräche, und auch nicht als zielgerichteten Prozess, was etwa marxistischer Geschichtsphilosophie entspräche (Foucault 2001a: 777f.). Die mit einem traditionellen Geschichtsverständnis einhergehende, weit verbreitete Ansicht, wonach wir »glauben, unsere Gegenwart beruhte auf tiefgründigen Absichten und stabilen Notwendigkeiten« (Foucault 2002: 181), stellen Genealogien radikal in Frage. Ereignisse folgen unter ihrem Blickwinkel einer »Zufallsreihe« (Foucault 2007: 35). Sie versuchen sichtbar zu machen, »dass wir ohne sicheres Bezugssystem inmitten zahlloser verlorener Ereignisse leben« (Foucault 2002: 181). Nur wenn solche Ereignisse als »Serie« oder mit »Regelhaftigkeit« (Foucault 2007: 35) auftreten, kann ein Diskurs, ein Muster zusammenhängender Aussagen als Effekt von Wiederholungen und Auseinandersetzungen entstehen. Diskursanalysen oder Genealogien können solche Regelmäßigkeiten oder serielle Wiederholungen nicht leisten. Sie wirken im Raum der Wissenschaft »gegen die theoretische Einheitsinstanz [...], die den Anspruch erhebt, im Namen wahrer Erkenntnis« (Foucault 2001: 23) bestimmte Wissensformen zu delegitimieren oder zu disqualifizieren. Genealogien machen dagegen jenen »Kampf *im* Wissen« sichtbar (Saar 2007: 203, Hervorhebung im Original), in den sie selbst eingreifen.

Auch die Kämpfe, die Kommunikationsguerillas in den Strukturen der Kulturellen Grammatik führen, wollen deren zwingenden Charakter erst sichtbar machen. Regelmäßigkeiten oder serielle Wiederholungen gleicher Aussagen können auch sie nicht leisten. Ihr im Gewand permanenter Überraschungsmomente erscheinender Innovationszwang erfordert den unentwegten Bruch mit den kulturellen Konventionen öffentlicher Kommunikation. Eine genealogische Perspektive eröffnet mit ihrem Interesse an strategischen Kalkülen hinter den Diskursen den Blick auf jene Praktiken und Kämpfe, in denen Bedeutungen erst gebildet werden – oder aber verschwinden. Als eine spezifische Kampfesweise am Rand der Diskurse lässt sich Guerillakommunikation verstehen. Der Begriff fasst bestimmte Modi kommunikativ ausgetragener Konflikte zusammen. Deren Strukturen zu ergründen und zu ermitteln, inwiefern mit diesen Praktiken Sinn destabilisiert oder gestiftet wird und ob Ansätze zu anderen Regelsystemen existieren, soll mit ihrer Untersuchung geleistet werden. Eine Genealogie der Guerillakommunikation kann dann zeigen, wie unter unterschiedlichen historischen Bedingungen kommunikative Methoden und Praktiken entwickelt und angewandt wurden, deren Gemeinsamkeiten in der formalen Hinsicht bestehen, dass sie sich gegen spezifische Kulturelle Grammatiken, gegen die formale Struktur herrschender Diskurse richten. Bleibt man in der nicht nur sprachlichen Analogie solcher genealogischer Forschungen zu Darwins Evolutionstheorie (Sarasin 2009), dann ließe sich zudem folgendes metaphorisches Bild für die Methodik dieser Untersuchung entwerfen: Die diskursiven Praktiken der Guerillakommunikation können mit ihren gewollten Abweichungen vom Normalen und ihren bewusst durchgeführten Regelbrüchen bzw. – andersherum betrachtet – mit ihren scheinbar unsystematischen und regellosen Praktiken nicht nur als Kämpfe an den Rändern der Diskurse, sondern auch als ›Mutationen‹ der Kulturellen Grammatiken bezeichnet werden. Ihre Genealogie möchte insbesondere die Prozesse und die Logiken dieser ›Mutationen‹ sichtbar machen.

Militärisches Denken

Guerillakrieg als politischer Konflikt

> »Der Partisan kämpft irregulär. Aber der Unterschied von regulärem und irregulärem Kampf hängt von der Präzision des Regulären ab und findet erst in modernen Organisationsformen, die aus den Kriegen der französischen Revolution entstehen, seinen konkreten Gegensatz und damit auch seinen Begriff.«[1]
> Carl Schmitt

Carl von Clausewitz, bekannter Militärtheoretiker und eine wichtige Referenz in der Diskussion um strategische Kommunikation oder Kommunikationskampagnen in der Politik, formulierte in seinem Buch *Vom Kriege* die in verschiedenen Varianten bekannte Behauptung, der Krieg sei »nichts als eine Fortsetzung des politischen Verkehrs mit Einmischung anderer Mittel« (Clausewitz 1980: 990). Die Mittel des Kriegs bestünden im Einsatz »physische[r] Gewalt« zu dem Zweck, »dem Feinde unseren Willen aufzudringen« (Clausewitz 1980: 192). Diese Sichtweise ordnete den Krieg klar der Politik unter, die ihn nach ihren Vorstellungen, zum Erreichen ihrer Zwecke einsetzen konnte. Politik und Krieg bildeten nach dieser Lesart somit die Dimensionen einer Zweck-Mittel-Relation: die Politik bestimmte den Zweck, der Krieg bildete ein Mittel, den erwünschten Zweck zu erreichen. Interessant ist, dass Clausewitz den Krieg auf eine Ebene mit anderen Mitteln der Politik stellte, explizit bspw. mit dem kommunikativen Mittel der Diplomatie. Mit einer rhetorischen Frage behauptete er letztlich sogar, Krieg sei begreifbar als eine Form von Sprache: »Ist nicht der Krieg bloß eine andere Art von Schrift und Sprache ihres Denkens [d.h. des Denkens der Politik]?« Und weiter: »Er hat freilich seine eigene Grammatik, aber nicht seine eigene Logik« (Clausewitz 1980: 991).

Mit der hier gezogenen Parallele eröffnet das letzte Zitat auch den Zugang zu einer weiteren, zweiten Lesart der Aussage, der Krieg sei als Fortsetzung der Politik zu begreifen. Diese zweite Lesart meinte eine Unterordnung nicht nur unter den

---

1 | Schmitt 2006: 11.

Zweck, sondern auch unter die Logik der Politik, da der Krieg keine eigene Logik habe, sondern »nur ein Teil des politischen Verkehrs [...], also durchaus nichts Selbständiges« sei (Clausewitz 1980: 990). Mit der Logik der Politik wurde also offenkundig nicht der politische Zweck eines Kriegs angesprochen, sondern etwas, das man vielleicht als die Art und Weise bezeichnen kann, wie Politik als Prozess vonstatten geht. Auch in diesem zweiten Sinn erschien Clausewitz der Krieg als Fortsetzung des politischen Verkehrs. In einer später dem Buch hinzugefügten *Nachricht* kündigte er eine Umarbeitung des gesamten Werks an unter dem Gesichtspunkt, den Krieg als Fortsetzung der Politik zu denken, die er dann allerdings nur noch teilweise durchführen konnte. Jedoch benannte er aufgrund dieser Überlegung eine »doppelte Art des Krieges«, die sich anhand eines unterschiedlichen Zusammenspiels dieser zwei Dimensionen der Fortsetzung der Politik im Krieg differenzieren ließ. Als Arten des Kriegs unterschied er

»diejenige, wo der Zweck das Niederwerfen des Gegners ist, sei es, dass man ihn politisch vernichten oder bloß wehrlos machen und also zu jedem beliebigen Frieden zwingen will, und diejenige, wo man bloß an den Grenzen seines Reiches einige Eroberungen machen will, sei es, um sie zu behalten, oder um sie als nützliches Tauschmittel beim Frieden geltend zu machen.« (Clausewitz 1980: 179)

Die erste Variante bezeichnete gleichsam einen Konflikt der politischen Logiken, indem er die Souveränität der anderen Konfliktpartei nicht anerkannte, das heißt seine Funktionslogik als souveräner Staat in Frage stellte. Die zweite Variante bezeichnete dagegen einen begrenzten Konflikt, der den gegnerischen Staat nur in seiner Ausdehnung, nicht jedoch in seiner Funktionslogik oder seiner Existenz in Frage stellte. Nach der Festsetzung eines begrenzten Zwecks des Kriegs scheint in der zweiten Variante »die Politik ganz zu verschwinden« (Clausewitz 1980: 211). Clausewitz selbst, der seine militärische Karriere ab Ende des 18. Jahrhunderts in der preußischen Armee durchlief, knüpfte die Einsicht, der Krieg folge nicht nur dem Zweck, sondern auch der Logik der Politik, insbesondere an seine Erfahrungen mit der französischen Revolutionsarmee bzw. der daraus hervorgegangenen napoleonischen Armee. Deren Art, Krieg zu führen, unterschied sich deutlich von dem zuvor geltenden Ideal begrenzter Kabinettskriege, welche die europäischen Monarchien seit 1648 gegeneinander geführt hatten. Er schrieb:

»Als in den neunziger Jahren des 18. Jahrhunderts jene merkwürdige Umwälzung der europäischen Kriegskunst eintrat, wodurch die besten Heere einen Teil ihrer Kunst unwirksam werden sahen, und kriegerische Erfolge stattfanden, von deren Größe man bisher keinen Begriff gehabt hatte, schien es freilich, dass aller falsche Kalkül der Kriegskunst zur Last falle. Es war offenbar, dass sie, durch die Gewohnheit in engere Kreise der Begriffe eingeschränkt, überfallen worden war durch Möglichkeiten, die außerhalb dieser Kreise [...] lagen.«

Diese Möglichkeiten waren jedoch

»aus der veränderten Politik entstanden, welche aus der französischen Revolution sowohl für Frankreich als für ganz Europa hervorgegangen ist. Diese Politik hatte andere Mittel, andere Kräfte aufgeboten und dadurch eine Energie der Kriegführung möglich gemacht, an welche außerdem nicht zu denken gewesen wäre.« (Clausewitz 1980: 996ff.)

Carl Schmitt schrieb, Clausewitz' Gedanken aufgreifend, über den Zusammenhang zwischen der neuen politischen Ordnung und der neuen Art Krieg zu führen, dass das »Reguläre des Staates wie der Armee [...] sowohl im französischen Staat wie in der französischen Armee durch Napoleon eine neue exakte Bestimmtheit [erhielt]« (Schmitt 2006: 12). Dadurch, dass die französische Revolution die politische Ordnung verändert hatte, weil sie anstelle einer monarchischen Staatsordnung eine republikanische und später eine plebiszitär-autokratische Ordnung setzte, veränderte sie auch die Kriegsführung. Sie ersetzte die vergleichsweise kleinen, stehenden Söldnerheere der zwischen den Monarchien ausgetragenen, begrenzten Kabinettskriege durch Massen-Volksheere aus Freiwilligen oder Wehrpflichtigen. Der Krieg drehte sich nicht länger um Gebietsansprüche, sondern um die Existenz unterschiedlicher politischer Ordnungen: »Die neue Kriegskunst der regulären Armeen Napoleons war aus der neuen, revolutionären Kampfesweise entstanden« (Schmitt 2006: 12). Es lässt sich also bis hierhin festhalten, dass der Krieg nach Clausewitz auf zweierlei Weise als Fortsetzung der Politik gedacht werden muss, nämlich einmal als ein Mittel, mit dem ein politisch erwünschter Zweck erreicht werden soll, zum anderen als Verfahrensweise, die der Logik politischer Verfahren folgt. Des Weiteren wurde deutlich, dass der Krieg als nur ein Mittel der Politik unter anderen angesehen wurde, und dass alle Mittel der Politik vergleichbar zum Krieg auf die beiden genannten Weisen als Fortsetzung der Politik gedacht werden konnten. Wenn Clausewitz explizit die Diplomatie als dem Krieg vergleichbares Mittel der Politik anführt (Clausewitz 1980: 991), so kann daher hier die Vermutung geäußert werden, dass auch politische Kommunikation als Fortsetzung der Politik, als sowohl ihrem Zweck wie auch ihrer Logik folgend, gedacht werden kann.

Die Formel vom Krieg als Fortsetzung der Politik verkehrte Michel Foucault in ihr Gegenteil, indem er die Hypothese oder Behauptung in den Raum stellte, »dass die Politik die Fortsetzung des Krieges mit anderen Mitteln« sei (Foucault 2001b: 32). Diese Umkehrung der Clausewitzschen Formel sollte vor allem das Problem der »Kräfteverhältnisse im Innern der politischen Gesellschaft« sichtbar machen, das heißt Foucaults Begriff der Macht präzisieren (Foucault 2001b: 36). Politische Kräfteverhältnisse wurden auf diese Weise in »Kategorien wie Kampf, Konflikt oder

Krieg« greifbarer (Foucault 2001b: 32). Wenn man politische Kommunikation als Konflikt betrachtet, der über Metaphern wie Kampagne, Feldzug oder auch Guerilla begriffen wird, dann erscheint es sinnvoll, diese Umkehrung des Verhältnisses von Politik und Krieg zu betrachten und nach den Folgen dieser Umkehrung für das Verhältnis zu fragen. Foucault identifizierte drei Folgen dieses Perspektivenwechsels. Zunächst erschien ihm Politik als eine friedliche, zivile Umgangsform, die einen Krieg beenden könne und nach seinem Ende mit anderen Mitteln agiere.[2] Eine nach Ende eines Kriegs installierte zivile, politische Beziehung existiere allerdings nicht völlig losgelöst vom vorherigen Krieg, sondern sei ein Abbild des Ergebnisses, das der kriegerische Konflikt gebracht habe, sowie dessen Verlängerung in das zivile Leben. Auch in dieser Konstellation wirkt die bereits bei Clausewitz erkennbare Doppeldeutigkeit der Idee einer Fortsetzung mit anderen Mittel. Als erste Folge der Umkehrung der Formel sei »Politik [...] also Sanktionierung und Erhaltung des Ungleichgewichts der Kräfte, wie es sich im Krieg manifestiert« oder eben »ein mit anderen Mitteln fortgesetzter Krieg« (Foucault 2001b: 32). Darüber hinaus, als zweite Folge, lässt sich auch der politische Prozess als Fortsetzung des Kriegs beschreiben, das heißt als ein Konflikt, in dem die Logik des Kriegs wirksam bleibt. »Im Innern dieses ›zivilen Friedens‹ dürften die in einem politischen System stattfindenden Kämpfe, die Zusammenstöße [...], die Veränderungen der Kräfteverhältnisse [...] nur als Fortsetzung des Kriegs gedeutet werden« (Foucault 2001b: 33). Foucaults dritte Schlussfolgerung lautete schließlich in genauer Umkehrung der Clausewitz'schen Überordnung der Politik über den Krieg, dass

»[d]ie letzte Entscheidung nur vom Krieg gefällt werden [kann], d.h. von einer Kraftprobe, bei der schließlich die Waffen entscheiden werden. Der Zweck des Politischen wäre der Endkampf: nur die letzte Schlacht würde schließlich die Ausübung von Macht als fortgesetzten Krieg beenden.« (Foucault 2001b: 33)

Mit der Umkehrung der Clausewitz'schen Formel erschien die Politik als dem Krieg untergeordnet, als eine Fortführung des Kriegs mit anderen Mitteln sowohl hinsichtlich der kriegerischen Logik des Konflikts als auch hinsichtlich des Zwecks, das heißt der Ausübung von Macht oder Herrschaft über einen (politischen) Gegner. Mit dieser Sichtweise wurde jedenfalls das für Clausewitz vordergründig eindeutige, hierarchische Verhältnis zwischen Politik und Krieg umgekehrt. Auch Clausewitz selbst war sich allerdings seiner Sichtweise nicht so sicher, denn er schrieb, »die Kriegskunst auf ihrem höchsten Standpunkte wird zur Politik« – und zwar zu

---

2 | Clausewitz dagegen betrachtete die Politik als *Auslöserin* des Kriegs, den dann eine militärische Lage beende, wobei er dennoch die *letztendlich entscheidende* Rolle der Politik deutlich im Blick hatte, wie seine Version der Formel erkennen lässt (Clausewitz 1980: 990).

»eine[r] Politik, die statt Noten zu schreiben, Schlachten liefert« (Clausewitz 1980: 994). Trotz dieser Argumentation, die den höchsten Standpunkt des Kriegs zumindest auf Augenhöhe mit der Politik verortet, begründete Clausewitz eine seines Erachtens eindeutige Hierarchie zwischen Politik und Krieg. Die recht lange und verwickelte Argumentation blieb allerdings tautologisch, da sie von der Formel, der Krieg sei die Fortsetzung der Politik mit anderen Mitteln, ausging, um zu begründen, dass der Krieg der Politik untergeordnet sei. Die komplexe Situation wurde dabei scheinbar aufgelöst durch die Behauptung, dass auf Seiten des Kriegs alle Unsicherheit und Widersprüchlichkeit, auf Seiten der Politik aber alle Klarheit und Willenskraft konzentriert seien:

»[D]er wirkliche Krieg [ist] kein so konsequentes, auf das Äußerste gerichtetes Bestreben [...], wie er seinem Begriff nach sein sollte, sondern ein Halbding, ein Widerspruch in sich; dass er als solcher nicht seinen eigenen Gesetzen folgen kann, sondern als Teil eines anderen Ganzen betrachtet werden muss, – und dieses Ganze ist die Politik.
Die Politik, indem sie sich des Krieges bedient, weicht allen strengen Folgerungen aus, welche aus seiner Natur hervorgehen, bekümmert sich wenig um die endlichen Möglichkeiten und hält sich nur an die nächsten Wahrscheinlichkeiten. Kommt dadurch viel Ungewissheit in den ganzen Handel, wird er also zu einer Art Spiel, so hegt die Politik eines jeden Kabinetts zu sich das Vertrauen, es dem Gegner in Gewandtheit und Scharfsinn bei diesem Spiel zuvorzutun.
So macht also die Politik aus dem alles überwältigenden Element des Krieges ein bloßes Instrument [...].
So lösen sich die Widersprüche, in welche der Krieg den von Natur furchtsamen Menschen verwickelt, wenn man dies für eine Lösung gelten lassen will.« (Clausewitz 1980: 991f.)

Mit wirklichem Krieg meint Clausewitz hier den Krieg als empirisches Ereignis, nicht den idealen Krieg einer theoretischen Abhandlung. Dennoch spielt diese Feststellung in seiner Theorie eine wichtige Rolle, denn auf diesem empirischen Argument basierte seiner These vom Krieg als Fortsetzung der Politik. Deutlich wird hier, dass er mit der Behauptung einer hierarchischen Beziehung zwischen Politik und Krieg letztlich das organisatorische Idealbild seiner Dienstherrin, einer streng hierarchisch aufgebauten Monarchie des späten 18. und frühen 19. Jahrhunderts, in die Theorie einschreibt. Denn sein Begriff der Politik meinte eine Politik der Monarch_innen und Kabinette, nicht eine revolutionäre Politik, wie sie das republikanische oder napoleonische Frankreich seiner Zeit repräsentierte. Den Krieg Napoleons bezeichnete er deshalb als »Überfall [...] innerhalb der Politik selbst« oder auch als »*falsche* Politik«, während er auf Seiten der Monarchien im Umgang mit Frankreich keine falsche, sondern eine »*fehlerhafte* Politik« erkannte (Clausewitz 1980: 997,

Hervorhebung: H.S.). Genauso wie Clausewitz in seiner Formel und seiner Theorie des Kriegs die politische Struktur der Monarchie reproduzierte, lässt sich auch über Foucault sagen, dass er seinem Konzept der (politischen) Macht den (kriegerischen) Konflikt einschrieb, den er mit der Umkehrung der Formel zur Grundlage erklärt hatte. Hierbei handelte es sich jedoch um eine selbstreflexive Positionierung als Wissenschaftler. Denn wie er selbst klarstellte, ging es ihm darum, »ein historisches Wissen der Kämpfe zu erstellen und dieses Wissen in aktuelle Taktiken einzubringen« (Foucault 2001b: 23). Oder, mit den prägnanten, bereits zitierten Worten Martin Saars, um einen »*Kampf* im Wissen« (Saar 2007: 203, Hervorhebung: H.S.).

DER POLITISCHE CHARAKTER DES GUERILLAKRIEGS

Die durch Clausewitz ausgemachte Veränderung der Kriegsführung infolge einer veränderten Politik nach der französischen Revolution von 1789 bezeichnete Carl Schmitt in seiner *Theorie des Partisanen* als notwendige Voraussetzung für das Entstehen des Guerillakriegs.[3] Der Guerillakrieg trat als historisches Ereignis durch den Kampf des spanischen Volkes gegen die napoleonische Armee in Erscheinung, der zwischen 1808 und 1813 nach der Niederlage der regulären spanischen Armee stattfand.[4] Zwar waren Handlungen des Kleinkriegs, also Scharmützel, Überfälle auf Versorgungswege, Sabotageaktionen im Hinterland einer Armee usw., immer schon Begleiterscheinungen von Kriegen gewesen. Bei dem Kampf der Spanier gegen Napoleons Armee handelte es sich allerdings um einen eigenständigen Guerillakrieg der Bevölkerung gegen eine Armee, nicht etwa um Randerscheinungen einer Auseinandersetzung zwischen zwei regulären Armeen. Entscheidend für diesen Krieg war also, dass es sich nicht um ein Geplänkel am Rande der regulären militärischen Auseinandersetzung handelte, also gewissermaßen ein Mittel im Rahmen des Kriegs, sondern um eine eigene Form des Kriegs, die sich aus einem bestimmten politischen Engagement der spanischen Bevölkerung heraus entwickelte.

In der *Theorie des Partisanen* diskutierte Schmitt vier miteinander verwobene Charakteristika dieser Hauptfigur des Guerillakriegs (Schmitt 2006: 20ff.). Dabei handelt es sich um *Irregularität*, um *gesteigertes politisches Engagement*, um *gesteigerte Mobilität* und um den *tellurischen Charakter*, der zugleich Erdverbundenheit und prinzipielle Defensive meint. Herfried Münkler fügte auf Grundlage seiner Auseinandersetzung mit den Partisanen- oder Guerillatheorien Lenins, Mao Tse-tungs und

---

3 | Guerillakrieg und Partisanenkrieg, Guerillero und Partisan werden hier und im Folgenden synonym verwandt.

4 | Herfried Münkler nennt als früheste Erscheinungsform des Guerillakriegs bereits den amerikanischen Unabhängigkeitskrieg, der zwischen 1775 und 1783 stattfand (Münkler 1990b: 23).

Che Guevaras diesen Merkmalen ein fünftes hinzu, den *transitorischen Charakter* der Guerilla (Münkler 1990b: 16).
Weil irreguläre Guerillagruppen gegen eine reguläre Armee kämpften, meinte Schmitt, es werde »für eine Theorie des Partisanen [...] die Kraft und Bedeutung seiner Irregularität von der Kraft und Bedeutung des von ihm in Frage gestellten Regulären bestimmt« (Schmitt 2006: 12). Grundlegend für den Guerillakrieg sei also die Existenz einer regulären Macht, einer Armee, die den regulären Krieg bereits gewonnen habe und zur Aufrechterhaltung einer bestimmten politischen Ordnung beitrage. »Der reguläre Charakter« einer Armee und mit ihr die Existenz einer bestimmten politischen Ordnung »bekundet sich in der Uniform des Soldaten, die mehr ist als ein Berufsanzug, weil sie eine Beherrschung der Öffentlichkeit demonstriert und mit der Uniform auch die Waffe offen und demonstrativ zur Schau getragen wird« (Schmitt 2006: 21). Ganz im Sinne des Doppelcharakters des Kriegs als Mittel und Form der Politik diene eine reguläre Armee zugleich als Mittel und Erscheinungsform des staatlichen Gewaltmonopols. Sie sei nicht nur das Instrument, sondern auch das Symbol einer herrschenden Ordnung. Das Irreguläre der Guerilla lässt sich nur als Gegenprogramm zu einer regulären Armee und zu einer regulären Ordnung erfassen, die durch eine Armee repräsentiert wird. Wenn Schmitt konstatierte, »[d]er feindliche Soldat in Uniform ist das eigentliche Schussziel des modernen Partisanen« (Schmitt 2006: 21), dann war auch in dieser Gegnerschaft der Doppelcharakter des uniformierten Soldaten als Mittel und symbolische Erscheinungsform des staatlichen Gewaltmonopols angesprochen. Mit dem Angriff auf den Soldaten in Uniform wurde nicht nur der Versuch unternommen, die Mittel zur Durchsetzung staatlicher Autorität außer Gefecht zu setzen, sondern auch der Versuch, das Symbol der regulären Staatlichkeit in Frage zu stellen. Und auch die Guerilla war in doppelter Hinsicht irregulär, nämlich sowohl hinsichtlich ihrer Kampfesweise als auch als Gegenentwurf zum regulären (hierarchischen) Organisationsmuster der Armee bzw. der durch die Armee symbolisierten staatlichen Ordnung. Weil die Irregularität der Guerilla immer in Beziehung zu einer regulären Armee bzw. einer regulären Ordnung gedacht werden muss, kann man sie besser noch als mehr oder weniger großes »Regularitätsdefizit« bezeichnen, das nicht zu völliger Irregularität, das heißt zu völliger Beziehungslosigkeit mit dem Regulären anwachsen kann (Münkler 1990b: 14).[5]
Eine Guerilla zeichnete sich angesichts der existierenden militärischen Übermacht ihres Gegners und der damit verbundenen defensiven Lage dadurch aus, dass sie wesentlich im Verborgenen bzw. aus dem Verborgenen heraus agierte. Sie musste sich ihrer »Umgebung bis zur Ununterscheidbarkeit anpassen können« und »Meister der Tarnung« sein, sie war gekennzeichnet durch einen »chamäleonhafte[n]

---

5 | Münkler meint für den möglichen Fall völliger Irregularität, dass dann »der Partisan seine Identität [verliere] und [...] zum Terroristen [werde]« (Münkler 1990b: 14).

Charakter« (Münkler 1990b: 14). In der militärischen Auseinandersetzung konnte sie meist nur auf leichte Waffentechnik zurückgreifen, das heißt sie verfügte nur über einen Bruchteil der Ausrüstung ihres Gegners und wäre ihm deshalb in einer offenen Konfrontation hoffnungslos unterlegen gewesen. Ihre militärischen Operationen waren deshalb meist nur Nadelstiche, die den Gegner nicht besiegen konnten, sondern ihn stören, seine Logistik unterbrechen und ihn zu erhöhtem Ressourceneinsatz zwingen sollten. Es handelte sich um eine Zermürbungstaktik, durch die nach und nach ein »Gleichgewicht der Kräfte« herausgebildet werden sollte, bis die Guerillabewegung schließlich in eine reguläre Armee übergehen und dann offensiv ihren Gegner bekämpfen konnte (Münkler 1990b: 15).

Auf symbolischer Ebene und hinsichtlich der Organisationsform der Guerilla gegenüber einer staatlichen Autorität erscheint die Irregularität als Effekt eines gesteigerten politischen Engagements. Ein Guerillakrieg war nie nur eine militärische Auseinandersetzung, sondern immer auch ein Kampf »in einer politischen Front« (Schmitt 2006: 21). Man könnte auch mit der Clausewitz'schen Unterscheidung zweier Kriegstypen sagen, er drehe sich wie der zweite Typus nicht nur um die Kontrolle eines Gebiets, sondern zugleich und vor allem um die Konkurrenz zweier politischer Logiken. Diese politische Dimension kommt insbesondere im Begriff des Partisanen zum Ausdruck, der das Phänomen des Kleinkriegs (Guerilla) mit der Idee der Partei bzw. der Parteilichkeit verbindet:

»Partisan heißt auf deutsch: Parteigänger, einer der mit einer Partei geht, und was das konkret bedeutet, ist zu verschiedenen Zeiten sehr verschieden, sowohl hinsichtlich der Partei oder der Front, mit der einer geht, wie auch hinsichtlich des Mitgehens, Mitlaufens, Mitkämpfens und eventuell auch Mitgefangenwerdens. Es gibt kriegführende Parteien, aber auch Parteien des gerichtlichen Prozesses, Parteien der parlamentarischen Demokratie, Meinungs- und Aktionsparteien usw. [...] [I]m Französischen spricht man sogar vom partisan irgendeiner Meinung; kurz, aus einer ganz allgemeinen, vieldeutigen Bezeichnung wird plötzlich ein hochpolitisches Wort.« (Schmitt 2006: 22)

Guerilleros, nicht nur in den Zeiten der napoleonischen Kriege, erschienen hinsichtlich ihrer Parteigängerei als widersprüchliche Figuren. In Spanien war ihr autonomer Kampf gegen die französische Revolutionsarmee zwar zuerst gegen eine fremde Herrschaft gerichtet, er war darüber hinaus aber auch eine echte Unterstützung für die Monarchien des *Ancien Régime*, das heißt er wirkte indirekt auch an der Restauration der alten Herrschaftsordnung mit, die nach der Niederlage Napoleons erfolgte. Die gegen Napoleon verbündeten europäischen Monarchien konnten den Krieg unter anderem dank der Ereignisse in Spanien gewinnen, die über lange Jahre einen erheblichen Teil von dessen Armee beschäftigten und zermürbten. Carl Schmitt schlussfolgerte deshalb, der wirkliche Partisan, wie er in Spanien gegen Napoleon das Licht der Welt erblickt hatte, sei im Grunde ein Parteigänger der alten Ordnung (Schmitt 2006: 77). Im Preußen des Jahres 1813 versuchte man ganz im Sinne dieser Interpretation, das spanische Beispiel aufzugreifen und einen von der königlichen Obrigkeit initiierten Partisanenkrieg zu entfachen. Das sichtbare Zeichen dieser Bemühungen bildete die *Verordnung über den Landsturm*, die am 21. April 1813 durch König Friedrich Wilhelm III. erlassen wurde und die den paradoxen Charakter der politischen Dimension des Guerillakriegs deutlich macht (Friedrich Wilhelm III. 1813: 70ff.). Bei diesem Gesetz, das nur bis zum 17. Juli desselben Jahres in Kraft war, handelte es sich zugleich um einen ersten Versuch, den Guerillakrieg theoretisch-systematisch zu erfassen (Schmitt 2006: 14ff.). Der preußische König verpflichtete darin seine Untertanen, aktiv gegen jede fremde Obrigkeit aufzubegehren. In Paragraph 1 heißt es: »Jeder Staatsbürger ist verpflichtet, sich dem andringenden Feinde mit Waffen aller Art zu widersetzen, seinen Befehlen und Anweisungen *nicht* zu gehorchen, und wenn der Feind solche mit Gewalt beitreiben will, ihm durch alle nur aufzubietende Mittel zu schaden« (Friedrich Wilhelm III. 1813: 71, Hervorhebung im Original). Die Verordnung erteilte sodann präzise Anweisungen, wie unter dem Einsatz von Beilen, Heugabeln, Sensen, Schrotflinten usw. der Feind gewaltsam an der Errichtung oder Aufrechterhaltung einer öffentlichen Ordnung gehindert werden sollte. »Wer Sklavensinn zeigt«, so verordnete der König für den Fall fremder Besatzung, »ist als Sklave zu behandeln« (Friedrich Wilhelm III. 1813: 75). Den staatlichen Behörden entzog er ihre Autorität, indem er verkündete, »niemand ist mehr schuldig, ihnen zu gehorchen« (Friedrich Wilhelm III. 1813: 82). Und schließlich sei es sogar »weniger schädlich, dass einige Ausschweifungen zügellosen Gesindels stattfinden, als dass der Feind frei im Schlachtfelde über alle seine Truppen gebiete« (Friedrich Wilhelm III. 1813: 83). Die Paradoxie des gesamten Gesetzestextes wurde spätestens in einigen allgemeinen Schlussbemerkungen deutlich, mit denen der König sich bemühte, seine »getreuen Untertanen besonders zu ermuntern, gegenwärtige Verordnung unverzüglich und strenge in Ausübung zu bringen« (Friedrich Wilhelm III. 1813: 83). Die *Verordnung über den Landsturm* war nichts anderes als eine von der Obrigkeit verfügte und detailliert beschriebene Anleitung zur Auflehnung gegen die Obrigkeit. Sie wurde wenige Wochen später unter dem Eindruck sich verschiebender Kräftekonstellationen auf der Ebene des regulären Kriegs wieder zurückgenommen. Zu einem Guerillakrieg gegen Napoleon ist es 1813 in Preußen nicht gekommen.

Diese gegen die öffentliche Ordnung gerichtete Verordnung verdeutlicht allerdings, dass die Beziehung zwischen dem Guerillakrieg und der Ordnung des *Ancien Régime* von Beginn an nicht so eindeutig bestimmt war, wie Schmitt sie gern gesehen hätte. Auch der Kampf der spanischen Bevölkerung gegen Napoleon ließ sich nicht ohne weiteres als Engagement für die alte Ordnung deuten. Ihr autonom unternommener Aufstand gegen die im regulären Kampf siegreiche französische Revolutionsarmee hatte zunächst zur Folge, dass der spanische »König und dessen Familie [...]

nicht genau wussten, wer der wirkliche Feind war« (Schmitt 2006: 14). Man könnte also sagen, dass die dem Guerillakrieg immanente Paradoxie darin bestand, eine zunächst nur negative Praxis des mit allen Mitteln durchgeführten militärischen Widerstands gegen staatliche Ordnungsbemühungen zu verbinden mit Bemühungen, eine (andere) öffentliche Ordnung zu etablieren. Münkler meint angesichts dieses schwierigen Verhältnisses von Guerillakrieg und politischer Ordnung und mit Blick auf seine tatsächlichen Erscheinungsweisen sowie die Frage, zu welcher Ordnung ein Guerillakrieg letztlich führe, der Partisan könne prinzipiell in zwei verschiedenen Varianten auftreten, nämlich als »Erscheinungsform des Revolutionärs« oder als »Erscheinungsform des Konterrevolutionärs« (Münkler 1990b: 18). Allerdings verbindet die innere Logik des Guerillakriegs, wenn man ihn nicht nur als Mittel des Kriegs sondern als autonom organisierte (Lebens-)Form des Kriegs mit dem entscheidenden Merkmal politischer Irregularität begreift, ihn dennoch eher mit revolutionären oder anarchistischen Idealen als mit konservativen Ordnungsvorstellungen.

Erste Ansätze, den Guerillakrieg als Erscheinungsform der Revolution zu theoretisieren, unternahmen im 19. Jahrhundert Auguste Blanqui (Blanqui 1868/69) und Friedrich Engels (Engels 1870). Im Jahr 1906 formulierte Lenin seine Gedanken zur Notwendigkeit des Partisanenkampfs im Rahmen einer proletarischen Revolution bzw. im Rahmen eines Bürgerkriegs, als den er den revolutionären Klassenkampf begriff (Lenin 1906). Seine Ausführungen entstanden in unmittelbarer Auseinandersetzung mit der ersten russischen Revolution ein Jahr zuvor bzw. ihren zum Zeitpunkt der Niederschrift noch spürbaren kriegerischen Nachwehen. Ähnlich wie König Friedrich Wilhelm III. und seine Berater versuchte auch Lenin, den Partisanenkampf als militärisches Mittel in den Dienst seiner Sache zu stellen. Dabei handelte es sich hier aber um den politischen Zweck einer kommunistischen Revolution, und der Kampf sollte durch die kommunistische Partei gesteuert werden. Die Irregularität dieses politischen Zwecks im Verhältnis zur herrschenden zaristischen Ordnung im Russland des frühen 20. Jahrhunderts machte den Guerillakrieg zu einer besonders geeigneten Form der revolutionären Auseinandersetzung: »Die Irregularität des Klassenkampfs stellt nicht nur eine [militärische] Linie, sondern das ganze Gebäude der politischen und sozialen Ordnung in Frage« (Schmitt 2006: 57). Die Verbindung, die Lenin zwischen seiner revolutionären Philosophie und der militärischen Rebellion des Guerillakriegs herzustellen versuchte, meinte im Kern also das genaue Gegenteil der Verbindung, welche die preußische Obrigkeit ein Jahrhundert zuvor mit den rebellischen Kräften des Guerillakriegs zu knüpfen versucht hatte. Sie sollte nicht der Restitution der alten Ordnung, sondern der Vorbereitung einer neuen Ordnung dienen.

Mao Tse-tung gilt heute als der bedeutendste Theoretiker und Praktiker des revolutionären Guerillakriegs im 20. Jahrhundert. Seine Überlegungen weisen einige Unterschiede zu denen Lenins auf. Dieser hatte seine Ansichten zur Revolution und zum Guerillakrieg gewissermaßen in der intellektuellen Umgebung der

Bibliotheken entwickelt, um sie dann im Moment der russischen Oktoberrevolution anzuwenden, während Mao seine Überlegungen parallel zu dem zwischen 1927 und 1949 stattfindenden Krieg seiner Armee erarbeitete (vgl. Haffner 1966: 22ff.). Die durch Lenin angeleitete Revolution im Oktober/November 1917 glich im Grunde eher einem Staatsstreich durch eine kleine elitäre Gruppe besonders engagierter Bolschewiki und stützte sich vornehmlich auf die proletarischen Massen der städtischen Fabrikarbeiter_innen. Der Guerillakrieg war im Anschluss daran ein Mittel, die Kontrolle im gesamten Land zu erringen. Der langwierige chinesische Volksbefreiungskrieg, an dessen Ende die Volksrepublik China entstand, fand dagegen einerseits gegen einen inneren Gegner, das Regime der Chinesischen Nationalpartei (Kuomintang), andererseits gegen einen äußeren Gegner, das japanische Besatzungsregime statt. Zeitweilig verbündete sich Mao zudem mit seinem inneren Widersacher, um den äußeren Feind zu bekämpfen. Maos Machtübernahme dauerte mehr als zwanzig Jahre und war ein Prozess mit vielen kleinen Erfolgen und zahlreichen Rückschlägen. Er stützte sich auf die bäuerlichen Massen und dörflichen Strukturen, deren Lebenssituation bereits während des Kriegs durch Landreformen in den jeweils kontrollierten Gebieten verändert wurde. Die Übernahme der Städte und der gesamtstaatlichen Herrschaft erfolgte bei ihm nicht als erster, sondern als letzter Schritt der Revolution. Während Lenin den Partisanenkrieg als ein Mittel des Kampfs ansah, das von der kommunistischen Partei kontrolliert und koordiniert werden müsse, betrachtete Mao den Guerillakrieg sowohl als Mittel des Kriegs als auch als Lebensform. Autonome Guerillaaktivitäten der bäuerlichen Landbevölkerung gegen die herrschende Ordnung sah er deshalb als willkommene Begleiterscheinung des Kampfs seiner Armee. Letztere operierte zwar meistens nach Partisanenart, nahm diese ›Lebensform‹ jedoch notgedrungen aufgrund ihrer militärisch defensiven Lage an. Mao hatte dabei immer das strategische Ziel vor Augen, eines Tages, sobald es das Kräfteverhältnis zuließ, seine Guerillaarmee in eine reguläre Armee zu verwandeln und in einen regulären Krieg überzugehen, um die militärische Entscheidung zu suchen (Schmitt 2006: 58ff., Schrupp 1990).

Sein politisches Engagement unterschied die Figur des Partisanen von anderen Figuren, die mit Mitteln physischer Gewaltsamkeit und auf irreguläre Weise gegen herrschende Ordnungsstrukturen agierten. Anhand dieses Kriteriums lässt sich der Partisan insbesondere »von dem gemeinen Räuber und Gewaltverbrecher [unterscheiden], dessen Motive auf eine private Bereicherung gerichtet sind« (Schmitt 2006: 21). Schmitt zieht (aus juristischem Blickwinkel) zudem eine deutliche Grenze zur Figur des Piraten, der nach Seekriegsrecht durch den unpolitischen Charakter seines auf Raub und materiellen Gewinn ausgerichteten Handelns gekennzeichnet sei (Schmitt 2006: 21). Allerdings lässt sich diese klare Abgrenzung bei näherer Betrachtung nicht vollständig aufrechterhalten. Zunächst existierten in der Geschichte bis in das 19. Jahrhundert hinein staatlich legitimierte, mit Kaperbriefen ausgestattete Piraten, die dann Freibeuter oder Korsaren genannt wurden und als irreguläre Seestreitkräfte an Handelskriegen gegen feindliche Seemächte teilnahmen (Schmitt

2006: 73f.). Im Zusammenhang mit dem Piratenwesen, insbesondere dem sog. ›Goldenen Zeitalter‹ um die Wende zum 18. Jahrhundert, als von England unterstützte karibische Piraten gegen die Handelsflotte des spanischen Weltreichs vorgingen, existieren zudem Hinweise auf eine im Vergleich zum damaligen Absolutismus europäischer Monarchien irreguläre politische Organisationsform, die ebenfalls eine Ähnlichkeit des Piraten mit dem Partisanen erkennen lässt. Besatzungen solcher Piratenschiffe werden auch als frühdemokratische Organisationen beschrieben, deren Führer gewählt wurden und die strengen, internen Verfassungen mit klar geregelten Beteiligungsverfahren unterworfen waren. Peter Linebaugh und Marcus Rediker bezeichneten diesen Aspekt der »Selbstorganisation der Seeleute von unten« auch als Teil einer *verborgene[n] Geschichte des revolutionären Atlantiks* (Linebaugh/ Rediker 2008: 158). Das Kriterium der Irregularität existierte also in der Figur des Piraten ebenso wie gewisse politische Dimensionen ihrer Existenz. Daher lässt sich als grundlegendes Kriterium einer Abgrenzung von Partisan und Pirat nur der gänzlich unterschiedliche Aktionsraum festhalten, die (heimatliche) Erde einerseits, die (herrenlosen) Weltmeere andererseits.[6] Die Unterscheidung zwischen Partisan und Pirat trägt also nur unter ganz bestimmten Umständen. Schmitt selbst bezeichnete bspw. in einer früheren Arbeit Piraten als »Partisanen des Meeres« (Schmitt 1997: 145), was er allerdings später als »terminologische Ungenauigkeit« zu korrigieren versuchte (Schmitt 2006: 35). Für den Aktionsraum der politischen Öffentlichkeit bzw. diskursiver Ordnungen hat die Unterscheidung von Land und Meer allerdings keine Bedeutung, und der tellurische Charakter des Partisanen erscheint metaphorisch als eine Kombination aus der Vorstellung eines selbstbestimmten Lebens und einer defensiven Lage in gesellschaftlichen Auseinandersetzungen. Die Metapher der Piraterie scheint daher in der politischen Diskussion eine ähnliche Rolle zu spielen wie die der Guerilla. Man gebraucht den Begriff bspw. für die »Luftpiraten« der palästinensischen Befreiungsbewegung in den 1970er und 1980er Jahren (Münkler 1990a: 10) oder für Piratensender als Form selbst organisierter, möglicherweise politisch motivierter, massenmedialer Kommunikation.

Aufgrund des politischen Charakters des Guerillakriegs lässt sich seine Irregularität auch nicht mit Illegalität gleichsetzen. Genauso wie der Freibeuter oder Korsar bis in das 19. Jahrhundert hinein eine anerkannte Figur des Seekriegsrechts war, ist der Partisan eine anerkannte Figur des Völker- und Kriegsrechts. In der Haager Landkriegsordnung von 1907 wurde klargestellt, dass seine Handlungen »nicht rechtswidrig« sind, und dass er gleich einem regulären Soldaten »Anspruch auf besondere Behandlung als Kriegsgefangene[r] und Verwundete[r]« hat (Schmitt 2006:

---

6 | Für Carl Schmitt ist dieses Kriterium allerdings – definitionsgemäß – wesentlich, da der Partisan durch seinen tellurischen Charakter als eines seiner vier grundlegenden Merkmale, das heißt durch seine Verbundenheit mit dem heimatlichen Boden gekennzeichnet sein soll. Seines Erachtens »bleibt der elementare Gegensatz von Land und Meer zu groß« (Schmitt 2006: 73).

28). Eine rechtliche Grauzone bleibt dennoch bestehen, da der irregulär agierende Guerillero sich aufgrund seines politischen Engagements gegen eine bestehende Ordnung zwangsläufig über gesetzliche Regelungen hinwegsetzen muss. Rolf Schroers hat deshalb die Idee einer *legitimen Illegalität* entwickelt, die das Spannungsfeld beschreibt, in dem sich der Guerillero bewegt (Schroers 1961). Der Guerillakrieg ist demnach nach Maßgabe geltenden Rechts notwendig mit irregulären, unter Umständen auch illegalen Vorgehensweisen verbunden. Diese sind dennoch legitim, da der geltenden, durch innere Usurpatoren oder äußere Kolonialherren aufgezwungenen Rechtsordnung ihre Legitimation abgesprochen wird:

»*Illegal* ist die Handlungsweise des Partisanen nach Maßgabe geltenden Rechts. Legitim ist die Handlungsweise des Partisanen insoweit, als der Partisan gegen eine *oktroyierte* Ordnung kämpft. Diese aufgezwungene Ordnung wird durch das Gesetz, das der Partisan bricht, stabilisiert. Legitim ist die Handlungsweise des Partisanen aber auch, weil sie defensiv ist.« (Grünberger 1990: 45, Hervorhebung im Original)

Die Auseinandersetzungen eines Guerillakriegs lassen sich letztlich sowohl aufgrund der Irregularität hinsichtlich der zum Einsatz kommenden Mittel als auch hinsichtlich des Konflikts zweier unterschiedlicher politischer Ordnungsvorstellungen nicht mit juristischen Legalitätsvorstellungen fassen. Der Guerillakrieg überschreitet die gehegte Ordnung eines regulären Kriegs, wie sie den Vorstellungen des europäischen 18. Jahrhunderts entsprochen hatte.

Maos Ansichten zur Struktur und Dynamik eines Guerillakriegs

Der als Kennzeichen legitimer Illegalität zuletzt ins Spiel gebrachte defensive Charakter des Guerillakriegs verweist auf dessen strategische Dimension. Die strategische Defensive erscheint bei Schmitt als ein Aspekt des tellurischen Charakters des Partisanen. Es geht ihm um die Befreiung eines bestimmten Gebietes von bzw. dessen Verteidigung gegenüber (fremden) Herrschaftsansprüchen. Ein Guerillakrieg ist demnach kein Angriffskrieg, mit dem man fremdes Territorium erobern könnte, er bleibt in dieser territorialen Hinsicht ein begrenzter Konflikt (Schmitt 2006: 26). Entsprechend weicht bspw. Maos Sicht auf den Krieg deutlich von jener Clausewitz' ab. Dieser hatte, wie erwähnt, den Krieg als Fortsetzung der Politik unter dem Einsatz physischer Gewaltsamkeit beschrieben und seinen Zweck darin gesehen, dem Gegner einen Willen »aufzudringen«. Dieser (relativ) begrenzte Zweck passte zu den (relativ) begrenzten Kabinettskriegen des europäischen 18. Jahrhunderts, welche die Identität oder das Existenzrecht des Gegners nicht in Frage stellten. Auch Mao betrachtete den Krieg als eine Form »menschlicher Politik mit Blutvergießen« (Mao

1938a: 171). Er machte darüber hinaus aber auch deutlich, dass es eine allgemeingültige Definition des Kriegs im Grunde nicht geben könne, sondern »die Gesetze des Krieges in jedem historischen Zeitalter ihre besonderen Merkmale [besitzen] und [...] sich nicht mechanisch auf ein anderes Zeitalter übertragen [lassen]« (Mao 1936: 38). Im konkreten Fall des chinesischen Volksbefreiungskriegs wurde bspw. deutlich, dass zwischen 1927 und 1949 zwei völlig unterschiedliche Kriege mit völlig unterschiedlichen Bedingungen und völlig unterschiedlichen Zwecken stattfanden, nämlich der revolutionäre Bürgerkrieg gegen den inneren Gegner der Kuomintang-Partei zwischen 1927 und 1937 sowie zwischen 1945 und 1949 und der nationale Unabhängigkeitskrieg gegen den äußeren Gegner der japanischen Besatzungsarmee zwischen 1937 und 1945. Der Zweck des nationalen Befreiungskriegs bestand darin, den Gegner aus dem besetzten Land zu verdrängen (bzw. auf der Seite der japanischen Armee im Eroberungskrieg darin, das Land besetzt zu halten). Für diesen Zweck verbündete sich die revolutionäre Guerillaarmee der chinesischen Kommunist_innen sogar mit ihrem inneren Gegner, der regulären Armee der Kuomintang, da Mao scheinbar die nationale Befreiung für wichtiger erachtete als die soziale Revolution (vgl. Schrupp 1990: 102). Der Zweck des revolutionären Bürgerkriegs bestand dagegen auf beiden Seiten gleichermaßen darin, den Gegner in seiner Existenz zu vernichten. Damit war keineswegs die physische Vernichtung gemeint, sondern nur die Vernichtung seines politischen Herrschaftsanspruchs. Auch das Zurückdrängen eines äußeren Gegners lässt sich unter diesem Gesichtspunkt fassen, im Falle eines inneren Gegners konnte dieser Herrschaftsanspruch jedoch nicht hinter eine Grenze zurückgedrängt, sondern musste aufgelöst werden.[7] Im revolutionären Krieg wurde somit der allgemeine, »elementare« Zweck eines jeden Kriegs sichtbar, so wie Mao ihn sich dachte; er bestand (im Gegensatz zu Clausewitz' Theorie) darin, »[s]ich selbst [zu] erhalten und den Feind [zu] vernichten« (Mao 1938a: 171). Innerhalb des Bürgerkriegs mussten außerdem zwei Arten des Kriegs unterschieden werden, der »revolutionäre« und der »konterrevolutionäre Krieg«, die »ebenfalls ihre eigenen Merkmale« aufwiesen (Mao 1936: 38). Während der konterrevolutionäre Krieg, einem Clausewitzschen Krieg ähnlich, darauf zielte, einen politischen Willen durchzusetzen, definierte Mao für den revolutionären Guerillakrieg den Zweck der »Abschaffung des Krieges« (Mao 1936: 39). Mit dieser Abschaffung des Kriegs meinte er den Krieg in Clausewitz' Sinn, das heißt den Krieg als politisches Mit-

---

7 | Auch im Fall des chinesischen Bürgerkriegs endete der Konflikt allerdings in gewissem Sinn mit der Verdrängung des Gegners hinter eine (neu geschaffene) Grenze. Die letztlich unterlegene Kuomintang-Partei zog sich mit ihren Truppen auf die Insel Taiwan zurück, dem letzten nicht durch Maos Armee kontrollierten Rest der ehemaligen Republik China. Der rechtliche Status dieser Inselrepublik ist allerdings bis heute ungeklärt, da die Volksrepublik China sie weiterhin als eine ihrer Provinzen beansprucht. Der de facto souveräne Staat wird nur von 23 anderen Staaten als solcher anerkannt.

tel, einem Gegner den eigenen Willen aufzudrängen. Der defensive Charakter des Guerillakriegs meinte also in erster Linie eine negative Praxis der Abwehr solcher Ansprüche der Durchsetzung fremder Willen, die sowohl von äußeren als auch von inneren Gegnern geltend gemacht werden konnten.

Weil Maos Krieg über weite Strecken durch eine »strategische Defensive« gekennzeichnet war (Mao 1936: 58ff.), konzipierte er ihn entgegen dem Prinzip der Entscheidungsschlacht im regulären Krieg als einen *lange auszuhaltenden Krieg*, in dem eine Entscheidung gerade vermieden werden sollte (Mao 1938). Er lässt sich darüber hinaus als eigentümliche Mischung aus unterschiedlichen Elementen begreifen. Der Krieg war sowohl nationaler Befreiungskrieg als auch klassenkämpferischer Bürgerkrieg. Er war sowohl bewusst geplantes Organisationsprinzip als auch spontane Erhebung. Er war sowohl aus der Not der Situation geboren als auch auf das strategische Ziel seiner eigenen Überwindung hin orientiert. Er vollzog im selben Moment die Zerstörung einer herrschenden Gesellschaftsordnung als auch den Aufbau einer neuen Gesellschaft. Mit dem Begriff des lange auszuhaltenden Kriegs war nicht allein seine faktisch lange Dauer gemeint, sondern die lang andauernde Zeitspanne als ein strategisches Mittel des Kampfs (Schickel 1970: 140f.). Wie bereits erwähnt, bestand das wichtigste Ziel des Guerillakriegs zunächst darin, einer schnellen Entscheidung aus dem Weg zu gehen und den Gegner in einen »Zermürbungskrieg« zu verwickeln (Mao 1938: 160). Dieses Ausweichen und die daraus folgende Ausdehnung des Kriegs erreichte Mao durch die Anwendung von vier Grundideen der Kriegsführung:

»1. Wenn der Feind vorrückt, ziehen wir uns zurück.
2. Wenn der Feind haltmacht und sich lagert, belästigen wir ihn.
3. Wenn der Feind die Schlacht vermeiden will, greifen wir an.
4. Wenn der Feind sich zurückzieht, verfolgen wir ihn.« (Schrupp 1990: 105)

In der konkreten operativen Praxis war Maos Guerillaarmee zunächst mit einem ihr zahlenmäßig und hinsichtlich der Ausrüstung weit überlegenen Gegner konfrontiert. Aus der Überlegenheit des Gegners in dieser Hinsicht sollte allerdings keineswegs die Schlussfolgerung gezogen werden, er sei prinzipiell überlegen. Im Gegenteil meinte Mao, das eigene Selbstbewusstsein sei ein entscheidender Faktor in der Auseinandersetzung: »Nur wenn wir uns dazu erzogen haben, immer einen Kopf größer zu sein als der Feind, werden wir strategische Siege erringen können« (Mao 1936: 81). Die (offensive) Strategie des Gegners bestand insbesondere in der ersten Phase des Bürgerkriegs in Versuchen der »Einkreisung und Vernichtung« der Guerillaarmee, während die (defensive) Strategie Maos darin bestand, durch einzelne »Gegenfeldzüge« einer solchen Einkreisung und Vernichtung aus dem Weg zu gehen (Mao 1936: 54). Auf der Ebene der Taktik, das heißt im Rahmen jedes einzelnen Gefechts, bestand das Ziel jedoch darin, durch geschicktes Agieren »eine Umkehrung der Situation herbeizuführen« (Mao 1936: 83). Das heißt, im Allgemeinen folgten »taktische und strategische Überlegungen entgegengesetzten Regeln« (Schrupp 1990: 105). Wenn insgesamt betrachtet die Guerillaarmee ihrem Gegner hoffnungslos unterlegen war, so bestand das Ziel darin, in einzelnen Auseinandersetzungen eine Situation zu schaffen, in der die Guerillaarmee ihrem Gegner deutlich überlegen war. Wenn Mao auf der Ebene des gesamten Kriegs bei dem Gegner eine Einkreisungs- und Vernichtungsstrategie identifizierte und ihr seine Strategie des lang auszuhaltenden Zermürbungskriegs entgegensetzte, so konzipierte er auf der Ebene einzelner Gefechte das genaue Gegenteil: Ein »Zermürbungskampf« sollte unbedingt vermieden und statt dessen eine schnelle »Vernichtungsschlacht« herbeigeführt werden (Mao 1936: 94f.). Dieses Prinzip der Umkehrung der Situation beschreibt neben dem Ziel für ein einzelnes Gefecht auch das Ziel eines Feldzugs und zugleich auch das übergreifende strategische Ziel des gesamten Kriegs (Mao 1936: 83). Die defensive Lage, aus der heraus man nur mit Guerillamethoden agieren konnte, sollte langfristig in eine offensive Lage umgewandelt werden, so dass die Guerillaarmee in eine reguläre Armee übergehen und ihren Gegner schließlich endgültig besiegen konnte.

Zunächst sah sich Mao allerdings mit der Einkreisungs- und Vernichtungsstrategie einer weit überlegen gegnerischen Truppe konfrontiert. Eine Armee, die ihren Gegner einzukreisen versucht, musste sich allerdings zwangsläufig in verschiedene Teiltruppen aufspalten. Die Guerillaarmee konnte sich dann in einem konzentrierten Gegenfeldzug einem der Teile offensiv zuwenden und ihn in einem Gefecht besiegen. Dieses Ziel konnte nur durch geschicktes Manövrieren, allgemein eine erhöhte Mobilität erreicht werden, eines jener Grundmerkmale der Figur des Partisanen, die auch Schmitt definiert hatte (Schmitt 2006: 23). Mao sah die Notwendigkeit zu einer beweglichen Kampfführung insbesondere, weil es »[i]n einem revolutionären Bürgerkrieg [...] keine festen Frontlinien geben« könne und »die Kampflinien fließend« seien (Mao 1936: 87). Das Fehlen fester Frontlinien markierte einen (relativ) deutlichen Unterschied zu einem Krieg, der sich an den äußeren Grenzen zweier Territorien abspielte. Diese Charakteristik des Konflikts, der eher als dynamischer Prozess, dessen »Richtung oft wechselt« (Mao 1936: 87), und weniger als statisches Ereignis zu fassen ist, erscheint auch als relevant für die Übertragung der strategischen Überlegungen auf politische Kommunikation. Grundlegendes Element einer erhöhten Mobilität in defensiver Lage war nach Mao die Fähigkeit zum »strategische[n] Rückzug« (Mao 1936: 63ff.). Die strategische Dimension dieses Rückzugs bestand darin, dass man selbst die Initiative für das eigene Agieren behielt, das heißt ein solcher Rückzug kann nicht einfach als Reaktion auf einen feindlichen Angriff betrachtet werden. Darüber hinaus war damit nicht nur ein Ausweichen vor dem überlegenen Gegner gemeint, sondern auch die Fähigkeit, die Verteidigung des eigenen Territoriums aufzugeben, wenn der Gegner zu stark war, und ihn in die Tiefen des eigenen Gebietes hineinzulocken, um eine günstige Gelegenheit zum Gegenfeldzug möglichst aktiv herbeizuführen. Mao schrieb:

»Um die Offensive eines uns absolut überlegenen Feindes zum Stehen zu bringen, müssen wir während unseres strategischen Rückzugs eine Situation schaffen, die für uns günstig, für den Feind ungünstig und völlig verschieden ist von der Situation, die zu Beginn der feindlichen Offensive vorhanden war.« (Mao 1936: 73)

Ein Extremfall des strategischen Rückzugs war der sog. *Lange Marsch*, den Maos Guerillaarmee in den Jahren 1934 und 1935 über mehr als 12.000 Kilometer zurücklegte. Sie musste dazu die von ihr kontrollierten Gebiete vollständig aufgeben, um der Einkreisung durch die Armeen der Kuomintang zu entgehen. Der *Lange Marsch* führte die Guerillaarmee vom Südwesten Chinas in den Norden des Landes, wo dann eine neue Machtbasis geschaffen werden konnte.

»Ein sorgsam geplanter strategischer Rückzug erfolgt scheinbar unter Druck; in Wirklichkeit jedoch wird er ausgeführt, um die eigenen Kräfte zu erhalten, den richtigen Zeitpunkt abzuwarten, in dem man zuschlagen kann, den Feind in den Hinterhalt zu locken und die Gegenoffensive vorzubereiten.« (Mao 1936: 82)

Ein strategischer Rückzug bildete also die vorbereitende Bewegung zu einem Gegenfeldzug gegen einen Teil der feindlichen Streitkräfte. Diese Methode des Ausweichens und Zurückschlagens entspricht nicht einem typischen Abwehrkampf, der ein eigenes Territorium so lange wie möglich zu verteidigen sucht. Mao bezeichnete seine Strategie als eine *aktive Verteidigung*, während seines Erachtens ein typischer Abwehrkampf eher als *passive Verteidigung* bezeichnet werden könne (Mao 1936: 58ff.). Für diese Unterscheidung ist es wichtig zu sehen, dass nach Mao für jede Situation oder Handlung eines Feldzugs eine Differenzierung zwischen Form und Inhalt vorgenommen werden kann. Nach dieser Differenzierung »kann eine defensive Kriegführung, die ihrer Form nach passiv ist, ihrem Inhalt nach trotzdem aktiv sein [und zudem] in ein Stadium übergeleitet werden, in dem sie sowohl der Form als auch dem Inhalt nach aktiv ist« – genau das sollte mit der Idee des strategischen Rückzugs realisiert werden (Mao 1936: 82). Möglicherweise bestünde allerdings eine präzisere Terminologie, anstatt von Form und Inhalt zu sprechen, darin, zwischen der äußeren Erscheinungsform und der inneren Haltung oder eigenen Initiative zu unterscheiden. Um das Ziel, eine eigene Initiative auch im Fall eines Rückzugs zu behalten, ging es letztlich im Kern bei der aktiven Verteidigung.

Der strategische Rückzug sollte schließlich in eine zweite Phase eines Feldzugs übergehen, die Mao im Rahmen seiner defensiven Strategie als strategische Gegenoffensive konzipierte. Sie »ist nicht nur ihrem Inhalt nach aktiv, sondern sie gibt auch ihrer Form nach die passive Haltung der Rückzugsperiode auf« und »ist ein langer, sehr faszinierender, sehr dynamischer Prozess und gleichzeitig das Abschlussstadium eines Defensivfeldzugs« (Mao 1936: 82, 74). Die Möglichkeit zur Gegenoffensive ergebe sich erst dann, wenn »[d]ie nötigen Bedingungen und die entsprechende Situation [...] während des strategischen Rückzugs geschaffen« werden konnten (Mao 1936: 74). An diesen Rahmenbedingungen, man könnte auch sagen: an diesen Kontexten des Kampfgeschehens müsse allerdings auch im Zuge der Gegenoffensive weiter gearbeitet werden. Für den Guerillakrieg in China definierte Mao folgende sechs Bedingungen, anhand derer eine günstige Situation erkannt werden könne, die zur Gegenoffensive einlade:

»1. Die Bevölkerung gewährt der Roten Armee aktive Unterstützung.
2. Das Gelände ist für unsere Operation geeignet.
3. Alle Hauptstreitkräfte der Roten Armee sind vereint.
4. Wir haben die schwachen Stellen des Feindes entdeckt.
5. Der Feind ist erschöpft und demoralisiert.
6. Der Feind ist zu Fehlern verleitet worden.« (Mao 1936: 67)

Mindestens zwei dieser (durchaus auch in hierarchischer Reihenfolge angeordneten) Bedingungen sollten gegeben sein, bevor eine konkrete Situation als günstig zur Gegenoffensive eingeschätzt werden konnte. An der Verbesserung dieser Bedingungen sollte zudem auch im Verlauf der Gegenoffensive ständig gearbeitet werden. Konkret bedeutete das bewusste Herstellen einer günstigen Situation bspw., dass der strategische Rückzug in das Zentrum des eigenen Gebietes hinein erfolgen sollte, weil sich dort dann die eigenen Truppen aus verschiedenen Richtungen kommend sammeln würden, weil man sich dort der Unterstützung durch die Bevölkerung am sichersten sein konnte, weil man dort ein günstiges Terrain für eine mögliche Schlacht am besten auswählen konnte und weil der Gegner bei der Verfolgung der zurückweichenden Armee seine Kräfte möglicherweise zersplittern und erschöpfen würde oder taktische Fehler beging, die zu einer günstigen Situation beitragen konnten. Konnte eine günstige Situation geschaffen werden, war das wichtigste taktische Element im Rahmen eines Gegenfeldzugs der Überraschungsangriff. Das heißt, die konkrete Operation musste möglichst im Geheimen stattfinden. Auch hier galt allerdings, dass auf taktischer Ebene, hinsichtlich des einzelnen Gefechts, genau das Gegenteil dessen galt, was auf strategischer Ebene relevant war. Die strategischen Überlegungen Maos, die Methode der konzentrierten Überraschungsangriffe – allgemein also die Vorgehensweisen der Guerillaarmee – waren »kein Geheimnis mehr, und der Feind hat sich mit der Zeit durchaus an unsere Methode gewöhnt. Trotzdem kann er weder unsere Siege verhindern noch seine Verluste vermeiden, denn er weiß nie, wann und wie wir vorgehen« (Mao 1936: 87). Im Konflikt war genau diese Transparenz wichtig, da sie als Element psychologischer Kriegsführung die Überlegenheit des Guerillakriegs demonstrieren sollte.

Der Überraschungsangriff in einer günstigen Situation sollte insbesondere gewährleisten, dass das erste Gefecht gewonnen wurde. Denn Siege oder Niederlagen in einzelnen Gefechten bildeten eine weitere, psychologisch bedeutsame Rahmenbedingung, welche die Situation der Gegenoffensive beeinflusste (Mao 1936: 80). Darüber hinaus sollte

»der Plan für die erste Schlacht [...] die Einleitung und ein organischer Teil des gesamten Feldzugsplans sein. Es ist völlig ausgeschlossen, eine wirklich gute Schlacht zu liefern, wenn man keinen guten Plan für den ganzen Feldzug entworfen hat. Das bedeutet, dass ein Sieg – selbst wenn er in der ersten Schlacht gewonnen wurde – nur als Niederlage gewertet werden kann, wenn er dem Feldzug im ganzen mehr schadet als hilft.« (Mao 1936: 81)

Der strategische Plan eines Feldzugs sollte außerdem eingebettet sein in einen Plan für das nächste Stadium des Kriegs und in den noch größeren Kontext des gesamten Kriegs. Bereits vor der ersten Schlacht müsse man, so meinte Mao, »auch schon daran denken, was im nächsten strategischen Stadium des Krieges geschehen wird« (Mao 1936: 81). Die Phase des strategischen Rückzugs konnte also nur dann glücken, wenn man bereits an die darauf folgende Phase der strategischen Gegenoffensive und weiter an die Phase der Offensive sowie insgesamt an den übergreifenden Zweck des Kriegs dachte: »Im Krieg wie in der Politik ist es schädlich, jeweils immer nur einen Schritt vorauszuplanen« (Mao 1936: 81). Die strategische Gegenoffensive bildete zudem das Übergangsstadium zwischen einem Guerilakrieg und einem regulären Krieg, da sich das Kräfteverhältnis der Gegner angeglichen haben musste, um zur Gegenoffensive überzugehen. Es lässt sich vor diesem Hintergrund auch präziser bestimmen, dass der Guerilakrieg insbesondere das Stadium der strategischen Defensive und der strategischen Gegenoffensive bezeichnet, während der reguläre Krieg das Stadium der strategischen Offensive, in die eine Gegenoffensive überführt werden soll, bezeichnet. »Die Prinzipien der Gegenoffensive finden Anwendung, wenn der Feind in der Offensive ist. Die Prinzipien der Offensive finden Anwendung, wenn der Feind in der Defensive ist. In diesem Sinn bestehen gewisse Unterschiede zwischen Gegenoffensive und einer Offensive« (Mao 1936: 75). Im Stadium der Gegenoffensive verwandele sich die Guerilaarmee in eine reguläre Armee, die im Stadium der strategischen Offensive dann ihrerseits den Gegner in eine Entscheidungsschlacht zu zwingen versuche. Die Guerilaarmee war für Mao insbesondere charakterisiert durch ihre »Irregularität – also Dezentralisierung, Mangel an Einheitlichkeit, das Fehlen einer strikten Disziplin und einfache Arbeitsmethoden« (Mao 1936: 90). Im Übergang zu einer regulären Armee »müssen wir diese Methoden ganz bewusst und allmählich ausmerzen, um die Rote Armee zentraler auszurichten, zu vereinheitlichen, zu disziplinieren, wirksamer in ihrer Arbeit zu machen« (Mao 1936: 90). Bei dieser Überwindung der Methoden einer Guerillaarmee sollte man sich allerdings nicht an den Prinzipien der Gegner orientieren, sondern dieser Prozess meinte die Übertragung der eigenen Prinzipien auf eine neue Organisationsstufe. »Alles, was in der Vergangenheit gut war, sollten wir zu einer systematischen, höher entwickelten und differenzierten Kriegführung zusammenfassen« (Mao 1936: 91).[8] Der Übergang der Guerillaarmee in eine reguläre Armee war deshalb eng an den Aufbau eigener politischer Strukturen gebunden, das heißt den Übergang von einem Stadium mit mehr oder weniger stabilen Stützpunktgebieten innerhalb oder unterhalb der gegnerischen politischen Ordnung in ein Stadium der Strukturierung und Kontrolle einer eigenen politischen Ordnung. Die (paradoxe) Logik dieses Aufbaus einer eigenen politischen Ordnung im Verlauf des revolutionären Bürgerkriegs bestand im Fall Maos in der Zielsetzung, den Krieg als Mittel der Politik, das heißt den Krieg in Clausewitz' Sinn, abzuschaffen: »Unser Studium der Gesetze der Revolution entspringt dem Wunsch, alle Kriege endgültig abzuschaffen« (Mao 1936: 39).

GUEVARAS KONZEPT DES *FOCO GUERILLERO* UND DER ÜBERGANG ZUM VOLKSKRIEG

Vergleichbar zu Mao spielte auch in der Guerillatheorie und -praxis Ernesto Guevaras die besondere Nähe zur ländlichen Bevölkerung eine wichtige Rolle, sowohl bei den erfolgreichen Aktionen der kubanischen Revolution als auch bei dem gescheiterten Versuch einer Revolte in Bolivien. In Anlehnung an Maos Erfahrungen in einem unterentwickelten Land konzipierte auch Guevara die Revolution vom Lande aus und verlangte eine Unterordnung der kommunistischen Organisationen der städtisch geprägten, proletarischen Fabrikarbeiter_innen (Wolf 1990: 120ff.). Diese Konzeption stand damit (wie auch diejenige Maos) in deutlichem Widerspruch zu den westlichen oder auch russischen Vorstellungen, wonach eine tiefgreifende Umgestaltung der Gesellschaft von den gut ausgebildeten, klassenbewussten und in marxistischer Theorie geschulten städtischen Massen der Fabrikarbeiter_innen ausgehen würde. In unterentwickelten Ländern trafen dagegen »die Bedingungen einer unterentwickelten Industrie mit einem Agrarregime feudalen Charakters zusammen« (Guevara 2003: 26). Die meist ungebildeten Dorfbewohner_innen in ländlich strukturierten, unterentwickelten Ländern erschienen aus diesem Blickwinkel als denkbar ungeeignete Subjekte zur Durchführung einer Revolution (Guevara 2003: 26f.). Die Arbeiter_innen in den industriell nur wenig entwickelten städtischen Kernen der Entwicklungsländer, bei denen ein Bewusstsein der Probleme und der Möglichkeiten einer gesellschaftlichen Umgestaltung durchaus vorhanden sein konnte, waren dagegen aufgrund ihrer geringen Zahl faktisch nicht in der Lage, sich zu einer politisch relevanten Kraft zu entwickeln. Sie konnten erst in der Endphase

---

8 | Münkler vertritt in Bezug auf Mao und Guevara die irrige Ansicht, dass der Übergang von der Partisanenarmee in eine reguläre Armee »gerade *keine* unaustilgbaren Spuren und Verhaltensweise hinterlassen würde« und also von der Guerillaarmee in diesem Transformationsprozess nichts übrig bliebe (Münkler 1990b: 17).

der Auseinandersetzung, wenn das flache Land bereits unter der Kontrolle der Guerillaarmee stand, den letzten Schritt der Revolution, die Eroberung der Städte realisieren. Erst in diesem letzten Stadium des Kriegs »kommt der Augenblick, in dem die Arbeiterklasse und die städtischen Massen die Schlacht entscheiden« (Guevara 2003: 27). Das Problem bestand also darin, dass keine für die Durchführung eines revolutionären Guerillakriegs günstige Kombination aus sozialen ›Klassen‹ und ›Klassenbewusstsein‹ existierte. Im Fall der ländlichen Bevölkerung existierte eine große Masse sozial schlecht gestellter Menschen, die allerdings keine Vorstellung davon hatte, wie man diese Lage und die in dem Zusammenhang relevanten sozialen Bedingungen verändern könnte. Im Fall des städtischen Proletariats existierte zwar eine theoretische Vorstellung vom sog. revolutionären Klassenkampf, allerdings war die soziale Gruppe der städtischen Arbeiter_innen so klein, dass sie keine relevante politische Macht bilden konnte.

Dieses Auseinanderfallen von sozialer Situation und ›Klassenbewusstsein‹ stellte für Guevara eine der Hauptherausforderungen dar, die in einem Guerillakrieg zu überwinden waren. Er entwickelte deshalb das Konzept des *foco guerillero*, mit dem der Brennpunkt bzw. Fokus eines Aufstands oder Guerillakriegs gemeint war. Die Aktionen des Guerillakriegs sollten nach diesem Konzept nicht nur nach militärischen Gesichtspunkten geplant und durchgeführt werden, also nicht nur Fragen berücksichtigen, wie diejenigen nach möglichen Schwachstellen des Gegners, einem günstigen Gelände für den Kampf, der eigenen Organisation etc. Sondern die Guerillaaktionen sollten zugleich auch hinsichtlich ihrer symbolischen Kraft, ihrer Wirksamkeit auf das Bewusstsein insbesondere der Landbevölkerung konzipiert werden. Im *foco* eines Aufstands sollte sichtbar werden, dass ein Aufstand zugleich möglich und nötig sei. Solche in Brennpunkten fokussierten Guerillaaktionen sollten es ermöglichen, bei der Landbevölkerung ein Bewusstsein über die Möglichkeiten einer Veränderung der sozialen Bedingungen und der politischen Organisation zu schaffen. Der Guerillakampf sollte der »treibende Motor der Mobilisierung und Generator des revolutionären Bewusstseins und der kämpferischen Begeisterung« sein (Guevara 1965: 15). Der Sieg in einzelnen Gefechten sollte daher nicht nur dazu dienen, den Gegner zu schwächen oder die eigene Truppe mit erbeutetem Kriegsmaterial zu versorgen. Er sollte nicht nur die politische Kontrolle einzelner Gebiete ermöglichen. Der Sieg der Guerilla in einzelnen Gefechten sollte zugleich auch demonstrieren, dass der Gegner verwundbar und besiegbar ist. Die Durchführung von Landreformen in den Gebieten, die durch die Guerillaarmee kontrolliert wurden, sollte der Bevölkerung demonstrieren, welche andere soziale Organisationsform man in dem Konflikt anstrebte. Letztlich zielten alle Aktivitäten darauf, in der Bevölkerung ein Bewusstsein »von der Notwendigkeit der revolutionären Änderung des Regimes« und »von der Möglichkeit dieser Änderung« zu schaffen, wobei beide Elemente dieses Bewusstseins als »komplementär« angesehen wurden und »sich im Lauf des Kampfes« gegenseitig vertiefen sollten (Löwy 1987: 85).

Der *foco guerillero* war also nicht nur eine militärische Strategie, sondern zugleich eine Kommunikationsstrategie. Das auf diesem Weg erzeugte Bewusstsein von der Notwendigkeit und Möglichkeit einer Revolution sollte den teilweisen Mangel an vermeintlich objektiven Bedingungen für einen revolutionären Klassenkampf, wie er in unterentwickelten Ländern immer gegeben schien, wettmachen können. Der *foco guerillero* verwies damit ebenfalls auf jenes doppeldeutige Verständnis des Kriegs als Fortsetzung des politischen Verkehrs, indem mit einer Guerillaaktion die tatsächliche Verwundbarkeit der herrschenden Ordnung demonstriert und deren Logik zugleich symbolisch entzaubert wurde. Der Guerillakampf zielte nicht nur auf die Ablösung der herrschenden politischen Ordnung oder auf die Veränderung der sozialen bzw. materiellen Bedingungen innerhalb der Gesellschaft, sondern wurde verbunden mit gezielter Aufklärungs- und Bildungsarbeit. Militärische Erfolge oder Landreformen, in denen der Landbevölkerung der von ihr bearbeitete Boden übertragen wurde, bildeten vielmehr Elemente des Kampfs, die als »Propaganda der Tat« auch symbolisch dem übergreifenden politischen Zweck, der tief greifenden Umgestaltung der gesellschaftlichen Ordnung, dienen sollten (Wolf 1990: 124). Auf der Ebene der konkreten Aktivitäten bedeutete dieses Konzept »eine klare Absage an die Ausschließlichkeit der militärischen Aktion«, denn Guevaras Guerilla betrieb daneben »eine gezielte Propaganda unter der Landbevölkerung, um Ziele und Motive einer jeden Aktion zu verdeutlichen« (Wolf 1990: 123).

Diese gezielte Propaganda der »revolutionären Ideen« sollte, vergleichbar zu einer zeitgenössischen Kommunikationskampagne, »von einem einheitlichen Organ geleitet« und »immer gründlich und operativ beweglich« umgesetzt werden (Guevara 2003: 166). Dabei sollten alle vorhandenen Mittel der Kommunikation genutzt werden, und sie sollte nicht nur das durch die Guerillaarmee kontrollierte Gebiet erfassen, sondern auch die durch den Gegner kontrollierten Territorien. Aufgebaut werden sollten insbesondere ein eigener Rundfunk und eine eigene Presse (die in den 1950er Jahren verbreiteten Medien der Massenkommunikation). Daneben eigneten sich »Flugblätter«, »Informationsblätter« und »Proklamationen« besonders für die Kommunikation in den gegnerischen Gebieten. Als wichtiges Prinzip formulierte Guevara, dass »die Öffentlichkeit wahrheitsgemäß von den Aktionen der Guerilla unterrichtet« und »stets nur zuverlässige Materialien veröffentlicht« werden (Guevara 2003: 167). Diese zielgerichtete Planung und Durchführung eigener Kommunikations- oder Propagandaaktivitäten ging einher mit zwei weiteren kommunikativen Aktivitäten. Im eigenen Gebiet sollte der Aufbau eines Bildungssystems, dessen »sehr wichtige Aufgabe« darin bestand, »den Analphabeten unter den Guerilleros und den Bauern der befreiten Zone das Lesen und Schreiben beizubringen und ihnen die Fragen der revolutionären Theorie zu erläutern« (Guevara 2003: 155f.). Im vom Gegner kontrollierten Gebiet ging es jedoch darum, einen eigenen »Aufklärungs- und Informationsdienst« im Untergrund zu etablieren, da »nichts […] den Erfolg der Kampfhandlungen mehr begünstigt als gute und zuverlässige Informationen« (Guevara 2003: 169). Für die eigene Organisation und im selbst kontrollierten Territorium ging es also darum, ein selbstständiges Kommunikationssystem zu errichten. Daneben war es auch integraler Bestandteil des Guerillakriegs, die Kommunikationswege des Gegners zu stören. Neben der Zerstörung der Kampfkraft des Gegners, die in der Kampfzone in den Gefechten stattfand, war die Sabotage der Kommunikations- und Versorgungslinien innerhalb des gegnerischen Gebiets die zweite wichtige Form der Auseinandersetzung. Die Sabotage »richtet sich gewöhnlich gegen die Kommunikation des Gegners durch die Zerstörung von Telegrafen- und Telefonleitungen, Brücken, Eisenbahnanlagen und -transporten oder Ölleitungen« (Guevara 2003: 161). Das Ziel solcher Sabotageaktionen bestand darin, »das normale Leben in den Städten oder Zentren, auf die sich der Gegner stützt, immer nachhaltiger zu stören und schließlich vollständig zu paralysieren« (Guevara 2003: 163). Der Guerillakrieg markierte also eine zeitliche Zone des Übergangs zwischen zwei unterschiedlichen gesellschaftlichen Ordnungen. Sein Ziel bestand deshalb nicht etwa vordergründig darin, gegnerisches Territorium zu erobern oder die Zentren staatlicher Machtausübung (möglichst unversehrt) unter eigene Kontrolle zu bringen, sondern der Krieg kombinierte die Zerstörung gegnerischer Strukturen mit dem Neuaufbau eigener Strukturen, das heißt der »Herausbildung des zukünftigen Staatsapparats« (Guevara 2003: 37).

Der Neuaufbau eigener Strukturen betraf insbesondere den Aufbau und später die Transformation der Guerillaarmee, die zunächst meist nur aus einer oder mehreren kleinen, zum Teil kaum koordiniert operierenden Gruppen bestand. Im Fall der kubanischen Revolution begann der Guerillakampf durch eine Gruppe von nicht einmal neunzig Mann, insbesondere Exilkubanern, die Ende November 1956 mit einem Schiff aus Mexiko kommend auf Kuba an Land ging. Nach dem ersten Gefecht mit den Streitkräften des Diktators Batista waren die Überlebenden in mehrere kleine Gruppen von wenigen Männern zerstreut, und etwa einen Monat nach Beginn des Kampfs bestand die Guerillaarmee aus kaum zwei Dutzend Partisanen. Aus diesen sehr bescheidenen Anfängen heraus entwickelte sich der revolutionäre Aufstand, der schließlich zum Jahreswechsel 1958/59 zur Flucht Batistas und der Übernahme der staatlichen Herrschaft durch die vormaligen Guerilleros führte (Guevara 1987). Die Anfangsaktivitäten der kubanischen Guerillaarmee kann man also kaum als langfristig durchdachtes strategisches Manöver bezeichnen. Sie begannen vielmehr mit einem mehr oder weniger planvoll herbeigeführten Ereignis, aus dem sich erst im Verlauf der Zeit (und insbesondere aus den Fehlschlägen der Operationen) ein evolutionärer Lern- und Organisationsprozess entwickelte.[9] Die

---

9 | Dieser evolutionäre Lernprozess steht nicht unbedingt im Gegensatz zu Maos Betonung der Notwendigkeit einer langfristigen und weit blickenden Strategie. Der Lernprozess betrifft hier die operative Ebene der konkreten militärischen Aktionen, nicht die übergreifenden strategischen Überlegungen zur Abfolge von strategischer Defensive, Gegenoffensive und Offensive, die auch in Guevaras Überlegungen ähnlich existierten (Guevara 2003: 54ff.).

Guerillaarmee musste »die Kriegskunst erlernen durch die Kriegsführung selbst« (Guevara 2003: 33). Dieser offene Lernprozess berücksichtigte dabei vor allem die äußeren Umstände des Feldzugs und setzte sie in Bezug zu dessen Teilzielen. Guevara schrieb dazu:

»Für die Organisierung einer Guerillaeinheit gibt es kein allgemeingültiges Schema oder System. Die Organisierung von Guerillaeinheiten kann sehr verschieden sein. Sie ergibt sich aus dem Charakter des betreffenden Gebietes und den der Einheit in diesem Gebiet gestellten Aufgaben.« (Guevara 2003: 112)

Von der Existenz eines vorgefertigten Plans zur Durchführung des Feldzugs kann also kaum die Rede sein. Es existierte auch keine innere Logik des Feldzugs, der die Guerilla gefolgt wäre und die sie für ihre Gegner berechenbar gemacht hätte. Grundlegend für die Zielorientierung und die Vorgehensweise war vielmehr der politische Zweck des Unterfangens, das heißt ein dem militärischen Geschehen externes Element. Dieser politische Zweck bestand in der grundlegenden Umgestaltung der gesellschaftlichen Ordnung, durch die insbesondere die soziale Lage der Landbevölkerung und Industriearbeiter_innen verbessert werden sollte und aus dem sich unmittelbar die Unterstützung dieser Menschen für den Guerillakampf ergab. Konkret sah die Unterstützung so aus, dass einerseits Ressourcen zur Verfügung gestellt wurden, bspw. Nahrungsmittel oder Kleidung, aber auch Rückzugsorte oder Verstecke für Kranke und Verwundete. Daneben wurden die militärischen Aktivitäten der Guerilla aktiv unterstützt, indem bspw. Informationen über das Gelände oder den Gegner gesammelt und verbreitet oder militärische Gerätschaften transportiert wurden. Nicht zuletzt gewann die Guerillaarmee auch ihre Mitglieder aus den Reihen der Bevölkerung, da sich Freiwillige zum Eintritt in die Truppe meldeten. Diese verschiedenen Formen der Unterstützung bildeten einen entscheidenden Faktor für den Erfolg oder Misserfolg des Feldzugs, sie waren selbst elementare Bestandteile oder wichtige Mittel im Rahmen der Kriegsführung. Die Relevanz der Unterstützung wurde bereits in der Frage erkennbar, ob sich aus den kleinen Gruppen der ersten Guerilleros ein echter Aufstand und Guerillakrieg entwickeln konnte:

»Was macht diese ersten Kerne vom Anbeginn des Kampfes an unbesiegbar – unabhängig von der Anzahl, der Macht und den Ressourcen ihrer Feinde? Es ist die Unterstützung des Volkes, und über diese Unterstützung des Volkes, und über diese Unterstützung der Massen werden sie in immer höherem Grade verfügen.« (Guevara 2003: 27)

Die unmittelbare Verknüpfung von Zweck und Mittel des Kriegs, konkret also die Verknüpfung der Idee, die soziale Lage der Volksmassen zu verbessern, mit der Vorgehensweise, die Unterstützung des Volkes als Mittel der Kriegsführung zu nutzen, erscheint hier als die Umkehrung des weiter oben bereits zitierten Clausewitz'schen Gedankens, »die Kriegskunst auf ihrem höchsten Standpunkte [werde] zur Politik, [die] Schlachten liefer[e]« (Clausewitz 1980: 994). Im Fall des Guerillakriegs waren es nicht die höchste Kriegskunst, sondern erste militärische Gehversuche und deren Fehlschläge, die zugleich den Beginn eines politischen Projektes markierten. Auf diese Weise sollte »[d]er anfängliche Kampf verhältnismäßig kleiner Kerne von Kämpfern [...] sich unablässig durch neue Kräfte [verstärken]; die Massenbewegung beginnt loszubrechen, die alte Ordnung zerspringt nach und nach in tausend Stücke« (Guevara 2003: 27). Die grundlegende Bedeutung der Unterstützung der Bevölkerung in einem revolutionären Guerillakrieg hat im Verlauf des Aufbaus eigener militärischer Strukturen zur Folge, dass auch ein bestimmter Typus von Armee entsteht, sobald die Guerillaarmee in eine reguläre Armee transformiert wird. Die Regularisierung der Guerillaarmee führt dazu, dass »sich aus ihr ein Volksheer mit Armeekorps herauskristallisiert« (Guevara 2003: 45). Folglich geht ein revolutionärer Guerillakrieg, sobald ein strategisches Gleichgewicht der Kräfte erreicht ist, in einen Volkskrieg über, wie er in Folge der französischen Revolution entstanden ist, nicht jedoch in einen Kabinettskrieg, der das Ideal der Clausewitzschen Kriegstheorie bildet.

DER TRANSITORISCHE CHARAKTER DER GUERILLA

Mit dem Übergang des Guerillakriegs in einen Volkskrieg ist bereits ein Element des transitorischen Charakters angesprochen, den Herfried Münkler in seiner Untersuchung der *Gestalt des Partisanen* als ein prägendes Merkmal der Guerilla vorstellte (Münkler 1990b). Dieses Prinzip des Übergangs ist darüber hinaus in weiteren Hinsichten relevant. Wie Schmitts vier Charakteristika – Irregularität, politischer Charakter, gesteigerte Mobilität und tellurischer Charakter – ist auch der transitorische Charakter kein die Figur des Partisanen eindeutig bestimmendes Merkmal, sondern ein Bezugspunkt in einem diskursiven Netz von Aussagen, die in Beziehung zueinander stehen und den Partisanen einkreisen, um ihn für Momente erkennbar zu machen. Er ersetzt zudem das Merkmal der gesteigerten Mobilität, die unter dem neuen Blickwinkel als forcierter räumlicher Transit erfasst werden kann. Zum Teil stehen die einzelnen Begriffe dieses diskursiven Netzes in deutlicher Spannung zu einander, wie bspw. die gesteigerte Mobilität und der tellurische Charakter, das heißt der Verteidigung des heimatlichen Bodens, wie Schmitt dieses Merkmal definiert hatte, die sich nicht gut zu vertragen scheinen (Münkler 1990a: 9f.). Im Fall des transitorischen Charakters lassen sich aus den Beziehungen zu den anderen Diskurselementen unterschiedliche Dimensionen des Übergangs herausarbeiten, die bei der Beantwortung der Frage helfen können, wohin ein Guerillakrieg führen kann. Einige solcher Übergänge wurden in den vorangegangenen Abschnitten bereits beschrieben. Ihre Diskussion kann verdeutlichen, auf welche Weise Politik und kriegerischer Konflikt, die bei Clausewitz und Foucault so unterschiedlich zu einander in Beziehung gesetzt wurden, im konkreten Phänomen des Guerillakriegs ineinander verstrickt sind.

Es wurde bereits darauf hingewiesen, dass man den Guerillakrieg im Raum zwischen dem Pol einer völligen Irregularität und dem Pol einer Regularität verorten kann. Hinsichtlich physischer Gewaltanwendung meinen diese beiden Pole den Terrorismus und einen regulären Krieg, in den ein Guerillakrieg übergehen kann, sobald ein Kräftegleichgewicht im Verhältnis zum Gegner hergestellt ist. Es wurde zudem argumentiert, dass eine revolutionäre Guerillaarmee sich in ihrem Transformationsprozess in eine Armee verwandeln müsse, die einen Volkskrieg vergleichbar zur französischen Revolutionsarmee austragen und aus Freiwilligen oder Wehrpflichtigen bestehen müsse. Aus Sicht einer konfliktbereiten Partei in besonders unterlegener, defensiver Lage kann der Aufbau einer Guerillaarmee entweder als genuin politisches Projekt betrachtet werden, wie im Fall einer revolutionären Guerillabewegung, oder aber als militärische Notwendigkeit erscheinen, wie im Fall der preußischen Bemühungen, einen konterrevolutionären Aufstand der Bevölkerung gegen Napoleons Armee anzuzetteln, um die alte monarchische Ordnung zu restituieren. Die Dichotomie aus Irregularität und Regularität der Kriegsführung findet eine deutliche Parallele auf der Ebene der Politik, wo eine Guerillabewegung das Ziel verfolgt, gegnerische politische Strukturen zu zerstören und eigene politische Strukturen zu etablieren. Eine Guerillabewegung lässt sich deshalb auch »als politischer Katalysator« eines solchen Strukturwechsels bezeichnen (Löwy 1987: 84). Die Verschränkung der vier Faktoren – militärische Notwendigkeit und politisches Programm, Irregularität und Regularität – etabliert unterschiedliche Schnittpunkte, in denen sich konkrete Guerillaarmeen an konkreten Zeitpunkten eines Guerillakriegs verorten lassen. Die spezifische, durchaus ambivalente Position von Maos Armee im Jahr 1936 beschrieb dieser bspw. wie folgt:

»Wenn wir aufgrund [der] Tatsachen unsere politische Richtung bestimmen, sollten wir das ›Guerillatum‹ nicht in Bausch und Bogen ablehnen, sondern den Guerilla-Charakter der Roten Armee ehrlich zugeben. Wir brauchen uns dessen nicht zu schämen. Im Gegenteil, gerade dieser Guerilla-Charakter ist unser Kennzeichen, unsere Stärke und das entscheidende Mittel, unseren Feind zu schlagen. Wir sollten zwar darauf vorbereitet sein, ihn eines Tages zu ändern, aber noch können wir das nicht.« (Mao 1936: 88)

Der Transformationsprozess der strukturellen Merkmale des Konflikts bzw. der politischen Ordnung geht im Fall einer revolutionären Guerillaarmee einher mit einem beständigen Selbsttransformationsprozess. Die Selbsttransformation erscheint dabei einerseits als Mittel der Konfliktaustragung, das heißt als das, was Münkler den »chamäleonhafte[n] Charakter« der Guerilla nannte. Es dient in diesem Zusammenhang der Tarnung und der Irreführung des Gegners. Die Selbsttransformation ist allerdings nicht nur eine Reaktion auf die militärische Notwendigkeit, gegen einen weit überlegenen Gegner zu bestehen, sondern auch eine politische Notwendigkeit, wenn das Ziel eines Aufbaus neuer politischer Strukturen verwirklicht werden soll. Im Fall einer konterrevolutionären Guerillabewegung existiert dieser enge Zusammenhang zwischen militärischer und politischer Selbsttransformation nicht. Sie ist im militärischen Bereich, dem Tarnen und Täuschen im Krieg, vergleichbar mit der revolutionären Guerilla. Im Bereich der Politik tritt allerdings anstelle des transitorischen Charakters eine paradoxe Konstellation hervor: Die militärische Notwendigkeit zur Selbstorganisation und zu autonomem Handeln steht in deutlichem Widerspruch zur Vorstellung hierarchisch strukturierter sozialer oder politischer Ordnungen. Hier wird kein transitorischer Prozess vollzogen, sondern es muss ein deutlicher Bruch der politischen Ordnung initiiert werden, bspw. in Form eines königlichen Befehls zum Aufstand gegen die öffentliche Ordnung.

Eine spezifische Kombination aus räumlichem und zeitlichem Aspekt markiert ein weiteres Erkennungszeichen des Guerillakriegs, das im Vergleich zu einem regulären Krieg besonders deutlich wird. Ein wichtiges strategisches Ziel eines regulären Kriegs besteht in der Konzentration der militärischen Ereignisse in Zeit und Raum, das heißt in dem Versuch, eine Entscheidungsschlacht herbeizuführen. Das strategische Ziel eines Guerillakriegs liegt in genau entgegengesetzter Richtung, das heißt in der Ausdehnung des Konflikts in Raum und Zeit. Deutlich zum Ausdruck gebracht wird diese doppelte Ausdehnung in den Konzeptionen des lange auszuhaltenden Kriegs und des strategischen Rückzugs, mit denen Mao dieses Ziel verfolgte. Einer Entscheidungsschlacht soll auf diese Weise aus dem Weg gegangen werden, oder ein militärischer Konflikt soll im Anschluss an eine bereits verlorene Entscheidungsschlacht des regulären Kriegs weitergeführt werden.

Auf der Ebene des übergreifenden politischen Zwecks eines Guerillakriegs ist ebenfalls ein Prozess des Übergangs erkennbar. Mao hatte als Zweck des Guerillakriegs definiert, die eigene politische Existenz zu erhalten und die politische Existenz des Gegners zu vernichten. Zugleich definierte er als Zweck des Guerillakriegs die Abschaffung des Kriegs im Clausewitz'schen Sinne, der als Charakteristikum der politischen Existenz des Gegners gesehen wurde. Der Zweck eines Clausewitz'schen Kriegs bestand darin, dem Gegner den eigenen Willen aufzudrängen bzw. eine Stück fremdes Territorium zu erobern, was im Falle Maos einmal als japanische Fremdherrschaft über China, ein anderes Mal als Herrschaft der Kuomintang-Partei innerhalb Chinas in Erscheinung trat. Gegen solche Herrschaftsansprüche richtete sich der Guerillakrieg nach Maos Ansicht, und zwar sowohl auf der Ebene ganz konkreter Ansprüche als auch auf der ideellen Ebene, auf der solche Ansprüche als legitim angesehen wurden. Die Transition geschieht als Zurückweisung fremder Herrschaftsansprüche und als Behauptung und Durchsetzung einer eigenständigen politischen Existenz, die sich in eigenen Vorstellungen von der Logik politischer Prozesse manifestiert. Diese eigenen politischen Prozesse sollten nicht als Fortsetzung des kriegerischen Konflikts gedacht werden, sondern die Selbstorganisation und das autonome Agieren einzelner Guerillagruppierungen auf einer höheren organisatorischen Ebene aufnehmen. Der transitorische Charakter der Guerilla macht sich neben den Ebenen der politischen Strukturen, der eigenen Organisationsstrukturen und den Verfahrensweisen der Konfliktaustragung auch auf der Ebene der beteiligten Subjekte bemerkbar. Wie bereits erwähnt wurde, lässt sich die Figur des Partisanen anhand des Kriteriums der Irregularität zwischen der des Terroristen oder des gemeinen Gewaltverbrechers einerseits und der des regulären Soldaten andererseits verorten. Dieses Schema markiert den Raum eines Übergangs im Bereich gewaltsamer Konfliktaustragung. Im Raum der Politik bewegt sich die Figur des Partisanen zwischen anderen Polen. Die Transition findet einerseits statt zwischen der Figur eines politisch Machtlosen und der Figur eines politisch Mächtigen. Insbesondere Guevara weist in seinen Abhandlungen immer wieder darauf hin, dass das »unerlässliche, unumgängliche Ziel« eines Guerillakriegs »die Eroberung der politischen Macht« sei (Guevara 2003: 24). Dieser Übergang lässt sich auch im übertragenden Sinne verstehen, indem sich unpolitische Privatmenschen zu politisch motivierten Guerilleros bzw. zu politisch bewussten Bürger_innen wandeln bzw. wandeln sollen. Die Idee eines solchen Wandels jedes einzelnen Subjekts trat bei Guevara bspw. deutlich in dem Motiv eines *neuen Menschen* in Erscheinung, den das Überwinden alter Denkweisen hervorbringen sollte (vgl. Guevara 2003a). Mit dem militärischen Kampf einhergehende Bildungsbemühungen sowohl für Mitglieder der Guerillaarmee als auch für die ungebildete Landbevölkerung in den eigenen Gebieten lassen sich in dieser Hinsicht interpretieren. Angesichts dieses transitorischen Prozesses vom unpolitischen zum politischen Menschen erscheint auch plötzlich ein ganz anderer Gegner des Partisanen, wie Münkler hervorhebt (Münkler 1990b: 32ff.). Die Figur des unpolitischen Wirtschaftsbürgers (des *Bourgeois*, der als Gegenbild zum politischen Bürger, dem *Citoyen*, existiert) trete im Raum der Politik als eigentlicher Widersacher des Guerilleros in Erscheinung, da er eine existierende Sozialordnung als Wirtschaftsordnung zweckrational und nach seinem materiellen Gewinninteresse erhalten, während der politische Bürger die Sozialordnung als politische Ordnung gestalten wolle:

»Nicht der Soldat, sondern der Bourgeois ist der eigentliche Antipode des Partisanen, denn während der Soldat den Partisanen bekämpft, ihn tötet oder sich ihm angleicht, sucht der Bourgeois ihn zu pathologisieren und zu kriminalisieren. Das ihm eigene Sekuritätsbedürfnis und sein rationales Kalkül als die Normalität unterstellend, versucht er, den potentiellen Partisanen auszugrenzen, einzusperren, zu therapieren. Als geheilt, resozialisiert und rehabilitiert gilt er erst, wenn er sich dem Bürger angeglichen hat. Entscheidend bei alledem ist, dass der Partisan als Möglichkeit politischer Existenz unsichtbar gemacht wird.« (Münkler 1990b: 32f.)

Die Auseinandersetzung zwischen Partisan und Bourgeois findet also im zivilen Raum der Gesellschaft auf eine gänzlich andere Weise statt, als im militärischen Feld zwischen Guerillero und Soldat – sie dreht sich um die Möglichkeit der politischen Existenz sowohl politisch bewusster Menschen als auch einer alternativ gestalteten politischen Ordnung.

DAS POLITISCHE ENDE EINES GUERILLAKRIEGS

Auf der Ebene der militärischen Auseinandersetzung bemerkte bereits Napoleon, dass eine Guerillaarmee nicht mit Mitteln der konventionellen Kriegsführung bekämpft werden könne. Im Herbst 1813 schrieb er in einem Brief an den Oberbefehlshaber seiner spanischen Armee: »il faut opérer en partisan partout où il y a des partisans« – wo man auf Partisanen stoße, müsse man selbst nach Art der Partisanen vorgehen (zit. n. Schmitt 2006: 20). Die Irregularität des Guerillakampfs gilt also nicht nur für die Aktivitäten einer Guerillatruppe sondern auch für die Gegenmaßnahmen einer regulären Armee bzw. regulärer staatlicher Ordnungskräfte, die im Guerillakrieg die Grenzen der herrschenden Ordnung überschreiten. Die Dynamik wechselseitiger Eskalation des Konflikts, die bis hin zu Terror und Gegenterror führen kann (bzw. zu dem, was heute als Kriegsverbrechen bezeichnet wird), ist in vielen historischen Beispielen belegt, in denen reguläre Armeen mit Guerillakriegen konfrontiert wurden (Schmitt 2006: 17ff.). Allerdings ist diese potentielle Entgrenzung des Kriegs kein spezifisches Merkmal des Guerillakriegs, sondern scheint in jedem militärischen Konflikt im Keim angelegt zu sein (vgl. Münkler 1990b: 21ff.).

Seit Ende des Zweiten Weltkriegs ist der Guerillakrieg bzw. der *low intensity war*, wie man solche Kleinkriege inzwischen auch bezeichnet, die mit Abstand häufigste Form des bewaffneten Konflikts geworden. Es ging in solchen Auseinandersetzungen beinahe nie um Grenzstreitigkeiten, sondern es handelte sich meist um Konflikte, welche die politische Verfassung eines Landes oder eines Volkes betrafen, insbesondere handelte es sich um Unabhängigkeitskriege in Ländern der sog. dritten Welt gegen europäische Kolonialmächte. Diese Kriege waren durch die militärtechnische Überlegenheit der Kolonialtruppen ebenso gekennzeichnet wie durch das erfolgreiche Agieren der einheimischen Guerillaarmeen. Ihre strategische Defensive konnten letztere in den meisten Fällen in erfolgreiche Unabhängigkeitskriege umwandeln. Die militärischen Erfolge der Guerillas führten zu einem Wandel politischer Strukturen und in diesen Konflikten entstanden auch neue Selbstbilder der beteiligten Nationen. »[I]n der ganzen dritten Welt«, schreibt Martin van Crefeld zusammenfassend über diese Entwicklungen,

»ist der *low intensity war* vermutlich das vorherrschende Instrument für einen politischen Wandel. Ohne einen einzigen konventionellen Krieg zu führen, bezwangen die einheimischen Völker die Kolonialmächte, die unter sich die halbe Welt aufteilten, mit Hilfe von *low intensity wars*, sogenannten ›nationalen Befreiungskriegen‹. In diesem Verlauf sind einige der mächtigsten Militärmächte der Welt so gedemütigt worden, dass die Vorstellung von der angeborenen Überlegenheit des Weißen Mannes nach und nach Risse bekommen hat.« (van Crefeld 2001: 47)

Die Maxime des irregulären Kampfs gegen eine Guerillaarmee führte nicht nur die Napoleonische Armee über die Grenzen ihrer Fähigkeiten, so dass sie letztlich scheiterte. Auch andere reguläre Armeen, nach dem Zweiten Weltkrieg bspw. die französische in Indochina und Algerien, die portugiesische in den ehemaligen afrikanischen Kolonien des Landes, die US-amerikanische in Vietnam oder die sowjetische Armee in Afghanistan mussten sich in Guerillakriegen geschlagen geben. In revolutionären Unabhängigkeitskriegen wurde zudem erkennbar, dass »[t]rotz [der] Brutalität [ihres Vorgehens] und der militärischen Vorteile [...] die ›konterrevolutionären‹ Kräfte in *allen* Fällen [scheiterten]« (Van Crefeld 2001: 48, Hervorhebung im Original). In der Literatur über historische Guerillakriege wird all den Niederlagen militärtechnisch weit überlegener, regulärer Truppen gegen Guerillaarmeen

»lediglich *ein* leuchtendes (und vielzitiertes) Beispiel gegenüber [gestellt], in dem eine ehemalige Kolonialmacht einen Kampf in der dritten Welt ›gewonnen‹ hat. Die britischen Streitkräfte in Malaysia schlugen erfolgreich einen kommunistischen Aufstand nieder, der sich genaugenommen weitgehend auf die chinesische Minderheit beschränkte und nicht von der Mehrheit der Bevölkerung unterstützt wurde.« (Van Crefeld 2001: 49)

Die entscheidende Wende zugunsten der britischen Armee in diesem so außergewöhnlichen Konflikt, der Ende der 1940er und Anfang der 1950er Jahre stattfand, gelang nach einem langwierigen, kostspieligen und nur zum Teil militärisch erfolgreichen Guerillakrieg durch das Verkünden eines politischen Programms:

»[The] promise of eventual independence, and particularly the optimism inherent in its expression at a critical time, cleared the air to an astonishing degree and virtually allowed Templer a dictatorial policy during the next two vital years in which the guerrillas suffered military defeat.«[10] (Asprey 2002: 569)

---

10 | »Das Versprechen letztendlicher Unabhängigkeit und insbesondere der mit dessen Verkünden zu einem kritischen Zeitpunkt einhergehende Optimismus klärten die Lage in überraschendem Ausmaß und ermöglichten Templer eine gleichsam diktatorische Politik während der nächsten zwei entscheidenden Jahre, in denen die Guerillas militärisch besiegt wurden« (Übersetzung: H.S.). General Gerald Templer war damals britischer Militärkommandeur und Vertreter der britischen Kolonialregierung in Malaysia.

Das aus Sicht der etablierten staatlichen Ordnung erfolgreiche Ende dieses Guerillakonflikts konnte also insbesondere deshalb eingeleitet werden, weil die Auseinandersetzung von der Ebene der militärischen Kriegsführung auf die Ebene der Politik verschoben wurde. Das Ziel verschob sich in diesem Sinne weg von dem Bemühen, einen militärischen Sieg zu erringen, und hin zu dem politischen Anliegen, ein effektives Beteiligungsprogramm aufzubauen (Asprey 2002: 572). Nach Ende des Konflikts zog sich die britische Kolonialmacht freiwillig aus Malaysia zurück, das im August 1957 seine Unabhängigkeit erlangte. »Hier war vielleicht zum erstenmal in der Geschichte ein Land weit davon entfernt, den Krieg für expansionistische Zwecke zu nutzen, und hatte [...] seine Absicht verkündet, auf Expansion zu *verzichten*« (van Crefeld 2001: 49, Hervorhebung im Original). Das politische Programm, das zur Niederlage der malaysischen Guerillabewegung entscheidend beitrug, bestand wesentlich aus einer Selbsttransformation der politischen Ordnung. Aus diesem Blickwinkel erscheint es daher fraglich, ob die Briten tatsächlich diesen Krieg gewonnen haben – in dem Sinne, dass sie einem Gegner ihren Willen aufdrängen konnten. Als Effekt der Irritation, welche die Guerillabewegung bei der herrschenden Macht ausgelöst hatte, wird anhand dieses Konflikts vielmehr eine weitere Möglichkeit des transitorischen Charakters der Guerilla sichtbar, die man vielleicht als eine Art indirekte Steuerung bezeichnen kann. Die Guerillabewegung regte eine Selbsttransformation des herrschenden politischen Systems an, als deren Ergebnis eine neue Ordnung entstand, die mit nationaler Unabhängigkeit, (demokratischer) Selbstbestimmung und wirtschaftlicher Entwicklung des Landes einige Anliegen der Guerillabewegung zu verwirklichen versuchte.

ZWISCHENFAZIT: GUERILLAKRIEG UND POLITISCHE KOMMUNIKATION

Versucht man das in diesem Kapitel Gesagte zusammenzufassen und – mit der gebotenen Vorsicht – Analogien für den Bereich der politischen Kommunikation zu formulieren, so ergibt sich folgendes Bild: Der Zusammenhang von Politik und Krieg lässt sich zunächst auf zwei unterschiedliche Weisen fassen, als Zweck-Mittel-Relation, in der ein Zweck existiert und Mittel zum Erreichen dieses Zwecks angewandt werden, und als formaler Zusammenhang, in dem analoge Prozessmuster oder Organisationslogiken in Politik und Krieg existieren, wobei jeweils unterschiedliche Richtungen der Einflussnahme bzw. der Hierarchien zwischen beiden Elementen und somit auch unterschiedliche Logiken der Anpassung von Prozessmustern denkbar sind. Ob der Krieg Fortsetzung der Politik ist oder die Politik Fortsetzung des Kriegs – jeweils im doppelten Sinne – ist eine empirische Frage. In der Diskussion um politische Kommunikation, die in Kategorien des Kriegs gedacht wird, gilt sowohl die Clausewitz'sche Formel vom Krieg als Fortsetzung der Politik mit anderen Mitteln als auch die Foucault'sche Formel von der Politik als Fortsetzung des Kriegs mit anderen Mitteln. Beide Sichtweisen vereinigen sich und politische Kommunikation erscheint damit als Verfahrensweise, politische Konflikte symbolisch auszutragen, und als Organisationsform, unter der politische Konflikte in Erscheinung treten. Klammert man das Problem des Konflikts aus, dann meint dies nichts anderes als die durch Otfried Jarren und Patrick Donges vertretene Ansicht, politische Kommunikation sei nicht nur Mittel der Politik, sondern selbst Politik (Jarren/Donges 2006: 22). Mit der Übertragung unterschiedlicher kriegerischer Metaphern auf Formen politischer Kommunikation wird ein möglicher Zusammenhang von Organisationsmustern und Verfahrensweisen sichtbar.

Im Bereich der Kriegstheorie lassen sich (mindestens) drei unterschiedliche Formen des Kriegs unterscheiden: der hinsichtlich (politischer) Organisationsformen und hinsichtlich eingesetzter (militärischer) Verfahrensweisen geregelte Kabinettskrieg, der politisch-organisatorisch revolutionäre, aber hinsichtlich seiner militärischen Verfahrensweisen reguläre Volkskrieg sowie der sowohl hinsichtlich der politischen Organisationsformen als auch der Verfahrensweisen irreguläre Guerillakrieg. Die bereits in Clausewitz' Schrift erkennbare Unterscheidung von Kabinettskrieg und Volkskrieg als zwei verschiedenen Formen des regulären Kriegs lässt sich also durch die dritte Form des Guerillakriegs ergänzen, die insbesondere anhand ihrer politischen und verfahrensmäßigen Irregularität, ihrer strategischen Defensive und ihrer transitorischen Dimensionen von den beiden anderen Formen zu unterscheiden ist. Kabinettskriege werden von Söldnerheeren ausgefochten und dienen vor allem dem begrenzten Zweck der Eroberung fremden Territoriums, ohne den Gegner in seiner politischen Existenz zu bedrohen. Volkskriege sind hinsichtlich ihrer Vorgehensweise als reguläre Kriege vergleichbar mit Kabinettskriegen. Als Soldaten werden allerdings keine Söldner, sondern Freiwillige oder Wehrpflichtige eingesetzt. Volkskriege sind nur in demokratisch oder plebiszitär organisierten Gesellschaften denkbar, und ihre Zwecke müssen eine mehrheitliche gesellschaftliche Unterstützung finden. Der Überfall innerhalb der Politik, wie Clausewitz sich ausdrückte, beschreibt als Merkmal der napoleonischen Kriege einen Konflikt zweier bereits etablierter politischer Ordnungslogiken. Der Konflikt wird regulär mit Waffengewalt ausgetragen und dreht sich vor allem um die Struktur der politischen Ordnung, die mit der Herrschaft über ein Territorium verknüpft ist. In Frage steht, wie eine Gesellschaft organisiert ist und nach welchen Prinzipien eine einmal etablierte Ordnung aufrechterhalten wird. Die Eroberung fremden Territoriums geht einher mit der Umgestaltung der politischen Ordnung durch den Sieger. Umstritten ist mit anderen Worten, welche Kulturelle Grammatik sich als Ergebnis des Kriegs in die Gesellschaft einschreibt bzw. auf welche Weise die Kräfte im Innern der Gesellschaft zueinander in Beziehung stehen. Guerillakriege (als eigenständige Formen des Kriegs, nicht als Randerscheinungen oder Mittel regulärer Kriege) meinen einen ebensolchen Angriff in der Politik wie es das Agieren der Armeen des revolutionären Frankreichs Ende des 18. und Anfang des 19. Jahrhunderts aus Clausewitz' Sicht gewesen war. Der Unterschied besteht darin, dass im Fall eines Guerillakriegs nicht zwei unterschiedliche, bereits etablierte Gesellschaftsordnungen einen Konflikt um ihr jeweiliges Überleben austragen, sondern innerhalb einer dominanten Ordnung Ansätze zu einer neuen Ordnung geschaffen werden und sich aus diesen (bescheidenen) Anfängen eine revolutionäre Guerillabewegung entwickeln kann, die eine tief greifende Veränderung der Gesellschaftsstruktur erreichen möchte. In solchen Guerillakriegen lassen sich drei Umgangsformen mit Ordnungsstrukturen differenzieren: die Zerstörung einer existierenden, dominanten Struktur, der Neuaufbau eigener politischer Strukturen und die Selbsttransformation einer etablierten, dominanten Struktur als Reaktion auf das Auftreten einer Guerillabewegung. In einem allgemeinen, auf Kommunikationsprozesse übertragbaren Vokabular kann man sagen, es existieren destruktive Verfahrensweisen, das heißt gezielte Störmanöver bzw. allgemeiner: Regelbrüche, innovative Verfahrensweisen, das heißt das Etablieren von etwas Neuem, und Verfahren der Transformation, das heißt die Veränderung oder Umgestaltung von etwas Existierendem.

Als zu den drei genannten Formen des Kriegs analoge Formen politischer Kommunikation lassen sich professionelle Kommunikationskampagnen, Grassroot-Kampagnen und Guerillakommunikation unterscheiden. Übertragen auf das Feld der Politik, lässt sich eine an der Clausewitz'schen Kriegstheorie orientierte Kampagne beschreiben als Versuch, mittels Kommunikation einen bestimmten Willen durchzusetzen bzw. bestimmte Schlüsselpositionen innerhalb eines politischen Herrschaftssystems oder Teile eines Unterstützerreservoirs des Gegners (also Teile dessen ›Territoriums‹) zu erobern. Eine Grassroots-Kampagne verfolgt Zwecke, für die sich freiwillige Unterstützer_innen engagieren, und lässt sich weniger gut zentral steuern, da die beteiligten Lai_innen bei der Durchführung der Kampagne Gestaltungsspielräume besitzen. Sie ist im Vergleich zu professionellen Kampagnen irregulär hinsichtlich ihrer Organisationsform, regulär jedoch hinsichtlich ihrer Verfahrensweisen. Während professionelle Kampagnen und Grassroots-Kampagnen offensiv bestimmte Ziele verfolgen, agiert Guerillakommunikation aus einer defensiven Lage heraus. Es handelt sich zunächst um einzelne Kommunikationsereignisse (vergleichbar zu Guevaras *foco guerillero*), hinter denen sich ggf. eine alternative Vorstellung von politischen Strukturen und Prozessen verbirgt. Guerillakommunikation, die im Sinne Maos konzipiert würde, müsste fremde Willensäußerungen und Herrschaftsansprüche zurückweisen und dabei das Ziel verfolgen, den politischen Konfliktmodus der Kommunikationskampagne abzuschaffen (also den ›Krieg‹ zu beenden). Aus den Überlegungen zu Strategie und Taktik des Guerillakriegs lassen sich Analogien zu Strategien und Taktiken der Guerillakommunikation ableiten, und für die beschriebenen transitorischen Dimensionen des Guerillakriegs lassen sich Entsprechungen im Bereich der Politik finden.

Eine zentrale Frage von Strategie und Taktik ist die zeitliche und räumliche Ausdehnung eines Konflikts, die auch im Feld der (politischen) Kommunikation möglich ist. Ein wesentliches Merkmal einer Kommunikationskampagne besteht in deren zeitlicher Begrenztheit, die bspw. im Fall eines Wahlkampfs auf einen Moment der Entscheidung – den Wahltag – ausgerichtet ist und durch ihn beendet wird. Guerillakommunikation würde dagegen solche Begrenzungen des kommunikativen Konflikts versuchen zu untergraben. Auch thematische Ablenkungsmanöver im diskursiven Raum – die Verschiebung der Aufmerksamkeit von einem Themenfeld auf ein anderes – ließen sich anhand einer solchen Übertragung als Merkmale der Guerillakommunikation festhalten. Solche strategischen Rückzugs- oder Ausweichbewegungen, die sich als Suche nach einem geeigneten Konfliktfeld begreifen lassen, können in kommunikativen Auseinandersetzungen auch in einen anderen medialen Raum oder in ein anderes soziales Umfeld oder zu Versuchen einer gezielten Änderung des Deutungsrahmens einer Diskussion führen. Allerdings sind solche Vorgehensweisen der kommunikativen Konfliktaustragung kein spezifisches Merkmal der Guerillakommunikation, sondern gängige Methoden interessengeleiteter Kommunikation. Wie in der militärischen Kriegsführung müssen zur Unterscheidung von Guerilla- und Kampagnenkommunikation daher eine strategische und eine taktische Ebene unterschieden werden, auf denen die Frage nach der Konzentration des Konflikts in Raum und Zeit genau entgegengesetzt beantwortet werden muss. Die strategische Ausdehnung des Konflikts kennzeichnet einen Guerillakonflikt genauso[11] wie die taktische Konzentration, während man im Fall einer strategischen Konzentration (und ggf. taktischen Ausweichens) sicher von einer Kampagne sprechen kann.

Der beschriebene Übergang einer Guerillaarmee in eine reguläre Armee und eines Guerillakriegs in einen regulären Volkskrieg kann ebenso für das Problem des Verhältnisses von Guerilla- und Kampagnenkommunikation gelten. Guerillakommunikation würde zunächst eine Form mehr oder weniger selbstorganisierter Aktivität sein, die in ihrer Organisationslogik zwischen singulären Erscheinungen oder hierarchiefreien, netzwerkartigen Strukturen und mehr hierarchischen Organisationsformen mit zentraler Steuerung anzusiedeln ist. Nach dieser Logik könnte Guerillakommunikation in eine Grassroots-Kampagne übergehen, die durch freiwillige Beteiligung getragen wird und einer *levée en masse*, einem ›kommunikativen

---

11 | Vgl. auch Wilhelm Hennis' Ausführungen zum Filibuster im amerikanischen Senat. Diese institutionalisierte Guerillataktik – das Wort Filibuster lässt sich etymologisch auf Freibeuter, das heißt die bereits erwähnten ›Partisanen des Meeres‹ zurückführen – beschreibt er als Element des beratenden Charakters eines Parlaments, da das Recht zur endlosen Debatte einen Entscheidungsprozess stoppt und den fortgesetzten Austausch von Argumenten gestattet. In der Praxis scheint es allerdings meist symbolische Verhinderungstaktik zu sein. Das Filibuster wird aus dem Blickwinkel der Guerillakommunikation daher als transitorisches Element der Kommunikation im Parlament erkennbar, das zwischen Entscheidungsprozessen und Beratungsprozessen angesiedelt ist (vgl. Hennis 1963).

Volkskrieg‹, gleicht.¹² Ein deutlicher Bruch und kein transitorischer Übergang der Organisationsstrukturen ließe sich hingegen ausmachen, wenn eine professionell geplante und gesteuerte Kommunikationskampagne klassischer Art in autonome Guerillaaktionen übergehen sollte. Entsprechende Parallelen hinsichtlich der Vorstellungen zu Organisationsstrukturen ließen sich auf gesamtgesellschaftlicher Ebene in Bezug auf die Ansprüche an die Ausgestaltung eines politischen Systems ziehen.

Das Übergangsphänomen vom unpolitischen zum politisch bewussten Menschen lässt sich ebenfalls auf den Bereich politischer Kommunikation übertragen. Im Bereich des Wahlkampfs als einem Paradebeispiel politischer Kommunikation werden zwei idealtypische Vorstellungen diskutiert, in denen sich die beiden Pole dieses transitorischen Prozesses wiedererkennen lassen. Einerseits existiert die Vorstellung vom Wahlkampf als ökonomischem Tausch, in dem weitgehend unpolitische Menschen nach dem Leitbild des *homo oeconomicus* zweckrationale Entscheidungen treffen und insbesondere Führungspersonen auswählen, die das politische Geschäft an ihrer Stelle professionell leiten sollen. Demgegenüber existiert die Vorstellung vom Wahlkampf als einem deliberativen Prozess der freien Meinungs- und Willensbildung, in dem politisch mündige Bürger_innen nach dem Leitbild des *homo politicus* inhaltliche Programmentwürfe und deren politische Umsetzung beraten und legitimieren. Politische Guerillakommunikation ließe sich vor diesem Hintergrund als transitorische Bewegung zwischen den beiden Polen verorten. Weiterhin denkbar wäre ein transitorischer Prozess von einer politischen Überzeugung zu einer anderen politischen Überzeugung und damit einhergehend von einem Ordnungsideal zu einem anderen Ordnungsideal, der mit Hilfe von Guerillakommunikation erreicht werden könnte. In diesem Sinne ließe sich die Veränderung der britischen Kolonialpolitik im zuletzt diskutierten Beispiel Malaysias abstrakt beschreiben und als Analogie auf politische Kommunikation übertragen.

Verlässt man den Bereich abstrakter, organisationstheoretischer Betrachtungen und fragt nach den konkreten Verfahrensweisen, mit denen ein Konflikt ausgetragen wird, erreicht man schnell die Grenzen der Übertragbarkeit militärtheoretischer Überlegungen in den Bereich politischer Kommunikation. Die physische Gewaltsamkeit des Kriegs hat nichts mit zivilen kulturellen Praktiken zu tun, als die sich Kommunikationsverfahren bezeichnen lassen. Entsprechend ist hier der Moment gekommen, die Betrachtungen des Guerillakriegs zu beenden und die Aufmerksamkeit dem zweiten Bereich dieser Untersuchung zuzuwenden: den künstlerischen

---

12 | Die Ausführungen werden hier in den Konjunktiv gesetzt, da Guerillakommunikation bisher insbesondere als singuläres Ereignis diskutiert wird. Die strategische Notwendigkeit einer Vernetzung mit anderen Formen politischer Kommunikation oder politischen Aktivismus' wird allerdings zum Teil gesehen (vgl. Völlinger 2010: 123).

Avantgardebewegungen, die jene kulturellen Praktiken entwickelten, die heute als Verfahrensweisen der Guerillakommunikation angewandt werden.

Kunstavantgarden als Kulturguerillas

Die Kunst der Revolte –
Guerillakommunikation *avant la lettre*

> »Kunst ist die Fortsetzung der Politik mit
> anderen Mitteln.«[1]
> IGOR & SVETLANA KOPYSTIANSKY

Wie bereits erwähnt existieren Verbindungslinien zwischen Guerillakommunikation und künstlerischen Avantgardebewegungen, insbesondere wird die Situationistische Internationale als wichtige, direkte Referenz genannt. Der Begriff Avantgarde entstammt wie der Begriff Guerilla einem militärischen Kontext (Böhringer 1978: 90ff.). Er bezeichnete dort die Vorhut eines marschierenden Heeres, die vor allem Sicherungsfunktionen für die im Marsch nicht kampfbereite Truppe erfüllte. Im Einzelnen leistete die militärische Avantgarde insbesondere die Aufklärung des Feindes, die Verschleierung der eigenen Truppe, das Beseitigen von Hindernissen für die eigene oder das Behindern der gegnerischen Armee sowie den hinhaltenden Widerstand im Falle einer Feindberührung bis das eigene Heer kampfbereit war. Wie eine Guerillaarmee war sie im Vergleich zu einem regulären Heer durch eine »geringere Gefechtsstärke« gekennzeichnet, die sie »durch größere Beweglichkeit wett[zumachen]« versuchte (Böhringer 1978: 91). Auch die Avantgarde führte einen kleinen Krieg, einen Guerillakrieg, allerdings agierte sie dabei vor dem eigenen Heer, nicht hinter den feindlichen Linien (Böhringer 1978: 95).

Die funktionale Einordnung der Avantgarde als Truppe zur Sicherung des Hauptheeres ging mit der Übertragung des Begriffs aus dem militärischen in einen gesellschaftlichen bzw. politischen Bereich verloren. Existent blieb dagegen insbesondere die Vorstellung ihrer räumlichen Position als eine an der Spitze voranmarschierende Einheit. Aus der Vor*hut*, deren Funktion im Verhüten potentieller Gefahren bestand, wurde eine Vor*kämpferin*. Der Begriff Avantgarde beschrieb nun eine Formation, die einen Weg freikämpfte oder wegweisend agieren konnte; die gesamte Bevölkerung würde dann, einer allgemeinen Fortschrittsentwicklung (Vormarsch) folgend, an die man lange Zeit glaubte, automatisch folgen. Der Begriff

---

1 | Zit. n. Beyme 2005: 15.

wurde etwa ab Mitte des 19. Jahrhunderts im Umfeld sozialistischer und kommunistischer Theoriebildung geläufig. Man findet ihn bspw. prominent in Lenins Schriften als Bezeichnung für die Berufsrevolutionäre einer straff organisierten Kaderpartei, die das revolutionäre Bewusstsein der Arbeiterklasse wecken sollten, durchaus auch mit Mitteln des militärischen Kampfs (Böhringer 1978: 94ff., Anm. 11). Vergleichbar zu dieser Konzeption meinte bspw. Che Guevara, »[d]ie Guerilleros [seien] die kämpferische Avantgarde des Volkes« (Guevara 2003: 25). Die Avantgarde bildete in dieser (marxistisch-leninistischen) Vorstellung also eine Art Gegenelite des Proletariats im politischen oder militärischen Kampf mit der bürgerlichen Klasse.

In einem etwas anderen Sinn verwandte vermutlich zuerst Olinde Rodrigues, ein Schüler des französischen Frühsozialisten Saint-Simon, den Begriff Avantgarde, der damit die Rolle von Künstler_innen in der Gesellschaft beschrieb. Bereits 1825 formulierte er:

»Wir Künstler werden als Avantgarde dienen. Die Macht der Künste ist in der Tat die unmittelbarste und schnellste. Wir besitzen alle Waffenarten: wenn wir neue Ideen unter den Menschen verbreiten wollen, meißeln wir sie in Marmor oder schreiben sie auf die Leinwand; wir popularisieren sie durch die Poesie und den Gesang; wir benutzen abwechselnd die Leier oder die Trommelflöte, die Ode oder das Lied, die Geschichte oder den Roman. Die dramatische Kunst steht uns offen, und gerade darin üben wir einen elektrisierenden und siegreichen Einfluss aus.« (Rodrigues 1989:15)

Er formulierte damit explizit eine Idee, die sich so schon in Saint-Simons Schriften selbst fand, dass es nämlich die gesellschaftliche »Aufgabe der Künstler [sei], die vielen anderen für das Endziel der Geschichte zu begeistern und zur Mitarbeit anzufeuern, indem sie mit ihrer Einbildungskraft die Zukunft, das kommende goldene Zeitalter vergegenwärtigen und *vorweg*nehmen« (Böhringer 1978: 99, Hervorhebung im Original) – mit anderen Worten, dass ihre künstlerischen Fähigkeiten für einen ›Propagandafeldzug‹ anzuwenden seien, der die Verbreitung philosophischer Ideen leisten sollte. Dieser Begriff der Avantgarde beschrieb gewissermaßen die Kommunikations- oder Werbeabteilung einer sozialen oder politischen Bewegung, die hier weniger der Auseinandersetzung mit einer politischen Gegner_in diente, als dem Zusammenschluss der eigenen Reihen. Allerdings lässt sich auch in dieser Hinsicht eine Verbindung zum Militärischen nachweisen, so bspw. in der Rede, einer Form des künstlerischen Ausdrucks die, »ausgerüstet mit den Waffen der Rhetorik«, selbst als Akt der Wort*gewalt* betrachtet werden kann (Böhringer 1978: 102). Letztlich ging es auch hier darum, Wege zu bahnen und Widerstände zu überwinden, jedoch explizit mit künstlerischen anstatt militärischen Mitteln. Gegen Ende des 19. Jahrhunderts, also beinahe zeitgleich zu Lenins kommunistischer Konzeption des Avantgardebegriffs, wurde der Avantgardebegriff in Frankreich in diesem kulturell-künstlerischen Sinn geläufig und breitete sich weiter aus.[2] In diesem Kontext beschreibt er heute insbesondere zahlreiche Kunstbewegungen der ersten Hälfte des 20. Jahrhunderts, deren Vertreter_innen als auf verschiedene Weise fortschrittliche oder politisch engagierte Vorreiter_innen künstlerischer oder gesellschaftlicher Entwicklungen betrachtet werden (Van den Berg/Fähnders 2009: 5 u. 7). Diese künstlerischen Avantgarden vereinigten den elitären Anspruch, Vorreiterinnen gesellschaftlicher Entwicklungen zu sein, mit der kulturellen Funktion, diese Entwicklungen durch ihre künstlerische Praxis zu verbreiten.

Allerdings lassen sich auch in Zusammenhang mit den künstlerischen Avantgarden zum Teil direkte Verbindungslinien zu physischer Gewaltsamkeit ziehen, wie das Beispiel des italienischen Futurismus mit seiner Verherrlichung von Krieg und Faschismus zeigt. Indirekt lassen sich auch Fäden bis hin zu Erscheinungen terroristischer Gewalt knüpfen. Diese Versuche zeigen aber auch deutlich, dass einige Zwischenschritte nötig sind, um von einer Rhetorik der Revolte zur Durchführung bewaffneter Attentate zu gelangen (Hecken 2006). Die für das Phänomen der Guerillakommunikation hier interessierenden Avantgarden, Dada, Surrealismus und Situationistische Internationale, lassen sich hinsichtlich ihrer Programmatik jedenfalls als gewaltlose Bewegungen begreifen, denen es eher um karnevaleske Grenzüberschreitungen, die Liebe oder das menschliche Zusammenleben – kurz: um symbolische Störungen der herrschenden Gesellschaftsordnung – ging. Sie entstanden teilweise in expliziter Abgrenzung bzw. als Gegenprogramm zu kriegerischer Gewaltsamkeit oder deren Verherrlichung (vgl. bspw. Fiedler 1989, Hieber/Moebius 2009a: 18ff.). Uwe Lindemann differenziert zwischen einer programmatischen Ebene und einer operativen Ebene, hinsichtlich derer sich die verschiedenen Avantgardebewegungen unterscheiden lassen, um deren Beziehung zu militärischem Gedankengut näher zu beleuchten. Im Vergleich der drei Avantgardebewegungen italienischer Futurismus, Dada und Surrealismus argumentierte er, dass programmatisch ausschließlich der Futurismus kriegerisch orientiert gewesen sei, die beiden anderen jedoch nicht. Auf operativer Ebene, hinsichtlich ihres methodischen Vorgehens, erscheinen allerdings alle drei Avantgarden als »kriegerische« Künstler_innengruppen, allerdings auf unterschiedliche Weise: Der italienische Futurismus agiere als »Stoßtrupp« im Feld der Kultur, Dada verkörpere die Vorgehensweise des »Partisanen« und der Surrealismus entwickle kulturelle Methoden analog zu »Terroristen« (Lindemann 2001: 18ff.). Mit operativer Ebene beschrieb er einen symbolischen »Krieg *in der* und insbesondere *gegen* die Öffentlichkeit« (Lindemann 2001: 21, Hervorhebung im Original). In den folgenden Kapiteln soll dagegen argumentiert werden, dass die drei Avantgar-

---

2 | Walter Fähnders diskutiert die (problematische) Beziehung zwischen der »politischen« Avantgarde (im Sinne Lenins) und der »ästhetischen« Avantgarde (auf die man die künstlerischen Avantgardebewegungen oft reduziert) sowie den Zusammenhang von italienischem Futurismus und Faschismus in seinem Aufsatz *Avantgarde und politische Bewegungen* (Fähnders 2001).

debewegungen Dada, Surrealismus und Situationistische Internationale hinsichtlich ihrer operativen Vorgehensweisen als Varianten kultureller Guerillas gelten können, die mit kulturellen Mitteln soziale Konflikte austragen wollten.

Es erscheint nahezu unmöglich, die verschiedenen künstlerischen Avantgardebewegungen hinsichtlich ihrer personellen Zusammensetzung oder ihrer konzeptionellen Grundlagen wirklich eindeutig zu bestimmen oder klar voneinander abzugrenzen. In sich und in ihrer Gesamtheit bildeten sie eine Art soziales Netzwerk oder auch »politisch-künstlerische Kommunikationsgemeinschaften« (Hieber/Moebius 2009a: 14), das bzw. die beständig Wandlungsprozessen unterworfen war(en). Sie erscheinen insgesamt »als ein auf der synchronen Ebene heterogenes und auf der Ebene der Diachronie sich wandelndes und wanderndes, letzten Endes aber doch einheitliches Netzwerk, das alle Kunstbereiche umfasst« (Van den Berg/Fähnders 2009: 11). Entsprechend dieses Netzwerkcharakters bestimmen ein Stück weit immer der jeweils eigene Blickwinkel und das eigene Erkenntnisinteresse, wo genau die wichtigen Knotenpunkte oder die Grenzen einer Avantgardebewegung zu finden sein mögen. Für den in den folgenden Kapiteln unternommenen Versuch, einige künstlerische Avantgardebewegungen als Erscheinungen von Guerillakommunikation *avant la lettre* zu lesen, wird daher nur eine Auswahl möglicher Quellen zugrunde gelegt. Herangezogen werden insbesondere Texte mit Manifestcharakter, die theoretische Reflexionen von Vertreter_innen der Avantgarden abbilden und deren Lektüre für eine politische oder soziale Positionierung der Gruppen unabdingbar ist (Hieber/Moebius 2009a: 13f.). Sekundärliteratur wird dagegen nur sporadisch betrachtet, insbesondere dann, wenn es um Fragen der Rezeption geht, da der überwiegende Teil dieser Literatur aus einem kunsthistorisch oder kunsttheoretisch interessierten Blickwinkel auf die Avantgarden schaut, bzw. Einzelaspekte behandelt.

Dada – Geburt eines leeren Signifikanten

»Un mot fut né, on ne sait pas comment
DADA DADA on jura amitié sur la nouvelle
transmutation, qui ne signifie rien, et fut
la plus formidable p r o t e s t a t i o n,
la plus intense affirmation armée du salut
liberté juron masse combat vitesse priè-
re tranquillité guerilla privée négation et
chocolat du desespéré.«[1]
TRISTAN TZARA

»Dada ist eine neue Kunstrichtung« verkündete Hugo Ball, der als Initiator dieser Bewegung gelten kann, in seinem »Eroeffnungs-Manifest, 1. Dada-Abend« am 14. Juli 1916 im Züricher *Zunfthaus Waag* (Ball 1916b). Die Stadt in der Schweiz war zu dieser Zeit, in der fast überall sonst in Europa der Erste Weltkrieg tobte, ein Zufluchtsort für Kriegsgegner_innen und Kriegsdienstverweigerer, für Pazifist_innen, Sozialist_innen, Anarchist_innen und Kommunist_innen, für Künstler_innen und Schriftsteller_innen aus vielen Ländern des Kontinents geworden. Es handelte sich um Menschen, die »keinen Sinn für den Mut [hatten], der dazu gehört, sich für die Idee einer Nation totschießen zu lassen« (Huelsenbeck 1984: 9). Eine Gruppe emigrierter Künstler_innen und Kulturschaffender um Hugo Ball veranstaltete in Zürich bereits seit dem 5. Februar des Jahres kabarettistischen Kunsthappenings, die bald unter dem Namen Dada größere Bekanntheit erlangten. Als Spielstätte diente ihnen zunächst das *Cabaret Voltaire*, das sie in einem Saal der Kneipe *Meierei* eröffnet hatten. Bereits drei Wochen nach Eröffnung, am 26. Februar, notierte Ball in seinem Ta-

---

1 | »Ein Wort wurde geboren, wir wissen nicht wie DADA DADA wir schworen Freundschaft über der neuen Umwandlung, die nichts bedeutet und die der großartigste P r o t e s t war, die stärkste Affirmation Heilsarmee Freiheit Fluch Masse Kampf Geschwindigkeit Gebet Ruhe Privatguerilla Negation und Schokolade des Hoffnungslosen« (Tzara 1966: 13, Übersetzung: H.S.).

gebuch: »Ein undefinierbarer Rausch hat sich aller bemächtigt. Das kleine Kabarett droht aus den Fugen zu gehen und wird zum Tummelplatz verrückter Emotionen« (Ball 1992: 80).

Indem das Eröffnungsmanifest zu jenem ersten Dada-Abend in neuer Spielstätte verkündete, Dada sei eine neue Kunstrichtung, markierte es damit weniger einen Beginn, wie es auf den ersten Blick scheinen mag, als vielmehr ein Ende. Ball sprach darin eine »kaum verhüllte Absage an die Freunde« (Ball 1992: 109) und die neue Kunstrichtung aus, eine Absage, die zunächst freilich wohl nur diese Mitstreiter_innen auf der Bühne verstanden haben mögen. In Balls Manifest heißt es: »Es ist einfach furchtbar. Wenn man eine Kunstrichtung daraus macht, muss das bedeuten, man will Komplikationen wegnehmen«. Dies konnte kaum in seinem Sinne sein. Die Abende dienten vielmehr von Beginn an als Spiegelbild solcher Komplikationen der Zeit, der dort vollzogene »dadaistische Auf- und Ausbruch reagierte auf eine Zeit umfassenden Bankrotts« (Meyer 1985: 11). »Dada Weltkrieg und kein Ende«, heißt es an einer Stelle des Manifests. Mögliche Auswege aus diesen Komplikationen, eine *Flucht aus der Zeit* (Ball 1992), schienen jedoch vorläufig nicht erkennbar: »Dada Revolution und kein Anfang«, verkündete Ball.

Im Anzetteln von Revolutionen (oder wenigsten Revolten) bestand eines der Kernanliegen der Dadaist_innen. Aus heutiger Sicht mag undeutlich erscheinen, wogegen die Revolten sich richten sollten, damals aber trafen sich die Dadaist_innen mühelos auf dem größten denkbaren, gemeinsamen Nenner. Dadaistische Revolten richteten sich buchstäblich gegen alles Existierende, gegen jenen umfassenden Bankrott der Gesellschaftsordnungen ihrer Zeit. Dadaist_in zu sein meinte, eine radikale, revolutionäre Haltung einzunehmen, wie Hugo Ball in einem Tagebucheintrag vom 14. April 1916 deutlich machte:

»Unser Kabarett ist eine Geste. Jedes Wort, das hier gesprochen und gesungen wird, besagt wenigstens das eine, dass es dieser erniedrigenden Zeit nicht gelungen ist, uns Respekt abzunötigen. Was wäre auch respektabel und imponierend an ihr? Ihre Kanonen? Unsere große Trommel übertönt sie. Ihr Idealismus? Er ist längst zum Gelächter geworden, in seiner populären und seiner akademischen Ausgabe. Die grandiosen Schlachtfeste und kannibalischen Heldentaten? Unsere freiwillige Torheit, unsere Begeisterung für die Illusion wird sie zuschaden machen.« (Ball 1992: 92)

Allerdings dachten Ball und seine Kolleg_innen mit ihren Revolten an etwas anderes als jener russische Emigrant namens Wladimir Iljitsch Lenin, der seit dem 21. Februar nur ein paar Schritte vom *Cabaret Voltaire* entfernt in der Zürcher Spiegelgasse 14 (das Kabarett befand sich in Haus Nr. 1) eine vorübergehende Unterkunft gefunden hatte. Ein Tagebucheintrag Balls vom 7. Juni 1917 verdeutlicht diesen bewusst gesetzten Unterschied:

»Seltsame Begegnisse: Während wir in Zürich, Spiegelgasse 1, das Kabarett hatten, wohnte uns gegenüber in derselben Spiegelgasse [...] Herr Ulianow-Lenin. Er musste jeden Abend unsere Musiken und Tiraden hören, ich weiß nicht, ob mit Lust und Gewinn. Und während wir in der Bahnhofstraße die Galerie eröffneten, reisten die Russen nach Petersburg, um die Revolution auf die Beine zu stellen. Ist der Dadaismus wohl als Zeichen und Geste das Gegenspiel zum Bolschewismus? Stellt er der Destruktion und vollendeten Berechnung die völlig donquichottische, zweckwidrige und unfassbare Seite der Welt gegenüber?« (Ball 1992: 167)

Ihre zum sowjetischen Bolschewismus alternative Kritik der Gesellschaft setzte auf »ästhetischen Anarchismus« und »semiotisch-kulturelle Subversivität« (Meyer 1985: 16), sie verfolgte also keine bestimmte Utopie, sondern versuchte sich in Praktiken der Negation. Bereits 1915 und noch in Berlin hatten Ball und sein Freund und Kollege Richard Huelsenbeck in einem Manifest anlässlich einer »Gedenkfeier für die gefallenen Dichter« (Ball 1992: 28) geäußert: »Wir wollen [...] wirr, ohne Zusammenhang, Draufgänger und Negationisten sein. [...] Wir werden immer ›gegen‹ sein. [...] Wir gehen los gegen alle ›Ismen‹, Parteien und Anschauungen« (zit. n. Echte 1996: 21). Entsprechend erscheinen die Revolten der Dadaist_innen eher als Verzweiflungstaten, als höchst subjektive, spontane, maßlose und unkontrollierte Äußerungen angesichts einer Zeit und eines Kriegs, in dem alle Maßstäbe längst verloren gegangen waren. Am 12. Juni 1916 notierte Ball:

»Was wir Dada nennen, ist ein Narrenspiel aus dem Nichts, in das alle höheren Fragen verwickelt sind; eine Gladiatorengeste; ein Spiel mit den schäbigen Überbleibseln; eine Hinrichtung der posierten Moralität und Fülle. [...] Da der Bankrott der Ideen das Menschenbild bis in die innersten Schichten zerblättert hat, treten in pathologischer Weise die Triebe und Hintergründe hervor. Da keinerlei Kunst, Politik oder Bekenntnis diesem Dammbruch gewachsen scheinen, bleibt nur die Blague und die blutige Pose. [...] Der Dadaist [...] glaubt nicht mehr an die Erfassung der Dinge aus *einem* Punkte, und ist doch noch immer dergestalt von der Verbundenheit aller Wesen, von der Gesamthaftigkeit überzeugt, dass er bis zur Selbstauflösung an den Dissonanzen leidet. Der Dadaist kämpft gegen die Agonie und den Todestaumel der Zeit. [...] Er weiß, dass die Welt der Systeme in Trümmer ging, und dass die auf Barzahlung drängende Zeit einen Ramschausverkauf der entgöttlichten Philosophien eröffnet hat.« (Ball 1992: 98f.)

Über Dada verkündete Ball den Besucher_innen des ersten Dada-Abends, es sei »[n]ur ein Wort und das Wort als Bewegung«, ein Wort allerdings, das seinen Sprecher gleichsam zu verraten schien, denn er kämpfte in seinem Manifest vehement gegen Worte: »Ich will keine Worte, die andere erfunden haben. Alle Worte haben andere erfunden. Ich will meinen eigenen Unfug, und Vokale und Konsonanten dazu, die ihm entsprechen«. Dada, das Wort, hatte er selbst mit gefunden bzw. aufgegriffen, vermutlich in einem französisch-deutschen Wörterbuch, das es mit der Bedeutung Holzpferdchen oder Steckenpferd verband. Da man dem Wort aber auch andere Bedeutungen geben konnte, je nachdem in welcher Sprache man es sprach, war ein wichtiges Charakteristikum seine Internationalität, womit es ganz gegen den nationalistisch geprägten Zeitgeist stand. »Dada heißt im Rumänischen Ja Ja, im Französischen Hotto- und Steckenpferd. Für Deutsche ist es ein Signum alberner Naivität und zeugungsfroher Verbundenheit mit dem Kinderwagen« (Ball 1992: 95). Darüber hinaus war die Bedeutung oder die Herkunft des Wortes im Grunde völlig irrelevant, wie zahlreich in Umlauf gebrachte unterschiedliche Geburts- oder Entdeckungserzählungen bezeugen (Schlichting 1996: 45ff.). Bedeutend waren demgegenüber die Möglichkeit variabler Bedeutungszuschreibungen und die offenbare Sinnlosigkeit des Worts. Es war ein leerer Signifikant, der Assoziationsräume eröffnete. Er »wurde rezipiert und propagiert als der großartige, internationale Zweisilber, der vorerst leer und für alles offen da war, verquer und absurd und heiter« (Meyer 1985: 25). Eine der malerischsten Geburtsgeschichten über Dada ist selbst ein dadaistisches Kabarettstück von Richard Huelsenbeck und Tristan Tzara, zwei weiteren Mitbegründern der Bewegung: »O ja, ich sah – Dada kam aus dem Leib eines Pferds als Blumenkorb. Dada platzte als Eiterbeutel aus dem Schornstein eines Wolkenkratzers, o ja, ich sah Dada – als Embryo der violetten Krokodile flog Zinnoberschwanz« (Huelsenbeck/Tzara 1916). Der Namensmythos um Dada war von Beginn an Teil seiner Geschichte.

Das Wort Dada überzeugte besonders durch seine einfache und zugleich eindringliche Lautmalerei und verwies damit deutlich auf jene »neue Gattung von Versen«, die Ball selbst in den Wochen zwischen Februar und Juli 1916, in denen Dada das Licht der Welt erblickte, erfunden hatte, jene »›Verse ohne Worte‹ oder Lautgedichte« (Ball 1992: 105). In seinem Eröffnungsmanifest verkündete Hugo Ball entsprechend, »[i]ch lasse die Laute ganz einfach fallen«. Dada war ein Wort, das nichts bedeutete und genau dadurch einen Unterschied zu den vorhergehenden (und nachfolgenden) Kunstbewegungen (und erst recht zu allen politischen oder gesellschaftlichen Ideologien) markierte. Ob Futurismus oder Expressionismus zuvor, ob Surrealismus danach, all diese avantgardistischen, sich von den hierarchischen Zwängen, von den ideellen und handwerklichen Traditionen der Akademien emanzipierenden Kunstrichtungen führten programmatische Namen. Das Wort Dada verkündet demgegenüber kein Programm, präziser: Es verkündete ein Nicht-Programm, es war ein bewusster Versuch, sich von allem Programmatischen abzusetzen und die eigene vermeintliche Sinnlosigkeit offensiv auszustellen. Dieses offensive Nicht-Programm speiste sich vor allem auch aus einer tiefen Skepsis gegenüber jedem Rationalismus und jeder Form von Vernunft, wie sie gerade im Weltkrieg von 1914 bis 1918, jenem ersten industriell geführten Krieg, ihr technisch-rationales und sinnloses Gesicht zeigte. Dada war Provokation, weil es mit seiner demonstrativen

Sinnlosigkeit in scharfem Kontrast zu den vielfältigen Bemühungen jener Zeit stand, dem blutigen Treiben doch Sinn zuzuschreiben. In den Augen der Dadaist_innen war der Krieg (zumindest auf Seiten des Deutschen Kaiserreichs) nur dank »methodisch durchdachter und großzügig organisierter Kriegspropaganda« möglich, wie Ball in einem Text von 1918 ausdrückte (Ball 1918: 225). Er selbst hatte vor seiner Flucht in die Schweiz in Berlin als Redakteur der Illustrierten *Zeit im Bild* Kriegsfotografien mit euphemistischen Beschreibungen versehen müssen, die das Morden im Sinne der herrschenden Propaganda verklärten (Echte 1996: 20f.). Huelsenbeck drückte die dagegen offensiv in Stellung gebrachte dadaistische Sinnleere in einer Erklärung im *Cabaret Voltaire* im Frühjahr 1916 folgendermaßen aus:

»Wir haben beschlossen, unsere mannigfaltigen Aktivitäten unter dem Namen Dada zusammenzufassen. Wir fanden Dada, wir sind Dada, und wir haben Dada. Dada wurde in einem Lexikon gefunden, es bedeutet nichts. Dies ist das bedeutende Nichts, an dem nichts etwas bedeutet. Wir wollen die Welt mit Nichts ändern, wir wollen die Dichtung und die Malerei mit Nichts ändern und wir wollen den Krieg mit Nichts zu Ende bringen.« (Huelsenbeck 1916)

Mit dem ersten offiziellen Dada-Abend drohte jedoch einiges anders zu werden, denn Dada war nicht länger eine bedeutungslose Lautmalerei, sondern ein Wort, das eine neue Kunstrichtung bezeichnen sollte, und durch diesen Anspruch mit einem Mal Gefahr lief, seine programmatische Sinnlosigkeit einzubüßen. »Das Wort, das Wort, das Weh gerade an diesem Ort«, klagte Ball in seinem Manifest. »Man soll aus einer Laune nicht eine neue Kunstrichtung machen«, hatte er schon im April 1916 geschrieben und sich gemeinsam mit Huelsenbeck gegen »Organisierung« ausgesprochen (Ball 1992: 91). Plötzlich aber konnte man »so recht sehen, wie die artikulierte Sprache entsteht«. Und weil die artikulierte Sprache, »[d]iese vermaledeite Sprache« hervortrat, liefen die Anstrengungen der Dadaist_innen Gefahr, ihre Substanzlosigkeit zu verlieren. Damit drohte aber auch die damit verbundene kritische oder ethische Haltung unmöglich zu werden, denn »Schmutz klebt« an der artikulierten Sprache »wie von Maklerhänden, die die Muenzen abgegriffen haben«, wie Ball in seinem Manifest klarstellt. Auch diese Aussage lässt sich als eine doppelbödige Anspielung auf eine andere, ganz konkrete Verwendung des Wortes Dada lesen, durch die zugleich die Richtung bestimmt wurde, aus der Gefahr für die eigene Nicht-Programmatik drohte. In der Schweiz wurden seit 1906 verschiedene Parfümerieartikel unter dem Markennamen Dada angeboten und erfolgreich verkauft (Meyer 1985: 25ff.). »Dada ist die beste Lilienmilchseife der Welt«, ironisierte das Manifest diese Inspirationsquelle.

Für Hugo Ball markierte das am 14. Juli 1916 verkündete Eröffnungsmanifest jedenfalls einen Abschied, wenn auch einen vorläufigen. Aus seiner Perspektive erschien Dada wohl in erster Linie als »eine Geisteshaltung und keine Kunstrichtung, [war] rebellische Freude, [...] leichtfüßiger Wahnwitz« (Meyer 1985: 11). Ihm ging es um eine »Geste des Protests gegen die mörderische Mentalität der Kriegszeit, [einen] Befreiungsversuch gegenüber der übermächtig scheinenden Logik der Zerstörung, die sich überall als Sachzwang präsentierte« (Echte 1992: 308). Nach diesem Abend verließ er Zürich und setzte damit sein Bemühen in die Tat um, sich den Ambitionen der Kolleg_innen, insbesondere Tristan Tzaras, zu entziehen, die Dada-Abende zu einem Dadaismus[2], zu einer organisierten, das heißt vermarktbaren Kunstrichtung zu entwickeln (Echte 1996: 28). Klarheit stellte er jedoch zuvor wenigstens in einem Punkt her, der die politische Dimension der dadaistischen Soireen unterstreicht, die für Ball wichtiger war als ein möglicher ökonomischer Erfolg einer neuen Kunstrichtung. »Das Wort«, so verkündete er im Schlusssatz des Manifests, »das Wort ist eine öffentliche Angelegenheit ersten Ranges«.

INNERE HETEROGENITÄT UND ENTFESSELTE DYNAMIK

Dada erschien seit Beginn der Bewegung in Zürich als ein sehr unbestimmtes, inhaltlich wie organisatorisch offenes Phänomen. In einem Brief vom 27. Januar 1916 formulierte Ball seine Absichten hinsichtlich der Zusammensetzung des Kabarettensembles folgendermaßen: »Ich habe Beziehungen zu den heterogensten Menschen und hoffe gerade damit etwas zu erreichen. Willkommen sollen alle sein, die – etwas leisten« (Ball 2003: 98). Die Offenheit wurde bereits in einer ersten Pressenotiz deutlich, die zur Ankündigung des *Cabaret Voltaire* abgedruckt wurde (Ball 1992: 79). Es heißt dort, die täglichen Abendprogramme sollten durch Künstler_innen gestaltet werden, die selbst als Gäste im Haus verkehrten. Besondere inhaltliche Vorgaben wurden nicht ausgesprochen, die Aufforderung lautete, sich einfach mit Vorschlägen und Beiträgen vor Ort einzufinden. Dieser Aufforderung folgten bald eine ganze Reihe unterschiedlicher Kunstinteressierter, die sich am Kabarettbetrieb beteiligten. Neben den Initiator_innen Hugo Ball und seiner Frau Emmy Hennings, die bereits an Berliner und Münchner Kabaretts bekannt geworden war, gehörten zum engeren Zirkel insbesondere die rumänischen Emigranten Marcel Janco und Tristan Tzara, der ursprünglich aus Straßburg stammende Maler Hans Arp und, wenig später aus Berlin dazu stoßend, Balls Freund Richard Huelsenbeck.

Den kleinen Saal des Kabaretts dekorierte man mit zahlreichen avantgardistischen Kunstwerken, neueste Literatur wurde genauso vorgetragen wie ältere Verse rezitiert wurden, die Bühne bot Raum für verschiedenste Darbietungen. Es versammelten sich »alle Stilarten der letzten zwanzig Jahre« (Ball 1992: 87). Mit heutigem Vokabular würde man wohl von einer äußerst produktiven, interdisziplinären Arbeitsgruppe sprechen, die sich im *Cabaret Voltaire* und um den engsten Kreis herum

---

2 | Der Begriff erschien erstmalig am 11. Juli 1916 in der *Züricher Post* in einem Inserat zur Ankündigung jenes »1. Dada-Abends« am 14. Juli (Meyer 1985: 11, Anm. 4).

bildete. Die Gruppe bildete über ihre gemeinsame Arbeit hinaus aber auch einen eigenwilligen, stabilen und doch dynamischen Lebenszusammenhang (vgl. Meyer 1985: 28f.):

»Wir sind fünf Freunde, und das merkwürdige ist, dass wir eigentlich nie gleichzeitig und völlig übereinstimmen, obgleich uns in der Hauptsache dieselbe Überzeugung verbindet. Die Konstellationen wechseln. Bald verstehen sich Arp und Huelsenbeck und scheinen unzertrennlich, dann verbinden sich Arp und Janco gegen H., dann H. und Tzara gegen Arp usw. Es ist eine ununterbrochen wechselnde Anziehung und Abneigung. Ein Einfall, eine Geste, eine Nervosität genügt, und die Konstellation ändert sich, ohne den kleinen Kreis indessen ernstlich zu stören.« (Ball 1992: 96)

Die Gemeinsamkeit der Gruppe bestand insbesondere in einer sie verbindenden Zurückweisung der problematisierten Außenwelt, aber auch in ihrer weitgehend isolierten sozialen Position als Emigrant_innen und Fremde in Zürich, die sie im Großen und Ganzen bis Kriegsende blieben (Meyer 1985: 62f.). Über dieses gemeinsame Außen hinaus existierte für sie aber auch in ihrem künstlerischen Schaffen kein gemeinsames inhaltliches Projekt, kein gemeinsamer dadaistischer Nenner. Ihre zahlreichen Aktivitäten überschnitten sich rings um jene konstitutive Leerstelle, die durch das sinnfreie Wort Dada markiert war. Diese innere Offenheit begünstigte temporäre Kooperationen innerhalb und außerhalb der Gruppe. Bspw. existierten Kontakte zur gerade von München nach Zürich verlegten Tanzschule Rudolf von Labans, dessen Einfluss als Lehrer und Theoretiker des sog. Ausdruckstanzes sich in dadaistischen Maskentänzen spiegelte (Meyer 1985: 40ff.). Bei solchen Tänzen trugen die Beteiligten archaische Masken, die der Maler Marcel Janco hergestellt hatte. Der Moment, an dem diese Maskentänze das Licht der Welt erblickten, veranschaulicht einerseits beispielhaft die inspirierende und dynamisierende Wirkung, die eine künstlerische Arbeit innerhalb der Gruppe entfalten konnte. Die Episode zeigt außerdem, wie dadaistische Kunst die Problemlagen der Gesellschaft zu spiegeln versuchte. Ball beschreibt die entsprechende Szene, die sich am 24. Mai 1916 abspielte:

»Janco hat für die neue Soirée eine Anzahl Masken gemacht, die mehr als begabt sind. Sie erinnern an das japanische oder altgriechische Theater und sind doch völlig modern. Für die Fernwirkung berechnet, tun sie in dem verhältnismäßig kleinen Kabarettraum eine unerhörte Wirkung. Wir waren alle zugegen, als Janco mit seinen Masken ankam und jeder band sich sogleich eine um. Da geschah nun etwas Seltsames. Die Maske verlangte nicht nur sofort nach einem Kostüm, sie diktierte auch einen ganz bestimmten pathetischen, ja an Irrsinn streifenden Gestus. Ohne es fünf Minuten vorher auch nur geahnt zu haben, bewegten wir uns in den absonderlichsten Figuren, drapiert und behängt mit unmöglichen Gegenständen, einer den anderen in Einfällen überbietend. Die motorische Gewalt dieser Masken teilte sich uns in frappierender Unwiderstehlichkeit mit. [...] Wir sahen uns jetzt die aus Pappe geschnittenen, bemalt [sic] und beklebten Dinger genauer an und abstrahierten von ihrer vieldeutigen Eigenheit eine Anzahl von Tänzen, zu denen ich auf der Stelle je ein kurzes Musikstück erfand. [...] Was an den Masken uns allesamt fasziniert, ist, dass sie nicht menschliche, sondern überlebensgroße Charaktere und Leidenschaften verkörpern. Das Grauen dieser Zeit, der paralysierende Hintergrund der Dinge ist sichtbar gemacht.« (Ball 1992: 96f.)

Was sichtbar wurde und sich in den entfesselten Aufführungen der Dadaist_innen Bahn brach, lässt sich am ehesten vielleicht als ›Irrsinn mit Methode‹ bezeichnen. Diese Form künstlerischen Ausdrucks verdeutlichte als Spiegel die irrsinnige Kriegsmaschinerie, insbesondere die hunderttausendfache Vernichtung menschlichen Lebens in den Materialschlachten und Schützengräben des Weltkriegs.

Wichtig für die produktive Dynamik der Bewegung waren neben ihrer inneren Unbestimmtheit auch offene und intensive Beziehungen zwischen Künstler_innen und Publikum. Manche Darbietung bot Anlass für Diskussionen und Kontroversen zwischen den Akteur_innen auf der Bühne und ihren Zuschauer_innen (Ball 1992: 83). Dabei handelte es sich keineswegs von Beginn an um bewusst provozierte Tumulte, für die Dada-Abende bald berühmt-berüchtigt wurden. Zu Beginn verliefen die Darbietungen offenbar meist in geordneten Bahnen[3], nur sein künstlerisches Niveau unterschied das *Cabaret Voltaire* von anderen Kabaretts der Stadt. Die kleine Bühne bot Raum »für Avantgardistisches und Traditionelles, für Politisches und Unpolitisches, für leise Töne ebenso wie für laute« (Echte 1992: 309). Ihre Provokation bestand in der Anfangszeit weniger in den inhaltlichen Aussagen der Darbietungen, als darin, einem zunächst Gassenhauer und derbe Späße erwartenden Publikum überhaupt eine solche Mischung verschiedenster Kunstformen und Stilrichtungen auf hohem Niveau zuzumuten. Bald änderte sich jedoch das Publikum, die Zahl trinkfester Student_innen nahm zugunsten eines internationalen Publikums an Kunstliebhaber_innen und Künstler_innen ab (Echte 1992: 308ff.). Die Protagonist_innen der Kabarettabende waren unentwegt in intensive Diskussionen über neueste kunsttheoretische Fragen verstrickt und wurden von einer ungehemmten Lust am Experiment angetrieben. Die daraus resultierenden Abende schürten aber im Publikum eine Erwartungshaltung nach immer neuen, ausgefallenen Darbietungen und

---

3 | Es ist davon auszugehen, dass die Schweizer Polizei die zahlreichen Emigrant_innen im Land unter Beobachtung stellte. Eine Genehmigung des *Cabaret Voltaire* durch den Polizeivorstand der Stadt Zürich geschah »auf Zusehen hin«, die dortigen Aktivitäten seien »unter fleißiger Kontrolle zu halten«. Zu Zwischenfällen mit den Behörden kam es dennoch nicht (Meyer 1985: 23f., bes. Anm. 67 und 69; 45f.).

sorgten ebenfalls für jene Entfesselung einer produktiven Dynamik. Bereits Anfang März 1916 notierte Ball diese Entwicklung in seinem Tagebuch:

»Unser Versuch, das Publikum mit künstlerischen Dingen zu unterhalten, drängt uns in ebenso anregender wie instruktiver Weise zum ununterbrochen Lebendigen, Neuen, Naiven. Es ist mit den Erwartungen des Publikums ein Wettlauf, der alle Kräfte der Erfindung und der Debatte in Anspruch nimmt.« (Ball 1992: 83)

Angesichts der konstitutiven Unbestimmtheit, des ständigen Wandels und permanenten Drangs zum Neuen überrascht es nicht weiter, dass auch in späteren Zeiten retrospektiv kein typisches ›Wesensmerkmal‹ dadaistischer Kunst erkennbar wird. Es bleibt bis heute den Perspektiven der Betrachter_innen überlassen, ob man in Dada eher eine Kunstbewegung, eine Form von Kunstkritik, eine philosophische Haltung, eine radikale Zeit- und Gesellschaftskritik oder eine Laune sehen möchte. Dada ist unter verschiedenen Blickwinkeln all das gewesen – oder auch nicht. Es sind rein formale Aussagen, wie Hans Arps Bemerkung, Dada habe »das Bejahen und Verneinen bis zum Nonsens geführt« (vgl. Arp/Lissizky 1925: X), die am ehesten die Bewegung als Ganze charakterisieren können. Aus dadaistischer Perspektive konnte man zudem buchstäblich alles als Dada bezeichnen – das Wort bedeutete zugleich nichts und alles, und dies galt für die Gegenwart ebenso wie für die Vergangenheit und die Zukunft. »[W]ir waren alle schon dada, bevor es dada gab«, schrieb bspw. Arp (Arp 1921). Immer wieder finden sich Varianten derselben Aussage, dass Dada bereits da gewesen sei, bevor Dada da war. Sie weisen darauf hin, dass sich in den dadaistischen Arbeiten eine allgemeine Kulturtechnik Ausdruck verliehen hatte, die man vielleicht als Arbeit an Sinn und Unsinn, deren Erfinden, Umdeuten und Zerstören, das spielerische Erkunden von Bedeutungen und deren Grenzen umschreiben kann. Wenn aber der gemeinsame Nenner jener vielfältigen Praktiken der Dadaist_innen in den zahllosen Varianten einer solchen Kulturtechnik zu finden ist, die es immer schon gegeben hat, scheint das Auftreten einer dadurch gekennzeichneten Kunstrichtung, deren einzelne Protagonist_innen und Werke sonst wenig miteinander verbindet, kaum wahrscheinlich zu sein. Diese Überlegung wirft die Frage auf, wie sich aus den dadaistischen Abenden in einem kleinen Züricher Kabarett jene prominente Kunstrichtung, der Dadaismus, hat entwickeln können (vgl. Meyer 1985: 11).

ORGANISATION ÖFFENTLICHER PRÄSENZ

Dass Hugo Ball sich gegen eine Organisierung der dadaistisch ausgedrückten Launen wandte und den Kreis der Kolleg_innen nach jenem 1. Dada-Abend am 14. Juli 1916 verließ, macht einen latenten Konflikt innerhalb der Gruppe sichtbar, der insbesondere zwischen Ball und Tristan Tzara bestand (vgl. Huelsenbeck 1984: 24). Letzterer gilt als besonders treibende Kraft hinter einer Entwicklung, welche die vom *Cabaret Voltaire* ausgehende Bewegung innerhalb weniger Jahre zu einer weltbekannten und weltumspannenden Kunstmarke heranwachsen ließ. Er erkannte das Potential und die »Suggestivität des Wortes Dada als einer der Ersten« (Huelsenbeck 1984: 13). Spätestens mit dem Dada-Abend am 14. Juli wurde das klare Ziel formuliert, aus Dada eine »Bewegung größeren Stils« zu machen, wie es am 13. Juli in der *Neuen Züricher Zeitung* hieß (Meyer 1985: 47).

Als Auftakt einer ›dadaistischen Öffentlichkeitsarbeit‹ können zunächst briefliche Kontakte gelten, mit denen die Dadaist_innen ihre Arbeiten im *Cabaret Voltaire* unter Künstlerkolleg_innen und weiteren möglichen Interessent_innen bekannt zu machen versuchten. Die Anreise Richard Huelsenbecks aus Berlin und sein Engagement in der Züricher Gruppe sind bspw. in Zusammenhang mit solchen Briefen Balls zu sehen (Ball 2003: 99). Erste Überlegungen, wie man die Arbeiten im Kabarett über persönliche Kontakte hinaus einer breiteren Öffentlichkeit zugänglich machen könnte, wurden bereits Anfang April 1916 angestellt. Der Umzug in größere Spielstätten ist bspw. in diesem Zusammenhang zu sehen. Man dachte darüber hinaus über die Gründung einer »Gesellschaft Voltaire« nach, über die Durchführung einer Ausstellung, die Publikation einer Anthologie sowie die Gründung einer Zeitschrift (Ball 1992: 91). Unter anderem entstand aus diesen Überlegungen 1916 unter der Herausgeberschaft Balls eine »Sammlung künstlerischer und literarischer Beiträge« mit dem Titel *Cabaret Voltaire* (Ball 1916). Ausstellungen dadaistischer Kunstwerke wurden ab Ende 1916 realisiert, zwischen März und Mai 1917 existierte zudem in Zürich mit der *Galerie Dada* ein eigener Ausstellungsraum, für dessen Betrieb auch Ball noch einmal zu den Dadaist_innen stieß. Die Galerie war eine »Fortführung der Kabarett-Idee vom vorigen Jahr«, allerdings waren am neuen Ort die »Barbarismen [...] überwunden« (Ball 1992: 147f.). In ihrer Galerie vereinigten die Dadaist_innen drei mehr oder weniger verschiedene Seiten ihres Schaffens, die sich doch alle von dem bunten Treiben im Kabarett unterschieden und eher ein intellektuelles Publikum ansprachen: »Tagsüber ist sie eine Art Lehrkörper für Pensionate und höhere Damen. Am Abend ist der Kandinsky-Saal bei Kerzenbeleuchtung ein Klub der entlegensten Philosophien. An den Soiréen aber werden hier Feste gefeiert von einem Glanz und Taumel, wie Zürich sie bis dahin nicht gesehen hat« (Ball 1992: 161). Es existieren Hinweise, dass erst in Zusammenhang mit den Überlegungen zu den verschiedenen öffentlichkeitswirksamen Bemühungen das Wort Dada als gemeinsames Etikett für die vielfältigen Aktivitäten der Gruppe überhaupt in die Debatte eingebracht wurde. Am 18. April 1916 notierte Ball in seinem Tagebuch: »Tzara quält wegen der Zeitschrift. Mein Vorschlag, sie Dada zu nennen, wird angenommen« (Ball 1992: 95).

Insbesondere in Zusammenhang mit der geplanten Gründung einer Zeitschrift forcierte Tristan Tzara seine Korrespondenztätigkeit, da er sich für dieses Projekt Beiträge weiterer Künstler_innen über den Züricher Kreis hinaus erhoffte. Huelsenbeck beschreibt diese Aktivitäten als veritablen Werbefeldzug: »Von nun an arbeitete er unermüdlich als Propagator eines Wortes, das sich erst spät mit einem Begriff füllen sollte. Er packte, klebte und adressierte, er bombardierte die Franzosen und Italiener mit Briefen« (Huelsenbeck 1984: 13f.). Aus diesen Korrespondenzen entstanden Beiträge Tzaras in zahlreichen Kunst- und Literaturzeitschriften, aber auch Beiträge verschiedener Künstler_innen und Literat_innen zu den Veröffentlichungen der Dadaist_innen. Die ebenfalls zahlreich an Künstler_innen und Schriftsteller_innen versendeten dadaistischen Publikationen zogen Notizen und Rezensionen in anderen Blättern nach sich, welche die neue Züricher Bewegung bekannt machten. Sein Korrespondenzwesen trieb Tzara bis 1920 in unterschiedlicher Intensität weiter und machte in dieser Zeit Dada unter Künstler_innen in Frankreich, Italien, Deutschland und den USA bekannt (Meyer 47ff.).

Eine wichtige Rolle bei der Verbreitung der dadaistischen Bewegung spielte die Nummer 3 der Zeitschrift *Dada*, die im Dezember 1918 in deutscher und französischer Version erschien und besonders in Frankreich das Interesse an Dada und Tzara weckte. In dieser Nummer wurde unter anderem Tzaras »Manifest Dada« abgedruckt, in dem er den dadaistischen Ausbruch, sein Spiel mit Paradoxien und die anarchistische Attitüde erneut zum Ausdruck brachte. Er formulierte darin bspw., »[i]ch schreibe ein Manifest und will nichts, trotzdem sage ich gewisse Dinge und bin aus Prinzip gegen Manifeste, wie ich auch gegen die Prinzipien bin [...]. Dada [entstand] aus einem Bedürfnis von Unabhängigkeit, des Misstrauens gegen die Gemeinsamkeit« (Tzara 1918: 35ff.). Man liest aber auch bspw. folgende Aussage, die den paradoxen Dadaisten Tzara, der vorgibt nichts zu wollen, mit seinem intensiven Bemühen um Publizität versöhnt und gleichzeitig die markante Differenz zu Balls Interpretation der dadaistischen Bewegung als einer vornehmlich politischen bzw. philosophisch oder ethisch interessierten Haltung illustriert. Er schreibt: »Dada ist das Wahrzeichen der Abstraktion; die Reklame und die Geschäfte sind auch poetische Elemente« (Tzara 1918: 40). Die seines Erachtens also durchaus mit Dada zu vereinbarende Werbung betrieb er nicht nur für die Sache, sondern im selben Atemzug auch für sich selbst. Am eindrücklichsten geschah das vielleicht auf einer als Verkaufsanzeige gestalteten Seite in der Kunstzeitschrift *391*, auf der neben verschiedenen Dada-Produkten auch eine »Réclame pour moi Tristan Tzara« (Werbung für mich, Tristan Tzara) erschien. Solches Ego-Marketing betrieben zwar auch andere Protagonist_innen der Bewegung, allerdings mit geringerer Intensität. Tzara pries Dada und sich mit viel Eigenlob und zahllosen Visitenkarten an, war selbsternannter »Directeur Dada« und wurde schließlich als der »Dada-Tzar« betrachtet (Meyer 1985: 49f.). »Er machte sich langsam zum ›Mittelpunkt‹«, resümierte Huelsenbeck diese Entwicklung bereits 1920, nicht ohne mit feiner Ironie hinzuzufügen: »Wir wollen dem ›fondateur du Dadaisme‹ seinen Ruhm so wenig nehmen, wie dem ›Oberdada‹ Baader [...], der [...] als dadaistischer Prophet, zur Freude aller Narren durch die Lande zog« (Huelsenbeck 1984: 14).

Besonderen Wert legten einige Dadaist_innen von den ersten Tagen des *Cabaret Voltaire* an auf die Präsenz ihrer Bewegung in der Presse (vgl. Ball 2003: 99ff.). Jede Zeitungsnotiz wurde gesammelt, jede Kritik gab Anlass zu Diskussionen und ggf. zu Gegendarstellungen oder Kommentierungen. Über die Kunstzeitschriften hinaus blieb die Bewegung jedoch eine Randerscheinung in der Presse, die dadurch umso mehr zu einem Gradmesser der eigenen Wirksamkeit wurde und dem Unternehmen Dada aus der Außenperspektive Konturen verlieh (Meyer 1985: 56f., Huelsenbeck 1984: 22, Huelsenbeck 1966: 41ff., 110ff., Tzara 1966: 28f.).

Mit der Zeit wurde die Presse zudem als ein Ort dadaistischer Verwirrspiele um Sinn und Unsinn genutzt, die ebenfalls für reichlich Publizität sorgten. Solche Verwirrspiele um tatsächliche oder vermeintliche Pressemeldungen wurden auf verschiedene Weise geführt. Mit der ironischen Unterstellung, das Publikum sehe im Journalismus eine Art Autorität der Gesellschaft, ließ sich z.B. der Namensmythos Dada um weitere absurde Varianten anreichern. Tzara lancierte in seinem Manifest von 1918 die Geschichte, man erfahre »[a]us den Zeitungen [...], dass die Kruneger den Schwanz einer heiligen Kuh: Dada nennen«, und kombinierte sie mit einem Kommentar auf verschiedene Kritiken, indem er verkündete, dass »[w]eise Journalisten [in Dada] eine Kunst für die Säuglinge, andere [jedoch] die Rückkehr zu einem trockenen und lärmenden, lärmenden und eintönigen Primitivismus« sehen (Tzara 1918: 36).

Eine zeitweise beliebte Methode, publizistische Aufmerksamkeit zu erringen, bestand im Verbreiten erfundener Nachrichten mittels falscher Pressemeldungen. Neben Tzara waren an solchen Aktionen wohl insbesondere Hans Arp und der Ende 1916 zu den Züricher Dadaist_innen gestoßene Walter Serner beteiligt. Ein Beispiel für die Wirksamkeit solcher Meldungen gibt ein angebliches Pistolenduell zwischen Tzara und Arp, das für einige Aufmerksamkeit sorgte. Das *St. Galler Tagblatt* vom 9. Juli 1919 brachte eine Notiz über ein »aufsehenerregendes Duell [...] auf der in der Nähe Zürichs gelegenen Rehalp«. Die beiden Gegner hätten nach viermaligem Kugelwechsel »unversöhnt den Kampfplatz« verlassen. Verschiedene Zeugen des Vorfalls wurden erwähnt. Zwei Tage später druckte der Züricher *Tages-Anzeiger* auf Veranlassung eines der angeblichen Zeugen ein Dementi und schloss die Notiz mit der Bemerkung: »Man wird vielleicht in der in Verrücktheit sich wie toll gebärdenden Zeitschrift ›Der Dada‹ – dieses Blatt muss man gesehen haben! – über das Duell einen Bericht des Oberdada lesen können«. Weitere elf Tage später erschien ein erneutes Dementi auf Bitten des angeblichen Zeugen, diesmal in der *Neuen Züricher Zeitung*, mit der Begründung, die Nachricht gehe noch immer »durch die in- und ausländische Presse« (Meyer 1984: 45, 72).

Walter Serner trieb die Praxis der Falschmeldungen auf die Spitze, indem er zwischen Ende 1919 und Frühjahr 1920 den Genfer Zweig der dadaistischen Bewegung in weiten Teilen einfach durch Pressemeldungen erschuf. »DADA Genf war im wesentlichen eine Erfindung, ein großer Bluff dieses Dr. Serner« (Riha/Schäfer 1994: 371). Zeitungen, unter anderem in Prag, Berlin und Zürich, druckten längere Artikel über den ersten »Dadaisten-Kongress in Genf« (Serner 1919), über die »Polizeiliche Auflösung des dadaistischen Weltkongresses [...], der bekanntlich seit Anfang Dezember in der *Grande salle des Eaux Vives* in Genf tagte« (Serner 1920), über einen »Dadaisten-Prozess« gegen den »bekannte[n] Dadaistenführer Dr. Serner« (Serner 1920a), über einen »Dada-Ball in Genf« (Serner 1920b) und über »[d] as erste Dada-Meeting ohne Skandal« (Serner 1920c). Auch diese Artikel führten im Anschluss zu weiteren Notizen in der internationalen Presse, z.B. in Holland, welche die erfundenen Berichte aus Genf für bare Münze hielt (Citroen-Dada 1966: 102f.).

Aus einzelnen Kontakten der weit verzweigten Korrespondenz Tristan Tzaras entwickelten sich persönliche Beziehungen über die Züricher Gruppe hinaus, die zur Verbreitung der Bewegung einen Beitrag leisteten. So entstand bspw. ein enger Kontakt zu dem Maler und Schriftsteller Francis Picabia, der bereits mit Beiträgen in *Dada 3* vertreten war. Anlässlich eines Schweizaufenthaltes arbeitete dieser intensiv an der Ausgabe 4/5 der Zeitschrift mit und spielte dann, zurück in Paris, eine wichtige Rolle für das Entstehen des Pariser Zweigs der Dada-Bewegung. Aus einer anderen Zusammenarbeit, diesmal mit dem Dichter Paul Elouard, entstanden »eine größere Anzahl farbiger Reklamezettelchen«, sog. »papillons«, die mit (Un-)Sinnsprüchen versehen Dada vor allem in Paris bekannt machen sollten (Meyer 1984: 48). Sie wurden aber auch durch Serner in Genf verteilt und nach dem gleichen Prinzip auch durch die Berliner Dadaist_innen in Umlauf gebracht. Diese sehr kleinen Klebezettel erwiesen sich als »ungemein wirksam« für das Verbreiten von Slogans wie: »Tretet dada bei!« oder »Dada siegt!« (Herzfelde 1967: 26).

Neben der publizistischen Offensive lieferten aber auch Ortswechsel wichtiger Protagonist_innen der Bewegung Anstöße für deren Verbreitung. Dada verbreitete sich so nach Berlin und Paris, nach New York, Hannover, Köln und Tirol. Außerdem gab es zahlreiche Tourneen, über die Dada unter anderem in Dresden, Hamburg, Leipzig und Prag bekannt wurde.

(Anti-)Politischer Aktionismus und gesellschaftliche Wirksamkeit

Für die Ausbreitung der Bewegung in Deutschland sorgte unter anderem Huelsenbecks Rückkehr nach Berlin im Januar 1917, der seine dadaistischen Aktivitäten wenig später dort weiterführte und damit zur Keimzelle eines neuen Zweigs wurde. Wichtige Protagonisten der Berliner Szene waren neben ihm vor allem Johannes Baader, George Grosz, Raoul Hausmann, John Heartfield und Wieland Herzfelde. Anders als bei der Pariser Dada-Gruppe um Tristan Tzara, der »rasch etwas ›Stereo-Typisches‹ und ein Beigeschmack von Wiederholung« anhaftete (Riha/Schäfer 1994: 377), handelte es sich in Berlin nicht bloß um einen Ableger der Züricher Dada-Bewegung. Die Berliner Gruppe zeichnete sich gegenüber den mehr am künstlerischen Ausdruck bzw. insbesondere in Person Tzaras auch am geschäftlichen Erfolg orientierten Züricher und Pariser Gruppen durch mehr Eigenwilligkeit und insbesondere auch durch »einen ganz bestimmten politischen Charakter« aus (Huelsenbeck 1984: 10). Politische Äußerungen blieben andernorts eher eine Randerscheinung. Wenn die Dadaist_innen im Züricher *Cabaret Voltaire* »hin und wieder den feisten und vollkommen verständnislosen Züricher Spießbürgern [sagten], dass [sie] sie für Schweine und den deutschen Kaiser für den Initiator des Krieges hielten«, dann gab das zwar »jedesmal großen Lärm«, vermittelte allerdings nur »eine Ahnung von dem Widerstand des Publikums, mit dem Dada später seinen Siegeslauf durch die Welt gemacht hat« (Huelsenbeck 1984: 9f.). Etwas abschätzig blickte man aus der Berliner Perspektive auf die Züricher und Pariser Dadaist_innen, wo man von Dada als neuer abstrakter Kunst sprach und allerlei Ungewöhnliches aufführte, ohne genau sagen zu können, was diese Arbeiten von ähnlichen und teilweise bereits früher entstandenen unterschied, die nicht das Etikett Dada trugen. »Was eigentlich Dadaismus war, hatte man trotz der heißesten Bemühungen noch nicht herausgefunden« (Huelsenbeck 1984: 21).

Dadaismus, so wie man ihn in Berlin verstand, war demgegenüber keine Kunstrichtung, sondern Antikunst, man hatte »die letzte Konsequenz gezogen und [...] auf die Kunst ganz [bewusst] verzichtet«. Dada war in Berlin »zu einer politischen Angelegenheit geworden« (Huelsenbeck 1984: 29). Das damit verbundene Überwinden der relativen Intimität, die zuvor den Kabarettbetrieb oder die Galerieabende charakterisierte, verlieh dem Berliner Zweig seine besondere Wirkmächtigkeit. Anders als Hugo Ball, in dessen Interpretation die politische Dimension Dadas in einer subjektiven, vielleicht ethischen Protesthaltung angesichts der Grausamkeiten des Weltkriegs lag, der darin nicht mehr als eine Laune sehen wollte, interessierten sich die Berliner Dadaist_innen für ihre spezifische Wirkung auf die Menschen. Die Wirksamkeit des sinnlosen und komischen Wortes Dada spiegelte ihres Erachtens den Gemütszustand der Zeit, sie musste einen »tiefen psychologischen Grund haben [...], der mit der ganzen momentanen Struktur der ›Menschheit‹ und ihres augenblicklichen sozialen Gefüges zusammenhängt« (Huelsenbeck 1984: 20). Dada reflektierte damit die deutlich spürbare Zerrüttung und Zerstörung der vorhandenen sozialen Ordnung. Das Interesse an diesem Zusammenhang ging einher mit dem Versuch, solche Effekte mit symbolischen Aktionen selbst herbeizuführen und die Gesellschaft in (revolutionäre) Bewegung zu versetzen. Bezüglich der Wirksamkeit Dadas in diesem Sinne schrieb Huelsenbeck bereits 1920 in seiner polemischen Chronik *En avant Dada*, es habe

»in den letzten Jahrzehnten in Europa kein Wort, keinen Begriff, keine Philosophie, kein Schlagwort einer Partei oder einer Sekte gegeben, von denen man sagen könnte, dass sie mit so katastrophaler Gewalt in das Vorstellungsvermögen einer zivilisierten Gesellschaft eingebrochen [seien]. Man vergesse nicht die tiefe psychologische Bedeutung dieser Tatsache. [...] Was Dada im Anfang war und wie es wurde ist ganz nebensächlich im Vergleich zu dem, was es angesichts von Europa bedeutet. Dada hat gewirkt – nicht wie eine milde Überredung, sondern wie ein Blitzschlag.« (Huelsenbeck 1984: 18f.)

Dada Berlin war deutlich politischer auch angesichts der ständigen Konfrontation mit einem ganz anderen Umfeld, das die Hauptstadt des Deutschen Kaiserreichs im Vergleich zu Zürich oder auch Paris abgab. Hier befand man sich im Zentrum des deutschen Nationalismus und Militarismus und entwickelte einen »gesunden Hass gegen die Kerle [...], die Deutschland repräsentier[t]en, [gegen] die Kindermörder Belgiens, die U-Bootskommandanten, [...] gegen den zum Himmel stinkenden Lügenberg der vierjährigen Kriegspresse, gegen die Hindenburgs, Ludendorffs« usw. usf. (Huelsenbeck 1984a: 51). Nach der anfänglich großen Kriegsbegeisterung von 1914 hungerten jetzt viele Menschen, die politische Lage war chaotisch und erst nach und nach wurde das Ausmaß des Sterbens an den Fronten bekannt. In dieser Situation hielt Huelsenbeck im Februar 1918 seine *Erste Dadarede in Deutschland*, in der er einerseits voller Sarkasmus verkündete, »[...] Dada ist heute noch für den Krieg. Die Dinge müssen sich stoßen: es geht noch lange nicht grausam genug zu« (Huelsenbeck 1918: 97), in der er aber auch verkündete, der Dadaismus wolle

»die Fronde der großen internationalen Kunstbewegungen sein. Er ist die Überleitung zu der neuen Freude an den realen Dingen. Da sind Kerle, die sich mit dem Leben herumgeschlagen haben, da sind Typen, Menschen mit Schicksalen und der Fähigkeit zu erleben. Menschen mit geschärftem Intellekt, die verstehen, dass sie an eine Wende der Zeit gestellt sind. Es ist nur ein Schritt bis zur Politik.« (Huelsenbeck 1918: 98)

Diese Rede traf genau das Lebensgefühl vieler Leute und bildete den Auftakt zur Berliner Dada-Bewegung. Ein halbes Jahr später, nach dem Sturz des Kaiserreichs in der Novemberrevolution 1918, richtete sich die Kritik der »dadaistischen Revolutionäre« aber nicht weniger intensiv auch gegen die Weimarer Ordnung und die »Weimarische Lebensauffassung« (Hausmann 1994a). Die neue, sozialdemokratisch geführte Regierung hatte auf eine vollständige Entmachtung der alten, monarchistischen Eliten verzichtet, war ein Bündnis mit der Obersten Heeresleitung der kaiserlichen Armee eingegangen und hatte mit Unterstützung rechts-nationalistischer Freikorps den linken Spartakusaufstand gewaltsam niedergeschlagen. Die Ermordung von Karl Liebknecht und Rosa Luxemburg im Januar 1919 gab unmittelbaren Anstoß für eine Intensivierung der dadaistischen Aktionen (Hausmann 1992: 16). In den Augen der Dadaist_innen war die Politik Ausdruck einer »Kultur der Verlogenheit« und bedeutete den »Triumph [sic] der Spießer« (Huelsenbeck 1984b: 58ff.). »Nieder mit dem deutschen Spießer!« lautete deshalb eine ihrer aufrührerischen Forderungen (Hausmann 1994b: 112).

Allerdings bedeutet diese Haltung nicht zwangsläufig ein Eintreten für eine kommunistische Partei oder deren Ideologie. Diese wurde im Gegenteil in einem

Pamphlet mit dem Titel *Was ist der Dadaismus und was will er in Deutschland?* selbst zur Projektionsfläche dadaistischer Aktionen, indem man ihre Ansätze ins Absurde übersteigerte. Die Dadaist_innen forderten die Einführung »des radikalen Kommunismus« und »der progressiven Arbeitslosigkeit [...], die sofortige Expropriation des Besitzes [...], die Verpflichtung der Geistlichen und Lehrer auf die dadaistischen Glaubenssätze [..., die] Einführung des simultanistischen Gedichtes als kommunistisches Staatsgebet« und ähnliches (Golyscheff/Hausmann/Huelsenbeck 1994: 138f., vgl. Huelsenbeck 1984: 36f.). Das Manifest wurde in vielen Tageszeitungen abgedruckt und in völliger Verkennung seiner Aussagen sah man »seit diesem Augenblick [...] DADA nur noch rot« (Hausmann 1992: 20). Obwohl hinsichtlich der Gesellschaftskritik durchaus gemeinsame Gegner existierten, man konnte sich bspw. in »kalter Verachtung der Bourgeoisie [...], ihrer Kultur, ihrer verlogenen Moral und Räuberpolitik« treffen, stieß der irrationale Grundton Dadas beim »Proletariat« zumeist auf Ablehnung (vgl. Herzfelde 1967: 27).[4] Der *Katalog der Ersten Internationalen DADA-MESSE* verdeutlichte diese Dissonanz auf seinem Deckblatt, das einerseits Ansätze einer scheinbar gemeinsamen Weltsicht hervorhebt, »[d]er dadaistische Mensch ist der radikale Gegner der Ausbeutung«; das andererseits aber auch die grundlegend andere Schlussfolgerung aus ihrer Gesellschaftskritik transparent macht, die Dadaist_innen von Kommunist_innen trennte: »Ausbeutung schafft nur Dumme und der dadaistische Mensch hasst die Dummheit und liebt den Unsinn!« (Katalog der Ersten Internationalen DADA-MESSE 1967).

Das bei allen Dadaist_innen immer wieder anklingende Dagegen- bzw. Gegen-alles-Sein kann auch für die Berliner Dada-Gruppe als zentrales Kennzeichen gelten, da sie ansonsten prinzipiell widersprüchlich und inkonsequent blieb. »Gegen dies Manifest sein heißt, Dadaist sein!« verkündeten einige der Züricher und Berliner Dadaist_innen gemeinsam in einem Manifest von 1918 (Tzara u.a. 1918: 94). Sie stilisierten sich nicht nur zu Gegner_innen des herrschenden Kunstbetriebs (»Die Bewegung Dada führt zur Aufhebung des Kunsthandels«, heißt es etwa im *Katalog der Ersten Internationalen DADA-MESSE*), sie polemisierten nicht nur gegen Krieg, Kaiser oder Weimarer Republik, sie sprachen sich auch gegen Wissenschaft und jede Form sog. Hochkultur aus, sie ätzten gegen die bürgerliche Gesellschaft, gegen den Kommunismus und gegen den Humanismus (vgl. Hausmann 1994a) und nicht zuletzt gegen sich selbst. »[W]ir sind – ANTIDADAISTEN!« lautete eine ihrer paradoxen Parolen (Hausmann 1994b: 109). Sie gingen gegen jede Form von Rationalität und Ernsthaftigkeit vor und meinten insbesondere jede Form politischer Vernunft. Indem sie Institutionen wie das »Zentralamt des Dadaismus«, ein »Reklame-Büro«,

---

4 | Auch in Zürich und Paris hatten die dadaistischen Arbeiten keinen Erfolg unter den Arbeiter_innen: Eine speziell für sie ausgerichtete Führung durch die Züricher *Galerie Dada* wurde von nur einer Person besucht (Ball 1992: 165). Ein Dada-Abend in der Volkshochschule des Pariser *Club Faubourg* überzeugte das Publikum nicht (Richter 1964: 180).

die »Weltbehörde« (Herzfelde 1967: 26) oder den »dadaistische[n] revolutionäre[n] Zentralrat« (Golyscheff/Hausmann/Huelsenbeck 1994: 139) erfanden, und indem sie sich Titel wie bspw. »Oberdada« oder »Präsident des Erdballs« (Johannes Baader), »Dadasoph« (Raoul Hausmann), »Weltdada« (Richard Huelsenbeck) oder »Propagandada« (George Grosz) verliehen, veranstalteten sie nichts anderes als eine »Persiflage der für diese Nachkriegszeit typischen Methoden zahlloser hochstapelnder Möchte-gern-Politiker, -Gründer, -Philosophen, und -Propheten« (Herzfelde 1967: 26).

Im Gegensatz zum »l'art pour l'art Charakter«, den man den Züricher und besonders den Pariser Dadaist_innen unterstellte, wurde in Berlin »[d]ie Bewegung, der Kampf [...] betont« (Huelsenbeck 1984: 34). Ein Kampf, der allerdings nicht *für* ein anderes Leben oder *für* eine bessere Politik ausgetragen wurde, sondern *gegen* die herrschende politische und soziale Ordnung und *gegen* jeden Versuch auf Grundlage anderer Ideologien eine neue Ordnung zu etablieren. Dada war »gegen die Vorherrschaft der ›ewigen und unwandelbaren‹ Ideale gerichtet« (Hausmann 1992: 12). Der Dadaist, so schreibt Huelsenbeck in *En avant Dada*, »weiß, dass jedes ›System‹ eine Verführung mit allen Folgen der Verführung und jeder Gott eine Möglichkeit für Finanzleute ist. [...] Metaphysiker ist er nicht mehr in dem Sinn, dass er in einzelnen erkenntnis-theoretischen Sätzen ein Normativ für die Lebensführung findet, ein ›Du sollst‹ gibt es für ihn nicht mehr« (Huelsenbeck 1984: 36). Diese radikale Abkehr von vermeintlichen Gewissheiten, diese »Müdigkeit, die Verzweiflung an einem Sinn und einer ›Wahrheit‹« führte die Dadaist_innen zu der nur vermeintlich paradoxen Einsicht, sich »der Bewegung des Lebens ganz hin[zu]geben« (Huelsenbeck 1984: 36f.). Sie propagierten das primitive Leben, Relativismus, Nihilismus und Aktionismus, kurz »das selbstverständliche undifferenzierte, unintellektuelle Leben« (Huelsenbeck 1984: 37). Diese Hingabe an die Bewegungen des Lebens muss, wie oben bereits angedeutet, als spiegelbildliche, ironische Reaktion auf die sozialen und politischen Gegebenheiten der Zeit gesehen werden. Die herrschenden Kreise Europas hatten zwar die Menschen und eine riesige Militärmaschinerie im wahrsten Sinne des Wortes in Bewegung gesetzt, der nationalistische Kriegstaumel von 1914 und die Nachschublinien der Armeen waren deren offensichtliche Symptome, letztlich allerdings mit dem Ziel, die Gesellschaftsordnung und ihre Herrschaft, ihre Ideologie und ihre Wahrheiten zu festigen.[5] Die symbolische Bewegung der Dadaist_innen sollte dem entgegenwirken: Sie taten im Grunde nichts (Sinnvolles), aber mit ihren Gesten der Verweigerung und Verneinung, mit »Nichts« – mit der Absurdität Dada – wollten sie die Sinnlosigkeit des Kriegs beenden und die Gesellschaft verändern. Diese symbolische Bewegung manifestierte sich in symbolischen Akti-

---

5 | Eine analoge Meinung vertrat Huelsenbeck hinsichtlich des Kommunismus und »wirkliche[r] Politiker (wie Lenin einer zu sein scheint)«. Auch sie würden zwar »eine Bewegung in die Welt« setzen, ohne aber Veränderung zu bringen (Huelsenbeck 1984: 37).

onen der Störung und Zerstörung. Die Berliner Dadaist_innen sahen »instinktmäßig [ihren] Beruf darin, den Deutschen ihre Kulturideologie zusammenzuschlagen« (Huelsenbeck 1984: 39).

Ein wichtiger Bestandteil dadaistischer Aktionen waren symbolische Provokationen, die zu Beginn in Zürich noch nicht intendierte Folge des avantgardistischen Kunstprogramms waren, die später in Paris und insbesondere in Berlin dann zu einem bewusst eingesetzten Mittel wurden und zum integralen Bestandteil der dadaistischen Geisteshaltung erklärt wurden. In Berlin war Johannes Baader vermutlich die herausragende Gestalt, die in dieser Hinsicht wirkte. Bei Baader handelte es sich um »einen Mann im Besitz eines ›Jagdscheines‹, der ihn der juristischen Verantwortung für sein Tun enthob«, und der in den Kreis der Dadaist_innen geraten war, nachdem er sich bei einer zufälligen Begegnung als »Präsident des Weltalls« vorgestellt hatte und in der Folge sogleich – ironisch – zum »Oberdada« gekürt wurde (Herzfelde 1967: 24ff.). Die Eskapaden dieses Mannes bildeten Höhepunkte des dadaistischen Aktionismus, wenn man ihn unter dem Blickwinkel ihres Anspruchs betrachtet, Menschen in Bewegung zu versetzen. Zwei besonders intensive Aktionen Baaders, die einen Einblick in die Art und die Wirksamkeit der Provokationen geben, beschreibt Raoul Hausmann in seiner Chronologie der Dada-Bewegung *Am Anfang war DADA*. Als gesellschaftspolitische Umsetzung des bekannten Nietzsche-Zitats »Gott ist tot«[6] interpretierte er den einen Auftritt:

»Man muss an den Tod Gottes denken und ihn bekannt machen. *Was ist euch Jesus-Christus? Er ist euch Wurst!*, ruft der Ober-Dada Johannes Baader am 17. November im Dom zu Berlin, den Prediger Dr. Dryander unterbrechend. Verhaftet, zum Posten geführt, wegen Gotteslästerung angeklagt. Sehr gut, das wird Lärm machen.« (Hausmann 1992: 16f.; Hervorhebung im Original)

Einen direkten Angriff auf die politischen Institutionen der Weimarer Republik stellte die andere Provokation dar, die auf der Gründungsversammlung der Republik 1919 im Weimarer Staatstheater stattfand: Baader begab

»sich allein in die Nationalversammlung Weimar, wo er die Sitzung unterbrach und die Ablösung der Regierung durch die Gruppe DADA forderte, und wo er sein Blatt ›Die grüne Leiche‹ abwarf, in dem er die Ankunft des Ober-DADA auf dem weißen Pferde ankündigte, als Höchster Schiedsrichter des Jüngs-

---

6 | Die Philosophie Nietzsches kann als eine zentrale Referenz für die Ideen der Dadaist_innen gelten. Hugo Ball hatte sich in einer philosophischen Dissertation, die er allerdings nicht zu Ende brachte (vgl. Ball 1909/1910), sowie in seinen theatertheoretischen Arbeiten mit Nietzsche auseinandergesetzt. Huelsenbeck berichtet, dass auch alle anderen Dadaist_innen Nietzsche gelesen hatten (Huelsenbeck 1985: 17).

ten Gerichts, und dass man das Parlament mit Bomben in die Luft sprengen werde. Das gab einen unerhörten Skandal, den die gesamte deutsche Presse veröffentlichte [...].« (Hausmann 1992: 18f.)

Das »stumme Erstarren der großen Masse« konnte auf diese Weise ein Stück weit aufgebrochen werden. Das deutschlandweite Gelächter über diese Aktion »stärkte die Opposition, säte Konfusion und schwächte die Autorität« (Richter 1964: 128f.). Es diente dem zentralen Ziel der Dadaist_innen, hierarchische Unterordnungsverhältnisse egal welcher Couleur in Frage zu stellen.

SINNENTLEERUNG UND ZUFALLSKONSTRUKTION

Dada wäre wohl trotz der unermüdlichen Reklame Tzaras und trotz des besonders provokativen Auftretens der Berliner Protagonist_innen kaum zu einem längerfristig ernstzunehmenden Ereignis geworden, wenn nicht im Verlauf seiner Entwicklung einige echte kulturelle Innovationen entstanden bzw. verbreitet worden wären. Völlig aus dem ›Nichts‹ entstand allerdings nicht einmal dadaistische Kunst; sie knüpfte an bereits Vorhandenes an. Wie bereits erwähnt wurde, begann die Entwicklung im Züricher *Cabaret Voltaire* mit der Präsentation zahlreicher moderner Kunstwerke und der Aufführung unterschiedlichster Literatur- und Kabarettstücke. Auf diesem Wege fand manche Idee, wie bspw. Elemente futuristischer Maschinenverehrung oder kubistische Abstraktionen, Eingang in dadaistische Repertoires. Rückblickend meinte Huelsenbeck etwa, »eigentümlich müssen sich die Herren Picasso und Marinetti vorgekommen sein, als sie von dem Erfolg ihrer Ideen unter dem Namen ›Dada‹ zu hören bekamen« (Huelsenbeck 1984: 25). Aus dem Zusammentreffen von älterer und neuster Kunst sowie verschiedener Menschen entwickelte sich dann jene produktive Dynamik, aus der Neues entstehen konnte. Entwicklungen fanden insbesondere im Bereich der Literatur und der bildenden Kunst statt.

Im Bereich der Literatur wurden neue Formen von Gedichten und Präsentationsformen entwickelt. In beiden Fällen ging es um eine Überwindung vorgegebener Bedeutungen, indem Sätze und Worte aufgelöst und ihres Sinns entkleidet wurden und einzelne Elemente dann in neue, am Klang, das heißt an Melodie und Rhythmus orientierte Zusammenhänge gebracht wurden. Die Semantik der Sprache wurde zugunsten einer mehr an Musik orientierten Lautfolge ganz oder teilweise aus diesen Konstruktionen verbannt. Hugo Ball beschreibt seine Erfindung (wie er sagte) oder Entdeckung (wie Raoul Hausmann sagte, vgl. Hausmann 1992: 38), das Lautgedicht[7], als »Verse ohne Worte [...], in denen das Balancement der Vokale nur

---

7 | Vgl. zur Geschichte dieser phonetischen Gedichte Raoul Hausmanns Chronologie, der Ansätze zu solchen Dichtungen bereits vor Hugo Ball identifiziert (Hausmann 1992: 35ff.).

nach dem Werte der Ansatzreihe erwogen und ausgeteilt wird«. Diese Gedichte waren für die Dadaist_innen allerdings nicht nur ästhetische Spielerei, sondern folgten einer klaren, an den Problemen der Zeit orientierten Programmatik. Ball notierte dazu: »Man verzichte mit dieser Art Klanggedichten in Bausch und Bogen auf die durch den Journalismus verdorbene und unmöglich gewordene Sprache. Man ziehe sich in die innerste Alchemie des Wortes zurück, man gebe auch das Wort noch preis [...]«. Ergebnis solcher Bemühungen waren dann Verszeilen wie etwa »gadji beri bimba / glandridi lauli lonni cadori / [...]« (Ball 1992: 105f.).

Der anstelle von Wortbedeutungen im Vordergrund stehende Rhythmus und die Melodie der dadaistischen Gedichte spielten insbesondere für die Aufführungspraxis eine wichtige Rolle. Dabei unterschieden die Dadaist_innen drei Klangvarianten, die beim Publikum unterschiedliche Effekte hervorrufen sollten. Sie wurden bruitistisches Gedicht, simultanistisches Gedicht und statisches Gedicht genannt. Solche Gedichte trugen auf den Bühnen teilweise mehrere Dutzend Rezitator_innen gemeinsam vor, die durch ihre Abstimmung eine Art Orchester bilden konnten. Das gemeinsame dadaistische Manifest der Züricher und Berliner Gruppen von 1918 definierte die drei Aufführungsvarianten wie folgt:

»Das BRUITISTISCHE Gedicht schildert eine Trambahn, wie sie ist, die Essenz der Trambahn mit dem Gähnen des Rentiers Schulze und dem Schrei der Bremsen. Das SIMULTANISTISCHE Gedicht lehrt den Sinn des Durcheinanderjagens aller Dinge, während Herr Schulze liest, fährt der Balkanzug über die Brücke bei Nisch, ein Schwein jammert im Keller des Schlächters Nuttke. Das STATISCHE Gedicht macht die Worte zu Individuen, aus den drei Buchstaben Wald tritt der Wald mit seinen Baumkronen, Försterlivreen und Wildsauen, vielleicht tritt auch eine Pension heraus, vielleicht Bellevue oder Bella vista.« (Tzara u.a. 1918: 93)

Die erste Variante legte den Schwerpunkt demnach auf die Aufführung einer bestimmten Lautfolge mit Melodie und Rhythmus, die eine bestimmte bildliche Assoziation heraufbeschwören sollte. Die zweite präsentierte eher eine vielstimmige, verwirrende Komposition unterschiedlicher Lautfolgen, die Komplexität und Unübersichtlichkeit produzieren sollte. Die dritte versuchte durch maximale Reduktion der Laute offene Assoziationsräume für ein freies Spiel der Gedanken zu erschaffen. Analog zur gesamten Dada-Bewegung lassen sich solche klanglichen Experimente in zweierlei Hinsicht interpretieren. Sie konnten einerseits als rein ästhetische Differenz (also Kunst) betrachtet werden, die als solche schon Erstaunen genug hervorrief. Mit dem gesellschaftspolitischen Hintergrund der Dadaist_innen und als Ausdruck ihrer spezifische Reflexion der Zeit konnten sie aber auch als »Sinnbild für die ohrenbetäubende Geräuschkulisse in den Schützengräben und die Dynamik der modernen Großstadt gedeutet werden« (Elger/Grosenick 2004: 12).

Eine andere Form der dadaistischen Auseinandersetzung mit dem Wort bzw. deren Bedeutungen wird durch Tristan Tzaras Anleitung zum Herstellen eines dadaistischen Gedichts verdeutlicht, die man ebenfalls als symbolische Zerstörung von Pressetexten und den dort veröffentlichten herrschenden Meinungen lesen kann. Er schreibt:

»Um ein dadaistisches Gedicht zu machen: Nehmt eine Zeitung. Nehmt Scheren. Wählt in dieser Zeitung einen Artikel von der Länge aus, die Ihr Eurem Gedicht zu geben beabsichtigt. Schneidet den Artikel aus. Schneidet dann sorgfältig jedes Wort dieses Artikels aus und gebt sie in eine Tüte. Schüttelt leicht. Nehmt dann einen Schnipsel nach dem anderen heraus. Schreibt gewissenhaft ab, in der Reihenfolge, in der sie aus der Tüte gekommen sind. Das Gedicht wird Euch ähneln.« (Tzara 1998a: 90f., vgl. Richter 1964: 54)

Dass die »Techniken des dadaistischen Feldzugs [...] lange überlegt worden« sind, wie Huelsenbeck behauptete (Huelsenbeck 1984: 39), darf man angesichts dieser Anleitung als ebenso doppelbödige Aussage lesen wie alle dadaistischen Verlautbarungen. Denn deutlich wird hier das Prinzip des planmäßig herbeigeführten Zufallsereignisses bei der Erschaffung von Kunstwerken. In diesem Prinzip zeigt sich auch die Verbindung zwischen den literarischen Arbeiten und der bildenden Kunst, wo die Techniken des Zufalls vermutlich zuerst entwickelt wurden. Hans Richter, der zur Züricher Dada-Gruppe gehörte, erzählte die Anekdote, welche die Entdeckung des Zufallsprinzips im Bereich der bildenden Kunst selbst als zufälliges Ereignis beschrieb. Hans Arp hatte an einer Zeichnung gearbeitet, ohne allerdings zu einem Ergebnis gekommen zu sein, das seinen Vorstellungen entsprach.

»Unbefriedigt zerriss er schließlich das Blatt und ließ die Fetzen auf den Boden flattern. Als sein Blick nach einiger Zeit zufällig wieder auf diese auf dem Boden liegenden Fetzen fiel, überraschte ihn ihre Anordnung. Sie besaß einen Ausdruck, den er die ganze Zeit vorher vergebens gesucht hatte. Wie sinnvoll sie dort lagen, wie ausdrucksvoll! Was ihm mit aller Anstrengung vorher nicht gelungen war, hatte der Zu-Fall, die Bewegung der Hand und die Bewegung der flatternden Fetzen, bewirkt, nämlich Ausdruck. [...] Die Schlussfolgerung, die Dada daraus zog, war, den Zufall als ein neues Stimulans des künstlerischen Schaffens anzuerkennen. Dieses Erlebnis war so erschütternd, dass man es sehr wohl als das eigentliche Zentral-Erlebnis von Dada bezeichnen kann, welches Dada von allen vorhergehenden Kunst-Richtungen unterscheidet. An ihm wurde uns bewusst, dass wir in der Welt des Wissbaren nicht so zuverlässig beheimatet waren, wie man uns glauben machen wollte.« (Richter 1964: 52)

Mit der Neuanordnung von Fragmenten zu neuen Sinnzusammenhängen und dem Nutzen von unterschiedlichsten Materialien, z.b. aus der Alltagswelt (wie die Schnipsel aus Zeitungsartikeln), wurden hier die Prinzipien von Collage und Montage weiterentwickelt, die seither in der Kunst immer wieder zur Anwendung kamen. In Berlin erfanden die Dadaist_innen auf dieser Grundlage bspw. die Fotomontage, die sie für ihre politisch-satirischen Zwecke einsetzten (Richter 1964: 117ff.).

Der Begriff ›Montage‹, der aus der technischen Arbeitswelt entlehnt ist, verweist über die konkrete künstlerische Arbeitstechnik hinaus auf das Phänomen der künstlerischen Auseinandersetzung mit der Maschine bzw. auf die Maschinenkunst, die eine weitere Dimension der dadaistischen Sinnentleerung verdeutlicht und zugleich die Kontrastfolie zu der Faszination an Zufallsereignissen und ungeplantem Agieren abgibt. Das Interesse der Dadaist_innen an der Maschine und an maschinell ablaufenden Prozessen verdeutlicht bspw. ein Foto, das George Grosz und John Heartfield auf der *Ersten Internationalen Dada-Messe* 1920 zeigt. Man sieht beide mit einem Plakat mit der Aufschrift »Die Kunst ist tot. Es lebe die neue Maschinenkunst Tatlins« (Riha/Schäfer/Merte 1994: 145). Das Einbeziehen der Maschine in dadaistische Arbeiten verknüpft hier eine kunstkritische Haltung mit der Verarbeitung des industriell und maschinell geführten Kriegs. Sie macht zudem deutlich, dass der Schlüssel zum Verständnis der Sinnentleerung nicht in der dadaistischen Kunst zu suchen ist, sondern erneut eine Reflexion der Welt darstellt, die angesichts von Krieg und Zerstörung selbst als sinnentleert erscheinen musste. Nicht Dada war irrational und absurd, sondern im Gegenteil »die Lächerlichkeiten des blutigen Alltagsernstes« waren es (Richter 1964: 52). Die Maschinenkunst verwies zudem auf »den scheinbar ›mechanischen‹ Lauf der Dinge, die Banalität des Alltags, der die Konformität mit dem maschinellen Arbeitsprozess implizierte« (Riha/Schäfer 1994: 357). Die Frage der Dadaist_innen an die Welt lautete unter diesem Blickwinkel zusammengefasst: »Wozu Geist haben in einer Welt, die mechanisch weiterläuft?« (Hausmann 1982: 94), und die sich dabei selbst zerstört, ließe sich hier noch anfügen. Die dadaistische Maschinenkunst knüpfte damit nur formal an die bereits zuvor entwickelte futuristische Maschinenkunst an. Während letztere technikbegeistert Apparate und Geschwindigkeit feierte und ehrfürchtig auf die moderne Kriegsmaschinerie blickte, blieben dadaistische Apparaturen immer funktionslose, ironische oder erotisch aufgeladene Mechanismen (Elger/Grosenick 2004: 12). Sie ließen eine Kritik an Technikbegeisterung und Technikgläubigkeit sowie an einem technokratischen Geist in der modernen Welt aufscheinen.

ORGANISATORISCHER ZUSAMMENBRUCH

Die Dadaist_innen vereinte, wie bereits angedeutet wurde, weder ein gemeinsamer inhaltlicher Kern noch eine stabile Organisation. Nicht-Programm und Nicht-Organisation blieben die Strukturmerkmale der Bewegung, »alles war der Eingebung des Augenblicks überlassen« (Herzfelde 1967: 26). Die in der lose zusammenhängenden Gruppe entfesselte Dynamik und der beständige Drang zum Innovativen und Provokativen bauten von Beginn an eine Spannung auf, die allerdings schnell zu Erschöpfungssymptomen bei den Beteiligten führte, wie sie bspw. durch Hugo Ball bereits Mitte März 1916, nur wenige Wochen nach Eröffnung des *Cabaret Voltaire* beklagt wurden (Ball 1992: 86). Ungeachtet dieser Schwierigkeiten erlangten die Dadaist_innen eine Zeit lang beträchtliche Aufmerksamkeit. Ihre Publikationen wurden zeitweise zu mehreren tausend bis wenigen zehntausend Exemplaren verkauft, die Vortragsabende besuchten manchmal bis zu 2.500 Personen. Tristan Tzara konnte daher 1920 ohne Ironie verkünden: »Dada ist: ein Geschäft, das gut geht« (zit. n. Elger/Grosenick 2004: 18).

Dadaistische Soireen endeten nicht selten in tumultartigen Szenen. Eine Mischung aus scheinbar improvisierten Darbietungen und anspruchsvoller Kunst, aus aufrührerischen Reden und Provokationen des Publikums mündete nicht nur in verbale Auseinandersetzungen oder manchmal abgebrochene Auftritte. Gelegentlich flogen auch Eier, Gemüse oder Beefsteaks in Richtung Bühne (Tzara 1998b: 118). Teilweise verjagte das Publikum in sehr handfesten Szenen die Künstler_innen. »Eine Raserei hatte die Individuen zur ›Masse‹ verwandelt«, so beschreibt Hans Richter den letzten Dada-Abend in Zürich (Richter 1964: 82). Gewiss kann man sagen, dass solche finalen Abbrüche von Veranstaltungen Teil eines geplanten Kalküls waren, dem es darum ging, Verwirrung zu stiften und die Zuschauer_innen aus ihrer Lethargie zu reißen, ihnen elementare Gefühlsäußerungen zu entlocken. Die ausgelöste Konfusion war allerdings nicht nur Selbstzweck:

»Unsere Provokationen, Demonstrationen und Oppositionen waren nur ein Mittel, den Spießer zur Wut und durch die Wut zum beschämten Erwachen zu bringen. Was uns eigentlich bewegte, war nicht so sehr der Krach, der Widerspruch und das Anti per se, sondern die ganz elementare Frage jener Tage (wie der heutigen) nach dem WOHIN?« (Richter 1964: 8)

Solche Selbst-Bewusstwerdungen des Publikums gelangen tatsächlich. Im Anschluss an regelrechte Saalschlachten, die sich über den Dadaist_innen und ihren Requisiten entluden, »glätteten sich die wutverzerrten Gesichter in der Erkenntnis, dass das Unmenschliche nicht in [den] Provokationen, sondern auch in den Wutausbrüchen der Provozierten gelegen hatte«, und es konnte durchaus zu einer Fortführung des Programms kommen – das »Publikum war gezähmt« (Richter 1964: 82).

Die Provokationen und künstlerischen Experimente, die Zufallsereignisse und der Sinn für die Kraft der Revolte verliehen den Dadaist_innen ein »Gefühl der Freiheit von Regeln, von Vor- und Nachschriften, von jeglichen Kaufangeboten und Kritikerlob« und wurden als »hervorragender Stimulus« für ihre produktiven Entwicklungen wahrgenommen, die in unterschiedliche Richtungen wiesen. Für die speziellen Freiheiten, die sich die explizit politisch gewendete Form des Dadaismus in Berlin nahm, hatten die Herrschenden vor Ort wenig Sinn.[8] Dadaistische Publikationen wurden immer wieder verboten und konnten meist nur in wenigen Ausgaben erscheinen (Herzfelde 1967: 24ff., Richter 1964: 112ff.). Auch persönlich gerieten die Berliner Dadaist_innen mit dem Gesetz in Konflikt. Allein Johannes Baader war durch seine amtlich beglaubigte Unzurechnungsfähigkeit vor staatlichen Repressionen geschützt, was ihn zu einem idealen Protagonisten gesellschaftspolitischer Provokationen machte (Richter 1964: 126ff.).

Die am 24. Juli 1920 eröffnete *Erste internationale Dada-Messe* bildete in Berlin zugleich Höhepunkt und Abschluss der Bewegung. Man versammelte 174 Kunstwerke, die einen weiten Blick in die Zukunft der modernen Kunst erlaubten. Eine Plastik, die eine ausgestopfte Unteroffiziersuniform mit Schweinskopf bestückt zeigte, brachte einigen der Ausstellungsmacher_innen eine Anzeige wegen »Beleidigung der Deutschen Armee« ein. Sie wurden jedoch nur zu einer Geldstrafe verurteilt, in den Augen der Dadaist_innen »ein kümmerliches Resultat« (Hausmann 1992: 22). Auch ansonsten hatte sich die Bewegung in Berlin totgelaufen. Das Publikum blieb aus, kaum jemand interessierte sich noch für die Provokationen oder die sehr avantgardistische Kunst. »DADA war tot, ohne Ruhm noch Staatsbegräbnis. Einfach tot. Die DADAisten fanden sich im Privatleben« (Hausmann 1992: 22). Das Ende kam allerdings nicht überraschend, denn das Prinzip der Auflösung von Ordnungen konnte unmöglich in eine dauerhafte und neue Ordnung münden. Die Weigerung, sich auf ein verbindliches inhaltliches Fundament festzulegen oder die Bewegung organisatorisch zu stabilisieren, zermürbte mit der Zeit nicht nur die beteiligten Personen, sondern musste unweigerlich auch zu einem Zusammenbruch der Bewegung führen. Dauerhaft blieb jedoch eine dadaistische Haltung, eine Ethik für ein »Universum der Freiheit, das zu reklamieren [Dada] ausgezogen war«, und in dieser Richtung war man ein ganzen Stück vorangekommen: »Die Auflockerung der öffentlichen Meinung schien erreicht« (Richter 1964: 199).

---

8 | Mit Blick auf den New Yorker Dada-Zweig und die Frage, ob die Gesellschaft der USA (das »essentielle Chaos Amerika«) nicht »selbst zu sehr DADA für eine DADA-Bewegung« sei, wurde argumentiert, dass der Dadaismus als quasi amerikanisch (das heißt liberal-individualistisch) inspirierte Bewegung in Europa nur in »Reaktion auf einen geordneten, traditionsorientierten Kontext entstehen« konnte, um »die Verkrustungen der Tradition aufzubrechen« (vgl. Riha/Schäfer 1994: 375). Dieses im Grunde auf gesellschaftliche Rahmenbedingungen gemünzte Argument lässt sich mit Blick auf Dada Berlin für den Bereich des Politischen präzisieren, allerdings in sein Gegenteil gewendet: Dada Berlin musste angesichts der verkrusteten gesellschaftlichen und politischen Rahmenbedingungen an jenem Ort gewissermaßen zwangsläufig politischer sein als die anderen Gruppierungen.

DADA UND GUERILLAKOMMUNIKATION

Der Bewegung war es gelungen, in mancherlei Hinsicht das Tor zu einem neuen Denken weit aufzustoßen. Mit dem Wort Dada, das beständig um Nichts kreist, arbeitete sie sich an der Idee eines leeren Signifikanten ab, der Idee eines Zeichens ohne (feststehende oder eindeutig bestimmte) Bedeutung, das genau deshalb alles bedeuten konnte: »Was ist Dada? [...] Ist es Garnichts, d.h. alles?« (Hausmann 1992: 6). Ihr Spiel mit dieser Idee sollte sinnentleerte Orte in diskursiven Strukturen und damit die allerorten vermuteten Leerstellen, Ungereimtheiten oder Unsinnigkeiten der real existierenden sozialen Ordnung sichtbar machen, wie sie insbesondere im Kriegsgeschehen zwischen 1914 und 1918 überdeutlich hervorgetreten waren. Die herrschenden Diskurse ihrer Zeit basierten auf einem damals noch weitgehend intakten Glauben an eine transzendente göttliche bzw. eine göttlich sanktionierte natürliche Ordnung, welche die objektive Grundlage des sozialen Lebens darstellte. Der Glaube als Grundlage der Gesellschaftsordnung spiegelte sich in sozialen Organisationen und Praktiken, wie Kirche und Religion, wie Wissenschaft und Wahrheitsglaube. In Deutschland spiegelte sich dieser Glaube auch noch unmittelbar in der politischen Organisation des Staates, dem wilhelminischen Kaiserreich mit einer Figur an der Spitze, die ihre politische Legitimation direkt aus der Idee einer göttlichen Gnade der Geburt herleitete. Typische deutsche Kriegspropaganda verkündete denn auch bspw. Parolen, wie: »Mit Gott für Kaiser und Reich!« (Weigel u.a. 1983: 40f., 117). Die formale Struktur dieser Diskurse ist vor allem durch die Behauptung eines inhaltlich bestimmten und unhinterfragbaren Zentrums charakterisiert, von dem her ein Diskurs als vermeintlich objektive Ordnung organisiert wurde. Solch ein Zentrum lässt sich als »Punkt der Präsenz« oder als »feste[r] Ursprung« eines Diskurses bezeichnen (Derrida 2000: 422).

Die dadaistischen Manifestationen lassen sich in ihrem Kreisen um die Idee des Nichts, das zugleich alles sein kann, als Versuche der Entwendung eines göttlichen Schöpferstatus verstehen (Groys 1992: 66). In der symbolischen Auseinandersetzung mit der auf festen Ursprüngen aufbauenden Sozialordnung, gegen die zumindest die Berliner Dadaist_innen die Vorstellung einer auf sozialen Bewegungen basierenden Gesellschaftsordnung ins Feld führten, findet sich die politische Bedeutung Dadas. Die Praktiken der Sinnentleerung und Rekontextualisierung, die Spiele mit Bedeutungen und Zufällen wendeten sich gegen eine im Kern autoritäre Behauptung einer stabilen, göttlich oder natürlich legitimierten Ordnung. Mit der Idee Dada wurde dagegen ein leerer Signifikant in das Zentrum einer neuen diskursiven Ordnung gesetzt. Solche leere Signifikanten erklärte Laclau in seiner politischen Theorie später zum »Ausgangspunkt moderner Demokratie« (Laclau 2002: 78). Typische Beispiele für leere Signifikanten im Zentrum der Demokratie sind Begriffe wie ›Freiheit‹, ›Gleichheit‹, ›Ordnung‹ oder auch Wahlslogans wie ›Neue Mitte‹, ›Change‹, ›Wir haben die Kraft‹[9] etc., die alles und nichts bedeuten können. Es ist dementsprechend kein Zufall, dass ein zeitgenössischer Wahlkampfspruch wie »Wo Angela Merkel draufsteht, da ist CDU/CSU drin«[10] ganz eindeutig einer dadaistischen Provokation wie »La Sainte Vierge déjà fut dadaïste«[11] gleicht. Solche weitgehend inhaltslosen Aussagen oder leeren Signifikanten markieren die Grenzen des sinnvoll Sagbaren und stehen dabei für zwei verschränkte Wirkungen in diskursiven Strukturen: »[Z] um einen fixier[en sie] Bedeutungen«, das heißt differenzierte Aussagen werden unter solchen leeren Signifikanten in größere, äquivalent erscheinende diskursive Einheiten zusammengeschlossen, »zum anderen [werden sie] selbst so weit entleert, dass [sie] zum nahezu bedeutungslosen Zeichen« werden (Stäheli 2009: 202). Auf diese Weise markieren sie zugleich die äußere Grenze sinnvoller Aussagensysteme, deren einzelne, differenzierte Elemente sich allesamt unter einem gemeinsamen Zeichen ohne eigene Bedeutung versammeln können, wie das leere Zentrum mächtiger Diskurse, auf das diese Elemente verweisen (vgl. Laclau 2002). Die besondere Wirkung des Wortes Dada bestand darin, dass es eine grundlegende Leere und Sinnlosigkeit behaupten und diese gegen stabile Fundamente der Gesellschaftsordnung in Stellung bringen sollte. Zunächst gehaltvolle, feststehende Bedeutungen und starre Denkweisen sollten destabilisiert werden, indem deren konstitutiven Leerstellen sichtbar gemacht wurden. Zugleich vereinigten sich unter diesem sinnlosen Begriff zahlreiche, differenzierte kulturelle Aktivitäten. Dada wirkte – positiv gewendet – als Differenz, als Anderssein und auch auf diese Weise zersetzend innerhalb der homogenen sozialen Ordnungen seiner Zeit. Die Beziehung des leeren Signifikanten Dada zu den angegriffenen Ordnungsvorstellungen blieb allerdings paradox[12],

---

9 | Es handelt sich um die Wahlkampfslogans der SPD im Bundestagswahlkampf 1998, der Präsidentschaftskampagne Barack Obamas 2008 sowie der CDU/CSU im Bundestagswahlkampf 2009.
10 | Diese Aussage wurde auf einer Wahlkampfveranstaltung der CDU im Bundestagswahlkampf 2009 vorgetragen und stammt vom Vorsitzenden der CSU, Horst Seehofer (http://www.youtube.com/user/cdutv#p/c/21/9gb6nSCixVo [27.01.2011]).
11 | »Bereits die Heilige Jungfrau war dada.« – Der Ausspruch entstammt dem Programm einer »Kleinen Dada-Soirée« von Theo van Doesburg und Kurt Schwitters, die 1922 in Zürich aufgeführt wurde (zit. n. Meyer 1985: 11, Übersetzung: H.S.).
12 | Laclau schreibt bezüglich der paradoxen Funktionsweise leerer Signifikanten: »Die Bedeutung (das Signifikat) aller konkreten Kämpfe [hier also die unter dem Begriff Dada zusammengefassten Manifestationen] erscheint von Anfang an innerlich geteilt. Der konkrete Zweck eines Kampfes ist nicht allein dieser Zweck in seiner Konkretion; er bezeichnet auch Opposition zum System. Das erste Signifikat [die Aussage jeder einzelnen Dada-Manifestation] etabliert den differentiellen Charakter einer Forderung oder Mobilisierung

wie beispielhaft in einer Tagebuchpassage Hugo Balls deutlich wird, in der er jenen Abend beschrieb, an dem er erstmalig ein dadaistisches Lautgedicht aufführte. Ohne es geplant zu haben, verfiel er im Verlauf der Aufführung seiner Verse ohne Worte in den Rhythmus einer kirchlichen Litanei, die seinem Vortrag eine Stabilität verlieh, die das Lautgedicht selbst scheinbar nicht gewähren konnte. Nur durch diesen Rückgriff auf altbewährte Vortragsmuster konnte Ball sich der Gefahr entziehen, selbst der zersetzenden Kraft seines scheinbar so lächerlichen Vortrags zu erliegen (Ball 1992: 105f.).

Die Dadaist_innen erprobten mit ihren heterogenen Praktiken die Wirksamkeit des leeren Signifikanten Dada, lange bevor Lacan die Idee in psychoanalytischer Hinsicht theoretisierte als irreduziblen Mangel, aus dem irreduzibles Begehren entspringe (Pagel 1989: 67ff.). Sie erprobten sie lange bevor die Idee in der politischen Theorie aufgegriffen wurde, neben Laclau z.b. durch Lefort als radikale Kontingenz des Sozialen, angesichts derer »die Dimension des Grundes [des Politischen] *als abwesende* anwesend bleibt« (Marchart 2010: 20, Hervorhebung im Original). In diesen Theoretisierungen wird deutlich, dass in der Idee des leeren Signifikanten systematisch die beiden Varianten angelegt zu sein scheinen, in denen Guerillakommunikation später entwickelt wurde: als Bearbeitung von Bedürfnissen oder Begehren durch Guerillamarketing und als Suche nach emanzipatorischen politischen Praktiken durch Kommunikationsguerilla. Die Dada-Bewegung gilt heute als frühe Vorwegnahme emanzipatorischer Absichten der sog. Postmoderne und der sozialen Bewegungen, die ab den 1960er Jahren eine tiefgreifende soziokulturelle Differenzierung innerhalb der westlichen Gesellschaften anstießen (Hieber/Moebius 2009a).

Für eine Untersuchung der Guerillakommunikation existiert darüber hinaus eine dreifache Relevanz der Dadaist_innen. Diese liegt zum einen in der handwerklich-technischen Seite ihrer Arbeiten. Sie experimentierten mit Möglichkeiten, Sinn und Sinnverluste sichtbar zu machen, spielten mit Bedeutungen, Bedeutungsverschiebungen und Bedeutungslosigkeit, entwickelten Techniken der Montage und Collage und reflektierten Automatismen und Zufallsereignisse. Ihre neuen künstlerischen Praktiken waren zugleich auch Kommunikationspraktiken, deren Wirksamkeit erprobt wurde und die bis heute das grundlegende handwerkliche Repertoire der Guerillakommunikation bilden. Zweitens problematisierte die Bewegung die Beziehungen zwischen symbolischen und gesellschaftlichen bzw. politischen Strukturen. Sie lässt sich als spezifische, aber logische Reaktion auf ganz bestimmte (un-) soziale Rahmenbedingungen interpretieren. Sie leistete symbolischen Widerstand

gegenüber allen anderen Forderungen oder Mobilisierungen. Das zweite Signifikat [die generelle Nicht-Aussage der gesamten Dada-Bewegung] etabliert die Äquivalenz aller dieser Forderungen in ihrer gemeinsamen Opposition gegenüber dem System. Wie wir sehen können, ist jeder konkrete Kampf von dieser widersprüchlichen Bewegung beherrscht, die ihre eigene Singularität zugleich einklagt und aufhebt« (Laclau 2002: 71).

gegen eine Politik, die sich auf Glaubenssätze, Ideologien und militärische Gewaltanwendung stützte. Die mit dieser Politik einhergehende materielle Gewalt wurde auf symbolischer Ebene aufgenommen und gegen ihre Ausgangspunkte, das heißt gegen ideologische Wahrheitsansprüche gewendet, die Herrschaftsordnungen zugrunde lagen – in der Kunst, in der Gesellschaft, in der Politik. Dass die dafür angewandte Praxis der symbolischen Zerstörung zudem zeitweilig ein einträgliches Geschäft darstellte, dürfte kein Zufall sein. Schumpeter popularisierte das Prinzip der »schöpferischen Zerstörung« zwei Jahrzehnte nach Dada in der ökonomischen Theorie als »das für den Kapitalismus wesentliche Faktum« (Schumpeter 1946: 138). Drittens lässt sich Dada auch mit seinem besonderen Interesse an den Wirkungen der Aktionen beim Publikum und seinen Versuchen, die Gesellschaft bewusst in (revolutionäre) Bewegung zu versetzen, als ein wichtiger Bezugspunkt für Guerillakommunikation bezeichnen. Formen symbolischen Protests sollten in gesellschaftliche Praxis überführt werden. In der Kunsttheorie wird diesbezüglich argumentiert, dass der symbolische Protest sich vor allem gegen die bürgerliche Institution der autonomen Kunst mit ihren Akademien und Kunstmuseen richtete, das heißt einer Kunst, die von gesellschaftlichen Problemlagen weitgehend unberührt bleibt und auf reine Ästhetik reduziert wird (Bürger 1974: 63ff.). Walter Benjamin interpretierte die Dada-Bewegung als Versuch, die auratische Wirkung des autonomen Kunstwerks, eine Art magische Kraft auf dessen Rezipient_innen, zu zerstören und damit eine neue Rezeptionsweise zu etablieren (Benjamin 1963). Nicht mehr die individuelle Versenkung in das vermeintlich einmalige und authentische Wesen eines sog. Meisterwerks und dessen Ergründung kennzeichnete die Wahrnehmung ihrer Arbeiten, sondern eine »für die Massen charakteristische, zugleich zerstreute und rational testende« Rezeption von flüchtigen oder von technisch reproduzierbaren (medialen) Objekten: Plakaten, Designprodukten, Filmen etc. (Bürger 1974: 36). Im hier interessierenden Kontext kann dieses Argument allgemeiner auf unterschiedliche soziale und politische Institutionen angewandt werden. Die symbolischen Angriffe insbesondere der Berliner Dadaist_innen richteten sich gegen deren Aura, gegen deren Repräsentant_innen und gegen deren Ideologien. Sie attackierten den meist unhinterfragten, gleichsam religiösen Glauben an einmal etablierte Ordnungen. Die Zerstörung ihrer Aura konnte soziale Strukturen und soziale Positionen als nur vermeintlich alternativlos erscheinen lassen.

In dieser Hinsicht hatten die Dadaist_innen zu Beginn der 1920er Jahre ihre Möglichkeiten ausgeschöpft. Mit dem Ende des Ersten Weltkriegs schienen ihre Gegnerinnen, politisch, sozial und moralisch weitgehend verkrustete Gesellschaften, abhanden gekommen zu sein. Angesichts der realen Zerfallsprozesse konnten die symbolisch inszenierten Zerstörungen der Dadaist_innen kaum noch provozieren. Den nächsten Schritt zu gehen, aus den erreichten Lockerungen des Denkens eine positive Philosophie zu entwickeln, Dada »aus der völligen Systemlosigkeit in eine neue Systematik« zu überführen, dafür war die Bewegung in sich zu widersprüchlich, zu sehr auf Vorläufigkeit und prinzipielle Disziplinlosigkeit bedacht (Richter

1964: 199). Dieser dennoch folgerichtige Schritt wurde unter einem anderen Namen vollzogen. In Paris trat der Surrealismus mit André Breton an der Spitze Dadas Erbe an. Er übernahm den Irrationalismus und die explosive Kraft der Dada-Rebellion und entwickelte sie mit theoretischem Fundament und strenger Methode weiter.

Surrealismus – Psychologien der Revolte

> »Sich am Vorabend der Wahlen einschreiben lassen im ersten besten Land, das solche Befragung für sinnvoll hält. Jeder hat das Zeug zum Redner in sich: vielfarbene Schärpen, der gläserne Tand der Worte. Durch den Surrealismus wird er in seiner Dürftigkeit die Verzweiflung überlisten. [...] Er wird die unbeugsamsten Gegner einigen in einem geheimen Begehren, das die Vaterländer in die Luft jagen wird. [...] Er wird tatsächlich gewählt werden, und die zartesten Frauen werden ihn mit Ungestüm lieben.«[1]
> ANDRÉ BRETON

Am 6. Juli 1923 boxte André Breton im Pariser *Théâtre Michel* die Dada-Bewegung im wahrsten Sinn des Wortes von der Bühne. Mitten in einer dadaistischen Aufführung kletterte er, der selbst zum Kreis der Dadaist_innen gehörte, aus dem Zuschauerraum hinauf und begann, auf die Darsteller_innen einzuschlagen. Die üblichen tumultartigen Szenen, die das Theater auch an diesem Abend bereits ergriffen hatten, erfuhren so eine neue Qualität, denn mit diesem Auftritt wurde die innere Heterogenität der Gruppe in einen ernsthaften Machtkampf überführt. Kaum erkennbar war jedoch zunächst, worum der Streit sich eigentlich drehte, der das Ende der Dada-Bewegung einläutete, die an einem »langsamen Verlust an innerer Überzeugungskraft« zugrunde ging (Richter 1964: 196). Die Kraft Dadas hatte in seiner Unbestimmtheit gelegen, der prinzipiellen Bedeutungslosigkeit und inneren Offenheit dieses leeren Signifikanten. Seine negative Programmatik implizierte eine zerstörerische Kraft, die sich in Person Bretons nun physisch und symbolisch gegen die Bewegung selbst richtete. Sein Engagement galt dem Auffüllen des leeren Signifikanten mit einer neuen, positiv bestimmbaren Bedeutung, es galt

---

1 | Breton 2004a: 30f.

»eine[r] radikale[n] Erneuerung der Mittel, für die Verfolgung der gleichen Ziele auf entschieden anderen Wegen« (Breton 1996: 78f.). Dass Dada sich dagegen wehrte, sicherte zwar die Bedeutungsleere des Wortes, läutete aber auch das Ende der Bewegung ein. Schon nach kurzer Zeit fanden sich die meisten seiner bisherigen Vertreter_innen unter dem neuen Etikett des Surrealismus versammelt wieder, der sich oberflächlich betrachtet in seiner Ablehnung überkommener Werte und seinem provokanten Auftreten kaum von der früheren Gruppe unterschied. Auch die Surrealist_innen wandten sich gegen eine an Maßstäben der Vernunft ausgerichtete Politik, welche die Menschheit gerade erst in den Ersten Weltkrieg geführt hatte. Die Irrationalität des Surrealismus basierte allerdings auf wissenschaftlichen Erkenntnissen der Psychoanalyse, darin unterschied sich die Bewegung vom Dadaismus, der seinen Irrationalismus nicht begründete, sondern als Reaktion auf die offensichtliche Irrationalität der Weltkriegspolitik praktisch zur Schau stellte. Die konzeptionelle Grundlegung der neuen Bewegung mit anderem Namen und positiver Programmatik erfolgte 1924 im *Ersten Manifest des Surrealismus* (Breton 2004a). Als Fundament des Surrealismus diente Breton das Unbewusste, das seit der Wende zum 20. Jahrhundert durch Freuds *Traumdeutung* einige Prominenz als relevantes Phänomen der geistigen Welt erlangt hatte. Vor Freud war die Psychologie in weiten Bereichen gekennzeichnet durch eine Konzentration auf die Psychologie des Bewusstseins, die zu einem fast völligen Ignorieren des Unbewussten geführt hatte. Freud beharrte dagegen auf einer eigenen, das Bewusste erst begründenden Realität des Unbewussten:

»Das Unbewusste muss [...] als allgemeine Basis des psychischen Lebens angenommen werden. Das Unbewusste ist der größere Kreis, der den kleineren des Bewussten in sich einschließt; alles Bewusste hat eine unbewusste Vorstufe, während das Unbewusste auf dieser Stufe stehen bleiben und doch den vollen Wert einer psychischen Leistung beanspruchen kann.« (Freud 1999a: 617)[2]

Über rein psychologische Fragen hinaus legte diese Einsicht eine besondere Relevanz des Unbewussten für geistige und kulturelle Tätigkeiten im Allgemeinen nahe, wie Freud in *Die Traumdeutung* bereits vermutet hatte: »Wir neigen wahrscheinlich in viel zu hohem Maße zur Überschätzung des bewussten Charakters auch der intellektuellen und künstlerischen Produktion« (Freud 1999a: 618). An dieser Problematik setzte Bretons Bemühen um eine Erneuerung der Kunst und der Gesellschaft an. Er kritisierte die »Herrschaft der Logik« und den »nach wie vor führende[n]

---

2 | Explizit spricht Freud hier vom *Un*bewussten und nicht etwa vom *Unter*bewusstsein, das mit seinem Pendant, dem *Ober*bewusstsein, eben jenen in Frage gestellten Vorrang des Bewussten vor dem Unbewussten zu behaupten scheint (vgl. Freud 1999a: 620).

absolute[n] Rationalismus«, die ausschließlich auf der »Berücksichtigung von Fakten [basierten], die eng mit unserer Erfahrung verknüpft« seien. Einer Erfahrung, die einen beträchtlichen Teil der psychischen Tätigkeit schlicht ignorieren und der durch die Vorgaben der Logik zudem enge Grenzen gesetzt würden. Innerhalb ihres Horizonts befanden sich nach seiner Meinung überhaupt nur noch »zweitrangige Probleme«: Die bewusste Erfahrung »windet sich in einem Käfig, und es wird immer schwieriger, sie entweichen zu lassen« (Breton 2004a: 15f.).

Gegen diese oberflächliche Betrachtung der Welt ausschließlich über bewusste und logisch erklärbare Wahrnehmungen, sprach sich Breton dafür aus, auch Äußerungen des Unbewussten zu berücksichtigen, insbesondere Träume, die bereits in Freuds Forschungen als privilegierter Zugang zum Unbewussten gedient hatten. Das bewusste Erforschen des Unbewussten, bzw. des Vorbewussten, wie Freud jenen zu erkundenden Grenzraum zwischen Bewusstem und Unbewussten bezeichnete, sollte nach Bretons Vorstellung zugleich die Möglichkeit zu einem Hinterfragen alltäglicher Aktivitäten bieten. Nach Ansicht der Surrealist_innen lebten die Menschen gewissermaßen in einer Traumwelt – ihrer bewusst wahrgenommenen Realität – gefangen. Darin sahen die Surrealist_innen die ironische Pointe eines konsequenten Ignorierens der realen Erscheinungen des Unbewussten, wie sie sich z.B. in nächtlichen Träumen äußerten, und zugleich den Ansatzpunkt zu ihrer Kritik der Lebenspraxis. Entsprechend bezeichnete Breton eine auf die Spitze getriebene, bewusste und logische Wahrnehmung der Realität als »wissenschaftliche Träumerei, die eigentlich in jeder Hinsicht völlig verfehlt ist« (Breton 2004a: 42). Die Begründung für diese Haltung findet sich in Freuds Theorie. Nach dessen Ansicht waren sowohl Realität als auch Unbewusstes ähnlich weit entfernt vom Bewusstsein der Menschen angesiedelt, und beide konnten jeweils nur unvollständig oder wie durch einen Filter verzerrt wahrgenommen werden. »Das Unbewusste ist das eigentlich reale Psychische, *uns nach seiner inneren Natur so unbekannt wie das Reale der Außenwelt und uns durch die Daten des Bewusstseins ebenso unvollständig gegeben wie die Außenwelt durch die Angaben unserer Sinnesorgane*« (Freud 1999a: 617f., Hervorhebung im Original).

Die systematische Unvollständigkeit der Wahrnehmung, die sowohl die Erforschung der Außenwelt als auch die Erforschung des Unbewussten betraf, schien allerdings in Bezug auf das Unbewusste als Problem verabsolutiert zu werden und führte zu einem weitgehenden Ignorieren seiner Erscheinungen, z.B. der Träume. In einer gegenläufigen Bewegung schien dagegen ignoriert zu werden, dass die äußere Realität ebenfalls nur durch eine prinzipiell unvollständige Wahrnehmung erschlossen werden konnte, und ihre Erscheinung, das bewusst Wahrgenommene, wurde als *die* Realität verabsolutiert. Breton konstatierte in einer kritischen Wendung gegen diese Sicht:

»Die Tatsache, dass der gewöhnliche Beobachter den Ereignissen des Wachseins und denen des Schlafes so äußerst unterschiedliche Wichtigkeit und Bedeutung beimisst, hat mich schon immer in Erstaunen versetzt. Der Mensch ist eben, wenn er nicht mehr schläft, vor allem ein Spielball seines Gedächtnisses, das sich im Normalzustand darin gefällt, ihm die Einzelheiten des Traumes nur undeutlich nachzuzeichnen, diesem alle aktuelle Folgerichtigkeit zu nehmen und ihm als einzige Determinante den Zeitpunkt zu lassen, wo er sie vor ein paar Stunden verlassen zu haben glaubt: jene feste Hoffnung, jene Sorge. Er hat die Illusion, etwas fortzusetzen, was der Mühe wert ist. [...] [Jedoch,] warum sollte ich dem Traum nicht zugestehen, was ich zuweilen der Wirklichkeit verweigere, jenen Wert der in sich ruhenden Gewissheit nämlich, der für die Traumspanne ganz und gar nicht von mir geleugnet wird? Warum sollte ich vom Traum-Hinweis nicht noch mehr erwarten als von einem täglich wachsenden Bewusstseinsgrad? Kann nicht auch der Traum zur Lösung grundlegender Lebensfragen dienen?« (Breton 2004a: 16)

Der Anspruch des Surrealismus, die geistige Praxis zu revolutionieren, gründete mit anderen Worten im Entlarven der Illusionen des Einzelnen über sein bewusst geführtes Leben und im Eröffnen eines Zugangs zur alternativen Wirklichkeit des Unbewussten über den Weg einer bewussten Wahrnehmung seiner Erscheinungen. Bretons Anliegen bestand darin, erste Schritte auf diesem Weg zum Unbewussten zu gehen und Mittel zu entwickeln, »den Traum in seiner Integrität wiederzugeben«, wobei zu erwarten war, dass es sich nur um den Beginn eines langen Prozesses handeln konnte. Diese Forschung, so lautete seine Vermutung, »bedarf einer Disziplinierung des Gedächtnisses, die sich über Generationen erstreckt« (Breton 2004a: 18). Das Erforschen des Unbewussten sollte allerdings nicht zu einer erneuten Trennung zwischen äußerer Welt, Bewusstsein und Unbewusstem führen, wie sie die bewusste Erkenntnis unter anderen Vorzeichen vorgenommen hatte. Das Ziel der surrealistischen Erforschung von Träumen bestand stattdessen in einer Vereinigung der verschiedenen Dimensionen psychischer Tätigkeit und dem Überwinden ihrer Gegensätze. Mit Bretons Worten: »Ich glaube an die künftige Auflösung dieser scheinbar so gegensätzlichen Zustände von Traum und Wirklichkeit in einer Art absoluter Realität, wenn man so sagen kann: *Surrealität*« (Breton 2004a: 18, Hervorhebung im Original). Jedoch sollte dem Unbewussten in diesem Zusammenhang der Vorrang vor allen anderen psychischen Aktivitäten gewährt werden, ganz im Sinne der These Freuds, das Unbewusste bilde die allgemeine Basis des psychischen Lebens. Das Unbewusste sollte somit zur authentischen Grundlage des Lebens eines jedes Einzelnen werden. »[M]an muss zu einer neuen Erklärung der Menschenrechte kommen«, forderten deshalb die Surrealist_innen in einer Ankündigung ihrer Zeitschrift *La Révolution surréaliste* (Asholt/Fähnders 2005: 335). Die Ernsthaftigkeit ihres Ansinnens unterstrichen sie durch die Bündelung ihrer Aktivitäten in einem *Büro für surrealistische Forschungen*. In Ton und Form ebenso auf Ernsthaftigkeit bedacht, fasste Breton die Grundlagen des Surrealismus in seinem *Ersten Manifest* in Form enzyklopädisch anmutender Definitionen zusammen:

»SURREALISMUS, Subst., m. – Reiner psychischer Automatismus, durch den man mündlich oder schriftlich oder auf jede andere Weise den wirklichen Ablauf des Denkens auszudrücken sucht. Denk-Diktat ohne jede Kontrolle durch die Vernunft, jenseits jeder ästhetischen oder ethischen Überlegung. ENZYKLOPÄDIE. *Philosophie.* Der Surrealismus beruht auf dem Glauben an die höhere Wirklichkeit gewisser, bis dahin vernachlässigter Assoziationsformen, an die Allmacht des Traumes, an das zweckfreie Spiel des Denkens. Er zielt auf die endgültige Zerstörung aller anderen psychischen Mechanismen und will sich zur Lösung der hauptsächlichen Lebensprobleme an ihre Stelle setzen.« (Breton 2004a: 26f., Hervorhebung im Original)

Die intensive Auseinandersetzung mit dem Unbewussten und die dabei entwickelten Praktiken sowie deren Folgen für Vorstellungen vom Menschen und für die Organisation der Gesellschaft, die der Surrealismus leistete, ist für die Erforschung der Guerillakommunikation insofern bedeutsam, als auch ein wichtiger Schritt zur Entwicklung der modernen Werbe- und Public-Relations-Forschung auf der Grundlage der wissenschaftlichen Erkenntnisse über das Unbewusste operierte. Im Bereich der öffentlichen Kommunikation bzw. der Public Relations war es Freuds Neffe Edward Bernays, der diese Ideen seines Onkels aufgriff und für seine Zwecke anwandte. Die Bekanntheit der Freud'schen Theorien insbesondere in den USA führte Bernays nicht zuletzt auf seine eigenen PR-Bemühungen für die Theorie sowie auf deren Anwendung in der PR-Praxis zurück (vgl. Bernays 1967: 177ff.). Die gemeinsame Bezugnahme auf die Erkenntnisse der (Massen-)Psychologie etablierte also eine unbewusste Verbindung zwischen Public Relations und Surrealismus, aus der sich unter anderem die Relevanz des Surrealismus für das Problem der Guerillakommunikation begründet. Beider Umgangsweisen mit dem Phänomen scheinen jedoch in einigen Punkten unterschiedlich zu sein. Bernays gilt unter anderem mit seinem Buch *Propaganda. Die Kunst der Public Relations* als Begründer einer PR-Anwendungswissenschaft in den 1920er Jahren und als einer der ersten Praktiker dieses Wirtschaftszweigs in den USA (Bernays 2007). Seiner Konzeption widmet sich in groben Zügen der folgende Exkurs, auf den im Anschluss die Auseinandersetzung mit den Ideen des Surrealismus folgt. Dessen Ideen lassen sich vor diesem Hintergrund als eine Art Gegenentwurf zu Bernays' Public Relations lesen. Auf die indirekte Verbindung zwischen dem Surrealismus und der PR-Forschung wird im letzten Abschnitt dieses Kapitels erneut zurückgekommen.

EXKURS: EDWARD BERNAYS' PROPAGANDA

Wie sich Edward Bernays die konzeptionellen Eckpfeiler einer *Kunst der Public Relations* vorstellte, erläuterte er in den ersten Absätzen seines 1928 erschienen Buchs *Propaganda*. Kommunikationsprozesse waren für ihn »Steuerungsprozesse«, mit denen »unsere Meinungen, unser Geschmack, unsere Gedanken« in bewusst vorgegebene Bahnen und auf willentlich festgelegte Ziele gelenkt werden konnten (Bernays 2007: 19). Seines Erachtens musste eine solche Beeinflussung sogar notwendig geschehen, denn »[w]enn viele Menschen möglichst reibungslos in einer Gesellschaft zusammenleben sollen, sind Steuerungsprozesse dieser Art unumgänglich« (Bernays 2007: 19). Konkret ging es für die Gesellschaft darum, »[v]on den Meinungsführern und den Medien [...] die Beweisführung und die diversen Positionen zu den Themen« zu übernehmen, die gesellschaftliche Relevanz erlangt hatten (Bernays 2007: 20). Wer die meinungsbildenden Akteur_innen sein sollten und wie die medialen Institutionen genau arbeiteten, war allerdings eine zweite, davon unberührte Frage. Bernays' für die Praxis geschriebenes Handbuch zielte darauf, diese Leistung als das spezifische Betätigungsfeld für PR-Dienstleistungen erscheinen zu lassen (obwohl sie bspw. auch durch journalistisches Arbeiten erbracht werden konnte). Seines Erachtens bestand eine »stille gesellschaftliche Übereinkunft darüber, dass unser Blick durch den Einsatz von Propaganda [...] auf eine reduzierte Auswahl an Gedanken und Gegenständen fällt« (Bernays 2007: 20). Die Anwendung von Public Relations erschien somit zugleich als gesellschaftlich gewollt und funktional notwendig, als willentliche Handlung und struktureller Zwang.

»Dieser Zustand ist nur eine logische Folge der Struktur unserer Demokratie«, so präzisierte Bernays seine Argumentation (Bernays 2007: 19). Unter Demokratie verstand er dabei ein liberales Konkurrenzmodell der Demokratie (bzw. das empirische Beispiel des politischen Systems der USA), dessen grundlegendes funktionales Merkmal seines Erachtens durch das Prinzip des freien Wettbewerbs umschrieben werden konnte. »Nun müssen wir einen Weg finden, wie dieser freie Wettbewerb möglichst reibungslos funktioniert, und deshalb hat sich die Gesellschaft einverstanden erklärt, über Propaganda und Meinungsmanagement gesteuert zu werden« (Bernays 2007: 21). Allerdings erkannte Bernays an, dass es »einige Kritik an diesem Verfahren« der kommunikativen Steuerung der Gesellschaft gab, geäußert insbesondere in Bezug auf die Gefahren der Manipulation von Informationen und den möglicherweise missbräuchlichen Einsatz der PR-Instrumente (Bernays 2007: 21). Demgegenüber führte Bernays erneut jenes funktionale Sachzwangargument ins Feld, das die Notwendigkeit von Public Relations begründen sollte. Der Kritik »steht [...] gegenüber, dass die Organisation und Fokussierung der öffentlichen Meinung für ein geregeltes Zusammenleben unerlässlich ist« (Bernays 2007: 21). Die Frage nach einer richtigen oder falschen Anwendung der PR-Instrumente löste er dagegen völlig aus seinen funktionalen Überlegungen heraus und verschob sie in den Bereich ethischer Probleme (Bernays 2007: 28).

Der Verweis auf den freien Markt als Strukturmodell blieb bei Bernays also nicht die alleinige Instanz zur Begründung seiner Funktionsanalyse des politischen Systems. Denn eine konsequent liberale Marktkonzeption müsste sich auf das freie Spiel der Marktkräfte verlassen, die ohne Kontroll- oder Steuerungsinstanz spontan jenen harmonischen, koordinierten Zustand herbeiführen müssten, in dem Bernays die Gesellschaft sehen mochte. Ein Markt ist gerade dadurch charakterisiert, dass er sich selbst über den Mechanismus der ›unsichtbaren Hand‹ reguliert, dessen Wirksamkeit aus einem zweckrationalen und interessengeleiteten Handeln jedes Einzelnen resultiert. Die Selbstregulation eines freien Marktes musste nach Bernays' Ansicht jedoch scheitern, weil ein zweckrationales Handeln jedes Einzelnen angesichts der Komplexität einer sozialen Wirklichkeit, die nicht überschaut werden konnte, unmöglich war. »Weil dem so ist, haben wir uns freiwillig darauf geeinigt, dass unsichtbare Gremien sämtliche Daten filtern, uns nur noch die wesentlichen Themen präsentieren und damit die Wahlmöglichkeiten auf ein verdauliches Maß reduzieren« (Bernays 2007: 20). Mit seiner Konzeption der Public Relations unternahm Bernays damit gewissermaßen den Versuch, jene ominöse unsichtbare Hand des Marktes grundlegend anders zu bestimmen. Seine Vorstellung lässt sich begreifen als diejenige einer »reibungslos funktionierende[n] Gesellschaft [...], in der wir alle, ohne dass wir es bemerken, durchs Leben gesteuert werden von einer wohlmeinenden Elite aus rational agierenden Manipulatoren« (Miller 2007: 143). Es handelte sich letztlich um die Behauptung der Existenz eines elitären Menschenschlags, der sich von der Masse der Gesellschaft aufgrund persönlicher Eigenschaften dezidiert unterscheiden ließ. Diese Elite regiere die Gesellschaft »wegen ihrer angeborenen Führungsqualitäten« (Bernays 2007: 19). Während die Masse irrationalen Stimmungen nachhing, konnte die rationale Elite diese Stimmungen in bestimmte (rationale) Bahnen lenken. Es handelte sich nach seiner Ansicht um »Organisationen, die im Verborgenen arbeiten« und um »Personen [...], deren Namen wir noch nie gehört haben« bzw. um »unsichtbare Herrscher« oder »Mitglieder [eines] Schattenkabinetts« (Bernays 2007: 19).

Ungeachtet der mystifizierenden Metaphorik blieben diese Organisationen und Personen allerdings keineswegs immer unsichtbar im exakten Sinn des Wortes (wie das Beispiel des prominenten PR-Beraters Bernays belegt), und ihr Einfluss sollte auch keineswegs unbemerkt, sondern über den Weg der Öffentlichkeitsarbeit wirken. Tatsächlich (weitgehend) im Verborgenen lagen allerdings die genauen Ansatzpunkte und Mechanismen zur kommunikativen Steuerung der Gesellschaft, die nur mit Hilfe eines exklusiven Wissens erkannt werden konnten: der (Massen-)Psychologie als Grundlagenwissenschaft und der PR-Lehre als Anwendungswissenschaft für die kommunikative Steuerung der Gesellschaft. »Ob es uns gefällt oder nicht, Tatsache ist, dass wir [...] von einer [...] relativ kleinen Gruppe Menschen abhängig sind, die die mentalen Abläufe und gesellschaftlichen Dynamiken von Massen verstehen« (Bernays 2007: 19). Zum Verständnis der mentalen Abläufe und der gesellschaftlichen Dynamiken, das für eine kommunikative Steuerung der Gesellschaft von Nöten war, konnte Bernays auf psychologische Erkenntnisse über das Unbewusste zurückgreifen, jenem fast unsichtbaren Ort geistiger Tätigkeit, zu dessen Erforschung sein Onkel Sigmund Freud wichtige Beiträge geleistet hatte. »Wenn wir aber wissen, wovon und wie die Massenpsyche bewegt wird«, so beschrieb Bernays diesen Ansatzpunkt für seine Version der unsichtbaren Hand, »sollte es dann nicht möglich sein, sie unbemerkt nach unserem Willen zu lenken und zu kontrollieren? Wie der Einsatz von Propaganda in jüngster Zeit bewiesen hat, ist dies bis zu einem gewissen Grad und innerhalb gewisser Grenzen tatsächlich möglich« (Bernays 2007: 49).

Bernays arbeitete in diesem Konzept also offensichtlich nicht mit der Annahme einer sich nach bewussten, rationalen Kriterien (von selbst) ordnenden sozialen Welt, sondern nahm die Freud'sche Vorstellung unbewusster Bedürfnisse ernst, die der bewussten Rationalität vorgelagert waren. Das Ziel bestand angesichts dieser Diagnose darin, die Kraft unbewusster Bedürfnisse auf bestimmte, von außen festgelegte Ziele zu lenken, indem mit ihrer Überlagerung durch Ersatzhandlungen ein produktives Spiel getrieben wurde. Es ging um die Wirkung äußerer Einflüsse (die hier in Form professionell organisierter Kommunikationskampagnen auftraten) auf das Unbewusste der Menschen, um dann bestimmte (bewusste) Anschlusshandlungen zu generieren. Die Beeinflussung des Unbewussten der Massen sollte also als indirekter Weg zur Steuerung des »öffentliche[n] Bewusstsein[s]« dienen (Bernays 2007: 26). Bernays nahm an, dass vieles, was Menschen denken und tun, aus dem einzigen Grund geschah, »um unterdrückte Wünsche und Sehnsüchte zu kompensieren« (Bernays 2007: 52). Im Mechanismus der Kompensation, der in der psychoanalytischen Theorie beschrieben worden war, fand er den Wirkmechanismus für seine Kampagnen.

Politische PR-Kampagnen in einer Demokratie sahen sich also mit einer paradoxen Aufgabe konfrontiert. Sie sollten das Prinzip der Volkssouveränität (»das Dogma, dass die Stimme des Volkes die Stimme Gottes sei«) verbinden mit der Steuerung der Meinung des (Wahl-)Volkes durch politische PR. Bernays' pragmatische Lösung für diese paradoxe Konstellation bezog sich auf seine Interpretation massenpsychologischer Erkenntnisse. Er meinte, dass »[k]ein ernsthafter Sozialwissenschaftler [noch] glaubt [...], dass des Volkes Stimme von besonderer Göttlichkeit oder erhabener Weisheit beflügelt sei. Vielmehr ist sie Ausdruck des Volksempfindens, welches wiederum von Anführern gesteuert ist« (Bernays 2007: 83). Die Beeinflussung von Meinungen finde also ohnehin statt, und für einen Politiker stelle sich nur die Frage, wie gut er (bzw. seine PR-Berater) das Instrumentarium zur kommunikativen Steuerung der Gesellschaft beherrsche(n), um die eigenen spezifischen Ansichten durchzusetzen. Bernays' Ausführungen über politische Kampagnen empfahlen aus diesem Grund eine Orientierung an den Methoden der Wirtschaftsunternehmen, welche die PR-Praxis professionalisiert hatten. Strategische Ziele, ehrliche Programme, professionelle Marktforschung, genaue (und möglichst transparente) Budgetplanung, Emotionalisierung der Ansprache, Personalisierung, das Nutzen verschiedener Medien, Dramaturgie und eine inhaltliche und formale Kohärenz bildeten seines Erachtens die wesentlichen Merkmale, die es zu beachten galt. Nicht zuletzt konnte PR auch außerhalb von Wahlkampfzeiten »als Unterstützung der politischen Alltagsarbeit in einer Demokratie« eingesetzt werden (Bernays 2007: 92).

Mit seinen praxisorientierten Ausführungen formulierte Bernays »ohne Zweifel die einflussreichste PR-Theorie« nicht nur für seine Zeit (Kunczik 2004: 199). Er nahm das Phänomen ernst, dass sich politische Legitimation in der modernen Welt nicht länger auf unhinterfragte Autoritätsgläubigkeit (wie sie in den alten europäischen Monarchien bspw. aus der Idee des Gottesgnadentums gespeist worden war) stützen konnte, sondern auf sozialen Massenbewegungen basierte. Erkenntnisse über die Psychologie solcher Massenbewegungen versuchte er anzuwenden, um die Praxis politischer Führung unter diesen neuen Bedingungen weiterhin ermöglichen zu können. Das Prinzip der Führung verstand er als funktionale Notwendigkeit für jede Gesellschaft, die sonst in »ein derartiges Chaos« versinken würde (Bernays 2007: 20). Die Aporie, die sich aus der Konfrontation zwischen dem demokratischen Prinzip der Volkssouveränität einerseits und der Suche nach politischer Führung zur Vermeidung des antizipierten Chaos andererseits ergab, versuchte Bernays in eine produktive Antriebsfeder für Public Relations zu verwandeln, denn »[u]nter diesen Umständen kann der geborene Führer nur mit den Mitteln professioneller Propaganda erfolgreich regieren« (Bernays 2007: 84).

Der knappe Exkurs zu Bernays' prominenter Konzeption der Public Relations aus den 1920er Jahren soll im Rahmen dieser Untersuchung als Vergleichsfolie für die konzeptionellen Überlegungen und die Praktiken der Surrealist_innen dienen, die beinahe zeitgleich und auf den selben psychoanalytischen Grundlagen aufbauend entwickelt wurden. Der Vergleich soll es ermöglichen, einige Aussagen hinsichtlich der psychologischen Konzepte treffen zu können, die das ›Schlachtfeld‹ abgeben, auf dem kommunikative Konflikte stattfinden, und einige Aussagen hinsichtlich der Vorgehensweisen, die propagiert wurden. Es lässt sich an dieser Stelle bereits sagen, dass das Unbewusste den Surrealist_innen als Quelle authentischer Bedürfnisse galt und sie auf dieser Grundlage nach einer neuen, ›surrealen Rationalität‹ des individuellen und sozialen Lebens suchten. Für Bernays war das Unbewusste dagegen die Quelle irrationaler Bedürfnisse, die es zu kontrollieren und zu steuern galt. Das Ziel seiner Bemühungen bestand im Aufrechterhalten einer als rational betrachteten gesellschaftlichen Ordnung.

ERFORSCHUNG DES UNBEWUSSTEN UND GESELLSCHAFTLICHER NONKONFORMISMUS

Ein grundlegender Schritt zur Emanzipation der unbewussten geistigen Tätigkeit, die als Kernanliegen der Surrealist_innen bezeichnet werden kann, bestand in einer veränderter Wahrnehmung der drei verschiedenen Wirklichkeitsbereiche des Unbewussten, des Bewusstseins und der äußeren Welt. Mit der Annahme Freuds, das Unbewusste bilde die allgemeine Basis des psychischen Lebens, begründeten die Surrealist_innen durch einen Umkehrschluss einen Statusverlust der als Realität bezeichneten Außenwelt. Das psychische Leben jeder einzelnen Person sollte nicht länger durch die unvollständige Erfahrung dieser Außenwelt bestimmt und angeleitet werden, sondern durch das Freilegen ihrer eigenen inneren, unbewussten Grundlage. Träume, die als Ausdruck des Unbewussten gewertet wurden, bildeten den Schlüssel zur Befreiung des Denkens aus dem Käfig der bewussten Logik und Rationalität. In einer am Maßstab der Logik konzipierten Welt konnten sie, analog zu anderen Erscheinungen unbewusster geistiger Aktivität, wie bspw. Schreibfehlern oder Versprechern, nur als Unzulänglichkeiten erscheinen, als Störungen einer herrschenden oder einer angestrebten Ordnung. In einer surrealistischen Welt galten sie dagegen als Hinweise auf eine im Unbewussten verborgene Wirklichkeit, die es aus der Verdrängung zu befreien galt. Unter diesem anderen Blickwinkel erschienen die angeblichen Fehler und Verwirrungen des bewussten Denkens als »Interferenz-Phänomen[e]« eines überlagerten Unbewussten (Breton 2004a: 17). Sie waren sichtbare Erscheinungen einer eigenen logischen Ordnung des Unbewussten, die methodisch ergründet werden konnte. Unzulänglichkeiten des bewussten Geisteslebens im Wachzustand, in dem »der Geist [...] eine merkwürdige Tendenz zur Verwirrung« zeige, sollten auf diesem Weg aufgelöst werden (Breton 2004a: 17). Die Befreiung aus den ordnenden Zwängen bewusster Erfahrung, »die aus dem Geist in hohem Maße einen Spielball der äußeren Welt macht« (Breton 1996: 94), sollte die Menschen angesichts des Schönen und Wunderbaren des Traums stattdessen in einen Zustand geistiger Harmonie mit sich selbst versetzen: »Der Geist des Menschen, der träumt, ist vollauf zufrieden mit dem, was ihm zustößt« (Breton 2004a: 18). Für das Herausarbeiten ihrer unbewussten Gedanken nutzten die Surrealist_innen zunächst zwei unterschiedliche Zugangsweisen, die zuerst von den Literat_innen unter ihnen entwickelt wurden, das automatische Schreiben und die Traumprotokolle. Während die erste Variante als Improvisation unbewusster Gedanken beschrieben werden kann, die durch ein möglichst weitgehendes Ausschalten der bewussten gedanklichen Tätigkeit erreicht werden sollte, handelte es sich bei der zweiten Variante um ein Ausarbeiten innerer Bilder, die in Form illusionistischer Visionen in Momenten ohne bewusste geistige Kontrolle von selbst an die Oberfläche des bewussten Denkens drangen.

Das automatische Schreiben beschreibt Breton als die Anwendung psychoanalytischer Methoden auf die eigene Person. Das experimentelle Vorgehen zielte darauf,

»von mir selbst das zu erreichen, was [der Analytiker sonst von seinen Patienten] haben wollte: nämlich einen so rasch wie möglich fließenden Monolog, der dem kritischen Verstand des Subjekts in keiner Weise unterliegt, der sich infolgedessen keinerlei Zurückhaltung auferlegt und der so weit wie nur möglich *gesprochener Gedanke* wäre.« (Breton 2004a: 24, Hervorhebung im Original)

Ergebnis solcher oft stundenlanger Sitzungen, die zuerst Breton und Philippe Soupault durchführten[3], war unmittelbar eine große Menge geschriebener Texte. Die Erscheinungsform solcher Schriften, die »die gleichen Konstruktionsfehler« und »Schwächen gleicher Art« aufwiesen, deutete darauf hin, dass es so etwas wie eine allgemeine, überindividuelle Ordnung des Unbewussten gab, die sich in ihnen Ausdruck verlieh und die systematisch zu ergründen möglich war. Neben ihren analogen Mängeln zeichneten sich die durch automatisches Schreiben generierten Texte aber auch durch eine ungewöhnliche Qualität aus, unabhängig von der Frage, welche Person sie niedergeschrieben hatte. Sie offenbarten

»die Illusion von außerordentlichem Elan, starker Emotion, eine bemerkenswert große Auswahl derartig guter Bilder, wie wir auch nur ein einziges bei langer Vorbereitung nicht zustande gebracht hätten, etwas eigenartig Malerisches und hie und da irgendeinen äußerst komischen Einfall.« (Breton 2004a: 25)

Als zweite Methode, unbewusste Gedanken dem Bewusstsein zugänglich zu machen, entwickelten die Surrealist_innen die Technik der Traumprotokolle. Bewussten Zugang zum Traum erreichte man in den Phasen zwischen Schlaf und Wachsein. Mit der Methode des willkürlich herbeigeführten, hypnotischen Schlafs wurde auch in diesem Zusammenhang eine Vorgehensweise der Psychoanalyse experimentell zur Selbsterforschung eingesetzt (Breton 1996: 90ff.). Die Surrealist_innen übten sich darin, in den Momenten des Übergangs zwischen Wach- und Schlafzustand ihre »Aufmerksamkeit auf mehr oder weniger vollständige Sätze zu richten, die, in völliger Einsamkeit, beim Einschlafen, für den Geist wahrnehmbar werden, ohne dass man für sie eine vorhergegangene Bestimmung entdecken kann« (Breton 2004a: 22). Die auf diesem Wege gewonnenen Eindrücke und Bilder wurden anschließend in einem geistigen Prozess verarbeitet. Traumprotokolle sollten also nicht einfache Abbilder dessen sein, was man im Traum gesehen hatte, denn »das wäre deskriptiver, naiver Naturalismus« des Unbewussten, wie der Maler Max Ernst bemerkte. Elemente des Traums sollten aber auch nicht willkürlich zu Abbildern individueller oder gar spiritueller Tagträumereien ohne jegliche soziale Relevanz zusammengefügt werden, »das wäre ›Flucht aus der Zeit‹«[4] (Ernst 2006: 81f.). Stattdessen sollten

---

3 | Hans Richter berichtet, dass einzelne Experimente mit automatischem Schreiben bereits von den Züricher Dadaist_innen praktiziert worden waren. Stundenlange und systematische Sitzungen realisierten dann allerdings erst die Surrealist_innen (vgl. Richter 1964: 200).
4 | Die Anspielung dürfte auf Hugo Ball gemünzt sein, dessen Tagebuch unter dem Titel »Flucht aus der Zeit« 1927 veröffentlicht worden war und der nach seinem Bruch mit Dada aufgrund seiner Hinwendung zum Katholizismus bei vielen seiner vormaligen Weggefährt_innen nur Unverständnis erntete. Vgl.

sich die Surrealist_innen als Protokollant_innen einer »stets wandelbaren Traumwirklichkeit« verstehen und diese gezielt hinsichtlich ihrer Potentiale befragen, das Denken und überkommene Vorstellungen umzustürzen. Als Protokollant_innen des Traums sollten sie

> »sich auf dem physisch und psychisch durchaus realen (›surrealen‹), wenn auch noch wenig bestimmten Grenzgebiet von Innen- und Außenwelt frei, kühn und selbstverständlich bewegen, einregistrieren, was sie dort sehen und erleben, und eingreifen, wo ihnen ihre revolutionären Instinkte dazu raten.« (Ernst 2006: 81f.)

Denn die im automatischen Schreiben und in Traumprotokollen sich ausdrückende Orientierung an seinem Unbewussten versetzte den Menschen von außen betrachtet in einen »vollkommenen Zustand der Distraktion, der Zerstreutheit«[5], der Surrealismus als Lebenspraxis implizierte daher einen »absoluten *Non-Konformismus*« mit den Anforderungen der äußeren Realität (Breton 2004a: 43, Hervorhebung im Original). Hier lag die gesellschaftspolitische Dimension der surrealistischen Haltung begründet. Die aus dem Unbewussten hervortretenden Erscheinungen des Nonkonformismus bezeichnete Breton wegen ihrer Unvereinbarkeit mit den Ansprüchen einer bewussten und logischen Erfahrung der Außenwelt daher als »Episoden eines Unabhängigkeitskrieges« gegen die Zumutungen einer von rationalen Kalkülen dominierten Welt (Breton 2004a: 43). Der Surrealismus sollte in seiner Wirkung auf den Geist einzelne Analogien zur Wirkung von Stimulantien zeigen: »[W]ie diese erzeugt er einen gewissen Zustand des Bedürfnisses und vermag den Menschen in schreckliche Revolten zu treiben« (Breton 2004a: 34). Dabei sollte er allerdings keine berauschende Wirkung entfalten, sondern die geistige Tätigkeit erhellen oder befreien. Die »einfachste surrealistische Handlung« bestand nach Bretons Ansicht deshalb

---

allgemeiner zu diesem Punkt auch die Abgrenzung des Surrealismus von allen Formen des Spiritismus (Breton 1996: 96).

5 | Benjamin entdeckte diese zerstreuende Wirkung, »eine recht vehemente Ablenkung«, bereits in den Werken der Dadaist_innen und ab den 1920er Jahren insbesondere im neuen Medium Film, das aufgrund seiner schnellen Bildfolge ausschließlich eine solche Rezeptionsweise zuließ. Im Gegensatz zum klassischen Gemälde, in das man sich versenken kann, stoßen einem hier die Bilder gewissermaßen zu, sie stürzen auf den Betrachter ein. Innerhalb der Kunst wurden durch diese »physische Chockwirkung« [sic] allerdings weniger die Formen rationaler Erkenntnis zurückgedrängt, sondern der »Kultwert« des Kunstwerkes (Benjamin 1963: 36ff.). Bürger stellt in Anschluss an Benjamin und mit Blick auf die Kunst der Avantgardebewegungen klar, dass »[a]n die Stelle der Fundierung der Kunst aufs Ritual [deshalb nun] ihre Fundierung auf Politik« trete (Bürger 1974: 36).

darin, »mit Revolvern in den Fäusten auf die Straße zu gehen und blindlings soviel wie möglich in die Menge zu schießen [... und] auf diese Weise mit dem derzeit bestehenden elenden Prinzip der Erniedrigung und Verdummung aufzuräumen« (Breton 2004b: 56). Der *Gedanke* an eine solche surrealistische Revolte – es ging hier nicht um tatsächliche Gewalthandlungen – kann als symbolischer Angriff auf die Ordnung der Logik und der rationalen Erfahrung verstanden werden, die aufgebrochen werden sollte. Denn das an diesen Maßstäben konstruierte Leben erschien den Surrealist_innen keineswegs als so bewusst geordnet, wie es zu sein vorgab. Es gehorchte ihres Erachtens stattdessen einer eigentümlichen, gewissermaßen irrationalen Logik, vorgegebenen Mustern in einem gleichsam automatisierten Rhythmus unhinterfragt zu folgen:

»Trotz der Normalität der Leute, die die Straßen füllen, werden ihre praktischen Handlungen peinlich durch den Automatismus verraten. Jeder krümmt sich voller Schmerz und bewegt sich nach Strukturen, die er für normal und logisch hält; dennoch gehören seine ganze Handlungsweise und alle seine Gesten unbewusst der Welt der Irrationalität und der Konventionen an [...].« (Dalí 1930a: 25)

Was unter dem Blickwinkel der Kritik an sozialen Verhältnissen zunächst als Technik der Störung und (symbolischen) Zerstörung angeblich rationaler Ordnungen erscheinen mag, erwies sich im selben Atemzug als kreative kulturelle Praxis, basierend auf der Eröffnung bisher unbekannter Dimensionen des Denkens. Bereits in Freuds *Traumdeutung* findet sich folgende Passage zur Rolle des Unbewussten für kulturelle Entwicklungen: »Aus den Mitteilungen einiger höchstproduktiver Menschen, wie Goethe und Helmholtz, erfahren wir [...], dass das Wesentliche und Neue ihrer Schöpfungen ihnen einfallsartig gegeben wurde und fast fertig zu ihrer Wahrnehmung kam«. Die Rolle der bewussten geistigen Tätigkeit erschien folglich als nur zweitrangige Aktivität, wenngleich ihr stets eine besondere Relevanz zugesprochen wurde: »[E]s ist das viel missbrauchte Vorrecht der bewussten Tätigkeit, dass sie uns alle anderen verdecken darf, wo immer sie mittut«, so beschrieb Freud dieses Missverhältnis (Freud 1999a: 618). Das Anliegen der Surrealist_innen bestand angesichts dieser Diagnose darin, das Unbewusste und dessen Rolle im Gefüge geistiger Aktivität methodisch zu ergründen und auf diese Weise jedem Menschen einen systematischen Zugang zu seinen unbewussten Gedanken zu eröffnen. Es zielte darauf, die tatsächliche Relevanz unbewusster geistiger Tätigkeit ans Licht zu bringen und relativierte im Gegenzug die Bedeutung der bewussten geistigen Tätigkeit und die Realität der äußeren Welt. Der Mythos des (künstlerischen) Genies und mit ihm seine sozialen Folgeerscheinungen wurden auf diese Weise in Frage gestellt. Hinter den Masken des sozialen Status, bspw. als ›geniale‹ Künstler_in, Wissenschaftler_in oder Politiker_in, sollte erkennbar werden, dass ihre angeblich außerordentliche geistige Tätigkeit tatsächlich auf Äußerungen des Unbewussten, das heißt auf Einfällen basierte, die mit Hilfe surrealistischer Methoden prinzipiell allen zugänglich gemacht werden sollten.[6] Die Vorstellung von genialen, schöpferischen Menschen sollte auf diesem Weg der Vorstellung von »bescheidenen *Registriermaschinen*« unbewusster Gedanken weichen (Breton 2004a: 28, Hervorhebung im Original).

Die bewusste Erfahrung mit ihrem Paradigma rationaler Erkenntnis und logischer Methoden war mit anderen Worten blind für ihre eigenen unbewussten Grundlagen, und ihre Automatismen unterdrückten die Quellen kultureller Entwicklung, die Einfälle oder Zufälle geistiger Tätigkeit. Die Methoden des Surrealismus sollten genau diesen Mangel beheben, die Wahrnehmungsfähigkeiten des Menschen vertiefen und damit seine Intelligenz unterstützen (Breton 2004a: 35). Der *Gedanke*, mit Revolvern in den Fäusten gegen die Menge vorzugehen, war folglich Ausdruck eines Verlangens, aus einem an rationalen Maßstäben geordneten, automatisierten und unhinterfragten Leben auszubrechen. Er diente zugleich dem Ziel, dem Unbewussten einen Weg in das Bewusstsein zu bahnen und es auf diese Weise seine (symbolische) Sprengkraft entfalten zu lassen. Er sollte an der Auflösung des Gegensatzes von Bewusstem und Unbewusstem, von Aktion (als bewusster Tätigkeit) und Meditation (als spirituelle Erfahrung des Unbewussten) mitwirken:

»Der grundsätzliche Gegensatz zwischen Meditation und Aktion (nach der klassisch-philosophischen Auffassung) fällt [...] mit der grundsätzlichen Unterscheidung von Außen- und Innenwelt, und darin liegt die universelle Bedeutung des Surrealismus, dass ihm kein Lebensgebiet nach dieser Entdeckung verschlossen bleiben kann.« (Ernst 2006a: 82)

Der Surrealismus suchte also nach der »*profanen Erleuchtung*, einer materialistischen, anthropologischen Inspiration«, die weder einer spirituellen Erleuchtung noch einem Rauscherlebnis entsprach, wenngleich ein Vergleich mit beiden Phänomenen nahe lag und insbesondere der (Drogen-)Rausch als eine ihrer Vorstufen angesehen werden konnte (vgl. Benjamin 1969: 89ff., Hervorhebung im Original).

Die potentielle soziale Sprengkraft der Überwindung jener Gegensätze zwischen innerer und äußerer Welt zeigte sich darin, dass surrealistische Aktionen kaum den etablierten Bewertungsmaßstäben der Gesellschaft, z.B. der Logik juristischer Überprüfung, unterworfen werden konnten. Eine unbewusste Handlung konnte bspw. nicht ohne weiteres in das bekannte Muster vorsätzlicher Handlungen im strafrechtlichen Sinn eingeordnet werden.[7] Die surrealistischen Aktionen etablierten auf diese

---

6 | »Die verschiedenen Versuche, die ich unternahm, um auf das zurückzukommen, was man missbräuchlich Genie zu nennen pflegt, haben mir keine andere Methode geliefert, als schließlich nur diese hier« (Breton 2004a: 27).

7 | Vgl. dazu die Affäre um das Gedicht *Front Rouge* des Surrealisten Louis Aragon von 1930, dem aufgrund des Textes wegen »Aufhetzung zum Massenmord« mehrere Jahre Haft drohten. Mit Verweis auf die Kunst des Surre-

Weise einen Raum der Ungewissheit und Offenheit, für den Maßstäbe erst noch erfunden werden mussten (Breton 2004a: 41, Anm. 1). »[D]er Mensch ist auflösbar in seinem Denken!«, verkündete Breton (Breton 2004a: 37), und dieses Motiv der Auflösung sollte ebenso für gesellschaftliche Ordnungsmuster gelten.

Vom Objektiven Zufall zur Kritischen Paranoia

Über ihr besonderes Interesse an unbewussten geistigen Tätigkeiten entwickelten die Surrealist_innen auch einen spezifischen Blick auf die Erscheinungen der äußeren Welt und die Formen menschlichen Zusammenlebens. Mit ihren Experimenten versuchten sie, »den Windungen der Imagination« zu folgen, die ihres Erachtens »nun einmal allein die realen Dinge schaff[e]« (Breton 2004c: 7, Hervorhebung im Original). Zunächst spielte die Idee des *Objektiven Zufalls* eine wichtige Rolle für den Umgang mit der äußeren Welt. Objektive Zufälle erschienen als komplementäre Ereignisse zu den Zufällen der unbewussten geistigen Tätigkeit. Beide wurden allerdings als Anzeichen jeweils eigener Ordnungen des Unbewussten und der äußeren Welt betrachtet, deren Rationalitäten ergründet werden sollten. Der Zusammenhang »zwischen der ›natürlichen Notwendigkeit‹ und der ›menschlichen Notwendigkeit‹ [sowie die] wechselseitige Abhängigkeit zwischen Notwendigkeit und Freiheit« standen, ganz abstrakt, im Zentrum des Interesses (Breton 1996: 162). Während die Zufälle geistiger Tätigkeit in Form von Einfällen aus dem Unbewussten in das bewusste Denken vorzudringen vermochten, fanden die objektiven Zufälle in der äußeren Welt statt und mussten durch geistige Tätigkeit erst wahrgenommen werden, um Relevanz zu erlangen. Die formalen Vorgaben der bewussten Erkenntnis, deren zwanghafte Orientierung an Logik und Rationalität, erschwerten oder verhinderten aber in beiden Fällen die Wahrnehmung der zufälligen Ereignisse. Einfälle konnten als Träumereien abgetan werden, objektive Zufälle ließ man als »*versäumte* Augenblicke« verstreichen (Breton 2004a: 11, Hervorhebung im Original). Beide wurden aus Sicht der bewussten, rationalen Erkenntnis als Verrücktheiten bezeichnet und disqualifiziert. In beiden Fällen führte diese ignorante Haltung nach Ansicht der Surrealist_innen zu einem »lichtlosen Schicksal« des Menschen, zu einer Verarmung seiner geistigen Fähigkeiten und seiner praktischen Möglichkeiten. »Kolumbus musste mit Verrückten ausfahren, um Amerika zu entdecken«, schrieb Breton, um die möglichen Folgen dieser Problematik plastisch vor Augen zu führen (Breton 2004a: 12).

alismus konnte diese Strafe abgewendet werden. In diesem Zusammenhang wurde aber auch deutlich, dass der gesellschaftliche Nonkonformismus kaum praktische Relevanz erlangen konnte, wenn man sich hinter der Annahme versteckte, die Äußerungen des unbewussten Denkens seien (nur) Kunst und damit nicht dem handelnden Subjekt zuzurechnen (vgl. Nadeau 2002: 162f.).

Für die Erforschung objektiver Zufälle konnten die Surrealist_innen auf bereits von einigen Dadaist_innen entwickelte und praktizierte Methoden zurückgreifen, Ereignisse einfach geschehen zu lassen bzw. bewusst Freiräume zu schaffen, in denen etwas geschehen konnte. Sowohl die Technik der Collage für Arbeiten der bildenden Kunst als auch zufällig aus Zeitungsausschnitten zusammengefügte Gedichte galten demnach als surrealistische Mittel, um »von bestimmten Assoziationen den erwünschten Überraschungseffekt zu erlangen« (Breton 2004a: 38). Auf die alltägliche Lebenspraxis übertragen bedeutete dieses Prinzip ganz allgemein, sich einen (durchaus kindlichen) Spieltrieb und die »Lust am Abenteuer auf allen Gebieten« zu bewahren. Es äußerte sich bspw. in einem »ziellosen Umherschweifen« an Orten, die dafür geeignet erschienen. Diese bewusste Ziellosigkeit sollte einen Grad an innerer Offenheit ermöglichen, der als Voraussetzung zur bewussten Wahrnehmung von objektiven Zufällen angesehen wurde. Das ziellose Umherschweifen drückte eine »unablässige Suche« aus, es ging darum, »zu sehen, aufzudecken, was sich hinter dem Schein verbirgt«, das heißt den Erscheinungen der äußeren Welt auf eine andere Weise auf die Spur zu kommen als durch Mittel der bewussten Erkenntnis (Breton 1996: 160f.). »Die unvorhergesehene Begegnung«, wie sie Breton anhand verschiedener Beispiele in seinem Buch *Nadja* beschrieb, also der objektive Zufall in zwischenmenschlichen Beziehungen, »kennzeichnet den Höhepunkt dieser Suche« (Breton 1996: 161, vgl. Breton 1994).

Die bewusste geistige Tätigkeit sollte im Zusammenhang mit den objektiven Zufällen nicht als Filter wirken, der am Maßstab rationaler Erkenntnis die äußeren Erscheinungen selektierte, sondern als vermittelnde Brücke, ähnlich wie im angestrebten Umgang mit den Äußerungen des Unbewussten. Die Wahrnehmung der Zufälle sollte, ähnlich wie die Erforschung des Unbewussten zu einer Harmonisierung des Lebens beitragen. Während die Befreiung des Unbewussten aus der Verdrängung den Menschen in einen authentischen, mit sich selbst harmonischen Zustand versetzen konnte, sollten die objektiven Zufälle in Richtung einer ebenso harmonischen Beziehung zu andern Menschen weisen. »[W]ie könnte das, was der eine tut, den anderen stören«, so lautete die Frage Bretons mit Blick auf ein mögliches Leben voller unvorhergesehener Begegnungen und anderer zufälliger Ereignisse, »hier, wo wir frei von sentimentalen Spielregeln, am Treffpunkt der Zufälle sind« (Breton 2004a: 21). Der Surrealismus trat mit dieser Ansicht nicht länger nur als Praxis für eine geistige Befreiung der einzelnen Menschen aus den Zwängen rationaler Erkenntnis auf, er stellte auch Ansatzpunkte für eine soziale Utopie, für ein mögliches Zusammenleben der Menschen bereit.

Im Anschluss an eine erste Phase der Entwicklung des Surrealismus, die insbesondere durch die intensive Beschäftigung mit Freuds Theorien und die praktische Erforschung des Unbewussten gekennzeichnet war, trat die Bewegung Anfang der 1930er Jahre in eine zweite Phase erneuerter theoretischer Reflexionen über die Kräfte psychischer Tätigkeit ein. Wichtig für diese Erneuerung war Salvador Dalí, der »für die Bewegung wie ein Jungbrunnen [wirkte], indem er ihre Mitglieder die

Methode der ›paranoisch-kritischen‹ Analyse lehrt[e]« (Nadeau 2002: 167). Dalí wurde als Vertreter einer jüngeren Generation der Surrealist_innen neben Breton, dem Begründer der Bewegung, für einige Zeit zu deren zweiter zentraler Figur. Wichtig war in dieser Zeit Dalís freundschaftliche Beziehung zu Jacques Lacan, dessen psychoanalytisches Denken für die Erneuerung des Surrealismus eine wichtige Rolle spielte (Nadeau 2002: 168). Lacan pflegte auch über die Freundschaft zu Dalí hinaus sehr enge Beziehungen zum Kreis der Surrealist_innen. Bspw. publizierte er in der Nummer 3/4 (1933/34) der surrealistischen Zeitschrift *Le Minotaure* einen Aufsatz über die Hintergründe eines paranoiden Verbrechens (Lacan 1933). Seine Dissertation *Über die paranoische Psychose in ihren Beziehungen zur Persönlichkeit* aus dem Jahr 1932 erreichte unter den Surrealist_innen zunächst einen größeren Einfluss als im Feld der klinischen Psychoanalyse oder der Wissenschaft (Lacan 2002). Mit der Sprachtheorie Saussures als wichtiger Referenz im Hintergrund gelten Lacans Arbeiten als Weiterführung der Freud'schen Psychoanalyse auf einer linguistischen Grundlage.

Während in der ersten Phase des Surrealismus insbesondere die Beschäftigung mit dem Unbewussten im Zentrum der Aufmerksamkeit stand, das es aus der Verdrängung zu befreien galt, um die authentischen Grundlagen des geistigen Lebens offen zu legen und um einen veränderten Blick auf die äußere Welt zu erlangen, ging die Methode der kritischen Paranoia einen Schritt weiter und versuchte, auf eine neue Art zwischen der geistigen Tätigkeit und der realen Außenwelt zu vermitteln. Sie zielte nicht mehr nur auf eine neue Wahrnehmung der Welt, sondern auf deren Umgestaltung. Diese Umgestaltung sollte jedoch unter gänzlich anderen Vorzeichen geschehen als deren Bearbeitung mit Mitteln bewusster Erfahrung und anhand rationaler Verfahren, gegen die sich die Surrealist_innen nach wie vor aussprachen. Unter Paranoia verstanden sie eine Form von Beziehungswahn, durch den Objekte und Personen eine gänzlich neue Bedeutung erlangen konnten. Denn Paranoiker bauten ein in sich völlig geordnetes und stimmiges System der Wahrnehmung auf, das die Grundlage für eine überzeugende Vermittlung an andere Menschen bildete, und verbanden es mit dem Willen, ihre Umwelt nach diesem alternativen Wahrnehmungssystem zu gestalten (Nadeau 2002: 167f.). Dalí formulierte den mit der neuen Methode einhergehenden Anspruch folgendermaßen:

»Ich glaube, der Augenblick ist nahe, wo ein Denkvorgang paranoischen, aktiven Charakters (gleichzeitig mit dem Automatismus und anderen passiven Zuständen) die Verwirrung zum System erheben und zum vollständigen Verruf der realen Welt beitragen kann. [...] Die Paranoia bedient sich der Außenwelt, um der Zwangsvorstellung Geltung zu verschaffen, mit der verwirrenden Besonderheit, dass sie die Wirklichkeit dieser Vorstellung anderen einsichtig macht. Die reale Außenwelt dient als Veranschaulichung und Beweis und wird der Wirklichkeit unseres Geistes dienstbar gemacht.« (Dalí 1930b: 131)

Diese Erweiterung des Methodenrepertoires um die kritisch-paranoische Analyse implizierte also eine Veränderung der surrealistischen Realitätskritik. Es ging nicht mehr allein darum, das Unbewusste zu erschließen und als alternative Wirklichkeit gegen die sogenannte Realität ins Feld zu führen oder Zufälle der äußeren Welt möglichst unvermittelt erlebbar zu machen. Die Kritik richtete sich damit nicht mehr nur gegen eine selektive Wahrnehmung und eine falsche Hierarchie der Wirklichkeiten. Mit der neuen Methode wurde das angebliche Wesen der als Realität bezeichneten äußeren Wirklichkeit selbst in Frage gestellt: »Kraft dieses ununterbrochenen Werdens und Sichwandelns dessen, was dem Paranoiker Gegenstand ist, kann er gerade die Erscheinungen der Außenwelt für unbeständig, rasch von einem Zustand in einen anderen überwechselnd, wenn nicht gar für fragwürdig und unzuverlässig halten« (Breton, zit. n. Nadeau 2002: 168f.). Dalís bekanntes Gemälde von 1931, *Die Beständigkeit der Erinnerung*, das als Motiv weiche, gleichsam zerfließende Uhren in einer felsigen Meeresbucht und ein Selbstbildnis des Malers in Gestalt eines sich auflösenden Schneckenkörpers zeigt, erscheint als Paradebeispiel für eine solche an der kritischen Paranoia geschulte Weltsicht. Materielle und symbolische Gewissheiten verlieren darin ihre scheinbare Stabilität, Objekte und Figuren werden flüssig und selbst die ›Zeichen der Zeit‹ scheinen wandelbar, indem sie nicht länger linear durch den Lauf der Zeiger, sondern relativiert durch das Zerfließen der Uhren dargestellt werden (Klingsöhr-Leroy 2006: 38f.). Das Motiv der Relativität der Zeit taucht nicht zufällig in Zusammenhang mit der surrealistischen Kunst auf. Wenige Jahre zuvor hatte Einstein seine Relativitätstheorie publiziert (die Spezielle Relativitätstheorie wurde zuerst 1905 veröffentlicht, die Allgemeine Relativitätstheorie 1916), in der dieses Motiv eine Rolle spielt. Deren in den 1920er Jahren selbst in der Physik noch umstrittene Thesen wurden damals von den Surrealist_innen als Inspirationsquelle für ihre Kritik an überkommenen Vorstellungen über die materielle, geistige und soziale Welt rezipiert (Nadeau 2002: 16f., 49).[8]

Die Frage, mit welchem Ziel eine solche »Objektivierung von wahnhaften Assoziationen und Interpretationen« im Einzelnen stattfinden sollte, offenbarte allerdings jene Differenzen zwischen politischem und künstlerischem Anspruch des Surrealismus, die latent stets eine Rolle spielten (Breton 1996: 191). Hier führten sie zu einem Konflikt zwischen Breton, dem Begründer und Übervater der Bewegung, und Dalí, dem vielleicht talentiertesten, aber nur in zweiter Linie politisch interessierten Vertreter einer jüngeren Generation. Zwar versuchten beide die Symptome des paranoiden Geisteszustands zu nutzen (»so, z.B. im Falle der akuten Manie, vom Ideenstrom, gepaart mit Zungenfertigkeit, bis hin zur Euphorie und Erotomanie usw.« – Breton 1996: 191) und zielten auf die Auflösung des Gegensatzes von Vernunft und Unvernunft, doch jeweils mit unterschiedlicher Absicht. Breton versuch-

---

8 | In der Sozialwissenschaft wurde das Problem relativer sozialer Zeit erst einige Jahre nachdem Dalís Gemälde entstanden war aufgeworfen (vgl. Sorokin/Merton 1937).

te, sie kritisch gegen herrschende soziale Zustände zu wenden. Bspw. prangerte er die psychiatrischen Methoden seiner Zeit und die Zustände in den Irrenanstalten an, indem er in seinem Buch *Nadja* die Tötung eines Psychiaters durch einen Verrückten als im Grunde rationale Handlung darstellte – schließlich bestünde für den Patienten nach der Tat die Aussicht auf eine Einzelzelle, das heißt eine tatsächliche Verbesserung seiner Lebenssituation im Vergleich zu den Zuständen in psychiatrischen Einrichtungen. Surrealistische Texte mit kritischen Anmerkungen zur Psychiatrie wurden damals offenbar sowohl von Patient_innen als auch Ärzt_innen gelesen und lösten einige Diskussionen aus (Breton 1996: 190f.; 2004b: 51ff.). Dalí nutzte sein Talent in Bretons Augen jedoch bald nicht mehr mit solchen kritischen Absichten, sondern nur, um künstlerischen und kommerziellen Erfolg zu erreichen, »um aus der fieberhaften Jagd nach Reichtum schließlich sein ganzes Programm zu machen« (Breton 1996: 189). Das durch Breton in den 1940er Jahren entwickelte Anagramm seines Namens, *Avida Dollars*[9], wurde zum Signum dieser Haltung (Breton 2004e: 115).

In diesem Konflikt wird deutlich, dass sich die Praktiken des Surrealismus sowohl für sozialkritische als auch für kommerzielle Strategien in Anschlag bringen ließen. Ihre Erkundungen des Unbewussten und der äußeren Welt konnten sowohl die Bedeutung einer Provokation der etablierten sozialen oder politischen Ordnung erlangen als auch in Form ästhetischer Differenzen das kulturökonomische Kalkül des Kunstmarktes bedienen. Ungeachtet der empirischen Fragestellung, in welcher Hinsicht die Praktiken im Einzelfall wirksam wurden, folgte die surrealistische Praxis jedoch insgesamt der durch Lacan angestoßenen Erneuerung des psychoanalytischen Denkens. Freuds Vorstellung, der zufolge Außenwelt und Unbewusstes gleichsam stabil jenseits des Bewusstseins existierten, und nach der das Problem ihrer Erkenntnis eines des Wahrnehmungsapparates bzw. der Forschungsmethoden war, ließ sich mit den Thesen der kritischen Paranoia im Hintergrund deutlich umformulieren. Die Außenwelt erschien nun selbst als instabil. Sie konnte damit prinzipiell zur Verfügungsmasse geistiger Aktivität werden, wurde von einem Ort objektiver Zufälle in ein Objekt paranoider Konstruktionen verwandelt. Das Unbewusste erschien auf diese Weise nicht länger nur als allgemeine Basis des psychischen Lebens jedes Menschen, sondern konnte als Ausgangspunkt für eine aktive Umgestaltung der äußeren Wirklichkeit angesehen werden. Lacans bekanntes Diktum, das Unbewusste sei strukturiert wie eine Sprache, meinte also eine Sprache im Sinne der Vorstellung Saussures, das heißt ein abstraktes, formales (das heißt strukturalistisches) System, in dessen differenzieller Signifikantenstruktur seine Äußerungen verankert sind (vgl. Pagel 1989: 37ff., 109ff.). Das Unbewusste erschien als das zu erforschende abstrakte System, Bewusstsein und äußere Welt sollten als Effekte seiner Struktur neu konzipiert und auf dessen Grundlage umgestaltet werden. Für das praktische Ziel einer Umgestaltung der Welt suchten Breton und eine

---

9 | Avida Dollars bedeutet im Spanischen sinngemäß: »Auf Dollars versessen«.

Anzahl weiterer, politisch motivierter Surrealist_innen ab Mitte der 1920er Jahre die Nähe zur kommunistischen Bewegung, in der sie die stärkste revolutionäre Kraft ihrer Zeit sahen.

Surrealismus und Kommunismus

In einer *Erklärung des Büros für surrealistische Forschungen* vom 27. Januar 1925 hieß es unter Punkt drei: »Wir sind fest entschlossen, eine Revolution zu machen« (Aragon u.a. 1925). Diese Idee bezog sich im Kern auf eine Revolution der geistigen Welt, und für einige Surrealist_innen reduzierte sie sich ausschließlich auf diese ideelle Ebene. Fragen des revolutionären Handelns in der Alltagswirklichkeit kamen aus dieser Perspektive gar nicht erst in den Blick (Nadeau 2002: 76f.). Erneut war es Breton, welcher der Bewegung eine Wendung gab, indem er klarstellte, dass die Idee einer surrealistischen Revolution über eine Emanzipation des Denkens hinaus auch auf eine Umwälzung der ökonomischen, sozialen und politischen Verhältnisse ziele. Gerade die ökonomischen und sozialen Probleme der Zeit erschienen ihm sehr dringlich, es galt, »einer Menge schreiender Ungerechtigkeiten ein Ende [zu] bereiten« (Breton 1996: 143). Hinsichtlich der Mittel und Wege zu dieser Umwälzung herrschte allerdings eine gewisse Ratlosigkeit. Wenn auch die surrealistischen Methoden zu einer Emanzipation des Geistes führen konnten und damit einen wichtigen Beitrag zur umfassenden menschlichen Befreiung leisten sollten, so war doch einigermaßen deutlich, dass ihre Mittel wenig bis nichts zur materiellen Befreiung beizutragen hatten. Nicht zuletzt stellte sich die Frage, inwiefern eine geistige Befreiung der Menschen überhaupt möglich war, wenn drängende ökonomische und soziale Probleme ihren Alltag bestimmten. Die Frage, ob nicht eine soziale Revolution der geistigen vorausgehen müsse, rückte aus diesem Grund in das Blickfeld der Surrealist_innen.

Als sie im Jahr 1925 in Kontakt mit den Ideen der Russischen Oktoberrevolution kamen, erschien ihnen die kommunistische Perspektive als möglicherweise vielversprechende Antwort auf ihre Frage nach Formen der direkteren politischen Aktion (Breton 1996: 148). Einige Surrealist_innen suchten daher insbesondere zwischen 1925 und 1932 die Nähe zur Kommunistischen Partei Frankreichs (KPF). Einen ersten Anknüpfungspunkt bildeten dabei die Mitarbeiter_innen der protokommunistischen Zeitschrift *Clarté*, mit denen gemeinsam die Surrealist_innen z.B. den Aufruf *Zunächst und immer Revolution!* verfassten (Altmann u.a. 1925). Ziel der Zusammenarbeit sollte es sein, das »Vokabular so weit wie möglich zu vereinheitlichen und das in den gemeinsamen Schmelztiegel zu werfen, was den wertvollsten Beitrag jeder einzelnen Gruppe ausmacht[e]« (Breton 1996: 143).

Der surrealistische Beitrag zur Kritik an den herrschenden Verhältnissen operierte dabei auf Basis der eigenen psychologischen Theorien und Erkenntnisse. Er richtete sich gegen »einen wie auch immer gearteten sozialen Konservierungsapparat« (Breton 2004b: 58), der als Erscheinung der äußeren Welt das Denken der Menschen und ihr alltägliches Leben bestimmte. Als »das mit Abstand Entsetzlichste der sie umgebenden Welt« erschien ihnen »die Knechtschaft [...], in der ein [...] Teil der Menschheit die andere [sic] hielt, ohne dafür in irgendeiner Weise eine Berechtigung zu haben«, denn »[d]ieses Übel war von allen Übeln das unerträglichste, da es einzig vom Menschen selbst abhing, ihm abzuhelfen« (Breton 1996: 147). In der Kritik standen somit alle Formen sozialer Institutionen, in denen sich hierarchische Über- und Unterordnungsverhältnisse kristallisiert hatten und die zu ihrer permanenten Reproduktion beitrugen. Ganz plakativ wurde in dieser Hinsicht ein Angriff auf jene zu Institutionen verfestigten sozialen Beziehungen verkündet, welche die Abhängigkeiten in ökonomischer und sozialer, in politischer und geistiger Hinsicht am deutlichsten versinnbildlichten: »Alles muss getan werden, alle Mittel sind recht, um die Ideale *Familie, Vaterland, Religion* zu zerschlagen« (Breton 2004b: 58, Hervorhebung im Original). Hinsichtlich ihrer Gegner existierte also durchaus eine große Übereinstimmung mit dem Kommunismus.

Was die Surrealist_innen diesen (bürgerlichen) Idealen entgegenzusetzen hatten, war zunächst ihre eigene Organisationsweise, die den Charakter eines Bundes trug, also einer politischen Gemeinschaft, die auf dem Glauben an eine gemeinsame Sache, auf Vertrauen und Zuverlässigkeit basierte, und damit weit über eine Künstler_innengemeinschaft oder eine theoretische Schule hinausging (Nadeau 2002: 81). Das *Zweite Manifest des Surrealismus* von 1930, mit dem Breton den politischen Charakter der Bewegung zu schärfen versuchte, erscheint daher über weite Strecken als Abrechnung mit (vermeintlich) abtrünnigen Mitgliedern, die Prinzipien dieses Bundes verraten haben mochten (Breton 2004b). Kompromittierendes Verhalten, das entweder zum freiwilligen Austritt oder aber zum Ausschluss aus der Gruppe führte, konnte darin bestehen, sich die surrealistischen Methoden als rein künstlerische Ausdrucksweisen ohne ihren revoltierenden, politischen Anspruch aneignen zu wollen (»Laxheit auf dem Gebiet der sozialen Aktion« – Breton 1996: 156), es konnte sich um moralische Verfehlungen gegenüber der Gruppe handeln, es konnte sich aber auch um einen ›Verrat‹ an den Überzeugungen des Surrealismus handeln. Die spezifisch surrealistische Haltung schloss jedoch prinzipiell aus, dass es eine *richtige* oder *falsche Sache* im herkömmlichen Sinne geben konnte, an die zu glauben sich lohnte. Diese Kategorien entstammten einer bewussten und rationalen Betrachtung der Welt, die nicht dem Vorgehen der Surrealist_innen entsprach. Es handelte sich bei ihrer Überzeugung also nicht um eine weltanschauliche Überzeugung (im Sinne einer Anschauung der äußeren Welt), sondern um den Glauben an die besondere Bedeutung des Unbewussten, aus dessen Befreiung ihr prinzipieller gesellschaftlicher Nonkonformismus resultieren sollte. Mit diesem Programm im Hintergrund zielte der Surrealismus also in gewisser Hinsicht weiter als ›nur‹ auf eine soziale Revolution, »der wahre Gegenstand seiner Sorge [waren] die *menschlichen Verhältnisse* jenseits der *sozialen Verhältnisse*« (Breton 1996: 148, Hervorhebung im Original). Die materiellen Probleme der Menschen bildeten aus dieser Perspektive nur ein Hindernis, das zu überwinden war, um danach erst die (verborgenen) geistigen Problemen der Menschen bearbeiten zu können.

Ungeachtet der Dringlichkeit, welche die Surrealist_innen einer sozialen Revolution beimaßen, deutet angesichts der skizzierten surrealistischen Haltung einiges darauf hin, dass die selbst gesuchte Nähe zum Kommunismus von Beginn an auf einem grundlegenden Missverständnis basierte. Die Surrealist_innen glaubten zunächst, das Missverständnis liege auf Seiten der Kommunistischen Partei begründet in der »Unfähigkeit von mit ganz anderen Aufgaben betrauten Männern [...], unsere intellektuelle Position auch nur im geringsten zu verstehen und den allgemeinen Sinn unseres Vorgehens für gerechtfertigt zu halten« (Breton 1996: 156). Dieser bestand darin, »ins Gericht zu gehen mit den Begriffen Realität und Irrealität, Vernunft und Unvernunft, Reflexion und Impuls, Wissen und ›gegebenes‹ Nichtwissen, Nützlichkeit und Nutzlosigkeit usw.«, und von der dialektischen Methode des Marxismus versprach sich Breton auch neue Impulse für die eigenen Fragestellungen:

»Wie könnte man zugeben, dass die dialektische Methode sich in gültiger Weise nur auf die Lösung sozialer Probleme anwenden ließe? Das ganze Streben des Surrealismus geht dahin, ihr Anwendungsmöglichkeiten zu liefern, die – keineswegs rivalisierend – den allernächsten Bewusstseinsbereich angehen. Ich sehe einigen borniertien Revolutionären zum Trotz wirklich nicht ein, weshalb wir darauf verzichten sollten, wenn wir sie nur unter dem gleichen Aspekt betrachten wie sie – und wir – die Revolution: die Probleme der Liebe nämlich, des Traumes, des Wahnsinns, der Kunst und der Religion aufzugreifen.« (Breton 2004b: 66f.)

Trotz dieser Bemühungen könnte man aber auch sagen, dass das Missverständnis eher auf Seiten der Surrealist_innen bestand, welche die (im Grunde ja ebenso intellektuelle) Position der marxistischen Weltanschauung zunächst nicht richtig verstanden hatten. Deren philosophische Sicht der Dinge bestand, auf den kürzesten Nenner gebracht, in einem »Primat der Materie über den Geist« (Breton 1996: 148). Marx' Analyse der kapitalistischen Warenwirtschaft nahm als Ausgangspunkt ihrer Argumentation eben nicht die geistige Verfassung der Menschen, sondern die Logik der Ware, in der er die »*Elementarform*« des kapitalistischen Produktionsprozesses und der kapitalistischen Gesellschaft gefunden zu haben meinte. Ganz explizit bezeichnete er sie als einen »äußere[n] Gegenstand, ein Ding, das durch seine Eigenschaften menschliche Bedürfnisse irgendeiner Art befriedigt. Die Natur dieser Bedürfnisse«, so schrieb er, »ob sie z.B. dem Magen oder der Phantasie entspringen, ändert nichts an der Sache« (Marx 1957: 39, Hervorhebung im Original). Diese materialistische Sicht ließ sich im Grunde nicht mit der surrealistischen vereinbaren, die am Unbewussten als der einzigen Quelle authentischer Bedürfnisse interessiert war. Die Surrealist_innen konnten die marxistische Weltanschauung deshalb nur als strategisches Argument gelten lassen, weil sich hinter ihm mit dem Kommunismus die stärkste organisierte, revolutionäre Kraft der Gesellschaft versammelt hatte. Die Funktionäre der Kommunistischen Partei begegneten den Annäherungsversuchen der Surrealist_innen reserviert und teilweise deutlich ablehnend. Sie zitierten bspw. Breton im Anschluss an seinen Aufnahmeantrag immer wieder vor Kommissionen, die im Stil polizeilicher Verhöre seine politische Gesinnung überprüfen sollten. Irritationen löste in der Partei bereits der Titel der surrealistischen Zeitschrift *La Révolution surréaliste* (Die surrealistische Revolution)[10] aus, der in ihren Augen wohl »undurchsichtig und auf den ersten Blick ketzerisch war und jeden nur möglichen Verdacht weckte« (Breton 1996: 150f.). Nicht weniger irritierend wirkten die Inhalte der Zeitschrift, deren Ausgaben sich meist aus Traumprotokollen, surrealistischer Prosa und surrealistischen Gedichten, Rezensionen und anderen Auseinandersetzungen sowie wenigen illustrierenden Abbildungen surrealistischer Kunstwerke zusammensetzten. Insbesondere die Abbildungen lösten Nachfragen aus, »wie herum« man sie betrachten müsse oder was sie wohl darstellen sollten. Für Breton handelte es sich bei solchen Nachfragen um »kleinbürgerliche Dummheiten« wenn nicht gar um systematische Schikanen, die ihm völlig belanglos hinsichtlich der gemeinsamen revolutionären Anliegen erschienen, und mit denen er folglich seine Zeit nicht vergeuden wollte (Breton 1996: 152).[11] Im Gegenzug war aber Breton offenbar nicht bereit, sich einer gewissen Parteidisziplin zu unterwerfen. Die aktive Mitarbeit in einer Propagandazelle der Partei, der er zugeteilt worden war, überforderte ihn, vielleicht weil er seine eigenen Arbeiten dabei nicht weiterführen konnte, und er versuchte sich von solchen Verpflichtungen zu befreien (Nadeau 2002: 151f.). Dennoch kam es 1930 zunächst noch zur Neugründung einer surrealistischen Zeitschrift unter seiner Leitung, die sich nun *Le Surréalisme au service de la Révolution* (Der Surrealismus im Dienste der Revolution) nannte. Der neue Titel verkündete eine Unterordnung, welche die Surrealist_innen als »beträchtliches Zugeständnis auf politischer Ebene« an die KPF betrachteten, wenngleich die Inhalte der Zeitschrift zum größten Teil surrealistische Positionen spiegelten (Breton 1996: 183).[12] Die Widersprüchlichkeiten und Unstimmigkeiten im Verhältnis der beiden Gruppen hielten dessen ungeachtet weiterhin an und verschärften sich noch. Mit dem offiziellen, immer dogmatischer auftretenden Parteikommunismus wussten die

---

10 | Die zwölf zwischen 1924 und 1929 erschienenen Ausgaben der Zeitschrift werden im Internet bereitgestellt unter: http://www.arcane-17.com/rubrique,la-revolution-surrealiste,1169995.html (17.06.2010).

11 | Wobei zu beachten ist, dass Breton selbst ähnliche Gesinnungstests auch für die Gruppe der Surrealist_innen initiierte und durchführte (Nadeau 2002: 136ff.).

12 | Die Inhalt der sechs zwischen 1930 und 1933 publizierten Ausgaben der Zeitschrift finden sich im Internet unter: http://melusine.univ-paris3.fr/Surr_au_service_dela_Rev/Surr_Service_Rev.htm (17.06.2010).

Surrealist_innen spätestens ab 1932 nichts mehr anzufangen. In einem späteren Interview resümierte Breton das Dilemma, in das sie sich mit ihrem Beitritt zur KPF begeben hatten, folgendermaßen: »Mich hielt die Gewalt, die ich mir dabei antun musste, nicht lange bei der Stange« (Breton 1996: 149). Ende 1933 wurden Breton und seine Freunde aus der KPF ausgeschlossen, nachdem in ihrer Zeitschrift ein kritischer Artikel gegen sowjetische Filme der Zeit erschienen war (Nadeau 2002: 178, vgl. Alquié 1933). Von dem zusehends stalinistisch überformten Kommunismus distanzierten sich die Surrealist_innen in der Folge gründlich, spätestens mit Bretons Manifest von 1935 *Als die Surrealisten noch recht hatten* (Breton 2004d). Mit dieser und weiteren Schriften behaupteten die Surrealist_innen insbesondere die Unabhängigkeit ihrer intellektuellen Position.

Die psychologische Struktur der Massengesellschaft

Das Problem der Psychologie der Massen bewegte einige politisch motivierte Surrealist_innen explizit offenbar erst in einer einigermaßen fortgeschrittenen Phase ihres Wirkens. Insbesondere das Auftreten starker faschistischer Bewegungen dürfte dafür eine wichtige Rolle gespielt haben. Spätestens mit dem Ende des Ersten Weltkriegs, das auch das Ende der autokratisch herrschenden Monarchien in Europa markierte, gründeten die neuen politischen Ordnungen ihre Legitimität nicht länger auf göttliches Recht oder ähnliche metaphysische Kategorien, sondern basierten auf sozialen Massenbewegungen, zu deren Verständnis sozialpsychologische Theorien entwickelt werden mussten. Neben parlamentarischen Ordnungen funktionierten nach diesem Prinzip auch die kommunistische Bewegung, und seit den 1920er Jahren erschien insbesondere der Faschismus als Massenbewegung auf der politischen Bühne, der in Italien und Deutschland bis Anfang der 1930er Jahre die staatliche Herrschaft übernommen hatten. Als im Februar 1934 auch in Frankreich von dieser Seite ein Putschversuch unternommen wurde, beteiligten sich die Surrealist_innen unter anderen am tatkräftigen Widerstand gegen diese neuen, totalitäre Züge tragenden politischen Tendenzen (Nadeau 2002: 178f.). Im Jahr 1935 verkündeten sie die Gründung eines »Kampfbund[s] der revolutionären Intellektuellen« mit dem Namen *Contre-Attaque* (Gegenangriff). In militantem Ton (»TOD ALLEN SKLAVEN DES KAPITALISMUS!«) warben sie für tatkräftige Aktionen gegen »Nation und Staat« und gegen »die kapitalistische Herrschaft und ihre politischen Institutionen«. Insbesondere stellten sie fest, dass »die traditionelle Taktik der revolutionären Bewegungen [...] nur für die Vernichtung autokratischer Regime Wert gehabt [habe, und daher eine] wesentliche und dringende Aufgabe die Begründung einer Doktrin [sei], *die aus den unmittelbaren Erfahrungen resultier[e]*« (Acker u.a. 1935: 416f., Hervorhebung im Original).

Als treibende Kraft hinter dem Kampfbund, dessen Gründung ein Versuch der Hinwendung zu direkteren politischen Aktionen war, gilt Georges Bataille, der bereits seit den frühen 1920er Jahren zum engen Umfeld der surrealistischen Bewegung gehörte (Nadeau 2002: 184, Anm. 18). Von 1929 bis 1931 wirkte er als Chefredakteur der surrealistischen Zeitschrift *Documents*[13]. Zwischenzeitlich hatte er sich jedoch mit dem vermeintlichen Übervater der Bewegung, Breton, überworfen, bevor beide in *Contre-Attaque* wieder zusammenarbeiteten. Im Herbst 1933 und Frühjahr 1934 veröffentlichte Bataille einen Aufsatz mit dem Titel *Die psychologische Struktur des Faschismus*, mit dem er einen wichtigen Beitrag zum sozialpsychologischen Verständnis jener neuen, auf politischen Massenbewegungen basierenden Gesellschaftsordnungen leistete (Bataille 1978). Der Aufsatz erschien in zwei Teilen in den Nummern 10 und 11 der Zeitschrift *La Critique Sociale*[14]. Obwohl der Aufsatz insbesondere die psychologische Struktur des Faschismus analysierte, entwickelte er in ihm Begriffe zu einer generellen, sozialpsychologisch argumentierenden Gesellschaftstheorie, in der er Annahmen der Psychoanalyse und Ideen des Surrealismus verarbeitete.

Freud hatte in seinem Buch *Massenpsychologie und Ich-Analyse* von 1921 bereits darauf hingewiesen, dass der »Gegensatz von Individual- und Sozial- oder Massenpsychologie, der uns auf den ersten Blick als sehr bedeutsam erscheinen mag, [...] bei eingehender Betrachtung sehr viel von seiner Schärfe [verliert]« (Freud 1999b: 73). Das Buch war eine wichtige Referenz für Batailles sozialpsychologische Analyse. Die aus Freuds Theorie stammende und für die surrealistische Erforschung subjektiver psychologischer Strukturen zentrale Unterscheidung zwischen Bewusstem und Unbewusstem tauchte in seiner Analyse der psychologischen Struktur der Gesellschaft als eine Unterscheidung von Homogenem und Heterogenem wieder auf: »[D]ie Erkenntnisstruktur einer *heterogenen* Realität [...] ist identisch mit der Struktur des *Unbewussten* (während die Erkenntnisstruktur der homogenen Realität die der [bewussten und rationalen] Wissenschaft ist)« (Bataille 1978: 18, Hervorhebung im Original). Als Homogenität oder »tendenzielle *Homogenität*« bezeichnete Bataille jenen Bereich der psychologischen Struktur der Gesellschaft, »der dem Bewusstsein am nächsten liegt« und der ihre scheinbar wesentlichen Merkmale ausmacht (Bataille 1978: 10, Hervorhebung im Original). Alle Erscheinungen, die jenseits des tendenziell homogenen Teils der Gesellschaft existieren, bezeichnete Bataille dagegen als heterogene Elemente, und das Unbewusste galt ihm als eine der Seiten des Heterogenen. Die heterogenen Elemente bildeten seines Erachtens keinen

---

13 | Alle fünfzehn Ausgaben der Zeitschrift werden in digitalisierter Form auf der Webseite der Bibliothèque nationale de France zur Verfügung gestellt: http://gallica.bnf.fr/ark:/12148/cb34421975n/date.r=.langFR (22.06.2010).

14 | Ein Überblick über die Inhalte der elf zwischen 1931 und 1934 erschienenen Ausgaben findet sich im Internet unter: http://www.collectif-smolny.org/article.php3?id_article=531 (22.06.2010).

Zusammenhang positiv bestimmbarer Erscheinungen, sondern wurden nur negativ durch Abgrenzung vom Homogenen als das Nicht-Homogene erkennbar. Ihre Abgrenzung erfolgte durch die Konstituierung der Homogenität, die alles andere ausschließt. »Der Ausschluss der *heterogenen* Elemente aus dem *homogenen* Bereich des [gesellschaftlichen] Bewusstseins hat [dabei] eine formale Ähnlichkeit mit dem Ausschluss von Elementen, die die Psychoanalyse als *unbewusste* beschreibt und die durch Zensur vom bewussten Ich ferngehalten werden« (Bataille 1978: 15, Hervorhebung im Original). Ihr Ausschluss sei aus Sicht der Homogenität notwendig, da sie von diesem bewusst geordneten Teil der Gesellschaft nicht assimiliert werden können. Sie seien »irreduzible Elemente« und »ebenso unvereinbar mit [der] Homogenität [...] wie etwa eingefleischte Kriminelle mit der sozialen Ordnung« (Bataille 1978: 14). Die heterogenen Elemente machten damit zugleich die selbst gesetzten Beschränkungen der Homogenität sichtbar.

Der Begriff Homogenität beschreibt eine sozialpsychologische Ordnung, deren Stabilität prekär und prinzipiell gefährdet ist und deren konkrete Ausgestaltung deshalb Wandlungen unterworfen sein kann. Entsprechend können ihre wesentlichen inhaltlichen Charakteristika in unterschiedlichen Gesellschaften differieren, wenngleich ihre grundlegende psychologische Struktur immer durch Homogenität gekennzeichnet bleibt. Wie genau die homogene Struktur einer Gesellschaft aussieht, ist also eine Frage historischer Bedingungen. In der bürgerlich-kapitalistischen Ordnung erschien ihm Homogenität als gleichbedeutend mit der Masse ökonomisch nützlicher Individuen in einer arbeitsteilig organisierten Industriegesellschaft:

> »Basis der sozialen *Homogenität* ist die Produktion. Die *homogene* Gesellschaft ist die produktive, das heißt die nützliche Gesellschaft. Jedes unnütze Element wird ausgeschlossen, nicht aus der Gesellschaft überhaupt, sondern aus ihrem *homogenen* Teil. In diesem Teil muss jedes Element für ein anderes nützlich sein [...]. Eine nützliche Tätigkeit kann immer mit einer anderen nützlichen Tätigkeit auf einen *gemeinsamen Nenner* gebracht werden [...]. In der *homogenen* Gesellschaft ist jeder Mensch soviel wert wie er produziert [...]: er ist [...] eine Funktion innerhalb der messbaren Grenzen der kollektiven Produktion.« (Bataille 1978: 10f., Hervorhebung im Original)

Interessant an Batailles Konzeption ist, dass er dem homogenen Teil der Gesellschaft die Fähigkeit abspricht, aus sich selbst heraus einen Sinn oder Zweck seiner Existenz zu erzeugen. Die nützliche Tätigkeit im arbeitsteiligen ökonomischen Prozess, die ihm als Kennzeichen des homogenen Teils der Gesellschaft gilt, ist in seinen Worten keine »*in sich wertvolle* Tätigkeit«. Sie gewinne ihre Bedeutung nicht aus sich selbst heraus, sondern aus dem bewusst hergestellten, funktionalen Zusammenhang, in dem sie stattfinde. Unter den herrschenden ökonomischen und sozialen Bedingungen erscheine daher das Geld als ›sinnstiftendes‹ Element der homogenen Gesellschaft. Es diene als zentrale Referenz des ökonomischen Zusammenhangs und damit als »[d]er gemeinsame Nenner, [das] Fundament der sozialen *Homogenität*« (Bataille 1978: 10, Hervorhebung im Original). Seine Funktion ist demnach die eines allgemeinen Äquivalents des ökonomischen Warentauschs, auf den sich alle nützlichen Tätigkeiten beziehen müssen. Sozialpsychologisch und mit den Augen des Surrealismus betrachtet, verwandelte sich das Geld für die Menschen der homogenen Masse in einen »ihnen [...] gemeinsame[n] Tyrann[en], das Geld wird ihnen zur Schlange, die sich in den Schwanz beißt« (Breton 2004e: 116). Denn der Sinn und Zweck der produktiven Tätigkeit kann über die Bezugnahme auf das Geld und den ökonomischen Warenkreislauf hinaus innerhalb dieser homogenen Ordnung nicht konstituiert oder erkannt werden.

Neben dieser recht eindeutigen Bestimmung der Homogenität schien es für Bataille unmöglich, die heterogenen Elemente wissenschaftlich zu erfassen. Bei ihnen handele es sich um Erscheinungen einer *»unerklärlichen Differenz«*, für die eine eigene Erkenntnisform erst gefunden werden müsse (Bataille 1978: 15, Hervorhebung im Original). In dieser Annahme wurde deutlich das surrealistische Ansinnen erkennbar, die Erforschung des Unbewussten mit neuen Methoden abseits der bewussten und rationalen wissenschaftlichen Erkenntnis voranzutreiben. Den heterogenen Erscheinungen wohnte also aus Sicht einer homogenen, bewussten Erkenntnis eine gewisse Irrationalität inne. Sie sollten bspw. in sakralen Erscheinungen (Formen von Religion oder Magie) oder in unproduktiver, zerstörerischen oder affektiver Verausgabung erkennbar werden. Darunter zählte Bataille bspw. erotische Handlungen, Träume oder Neurosen, künstlerisches Schaffen oder Wahnsinn, militärisches oder aristokratisches Leben, gewalttätige, maßlose oder renitente Lebensweisen. Allgemein konzipierte er »[d]ie heterogene Realität [als] die der Kraft oder des Schocks«, ihre Erscheinungen »brechen [...] die Gesetze der sozialen Homogenität« (Bataille 1978: 17, Hervorhebung im Original). Sie scheinen daher prinzipiell unvereinbar mit einem gewöhnlichen, regelmäßigen Alltagsleben bzw. einer sozialen Existenz als funktionale Elemente einer homogenen Gesellschaft zu sein. Aus der kurzen Aufzählung möglicher heterogener Elemente wird bereits deutlich, dass der Bereich des Nicht-Homogenen in sich stark differenziert erscheint. Bataille unterschied in seiner Analyse der sozialpsychologischen Bedingungen seiner Zeit (bzw. des Faschismus) grundsätzlich zwischen höheren (erhabenen, imperativen) Formen und niederen (elenden) Formen des Heterogenen. Die psychologische Struktur der Gesellschaft war nach Bataille also durch eine klare Hierarchie gekennzeichnet: Aus der homogenen Masse der Menschen wurden alle heterogenen Elemente ausgeschlossen, die sich im Wesentlichen in dualer Weise über- und unterhalb der Homogenität anordneten.[15] Trotz ihres Ausschlusses aus der homogenen

---

15 | »Die undifferenzierten *heterogenen* Formen sind in der Tat sehr selten – zumindest in den entwickelten Gesellschaften – und die Analyse der inneren sozialen Struktur des *Heterogenen* beschränkt sich völlig auf die der Opposition der Gegensätze« (Bataille 1978: 219, Hervorhebung im Original).

Gesellschaft, standen die heterogenen Elemente in spezifischen Beziehungen zu ihr. Die übergeordneten, imperativen Formen erfüllten für sie die Funktion des Sinnstiftens, da die homogene Gesellschaft unfähig war, aus sich selbst heraus den Sinn und Zweck ihres (ökonomischen) Handelns zu finden. Sie benötigte Führung, das heißt sie »gerät [...] in Abhängigkeit von den imperativen Kräften, die sie ausschließt«, denn »infolge der Unfähigkeit der Homogenität, in sich selbst ein Motiv zu finden, ihre Existenz zu fordern und durchzusetzen, wird der Rückgriff auf eine von außen herangezogene Motivation zu einer Notwendigkeit ersten Ranges« (Bataille 1978: 23f.). Als verbindendes Element zwischen den höheren heterogenen Elementen und der homogenen Masse fungierte dabei die gemeinsame affektive Abneigung gegen die niederen heterogenen Elemente, die zwar kaum rational zu begründen war, aber dennoch normalerweise nicht in Frage gestellt wurde.

Typische Erscheinungsweisen des imperativen Heterogenen sind daher die politische Souveränität, wie sie in den 1920er und 1930er Jahren in den faschistischen Führerfiguren Gestalt annahm, aber auch die Führung einer regulären Armee durch einen Feldherrn[16] oder die religiöse Autorität bspw. des Papstes. Jede Form von Herrschaft beschrieb Bataille vom sozialpsychologischen Standpunkt aus gesehen als hybrid, das heißt als zusammengesetzt aus einerseits »affektiv[er] Anziehung und Abstoßung« und andererseits »Tendenzen der äußersten Grausamkeit« (Bataille 1978: 22). Bspw. die politische Souveränität stützte sich also auf kulturelle Autorität (z.B. in Glaubensfragen) und auf militärische Gewaltsamkeit. Die psychologische Struktur einer konkreten Herrschaftsordnung bestimmte sich aber letztlich durch die tatsächliche Erscheinungsweise der beiden qualitativen Dimensionen, der affektiven Anziehung oder Abstoßung und der Tendenzen zur Grausamkeit, sowie durch die verwickelten Konstellationen, in denen sich der homogene Teil der Gesellschaft und die (imperativen und niederen) heterogenen Elemente begegneten.

Für die Betrachtung der surrealistischen Aktivitäten als Formen kultureller Guerillaaktionen erscheinen insbesondere die niederen Formen des Heterogenen interessant. Angesichts ihrer Marginalität und ihrer antiautoritären Haltung, ihrer militanten (oder renitenten) Rhetorik, ihrer künstlerischen Praktiken, in denen sie bspw. mit nutzlosen Alltagsgegenständen oder Müll (nach Bataille typisch heterogenen Dingen) ihre Collagen bastelten, und angesichts ihrer unentwegten Suche nach dem Neuen sowie ihrer Arbeit am Unbewussten können sie als typische heterogene Erscheinung gelten. Die Gewaltsamkeit bzw. die gewaltsame Rhetorik lässt sich im Fall der Surrealist_innen als symbolische Reaktion auf die empfundene Gewaltsamkeit vermeintlich rationaler Ordnungen interpretieren. Ihre Erkundungen des Unbewussten sollten unkontrollierte affektive Äußerungen ermöglichen, völlig

---

16 | Vgl. zur psychologischen Struktur des Heers auch Kapitel V in Freuds *Massenpsychologie und Ich-Analyse* (Freud 1999b: 101-108). Freud spricht dort vom »Feldherr[n] [als] Vater, der alle seine Soldaten gleich liebt, und darum sind sie Kameraden untereinander« (Freud 1999b: 102).

losgelöst von religiösen oder rationalen Zwecken. Im Gegensatz zu den imperativen Formen des Heterogenen erfüllten solche niederen Formen des Heterogenen nicht die Funktion des Sinnstiftens, sondern wirkten sinnzersetzend, das heißt sie irritierten die psychologische Konstitution der homogenen Masse: »[D]er geringste Rückgriff auf die Reserven an Energie, die durch diese Formen repräsentiert werden, [ist] gleichbedeutend [...] mit dem gefährlichen Rückgriff auf die *Subversion*« (Bataille 1978: 23, Hervorhebung im Original). Was Bataille hier als Effekt auf die sozialpsychologische Struktur einer Gesellschaft skizzierte, entsprach damit recht genau sowohl den Intentionen der surrealistischen Revolten gegen die herrschende Ordnung als auch den heute thematisierten Effekten von Guerillakommunikation. Eine ernsthafte Gefahr für die Gesellschaftsordnung oder die sozialpsychologische Konstitution ihres homogenen Teils stellten die niederen Formen des Heterogenen nach Batailles Ansicht jedoch zunächst nicht dar. Sie waren aus der Homogenität ausgeschlossen und blieben gegenüber dem Bündnis aus homogenem Gesellschaftsteil und imperativen heterogenen Elementen marginal. Funktionale Bedeutung für die Gesellschaft insgesamt konnten die niederen heterogenen Elemente erst dann erlangen, wenn innerhalb der homogenen Masse Spannungen auftraten, wenn also eine Gesellschaft durch krisenhafte Entwicklungen unter Druck geriet, wie es bspw. in Europa während und nach dem Ersten Weltkrieg der Fall war. Wenn die Einheitlichkeit eines Gesellschaftssystems zerbrach, dann bedeutete dies für Bataille »eine tendenzielle Zersetzung der *homogenen* sozialen Existenz« (Bataille 1978: 13, Hervorhebung im Original). Ein relevanter Teil der Menschen, die dem psychologisch homogenen Teil der Gesellschaft zugeordnet werden konnten, würde unter diesen Bedingungen das Interesse an der weiteren Existenz der spezifischen, existierenden Ordnung einer Massengesellschaft verlieren, gerade weil deren Homogenität verloren zu gehen drohte. Erst in einem solchen Fall, wenn die psychologisch homogene Gesellschaft einen relevanten Teil ihrer Unterstützer_innen zu verlieren drohte, konnte eine ernsthafte Konkurrenz zur Homogenität entstehen, für deren Herausbildung die marginalen heterogenen Elemente eine wichtige Rolle spielen sollten. Batailles These lautete, dass der von der homogenen Ordnung abtrünnige Teil ihrer ehemaligen Unterstützer_innen sich spontan bereits vorhandenen heterogenen Elementen anschließen würde und gemeinsam mit diesen eine neue sozialpsychologische Formation bildete, die er *Heterogenität* nannte. Diese war, vergleichbar zur Homogenität, gekennzeichnet durch einen »positiv-allgemeinen Charakter« und »neig[e] immer dazu, eine abgetrennte Struktur zu bilden« (Bataille 1978: 13f.).

Mit dem Konzept der Heterogenität beschrieb Bataille also eine sozialpsychologische Struktur, die in doppelter Weise – nach innen und nach außen – heterogen wirken sollte. Die zunächst homogenen Elemente wandelten ihren Charakter durch den Übergang in den Bereich der Heterogenität, denn »wenn die sozialen Elemente auf die Seite des Heterogenen überwechseln, [werde] ihre Handlungsweise durch die aktuelle Struktur dieser Seite determiniert« (Bataille 1978: 14). Heterogen sei diese Seite zudem im Verhältnis zu der (sich zersetzenden) Homogenität, zu der sie inkommensurabel bleibe. Sobald sich die Heterogenität ihrerseits zu einer dominanten Struktur entwickle, könne sich damit eine grundlegende Verschiebung der sozialpsychologischen Koordinaten einer ganzen Gesellschaft ereignen.

Mit dieser Beschreibung erfasste Bataille die sozialpsychologischen Dynamiken, die sich im Innern einer Massengesellschaft ereignen konnten und beschrieb Mechanismen, über die eine solche homogene Massengesellschaft sich in eine andere, heterogene oder pluralistische Gesellschaft verwandeln konnte. Unter einem sozialpsychologischen Blickwinkel können die Bemühungen der Surrealist_innen um eine geistige Befreiung der Menschen genau in dieser Hinsicht interpretiert werden. Sie zielten auf eine psychologische Emanzipation jedes Einzelnen und damit in Richtung einer Auflösung des Ordnungsprinzips der Massengesellschaften und deren sozialpsychologischem Prinzip der Homogenität. Sie suchten nach Wegen hin zu einer heterogenen sozialen (Un-)Ordnung, was angesichts der real existierenden sozialen Massenbewegungen als paradoxe Aufgabe erscheinen musste: »Was bedeutet das Postulat ›keine Gesellschaft ohne sozialen Mythos‹; inwieweit können wir einen Mythos für die Gesellschaftsordnung, die wir für erstrebenswert halten, wählen oder annehmen und *vorschreiben*?« (Breton 2004e: 119, Hervorhebung im Original). Das Dilemma bestand mit anderen Worten darin, dass man die Menschen zu ihrer Selbstbefreiung anleiten müsste – ein gewissermaßen unmögliches Unterfangen, wenn man dabei keine neuen Autoritätsbeziehungen etablieren wollte. Die Surrealist_innen formulierten also ein Programm, das hinsichtlich seiner paradoxen Anforderungen formal durchaus mit den Bemühungen Bernays' um eine kommunikative Steuerung der Massengesellschaft vergleichbar war. Ihr Ziel lässt sich jedoch als genau entgegengesetzt beschreiben. Es ging ihnen nicht um das Aufrechterhalten oder Herstellen einer sozialen Ordnung und das Anführen der Massen, sondern um den Umsturz einer sozialen Ordnung und das Auflösen der Massengesellschaft durch ihre Befreiung von autoritären Ansprüchen und ihre Umwandlung in eine heterogene, pluralistische Gesellschaft. Der belgische Surrealist Marcel Mariën entwickelte Ende der 1950er Jahre in diesem Sinne die Konzeption eines surrealistischen Staatsstreichs, der die Form einer professionellen Wahlkampagne trug. Sein Entwurf erscheint dabei als in vielen Punkten mit Bernays' Ideen zur Steuerung der Gesellschaft vergleichbar, in einigen wichtigen Details weicht er jedoch davon ab.

Eine Wahlkampagne als surrealistischer Staatsstreich

Mariëns Überlegungen finden sich in seinem Buch *Théorie de la révolution mondiale immédiate*, dessen deutsche Übersetzung den Titel *Weltrevolution in 365 Tagen. Versuch über das Unmögliche* trägt (Mariën 1989). Die Revolution, die er in Form einer Kommunikationskampagne konzipierte, sollte seines Erachtens im Verlauf etwa eines Jahres in die Tat umzusetzen sein. Ausgangspunkte seiner Überlegungen bildeten die Analyse der ökonomischen und sozialen Bedingungen in den westlichen Demokratien zur damaligen Zeit (das Buch erschien zuerst im Jahr 1958) sowie die Analyse der Erfahrungen mit realen kommunistischen und faschistischen Regimes, insbesondere mit der stalinistischen Sowjetunion und dem nationalsozialistischen Deutschland. Es handelte sich bei dem Buch also um eine Weiterführung der früheren Erfahrungen und Erkenntnisse im Umgang mit den vermeintlichen Verbündeten und dem schärfsten Gegner des Surrealismus aus den 1920er bis 1940er Jahren. Deren politisches Handeln untersuchte Mariën mit instrumentellem Erkenntnisinteresse unter dem Blickwinkel ihrer politischen Propagandatätigkeit und ihrer massenpsychologischen Wirksamkeit. Das daraus abgeleitete Handlungsprogramm erscheint wie eine Umkehrung der früheren Annahme Bretons, eine soziale Revolution müsse eventuell der geistigen vorausgehen. Mit dem surrealistischen Staatsstreich wurde demgegenüber ein Vorgehen skizziert, das eine sozialpsychologische Umwälzung als Grundlage für materiell-soziale Veränderungen betrachtete.

Die im Kommunismus angelegte revolutionäre Perspektive litt nach Meinung Mariëns neben den materiellen Problemen aufgrund der ökonomischen Unterentwicklung in der Sowjetunion vor allem an eigentümlichen Unzulänglichkeiten ihrer politischen Kommunikation. Diese war zunächst charakterisiert durch die »Notwendigkeit, eine komplexe und bis zum Exzess überladene Doktrin zu propagieren« (Mariën 1989: 48f.). Darüber hinaus sollte diese kommunistische Weltanschauung mit Mitteln rationaler Argumentation vermittelt werden, was angesichts ihrer Adressatinnen, der »am meisten benachteiligten Massen, die am allerwenigsten darauf vorbereitet sind«, ein außerordentlich paradoxes Unternehmen zu sein schien (Mariën 1989: 49). Die Propaganda der faschistischen Regime agierte demgegenüber völlig entgegengesetzt. Sie kombinierte »die absolute Dürftigkeit ihrer Doktrin« mit »einer außerordentlichen Kenntnis der Gefühle des Mannes auf der Straße« (Mariën 1989: 46). Ganz im Sinne der allgemeinen Rationalismuskritik des Surrealismus plädierte Mariën daher für ein Berücksichtigen der unbewussten Dimensionen geistiger Tätigkeit in der Kampagnenarbeit. »Angesichts der unendlich gefühlsbetonteren Propaganda des Gegners, die auf Leichtigkeit und den geringsten Aufwand setzt, schrecken der Appell an die Vernunft und die geforderte geistige Spannung die Massen ab und entmutigen sie unweigerlich« (Mariën 1989: 49).

Die kommunistische Propaganda richtete sich zudem meist an die Kernklientel der Partei, das heißt an die am meisten benachteiligten Gruppen einer Gesellschaft und verpasste es, weitere Gruppen als mögliche Bündnispartner anzusprechen. Mariën hielt dagegen, es sei »wenig sinnvoll, eine Revolution zu machen, ohne sich der Unterstützung der großen Mehrheit der öffentlichen Meinung zu versichern« (Mariën 1989: 65). Die einseitige Fixierung auf das Proletariat als Adressaten und die vernünftige Argumentation als Mittel der Kommunikation mussten daher den Versuch, die Mehrheit der öffentlichen Meinung zu erreichen, scheitern lassen. Es erschien ihm nicht nur außerordentlich schwierig, gerade die besonders Benachteiligten mit Mitteln der Vernunft zu erreichen, sondern darüber hinaus verstand sich ein beträchtlicher Teil der Menschen, die vom materiellen Standpunkt aus dem Proletariat zuzurechnen wären, selbst oft nicht als deren Teil, sondern fühlte sich eher dem Bürgertum zugehörig. »Vom Ingenieur bis zur Tipse [sic], vom Buchhalter bis zur Verkäuferin, erweist sich ein immer größerer Teil des Proletariats psychologisch gesehen eher der herrschenden Klasse zugehörig, deren Gewohnheiten und Dünkel er nachahmt, als der Arbeiterklasse« (Mariën 1989: 26).

Mit dieser Analyse argumentierte Mariën ganz im Sinne von Batailles Theorie der psychologischen Struktur einer Massengesellschaft. Die arbeitsteilig organisierte und psychologisch homogene Masse orientierte sich an den herrschenden, imperativen heterogenen Elementen. Die niederen heterogenen Elemente, die am ehesten ihre eigene Unvereinbarkeit mit der existierenden ökonomischen und sozialpsychologischen Ordnung empfanden, konnten kaum über Argumente erreicht werden, da die rationale, bewusste Erkenntnis nicht ihrer geistigen Verfassung, sondern derjenigen der homogenen Masse entsprach. Nötig wäre also ein neues Bündnis aus heterogenen Elementen und Teilen der homogenen Masse in Form einer Heterogenität im Sinne Batailles, die unvereinbar mit der herrschenden Ordnung blieb. In den Worten Mariëns hieß das: »Wenn die Revolution gelingen soll, so ist sie nur am helllichten Tag und unter der aktiven Teilnahme der gesamten Elite der industriellen Produktion, der technischen Direktoren und Bürokraten vorstellbar« (Mariën 1989: 26). Anders als Bataille, dessen Sozialtheorie eine tiefgreifende sozialpsychologische Umwälzung einer Gesellschaft als Folge der inneren Widersprüche einer ökonomischen Ordnung beschrieb, die in Form eines spontanen Anschlusses von Teilen der homogenen Masse an alternative heterogene Elemente stattfand, interessierte sich Mariën für die Handlungsoptionen, die zu einem solchen, dann nicht mehr ganz so spontanen Wechsel führen konnten. Sein Interesse galt den Mechanismen hinter der Revolte der Massen, wie sie bspw. in der Russischen Oktoberrevolution 1917 zu beobachten gewesen war:

»Wer hat sie inszeniert, eingeleitet, wer hat die riesige Maschine in Gang gesetzt? Sicher die ökonomischen Verhältnisse, ihre tiefen Widersprüche, aber mehr noch, da die gleichen Verhältnisse zu einem entgegengesetzten Ende hätten führen können [...], die mehr oder weniger konzertierte Aktion [einer] winzigen Anzahl von Männern [...].« (Mariën 1989: 67)

Jene winzige Zahl zur Aktion bereiter Personen sollte nach Mariëns Vorstellung eine Revolution mit Mitteln einer Kommunikationskampagne anzetteln. Diese Aktion konzipierte er einerseits als eine ganz gewöhnliche Kampagne, andererseits sollte sie aber auch Elemente beinhalten, die nicht der allgemein bekannten Vorgehensweise entsprachen: »Die Kampagne, die wir uns vorstellen, hat zwei Aspekte: sie ist öffentlich und geheim, legal und illegal« (Mariën 1989: 74). Sie erscheint mit anderen Worten als eine Kombination aus Kampagnenkommunikation und Guerillaaktion. Ganz im Sinne eines Planungsprozesses für eine typische Kommunikationskampagne sollte am Ausgangspunkt zunächst eine Bestandsaufnahme des anzusprechenden Publikums, des zur Verfügung stehenden medialen Raums und der politischen Gegner_innen stehen – eine Arbeit, die durch die kommerzielle Markt- und Umfragenforschung bereits weitgehend geleistet wurde und auf deren Erkenntnisse daher problemlos zurückgegriffen werden konnte (Mariën 1989: 76ff.). Die Kampagne sollte zentral gesteuert und zeitlich in vier Phasen unterteilt werden, die jeweils drei Monate dauern und ganz bestimmten Teilzielen dienen sollten, auf die noch eingegangen wird. Die zeitliche Beschränkung erklärte Mariën insbesondere mit der beschränkten Aufmerksamkeit der Menschen, die angesprochen werden sollten, die aber durch ein ständig sich wandelndes Informationsangebot ihre Aufmerksamkeit kaum über einen längeren Zeitraum auf eine einzelne Sache konzentrieren konnten:

»Innerhalb der außerordentlichen geistigen Verwirrung, die heute von der unaufhörlichen Flut aus Rotationspressen, Radios, Fernsehkanälen und Kinos produziert wird, und die jede Sekunde unseres geistigen Lebens bedroht und belastet, gefährden die Vielfalt und die ständige Erneuerung der kollektiven Mythen das Anhalten des Interesses und der Begeisterung über einen gewissen Zeitraum hinaus, die wir wecken und aufrechterhalten müssen, bis sie auf der Ebene der Tatsachen ihre entscheidende Wirkung zeitigen.« (Mariën 1989: 94)

Mariën empfahl über die typischen Planungselemente einer Kampagne hinaus die Nutzung eines übergreifenden »graphische[n] Erkennungszeichen[s]«, eines »überraschende[n] Motto[s]«, eines »kurzen musikalischen Thema[s]« und einer »einfache[n] Geste«, welche die einheitliche Erkennbarkeit der gesamten Aktion gewährleisten sollten (Mariën 1989: 91ff.). Auch hinsichtlich der zu nutzenden Medien entsprach Mariëns Kampagne völlig dem üblichen Vorgehen. Er setzte auf die flächendeckende Nutzung der Tagespresse und periodischer Publikationen, die direkte Kommunikation via Broschüren, Rundschreiben, Flugblätter, Handzettel etc. sowie die Nutzung von Radio, Fernsehen und Kino als Verbreitungswegen für Werbespots an ein großes Massenpublikum. Diesen »Basismedien«, die »alle in mehr oder weniger großem Umfang ausgedehnten Kontakt mit dem Publikum ermöglichen«, stellte Mariën »sekundäre Medien« zur Seite, die »nur eine Erinnerungs- oder Verweisfunktion auf die primären Medien übernehmen« (Mariën 1989: 86f.). Auch bei den sekundären Medien handelte es sich um übliche, aus der Werbung bekannte Mittel: Leuchtreklame, Plakate, Anzeigen, Aufkleber, Lautsprecherwagen, kleine Geschenke, bedruckte Taschentücher, Blumensträuße und ähnliche Dinge. Die konkrete Umsetzung der Kampagne konnte man bereits bestehenden Werbeagenturen überlassen, da dort ein spezialisiertes Personal vorhanden war. Die Konzeption skizzierte also die Planung und Umsetzung einer ganz typischen, strategisch ausgerichteten Kommunikationskampagne: Mariën wies auf einzelne strategische Elemente wie die Notwendigkeit innerer Einheitlichkeit oder die Anwendung heute sog. crossmedialer Kommunikation hin und gab darüber hinaus eine Fülle an detaillierten Hinweisen und Ideen für die konkrete Ausgestaltung der Kampagne. Als ein wichtiges Element dieses professionellen Vorgehens schlug er zudem die Gründung einer Art wirtschaftswissenschaftlichen Forschungsinstituts vor, das Daten über die ökonomischen und sozialen Rahmenbedingungen sammeln sollte, »so dass die geringste Bodensenkung, die geringste Unebenheit des zukünftigen Schlachtfeldes bekannt ist und die Kräfte des Feindes mit allergrößter Genauigkeit registriert sind« (Mariën 1989: 112).

Die Planung erscheint über diese ›klassischen Elemente‹ hinaus aber in jedem Fall auch als ungewöhnlich. Sie bricht zunächst hinsichtlich ihrer inhaltlichen Ausgestaltung gründlich mit den damals herrschenden Vorstellungen zur Durchführung *politischer* Kampagnen, indem sie sich strikt an den empirischen Erfahrungen der kommerziellen Werbung orientierte. Die breite Masse der Menschen stehe der Politik insgesamt misstrauisch oder gleichgültig gegenüber und sei mit einer ideologisch aufgeladenen politischen Sprache kaum zu erreichen, so lautete Mariëns Diagnose, durch die er damalige Formen politischer Kommunikation grundlegend in Frage stellte. Deshalb »erschein[e] unmittelbar als erste Bedingung, aus unserem Vokabular jede Anspielung nicht nur auf den Kommunismus, sondern schlicht und einfach auf jede politische Idee zu verbannen«, um überhaupt die Aufmerksamkeit der Masse erringen zu können. Ziel sei es, »auf die Symbole und Bräuche, die Sprache und den Stil des internationalen Kommunismus und der politischen Parteien im allgemeinen [zu] verzichten« (Mariën 1989: 74). Die Organisation, mit der eine solche unpolitische Vorgehensweise möglich sein sollte, könne bspw. die Form eines Freizeitklubs haben, denn die Freizeit schien für Mariën der Lebensbereich, »wo der Mensch heutzutage angreifbar ist« (Mariën 1989: 83). Abseits der rationalisierten Arbeitswelt konnte die Freizeit als Ort des affektiven Lebens gelten, das nach Mariën der Ansatzpunkt der Kampagne sein sollte.[17] Um die Menschen zu erreichen, sollte der Klub zahlreiche unpolitische Freizeitaktivitäten von Unterhaltung über Kultur

---

17 | Auch in Batailles Überlegungen erscheint die Freizeit als der Lebensbereich jenseits der rationalisierten Arbeitswelt, in dem die im Arbeitsprozess homogene Masse affektiven, heterogenen Lebensweisen frönt: »Außerhalb der Fabrik [...] bleibt der Arbeiter [...] ein Fremder, ein Mensch von anderer Natur, einer Natur, die nicht reduziert, nicht unterworfen ist« (Bataille 1989: 11).

bis zu Sportveranstaltungen organisieren. In diesen Aktionen bestand äußerlich sein alleiniges Anliegen. Der Klub »funktionier[e] genauso wie jedes beliebige kapitalistische Unternehmen, dessen vorrangiger Daseinszweck im materiellen Profit lieg[e]«. Dieser kommerzielle Zweck sollte jedoch nur eine Fassade etablieren: »[W]ir werden Geld machen, und das ist, alles in allem, unsere beste Tarnung«. Anders als bei anderen kommerzielle Unternehmen diente die Werbung allerdings nicht dem Verkauf eines materiellen Produktes, sondern die Kommunikation selbst war alleiniger Sinn und Zweck der Unternehmung, in der »sich Werbung und Produkt, das sie bekannt machen soll, [vermischen] und [...] tatsächlich Ein- und Dasselbe« werden sollten (Mariën 1989: 88f.).[18]

Über die politischen Hintergründe der Organisation sollte nur eine »Zentrale« informiert sein, jene Handvoll zur Aktion bereiter Menschen, welche die Initiator_innen der Kampagne bildeten. Diese Gruppe musste zudem für eine grundlegende Finanzausstattung des Unternehmens sorgen. Denn auch wenn der Freizeitklub äußerlich ganz wie ein Wirtschaftsunternehmen funktionieren sollte, das selbst Einkünfte erzielte und seine Aktivitäten zunächst mit Bankkrediten finanzieren konnte, so war nach Mariëns Ansicht unter den gegebenen wirtschaftlichen Bedingungen doch ein Startkapital vonnöten. Für dieses Problem musste eine unkonventionelle Lösung gefunden werden, da kaum mit einem großzügigen Mäzenatentum zu rechnen war. Mariëns Vorschlag erscheint dementsprechend als echte Guerilaaktion, die sich aber ganz mit der angestrebten revolutionären Perspektive in Einklang befand:

»Machen wir nicht viel Federlesens, wo es nur eine Feder gibt. Denn die einzige Möglichkeit, uns dieses Geld zu verschaffen, besteht ganz offensichtlich darin, es dort zu holen wo es ist. [...] Das Messer an der Gurgel, die Vortäuschung irgendeiner asiatischen Folter oder auch das Prinzip der Geiselnahme machen aus jedem Bankdirektor ein wertvolles und vollständig gefügiges Hilfswerkzeug. Was die zehn bis fünfzehn Männer betrifft, die jeweils eine Aktionsgruppe bilden, so reicht ihre Zahl völlig, um die Ausgänge zu bewachen und Personal und Kundschaft in Schach zu halten, die ja überhaupt nicht darauf vorbereitet sind, dem Ansturm von Maschinenpistolen, Handgranaten, Tränengas oder, wenn es sein muss, Flammenwerfern standzuhalten.« (Mariën 1989: 122, 127)

---

18 | Mariën weist selbst darauf hin, dass der Begriff *Public Relations* besser als der Begriff *Werbung* die Aktivitäten des Klubs erfassen würde. Diese stehen mit ihrer »Originalität des Vorgehens im Gegensatz zur traditionellen Werbung, die durch Übersättigung und Trägheit merklich gehandikapt« sei. Allerdings leide auch der präzisere Begriff *Public Relations* darunter, dass er »mit dem außergewöhnlichen Charakter unseres Unternehmens nicht in befriedigender Weise übereinstimmt« (Mariën 1989: 89). Der Begriff *Guerillakommunikation* existierte damals noch nicht.

Für alle Beteiligten unterhalb der revolutionär motivierten Zentrale blieb deren politisches Anliegen ebenso unsichtbar wie ihre Vorgehensweisen zur Beschaffung des Startkapitals. Sie sollten im Sinne einer arbeitsteiligen Organisation mit einzelnen Aufgaben betraut werden, ohne über den genauen Zweck ihrer Tätigkeit im Bilde zu sein.

Die Dramaturgie der Kampagne sollte schließlich aus vier aufeinander folgenden Phasen von jeweils der Dauer eines Vierteljahres aufgebaut sein. Zunächst musste in den ersten drei Monaten der Freizeitklub mit Hilfe umfassender Kommunikationsmaßnahmen und eigener Freizeitaktivitäten bekannt gemacht werden. Bereits in dieser Phase sollte es auch darum gehen, erste Schritte in Richtung einer politischen Ausrichtung der öffentlichen Aktion zu unternehmen, bspw. indem durch die Zentrale gesteuerte, vermeintliche Leserbriefe in Zeitschriften forderten, der Freizeitklub möge sich auch allgemeinen gesellschaftlichen Problemen widmen. Diese Aktivitäten sollten allerdings im Geheimen erfolgen und »[s]elbstverständlich wird das Tabu-Wort Politik dabei nicht erwähnt« (Mariën 1989: 99). Im zweiten Vierteljahr der Kampagne sollte es nach Mariëns Ansicht darum gehen, die von ihr erfassten Menschen deutlicher in Richtung der politischen Ziele zu lenken. Die vermeintliche Graswurzelbewegung der Leserbriefschreiber_innen würde nun ihre öffentlichen Forderungen nach größerem politischem Engagement des Klubs intensivieren, worauf dieser zunächst ablehnend reagieren sollte, um später dann in einer überraschenden Wendung doch auf die Forderungen einzugehen. Mariëns Legitimationsstrategie für eine solche Wende spielte mit dem Grundsatz, dass »wir keineswegs die goldene Regel der Werbung [vergessen]: Der Kunde hat immer recht« (Mariën 1989: 100). Entsprechend dieser Devise musste die gesamte Politisierung mit verschiedenen Instrumenten zur Beteiligung des Publikums verbunden werden: Meinungsumfragen und Referenden (deren Ergebnisse notfalls manipuliert werden konnten), Wettbewerben, Preisausschreiben, Spielen, Lotterien etc., die das Interesse der Menschen erhalten sollten. Schließlich sollten diese Aktivitäten in die Gründung eines politischen Arms des Freizeitklubs münden, der ›Imaginären Partei‹, deren inhaltliche Ausrichtung weder durch eine vordergründige Ideologie noch durch besondere Originalität gekennzeichnet sein durfte. Es musste sich letztlich um eine Art Volkspartei handeln, die sich völlig an den Mehrheitsmeinungen orientierte. Die so vollzogene Politisierung der Bewegung sollte darüber hinaus nichts an der unpolitischen bzw. politikskeptischen Sprache des Klubs (und der ihm nun zugehörigen Partei) ändern, durch die sich die Organisation ihre Nähe zu den Menschen erhalten sollte. Wichtig war nur, dass die Zentrale die Auswahl des Partei- und Kandidat_innenpersonals zielgerichtet kontrollierte, um »von vornherein solche Elemente, die später gefährliche Weitsicht oder Unabhängigkeit zeigen könnten, auszuscheiden« (Mariën 1989: 105).

Während der dritten Phase der Kampagne (die Monate sieben bis neun) sollte eine Konsolidierung des Erreichten gelingen: Der Freizeitklub und die neu gegründete Partei setzten ihre intensiven kommunikativen Bemühungen fort. Mit der zunehmenden öffentlichen Präsenz und ersten Erfolgen in Meinungsumfragen war nun allerdings damit zu rechnen, dass sich Widerstände insbesondere aus den anderen, bereits etablierten politischen Parteien formieren würden, und die Ausbreitung der Bewegung an »den solide errichteten Schranken der Konkurrenz« stagnierte (Mariën 1989: 106). Mariën entwickelte angesichts dieses scheinbar unüberwindlichen Hindernisses eine präventive Strategie, die den zu erwartenden Widerstand unterlaufen sollte, indem sie ihn selbst aufgriff und zu steuern versuchte: »Wir werden [...] eine Art heilige Allianz gegen uns bilden, die durch eine einzige Partei repräsentiert wird, die wir hier ›Die Gegenpartei‹ nennen« und die möglichst den gesamten Widerstand gegen die erste Partei bündeln sollte (Mariën 1989: 107). Genau wie die erste Partei wurde auch diese Partei durch die klandestine Zentrale initiiert und gesteuert und agierte nach denselben professionellen Prinzipien. In diesem dritten Abschnitt der Kampagne fand dann auch ein intensiver Wahlkampf statt, in dem die ›Imaginäre Partei‹ und ihre ›Gegenpartei‹ einander mit Werbemitteln auf das Intensivste bekämpften, um schließlich gemeinsam eine überwältigende Mehrheit im neu gewählten Parlament zu erringen. »So fallen uns ganz einfach sämtliche Sitze zu, da sowohl die Imaginäre Partei als auch die Gegenpartei unter unserer absoluten Kontrolle stehen. [...] Die Revolution hat stattgefunden, aber noch niemand weiß davon« (Mariën 1989: 110). Die letzten drei Monate des Kampagnenjahres dienten schließlich der Absicherung der Revolution und der tatsächlichen Ausübung der neu errungenen Herrschaft. Die Umsetzung verschiedener Maßnahmen im Sinne der eigenen politischen Intentionen musste nun allerdings unweigerlich dazu führen, dass »die Kapitalisten endlich den Braten [riechen]« (Mariën 1989: 115). Wichtig war es deshalb, offensiv die Verwirklichung der eigenen Programmatik voranzutreiben und damit die Gegner_innen dauerhaft in die Defensive zu drängen. Die Verabschiedung neuer Gesetze sollte deshalb durch ein unablässiges Fortführen der Kommunikationskampagne und der dazugehörigen Evaluationsmaßnahmen mittels Meinungsumfragen begleitet werden. Die politischen Gegner_innen durften nicht in die Lage kommen, selbst den Ablauf des Geschehens zu bestimmen, was nach Mariëns Ansicht am Besten dadurch gelingen konnte, dass »unsere Aktionen immer tiefe und dauerhafte psychologische Schocks auslösen« (Mariën 1989: 116). Diese Schocks oder sozialpsychologischen Brüche würden die Masse schließlich aus ihrer üblichen passiven und obrigkeitshörigen Haltung reißen, wodurch sie endlich selbst das Heft des Handelns ergreifen und diverse gesellschaftliche Missstände (wie z.B. die materielle Ausbeutung in den Unternehmen oder die geistige Beschränkung in den Kirchen) auf eigene Faust abschaffen konnte. Mit diesem eigenständigen Handeln der breiten Masse an Menschen war schließlich das Ziel der Kampagne erreicht. Die soziale Revolution fand als Folge jenes surrealistischen Staatsstreichs statt, der zuvor eine sozialpsychologische Umwälzung der Gesellschaft geleistet hatte.

Surrealismus, Public Relations und Politik

Versucht man abschließend die verschiedenen Ideen der Surrealist_innen zusammenzufassen, so lässt sich zunächst sagen, dass sie mit ihren experimentellen Erkundungen des Unbewussten die Konsequenzen eines neuen, psychologisch reflektierten Menschenbildes für die subjektive und soziale Lebenspraxis erprobten. Als neue Gegnerinnen waren insbesondere seit den 1920er Jahren politische Herrschaftsordnungen aufgetaucht, die auf sozialen Massenbewegungen und der Annahme massenpsychologischer Dynamiken gründeten. Diese Gegnerinnen unterschieden sich in ihrer Grundstruktur von früheren autoritären Herrschaftsordnungen, gegen die insbesondere noch die Berliner Dadaist_innen wenige Jahre zuvor vorgegangen waren. Die Kulturelle Grammatik der neuen Massengesellschaften lässt sich zwar prinzipiell als ähnlich zentralisierte Struktur beschreiben. Als ihren Ursprung nahm man allerdings nicht eine unhinterfragte göttliche Wahrheit an, sondern die Vorstellung einer natürlichen Ordnung, die wissenschaftlich-rational ergründet werden und bewusst gesteuert werden konnte. Die Künstler_innengruppe betrachtete dagegen das vermeintlich irrationale Unbewusste als Quelle einer natürlichen Ordnung, an deren Befreiung und Aufbau sie mit ihren diversen Praktiken arbeitete. Eine bewusste wissenschaftliche Erkenntnis galt ihnen dagegen als falsche Form der Wahrnehmung der Welt, auf deren Grundlage sich verzerrte Lebenspraktiken (z.B. Automatismen) etabliert hatten. Demgegenüber betrachtete der PR-Mann Bernays eine bewusst geordnete Welt als Ausdruck einer natürlichen Ordnung, und unsichtbare Steuerungsprozesse, die auf Grundlage wissenschaftlicher Erkenntnisse und mit wissenschaftlichen Methoden entwickelt werden konnten, galten ihm als funktionale Notwendigkeiten zur Aufrechterhaltung dieser Ordnung. Als Mechanismus der Vermittlung zwischen einem solchen Zentrum und weiteren Elementen der Ordnung diente nun nicht mehr die Autorität, die sich aus dem ›Besitz der Wahrheit‹ ergab, sondern es wurden Vorstellungen über mehr oder weniger deterministische Zusammenhänge von Ursachen und Wirkungen entwickelt. Im Fall des Surrealismus handelte es sich dabei um verschiedene Ideen der Vermittlung des Unbewussten mit dem Bewusstsein und der äußeren Welt, wie bspw. die Gesetze des Zufalls oder die kritische Paranoia, die Methoden einer Suche nach individueller Freiheit und neuen sozialen Ordnungsmustern jenseits der Organisation in sozialen Massenbewegungen waren. Im Fall von Bernays' Public Relations handelte es sich dagegen um Versuche rationaler Steuerung der Massengesellschaft durch eine Elite nach den Gesetzen der Massenpsychologie und der Kommunikationskampagnen. Die Kulturelle Grammatik mit einem zentralen Ursprung und von dort ausgehenden, deterministischen Vermittlungsprozessen galt also sowohl für die surrealistischen Revolutionsideen als auch für Bernays' Bild einer durch Public Relations zu steuernden Gesellschaft. Allerdings glaubten die Surrealist_innen, dieses Zentrum im Unbewussten eines jeden einzelnen Menschen zu finden, das als zugleich individuell und überindividuell verstanden wurde. Die Gesellschaft lässt sich aus dieser

Perspektive eher als eine Ansammlung zahlloser solcher Zentren begreifen, die allerdings einer gemeinsamen, unbewussten Funktionslogik zu folgen scheinen. In Bernays' Schriften lässt sich dagegen die Idee eines einzigen Zentrums erkennen, einer überindividuellen, natürlichen Ordnung, die mit Methoden einer wissenschaftlichen Vernunft erforscht werden sollte. Dieses Zentrum der diskursiven Ordnung spiegelte sich einerseits in der idealen Vorstellung einer rational zu ordnenden Gesellschaft, andererseits diente es als Referenz der Suche nach rationalen Methoden für die Ordnungsbemühungen einer als rational bezeichneten Elite.

Einige der konkreten Arbeitstechniken der Surrealist_innen (wie die Herstellung von Collagen und Zufallsprodukten) und ihr gesellschaftskritisches Auftreten blieben in vielen Fällen sehr eng mit denen der Dadaist_innen verwandt, deren Aktivitäten in diesem Sinne im Surrealismus fortgeführt wurden. In der Kunsttheorie spricht Bürger mit Blick auf Dada und Surrealismus davon, dass deren gemeinsame

»Intention [...] sich bestimmen [lässt] als Versuch, die ästhetische (der Lebenspraxis opponierende) Erfahrung [...] ins Praktische zu wenden. Das, was der zweckrationalen Ordnung der bürgerlichen Gesellschaft am meisten widerstreitet, soll zum Organisationsprinzip des Daseins gemacht werden.« (Bürger 1974: 44)

Die bewusste Verweigerung von Sinn und die demonstrative Sinnlosigkeit der dadaistischen Manifestationen wurden jedoch im Surrealismus überwunden, indem die Vorstellung eines authentischen, unbewussten Eigensinns jedes einzelnen Menschenlebens ins Spiel gebracht wurde. Der oberflächlichen und spielerischen Irrationalität der Dada-Bewegung wurde auf diese Weise eine psychoanalytische Tiefendimension hinzugefügt, die einer systematischen Untersuchung offen zu stehen schien. Mit dieser Wendung ging aber auch der Kern des Dadaismus, dessen konstitutive Leerstelle, verloren und wurde ersetzt durch eine essentialistische Vorstellung des individuellen wie gesellschaftlichen Lebens, das im Unbewussten seine authentische Quelle finden und auf dessen Grundlage eine Art soziale Utopie formuliert werden könne. Mit dieser Utopie verfügte der Surrealismus zumindest prinzipiell über die Perspektive, eine gewisse politische Schlagkraft zu entwickeln.

Der Beitrag des Surrealismus zur Erkundung des Phänomens der Guerillakommunikation wird insbesondere deutlich, wenn man einen Vergleich zu den sich ebenfalls ab den 1920er Jahren entwickelnden Public Relations anstellt. Den gemeinsamen Bezugspunkt für Surrealismus und Public Relations bildete die Entdeckung des Unbewussten durch Freud und deren (sozial-)psychologische Konsequenzen. Surrealismus und Public Relations arbeiteten sich also gewissermaßen am selben Gegenstand ab, dem Unbewussten und seiner Bedeutung für das individuelle und soziale Leben, entwickelten aber unterschiedliche Praktiken und verfolgten verschiedene Ziele. Die Surrealist_innen bemühten sich darum, Zugang zum Unbewussten als Quelle für authentische Bedürfnisse des Menschen zu erlangen, ohne genau sagen zu können, in welcher Form das aus dieser Quelle zu entwickelnde Leben erscheinen würde. Sie experimentierten mit verschiedenen Methoden, um möglichst unverfälschte Äußerungen des Unbewussten zu generieren, und versuchten, auf dieser Grundlage neue Beziehungen zur äußeren Welt des sozialen Lebens und der materiellen Erscheinungen zu knüpfen. Es ging ihnen um die Überwindung eines dominanten, zweckrationalen Denkens zugunsten einer direkten Vermittlung des Unbewussten mit der äußeren Welt. Als beispielhaft dafür mögen das Kurzschließen von geistigen Einfällen und objektiven Zufällen oder die Methode der paranoiden Konstruktion von Wirklichkeit gelten. In einem 1938 von Breton und Leo Trotzki gemeinsam ausgearbeiteten Aufruf *Für eine freie revolutionäre Kunst* wird für diese Überführung des befreiten unbewussten Denkens in eine neue soziale Praxis der psychologische Mechanismus der Sublimierung unbewusster Bedürfnisse erwähnt, das heißt ihre Umwandlung in höhere kulturelle Ausdrucksformen, in denen sich jeder Einzelne verwirklichen können sollte (Breton/Rivera 1938: 423). Bernays und die Public Relations bemühten sich dagegen darum, das Bewusstsein der Menschen und ihre Handlungen indirekt über die Bearbeitung ihres Unbewussten zu beeinflussen. Auch dieser Ansatz operierte nicht mehr mit der Annahme einer per se nach rationalen Kriterien geordneten Welt, sondern nahm die Freud'sche Vorstellung eines im Unbewussten verankerten Bewusstseins ernst. In diesem Fall drehten sich die Bemühungen allerdings nicht um die Befreiung des Unbewussten aus der Unterwerfung unter die rationale, bewusste Erfahrung. Das Ziel bestand vielmehr in dem Versuch, die Kraft unbewusster Bedürfnisse auf bestimmte, von außen festgelegte Ziele zu lenken, indem mit ihrer Überlagerung durch Ersatzhandlungen ein produktives Spiel getrieben wurde. Auch in diesem Fall ging es um ein Kurzschließen der äußeren Erscheinungen (die hier in Form professionell organisierter Kommunikationskampagnen auftraten) mit dem Unbewussten der Menschen. Die Richtung des angestrebten Einflusses war jedoch genau umgekehrt: Public Relations sollten von außen auf das Innere der Menschen einwirken, um dann bestimmte Anschlusshandlungen zu generieren. Im psychischen Mechanismus der Kompensation fand Bernays den Wirkmechanismus für seine Kampagnen.

Mit der Kompensation von Bedürfnissen (im Fall Bernays') bzw. der Sublimierung von Bedürfnissen (im Fall des Surrealismus) versuchten beide Vorgehensweisen, auf unterschiedliche, in psychoanalytischen Theorien beschriebene Mechanismen zurückzugreifen, über die unbewusste Bedürfnisse mit sozialem Handeln verknüpft werden konnten. Die Kompensation gilt als Abwehrmechanismus, mit dessen Hilfe unbewusste Bedürfnisse durch Ersatzhandlungen unterdrückt und überdeckt werden können. Das heißt, psychische »Mängel [werden] durch besondere Leistungen auf anderen Gebieten kompensiert«, was allerdings zuweilen mit dem Erleben einer Art Scheinrealität und einem »unangemessene[n] Geltungsbedürfnis und Überheblichkeit: [das heißt] Überkompensation« einhergeht (Peters 2007: 296). Durch die Sublimierung werden dagegen unbewusste Bedürfnisse nicht gehemmt und überlagert, sondern in kulturell oder sozial differenzierten Handlungen verwirklicht, ohne dass dem dabei vollzogenen Verwandlungsprozess eine negative Konnotation anhaftet. Der Prozess »bezieht sich hauptsächlich auf kreative künstlerische oder wissenschaftliche Leistungen und soziale Aktivitäten« (Peters 2007: 536). Sublimierung und Kompensation trennt allerdings nur ein schwer feststellbarer, schmaler Grat, woraus die bei oberflächlicher Betrachtung womöglich als gering verstandene Differenz zwischen den (sozial-)psychologischen Vorstellungen der Surrealist_innen und denen Bernays' resultiert. Bis heute wird diskutiert, inwiefern sich die kulturell differenzierte Verwirklichung (Sublimierung) und die Ersatzbefriedigung (Kompensation) von Bedürfnissen überhaupt prinzipiell unterscheiden lassen, oder ob es sich nicht um graduelle Differenzen hinsichtlich einer psychischen Anpassungsleistung an soziale Verhältnisse handelt (König 1996: 72ff.).[19]

Beide Vorhaben, sowohl die Experimente des Surrealismus als auch Bernays' Theorie der Public Relations, arbeiteten mit paradoxen Denkfiguren, die allerdings jeweils unterschiedlich konzipiert waren. Der Surrealismus produzierte Anleitungen, wie man zu einem freien und authentischen Leben gelangen konnte. Die beschriebenen Verfahren, wie bspw. das automatische Schreiben oder das Verfassen von Zufallsgedichten mit Zeitungsschnipseln, lassen sich »als Anweisungen zu eigener Produktion lesen«, die »nicht als Kunstproduktion verstanden werden [sollte], sondern [...] als Teil einer befreienden Lebenspraxis aufzufassen« war (Bürger 1974: 72). Es handelte sich, kurz gesagt, um Wegweiser zu individueller und gesellschaftlicher Freiheit. Auch Bernays bot Ansatzpunkte für die Praxis. Ihm ging es um Konzepte für »[d]ie bewusste und zielgerichtete Manipulation der Verhaltensweisen und Einstellungen der Massen«, die seines Erachtens zu selbstständiger und rationaler Lebensführung nicht in der Lage waren, durch eine rationale gesellschaftliche Elite (Bernays 2007: 19). Die paradoxe Pointe bestand in der Annahme, dass die Tätigkeit dieser im Vergleich zur Masse ›ganz anderen‹ Elite, die nicht nur politische oder wirtschaftliche, sondern bspw. auch soziale oder Bildungszwecke verfolgte, »ein wesentlicher Bestandteil demokratischer Gesellschaften« sein sollte (Bernays 2007: 19). Bernays liegt mit dieser Beschreibung ganz auf einer Linie mit der durch Bataille analysierten Selbstlegitimation der imperativen heterogenen Existenz des ›Herrn‹:

---

19 | Leo Löwenthal entwickelte in seiner Studie über faschistische Agitatoren im Amerika der 1930er und 1940er Jahre die These, dass deren Propaganda als *umgekehrte Psychoanalyse* verstanden werden könne, da sie die Neurosen bzw. das emotionale Unbehagen der Masse in politische Aktionen überzuführen versuchen (vgl. Löwenthal 1982). Entsprechend lassen sich die Erscheinungen einer faschistischen Massenbewegung als sozialpsychologische Überkompensationen beschreiben, die teilweise Analogien zu den Kompensationen aufweisen, mit denen Bernays' Propaganda arbeitete. Edward Bernays selbst sah ebenfalls diese Nähe, verschob die Frage eines Unterschieds zwischen liberaler und faschistischer Propaganda allerdings in den Bereich ethischer Überlegungen.

»[I]n dem Maße, in dem er sich zur Rechtfertigung seiner Autorität auf seine Natur, auf seine persönliche Qualität beruft, bezeichnet er diese Natur als das *ganz Andere*, ohne rational Rechenschaft davon ablegen zu können« (Bataille 1989: 22, Hervorhebung im Original). Darüber hinaus fällt auf, dass die Gesellschaft in Bernays' Theorie eine im Vergleich zu Batailles Ansatz genau entgegengesetzte sozialpsychologische Struktur aufweist: Die (homogene) Masse wird nicht durch zweckrationales Denken, sondern durch Irrationalität charakterisiert, die Elite erscheint nicht als irrationale Sinnstifterin für die Gesellschaft, sondern als Garantin einer rationalen Gesellschaftsordnung. Hier wird deutlich, dass sich der soziale Konflikt vor allem um die Frage drehte, was eigentlich als rational und was als irrational gelten konnte. In diesem Sinne ließe sich auch die surrealistische Idee einer kritischen Paranoia als Antwort auf jene ›Visionen‹ bezeichnen, mit denen eine vermeintlich rationale Elite sinnstiftend für eine Gesellschaft wirkt.

Neben den Fragen des Umgangs mit unbewusster geistiger Tätigkeit spielte das Verhältnis zur materiellen Umwelt für die Surrealist_innen eine wichtige Rolle. Es trat nicht nur in den ausgefeilten Ideen und Praktiken für eine neue Wahrnehmung der äußeren Welt und die paranoide Konstruktion von Wirklichkeit in Erscheinung, sondern wurde insbesondere anhand der komplizierten Beziehungen zwischen (dem idealistischen) Surrealismus und (dem materialistischen) Kommunismus deutlich. Mariëns unkonventionelle Suche nach möglichen Finanzierungsquellen seiner Kampagne machte zudem in aller Offenheit klar, dass die Fähigkeit zur Steuerung gesellschaftlicher Prozesse via Kommunikation weniger auf besonderen persönlichen Führungsfähigkeiten basierte (wie Bernays behauptet hatte), sondern insbesondere ein finanzielles Vermögen voraussetzte, über das man verfügen müsste.[20] Auch Bernays und andere PR-Berater seiner Zeit konnten sich den Luxus ehrenamtlicher Kampagnenarbeit für »Wohltätigkeitsprojekte« erst dann leisten, als ihr materielles Auskommen bereits gesichert war (Bernays 1967: 166). Insofern könnte man auch argumentieren, dass Mariëns Entwurf neben der ernst gemeinten Anleitung zur Initiierung einer Revolution eventuell als Parodie auf die zu jener Zeit in Europa im Entstehen begriffene PR-Praxis und -Wissenschaft zu lesen sei. Das ungelöste Problem der materiellen Ausstattung nichtkommerzieller Kommunikationskampagnen verweist schließlich auf die Frage nach dem Verhältnis von materialistischer »Sozialkritik« und sog. postmaterialistischer »Künstlerkritik«, die miteinander zu verbinden erst der 1968er Bewegung insbesondere in Frankreich zeitweise gelang (vgl. Boltanski/Chiapello 2006).

Mariëns Konzeption einer Kommunikationskampagne läuft auf ein Zusammenspiel unterschiedlicher Regelbrüche hinaus und erzeugt formal genau jene unkon-

---

20 | Auch Bernays gesteht allerdings zu, dass nicht nur angeborene Fähigkeiten über die Zugehörigkeit bestimmter Personen zu jener rational steuernden Elite entscheiden, sondern auch soziale Faktoren, namentlich die »Schlüsselpositionen, die sie in der Gesellschaft einnehmen« (Bernays 2007: 19).

ventionellen Effekte und Überraschungen, wie sie heute im Zusammenhang mit Guerillakommunikation thematisiert werden. Seine Regelbrüche werden allerdings manchmal nur im Kontext ihrer Zeit als solche sichtbar. Bspw. widersprachen die konsequente Professionalisierung der Kommunikationskampagne und die ständige Begleitung der gesetzgeberischen Arbeit durch Kommunikationsmaßnahmen deutlich der politischen Praxis der 1950er Jahre, beides kann heute aber eher als deren Standardprogramm gelten.[21] Auch seine Idee der Gründung zweier postideologischer Volksparteien, die eine künstliche Konkurrenz mit Mitteln der PR-Arbeit erzeugen, lässt sich als ein Bruch mit damals bestehenden Konventionen erfassen, da solche Formationen in den meisten westlichen Gesellschaften jener Zeit erst im Entstehen begriffen waren und sich bis heute nie völlig durchgesetzt haben.

In einem allgemeinen Kontext wurde inzwischen deutlich, dass die surrealistischen Techniken, das Unbewusste sprechen zu lassen und bewusst Zufallsereignisse zu generieren, nicht unbedingt in Richtung eines befreiten, authentischen Lebens der Menschen wirken müssen. Als sog. Kreativitätstechniken lassen sich die psychologischen Methoden zur Aktivierung unbewussten Denkens z.B. auch zielgerichtet für wirtschaftliche (oder sonstige) Innovationsprozesse nutzen und damit weitgehend losgelöst von der Frage nach einer materiellen oder geistigen Befreiung der Menschen (Bröckling 2007: 152ff.). Das bekannteste Beispiel für eine solche Anwendung dürfte das Prinzip des Brainstorming sein, das eine in den 1950er Jahren entwickelte Methode für den Einsatz intuitiver Prozesse bei der zielgerichteten Ideenfindung beschreibt (Osborn 1957). Heute gilt der Verweis auf Kreativität und Innovation als Erkennungsmerkmal des Guerillamarketing. Auch die durch die Surrealist_innen immer wieder ins Spiel gebrachten psychologischen Schockeffekte, die ihre Manifestationen auslösen und die zu einem unmittelbaren Ausscheren aus dem in zweckrationale Bahnen gelenkten und monotonen Denken führen sollten, gelten heute als Elemente zur Beschreibung von Guerillakommunikation. Sie werden aber auch als Methoden gesellschaftlicher Steuerung gehandelt, die gerade das Gegenteil der ehedem vorgestellten Befreiung des Menschen bewirken. Die *Schock-Strategie* wird als Erkennungsmerkmal eines neuen *Katastrophen-Kapitalismus* gehandelt, der gezielt mit gesellschaftlichen und politischen Freiräumen arbeitet, die sich angesichts der Verwirrungen unmittelbar im Anschluss an zufällige oder bewusst herbeigeführte Katastrophenszenarien eröffnen (Klein 2007). Ein mikropolitischer Blickwinkel zeigt zudem, dass surrealistische Forderungen nach einer authentischen Lebenspraxis inzwischen teilweise in wirtschaftliche Produktionsprozesse integriert wurden. Die Organisationsprinzipien des Taylorismus, der durch extreme Arbeitsteiligkeit und monotone Fließbandtätigkeiten gekennzeichnet war und beispielhaft

---

21 | In der Bundesrepublik Deutschland gilt die Wahlkampagne der SPD von 1998 als die erste wirklich professionell geplante, gesteuerte und durchgeführte Wahlkampagne, deren Umsetzung in manchen Punkten vergleichbar mit einigen Ideen Mariëns erscheint.

jene durch die Surrealist_innen kritisierten Zustände in der Massengesellschaft abbildete, wurden seit den 1970er Jahren ersetzt durch autonomere Formen der flexiblen, selbstbestimmten und eigenverantwortlichen Arbeit. Während die (von der marxistischen Linken geäußerte) materialistische Sozialkritik in eine veränderte Verteilung der erwirtschafteten Gewinne zugunsten der Arbeitnehmer_innen mündete, bewirkte die Künstler_innenkritik nach und nach einen tiefgreifenden Wandel der unternehmerischen Organisationsstrukturen. Diese neuen Formen der Arbeitsorganisation werden allerdings heute auch in Verbindung mit einem teilweisen Verlust der zuvor erreichten materiellen und sozialen Errungenschaften gebracht, weshalb diese Entwicklung auch in Zusammenhang mit einem *neuen Geist des Kapitalismus* betrachtet wird (Boltanski/Chiapello 2006: 254ff.).

Diese wenigen Hinweise verdeutlichen, dass eine rein instrumentelle Betrachtung der Ideen des Surrealismus nicht ausreicht, um die psychologische, gesellschaftliche und politische Problematik zu erfassen. Dass es oft um kleine Verschiebungen geht, die zwischen emanzipatorischer und nichtemanzipatorischer Praxis entscheiden, wurde bspw. anhand der lang schwelenden Konflikte innerhalb des Surrealismus kurz thematisiert, wie sie Breton, der das Projekt als dezidert politisches betrachtete, und Dalí, der in erster Linie Erfolge auf dem Kunstmarkt anstrebte, austrugen. Auch die Differenzen zwischen Kompensation und Sublimierung, zwischen Steuerung und Befreiung, zwischen politischer Führung und gesellschaftlicher Subversion werden erst deutlich, wenn kulturelle Praktiken, soziale Strukturen und Menschenbilder zusammen betrachtet werden. Dies verdeutlicht insbesondere auch der Blick auf Mariëns Konzeption einer Weltrevolution via Kampagnenkommunikation, deren professionelles Vorgehen kaum von einer Kampagne zu unterscheiden ist, wie sie bspw. Bernays initiiert haben könnte. Wenn man von Mariëns Vorschlägen zur Finanzierung des Unternehmens absieht, findet sich der größte Unterschied zu einer PR-Kampagne in ihrem Zweck. Nach seiner Vorstellung sollte sie nicht zu einem festgesetzten Ziel führen, sondern in spontane, selbstbestimmte politische Aktionen der Menschen münden.

Die meisten jener an dieser Stelle kurz dargestellten Entwicklungen, in welche die surrealistische Kultur- und Gesellschaftskritik eingegangen ist, werden heute (insbesondere in Frankreich) in Zusammenhang mit den revolutionären Ereignissen des Mai 1968 und deren Folgeerscheinungen gesehen. Für die 68er Bewegung selbst scheint allerdings weniger der Surrealismus als die Situationistische Internationale direkte Bedeutung erlangt zu haben, eine Gruppierung, die seit den 1950er Jahren mit kulturellen Praktiken und politischen Interventionen experimentierte und die Gesellschaftskritik der Dadaist_innen und Surrealist_innen weiterspann. Diese Gruppe wird heute als die zentrale Referenz für Guerillakommunikation unter den künstlerischen Avantgardebewegungen herangezogen.

Situationistische Internationale – Gegen die diskursive Ordnung des *Spektakels*

> »Der Guerillakampf ist totaler Kampf. Diesen Weg geht die Situationistische Internationale mit kalkulierten Störmanövern an allen Fronten: an der kulturellen, politischen, ökonomischen und sozialen Front. Das Feld des täglichen Lebens sichert die Einheit des Kampfes.«[1]
> RAOUL VANEIGEM

Ein bitterer Sieg des Surrealismus – so lautete die Überschrift der ersten Notiz in der Debütausgabe der Zeitschrift *Situationistische Internationale*[2] (Situationistische Internationale 1958a). Der Text wurde 1958 veröffentlicht und brachte ein Unbehagen seiner Verfasser_innen zum Ausdruck, die meinten, das revolutionäre Potential des Surrealismus sei verloren gegangen, gerade weil anscheinend einige seiner Ideen als bewusst angewandte Kreativitätstechniken weite Verbreitung in verschiedenen Lebensbereichen der Gesellschaft gefunden hatten. Angesichts dieser Entwicklung wollte die Situationistische Internationale, eine kleine, zwischen 1957 und 1972 aktive Gruppe politisch motivierter Künstler_innen, als deren Kopf immer wieder Guy Debord genannt wird[3], Möglichkeiten erkunden, den verloren gegangenen revolutionären Impuls des Surrealismus zu erneuern. »Die moderne Welt hat den formellen Vorsprung eingeholt, den der Surrealismus vor ihr hatte«, so lautete ihre Diagnose und »da die Revolution immer noch nicht gemacht ist, wurde all das, was

---

1 | Vaneigem 1980: 264.
2 | Alle Texte der Zeitschrift (12 Ausgaben zwischen 1958 und 1969) sind auch online unter der Adresse *www.si-revue.de* abrufbar (27.04.2011).
3 | Die insbesondere in Paris verankerte Situationistische Internationale war in Auftreten und Wirkung vergleichbar mit der Berliner Kommune 1 in Deutschland (vgl. Ohrt 1990: 8).

für den Surrealismus einen Spielraum der Freiheit bildete, durch die von den Surrealisten damals bekämpfte repressive Welt überdeckt und *ausgenutzt*« (Situationistische Internationale 1958a: 7, Hervorhebung im Original). Nichts markierte diesen Wandel so deutlich wie die bereits erwähnte Entwicklung des Brainstormings als eine Methode der zielgerichteten Aktivierung unbewusster Gedanken. Die Situationist_innen bewerteten das Brainstorming als »deutliche Umkehrung der subversiven Entdeckungen des Surrealismus, [...] die Ausnutzung der automatischen Schrift und der auf sie gegründeten kollektiven Spiele« (Situationistische Internationale 1958a: 7). Denn inzwischen wurde die Methode unter anderem durch Armeen, Verwaltungsbehörden, Polizei, Wirtschaft und Wissenschaft angewandt. Die auf diese Weise organisierte Beteiligung der Menschen an der Produktion von Ideen verwandelte die surrealistischen Experimente zur Umwälzung der geistigen Praxis sowie der sozialen und politischen Verhältnisse in ihr Gegenteil, in ein »Heilmittel gegen den revolutionären Virus« (Situationistische Internationale 1958a: 8). Die Praktiken des Surrealismus hatten mit anderen Worten ihre revoltierende oder subversive Kraft weitgehend eingebüßt und waren zu Techniken mutiert, die innerhalb etablierter Institutionen und im Rahmen der bestehenden sozialen Ordnung zur Aufrechterhaltung kultureller, gesellschaftlicher oder politischer Dominanz nutzbar gemacht werden konnten. Ungeachtet der Umkehrung und Ausnutzung der surrealistischen Techniken zu verschiedensten, nichtrevolutionären Zwecken erschien den Situationist_innen aber auch die surrealistische Bewegung selbst nach dem Zweiten Weltkrieg keinerlei revoltierende Kraft mehr entwickeln zu können, sondern war zu einer anerkannten, ihre vormaligen revolutionären Ansprüche negierenden Kunstrichtung geworden. Das »revolutionäre Experiment in der Kultur«, das der Surrealismus in seiner Frühphase unternommen hatte, war »fast sofort praktisch und theoretisch« abgebrochen (Situationistische Internationale 1958b: 9).

Die Wurzeln der Situationistischen Internationale lassen sich bis in die unmittelbare Nachkriegszeit des Jahres 1946 zurückverfolgen, als in Paris eine Gruppe Literat_innen unter dem Namen *Lettrismus* versuchte, die dadaistischen und surrealistischen Ansprüche zu einer (kulturellen und politischen) Revolte erneut aufzunehmen.[4] Michèle Bernstein, einer Vertreterin des Lettrismus, die später auch in der Situationistischen Internationale aktiv war, wird die Formulierung folgender genealogischen Reihe zugeschrieben, die vor allem eine Rückbesinnung der neuen Gruppierung auf den konsequent verneinenden Gestus der Dada-Bewegung verdeutlichte: »Es gab den Vater, den wir hassten: den Surrealismus. Und es gab den Vater, den wir liebten: Dada. Wir waren die Kinder von beiden« (Bernstein zit. n. Stahlhut u.a. 2006: 9). Die Arbeiten der älteren Avantgardebewegungen waren in-

---

4 | Neben dem Lettrismus gelten als weitere direkte Vorläuferorganisationen der Situationistischen Internationale die *Lettristische Internationale*, die Gruppe *CoBrA*, die *Psychogeographische Gesellschaft* und die *Internationale Bewegung für ein Imaginistisches Bauhaus* (vgl. Stahlhut u.a. 2006: 9ff.).

zwischen als Kunstwerke anerkannt und in die Museen und Sammlungen der Welt eingezogen. Sie hatten dabei ihren Charakter als gesellschaftspolitische Manifestationen weitgehend eingebüßt. Mit ihrer Rückbesinnung auf Dada verbanden die Situationist_innen insbesondere den Willen zu politischer Interventionsfähigkeit, der der Kunst inzwischen vollständig abhanden gekommen zu sein schien:

»Man bemüht sich, in Vergessenheit geraten zu lassen, wie sehr der echte Dadaismus [...] gemeinsame Sache machte mit dem Ausbrechen der deutschen Revolution nach dem Waffenstillstand von 1918. Die Notwendigkeit einer solchen Verbindung besteht unverändert für jeden, der heute eine neue kulturelle Position herbeiführen will. Man muss ganz einfach dieses Neue *auf einen Schlag* in der Kunst und in der Politik entdecken.« (Centralkomitee der Situationistischen Internationale 1963a: 7, Hervorhebung im Original)

Der Surrealismus der Nachkriegszeit hatte sich jedenfalls als eine (nicht einmal mehr besonders neue) Kunstrichtung (oder -institution) etabliert und damit »den *Gebietswechsel* der gesamten kulturellen Aktivität [...], den man bei jeder avantgardistischen Tendenz dieses Jahrhunderts deutlich beobachten kann«, das heißt das Überschreiten der Institution Kunst und den Übergang in das alltägliche bzw. politische Leben, rückgängig gemacht (Situationistische Internationale 1958b: 9, Hervorhebung im Original). Ihn kennzeichnete deshalb im Besonderen die Wiederholung bereits bekannter Motive, und seine Vorgehensweisen, die früher der experimentellen Erkundung neuer Lebenspraktiken gedient hatten, waren zu gängigen Methoden kulturellen Ausdrucks im Rahmen der existierenden Lebensbedingungen erstarrt. Die Situationist_innen schlussfolgerten daraus: »Wenn man nicht Surrealist ist, dann *um sich nicht zu langweilen!*« (Situationistische Internationale 1958b: 10, Hervorhebung im Original).

Neben der Institutionalisierung der surrealistischen Bewegung als Kunstrichtung kritisierten die Situationist_innen auch die Konzentration der surrealistischen Praktiken auf die Befreiung des unbewussten Denkens bzw. die sich allein darauf stützenden revolutionären Hoffnungen. Im Unbewussten glaubten die Surrealist_innen die (oft unterdrückte) Quelle für authentische Bedürfnisse der Menschen gefunden zu haben, und mit der Idee seiner Befreiung verknüpften sie ihre Vorstellungen zur Umgestaltung des bewussten Denkens und der äußeren Welt. Diesen Gedanken, nach dem eine Umgestaltung der Welt ihren Ausgangspunkt in den unbewussten psychischen Leistungen jedes Einzelnen nehmen konnte, verbanden die Situationist_innen nun mit der gegenteiligen, in Ansätzen der Werbung und Public Relations verarbeiteten Vorstellung, wonach Erscheinungen der äußeren Welt auf den unbewussten psychischen Apparat einwirken konnten, um bestimmte, zielgerichtete Reaktionen hervorzurufen. Sie betrachteten ihre »Umgebung und sich selbst als formbar« und bauten auf dieser Grundlage ihre neue Kritik an der »Konsumpropaganda« auf (Situationistische Internationale 1960a: 143f.). »Die Hauptmystifizierung der Werbung« bestand ihres Erachtens darin, »Glücksideen mit Gegenständen [...] zu verbinden« und »[d]ieses aufgezwungene Bild des Glücks macht auch den direkt terroristischen Charakter der Werbung aus«, gegen den sie (unter anderem) vorgehen wollten. Die öffentliche Werbung war allerdings nur eine Form der kommunikativen Beeinflussung der Menschen. Experimentell erprobt bzw. diskutiert (und kritisiert) wurden in den 1950er Jahren auch Formen von Werbung, deren Einfluss unterhalb einer Schwelle bewusster Wahrnehmung wirksam werden sollte.[5] Prominenz erlangte die Diskussion um solche Versuche unterschwelliger Beeinflussung bspw. durch das 1957 in den USA und 1958 in Frankreich und Deutschland erschienene Buch *Die geheimen Verführer* von Vance Packard (Packard 1958, vgl. Situationistische Internationale 1958c: 11). Für die Situationist_innen bildete dieses Konzept der Werbung nur die neueste Form von »Konditionierungstechniken« (Situationistische Internationale 1958c), welche die Menschen in einer spezifisch (diskursiv) strukturierten Gesellschaftsordnung gefangen halten sollten.

Mit der Kritik an den theoretischen Grundlagen des Surrealismus, der Kritik an seiner Institutionalisierung als wichtigster Kunstrichtung der Zeit, der Kritik an den Methoden des Surrealismus, die inzwischen zur Optimierung der herrschenden Ordnung angewandt wurden, der Kritik an den Vorgehensweisen von Werbung und Public Relations als einer Art Gegenentwurf zum Surrealismus sowie der durch all diese (und weitere) Aspekte gekennzeichneten Ordnung der Gesellschaft versuchte die Situationistische Internationale letztlich etwas zu leisten, das sie als »Aufhebung« einer »erschöpften Kultursphäre« (bzw. auch als deren »Auflösung«) bezeichneten (Situationistische Internationale 1960a: 144, vgl. Situationistische Internationale 1958d). Ihre eigenen experimentellen Praktiken verortete sie in einem Grenzraum zwischen (diesem gesellschaftlich ausdifferenzierten Bereich) der Kultur und dem Alltagsleben, das neu zu erfinden ihr Ziel war. Ihre Mitglieder bezeichneten sich selbst als »die allerletzten Vorposten der Kultur«, deren Aufhebung sie leisten wollten, um »[j]enseits davon [...] die Eroberung des alltäglichen Lebens« beginnen zu können (Situationistische Internationale 1960a: 144). Um dieser Aufhebung der Kultur näher zu kommen, agierten die Situationist_innen »*auf Laboratoriumsebene* und in einem verschwindend kleinen Grad des sozialen Ganzen« mit dem Ziel, »zukünftige Lebenskonstruktionen« praktisch zu erproben (Situationistische Internationale 1960a: 144, Hervorhebung im Original).

Zentraler Topos dieser (Lebens-)Kunst war die *konstruierte Situation*. Mit diesem Begriff versuchten sie, die Wirksamkeit psychischer Mechanismen auf neue

---

5 | Auch wenn sich später herausstellte, dass Experimente zur unterschwelligen Beeinflussung des Denkens vermutlich nie stattgefunden hatten bzw. sich jedenfalls keine Wirkung nachweisen ließ, so existierte doch die Vorstellung solcher Formen von Werbung und beeinflusste eine Zeit lang die Diskurse um Werbung. Auf dieser Ebene sind auch die Kritiken der Situationistischen Internationale einzuordnen.

Weise und nach ihren Vorstellungen ins Spiel kultureller Praktiken einzubringen. Sie planten, mit der Konstruktion von Situationen »eine Art Psychoanalyse zu situationistischen Zwecken ins Auge [zu] fassen, bei der jeder Teilnehmer dieses Abenteuers genaue Wünsche nach Umgebungen finden soll, *um sie zu verwirklichen*« (Situationistische Internationale 1958e: 15, Hervorhebung im Original). Mit dem Begriff der Situation setzte sich die Situationistische Internationale also vom Begriff des Zufalls ab, den die Dada-Bewegung ins Spiel kultureller Praktiken eingebracht hatten und der durch den Surrealismus als unbewusster Einfall bzw. als objektiver Zufall auf psychoanalytischer Grundlage präzisiert worden war. Die konstruierte Situation stellten sich die Situationist_innen nicht als zufälliges Geschehen vor, sondern als »[d]urch die kollektive Organisation einer einheitlichen Umgebung und des Miteinanderspielens von Ereignissen konkret und mit voller Absicht konstruiertes Moment des Lebens« (Situationistische Internationale 1958d). Auf dieser Grundlage formulierten sie auch ihre Vorstellung von Glück, die sich dezidiert von der Art Glücksversprechen unterschied, wie sie die Werbung postulierte. »›Das Glück‹«, so wie die Situationist_innen es sich dachten, das heißt »dieser oder jener glückliche Augenblick, hängt [...] von einer globalen Wirklichkeit ab, die nichts anderes als Menschen in Situationen voraussetzt: lebendige Personen und den Augenblick, der ihre Erleuchtung und [ihr] Sinn (der Spielraum ihrer Möglichkeiten) ist« (Situationistische Internationale 1960a: 143). Die konstruierte Situation bildete damit den Gegenentwurf zur Wiederholung, in der sie das hauptsächliche Merkmal aller (kulturellen) Erscheinungen ihrer Zeit erblickten. Die Wiederholung kennzeichnete nicht nur das prominente Beispiel der surrealistischen Kunst seit den 1930er Jahren, sondern konnte als der gemeinsame Modus aller Konditionierungstechniken und demzufolge als das allgemeine Strukturmerkmal der herrschenden Gesellschaftsordnung gelten. Die Aktivitäten der Situationist_innen richteten sich gegen dieses Prinzip der Wiederholung, sie zielten auf »die unmittelbare Beteiligung an einem Überfluss der Leidenschaften im Leben durch Abwechslung vergänglicher, mit voller Absicht gestalteter Momente. Das Gelingen dieser Momente kann nur in ihrer vorübergehenden Wirkung bestehen« (Debord 1958a: 23).

DIE AUFHEBUNG DER KUNST UND DER ÜBERGANG IN DIE POLITIK

Die Idee einer Überführung der Kunst in das Alltagsleben der sozialen und politischen Praktiken zählte seit Dada zum Programm der künstlerischen Avantgarden. In den Augen der Situationist_innen waren allerdings sowohl die Dada-Bewegung als auch der Surrealismus auf diesem Weg mit ihren spezifischen Vorgehensweisen gescheitert:

»Der Dadaismus *wollte die Kunst wegschaffen, ohne sie zu verwirklichen;* und der Surrealismus wollte die Kunst *verwirklichen, ohne sie wegzuschaffen.* Die seitdem von den *Situationisten* erarbeitete kritische Position hat gezeigt, dass die Wegschaffung und die Verwirklichung der Kunst die unzertrennlichen Aspekte ein und derselben *Aufhebung der Kunst* sind.« (Debord 1996: 164f., Hervorhebung im Original)

Grob könnte man sagen, dass der spezifisch dadaistische Impuls auf ein Untergraben der Institution Kunst bzw. ihrer Autorität zielte und mit diesem Programm gewissermaßen automatisch jedes künstlerische Handeln nur noch Alltagshandeln ohne den Status des Besonderen sein konnte. Der Surrealismus formulierte dagegen den Anspruch, mit der Befreiung des Unbewussten die authentische Inspirationsquelle jeder kulturellen Aktivität freizulegen und allen Menschen gleichermaßen zugänglich zu machen. Auf diese Weise wollten sie die Vorstellung von der spezifischen schöpferischen Leistung einzelner sog. genialer Künstler_innen zugunsten der Vorstellung schöpferischen Handelns als einer allgemein anwendbaren Alltagspraxis ablösen. Die Situationist_innen versuchten nun, diese beiden unterschiedlichen Vorgehensweisen der Dada-Bewegung und des Surrealismus miteinander zu verknüpfen, um auf diese Weise erneut zu gesellschaftspolitischer Relevanz zu gelangen: »Die Lust, schöpferisch zu handeln, und die Lust zu zerstören, trennt nur ein Pendelschlag, der der Macht ein Ende setzt« (Vaneigem 114).

Die Aufhebung der Kunst in die Tat umzusetzen wurde auf unterschiedliche Weise versucht. Zunächst lassen sich Ansätze dazu bereits in den Praktiken der lettristischen Bewegung erkennen, die ein hauptsächlich künstlerisches Projekt der »Zerstörung der Worte zugunsten der Buchstaben« verfolgte (Isou zit. n. Ford 2007: 16). Die Idee der zerstörten Worte nahm ein Motiv der Dadaist_innen auf, die mit ihren Lautgedichten ähnliches bereits erprobt hatten. Die Lettrist_innen trieben diese Praxis allerdings weiter, indem sie die »Satzgegenstände in immer kleinere beobachtbare Einheiten zerfallen« ließen (Ford 2007: 16). Als paradigmatisch für diese lettristische Praxis kann auch Debords erster Film aus dem Jahr 1952 gelten, der eine vergleichbare Zerstörung von Strukturen und Konventionen in Bezug auf das Kino leistete. Der vierundsechzig Minuten dauernde Streifen mit dem Titel *Hurlements en faveur de Sade*[6] zeigt ausschließlich Sequenzen einer weiß erleuchteten Leinwand, in denen Stimmen aus dem Off Textfragmente unterschiedlicher Herkunft vortragen, z.B. aus dem *Code civile* oder aus verschiedenen Romanen. Diese Sequenzen, die insgesamt nur gut zwanzig Minuten des Films ausmachen, werden von Sequenzen mit schwarzer Leinwand und völliger Stille unterbrochen, deren letzte länger als zwanzig Minuten andauert. Die ersten Aufführungen des Films mussten allesamt

---

6 | Das Filmskript ist unter dem deutschen Titel *Geheul für de Sade* abgedruckt im Anhang der gesammelten Ausgaben der Zeitschrift *Potlatch* (Debord 2002a).

aufgrund von Protesten des Publikums abgebrochen werden, und in den Tumulten der schimpfenden Zuschauer_innen manifestierte sich etwas, das die Situationistische Internationale später eine konstruierte Situation nennen würde. Die durch die Struktur des Films und durch die Reaktionen des Publikums zerstörte Filmvorführung trieb die Menschen aus der Rolle passiver Konsument_innen im Kinosessel heraus und ging in ein ›Geheul‹ der provozierten Cineast_innen über, das metaphorisch bereits im Titel des Films angekündigt worden war (vgl. Ford 2007: 23ff.).

Ein eher schöpferisches Vorgehen der Situationist_innen kann man in sog. psychogeografischen Experimenten erkennen. Im Gegensatz zu den Surrealist_innen, die sich wesentlich mit der Struktur und den Äußerungen des inneren, unbewussten psychischen Apparates der Menschen beschäftigten, interessierten sich die Situationist_innen für die psychischen Wirkungen der äußeren Welt auf den Menschen. Ein wichtiger Gegenstand ihres Forschungsinteresses war deshalb der urbane, öffentliche Raum der Großstadt. Die Stadt galt als der Ort des Alltagslebens und zugleich das Gebiet, in dem sich die moderne Lebensweise am deutlichsten Geltung verschafft hatte. Ihre Struktur war bspw. gekennzeichnet durch die Folgen der räumlichen Trennung von Wohnen und Arbeiten, durch Verkehrsströme, durch die baulichen und lebenspraktischen Auswirkungen arbeitsteilig organisierter Produktionsprozesse oder durch die Einrichtungen der staatlichen Herrschaft und der Freizeitindustrie. Solche Erscheinungen der äußeren Welt mussten nach Ansicht der Situationist_innen Wirkungen auf das psychische Leben der Menschen entfalten. Das experimentelle Erkunden der Raumstrukturen und ihrer Effekte auf das Unbewusste nannten sie Psychogeografie und definierten sie als »Forschung nach den genauen Wirkungen der das Gefühlsverhalten der Individuen unmittelbar beeinflussenden geographischen Umwelt« bzw. als »[d]as, was die unmittelbare Wirkung der geographischen Umwelt auf das Gefühlsleben zur Erscheinung bringt« (Situationistische Internationale 1958d). Beschreibungen solcher experimentellen Erkundungen des städtischen Raums und erste theoretische Überlegungen dazu veröffentlichte Debord bereits 1956 in der Nummer 9 der surrealistischen Zeitschrift *Les Lèvres Nues*, die Marcel Mariën damals in Brüssel herausgab (vgl. Ford 2007: 39).[7] Die Psychogeographie manifestierte sich einerseits in einer experimentellen Verhaltensweise, die als Umherschweifen im städtischen Raum bezeichnet wurde, andererseits wurden auch Luftbilder, Stadtpläne, Statistiken und weitere Informationsquellen konsultiert, deren Studium Aufschluss über die Struktur eines bestimmten Gebietes versprach. Das Ziel dieser experimentellen Forschung bestand in einem besseren Verständnis dessen, was sie Situation nannten, sowie in der Suche nach Möglichkeiten zur Intervention in die alltägliche Lebenspraxis. Es ging letztlich darum, Wege zu erkunden, um »die städtische Umwelt neu zu gestalten« (Khatib 1958:

---

7 | Die betreffenden Texte sind ebenfalls im Anhang der gesammelten Ausgaben der Zeitschrift *Potlatch* abgedruckt (Debord 2002b, Lettristische Internationale 2002 und 2002a).

47), denn weil »der Mensch das Produkt der Situationen ist, die er erlebt, liegt viel daran, menschliche Situationen zu konstruieren« (Situationistische Internationale 1964a: 32).

Die Aufhebung der Kunst zeigte sich auch in der Entwicklungsgeschichte der Situationistischen Internationale selbst.[8] Zwischen ihrer Gründung im Juli 1957 im italienischen Dorf Cosio d'Arroscia und ihrer Selbstauflösung, die im April 1972 mit der Publikation des Buchs *Die wirkliche Spaltung in der Internationalen* (Debord/ Sanguinetti 1973) vollzogen wurde, verschob sich ihre inhaltliche Ausrichtung nach und nach weg von der Kunst und hin zu gesellschaftstheoretischen Reflexionen und politischen Aktionen. Begleitet wurde dieser Prozess einer zunehmenden Politisierung von einer Reihe von Ausschlüssen und Austritten, durch die mit der Zeit der künstlerische Charakter der Gruppe zurückgedrängt wurde. Der Organisation gehörten zwischen 1957 und 1972 sukzessive etwa siebzig Personen aus verschiedenen, zumeist europäischen Ländern an. Zum Zeitpunkt ihrer Selbstauflösung hatte sie allerdings nur noch drei Mitglieder. Einen deutlichen Bruch in der Geschichte der Gruppe markierte insbesondere die Spaltung der Situationistischen Internationale im Jahr 1962, die den Prozess der Aufhebung der Kunst innerhalb der Organisation dokumentiert. Vorangegangen war eine Kontroverse auf der 5. Konferenz der Bewegung, die im August 1961 in Göteborg tagte. Dort war der Beschluss gefasst worden, »von nun an alle künstlerischen Produktionen der Mitglieder der S.I. im aktuellen [gesellschaftspolitischen] Rahmen, den sie zugleich zerstören und konsolidieren, *anti-situationistisch* zu nennen« (Situationistische Internationale 1962b: 237, Hervorhebung im Original). Damit wurden die künstlerischen Arbeiten deutlich abgewertet. Der im Anschluss veröffentlichte Konferenzbericht bildete den trotz (oder wegen) dieser Entscheidung weiter schwelenden Konflikt innerhalb der Gruppe ab. Er bestand zwischen einer mehr künstlerisch orientierten Minderheit, die auch eine pragmatische Einflussnahme auf die Gesellschaft im Rahmen der bestehenden Kulturpolitik nicht ausschließen wollte, und einer politisch radikaleren Mehrheit, die auf die Verwirklichung einer revolutionären Utopie hinarbeitete. In diesem Bericht heißt es:

»Die S.I.-Mehrheit sabotiere die Chancen einer wirksamen Aktion auf dem Gebiet des Möglichen. Sie schikaniere die Künstler, denen es gelingen könnte, etwas zu tun; sie werfe sie in dem Augenblick hinaus, wo sie anfangen, eine gewisse Macht zu haben, worunter wir alle zu leiden haben.« (Situationistische Internationale 1962a: 246)

---

8 | Vgl. insbesondere für die Vorgeschichte und die Zeit zwischen 1958 und 1962 Roberto Ohrts Buch *Phantom Avantgarde* (Ohrt 1990). Eine ausführliche Untersuchung über die Gruppenstruktur und -dynamik sowie deren Zusammenhänge zur Theorieproduktion der Situationistischen Internationale veröffentlichte Max Orlich (Orlich 2011, vgl. auch Orlich 2008).

Diese Kontroverse konnte zwar auf der Göteborger Konferenz selbst noch von den durchaus vorhandenen Gemeinsamkeiten überdeckt werden, wie eine abschließende Notiz des Protokolls zeigt[9], allerdings brach sie wenige Monate später wieder aus, als die deutsche Sektion (die Gruppe SPUR) eine Ausgabe ihrer Zeitschrift publizierte, deren Inhalte aus Sicht der tonangebenden Mehrheit rückschrittlich im Sinne einer künstlerischen Orientierung waren, »was den Ausschluss der Verantwortlichen zur Folge hatte« (Situationistische Internationale 1962a: 248). Neben der deutschen Gruppe wurden wenig später auch die meisten Mitglieder der skandinavischen Sektion aus vergleichbaren Gründen aus der Situationistischen Internationale gedrängt (Situationistische Internationale 1962c: 266, 271). Weil die Skandinavier_innen sich danach zeitweise *2. Situationistische Internationale* nannten, war die Spaltung der Bewegung in einen mehr künstlerisch und in einem mehr politisch interessierten Teil auch symbolisch markiert.

Die Kritik an den Künstler_innen und ihren Arbeiten richtete sich letztlich gegen den repräsentativen Charakter der Kunstwerke, die den Protest gegen die herrschende Gesellschaftsordnung und die Geste der Verweigerung gegen sie lediglich abbildeten, aber nicht praktisch ausführten. Mit dem Vokabular der Situationist_innen ausgedrückt, leisteten sie nichts anderes als »das Spektakel der Verweigerung auszuarbeiten«, ohne damit jedoch »das Spektakel selbst abzulehnen« (Situationistische Internationale 1962a: 243). Nach Ansicht der tonangebenden Kräfte um Debord ging auf diese Weise die gesellschaftspolitische Wirksamkeit gänzlich verloren, da der künstlerische Ausdruck »nicht unmittelbar mit der revolutionären Praxis verbunden« war, das heißt mit »dem Willen, den Lebensgebrauch zu verändern« (Situationistische Internationale 1962a: 243). In Abgrenzung zu der künstlerischen Perspektive versuchte die Mehrheit dagegen, eine Position als (kulturelle) Guerilla zu definieren, wie insbesondere durch die Aneignung eines bekannten Topos Mao Tse-tungs, der Partisan bewege sich im Volk wie der Fisch im Wasser, deutlich wird: »Wir sind ganz und gar populär. Wir beachten nur Probleme, die in der gesamten Bevölkerung schon in der Schwebe sind. Die situationistische Theorie ist im Volk wie der Fisch im Wasser« (Situationistische Internationale 1962b: 235).

In der Zeit nach der Spaltung der Situationistischen Internationale und bis in das Jahr 1969 hinein schien sich die Bewegung schließlich deutlich in Richtung eines politischen Aktivismus orientiert zu haben. Der Begriff *politisch* meinte in diesem Zusammenhang jedoch nicht klassische Formen von Politik. Diese betrachteten die Situationist_innen als »spezialisierte Tätigkeit von Gruppen- bzw. Parteiführern, die aus der organisierten Passivität ihrer militanten Anhänger die Unterdrückungskraft ihrer zukünftigen Macht schöpfen« (Situationistische Internationale 1964a: 32). Solche Formen von Politik in hierarchischen Organisationen, die sie als Keimzelle hie-

---

9 | »Nach dieser letzten Arbeitssitzung geht die Konferenz als Fete zuende. Über diese viel konstruktivere Fete gibt es leider kein Protokoll« (Situationistische Internationale 1962a: 248).

rarchisch strukturierter Gesellschaften betrachteten, lehnten sie genauso ab wie die damit verbundene Differenzierung von Führer_innen und Anhänger_innen einer politischen Bewegung. Sie verkündeten, »[k]eine Revolution verdient in Zukunft ihren Namen, wenn sie nicht wenigstens radikal jede Hierarchie beseitigt« (Vaneigem 1980: 72). Wie die Hierarchie als Strukturmerkmal sozialer Organisationen lehnten sie aber auch die hierarchische Trennung von theoretischer Reflexion und praktischer Umsetzung abstrakter politischer Ideen ab. Ihre Theorien bezeichneten sie vielmehr als Spiegel ihres »wirklichen Lebens und des Möglichen, das wir darin ausprobiert bzw. wahrgenommen haben« (Situationistische Internationale 1964a: 34). Entsprechend dieser Grundsätze akzeptierte die Situationistische Internationale nur »Mitarbeit auf höchster Stufe« und ihre Aktivitäten sollten nicht etwa zur Schaffung einer schlagkräftigen Partei führen, sondern dienten dem alleinigen Ziel, Formen einer selbstbestimmten Lebenspraxis zu entwickeln oder, in ihren eigenen Worten, »autonome Menschen auf die Welt loszulassen« (Situationistische Internationale 1964a: 33). In diesem Prozess griffen sie auf die beiden unterschiedlichen Ansätze der Dada-Bewegung und des Surrealismus zurück und versuchten, diese nicht nur in Form symbolischer Handlungen, sondern als Lebenspraxis zu aktualisieren. Die negierenden Impulse Dadas mutierten so zu »Verweigerungstaten«, die schöpferischen Kräfte des Surrealismus zu »Zeichen der Kreativität«. Beides sollte verbunden werden mit einem »unerbittlichen Willen zur Emanzipation«. Auf diese Weise sollte die politische Praxis der Situationistischen Internationale nicht zu Routine werden, sondern auf eine »permanente Revolution im alltäglichen Leben« hinwirken (Situationistische Internationale 1964a: 32).

Die revolutionäre Lebenspraxis in der experimentellen Kleingruppe namens Situationistische Internationale manifestierte sich in einem explizit antibürgerlichen und teilweise exzessiven Lebensstil. Sie suchten dabei nach neuen Formen des kulturellen Ausdrucks, die sie bisweilen auch als ›Propaganda der Tat‹ bezeichneten. Mit diesem Begriff suchten sie sowohl eine semantische Nähe zu der als Propaganda bezeichneten, spezialisierten Kommunikationspraxis der Parteipolitik, die sie kritisierten, als auch zu anarchistischen Theorien, in denen das Konzept der Propaganda der Tat Mitte des 19. Jahrhunderts entwickelt worden war (vgl. bspw. Vaneigem 1980: 100).[10] Auf diese Weise entwickelten sie eine Perspektive, die über eine symbolische Ebene hinausging, indem die Gesellschaft nicht nur kritisiert wurde, sondern indem eine andere Lebenspraxis tatsächlich erprobt wurde. Die tatkräftige Auseinandersetzung mit der Gesellschaft, die man als entfremdet kritisierte, wurde bspw. aufgenommen, indem eine Aufhebung der Trennung zwischen Leben und

---

10 | Dabei muss beachtet werden, dass die Situationist_innen jene gewaltsame Variante der Propaganda der Tat ablehnten, die insbesondere in der zweiten Hälfte des 19. Jahrhunderts in Form verschiedener anarchistischer Attentate Konjunktur hatte, die aber auch ab den 1970er Jahren in Form des Terrorismus der RAF und weiterer Gruppen eine Renaissance erlebte.

Arbeit unter dem Slogan »Ne travaillez jamais!« (Arbeitet nie!)[11] angestrebt wurde, psychogeografische Erkundungen des urbanen Raums führten nicht selten in die Kneipen des nächtlichen Paris, und die Relativität von Raum und Zeit ließ sich unter dem Einfluss alkoholischer Getränke praktisch erleben. Allerdings fehlte es auch nicht an theoretischen Reflexionen dieses auf den ersten Blick wenig revolutionären Handelns:

»Wie parzellenhaft die verfügbaren Betätigungsfelder bis auf weiteres auch sein mögen, wir versuchen, sie so gut wie möglich zu bestellen. Wir behandeln den Feind als solchen, was einen ersten Schritt darstellt, den wir allen als ein Mittel empfehlen, die Lehrzeit zu beschleunigen. Selbstverständlich unterstützen wir andererseits bedingungslos alle Formen der Freiheit der Sitten, alles, was die bürgerliche bzw. bürokratische Kanaille Lasterhaftigkeit nennt. Es ist offensichtlich ausgeschlossen, dass wir durch die Askese die Revolution des alltäglichen Lebens vorbereiten.« (Situationistische Internationale 1964a: 34)

Mit einer gewissen Suggestivkraft ausgestattet, behaupteten die Situationist_innen jedoch bereits in der ersten Hälfte der 1960er Jahre auch: »Überall bricht die Revolte gegen die bestehenden Verhältnisse aus« (Situationistische Internationale 1964b: 19). Mit dem von ihnen angestrebten Übergang in die Politik wollten sie aktiv daran arbeiten, aus dieser Suggestion Wirklichkeit werden zu lassen:

»Eine Mikro-Gesellschaft […], deren Mitglieder sich auf der Basis einer radikalen Geste oder eines radikalen Gedankens erkannt haben und die ihre Schlagkraft permanent durch einen dichten theoretischen Filter sichert, ein solcher Kern würde in sich alle Chancen vereinen, dass eines Tages genügend starke Strahlungen von ihm ausgehen, um die Kreativität der ungeheuren Mehrzahl von Menschen freizusetzen. Die Verzweiflung der terroristischen Anarchisten muss in Erwartung verwandelt werden; ihre Taktik eines mittelalterlichen Krieges muss im Sinne einer modernen Strategie korrigiert werden.« (Vaneigem 1980: 197)

Im Spätherbst 1966 arbeiteten sie schließlich an einer politischen Aktion direkt mit, die einiges Aufsehen erregte. Sie lieferten einer Gruppe der gewählten Studierenden-

---

11 | Die Finanzierung des Lebens stellten sie nach eigener Aussage »durch unsere eigene Beschäftigung in der derzeitigen Kulturökonomie« sicher (Situationistische Internationale 1964a: 35), was im Einzelnen »historische Forschung« oder »Pokerspiel«, »Barmixer« oder »Puppenspieler« bedeuten konnte (Martin u.a. 1964: 52). Später finanzierte der Filmproduzent und Verleger Gérard Lebovici, ein Freund Debords, manche Arbeit (Ford 2007: 161).

vertretung der Straßburger Universität die Idee zur Veröffentlichung einer Broschüre mit dem Titel *Über das Elend im Studentenmilieu* und formulierten darüber hinaus wesentliche Teile des Textes selbst. Die Broschüre thematisierte und reflektierte einige grundlegende Probleme des französischen Universitätssystems und setzte sie in Beziehung zur allgemeinen gesellschaftspolitischen Lage der Zeit. Sie wurde in einer Auflage von 10.000 Exemplaren gedruckt und mit Beginn der Vorlesungszeit veröffentlicht. Im Anschluss an die Publikation organisierten die Situationist_innen gemeinsam mit der studentischen Gruppe, die sie um ihre Unterstützung gebeten hatte, Störaktionen und Provokationen an der Universität. Die Hochschulverwaltung reagierte mit Sanktionen, bspw. wurde die Studierendenvertretung unter die Aufsicht eines Gerichts gestellt, um sie wieder unter Kontrolle zu bekommen. Die eskalierenden Ereignisse weckten nach und nach die Aufmerksamkeit der nationalen und internationalen Presse und provozierten damit jenen Skandal, der die Situationist_innen als vermeintlich »verstohlene Strippenzieher« eines Aufstands bekannt machte (Ford 2007: 133).

In Frankreich wurde diese Aktion in Straßburg später als ein Vorspiel zu den Ereignissen des Mai 1968 gewertet, jenes Monats, in dem dann tatsächlich eine Art revolutionäre Bewegung einsetzte, wie sie den früheren Prognosen der Situationist_innen zu entsprechen schien. Unmittelbar zuvor, im Spätherbst 1967, erschienen im Abstand weniger Tage zwei Buchpublikationen, *Die Gesellschaft des Spektakels* von Debord (Debord 1996) und das *Handbuch der Lebenskunst für die jungen Generationen* von Raoul Vaneigem (Vaneigem 1980), welche die Reflexionen der Situationistischen Internationale zusammenfassten und von denen innerhalb weniger Wochen mehrere tausend Stück verkauft wurden. Ein anonymer Rezensent im *Times Literary Supplement* bezeichnete die beiden Bücher damals als »*Das Kapital* und das *Was Tun?* der neuen Bewegung« (zit. n. Ford 2007: 112). Die Situationist_innen arbeiteten aber auch tatkräftig an der Organisation der Protestbewegung mit. Sie gehörten zum Besetzungskomitee der Pariser Sorbonne, ihre Slogans zierten zahlreiche Fassaden der Stadt, sie lieferten Parolen für Plakate und Texte für Flugblätter, sie bemühten sich in Telegrammen und Aufrufen um die Zusammenführung der Studierendenproteste mit den zeitgleich ausbrechenden wilden Streiks der französischen Fabrikarbeiter_innen. Allerdings beanspruchten sie keineswegs eine führende Position, sondern versuchten stattdessen, ihre Theorien und Praxexperimente bezüglich einer neuen, autonomen Lebensweise in größerem Maßstab in die Tat umzusetzen: »Der vollauf neue Charakter dieser praktischen Bewegung lässt sich gerade aus dem Einfluss ablesen, der von der S.I. ausgeübt wurde und der überhaupt nichts mit einer Führungsrolle zu tun hat« (Situationistische Internationale 1969b: 241). Den Mai 1968 charakterisierte in Paris vor allem auch eine spezifische, politische Lebens- und Kommunikationskultur, die dem ähnelte, was die Situationisten mit ihren experimentellen Praktiken zuvor erprobt hatten:

»Zum ersten Mal seit der Kommune von 1871 und mit einer schöneren Zukunftsaussicht nahm der individuelle wirkliche Mensch den abstrakten Bürger in sich auf; als individueller Mensch in seinem empirischen Leben, in seiner individuellen Arbeit, in seinen individuellen Beziehungen wurde er ein Gattungswesen und erkannte so seine eigenen Kräfte als soziale Kräfte. Die Fete gewährte schließlich jenen richtige Ferien, die nur Arbeits- und Urlaubstage kannten. Die hierarchische Pyramide war wie Schnee in der Maisonne geschmolzen. Man sprach miteinander, man verstand sich, ehe man noch richtig ausgeredet hatte. Es gab keine Intellektuellen, keine Arbeiter mehr, sondern nur noch Revolutionäre, die sich überall unterhielten und eine Art Kommunikation verallgemeinerten, von der sich nur die ›Arbeiter‹-Intellektuellen und andere Aspiranten auf Führungsrollen ausgeschlossen fühlten. [...] Die Straßen gehörten denen, die die Pflastersteine herausrissen. Das plötzlich wiederentdeckte alltägliche Leben wurde das Zentrum aller möglichen Eroberungen.« (Viénet 1977: 102ff.)

Die Proteste, die sich über den ganzen Monat Mai hinzogen, führten beinahe zum Sturz der französischen Regierung, die erst Anfang Juni wieder die Kontrolle über die Ereignisse gewann. Die *Gesellschaft des Spektakels*, wie die Situationist_innen die etablierte Ordnung nannten, war durch die revolutionäre Bewegung des Mai 1968 zwar deutlich irritiert worden, aber letztlich doch nicht zusammengebrochen (vgl. Ford 2007: 134ff., Situationistische Internationale 1969b, Viénet 1977).

DIE DISKURSIVE ORDNUNG DES *SPEKTAKELS*

Im Anschluss an die Spaltung der Situationistischen Internationale im Jahr 1962 wandelte sich zusehends die inhaltliche Ausrichtung der Zeitschrift *Situationistische Internationale*. In den veröffentlichten Texten wurde immer seltener über künstlerische Experimente berichtet, stattdessen häuften sich theoretische Reflexionen, in denen gegen »die gesamte hierarchisierte Macht [...] in all ihren heutigen Varianten« polemisiert wurde (Situationistische Internationale 1963a: 277). Diese verschiedenen Varianten der Macht fassten die Situationist_innen unter dem Begriff *Spektakel* zusammen. Mit dem Begriff wurde eine Ordnung benannt, die surrealistische Irrationalitäten integriert und produktiv nutzbar gemacht hatte, deutlich erkennbar bspw. in Form des bereits erwähnten Brainstormings. Die Gesellschaftsanalyse der Situationistischen Internationale unterschied sich vor diesem Hintergrund von den früheren der Dada-Bewegung und des Surrealismus, die noch vermeintlich rationalistische Sozialordnungen problematisiert hatten. Der strikte Rationalismus als Strukturmerkmal der gesellschaftlichen Ordnung war inzwischen durch vermeintlich irrationale Elemente ergänzt worden. Die zahllosen Varianten der Macht, deren Zusammenspiel das Spektakel formte, führten die Situationist_innen als »Summe der Zwänge«, als »universelle Vermittlung«, als »Summe der Verführungen« und als »falsche Kritik« vor (Vaneigem 1980). Die spektakuläre Gesellschaftsordnung erkannten sie dabei nicht nur in den bürgerlichen Gesellschaften westlichen Typs, sondern ebenso im bürokratischen Sozialismus der Staaten des Ostblocks. Sie bildeten als sog. *diffuses* und *konzentriertes* Spektakel Varianten einer einheitlichen Ordnung, die jeweils auf der hierarchischen Unterordnung, Konditionierung und Passivität der Menschen basierten (Debord 1996: 51ff.). »Im Osten hält sich die Macht tatsächlich in erster Linie dadurch aufrecht, dass sie Ideologie (d.h. mystifizierende Rechtfertigungen) verkauft – und im Westen Konsumgüter« (Martin u.a. 1964: 50). Diese (un-)spezifische Haltung der Situationistischen Internationale richtete sich also gegen alles, was im weitesten Sinne den etablierten Ordnungen zugerechnet werden konnte. Sie bezog sich insbesondere auf die ökonomische, politische und kommunikative Ordnung der Gesellschaften sowie auf das Zusammenspiel der verschiedenen Elemente. Trotz der verallgemeinerten Kritik und der auf den ersten Blick unklaren Begrifflichkeit erarbeiteten die Situationist_innen eine recht präzise Vorstellung dessen, was sie Spektakel nannten. Es erscheint in ihren Texten als diskursive Ordnung der Gesellschaft, die dazu neigt, das Leben jedes Einzelnen in vorherbestimmte Bahnen zu lenken. Die ordnende Kraft der Gesellschaft des Spektakels gründete auf dem

»Bestehen eines räumlichen Netzwerks [...], das die entferntesten Gegenstände mit Hilfe der Anziehungskraft spezifischer Gesetze, formeller Analogien, organischer Koexistenz, funktioneller Symmetrie, Allianz von Symbolen etc. zueinander in Bezug setzt. Die Verbindungen werden dadurch hergestellt, dass mit unberechenbarer Häufigkeit ein bestimmtes Verhalten an ein bestimmtes Signal gekoppelt wird. Kurz, es handelt sich um eine generalisierte Konditionierung.« (Vaneigem 1980: 150)

Die Ordnung des Spektakels entfaltete ihre Kraft insbesondere in Form psychologischer Wirkungen auf die Menschen. Unter diesem funktionalen Gesichtspunkt erscheint das Netzwerk des Spektakels vergleichbar zu den urbanen Räumen, deren Wirkungen auf das Leben der Menschen die Situationist_innen mit ihren psychogeografischen Experimenten erkunden wollten. Im Spektakel erkannten sie eine »bis zu einer sehr komplexen Stufe entwickelte Umgebungskonstruktion«, und die konditionierenden Effekte beschrieben sie als »*repressiven* Gebrauch« dieser Konstruktion (Situationistische Internationale 1958c: 12, Hervorhebung im Original).

Mit einer gewissen Unschärfe wurde der Begriff Spektakel aber nicht nur für die Benennung eines abstrakten Ordnungsmusters gebraucht, sondern auch als Sammelbegriff für die unterschiedlichsten konkreten Phänomene, die als Elemente der Ordnung zu beobachten waren: »Das ganze Leben der Gesellschaften, in welchen die modernen Produktionsbedingungen herrschen, erscheint als eine ungeheure Ansammlung von Spektakeln« (Debord 1996: 13). Aus einer diskurstheoretischen

Perspektive könnte man daher sagen, dass der Begriff Spektakel sowohl eine bestimmte diskursive Ordnung bezeichnet als auch diskursive Praktiken, durch die jene Ordnung hervorgebracht wird. Die konkreten Mittel und Mechanismen der Konditionierung des Lebens konnten sehr unterschiedlich sein. Relevant erschien den Situationist_innen bspw. die ökonomische Ordnung, deren Marktmechanismen zum allgemeinen Grundmuster der menschlichen Beziehungen erhoben worden waren: »Das Spektakel ist der Moment, worin die Ware zur völligen Besetzung des gesellschaftlichen Lebens gelangt ist« (Debord 1996: 35). Als situationistisches Gegenprogramm formulierten sie die Idee einer Ökonomie der nutzlosen Verausgabung: »Die Kunst ist die Aufforderung zu einem Kraftaufwand ohne bestimmtes Ziel [...]. Kunst ist Verschwendung« (Jorn 1960: 120).[12]

Ein bedeutsames Element des Spektakels war auch die politische Weltordnung, die sie als »Geopolitik der Schlaftherapie« bezeichneten (Situationistische Internationale 1962e). Das »Gleichgewicht des Schreckens«, in dem sich die beiden Atommächte Sowjetunion und USA mit ihren jeweiligen Machtblöcken gegenüberstanden, bewerteten sie als »Gleichgewicht der Resignation«, denn die vermeintliche Bedrohung durch einen Atomkrieg führte nicht etwa zum militärischen Konflikt, sondern zu einer Selbstdisziplinierung der Gesellschaften (Situationistische Internationale 1962e: 221). Gegen diese maximale Konzentration an Herrschaftsmitteln, welche die beiden Atommächte des Kalten Kriegs verkörperten, entwickelten die Situationist_innen eine »*umgekehrte Utopie* der Repression: sie verfügt über alle Macht und niemand will sie« (Situationistische Internationale 1962b: 236, Hervorhebung im Original). Robert Orth fasste diese dezidiert gegen institutionalisierte Politik gerichtete Haltung mit den Worten zusammen: »Soviel Distanz, Selbstbewusstsein und ›Stil der Negation‹ gegenüber der Politik hatten nicht einmal die Surrealisten demonstriert« (Ohrt 2008: 11).

Als besonders relevant hinsichtlich der psychologischen Wirkungen des Spektakels erachteten die Situationist_innen alle Formen kommunikativer Beeinflussung, insbesondere durch kommerzielle Werbung in den westlichen und durch politische Propaganda in den östlichen Gesellschaften. In den Massenmedien erkannten sie bereits früh die »neuen Konditionierungstechniken« ihrer Zeit (Situationistische Internationale 1958c), bezüglich derer »[d]er aufschlussreiche Begriff des ›Beschie-

---

12 | Das Prinzip der ökonomischen Verschwendung findet man z.B. im *Potlatch*, einem indianischen, rituellen Fest des sich gegenseitig Beschenkens (Mauss 2009). Schon zu Zeiten der Lettristischen Internationale in den 1950er Jahren interessierten sich einige der späteren Situationist_innen für dieses Ritual. Ihre Zeitschrift trug damals den Titel *Potlatch. Informationsbulletin der Lettristischen Internationale* (Debord 2002). Vgl. zu diesem Topos auch *Die Aufhebung der Ökonomie* von Georges Bataille, der zu Beginn der 1930er Jahre mit Blick auf die Ökonomie den *Begriff der Verausgabung* entwickelte (Bataille 1975).

ßens‹ mit Informationen [...] im weitesten Sinne verstanden werden« sollte (Situationistische Internationale 1962f: 238). Sie formulierten damit eine Variante der Kritik an jener eindimensionalen Informationsvermittlung zwischen Sender und Empfänger, die immer wieder gegen die Massenmedien vorgebracht wurde, weil in ihnen komplexe Kommunikations- und Austauschprozesse strukturell unmöglich blieben. In dem ungleichen Verhältnis von Sender und Empfänger manifestierte sich auf spezifische Weise das hierarchische Gefälle innerhalb der gesellschaftlichen Organisation, das die Situationist_innen vollständig ablehnten. Das Problem der Unterordnung bezog sich allerdings weniger auf konkrete zwischenmenschliche Beziehungen, als vielmehr auf eine Unterordnung aller (oder der weitaus meisten) Menschen unter abstrakte Organisationsmuster und quasi-maschinell ablaufende, gewissermaßen automatisierte Verfahrensweisen. Die »Ohnmacht der Menschen« korrespondierte auf diese Weise mit einer »Allmacht der neuen Techniken« und die »Passivität individueller Unterwerfung« mit der »gesellschaftliche[n] Dynamik der Veränderung der Natur« (Vaneigem 1980: 158). Ein selbstbestimmtes Leben erschien unter dem Eindruck der zugleich fragmentierten (im Sinne zahlloser einzelner Phänomene) und generalisierten Konditionierungen (im Sinne eines einheitlichen Grundmusters der einzelnen Phänomene) tendenziell unmöglich. Die menschliche Existenz wurde auf ein reines Überleben reduziert, auch mit Blick auf die Bedrohung eines möglichen Atomkriegs, und zu einer Reaktion auf ökonomische Kalküle: »In unserem Fall wird die Reproduktion von dem Rhythmus der Werbung und der Information ermöglicht« (Vaneigem 1980: 131).

Aufgrund ihrer formalen Überlegungen zur Struktur des Spektakels sahen die Situationist_innen auch kaum Sinn in Versuchen, inhaltliche Kritik an einzelnen gesellschaftlichen Problemlagen zu üben. Ihnen ging es vornehmlich um ein strukturelles Problem, das sie hinter den einzelnen Erscheinungen erkannt hatten. Denn um inhaltliche Kritik innerhalb der Struktur des Spektakels überhaupt äußern zu können, wäre eine »spezialisierte Propaganda« (das heißt mit zeitgemäßem Vokabular: professionelle Werbung und Public Relations) nötig, die jedoch »wenig Chancen [hätte], im geeigneten Moment in eine Aktion münden zu können, um die wirklichen Kämpfe zu unterstützen, wenn die Massen zum Kampf gezwungen sind« (Situationistische Internationale 1962d: 234). Symbolische Repräsentationen der Kritik, wie sie eine spezialisierte Propaganda eventuell leisten könnte, erschienen ihnen ebenso nutzlos wie kritische Verlautbarungen im Rahmen einer spezialisierten Kunst. Sie blieben als symbolische Gesten innerhalb der Ordnung des Spektakels gefangen. Politische Relevanz im Sinne einer Kritik der strukturellen Probleme konnte nach Ansicht der Situationist_innen nur die bereits erwähnte Propaganda der Tat erlangen, also eine veränderte Lebenspraxis oder Lebenskunst. Auch manche intellektuelle Ikone der westlichen Linken galt den Situationist_innen aus diesem Grund als falsche Kritikerin, das heißt als stabilisierendes Element der spektakulären Ordnung. Im Mai 1968 wurde entsprechend dieser Skepsis gegenüber vielen traditionellen linken Positionen der »Ausdruck ›Stalinist‹ [...] zur von allen anerkannten schlimmsten Beleidigung in der politischen Szene« (Viénet 1977: 109). Bis hierhin wurde das Spektakel als dreidimensionale, räumliche Struktur unterschiedlichster, aufeinander verweisender Elemente vorgestellt, in deren Netz sich jeder Einzelne zu verfangen drohte. Die Wirksamkeit des Spektakels beruhte nach Ansicht der Situationist_innen darüber hinaus jedoch auch auf dem Einfluss einer vierten Dimension, der Zeit. Das Verhältnis von Raum und Zeit bzw. deren durch Einstein beschriebene Relativität beschäftigte, wie erwähnt, bereits die Surrealist_innen und inspirierte bspw. deren Praxis der ziellosen Spaziergänge. An diese Überlegungen schlossen auch die Situationist_innen an, z.B. in ihren experimentellen Forschungen zur urbanen Struktur der Stadt. Die Architektur stellte die offenbarste Intervention in die raumzeitliche Struktur einer Stadt dar:

»Die Architektur ist das einfachste Mittel, Zeit und Raum *ineinanderzufügen*, die Wirklichkeit zu *modulieren*, träumen zu lassen. Es handelt sich nicht nur um eine plastische Gliederung bzw. Modulation, um den Ausdruck einer vorübergehenden Schönheit, sondern um eine beeinflussende Modulation, die in die ewige Kurve des menschlichen Verlangens und des Fortschritts in der Verwirklichung dieser Verlangen eingeschrieben ist.« (Ivain 1958: 19, Hervorhebung im Original)

Es ging mit anderen Worten darum, das Spektakel nicht nur als statische Netzwerkstruktur zu betrachten, sondern als Prozess der Strukturierung, um dessen temporäre Kontrolle sich gesellschaftliche Konflikte drehten: »Heute schon konsumiert die größte Mehrheit die widerwärtige und trostlose gesellschaftliche Raum-Zeit, die von einer winzigen Minderheit ›produziert‹ wird« (Situationistische Internationale 1963a: 285). Während frühere Vorstellungen sozialer Ordnungen diese auf weitgehend statische Grundlagen im Form letzter, unhinterfragbarer Gewissheiten stellten, das heißt durch eine »theologische Unbeweglichkeit« kennzeichneten, charakterisierte die neuen Ordnungen ein dynamisches Moment, das als »Metaphysik der Bewegung« die Gesellschaft strukturierte (Vaneigem 1980: 158). Die Dadaist_innen im wilhelminischen Berlin der Endphase des Ersten Weltkriegs hatten gegen die statische Ordnung ihrer Zeit noch nach solch einer sozialen Dynamik gesucht, die sie sich in Form einer revolutionären Bewegung vorstellten. Aus Sicht der Situationist_innen war die Beweglichkeit allerdings inzwischen selbst zum Zeichen der sozialen Ordnung geworden. Es handelte sich dabei jedoch nicht um freie, unkontrollierte Bewegungen, sondern um eine systematisch geplante oder programmierte Dynamik. Ihre sozialtheoretische Referenz fand die programmierte Gesellschaft dementsprechend nicht in einer »platonischen Republik«, sondern im »kybernetischen Staat« (Vaneigem 1963: 308).

Die Metapher eines technischen Apparats, die zur Beschreibung des Spektakels benutzt wurde, erhielt im Zeichen der Kybernetik eine Qualifizierung als automatisierte Maschine. Die »Automatisierungsdenker« (Situationistische Internationale 1963b: 305f.) oder »Programmierer der Zukunft« (Vaneigem 1980: 159), das heißt diejenigen, die in der Lage waren, eine solche ›kybernetische Gesellschaftsmaschine‹ einzurichten und zu steuern, erschienen jedoch nicht als traditionelle Herrscher_innengestalten oder politische Führer_innen einer sozialen Bewegung. Analog zur fragmentierten Struktur des Spektakels traten die neuen Herrscher_innengestalten als einzelne »Spezialisten« auf, die nicht etwa selbst ›die Macht‹ besaßen, sondern deren meist unbewusstes Zusammenwirken ein Netz aus Machtbeziehungen erst entstehen ließ. »Das Zusammenspiel des Fußvolkes der Macht, der Spezialisten, baut jeden Tag von neuem den schwankenden Thron der Macht« (Vaneigem 1980: 141). Es handelte sich bei diesen Spezialist_innen um Sozialfiguren, die »durch ihre ineinandergreifende Tätigkeit in letzter Instanz eine gewaltige Maschine [bauen], die sie alle beherrscht [...]. Sie entwickeln und betreiben sie blind, denn sie ist die Gesamtheit ihrer einzelnen, ineinandergreifenden Tätigkeiten« (Vaneigem 1980: 141). Auch die Figur des politischen Führers verwandelte sich in einer Welt spezialisierter und fragmentierter Tätigkeiten in die Gestalt eines spezialisierten Technokraten der politischen Steuerung. Selbst die »Staatschefs der Atommächte« galten hier als aussagekräftige Beispiele für das Spezialist_innentum: Ihre scheinbare Macht (im Sinne souveräner Handlungsfähigkeit) hatte sich längst in Ohnmacht verwandelt, weil sie innerhalb einer Logik des Konkurrenzkampfs der politischen Systeme militärische Apparate aufgebaut hatten, die zu nichts nutze waren, als sich »gegenseitig [zu] paralysieren« (Vaneigem 1980: 141). Ihre politischen Entscheidungen mussten sich der Eigenlogik eines Systems unterordnen, das durch atomare Abschreckung und Rüstungswettlauf charakterisiert war. Souveräne politische Entscheidungen schienen hier nicht länger denkbar.

Die Logik der sich selbst perpetuierenden Prozesse in der automatisierten Maschine des kybernetischen Spektakels beschrieben die Situationist_innen als ökonomisches Prinzip der quantitativen Anhäufung, die aber nie zu einer qualitativen Veränderung des Lebens führte. Bspw. schien es unwahrscheinlich danach zu streben, den Gebrauchswert hunderter Atombomben zu realisieren, und der Sinn immer stärkerer Sprengköpfe erschien angesichts der Kapazitäten zur vielfachen gegenseitigen Vernichtung zweifelhaft. Dennoch wurden die Waffen weiter angehäuft und optimiert. Das durch die Situationistische Internationale propagierte ökonomische Prinzip der sinnlosen Verschwendung zugunsten einer veränderten Lebenspraxis zeigte sich hier von einer anderen Seite als sinnlose Verschwendung zugunsten der Aufrechterhaltung bereits etablierter Lebensformen. Die verallgemeinerte ökonomische Logik der quantitativen Anhäufung, die im Rüstungswettlauf exemplarisch erkennbar wurde, strukturierte bspw. auch das alltägliche Leben und die politische Kommunikation: »Das ideologische Überangebot hält mit stets gleicher Überredungskunst hundert Bücher, hundert Waschpulver und hundert politische Konzeptionen feil, die es einzeln jedesmal als letzte Errungenschaft angepriesen hat« (Vaneigem 1980: 85).

Da das Prinzip der quantitativen Anhäufung nicht zu einer qualitativen Veränderung des Lebens führte, manifestierte sich in den kybernetischen Prozessen des Spektakels zudem das Prinzip der Wiederholung, das heißt eines geregelten Informationskreislaufs in den immer gleichen Bahnen. Mit diesem Prinzip beschrieben die Situationist_innen die offensichtliche Erscheinungsform jener Konditionierungen, die sie kritisierten. Im Bereich der Kommunikation bedeutete diese Irrelevanz des Qualitativen zugleich einen Bedeutungsverlust inhaltlicher Aussagen:

»Ideologie, Information und Kultur verlieren zunehmend ihren Inhalt und werden reine Quantität. Je weniger Bedeutung eine Information hat, um so häufiger wird sie wiederholt, um so weiter entfernt sie die Leute von ihren wirklichen Problemen. [...] Die Quantitäten heben sich jedoch selbst in der Ideologie gegeneinander auf; die Konditionierungen prallen aufeinander und nutzen sich ab. Wie sollte man auf diese Weise die Kraft des Qualitativen, die Berge versetzt, wiederentdecken?« (Vaneigem 1980: 85)

Verglichen mit McLuhan, der in den 1960er Jahren die These formulierte, die technische Struktur der Massenmedien beinhalte die eigentliche ›Botschaft‹ des Medienzeitalters (McLuhan/Fiore 1967), gingen die situationistischen Analysen der kybernetischen Ordnung noch einen Schritt weiter und verbanden in ihrer Kritik die Analyse der formalen Struktur der Medien (als institutionalisierte Technologie) mit der Betrachtung der zeitlichen Dimension des Kommunikationsprozesses. Die Qualität zwischenmenschlicher Kommunikation gehe nach ihrer Ansicht nicht allein aufgrund der eindimensionalen Vermittlungsstruktur der Massenmedien, sondern auch aufgrund des Prinzips der permanenten Wiederholung verloren. Die inhaltliche Dimension der Kommunikation spiele im Grunde kaum eine Rolle, und Kritik an diesen Inhalten zu üben, erschien ihnen sogar schädlich, da sie in den kybernetischen Informationskreislauf der herrschenden Ordnung integriert werden könne und dessen Ablauf optimiere, ohne jedoch seine grundlegende Ordnungsstruktur zu verändern:[13]

»Die Frage ist, ob nicht die heute sehr verbreitete Mode, eine bestimmte Form der Konditionierung, wie z.B. die Propaganda, die Werbung, die ›mass media‹, zu brandmarken, wie eine teilweise Verschwörung wirkt, die weitergehende

---

13 | Genau diesen Effekt konstatierten die Situationist_innen auch mit Blick auf den in die herrschende Ordnung integrierten Surrealismus: »Anscheinend haben die Surrealisten die Tatsache vernachlässigt, dass die Macht ihre eigene Lektüre – eine Entschlüsselungsmethode, deren Code sie besitzt – für jede interne Verbesserung bzw. Modernisierung des Spektakels aufzwingt« (Situationistische Internationale 1963b: 304).

und wesentliche Verhexung bestehen lässt und den Verdacht gegen sie ausräumt.« (Vaneigem 1980: 150)

In der kybernetischen Ordnung des Spektakels verlor der Begriff Kommunikation seine enge Verbindung zu Prozessen unmittelbaren zwischenmenschlichen Austauschs über inhaltliche Anliegen. Dies geschah auf zweierlei Weise: Zum einen wurde Kommunikation als Synonym für Prozesse eindimensionaler Informationsvermittlungen durch die Massenmedien gebraucht, zum anderen tauchte der Begriff als Synonym für die Informationstheorie auf, das heißt im Zusammenhang mit den Programmcodes bzw. der ›Programmiersprache‹ einer kybernetischen Ordnung. Beide Erscheinungsweisen bezeichneten die Situationist_innen als »Pseudokommunikation« (Debord 1958a: 24). »Information, Sprache und Zeit« verbanden sich nach ihrer Ansicht in der kybernetischen Ordnung des Spektakels zu einer »gewaltige[n] Zange, mit der die Macht die Menschheit bearbeitet und in ihre Perspektive rückt« (Vaneigem 1980: 150). Demgegenüber stellten sich die Situationist_innen eine Kommunikation vor, die »[i]n all ihrer Reichhaltigkeit betrachtet, was die Gesamtheit der menschlichen Praxis betrifft und nicht bezüglich der Beschleunigung der Manipulationen von Postscheckkonten mittels Gebrauch von perforierten Karten, […] nie anders als in der gemeinsamen Aktion« existieren konnte (Centralkomitee der Situationistischen Internationale 1963a: 5). Auch an dieser Stelle scheint als utopische Perspektive jene Propaganda der Tat auf, die nicht den geregelten Austausch von Informationsströmen, sondern eine veränderte Lebenspraxis implizierte.

EXKURS: KYBERNETIK UND HYPERREALITÄT

Kybernetik und Informationstheorie sind unter anderem eng mit dem Namen Norbert Wieners verbunden.[14] Mit seinem Buch *Kybernetik* von 1948 leistete er einen wichtigen Beitrag zur Grundlegung und Popularisierung dieses damals neuen Wissenschaftszweigs (Wiener 1992). Die Kybernetik stellte nichts Geringeres als den Versuch dar, technische, natürliche und soziale Prozesse mit dem allgemeinen Grundprinzip der rückgekoppelten Informationsaustauschprozesse berechen- und vorhersagbar zu machen (vgl. Galison 1994: 228ff.). Die Geburtsstunde der Wiener'schen Kybernetik lag zum Zeitpunkt der Publikation des Buchs allerdings schon einige Jahre zurück. Seine Überlegungen nahmen während des Zweiten Welt-

---

14 | Vgl. zu einer kurzen, übersichtlichen (Vor-)Geschichte der Informationstheorie John Pierce' *Phänomene der Kommunikation. Informationstheorie, Nachrichtenübertragung, Kybernetik* (Pierce 1965: 34ff.). Elemente der folgenden Argumentation finden sich auch in dem gemeinsam mit R. Feustel verfassten Aufsatz *Jean Baudrillard: Die künstlichen Paradiese des Politischen* (Feustel/Schölzel 2010).

kriegs Gestalt an und etablierten dabei einen direkten Zusammenhang zwischen der Kybernetik als einer Variante der Kommunikationstheorie und (politischem bzw. militärischem) Konflikt (vgl. Bluma 2005). Wiener, der damals am *Massachusetts Institute of Technology* arbeitete, schloss sich im Jahr 1940 einer Gruppe innerhalb der *American Mathematical Society* an, die sich präventiv Gedanken darüber machte, wie ihre Wissenschaft im Falle eines Eintritts der USA in den Zweiten Weltkrieg im Kriegsgeschehen von Nutzen sein könnte. Zielgerichtete Forschungen begannen alsbald, und Wiener widmete sich einer speziellen Problematik der praktischen Kriegsführung, nämlich der technischen Verbesserung von Luftabwehrgeschützen (Wiener 1992: 30ff.). Die deutsche Luftwaffe hatte im Jahr 1940 England angegriffen und damit den Luftraum über den britischen Inseln in einen neuen Kriegsschauplatz verwandelt. Wieners Interesse galt vor diesem Hintergrund der Frage, wie die Zielgenauigkeit von Luftabwehrkanonen angesichts immer schnellerer und agilerer Flugzeuge, denen gegenüber menschlich gesteuerte Flugabwehrsysteme Schwächen offenbarten, verbessert werden könnte. Seine Bemühungen mündeten in die Konstruktion einer Rechenmaschine (eines analogen Computers), den sog. *Antiaircraft Predictor*, die den Zickzack-Kurs eines feindlichen Flugzeugs analysieren, aus diesem Muster dessen zukünftige, wahrscheinliche Fluglinie berechnen und ein Abwehrgeschoss abfeuern können sollte, das trotz der zeitlichen Differenz zwischen Abschuss und Auftreffen des Geschosses mit hoher Wahrscheinlichkeit sein Ziel treffen würde. Der Antiaircraft Predictor etablierte mit seinen Rechenleistungen Kontrollmechanismen auf Grundlage einer »Verarbeitung der Statistik der Zufallsprozesse, die vorhergesagt werden sollen« (Wiener 1992: 36), für die der ständige, rückgekoppelte Austausch von Informationen eine zentrale Rolle spielte.

Die Kernkonzepte der Kybernetik sind Information oder Nachricht (message), Rückkopplung, Homeostase und Entropie (Bluma 2005: 214ff.). Die Information wird in der Kybernetik als quantitative Größe einer Vermittlung zwischen Sender und Empfänger verstanden, die unabhängig von ihrem qualitativen Inhalt statistisch gemessen werden kann.[15] »Die Nachricht ist eine zeitlich diskret oder stetig verteilte Folge messbarer Ereignisse – genau das, was von den Statistikern ein Zufallsprozess genannt wird« (Wiener 1992: 35). Sie wird damit zu einer Universalkategorie für das Verständnis von Austauschprozessen zwischen Tieren, technischen Apparaten

---

15 | Karl Deutsch stellte allerdings klar, dass es bei der Übertragung von Informationen auf »die vom Signal übertragenen Strukturmuster und ihre Beziehung zu den vom Empfänger gespeicherten Strukturmustern« ankommt. Dies markiert einen Unterschied zur Übertragung von Energie, deren Auswirkungen proportional zur übertragenen Quantität berechenbar sind. Die Übertragung von Information gleicht seines Erachtens dagegen eher einem Gewehrschuss: »Auch die Gewalt eines Gewehrschusses braucht nicht proportional zur Kraft zu sein, die nötig ist, um den Abzugshahn zu betätigen« (Deutsch 1970: 212).

oder Menschen und deren Umwelten. Entsprechend behauptete Wiener in seiner Abhandlung von 1948, »[w]elche Mittel der Kommunikation eine Art oder Rasse auch immer haben mag, es ist möglich, den Betrag der Information zu definieren und zu messen« (Wiener 1992: 226). Der Informationsaustausch mit seiner Umwelt durch ein technisches oder soziales System oder einen biologischen Organismus, die unter diesem Blickwinkel für die Kybernetik vergleichbar wurden, etabliert Rückkopplungsprozesse (Feedbackschleifen), die man aus Sicht des kommunizierenden Systems auch als Anpassungs- oder Lernprozesse beschreiben kann – im Austausch mit ihren Umwelten erscheinen der biologische Organismus als ein lernendes Lebewesen, der Computer als eine lernende Maschine und die Gesellschaft als eine lernende Organisation. Der Begriff Homeostase wird als Synonym für die Selbstregulation von (technischen, natürlichen oder biologischen) Systemen gebraucht, die sich in geregelten Austauschprozessen mit ihren Umwelten befinden, bzw. für Systemstabilität, die durch solche Austauschprozesse und Selbstregulation erreicht wird. Entropie bedeutet in der Informationstheorie dagegen Informationsmangel oder auch fehlende Information bzw. Ungewissheit. Insbesondere mit der Übertragung des Begriffs auf die Sozialwissenschaften wurde Entropie auch als Synonym für die mit Informationsmangel einhergehende Unordnung sozialer Systeme gebraucht.

Nach dem Krieg unternahm Wiener den Versuch, seine informationstheoretischen Erkenntnisse, die er bei der Entwicklung des Antiaircraft Predictors gewonnen hatte, und die der Mathematik, der Physik und der Biologie entstammenden Begrifflichkeiten auf soziale Phänomene zu übertragen. In seinem Buch *Kybernetik* widmete er diesem Versuch insbesondere das letzte Kapitel *Information, Sprache und Gesellschaft*. Die kybernetischen Konzepte verloren bei dieser Übertragung von technischen auf soziale Systeme allerdings ihre naturwissenschaftliche Präzision, und Wiener selbst schien die Möglichkeiten zur Erklärung und Steuerung sozialer Prozesse über kybernetische Verfahren eher skeptisch zu bewerten (Bluma 2005: 187). Denn Wissenschaftler_innen, die auf Grundlage kybernetischer Konzepte arbeiten, sind selbst Teil des sozialen Systems, das sie untersuchen, und ihre Forschungen stellen eine ständige Intervention in den Untersuchungsgegenstand im Sinne eines Rückkopplungsprozesses zwischen Beobachter_in und Beobachteten dar (Bluma 2005: 215, Anm. 10). Auf der anderen Seite können narrative sozialwissenschaftliche Methoden, das heißt aus Sicht der Kybernetik ›unwissenschaftliche‹ Verfahrensweisen, die Informationsdichte in der Gesellschaft erhöhen. Ihre Vertreter_innen sorgen somit dafür, das Problem der Entropie (also der Ungewissheit und Unordnung im sozialen System) zu verringern. Aus dem Blickwinkel der Kybernetik erschienen somit die eigenen, einem naturwissenschaftlich-technischen Paradigma folgenden Forschungsleistungen im Bereich sozialer Phänomene problematisch, während den vermeintlich unwissenschaftlichen narrativen Methoden bspw. der Geschichtswissenschaft eine Funktion zur Konstitution des Sozialen zuerkannt werden musste. Lars Bluma kommentierte in seiner Studie über die Entstehung der

Kybernetik vor diesem Hintergrund die Übertragung der kybernetischen Ideen auf soziale Phänomene folgendermaßen:

»Ohne die Möglichkeit von Berechenbarkeit blieben die kybernetischen Kernkonzepte [...] nur als Phrasen übrig, oder positiver formuliert, sie wurden rhetorische Hüllen auf einer philosophischen Metaebene, in denen allerhand soziale Phänomene Platz finden können, ohne dass diese empirisch bestätigt werden müssten. Von angewandter Mathematik kann hier keine Rede sein [...].« (Bluma 2005: 185)

Trotz der offenkundigen Probleme bei einer Übertragung der Grundgedanken der Kybernetik von technischen auf soziale Prozesse wurden seit den 1950er Jahren erhebliche Anstrengungen in diese Richtung unternommen. In der Politikwissenschaft war der prominenteste Vertreter dieser Bemühungen Karl W. Deutsch, dessen Buch *Politische Kybernetik* zuerst 1963 unter dem englischen Titel *The Nerves of Government. Models of Political Communication and Control* erschien (Deutsch 1970). Der englische Titel verweist auf eine vorgestellte Analogie zwischen einem politischen System und einem biologischen Organismus. Nach Deutschs Ansicht betrachtete die Politikwissenschaft der damaligen Zeit vornehmlich die Institutionen und die Gesetzestexte, das heißt das »Knochengerüst« und die »Muskeln« des politischen Systems. Das Interesse der politischen Kybernetik galt jedoch in erster Linie dessen »Nervensystem«, das als Metapher für »seine Kommunikations- und Entscheidungskanäle« herhalten musste. Es ging Deutsch also darum, »den Regierungsprozess als Problem der *Steuerung* zu betrachten, und [...] zu zeigen, dass Steuerung im Grunde eine Problem der *Kommunikation*« sei (Deutsch 1970: 31, Hervorhebung im Original).

In der bundesdeutschen Debatte diskutierte Dieter Senghaas in einem Aufsatz aus dem Jahr 1966 Deutschs Modell einer politischen Kybernetik. Kommunikationsprozesse wurden darin vor allem unter dem Blickwinkel ihrer Lern- und (Selbst-)Steuerungseffekte auf ein politisches System verstanden. Lernen meinte die Aufnahme und Verarbeitung von Informationen und ermöglichte die (Selbst-)Steuerung eines Systems. Informationen traten in drei unterschiedlichen Varianten auf, als Informationen aus der Um- und Außenwelt, Informationen aus der Vergangenheit sowie Informationen über das System selbst und den Status verschiedener Teilsysteme des Gesamtsystems. Der Begriff Macht wurde als Kommunikationsbeziehung oder als »Zirkulationsmittel« für Informationen konzeptualisiert, das zugleich relevant für Lernprozesse war: »Sich leisten können, nicht zu lernen, das eben heißt: mächtig sein; sich erlauben können, immerzu zu sprechen und nicht zuzuhören, darin liegt die Macht« (Senghaas 1966: 260). Das Risiko eines mächtigen Systems bestand aus dieser Sicht allerdings darin, allzu mächtig zu werden. Immerzu zu sprechen und nicht zuzuhören, nicht mehr lernen zu müssen »kann zum eigenen Niedergang führen« (Senghaas 1966: 260). Zu viel Macht kann mit anderen Worten zu Lernpathologien führen, durch die ein System gleichsam das Lernen verlernen und damit seine Steuerungskapazität einbüßen würde. Lernpathologien können auf unterschiedliche Weise auftreten (Senghaas 1966: 257f.). Es können (1) die materiellen Ressourcen und Instrumentarien verloren gehen, mit denen sich das System gegenüber seiner Umwelt behauptet und durchsetzt. Es kann sich (2) der Informationsfluss von außen in Richtung des Systems verringern oder verlangsamen, sich also die Aufnahmekapazität verkleinern, so dass gespeicherte Informationen aus der Vergangenheit tendenziell überbewertet werden. Daneben können (3) die internen Steuerungs- und Koordinationskapazitäten, allgemein die Kontrollmechanismen zum Überprüfen und Steuern des eigenen Verhaltens versagen, was zu einer Überbewertung der Struktur des Systems über seine Funktion führen kann. Als weitere Lernpathologie kann (4) ein Verlust der Tiefendimension des Gedächtnisses eintreten, der entweder als ungenügende Speicherkapazität oder als Verlust der Instrumentarien zur Rekonstruktion und Neukombination der gespeicherten Daten auftreten kann. Eine letzte Lernpathologie äußert sich als (5) Starrheit oder Inflexibilität des Systems, das nicht mehr in der Lage ist, sein eigenes Kommunikationsnetz neu zu strukturieren und damit neue Verhaltensmuster zu etablieren.

Die drei Begriffe Lernen, Kommunikation und Steuerung werden in der politischen Kybernetik also in einem sehr engen Zusammenhang betrachtet: »Der Lernprozess hängt von der instrumentellen Beschaffenheit des Kommunikations-, Steuerungs- oder Entscheidungssystems ab«, wobei die »Systembegriffe [...] synonym gebraucht« werden (Senghaas 1966: 256). Kommunikation wird mit anderen Worten gleichgesetzt mit Steuerung und Entscheidung. Einige Jahre nach Senghaas diskutierte Dieter Aderhold in seiner 1973 erschienen Studie *Kybernetische Regierungstechnik in der Demokratie* den wichtigen Unterschied zwischen Steuerung und Regelung innerhalb der kybernetischen Vorstellungen zur Planung und Kontrolle systemischer Prozesse, der Folgen für die sozialwissenschaftliche Nutzbarmachung der Kybernetik hatte. Die beiden Prinzipien unterscheiden sich tiefgreifend hinsichtlich ihrer Funktionsweise:

»Das Funktionsprinzip der Steuerung beruht auf dem Gedanken, die voraussichtlichen Folgen der von der Umwelt auf das System einwirkenden Faktoren im voraus zu erkennen und durch eigene Tätigkeit zu kompensieren. Nach dem Funktionsprinzip der Regelung soll dagegen der Zustand des Systems, der sich aus der Wirkung externer Faktoren und interner Aktivität bereits ergeben hat, laufend gemessen und zur Richtschnur für das weitere Verhalten des Systems gemacht werden.« (Aderhold 1973: 76)

Nur die zweite Vorstellung entspricht vollständig der kybernetischen Idee eines geregelten Informationskreislaufs. Rein technisch bestehe der Vorteil der Steuerung darin, direkter und schneller auf sogenannte Störgrößen, die von außerhalb auf das fragliche System einwirken, reagieren zu können. Ihr Nachteil liege allerdings in einer vergleichsweisen Unzuverlässigkeit des Vorausberechnens solcher Störfälle und in dem Mangel, dass eine Evaluierung der Reaktionsleistung nicht eingeplant sei. Der Vorteil der Regelung bestehe dagegen darin, »alle Rechenungenauigkeiten ausgleichen und kleine Änderungen der Systemstruktur schnell in ihrer Wirkung erkennen und kompensieren zu können« (Aderhold 1973: 78). Ihr Nachteil sei allerdings, dass Regelungskreisläufe erst dann auf Störgrößen reagieren können, wenn diese bereits Auswirkungen auf das System haben. Eine Reaktion könne unter Umständen zu spät eintreten und würde eventuell »Schwingungen« des Systems verursachen, das heißt sich selbst verstärkende Rückkopplungsprozesse, welche die Funktionsfähigkeit des Systems gefährden.[16]

Die Funktionsweise dieses ›Nervensystems‹ verdeutlicht, dass die Kybernetik mit der Vorstellung eines dynamischen, sich selbst und seine Umwelt verändernden Systems arbeitet. Die Struktur eines Systems wird durch Kommunikationsprozesse geprägt, die zugleich Lernprozesse sind. Die damit etablierte Dynamik des Systems stattet es mit einer sich ständig wandelnden Struktur aus, ermöglicht aber auch die ständige Einflussnahme auf die Umwelt, die ebenfalls als dynamische Struktur wahrgenommen wird. Die soziale Ordnung ist aus diesem Blickwinkel nicht mehr durch einen bestimmten, stabilen Zustand gekennzeichnet, sondern durch ein dynamisches System von Verfahrensmustern, die aus strukturierten Informationsaustauschprozessen entstehen (vgl. Deutsch 1970: 258ff.). Politik oder genauer: politische Kommunikation dient nach Senghaas' Ansicht innerhalb eines solchen, sich wandelnden Systems völlig losgelöst von inhaltlichen Kategorien als »wichtiges Instrument der Verlangsamung oder der Beschleunigung des sozialen Lernens und der gesellschaftlichen Innovation« (Senghaas 1966: 261). Sie ermögliche damit das Überleben des Systems durch das Management seiner Wandlungsprozesse sowie derer der Umwelt. Norbert Wiener vertrat die Meinung, dass solche dynamischen Lern- und Adaptionsprozesse das Kennzeichen demokratischer Systeme seien. Diese ständen deshalb im Gegensatz zu einem autoritären Gesellschaftsbild, »das von vielen Faschisten, erfolgreichen Geschäftsleuten und Politikern vertreten [werde]«, die »eine Organisation vor[ziehen], in alle Information von oben [komme] und keine [zurückgehe]« (Wiener 1952: 27).

Andere Autor_innen wiesen hingegen darauf hin, dass die Soziokybernetik im Grunde eine Theorie sich selbst optimierender Verwaltungsverfahren bereitstelle, damit jedoch das Problem einer wie auch immer gearteten gesellschaftlichen Zwecksetzung (oder politischen Entscheidungsfindung) nicht bewältigt werden könne.

---

16 | Aderhold diskutierte in diesem Zusammenhang das Problem der Konjunktursteuerung, bei der die Gefahr bestehe, dass Regierungsmaßnahmen aufgrund der zeitlichen Verzögerungen zwischen Programmbeschluss und Umsetzung antizyklisch wirksam würden. »Die Schwingungsgefahr ist eines der zentralen Probleme überall dort, wo Rückkopplungsvorgänge auftreten, sei es im Bereich der Technik oder der Politik« (Aderhold 1973: 78).

Die Rede von einer *politischen* Kybernetik war aus diesem Blickwinkel ein Paradoxon, ein Problem, das von den Hauptvertretern der Soziokybernetik durchaus wahrgenommen wurde. Deutsch schrieb bspw., »[z]unächst und vor allem liegt bei jedem Rückkopplungsprozess die angestrebte Zielsituation nicht innerhalb, sondern außerhalb des zielstrebigen Systems« (Deutsch 1970: 260). Die Funktion der Kybernetik beschränke sich daher »[i]n der Politik [auf] das Problem, wie ein strategischer Zweck durch eine Reihe von veränderlichen taktischen Zielen hindurch unverändert beibehalten werden kann« (Deutsch 1970: 261).[17] Das politische Problem einer gesellschaftlichen Zwecksetzung oder Zielbestimmung ließ sich also mit Mitteln der Kybernetik nicht lösen. Dennoch bestand die Gefahr, dass das kybernetische Denken von einem Verwaltungsmodell für einzelne gesellschaftliche Teilsysteme zu einem gesamtgesellschaftlichen Ordnungsmuster verwandelt würde. Senghaas attestierte zwar sowohl Wiener als auch Deutsch ein Gespür für die Beschränkungen der Kybernetik als Sozialwissenschaft, konstatierte aber mit Blick auf weitere Autor_innen auch, »dass heute Theorien und Modelle entstehen, die die gesamte Gesellschaft als selbstregulierendes, lernfähiges System interpretieren« und dabei den Zweck solcher Systeme allein in ihrem Überleben oder ihrer Systemstabilität festlegten (Senghaas 1966: 270). Auch Aderhold vertrat eine ähnliche Ansicht, indem er schrieb, die

»Soziokybernetik wird zur Ideologie, wo sie sich nicht mehr mit einer Rolle als Hilfsmittel der Rationalität bescheidet, sondern sich als Inkarnation der Rationalität selbst begreift und Politik als werthafte Entscheidung gesellschaftlicher Konfliktlagen [...] ersetzen zu können glaubt. Dann treten scheinbare Sachzwänge an die Stelle offen diskutierter Wertentscheidungen.« (Aderhold 1973: 90f.)

Ein solches Verständnis der Soziokybernetik, das Verwaltungsverfahren zu Politik erklärte, musste sich dabei nicht nur die Kritik gefallen lassen, es definiere den Zweck der Politik als einen Selbstzweck des Systemüberlebens oder der Systemstabilität, wodurch »manche Fragen, wie die der historisch angemessenen Bedürfnisbefriedigung der Mehrzahl der Menschen [...] schon gar nicht mehr in den Bereich [seiner] Thematik« fielen (Senghaas 1966: 271). Entsprechend seiner Funktionslogik ging es darüber hinaus einher mit der Vorstellung einer direkten Vermittlung der Systemrationalität in das praktische Bewusstsein gesellschaftlich handelnder Bürger_innen. Senghaas' Kritik an dieser zweiten problematischen Schlussfolgerung einer kybernetischen Technokratie liest sich dabei wie eine Zusammenfassung der

---

17 | In dem Zusammenhang nutzte Deutsch zur Illustration seiner Überlegungen erneut ein Bild aus kriegerischen Konflikten: »In einer einfachen Form ergibt sich dieses Problem bei der Konstruktion von automatischen Torpedos und ferngelenkten Raketen« (Deutsch 1970: 261).

situationistischen Gesellschaftskritik, die dieses Problem einer nach den Ordnungsvorstellungen der Kybernetik ausgerichteten Gesellschaft allerdings nicht als theoretisches Problem mancher politikwissenschaftlicher Abhandlungen, sondern als reales Problem der praktischen Lebensführung auffasste. Senghaas schrieb bezüglich der Logik einer direkten Vermittlung kybernetischer Ordnungsvorstellungen in praktische Lebensführung:

»Man darf wohl annehmen, dass nur in einer weithin manipulierbaren und effektiv manipulierten Gesellschaft dieses Übersetzungsproblem gegenstandslos wäre. Die Kluft zwischen sozialtechnischer Ratio und dem praktischen Bewusstsein wäre in ihr auf Kosten bewusstseinsmäßig nicht emanzipierter Bürger überspielt und bewältigt. In einem solchen Handlungsgeschehen wären letztere nicht mehr Adressat einer auf Aufklärung und Emanzipation bedachten Theorie, sondern Objekt puren statistischen Kalküls.« (Senghaas 1966: 270)

Diese hier formulierte hypothetische Vision entsprach genau der situationistischen Analyse der sich tendenziell entwickelnden sozialen Realität, die sie als *Gesellschaft des Spektakels* bezeichnete. Wie bereits dargestellt, war für die Überführung kybernetischer Ordnungsmuster aus einzelnen Systemrationalitäten in ein übergreifendes gesellschaftliches Ordnungsprinzip aus situationistischer Perspektive keine kybernetische Ideologie nötig, wie es vermutlich Senghaas oder Aderhold unterstellten. Die zahlreichen, spezialisierten Einzelaktivitäten vieler Praktiker_innen der Kybernetik würden dagegen als ungeplante soziale Konstruktionsprozesse ineinander greifen und gleichsam unbewusst eine kybernetische Gesellschaftsordnung ausbilden. Hier lag der Ansatzpunkt für die Kritik der Situationist_innen: »Die Programmierer der Zukunft sind dabei, dieses Schema zu rationalisieren, zu planen, zu humanisieren, und was noch alles. Und man kann sicher sein, dass die kybernetische Programmierung so verantwortungslos wie der Kadaver Gottes sein wird« (Vaneigem 1980: 159).

Im Anschluss an die Situationistische Internationale wurde deren Kritik der Kybernetik in den 1970er Jahren insbesondere durch Jean Baudrillard weitergesponnen, der situationistische Ideen aufnahm, ohne allerdings die Quelle seiner Überlegungen zu erwähnen (vgl. bspw. Ohrt 2008: 10). Die Situationist_innen selbst hatten für diese Entwendung ihrer Ideen durch einen jener »unterwürfigen Intellektuellen, die heute am Anfang ihrer Karriere stehen«, nur beißenden Spott übrig: Baudrillard erschien ihnen als einer jener, die »sich als gemäßigte oder halbe Situationisten [...] verkleiden, nur um zu zeigen, dass sie befähigt sind, den letzten Moment des Systems zu begreifen, das sie beschäftigt« (Debord/Sanguinetti 1973: 10). Baudrillards Theorie der Hyperrealität erscheint jedenfalls als direkte Fortführung der situationistischen Überlegungen zur kybernetischen Struktur des Spektakels. Die Idee einer »Hyperpolitik«, die auf den ersten Blick sogar eine begriffliche Entwendung anzuzeigen scheint, täuscht dagegen; der Begriff blieb im situationistischen Vokabular eine marginale Erscheinung in einigen frühen Texten und sollte zudem das Handeln für eine »direkte Verwirklichung des Menschen« und damit das Gegenteil des Spektakels respektive der Hyperrealität beschreiben (Jorn 1960: 122).

Was Baudrillard als Hyperrealität bezeichnete, war eine spezifische diskursive Gesellschaftsordnung, die nach dem Modus der Simulation organisiert war. Die Kybernetik lieferte dafür zugleich das wissenschaftliche Beschreibungs- und das praktische Organisationsmuster, indem sie im Modus der wissenschaftlichen oder technischen Simulationen den Zugriff auf die Welt deutlich verändert hatte. Simulation meint in der Kybernetik eine neue Form des theoretischen Experiments, bei dem es nicht mehr um eine bessere wissenschaftliche Erkenntnis der Wirklichkeit geht, sondern um eine Wahrscheinlichkeitsberechnung hypothetischer Zukunftsszenarien, die dann durch kalkulierte strategische Interventionen bearbeitet werden können:

»Der Status des Experimentes in der experimentellen Mathematik namens Kybernetik verabschiedete sich zunehmend vom Experimentalrealismus des 18. und 19. Jahrhunderts, denn alle verschiedenen Formen der Rechenmaschinen, die im experimentellen Einsatz waren und sind, können nicht mehr als Wahrnehmungserweiterungen des Menschen aufgefasst werden, die ein weiteres Kapitel im Buch der Natur öffnen würden, sondern sie stellen Simulationen dar, die eine eigene Wirklichkeit kreieren.« (Bluma 2005: 214)

Baudrillard übertrug im Anschluss an die Situationistische Internationale diese Vorstellung auf die Ebene der gesamtgesellschaftlichen Ordnung und versuchte, mit dem Konzept der Hyperrealität die spezifisch kybernetische Form sozialer Konstruktionsprozesse zu entschlüsseln. Die kybernetische Sozialordnung entstand seines Erachtens durch die »Generierung eines Realen ohne Ursprung oder Realität, d.h. eines Hyperrealen« (Baudrillard 1978a: 7). Die kybernetischen Informationskreisläufe beschrieb Baudrillard allerdings nicht als Informationsvermittlungs- sondern als Zeichenprozesse, welche die Hyperrealität als spezifische symbolische Ordnung konstituierten. Er arbeitete dabei mit einem Zeichenbegriff, der sich nicht auf eine symbolische Verdopplung materieller Erscheinungen reduzieren lässt. Im Begriff der Hyperrealität löste er vielmehr die eindeutige Beziehung zwischen realen Erscheinungen, den Referenzen, und ihren symbolischen Verdopplungen, den Zeichen, auf. Materielles und Symbolisches bilden demnach eine gemeinsame Ordnung, in der keine eindeutige Hierarchie zwischen Dingen und Zeichen existierte. Ganz im Sinne der Sprachtheorie Saussures, auf die er sich unter anderen bezog, war ein Element dieser Ordnung (egal, ob Ding oder Zeichen) aus dieser Perspektive nicht dadurch gekennzeichnet, dass es eine Bedeutung besaß, sondern dadurch, dass es in Differenzierungsverfahren zu anderen Elementen der Ordnung eine Bedeutung erst gewann (bspw. Baudrillard 1978b: 39).

Mit der Kybernetik stand ein spezifisches Verfahren zur Anordnung der einzelnen Elemente einer solchen Ordnung zur Verfügung, in dem die Differenzierungsprozesse zu geregelten Rückkopplungsschleifen kurzgeschlossen wurden. Die hyperrealen Elemente wurden auf diese Weise in einen regelmäßigen, kontrollierten Strukturierungsprozess integriert, in dem gesellschaftlicher Sinn generiert wurde. Für diese Verfahrensweise der Bedeutungs- oder Sinnproduktion in der hyperrealen Ordnung nutzte Baudrillard den Begriff der Simulation. Im Ergebnis etablierte sie, gemessen am Maßstab älterer Vorstellungen, wonach Zeichen etwas abbildeten oder etwas bezeichneten, ein Beziehungsmuster der Referenzlosigkeit bzw. der Selbstreferentialität unter den Elementen der Hyperrealität. Weil keine externe Referenz (oder Zielbestimmung) eines solchen Differenzierungsprozesses existierte, entstand genau jenes Problem einer technokratischen, nur auf das Systemüberleben referierenden Politik, auf das bereits Senghaas oder Aderhold hingewiesen hatten. Die Selbstreferentialität verwies dabei auf den Programmcode des kybernetischen Systems, der als innerhalb des Systems liegende Referenz seine grundlegende Struktur festschrieb. Die Programmierung etablierte die Logik der Differenzierungsprozesse, ohne dass diese Prozesse (die ja laut kybernetischer Theorie auch Lernprozesse sein sollten) allerdings noch etwas an dem ihnen zugrunde liegenden Programmcode ändern konnten. »Das Wissen, das nicht mit dem Leben verschmelzen und es auch nicht tiefgreifend verändern kann, breitet sich an der Oberfläche unterschiedslos in alle Richtungen aus«, konstatierte Baudrillard deshalb (Baudrillard 1989: 22).

Der geregelte Informationsaustausch, das heißt die kybernetische Variante von Kommunikation, etablierte einen Prozess der (Selbst-)Steuerung des Systems und seiner Umwelten. Da der Selbstzweck eines kybernetischen Systems nach der Logik der Informationstheorie in der Aufrechterhaltung eines einmal etablierten (und in ihrem Programmcode festgeschriebenen) Ordnungsmusters bestand, schuf dieser Prozess damit einen Trend hin zu einer Konvergenz der Systeme, wobei die mächtigeren Systeme ihre eigene Systemlogik besser durchsetzen konnten, da sie ›mehr sprechen‹ konnten und ›weniger zuhören‹ mussten. Mit der Übertragung der kybernetischen Ideen aus der Welt technischer Prozesse in die Welt des biologischen und sozialen Lebens war also der Weg in Richtung neuer Sozialordnungen vorgezeichnet, die durch die Tatsache bestimmter, kybernetischer Strukturierungsmuster charakterisiert wurden (ganz unabhängig von inhaltlichen Anliegen): »Von einer kapitalistisch-produktivistischen Gesellschaft zu einer neokapitalistischen, kybernetischen Ordnung, die eine absolute Kontrolle anstrebt, das ist die Mutation, der die biologische Theoretisierung des Codes die Waffen liefert« (Baudrillard 2005: 94).

Was Senghaas als hypothetische Kritik an einer nur auf Systemstabilität und Systemüberleben referierenden Politik formulierte, erschien bei Baudrillard vor dem Hintergrund der Selbstreferentialität dieser Prozesse als These vom Ende der Politik im Sinne tiefgreifender Konflikte um den Sinn und Zweck einer politischen Ordnung oder um verschiedene konkrete Ziele politischen Handelns. Für den professionalisierten Politikbetrieb bedeutete diese Selbstreferentialität die

»abwechselnde Herrschaft der beteiligten Kräfte, einander ablösende Mehrheiten/Minderheiten etc. [...] Die Politik stirbt am allzu guten Funktionieren ihrer distinktiven Gegensatzpaare. Der politische Bereich (und der Machtbereich ganz allgemein) leert sich. Dies ist in gewisser Weise der Preis für die Erfüllung des Wunsches der politischen Klasse nach einer perfekten Manipulation der gesellschaftlichen Repräsentation. Verstohlen und in aller Stille ist die ganze gesellschaftliche Substanz genau zu dem Zeitpunkt aus dieser Maschine verschwunden, als ihre Reproduktion perfekt war.« (Baudrillard 2005: 103)

Im Modus der Simulation drohten diese realen Konflikte als externe Referenz (oder externe Zwecksetzung bzw. Zieldefinition) politischer Prozesse verloren zu gehen. »Es ist die politische Ordnung, das Realitätsprinzip, das auf dem Spiel steht« (Baudrillard 1978b: 43). Die konkreten Erscheinungsweisen der simulierten Politik sah Baudrillard (auch darin gleichen seine Annahmen denen der Situationistischen Internationale) insbesondere in einem Zusammenspiel aus massenmedialer Informationsvermittlung einerseits und Meinungsumfragen andererseits, die ein selbstreferentielles System der gesellschaftlichen Sinnproduktion etablieren konnten. Die Bezugsgrößen, auf die sich Politik, Medien und Meinungsforschung stützten, waren die schweigende Mehrheit und die öffentliche Meinung, zwei Konstrukte der Massengesellschaft bzw. der massenmedialen Kommunikation. Der sog. schweigenden Mehrheit unterstellte man dabei eine stillschweigende Zustimmung zu der sog. öffentlichen Meinung. Gemeinsam bildeten sie ein perfektes, selbstreferentielles (oder hyperreales) Bezugssystem, das als ›Grundlage‹ einer simulierten Politik dienen konnte (Baudrillard 1978b: 39f.).

Die schweigende Mehrheit bildete »eine opake, blinde Ablagerung, [einer] Ansammlung stellarer Gase ähnlich« (Baudrillard 1978b: 41), die nach Ansicht Baudrillards aus sich selbst heraus keine politischen Anliegen artikulieren konnte. Sie war daher insbesondere nicht vergleichbar mit einer sozialen Interessengruppe. Vielmehr wurde sie auf dem Weg der Meinungsumfragen als ein Element des geregelten Informationsaustauschs erst konstruiert: »Sie drückt sich nicht aus, man sondiert sie per Meinungsumfrage. Sie reflektiert sich nicht, man testet sie« (Baudrillard 1978b: 40). Das Mittel der Meinungsumfragen war darüber hinaus, selbst wenn man eine Interessengruppe befragen würde, auch gar nicht geeignet, um eine (authentische) Interessenartikulation zu ermöglichen. Denn in Fragebögen wurden die Inhalte einer möglichen Artikulation bereits vorgezeichnet, indem Fragen formuliert wurden, auf die man antworten sollte, und indem Antwortmöglichkeiten meist bereits vorgegeben wurden. Auf diesem Weg konnten nur Probleme zur Sprache kommen, die von den Initiator_innen der Umfragen bereits wahrgenommen wurden, und nur Meinungen abgefragt werden, die den Initiator_innen der Umfrage im Prinzip bereits bekannt waren. Es stellte sich also auch auf der inhaltlichen Ebene der Meinungsumfragen das Problem der Selbstreferentialität des Informationskreislaufs. Da die schweigende Mehrheit selbst keine Interessen artikulieren und keinen gesellschaftlichen Sinn stiften konnte, musste man sie auf dem Weg der Meinungsumfragen »abhorchen, aushorchen, ihr irgendein Orakel entlocken, Sinn injizieren« (Baudrillard 1978b: 43).

Die massenmediale Kommunikation bildete das zu den Meinungsumfragen komplementäre Element der auf Informationskreisläufen aufbauenden kybernetischen Gesellschaftsordnung. Die Massenmedien etablierten eine »Rede ohne Antwort«, weil »sie anti-mediatorisch sind, intransitiv, dadurch, dass sie Nicht-Kommunikation fabrizieren« (Baudrillard 1978c: 91). Sie ließen sich als ein typisches, mächtiges System in Senghaas' Sinne analysieren, da sie permanent sprechen konnten und nie zuhören mussten. In der Welt der Massenmedien existiere kein gleichberechtigter Austauschprozess, sie bilde keinen »reziproken Raum von Rede und Antwort« (Baudrillard 1978c: 91). Wenn es die Möglichkeit zu rückläufigen Informationsprozessen vom Empfänger zurück zum Sender gab, dann handelte es sich um Feedbacks im streng kybernetischen Sinn, das heißt um Publikumsreaktionen die, vergleichbar zu Meinungsumfragen, durch Fragen bereits induziert waren.

Politik, die hauptsächlich über Massenmedien kommunizierte, verwandelte sich in simulierte Politik, weil die technische Struktur der Massenmedien zweierlei Folgen für die Kommunikation zeitigte. Einerseits bestritt Baudrillard jede inhaltliche Relevanz der massenmedial verbreiteten Botschaften. Der Sinn dieser Kommunikation bestand vielmehr in der Verbreitung ihres Programmcodes in Form einer Integration ihrer Umwelt in ihre eigene Systemlogik. Die Massenmedien waren zentralisierte Sender, denen die Menschen als passive Empfänger von Botschaften gegenüberstanden. Es handelte sich darüber hinaus um eine schematische Beziehung, die Kommunikation auf eindimensionale Informationsvermittlungen zwischen Sender und Empfänger reduzierte, unabhängig von der Frage, ob Sender und Empfänger ihre Position tauschen konnten oder nicht. Die Logik dieser asymmetrischen Beziehung, dass die Menschen also gewissermaßen die Fähigkeit des selbst Sprechens und des Führens reziproker Gespräche verloren, wurde durch die Allgegenwart der Massenmedien im Alltag erkennbar.[18] Das Fernsehen als das Massenmedium par excellence etablierte bspw. »durch seine bloße Gegenwart die soziale Kontrolle [...]: das Fernsehen ist die Gewissheit, dass die Leute nicht mehr miteinander reden, dass sie angesichts einer Rede ohne Antwort endgültig isoliert sind« – und damit die eben erwähnte schweigende Mehrheit bilden konnten (Baudrillard 1978c: 94). Wenn Baudrillard schrieb, es sei »nicht mehr nötig, dass jemand sich eine eigene Meinung [bilde], sich und sie anderen konfrontier[e] – vielmehr müssen alle die öffentliche Meinung nachbilden« (Baudrillard 1978b: 44), dann könnte man hier ergänzen, dass diese eigene Meinungsbildung aufgrund der Dominanz einer massenmedial verbreiteten öffentlichen Meinung zu einem gewissen Grad gar nicht mehr möglich war. Die schweigende Mehrheit war also nicht nur unfähig, Interessen

---

18 | Die Analyse gleicht der oben vorgestellten Analyse Umberto Ecos zur Wirkung der Massenmedien in *Für eine semiologische Guerilla* (Eco 2007).

zu artikulieren, ihre einzelnen Elemente besaßen noch nicht einmal die Fähigkeit, eine eigene politische Meinung auszubilden. Der Politik, die sich auf diese diffuse Mehrheit bezog, ging damit nach Baudrillards Ansicht jedenfalls jede Referenz außerhalb der kybernetischen Feedbackschleife aus Meinungsumfragen und Massenmedien verloren.

Die zweite Bedeutung der Massenmedien für die Simulation von Politik manifestierte sich in dem, was Baudrillard den Streik der Ereignisse oder auch das Ende der Geschichte nannte. Der Hyperrealität als sozialem Ordnungsmuster war ein Trend zur Assimilierung von Ereignissen eingeschrieben, die auf diese Weise gewissermaßen ihren Wirklichkeitsbezug verloren. Im hyperrealen Raum der massenmedialen Referenzlosigkeit und der kybernetischen Steuerung konnten Ereignisse nur relevant werden, wenn sie sich der Logik dieses Systems, seinem grundlegenden Programmcode unterordnen ließen. Mit einem solchen Übergang in die Ordnung der Hyperrealität wurden die Ereignisse aber zu hyperrealen Ereignissen, deren Bedeutung in dem selbstreferentiellen Informationskreislauf der Massenmedien gebildet wurde und die somit keinen gleichsam realen Sinn außerhalb dieser Ordnung hatten. Mit diesem Verlust des Realitätsbezugs »eröffnet[e] die Simulation ein politisches Universum, in dem alle Hypothesen zugleich umkehrbar und wahr (oder falsch) sind« (Baudrillard 1978b: 45). Später schrieb Baudrillard dazu, »[w]enn ich sage, die Realität ist verschwunden, dann meine ich damit das Prinzip der Realität samt dem ganzen damit verbundenen Wertesystem« (Baudrillard 2008). Das Problem des Streiks der Ereignisse in der Hyperrealität bestand also nicht darin, dass nichts geschehen würde, sondern darin, dass Ereignisse keine politisch relevanten Bedeutungen (mit anderen Worten: Sinn- und Zweckbestimmungen der Politik) außerhalb des selbstreferentiellen Spiels der kybernetischen Ordnung generieren konnten. Andere Ereignisse, die sich nicht in deren Logik einfügten, konnten angesichts der Macht der kybernetischen Ordnung keine politische Relevanz erlangen. Jene Ereignisse, die sich in ihre Logik einordnen ließen, blieben dagegen gleichsam bedeutungslos, da sie sich auf der selbstreferentiellen Ebene der Inhalte in unendlichen Informationskreisläufen abnutzten, nicht jedoch auf der relevanten Ebene des ›Programmcodes der Politik‹ wirksam werden konnten (Baudrillard 1978c: 95f.). Anhand zweier scheinbar bedeutsamer Ereignisse der 1970er Jahre, des Watergate-Skandals und eines Bombenattentats in Italien, illustrierte Baudrillard diese Überlegung:

»Watergate war 1) ein Skandal; 2) die Simulation eines Skandals zum Zweck der Regeneration, also eine vom System für seine Gegner ausgelegte Falle; 3) aber gleichwohl auch eine Falle für das System selbst, denn es hat eine zwanghafte Serie von Mini-Watergates ausgelöst. [...] Alle Hypothesen sind statthaft [...].
Ist ein Bombenattentat in Italien die Tat von Linksextremisten oder eine Provokation der extremen Rechten, ist es eine Inszenierung des Zentrums, um

alle terroristischen Extremisten in Misskredit zu bringen [...], oder handelt es sich um ein Polizei-Scenario und eine Erpressung zur öffentlichen Sicherheit? All dies ist gleichzeitig wahr und die Suche nach dem Beweis, ja, nach der ›Objektivität‹ der Fakten, setzt diesem Interpretationstaumel kein Ende.« (Baudrillard 1978b: 45)

Mit der These, dass sich die gesamte Gesellschaft zu einer Ordnung aus zahllosen Informationskreisläufen gewandelt habe, deren Zusammenspiel letztlich die Hyperrealität bilde, trieb Baudrillard also die Kritik der Situationisten an der kybernetischen Struktur der Gesellschaft auf die Spitze. Einen Ausweg aus dieser Ordnung sah er in »ihre[r] Dekonstruktion als System der Nicht-Kommunikation«, das heißt in der »Liquidierung ihrer aktuellen funktionalen und technischen Struktur, ihrer [...] operationalen Form, die allenthalben ihre gesellschaftliche Form reflektiert« (Baudrillard 1978c: 101). Diese Dekonstruktion ließ sich allerdings nicht über klassische politische Konflikte erreichen, etwa in Form einer Revolution mit dem Ziel einer grundlegenden Umgestaltung der Gesellschaftsordnung. Für eine solche, gewissermaßen von außen kommende Kritik erschien ihm die kybernetische Ordnung als zu machtvoll, zu lern- und integrationsfähig. Sie konnte nur an ihrer eigenen, inneren Entwicklungslogik (oder, wie Senghaas und Aderhold sagten, ihren Lernpathologien und Schwingungen) zugrunde gehen, weshalb eine Kritik nur im Modus der Simulation[19] möglich war. Die Logik eines Systems konnte nur durch hypothetische Zukunftsszenarien soweit vorangetrieben werden, dass sie schließlich wie eine Börsenspekulationsblase gleichsam in sich selbst zusammenfiel:

»Die Form der Auflösung der [...] kybernetischen und kombinatorischen Welt ist die Implosion. [...] Dasselbe gilt für die Institutionen, den Staat, die Macht usw. Der Traum, all das kraft seiner Widersprüche explodieren zu sehen, ist eben nicht mehr als ein Traum. In Wirklichkeit implodieren die Institutionen von selbst, kraft der Verschaltungen, des Feed-Back und der überentwickelten Kontrollkreise. Die Macht implodiert – das ist der aktuelle Modus ihres Verschwindens.« (Baudrillard 1978c: 75)

---

19 | Auch seine eigene wissenschaftliche Arbeit beschrieb Baudrillard als eine Variante dieser Verfahrensweise: »Ich bin nicht mehr in der Lage, etwas zu ›reflektieren‹, ich kann lediglich Hypothesen bis an ihre Grenze vorantreiben, d.h. sie der Zone entreißen, in der man sich kritisch auf sie beziehen kann, und sie an den Punkt kommen lassen, nach dem es kein Zurück mehr gibt; ich lasse auch die Theorie in den Hyperraum der Simulation eintreten – sie verliert darin jede objektive Gültigkeit, gewinnt aber vielleicht an Zusammenhalt, d.h. sie gleicht sich dem System an, das uns umgibt« (Baudrillard 1990: 10).

Die Methoden *détournement* und *dérive* und die Konstruktion von Situationen

Der Ordnung des Spektakels, an dem die Situationistische Internationale insbesondere Formen der Pseudokommunikation im Sinne eindimensionaler, massenmedialer Informationsvermittlung und programmierter, kybernetischer Informationskreisläufe kritisierte, setzte sie die Vorstellung einer »wirklichen, unmittelbaren Kommunikation« entgegen (Debord 1958a: 24). Die Suche nach alternativen Formen der Kommunikation muss dabei in engem Zusammenhang mit der zu verändernden Lebenspraxis gesehen werden. Sie sollte die Grundlage dafür bilden, »die Gesellschaft und das Leben [...] wieder aufbauen« zu können (Situationistische Internationale 1962f: 241). Eine wirkliche Kommunikation konnte ihres Erachtens »nie anderswo als in der gemeinsamen Handlung« existieren und daher sei es die »dringendste Aufgabe [...], auf der einfachsten und auf der kompliziertesten Ebene der Praxis eine neue Kommunikation zu schaffen« (Situationistische Internationale 1962f: 239f.). Wie bereits erwähnt, bestand das Risiko eines solchen Anliegens in der drohenden Integration dieser unmittelbaren Kommunikationsprozesse in den übergreifenden Informationskreislauf der kybernetischen Ordnung.

Dass die Situationist_innen dennoch eine solche Praxis für möglich hielten, ergab sich aus einem prinzipiellen Konstruktionsdefizit jener im Zeichen der Kybernetik automatisierten Maschinen des Spektakels. Solche Automaten wurde zwar eingerichtet, »um für die weltweite Uniformierung der Information und gleichzeitig für die informationstheoretische Überprüfung der alten Kultur zu sorgen«, das heißt einerseits um Inhalte anzugleichen, andererseits um Kommunikationsprozesse in Form von Informationskreisläufen unter Kontrolle zu bringen und auf diesem Wege die Bedeutung inhaltlicher Aussagen zu marginalisieren. Ihr Mangel bestand jedoch in der Notwendigkeit, für die Erfüllung dieser Aufgaben »ihren vorbestimmten Programmen« folgen zu müssen (Situationistische Internationale 1963b: 306). Solche programmierten Prozesse konnten aber Informationen nur in Form eindeutiger Codes verarbeiten, das heißt sie blieben prinzipiell blind für Ereignisse wie bspw. »jede[n] neue[n] Sinn eines Wortes« oder »vergangene, dialektische Zweideutigkeiten« (Situationistische Internationale 1963b: 306). Die einzelnen Elemente eines diskursiven Netzwerks boten mit anderen Worten zwar die Möglichkeit, sich in eine bestimmte, z.B. kybernetische Ordnung bringen zu lassen, jedoch ließen sie sich nach Ansicht der Situationist_innen trotz aller kybernetischen Steuerungstheorien prinzipiell nur teilweise kontrollieren. »[Z]um Unglück der Informationstheoretiker sind die Worte selbst nicht ›informativ‹: In ihnen treten Kräfte zutage, die einen Strich durch die Rechnung machen können« (Situationistische Internationale 1963b: 302). Als Effekt dieser Beschränkungen musste sich gewissermaßen zwangsläufig ein Raum außerhalb der beherrschenden Informationskreisläufe eröffnen, in dem ›wirkliche‹ Kommunikation möglich sein sollte. Aufgrund der Funktionsweise des Spektakels als kybernetischer Automat

»wird gleichzeitig das Leben der Sprache [...] aus dem maschinellen Bereich der offiziellen Kommunikation vertrieben, während das freie Denken sich [...] mit der Perspektive einer Heimlichkeit organisieren kann, die für die Technik der Informationspolizei unkontrollierbar sein wird.« (Situationistische Internationale 1963b: 306)

Als Erscheinungsformen solchen freien Denkens bzw. solcher ›wirklicher‹ Kommunikation betrachteten die Situationist_innen bspw. manche Manifestation der früheren künstlerischen Avantgarden. So experimentierten die literarischen Arbeiten der Dadaist_innen, Surrealist_innen und Lettrist_innen mit einer »Dienstverweigerung der Worte, ihre[r] Flucht und ihre[m] offenen Widerstand« und unterliefen oder überforderten damit die zeitgenössischen Bemühungen, kommunikativ bestimmte Ordnungen zu stiften (Situationistische Internationale 1963b: 302). Die Situationistische Internationale, die sich selbst in der Tradition der künstlerischen Avantgarden verortete, betrachtete ihre eigenen Anstrengungen zur Aufhebung der Kunst als möglicherweise letztes Übergangsphänomen zwischen einer Sphäre der spezialisierten Kunst und einer Sphäre der unspezifischen Lebenskunst. In der Alltagskommunikation des täglichen Lebens erkannte sie daher eine zweite mögliche Quelle ›wirklicher‹ Kommunikation. Allerdings war nicht jede Alltagskommunikation zwangsläufig ›wirkliche‹ Kommunikation. Denn zumeist erschien den Situationist_innen der Alltag als ein »unkritisiertes alltägliches Leben«, das durch die »Verlängerung der gegenwärtigen, tief heruntergekommenen Formen der Kultur und Politik« und durch »Entpolitisierung und Neoanalphabetismus« gekennzeichnet war (Debord 1961: 199). Diese Form des Alltagslebens ließ sich als Effekt der herrschenden Ordnung, als das sog. entfremdete Leben verstehen. Dem stellten sie die Perspektive einer »sich durch die Praxis ausdrückenden Kritik des jeweils gegebenen alltäglichen Lebens« gegenüber – also jene ›wirkliche‹ Alltagskommunikation –, die zu einer »Überwindung der Kultur und der Politik im üblichen Sinne, d.h. zu einer höheren Ebene der Intervention in das Leben führen« sollte (Debord 1961: 199f.).

Die doppelte Erscheinungsform der ›wirklichen‹ Kommunikation als avantgardistische Manifestationen und als kritisches Alltagshandeln wirft die Frage auf, wie die Situationist_innen sich eine Überführung dieser kleinteiligen Praktiken in den Bereich politisch relevanter Interventionen in die herrschende Gesellschaftsordnung vorstellten. Nach der Logik der Kybernetik konnten kleinteilige Kritiken immer als Feedback aufgenommen und in die herrschende Ordnung integriert werden, ohne jedoch deren grundlegendes Ordnungsmuster in Frage zu stellen. Baudrillard argumentierte später mit Blick auf die Situationistische Internationale, dass sich die Möglichkeit zu einer politischen Intervention, wie sie im Mai 1968 dann tatsächlich stattfand, nur ergeben konnte, weil die kybernetische Gesellschaftsordnung zu diesem Zeitpunkt noch nicht vollständig ausgeprägt war, bzw. sie sich noch im Stadium ihres Entstehens befand. Die Situationist_innen »versuchten [...] noch, das System direkt anzugreifen, es auf den Kopf zu stellen – und zwar von aussen [sic]. Denn das Konzept der Revolution funktionierte noch« (Baudrillard 2006). Sie bedienten sich für diesen Angriff im Wesentlichen zweier unterschiedlicher Verfahren, die als generelle Kulturtechniken der Kritik etabliert werden sollten. Es handelte sich dabei um die Praktiken des *détournement* und der *dérive*, die sie aus einer Fortschreibung des negierenden Impulses der Dada-Bewegung bzw. des schöpferischen Impulses des Surrealismus entwickelten.

Den Begriff *détournement* kann man auf unterschiedliche Weise ins Deutsche übertragen. Häufig trifft man auf die Begriffe Zweckentfremdung oder Entwendung, die der durch die Situationistische Internationale intendierten Bedeutung am nächsten kommen. Zweckentfremdung meinte eine Technik, die formal nahe bei künstlerischen Collagetechniken lag. Es ging im Prinzip um die »Wiederverwendung bereits bestehender Kunstelemente innerhalb einer neuen Einheit« (Situationistische Internationale 1959: 75). Einzelne diskursive Elemente sollten aus ihrem ursprünglichen Aussagennetz herausgelöst und in neuer Weise angeordnet werden. Die Situationist_innen erklärten diesen Prozess mit sprachtheoretischen Begriffen. Ein existierendes und vertrautes Netz der Signifikanten werde aufgelöst, und aus den losgelösten Elementen werde ein neues Netz geknüpft. Da sich das Signifikat, die Bedeutung eines Zeichens, jedoch aus der Verweisstruktur des Signifikantennetzes erst bilde, werden auf diese Weise die einzelnen Elemente ihre ursprünglichen Bedeutung beraubt, bis hin zu einem völligen Sinnverlust. Zugleich werde durch die Neuanordnung eine neue bedeutungsvolle Einheit gebildet. Der Effekt werde erkennbar in einer »spezifische[n] Kraft [...] der Bereicherung der meisten Elemente durch die Koexistenz der beiden Sinngehalte« (Situationistische Internationale 1959: 75). Die Zweckentfremdung werde somit zu Sinnzusammenhängen führen, die sich durch eine spezifische Doppelbödigkeit auszeichneten. In den Augen der Situationist_innen war künstlerischen Arbeiten allerdings in den 1960er Jahren weitgehend die Kraft zur Produktion wirkungsvoller *détournements* abhanden gekommen. Bereits in einer frühen Schrift aus dem Jahr 1956 mit dem Titel *Die Entwendung: Eine Gebrauchsanleitung* meinten Debord und Gil Wolman über die Zweckentfremdung: »Weniger als in der dahinsiechenden ästhetischen Produktion, wären ihre schönsten Beispiele eher in der Werbebranche zu suchen« (Debord/Wolman 2002: 323).[20]

Jenseits rein sprachspielerischer Effekte zielte das *détournement* auf die Etablierung einer generellen Kulturtechnik des Perspektivenwechsels. Sie diente der Irritation der durch ständige Wiederholung etablierten Normalitäten. »Die Umkehrung der Perspektive bedingt eine Art Anti-Konditionierung, keine neue Form

---

20 | Zuerst erschienen im Mai 1956 in *Les Lèvres nues*, Nr. 8. Dort wurden für die Kennzeichnung der Autorschaft des Textes die Namen zweier berühmter Surrealisten ›entwendet‹ – angeblich sollten ihn Louis Aragon und André Breton verfasst haben (Debord/Wolmann 2002: 320, Anm. 144 in: Debord 2002: 373).

von Konditionierung, sondern eine spielerische Taktik: *die Entwendung«* (Vaneigem 1980: 186, Hervorhebung im Original). Ihre Technik des Umbaus von Aussagennetzen betrachteten die Situationist_innen damit zugleich als einen Prozess der kulturökonomischen Umwertung von Bedeutungen (Situationistische Internationale 1959: 76). Neue Aussagen konnten mit neuen Bewertungen einhergehen, ganz so wie die klassischen Avantgardebewegungen Alltagsgegenstände oder Zufallsereignisse zu wertvoller Kunst erklärt und damit zugleich die Sozialfigur des genialen Künstlers tendenziell entwertet hatten.[21] Durch ihr Herauslösen aus einem üblichen Zusammenhang und ihre Neugruppierung in einen anderen Zusammenhang konnten einzelne diskursive Elemente über den Weg der Zweckentfremdung entweder aufgewertet oder abgewertet werden. Nach Ansicht der Situationist_innen konnte das Prinzip letztlich auf eine Umkehrung der Perspektive in der Wahrnehmung der sozialen Erscheinungen und anschließend auf einen Umsturz der sozialen Verhältnisse hinauslaufen. Den Zusammenhang zwischen der sprachspielerischen Praxis und den sozialen und materiellen Effekten leiteten sie dabei selbst aus einer Umkehrung der Perspektive ab, indem die mit dem *détournement* verbundene Form des Denkens als Effekt früherer sozialer Umstürze gewertet wurde. Die vielleicht bekannteste Manifestation dieses Denkens war die sog. Umkehrung des Genitivs, durch die Subjekt und Objekt eines Satzes ihre Positionen wechselten. Es

»äußert sich durch die *Umkehrung* der etablierten Beziehungen zwischen den Begriffen und durch die *Entwendung* aller Errungenschaften der früheren Kritik. Die Umkehrung des Genitivs ist dieser in der Form des Denkens aufbewahrte Ausdruck der geschichtlichen Revolutionen.« (Debord 1996: 174)[22]

Das *détournement* sollte darüber hinaus eine Praxis etablieren, die einen immanenten Schutz vor der antizipierten Vereinnahmung jeder Kritik durch kybernetische Informationskreisläufe bot. Diese Praxis konnte nicht integriert werden, weil sie bereits im Inneren der etablierten Ordnung stattfand bzw. aus ihrem Inneren hervortrat, indem interne Ungereimtheiten und Widersprüche offen gelegt wurden. »Da wir dazu verdammt sind, mit der Lüge zu leben, müssen wir lernen, in sie ein Körnchen zersetzende Wahrheit zu streuen. Der Agitator [...] *entwendet«* (Vaneigem 1980: 99, Hervorhebung im Original). Durch die Umkehrung der Perspektive wurden also keine eigenen, positiven Aussagen getroffen, sondern es wurde der

---

21 | Vgl. zu diesem Prozess die kulturökonomischen Überlegungen Boris Groys' zur (Neu-)Bewertung von Kunstwerken in *Über das Neue. Versuch einer Kulturökonomie* (Groys 1992).

22 | Zu beachten ist allerdings dabei: »Genitivkonstruktionen lassen sich leichter umkehren als Herrschaftsstrukturen, das Objekt eines Satzes lässt sich leichter zum Subjekt machen als das der Geschichte« (Bröckling 2006: 100).

Versuch unternommen, die Kraft des Gegenübers aufzunehmen und in eine andere Richtung, gegen ihn selbst, umzulenken. Das *détournement* diente der Aushebelung dessen, was affirmativ im Raum stand, ohne darüber hinaus eine utopische Perspektive anzubieten. Es meinte daher keine systematische Aktion, sondern eine fragmentarische Reaktion. Im *Handbuch der Lebenskunst für die jungen Generationen* heißt es dazu:

»[D]ie spontanen Gesten, die überall vor unseren Augen gegen die Macht und ihr Spektakel entworfen werden, [müssen] vor allen Hindernissen gewarnt werden und eine Taktik herausfinden, die die Kraft des Gegners und seiner Rekuperationsmittel berücksichtigt. Diese Taktik, die wir popularisieren wollen, heißt Zweckentfremdung.« (Vaneigem 1963: 313)

Aus ihren theoretischen Überlegungen entwickelten die Situationist_innen einige konkrete Handlungsoptionen, die recht deutlich auf das verweisen, was heute als Guerillakommunikation bezeichnet werden kann. Bspw. beschrieben sie als Möglichkeiten der Zweckentfremdung von Medien, »Foto-Romane und sogenannte Pornos [sowie] alle Werbeplakate durch [...] Parolen zweckzuentfremden« und führten dies in ihrer eigenen Zeitschrift praktisch vor, indem sie bspw. die Sprechblasen von Comiczeichnungen mit gesellschaftskritischen Kommentaren ausfüllten und diese abdruckten. Sie machten auf die Möglichkeit der »Einführung des Guerillakrieges in den Massenmedien« durch Besetzung der »Steuerungsstelle[n] von Leuchtreklame-Nachrichten [oder] Rundfunk- und Fernsehstudios« aufmerksam, sie deuteten die Störung von Radioübertragungen, die Arbeit an »eigenen Piratensender[n]« sowie »falsche[n] Ausgaben dieser oder jener Zeitschrift« an und dachten über die Herstellung eigener »situationistischer Comix« und »situationistischer Filme« nach (Viénet 1967: 180ff.). Die Entwendung oder Zweckentfremdung konnte also sowohl auf der Ebene der kommunizierten Inhalte als auch auf der Ebene der Kontrolle über die etablierte Infrastruktur als auch in Bezug auf den Fortgang oder die Unterbrechung von Kommunikationsprozessen stattfinden. Die konkret benannten Handlungsalternativen dienten dabei alle demselben Ziel, dass »der Feind noch mehr verwirrt« werde (Viénet 1967: 181).

Die zweite prominente Vorgehensweise der Situationist_innen, die Praxis der *dérive*, bezeichnet man im Deutschen meist als Umherschweifen. Unter Umherschweifen verstanden sie »eine Technik des eiligen Durchgangs durch abwechslungsreiche Umgebungen«, die sie als »untrennbar verbunden mit der Erkundung von Wirkungen psychogeographischer Natur und der Behauptung eines konstruktiven Spielverhaltens« betrachteten (Debord 1958b: 52). Die Umherschweifexperimente der Situationist_innen ähnelten in gewisser Hinsicht dem Umherschweifen, das die Surrealist_innen bereits einige Jahrzehnte zuvor praktiziert hatten. Jene versuchten, durch bewusste Ziellosigkeit einen Zustand innerer Offenheit herzustellen, der dem Zweck diente, objektive Zufälle erfahrbar zu machen. Insbesondere sollten auf diese Weise unvorhergesehene Begegnungen möglich werden. Eine vergleichbare innere Offenheit bildete auch die Grundlage der *dérive*. Die Teilnehmer_innen eines solchen Experiments »verzicht[et]en für eine mehr oder weniger lange Zeit auf die ihnen im allgemeinen bekannten Bewegungs- bzw. Handlungsgründe, auf die ihnen eigenen Beziehungen, Arbeiten und Freizeitbeschäftigungen« (Debord 1958b: 52). Den Zweck dieses Vorgehens sahen die Situationist_innen allerdings weniger in Versuchen, objektive Zufälle zu ermöglichen, als darin, »sich den Anregungen des Geländes und den ihm entsprechenden Begegnungen hinzugeben« (Debord 1958b: 52). Der Zufall spielte für die *dérive* nur als vorläufiger Modus der Erkenntnis eine Rolle, da die experimentellen Erkundungen sich kaum auf Erfahrungen stützen konnten. Darüber hinaus begegneten die Situationist_innen dem Zufall jedoch mit einer gehörigen Portion Misstrauen, da sie ihn anders als die Surrealist_innen tendenziell als »konservativ« bewerteten, weil er immer wieder »zur Gewohnheit« führen müsse bzw. einem »reaktionären ideologischen Gebrauch« unterliege (Debord 1958b: 53). Zufälle oder zufällige Begegnungen spielten also für die *dérive* eine weniger bedeutsame Rolle als bestimmte strukturelle Gegebenheiten des Raums, in dem sich die Situationist_innen bewegten. Räumliche Strukturen entfalteten nach deren Ansicht Wirkungen auf das psychische Leben der Menschen, die sich in ihnen aufhielten. Dem Erkunden dieser psychischen Wirkungen galt das Umherschweifen in erster Linie. Es diente somit sowohl der »Erforschung eines Geländes« als auch »dem Gebiet des Gefühls«, die beide »vielfach interferieren« (Debord 1958b: 54).

Als interessant für diese Praxis des Umherschweifens erschienen insbesondere urbane Räume, weil es sich dabei um Landschaften handelte, die durch den Menschen gestaltet worden waren. Diese Strukturen gewannen ihre Bedeutung aus einem komplexen Informationsaustausch, das heißt die Architektur und der sich in ihr bewegende Mensch standen dort in einer Beziehung, die nicht eindeutig durch eine der beiden Seiten determiniert wurde. Eine moderne Großstadt war darüber hinaus, wie bereits erwähnt, vor allem auch durch ihre Dynamiken und unterschiedlichen Ströme charakterisiert. Erst in der Bewegung von Menschen, Waren, Verkehr, Informationen etc. gewann der urbane Raum seine volle Bedeutung. Die räumliche Struktur wurde dadurch gewissermaßen um eine zeitliche Dimension erweitert und zu einem dynamischen Gebilde, dessen Wirkungen auf die Psyche im Umherschweifen erkundet werden sollte. Das Umherschweifen in der Stadt konnte somit als ein Modus der Erkenntnis des Spektakels als kybernetischer Ordnung betrachtet werden, das in der urbanen Struktur eine beispielhafte Ausprägung erfahren hatte. Die Hypothese bestand darin, dass sich in der dynamischen Struktur der Stadt gewisse Prozessregelmäßigkeiten, statische Ankerplätze der Ströme, Bruch- oder Übergangszonen zwischen verschiedenen Strömungen erkunden ließen: »[V]om Standpunkt des Umherschweifens aus haben die Städte ein psychogeographisches Bodenprofil mit beständigen Strömen, festen Punkten und Strudeln, die den Zugang zu gewissen Zonen bzw. den Ausgang daraus sehr mühsam machen« (Debord

1958b: 52). Diese Idee ließ sich auch auf (symbolische) Kommunikationsprozesse und diskursive Strukturen übertragen.

Der Zweck dieser experimentellen Erkundungen städtischer Strukturen erschöpfte sich für die Situationist_innen allerdings nicht in ihrer Erfahrung oder Erkenntnis, sondern bestand in der Perspektive einer »Beherrschung der psychogeographischen Variation durch die Kenntnis und die Berechnung ihrer Möglichkeiten« (Debord 1958b: 52). Um dieser Perspektive potentieller, willentlicher Veränderungen näher zu kommen, wurde das Umherschweifen als experimentelle Methode der Erkenntnis ergänzt um bspw. die Betrachtung von Luftbildaufnahmen oder das Studium von Stadtplänen. Diese gewährten weitere Einblicke in die Struktur einer Stadt und halfen, eine »bisher fehlende Kartographie der Einflüsse« zu erstellen (Debord 1958b: 55). Die Erkenntnis der urbanen Strukturmerkmale, ihrer Regelmäßigkeiten und ihrer ungeregelten Zonen sollte dazu führen, die Stadt als *Spielraum* begreifbar zu machen (Debord 1958b: 54f.). In dieser Metaphorik des Spielraums trafen erneut die beiden Seiten der *dérive*, die Erkenntnis des Raums und die Äußerungen des Gefühls, aufeinander. In ihrem Zusammenspiel ergab sich das Bild einer raumzeitlichen Struktur, mit der man spielerisch (nicht strategisch) umgehen konnte und in der sich Spielräume für alternative Lebensentwürfe eröffnen konnten. In Bezug auf die städtische Struktur handelte es sich dabei um die Erforschung erster Ausgangspunkte für eine architektonische Umwandlung: »Morgen wird also die Architektur ein Mittel sein, die heutigen Auffassungen von Zeit und Raum zu modifizieren« (Ivain 1958: 19). In Bezug auf das Gefühlsleben der Menschen ging es bei diesen Experimenten jedoch um die »Erweckung von mehr oder weniger deutlich erkannten Begierden« (Situationistische Internationale 1958e: 15), da eine »Entfesselung unbegrenzter Lust [als] der sicherste Weg zur Revolution des Alltagslebens« angesehen werden konnte (Vaneigem 1980: 119).

Gleichsam als prominenten Gegenentwurf zu den spielerischen Experimenten der Situationist_innen betrachteten diese daher bspw. einige Manöver der amerikanischen Streitkräfte, die für einen Einsatz im Vietnamkrieg trainierten (Situationistische Internationale 1966: 122f.). Dort spielten die Begierden der einzelnen beteiligten Personen praktisch keine Rolle, und es ging nicht darum, die Struktur tatsächlicher Landschaften zu erfahren. Für die Manöver wurden vielmehr vorhandene Landschaften in den USA gewissermaßen virtuell zu Kampfgebieten in Südostasien bzw. zu daran angrenzenden Staaten in der Region erklärt. Die Regeln dieses »Kriegsspiel[s]« wurden nicht im Vollzug ergründet, sondern von außen, per »Spielanweisung [und] nach Herzenswunsch« durch die Befehlshaber der Armee festgelegt (Situationistische Internationale 1966: 123). Für alle beteiligten Soldaten oder die Darsteller_innen vietnamesischer Dorfbewohner_innen im Manövergebiet, die diesen Anweisungen Folge leisten sollten, konnte das Verfahren nur »als das umgekehrte Beispiel des Begriffs einer ›konstruierten Situation‹ betrachtet werden«, der durch die Situationist_innen entwickelt worden war, »um die Befreiungsmöglichkeiten dieser Epoche zu behandeln« (Situationistische Internationale 1966: 123).

In Bezug auf Kommunikation lässt sich eine ähnliche Gegenüberstellung finden, wie sie hier für den Umgang mit geografischen Räumen skizziert wurde. Die ›wirkliche‹ Kommunikation, die man im Sinne eines Umherschweifens als spielerischen Umgang mit den (äußersten) Möglichkeiten der Sprache begreifen konnte, wurde als »Waffe [eines] jede[n] einzelne[n] im Kampf um seine Freiheit« beschrieben (Vaneigem 1980: 99). Es lassen sich dabei mindestens vier unterschiedliche Varianten des kommunikativen Spiels identifizieren, die allesamt in diesem Sinne angewandt werden konnten. Bei diesen Varianten handelte es sich (1) um »[d]ie im Sinn der Poesie korrigierte Information: Entschlüsselung von Neuigkeiten, Übersetzung offizieller Ausdrücke [...], eventuell ein Wörterbuch mit Erläuterungen oder eine Enzyklopädie«, (2) um »[den] offene[n] Dialog, die dialektische Sprache; das Palaver und jede Form von Diskussion, die nicht spektakulär ist«, (3) um die »sensualische Sprache[, das heißt] die Sprache der Spontaneität, des Handelns, der individuellen und kollektiven Poesie« und schließlich (4) um »eine schweigende Kommunikation. Die Verliebten kennen sie gut« (Vaneigem 1980: 99f.).

Das spektakuläre Gegenstück zu dieser befreienden Kommunikation bildete die Vorstellung von einer »kolonisierte[n] Kommunikation« (Situationistische Internationale 1966: 110f.). Diese kennzeichnete, darauf wurde bereits hingewiesen, eindimensionale Informationsvermittlungsprozesse durch die Massenmedien und programmierte Informationskreisläufe im Zeichen der Kybernetik sowie das Zusammenspiel dieser beiden Aspekte in der automatisierten Maschine des Spektakels. Auf der Ebene ganz konkreter Erscheinungen illustrierten die Situationist_innen die kolonisierte Kommunikation bspw. durch die Beschreibung von Anwendungen der Informationstheorie, die das Liebesleben eines jeden gewöhnlichen Menschen beeinflussen oder lenken konnten:

»1965 ist in den Vereinigten Staaten eine neue Technik erstellt worden, die es den Leuten erlauben soll, einander zu begegnen und zu heiraten. Durch eine elektronische Rechenanlage wird die maximale Harmonie zwischen zwei durch Lochkarten vertretene Individuen bestimmt, auf denen deren Geschmacksrichtungen und Verlangen durch ihre Antworten auf 70 Fragen vollständig definiert werden.« (Situationistische Internationale 1966: 110)

Das hier beschriebene Verfahren der Partnerschaftsvermittlung mag im Jahr 2010, im Zeitalter der Social Networks und zahlloser, spezialisierter Partnerbörsen im Internet, allenfalls aufgrund seiner archaischen technischen Umsetzung befremdlich anmuten. Für die Situationist_innen offenbarte sich in ihm jedoch exemplarisch die Differenz zu ihrer Vorstellung von einer ›wirklichen‹ Kommunikation, die den Menschen die Erfahrung, den Ausdruck und die Entfaltung ihrer unmittelbaren Bedürfnisse gewissermaßen mit allen Sinnen und insbesondere im unmittelbaren Kontakt miteinander ermöglichen sollte. Aus dem anderen Blickwinkel der Informationstheorie wurden Beziehungen zwischen Menschen »mit der Beschleunigung der

Postscheckkontooperationen durch den Gebrauch von Lochkarten« vergleichbar, das heißt ihre Bedürfnisse wurden an die Notwendigkeiten formalisierter Kategorisierungen angepasst, indem bspw. die Interessen und Vorlieben einer Person, die sich in Fragebögen ermitteln ließen, zum Kriterium der Partnerwahl erklärt wurden (Situationistische Internationale 1962f: 239).

Menschliche Bedürfnisse mutierten auf dem Weg ihrer Integration in technische, vorprogrammierte (Lochkarten-)Verfahren in den Augen der Situationist_innen zu funktionalen Variablen im Rahmen der Logik informationstheoretischer Berechnungen. Auf der Suche nach ihrer Berechenbarkeit wurden sie tendenziell berechenbar gemacht. Der Versuch einer Berechnung von Bedürfnissen verweist wiederum auf den generellen Anwendungsbereich solcher Verfahren der Bedürfnisermittlung und Bedürfniserweckung im Rahmen kommunikativer Aktivitäten: die Motivforschung jener Zeit und die (kommerzielle) Werbung. In einem allgemeinen Sinne wurde die Auseinandersetzung also in Form eines Kampfs um die unbewussten Bedürfnisse der Menschen ausgetragen. Die Situationist_innen wollten »die einzige Begierde finden, die Hemmnisse des Lebens zu sprengen«, während die »›Motivationsforscher‹ der modernen Werbung [...] den Wunsch nach Objekten« wecken wollten, welche die Menschen konsumieren sollten (Situationistische Internationale 1962b: 237).

In der zuletzt dargestellten Vorstellung verbanden sich schließlich die beiden prominenten Vorgehensweisen der Kritik, das *détournement* und die *dérive*, zu dem, was die Situationist_innen die *Konstruktion von Situationen* nannten und experimentell erprobten. Solche Experimente beinhalteten zugleich drei unterschiedliche Elemente: das Ausloten von gesellschaftlichen Spielräumen, deren Neuerschaffen und ihr Ausfüllen mit einer anderen Lebenspraxis. Die Wurzeln dieser Praktiken lagen im Bereich künstlerischer Manifestationen, ihre Entfaltung sollte jedoch im Bereich des alltäglichen Lebens erfolgen. Die Versuche zur Konstruktion von Situationen waren damit jene »letzten Vorposten der Kultur« im Sinne einer spezialisierten Kunst, die in das reale Leben zurückgeführt werden sollte (Situationistische Internationale 1960a: 144). In den konstruierten Situationen wurden gewissermaßen Blaupausen für viel größere Bereiche des Lebens entwickelt, als es Kunst und Kultur im engeren Sinne waren. Das bedeutete, in ihnen existierte ein Impuls zur Aufklärung der Menschen über deren eigene Lebenspraxis und die Aufforderung zu Veränderungen, ohne damit jedoch ein bestimmtes utopisches Projekt zu verbinden. Von diesem Aufklärungsprozess erhoffte sich die Situationistische Internationale den Anstoß für eine Revolutionierung des Alltagslebens: »Es ist folglich von den meisten Spezialisten [d.h. von den über differenzierte Arbeitsprozesse in die kybernetische Gesellschaft integrierten Menschen] zu erwarten, dass ein plötzliches Bewusstsein der fatalen Passivität, auf die sie so eigensinnig hinarbeiten, sie mit aller Leidenschaftlichkeit den Wunsch nach echtem Leben entdecken lässt« (Vaneigem 1980: 141).

Die Ereignisse des Mai 1968 interpretierten die Situationist_innen schließlich vor diesem Hintergrund als eine Phase, in der praktische Ansätze zu einem Sprengen der Hemmnisse des Lebens und zur Umwälzung der gesellschaftlichen Rahmenbedingungen erkennbar wurden. Die situationistischen Experimente in der urbanen Struktur der Stadt wurden rückblickend und im Sinne einer Aufhebung der Kunst und eines Übergangs in das Alltagsleben zu vorbereitenden Handlungen für die Besetzungen von Universitätsgebäuden und Fabriken sowie für den Bau von Barrikaden an strategisch relevanten Orten in Paris erklärt. Darüber hinaus konnten die Prinzipien des Umherschweifens aber auch im Hinblick auf symbolische oder kommunikative Vorgehensweisen angewandt werden, die sich auf die abstrakte (diskursive) Struktur des Spektakels bezogen. Gewisse Berühmtheit erlangten in diesem Zusammenhang »fünf oder sechs Wandparolen den Situationisten [...], die alle in bestimmten Augenblicken und an bestimmten Stellen geschrieben wurden, wo sie eine bestimmte praktische Wirkung haben konnten«, bspw. ›Arbeitet nie!‹ oder ›Unter dem Pflaster der Strand‹ (Situationistische Internationale 1969c: 316f.). Die Situationist_innen vereinigten im Pariser Mai 1968 jedenfalls beide scheinbar unterschiedlichen Aktionsräume, die urbane Struktur der Stadt und die diskursive Struktur des Spektakels, zu einem einzigen, und die Umherschweifexperimente wurden zu praktischen Manifestationen einer ›wirklichen‹ Kommunikation, die den revolutionären Prozess (also das *détournement* im großen Maßstab) selbst kennzeichnete:

»Das anerkannte Verlangen nach dem Dialog und dem völlig freien Wort, die Lust zur echten Gemeinschaft hatten in den für die Bewegung offenstehenden Gebäuden und im gemeinsamen Kampf ihr Betätigungsfeld gefunden: das Telefon als eins der sehr wenigen technischen Mittel, das noch funktionierte, und die zahllosen Emissäre und Reisenden, die in Park und im ganzen Land zwischen den besetzten Gebäuden, den Fabriken und den Versammlungen hin- und herschweiften, waren die Träger dieses wirklichen Gebrauchs der Kommunikation.« (Situationistische Internationale 1969b: 225f.)

SITUATIONISTISCHE INTERNATIONALE UND GUERILLAKOMMUNIKATION

Die Situationistische Internationale war eine Organisation, die in doppelter Hinsicht auf der Schwelle zu neuen Sozialordnungen agierte. Ihre Kritik der Gesellschaft des Spektakels liest sich zum einen wie eine frühe Problematisierung kybernetischer Regierungstechniken, die in den 1960er Jahren theoretisch diskutiert wurden, allerdings noch kaum in politische Praxis umgesetzt waren. Erst später wurden sie über den Umweg betriebswirtschaftlicher Erfahrungen mit Controllingprozessen, das heißt angewandter Kybernetik in der Unternehmensorganisation, auch in der öffentlichen Verwaltung und der Politik adaptiert.[23] Insbesondere seit den 1990er Jahren wurden in einigen OECD-Ländern neue Verwaltungsverfahren des sog. »New Public Management« in öffentliche Organisationen eingeführt, in denen Controllingprozesse eine wichtige Rolle spielen (Promberger 1995: 51ff.). Über die Optimierung administrativer Abläufe in der öffentlichen Verwaltung hinaus (dem sog. »operativen Controlling« innerhalb von Organisationen) wurden solche Verfahren aber auch für die kybernetische Steuerung politischer Prozesse durchdacht. Als sog. »strategisches Controlling« sollten sie nun auch eine »Unterstützungsfunktion« für das politisch-administrative Führungssystem erfüllen, indem sie als »organischer und organisierter Bestandteil der Willens- und Entscheidungsmechanismen« der »systembildenden und systemkoppelnden Koordination des Public-Policy-Prozesses« und damit der politischen »Programmsteuerung« dienen (Promberger 1995: 81). Diese politische Funktion geht deutlich über die Optimierung von Verwaltungsabläufen hinaus. Die Anwendung dieser kybernetischen Form politischer Steuerung setzt »einen kraftvollen politischen Führungs- und Gestaltungswillen [bei den] verantwortlichen Politiker[n] und de[n] sie tragenden Parteien voraus« (Promberger 1995: 81), was in der Praxis offenbar nicht selten zu Konflikten zwischen administrativen Organen und Parlamenten (z.B. zwischen Bürgermeister_innen und Gemeindeverwaltungen auf der einen Seite und Gemeinderäten auf der anderen Seite) führte (Vöhringer 2004: 64f.). Um diesen Problemen wiederum mit Mitteln der kybernetischen Steuerung zu begegnen, wurde für die Praxis politischer Kommunikation die Forderung nach einem »partizipative[n] Führungsverständnis« formuliert, das sich durch »zwar zentral initiierte, aber im Gegenstromverfahren partizipativ entwickelte Ziele« auszeichnen soll (Vöhringer 2004: 65). Es geht mit anderen Worten darum, systematisch Feedback-Prozesse zu organisieren, um den Gestaltungswillen mit Beteiligungsforderungen zu versöhnen. Diese Forderung verweist auf eine Übertragung kybernetischer Steuerungsmodelle auf den Kommunikationsprozess selbst, der auf diese Weise zum Objekt eines ausgefeilten Kommunikationsmanagements werden kann. Vergleichbare Verfahren des Kommunikations-Controllings werden seit einiger Zeit in der Kommunikationswissenschaft als Mittel für die Optimierung der Unternehmenskommunikation diskutiert (bspw. Pfannenberg/Zerfaß 2010).

Zum anderen betrachteten die Situationisten aber auch ihre eigene kritische Kommunikationspraxis gegen jene im Entstehen begriffene kybernetische Sozialordnung als den *Beginn einer Epoche* (Situationistische Internationale 1969b). Ihre Überlegungen zu den Methoden des *détournement* und der *dérive* erscheinen vor

---

23 | Die sozialwissenschaftliche Debatte aus den 1960er und 1970er Jahren wurde in diesem Zusammenhang anscheinend nicht rezipiert (vgl. bspw. Promberger 1995, Vöhringer 2004).

dem Hintergrund ihrer Gegnerschaft zur Kybernetik als Gegenentwürfe zu deren Vorstellung von geregelten Informationsaustausch- und Steuerungsprozessen.[24] Die eine Praktik, das *détournement*, meinte eine punktuelle Intervention, die einen regelmäßigen Informationsfluss unterbrechen sollte, indem sie spielerisch auf Doppeldeutigkeiten, Unklarheiten, Paradoxien oder ähnliches aufmerksam machte bzw. diese schuf. Das Spiel drehte sich dabei um die Qualität einer Aussage, die in der Kybernetik nur quantitativ, als messbare Information eine Rolle spielte. Die andere situationistische Praktik, die *dérive*, bedeutete eine experimentelle Analyse der Eigenlogik kybernetischer Prozesse, die auf diese Weise als Räume für mögliche situative Interventionen erschlossen werden sollte. Im Gegensatz zu den Praktiken der Dadaist_innen und Surrealist_innen, die auf Zufälle, auf Einfälle oder auf die Kraft leerer Signifikanten bauten, um gegen dominante kulturelle Muster vorzugehen, versuchte die Situationistische Internationale ihre Kritik systematisch aus den Merkmalen des Gegenübers zu schöpfen und dessen Kraft umzukehren und gegen ihn selbst zu richten. Das *détournement* versuchte auf diese Weise aus der herrschenden Ordnung herauszutreten, sie von innen aufzubrechen, während Dadaist_innen und Surrealist_innen eher von außen gegen die herrschenden Ordnungen ihrer Zeit vorgingen. Sehr deutlich erkennbar ist diese äußere Position im Geburtsort der Dada-Bewegung, dem Züricher Exil, in das sich die ersten Vertreter_innen vor den Zumutungen des Ersten Weltkriegs geflüchtet hatten. Sie wird aber auch erkennbar im surrealistischen Rückzug in die Welt der eigenen, unbewussten Gedanken, aus der heraus die Revolution der sozialen Welt gelingen sollte. Solche Rückzugsorte standen nach Meinung der Situationistischen Internationale angesichts einer übermächtigen *Gesellschaft des Spektakels* nicht länger zur Verfügung.

Die *Konstruktion von Situationen*, in die beide Praktiken schließlich münden konnten, zielte auf das Hier und Jetzt, ohne darüber hinaus Bedeutung erlangen zu wollen. Sie lässt sich als Kritik an der hierarchisch organisierten Informationsvermittlung via Massenmedien und zugleich als Unterbrechung des Prozesses der kybernetischen Steuerung oder als Gegenbewegung zu ihm begreifen. Ein kybernetischer Steuerungsprozess zielte auf etwas raumzeitlich Entferntes, bspw. die zukünftige Konstruktion von Gesellschaft. Die Situationist_innen setzten sich bei ihrer Gesellschaftskritik intensiv mit der massenmedialen Informationsvermittlung und den kybernetischen Informationskreisläufen als zwei wichtigen Merkmalen der Sozialstruktur ihrer Zeit auseinander. Sie entwickelten dagegen die Vorstellung einer alltäglichen Lebens- und Kommunikationspraxis, die nicht in hierarchischen Organisationen verfestigt war und keine strategischen Ziele verfolgte, sondern Formen taktischer Interventionen gegen fremde Ordnungsbemühungen meinte. »Alle Formen der Pseudokommunikation müssen bis zu ihrer äußersten Zerstörung geführt werden, damit man eines Tages eine wirkliche, unmittelbare Kommunikation er-

---

24 | Vgl. zur Illustration dieser Gegnerschaft auch die sehr beredte *Korrespondenz mit einem Kybernetiker* (Debord 1964).

reicht – die konstruierte Situation in unserer Hypothese höherer kultureller Mittel« (Debord 1958a: 24).

Wenn auch das Gewicht ihrer direkten, organisatorischen Beteiligung an den Ereignissen des Mai 1968 unklar blieb, so hatten die Situationist_innen doch jedenfalls theoretische Überlegungen und exemplarische Praktiken entwickelt, auf deren Grundlage bzw. unter deren Anwendung ab den 1970er Jahren die sog. Neuen Sozialen Bewegungen ihre kritische Praxis entwickeln konnten. Auf dieser Ebene liegt auch die Bedeutung der Situationistischen Internationale für Guerillakommunikation. Sie leistete eine Aktualisierung der dadaistischen und surrealistischen Gesellschaftskritiken und erneuerte deren Praktiken vor dem Hintergrund einer eigenen Gesellschaftsanalyse. Sie versuchte, an die gesellschaftspolitischen Dimensionen der früheren avantgardistischen *Manifestationen* anzuschließen, deren materielle Artefakte zwischenzeitlich auf ihrem Weg in die Museen der Welt in avantgardistische *Kunstwerke* umgedeutet worden waren und dabei ihren politischen Gehalt verloren hatten (vgl. Bürger 1974: 68ff., 76ff.). Intensiver noch als Dadaist_innen und Surrealist_innen versuchten sie, einen Übergang ihrer Praktiken aus der Kunst in die Alltagspraxis der Lebenskunst zu bewerkstelligen und damit kritischen kulturellen Praktiken erneut politische Relevanz zu verschaffen. Sie betrachteten, darin der Kybernetik formal ähnlich, das Problem der Kommunikation als einen Schlüssel für die Strukturierung der Gesellschaft, wenngleich sie diese nicht als Bemühen um Ordnung, sondern als Bemühen um Revolution verstanden:

»Das Ausmaß der gegenwärtigen Aufgaben der proletarischen Revolution kommt gerade in der Schwierigkeit zum Ausdruck, auf die sie stößt, die ersten Mittel der Formulierung und der Kommunikation ihres Projekts zu erobern: sich auf autonome Weise zu organisieren und durch diese bestimmte Organisation die Totalität ihres Projekts zu begreifen und ausdrücklich in den Kämpfen zu formulieren, die sie bereits führt.« (Debord/Sanguinetti 1973: 39)

Ihr gesellschaftlicher Einfluss spiegelte sich in einer insbesondere ab 1967 steigenden öffentlichen Aufmerksamkeit für die Gruppierung. Die Situationist_innen selbst betrachteten diese Anerkennung allerdings nicht als Erfolg, sondern als Problem. Ein im Entstehen begriffenes »prosituationistisches Milieu« begriffen sie als »die zur Ideologie gewordene Theorie der S.I.« (Debord/Sanguinetti 1973: 48). Eine solche Ideologisierung oder Verfestigung der eigenen Theorien hatten sie aber schon früh als ganz und gar antisituationistisch bezeichnet. Denn in letzter Konsequenz bezogen die Situationist_innen ihre Verfahrensweisen der Destabilisierung und Kritik auch auf sich selbst, ihre eigenen Ideen und ihre eigene Organisation. In einer Anzeige in eigener Sache mit dem Titel *Situationistische Internationale Anti-Public-Relations-Service*, die 1963 in der achten Ausgabe ihrer Zeitschrift erschien, führten sie vor, wie das *détournement* in einem Prozess der Selbstaushebelung konkret auf die eigene Organisation anzuwenden sei und zu welchem Ziel es führen könne:

»1. Wählen Sie selbst einen Punkt aus, den Sie in den Thesen der S.I. für wichtig halten und führen Sie einige mögliche Argumente und Folgerungen aus [...].
2. Wählen Sie selbst einen angreifbaren Punkt in denselben Thesen aus und zerstören Sie diese Position [...].
FN. Dies ist kein willkürliches Spiel. Die S.I. verfährt gewöhnlich so, um ihre eigenen Grundgedanken neu zu überprüfen und über sie hinauszugehen. Sie können womöglich auf einen schon kritisierten Punkt stoßen, aber genauso gut mit der berechtigten Kritik an einer von uns bisher unzulänglich wieder in Frage gestellten Position ansetzen. Dann wird Ihre Kritik, wenn sie gut wird, auf jeden Fall richtig sein – und vielleicht sogar als Neuheit nützlich!« (Situationistische Internationale 1963c)

Nach dem Abebben der 68er Revolte schien die Situationistische Internationale trotz der wachsenden Bekanntheit am Ende ihrer Entwicklung angekommen zu sein. Die im September 1969 publizierte letzte Ausgabe ihrer Zeitschrift erschien über weite Strecken bereits als ein Rückblick auf die vorangegangenen Jahre und die Auseinandersetzungen des Mai 1968. Impulse für eine erneuerte kritische Praxis waren darin nicht mehr zu erkennen. In der Folge erlebte die Gruppe einen neuerlichen Exodus eines Großteils ihrer Mitglieder, wobei einige sich freiwillig verabschiedeten und andere Wege gingen, manche aber auch in altbewährter Manier ausgeschlossen wurden (vgl. Debord/Sanguinetti 1973). Die Selbstauflösung der Situationistischen Internationale im Jahr 1972 war die Konsequenz dieser Entwicklungen. Ihre Ideen lebten aber unter anderen Namen weiter. Guy Debord widmete sich bspw. der Realisierung einer alten Idee, der Umsetzung eines durch ihn konzipierten Strategiespiels namens *Kriegspiel*, das eine Art Variation des Schachspiels war. Es wurde im Jahr 1977 in limitierter Auflage produziert und Ende der 1980er Jahre dann als Massenprodukt neu aufgelegt (vgl. Debord 1997: 75f.).[25] Auch Guerillakommunikation wurde durch die Praktiken der situationistischen Gesellschaftskritik inspiriert und erscheint heute als direkte Fortführung eines bereits früh artikulierten Merkmals des situationistischen Programms: »Die Kommunikation wird von nun an *ihre eigene Kritik* mit einschließen« (Centralkomitee der Situationistischen Internationale 1963a: 8, Hervorhebung im Original).

---

25 | Im Frühjahr 2008 veröffentlichten zudem die Softwareentwickler_innen der *Radical Software Group* eine Online-Computerspielversion des *Kriegspiels*, welche die strategischen und taktischen Überlegungen Debords umzusetzen versucht. Man findet es auf der Webseite *www.r-s-g.org/kriegspiel* (27.04.2011).

Zwischenfazit:
Drei Guerillakonzepte gegen
drei Formen Kultureller Grammatik

Ein Vergleich der drei bis hierhin diskutierten künstlerischen Avantgardebewegungen verdeutlicht, dass diese Gruppen, ihre Praktiken und ihre Gesellschaftskritiken jeweils als Reflexionen spezifischer gesellschaftlicher Bedingungen betrachtet werden können. Insbesondere wurden aus der Untersuchung ihrer programmatischen Texte und aus der Skizzierung des jeweils spezifischen ›Anderen‹ bzw. ihres Gegenübers, von dem sie sich absetzten, Konturen unterschiedlicher Vorstellungen hinsichtlich der Kulturellen Grammatik ihrer Zeit sichtbar. Mit Kultureller Grammatik ist hier, dies zur Erinnerung, eine diskursive Struktur gemeint, die weniger als inhaltliche Aussage (im Sinne von Roland Barthes' Mythos), sondern als abstraktes Ordnungsmuster, als Regelwerk, nach dem Diskurse strukturiert werden oder werden können, von Interesse ist. Hinsichtlich dieser abstrakten Regelwerke der Kulturellen Grammatiken, das heißt hinsichtlich der Merkmale der diskursiven Struktur der Gesellschaft, lassen sich deutliche Differenzen zwischen den Vorstellungen der drei diskutierten Avantgardebewegungen ausmachen.

Die Dada-Bewegung ging gegen einzelne unhinterfragte Glaubenssätze als zentrale Ausgangspunkte einer diskursiven Ordnung vor. Die Ordnung zeichnete sich also insbesondere durch stabile Grundlagen aus, die zu hinterfragen ein Tabu darstellte und von denen her bzw. auf die aufbauend die gesellschaftliche Ordnung konstruiert wurde. Als Mechanismus der sozialen Konstruktion diente eine Autorität, die sich auf den Besitz einer (göttlichen) Wahrheit oder den Besitz einer (göttlichen) Legitimation stützte und von dieser Basis aus die Welt nach ihrem Willen gestalten wollte. Insbesondere kämpften die Dadaist_innen daher gegen die Idee einer transzendenten göttlichen Ordnung und gegen alle davon abgeleiteten Erscheinungsweisen von Autorität, z.B. die politische Ordnung der Monarchie, die Idee einer prinzipiell rational zu organisierenden Welt, die Institution Kirche oder ähnliches. Der Kampf gegen die auf diese Weise organisierte Gesellschaft wurde allerdings nicht dadurch geführt, dass andere, vermeintlich bessere Glaubenssätze gegen ihre Grundlagen ins Feld geführt wurden. Dieser Möglichkeit der Kritik standen die Dadaist_innen skeptisch gegenüber, da der Erste Weltkrieg sich als ein solches Aufeinanderprallen unterschiedlicher Weltanschauungen verstehen ließ. Die industriell organisierte Vernichtung von Leben im Namen Gottes, des Kaisers, des Vaterlands oder ähnlicher Ideen führte die Absurdität des Prinzips einer auf transzendenten Wahrheiten gründenden Ordnung vor Augen. Entgegen einer gleichsam offensiven Kritik, die eine Weltanschauung gegen eine andere Weltanschauung ins Feld führen würde, entwickelten die Dadaist_innen eine defensive Taktik der Aushebelung der Wahrheiten, auf die sich die etablierten Ordnungsmuster stützten. Die Versuche einer dadaistischen Kritik bestanden darin, der im Kriegsgeschehen offenbar werdenden Absurdität symbolisch Ausdruck zu verleihen, das heißt die zentralen Wahrheiten als Leerstellen oder blinde Flecken der herrschenden Ordnung deutlich sichtbar zu machen. Diese Versuche, die in Form von Techniken der Sinnentleerung und zufälliger Rekontextualisierungen vorgefundener Diskurselemente realisiert wurden, führten zu nichts, das heißt zu Dada, dem leeren Signifikanten, der alles bedeuten konnte. Der Begriff Dada verwies daher im Grunde nicht auf eine irgendwie anders geartete soziale Ordnung. Der gemeinsame Nenner, auf den sich alle Dadaist_innen bezogen, bestand nur negativ im Sinne einer Abgrenzung von der herrschenden Ordnung. Am ehesten lassen sich aus dadaistischen Verlautbarungen daher subjektive Ethiken herauslesen, die gegen die herrschenden Orientierungen der verkrusteten Sozialordnungen ihrer Zeit behauptet wurden und die bei aller Unterschiedlichkeit im Detail durch den Begriff Dada vereint wurden.

Die Effekte der dadaistischen Kritik zeigten sich in einer Dynamisierung der diskursiven Strukturen, die durch symbolische Zerstörungen, durch metaphorische Angriffe auf die symbolischen ›Grundfesten‹ der Gesellschaft in Bewegung gesetzt wurden. Die Dynamik wurde zunächst in einer ungeplanten Eigendynamik der Gruppe und ihrem ständigen Drang nach Innovationen erkennbar, wie sie von Beginn an die Züricher Gruppe geprägt hatten. Insbesondere der Berliner Zweig der Bewegung versuchte dann jedoch, diese soziale Dynamik auch bewusst und in größerem Maßstab auf gesellschaftliche Prozesse zu übertragen. Die revolutionäre Bewegung von 1918, in deren Folge in Deutschland eine republikanische Staatsordnung etabliert wurde, kann als eine solche Dynamisierung der Politik begriffen werden, wie die Berliner Dadaist_innen sie zuvor gefordert hatten. Die Aufmerksamkeit, die scheinbar absurde dadaistische Manifestationen erringen konnten, lässt sich jedoch nicht allein auf ihr symbolisches Infragestellen der etablierten Ordnung oder auf ihren radikalen Gestus zurückführen. Wichtig war darüber hinaus die Krise jener kritisierten Ordnung, die sich in der absurden Zerstörungswut des Ersten Weltkriegs manifestierte. Die dadaistische Bewegung und ihr Erfolg waren Spiegelbilder dieser Krise. Raoul Vaneigem konstatierte deshalb ein halbes Jahrhundert später eine logische Beziehung zwischen der Krise des Ersten Weltkriegs und dem Auftreten der dadaistischen Bewegung als einer frühen Form kommunikativer Guerilla:

»Eine barocke Strömung durchzieht die Geistesgeschichte, die in der subversiven Absicht, die sprachliche Ordnung und die Ordnung im allgemeinen zu stören, mit Worten und Zeichen ihr Spiel treibt. [...] Der Wille, sich mit den Zeichen, Gedanken und Worten zu schlagen, trifft sich zum erstenmal im Jahr 1916 mit einer wahren Kommunikationskrise. [...] Solange eine Epoche felsenfest an die Transzendenz der Sprache und an Gott, den Herrn über alle Transzendenz, glaubte, gehörte die Anzweiflung der Zeichen in den Bereich terroristischer Aktivität. Als jedoch die Krise der menschlichen Beziehungen das einheitliche Netz mythischer Kommunikation zerrissen hatte, erhielt das Attentat gegen die Sprache das Gesicht einer Revolution. So sehr, dass man fast versucht wäre, in der Art Hegels zu behaupten, dass der Zerfall der Sprache sich die dadaistische Bewegung ausgesucht hat, um sich dem menschlichen Bewusstsein mitzuteilen.« (Vaneigem 1980: 100f.)

Für die Surrealist_innen der 1920er und 1930er Jahre wurden die Dynamik sozialer Massenbewegungen und die Bezugnahme auf (natur-)wissenschaftliches Wissen zum Strukturmerkmal der diskursiven Ordnung. Der Glaube an eine natürliche Ordnung und an kausale Zusammenhänge hatte den Glauben an transzendente Wahrheiten abgelöst. Die Kulturelle Grammatik der Zeit, das heißt das abstrakte Regelwerk dieser dynamischen Ordnung, basierte nicht mehr auf unhinterfragter Autorität, sondern auf der Annahme linearer Ursache-Wirkungs-Beziehungen zwischen dem unbewussten Denken der Menschen, ihrem (rationalen) Bewusstsein und der äußeren, sozialen Welt. Die drei Ebenen dieser diskursiven Ordnung stammten aus der psychoanalytischen Theorie Freuds bzw. seiner Nachfolger_innen. Unterschiedliche Konzeptionen der Vermittlungsprozesse zwischen den drei Ebenen bildeten die Ansatzpunkte für die Steuerung der dynamischen Sozialordnung dieser Zeit oder den Angriff auf sie. Sowohl die sich entwickelnde Public Relations, die man als Stifterin diskursiver Ordnungen der 1920er Jahre begreifen kann, als auch der Surrealismus als die kulturelle Guerillabewegung dieser Zeit, entwickelten ihre Methoden auf der theoretischen Grundlage der Psychoanalyse und mit Blick auf soziale Massenbewegungen als den damals wesentlichen sozialen Organisationsformen. Weil nach dem Zusammenbruch autoritärer Gesellschaftsordnungen im Ersten Weltkrieg in Europa die alte Gegnerin abhanden gekommen war, lassen sich Surrealismus und Public Relations (aber auch die in Ansätzen skizzierten Ideen des Kommunismus und des Faschismus) als konkurrierende Vorstellungen beschreiben, wie die Gesellschaft unter den neuen Umständen auf Grundlage sozialer Bewegungen zu organisieren sei. Der Surrealismus als positive Utopie verkörpert damit eher die konstruktive als die destruktive Seite einer Guerillabewegung.

Die Public Relations problematisierten soziale Dynamiken als vermeintlich irrational und potentiell wild oder zerstörerisch und versuchten, sie auf Grundlage einer Psychologie der Massen und mit Mitteln der Kommunikationskampagne als einer Technik zur Beeinflussung der Massenpsyche zu zähmen. Sie arbeiteten mit der

Vorstellung einer hierarchisch strukturierten Gesellschaft, die einer vermeintlich rationalen Elite an der Spitze bedurfte, um eine vermeintlich irrationale Masse zu steuern. Das hierarchische Muster der früheren diskursiven Ordnung reproduzierte sich in dieser Vorstellung auf einer etwas verschobenen Grundlage. Denn mit der Organisation von Kommunikationskampagnen stand ein ganz anderer Steuerungsmechanismus zur Verfügung, als es die zuvor relevante unmittelbare Bezugnahme auf (göttlich legitimierte) Autorität gewesen war. Das Wissen um die Mechanismen der Massenpsychologie und das Verfügen über die notwendigen materiellen Ressourcen zur Durchführung von Kommunikationskampagnen bildeten die neuen Grundlagen zur Steuerung der Gesellschaft nach den Vorstellungen der Elite. Die neue Form der Autorität wurde rational begründet, nicht transzendent. Unter der Hand wurde jedoch mit dem Anspruch der Elite, exklusiv über jene Rationalität zu verfügen, die man gegenüber einer vermeintlich irrationalen Masse durchsetzen musste, das alte Muster einer grundlegenden Wahrheit als stabiles Zentrum der diskursiven Ordnung reproduziert, auf die sich der exklusive Zirkel angeblich stützen konnte. Die Referenz war allerdings nicht länger Gott bzw. der Glaube an ihn, sondern man bezog sich auf die (menschliche) Natur und das Verfügen über wissenschaftliche Erkenntnisse.

Auch die Surrealist_innen konzipierten spezifische Kausalzusammenhänge zwischen dem Unbewussten einer jeden einzelnen Person und einer neu zu etablierenden Lebenspraxis. Ihr Bemühen basierte auf der Vorstellung natürlicher oder authentischer Bedürfnisse, die durch möglichst unverfälschte Äußerungen des Unbewussten ans Licht gebracht und auf deren Grundlage egalitäre oder libertäre soziale Beziehungen etabliert werden sollten. Aufgrund dieser utopischen Perspektive können die Praktiken des Surrealismus nicht ausschließlich als defensive Guerillataktiken im engeren Sinne angesehen werden. Sie waren nicht nur Praktiken *gegen* eine dominante diskursive Ordnung, sondern auch Praktiken *für* die Erforschung eines neuen Lebens. Die in Bernays' Ausführungen über Public Relations angelegte Zweiteilung der sozialen Welt in einen rationalen und einen irrationalen Teilbereich findet man auch in den Vorstellungen der Surrealist_innen wieder. Bataille konzipierte diese Teilung allerdings genau entgegengesetzt zu Bernays' Vorstellung: Die (homogene) Masse der Menschen erscheint als einer (zweck-)rationalen Ordnung unterworfen, während die (heterogene) Elite jenseits dieser rationalen Ordnung verortet wird (ebenso wie die heterogenen Elemente, als die man die Surrealist_innen bezeichnen kann). Die rationale Ordnung basierte aus Sicht der Surrealist_innen auf Wertentscheidungen, die durch die Elite getroffen wurden und die unhinterfragte (scheinbar natürliche) Grundlagen der Gesellschaftsordnung bilden sollten. Auf Grundlage der Wertentscheidungen der Elite wurde mit Hilfe wissenschaftlicher Methoden einer bewussten, rationalen Erkenntnis die Gesellschaft organisiert, z.B. durch die Public Relations als einer neuen Praxiswissenschaft für die Steuerung sozialer Massenbewegungen.

Die surrealistischen Praktiken zur Befreiung des unbewussten Denkens zielten auf die Untergrabung einer scheinbar rationalen, hierarchischen Gesellschaftsordnung, die ihres Erachtens lediglich auf Mythen basierte, wie bspw. im Bereich der Kunst auf dem Mythos der genialen Kunstschaffenden. Diese Hierarchien sollten untergraben werden, indem jedem einzelnen Menschen ein Zugang zu seinen unbewussten Gedanken, das heißt zu seinen eigenen kreativen Ideen und authentischen Bedürfnissen, eröffnet werden sollte. Die Methode der kritischen Paranoia lässt sich beispielhaft für die doppelte Bedeutung des Surrealismus als Kritik der herrschenden Ordnung und als Suche nach einer neuen Lebenspraxis heranziehen: Sie sollte einerseits allen Menschen als Methode zur Verfügung stehen, vom Unbewussten her das eigene Leben und die äußere, soziale Welt neu zu erfinden. Sie zeigte andererseits, dass die scheinbar rationalen und in sich stimmigen Weltanschauungen der Eliten strukturell dem glichen, was in der Psychiatrie als Paranoia bezeichnet wurde. Für den Surrealismus, so könnte man zusammenfassen, bestand der Unterschied zwischen Paranoiker_innen und Mitgliedern der gesellschaftlichen Elite insbesondere in den ungleich verteilten materiellen Ressourcen, die es letzteren erlaubten, ihre ›Visionen‹ mit Hilfe aufwändiger Kommunikationskampagnen zu verbreiten und dadurch einen Beitrag zu deren Realisierung zu leisten, während erstere in psychiatrischen Anstalten eingeschlossen wurden.

Wenn das Ziel der dadaistischen Aktivitäten oft in der Behauptung einer subjektiven Ethik angesichts einer kritisierten Gesellschaftsordnung und in Versuchen ihrer symbolischen Zerstörung bestand, so zielten die Praktiken der Surrealist_innen ein Stück weiter. Ihnen ging es um die Begründung einer Gesellschaft, in der jedes einzelne Subjekt den Sinn seines Lebens selbst aus seinem Unbewussten heraus entwickeln können sollte und in der sich solche Subjekte weitgehend befreit von gesellschaftlichen Konventionen und materiellen Zwängen als Gleiche begegnen können sollten. Das Projekt einer geistigen Befreiung der Menschen, das den Surrealismus kennzeichnet, stand somit in einer notwendigen Beziehung zum Projekt einer materiellen Befreiung, das den Kern der kommunistischen Aktivitäten jener Zeit bildete. Beide gemeinsam sollten zu einer umfassenden Befreiung der Menschen führen. Dass eine Zusammenarbeit letztlich scheiterte, dürfte vor allem an völlig unterschiedlichen Vorstellungen hinsichtlich der organisatorischen Umsetzung einer von beiden Seiten angestrebten Revolution gelegen haben. Während die kommunistische Partei einen Austausch der gesellschaftlichen Eliten anstrebten, um ihre eigene (transzendente) Wahrheit, eine kommunistische oder stalinistische Ideologie, als neuen Maßstab der Rationalität zu etablieren, waren die Surrealist_innen (darin Dada treu bleibend) prinzipiell skeptisch gegenüber jeder Rationalitätsbehauptung. Mit der Befreiung des unbewussten Denkens jedes Menschen sollte vielmehr die scheinbar rational organisierte Gesellschaft und mit ihr die starre Dichotomie von Rationalität (des bewussten Denkens) und Irrationalität (der unbewussten Gedanken) sowie die Differenzierung zwischen Elite und Masse aufgelöst werden. Diese antielitären und antiautoritären Ansprüche bewahrten dem surrealistischen Projekt einen guerillaartigen Charakter.

Die Vorstellung, eine diskursive Ordnung ließe sich mit Hilfe rationaler Begründungen einheitlich organisieren, erscheint im Rückblick als ein Mythos der Public Relations. Das, was die Situationistische Internationale seit dem Ende der 1950er Jahre als die Gesellschaft des Spektakels bezeichnete, war demgegenüber durch »[e]ine stückweise Konditionierung« gekennzeichnet, welche »die Allgegenwart der göttlichen Konditionierung ersetzt« hatte, und in der »die Macht [sich] bemüht [...], auf dem Weg über eine große Menge kleiner Konditionierungen an die Qualität der früheren ordnenden Kraft heranzukommen« (Vaneigem 1980: 124). Nach situationistischer Vorstellung charakterisierte das Spektakel also eine unüberschaubare Anzahl fragmentarischer Bemühungen um Ordnung, die abstrakt und als Ganzes betrachtet ein zusammenhängendes Ordnungsmuster in Form eines zunächst dreidimensionalen (räumlichen) bzw. später dann vierdimensionalen (raumzeitlichen) Diskursnetzes bildeten. Nicht mehr unmittelbare Autorität oder begründete Ursache-Wirkungs-Beziehungen bildeten die bestimmenden Strukturmerkmale dieser Ordnung, sondern zahllose Verweise verschiedener Diskurselemente aufeinander. Aus Sicht der Subjekte handelte es sich bei dieser Menge an Verweisen um ein überwältigendes Angebot aller möglichen (warenförmigen) Elemente, insbesondere auch Informationen.

Die Frühform des Spektakels, das heißt die dreidimensionale, räumlich strukturierte Ordnung basierte nicht mehr auf rationalen Begründungen, sondern auf einer flächendeckenden Präsenz von Behauptungen. Ihr Medium waren die Massenmedien. Nicht die Qualität einer Aussage spielte hier die entscheidende Rolle, sondern ihre quantitative Verbreitung als Information – in den Worten der Situationistischen Internationale ihre allgegenwärtige Wiederholung. Die Allgegenwart der massenmedial vermittelten Informationen bildete die sichtbare Oberfläche, die zentrale Position der wenigen Sender und die passive Konsumhaltung der zahllosen Empfänger ihrer Nachrichten bildeten die Strukturmerkmale dieser Ordnung. Die Passivität der Empfänger, die zugleich auch eine Aufspaltung der sozialen Masse (im Sinne politischer Massenbewegungen) in voneinander getrennte, konsumierende Individuen bedeutete, erschien zunächst als eine Ordnung mit einer eingeschriebenen Tendenz zu Statik und Stabilität. Eine transzendente oder rationale Begründung dieser Ordnung, das heißt die inhaltliche Aussage ihres Diskurses, schien für ihre Grundlegung allerdings wenig ausschlaggebend zu sein, sondern ihre Kraft und Stabilität beruhte vornehmlich auf der strukturellen Asymmetrie zwischen Sender und Empfänger. In das Zentrum der situationistischen Kritik rückte daher die technische Struktur der Massenmedien bzw. die aufgrund dieser technischen Struktur vorgegebene Form der Kommunikation als eindimensionale Informationsvermittlung.

In ihrer ausgereiften Erscheinungsform wurde die Ordnung des Spektakels als eine vierdimensionale, raumzeitliche Ordnung gedacht, die mit Hilfe kybernetischer Ordnungsbemühungen strukturiert wurde. Sie erschien daher wiederum als dynamische Struktur. Auch die kybernetische Rückkopplungsschleife, das Feedback, war weder einer transzendenten noch einer rationalen Begründung unterworfen, sondern operierte auf Grundlage selbstreferentieller Strukturen bzw. eines Selbstzwecks – kurz: ihr war eine Tendenz zur Tautologie eingeschrieben. Die Adressat_innen dieser Ordnung, bzw. im engeren politischen Sinne die Bürger_innen als Adressat_innen massenmedial vermittelter politischer Kommunikation waren nun nicht mehr durch eine passive Konsumhaltung charakterisiert, sondern sollten über geregelte Informationsaustauschprozesse interaktiv an der Aufrechterhaltung der Ordnung beteiligt werden. Diese Rückkopplungsschleifen, z.B. in Form von Meinungsumfragen in der Politik oder in Form von Motivforschung in der Werbung, etablierten also eine spezifische, geregelte Form des Informationsaustauschs, welche die Situationist_innen als illusionäre Aktivität und tatsächliche Passivität kennzeichneten. Diese betraf nicht nur das Feld der Kommunikation, sondern wurde – wie das Spektakel – als allgemeines Strukturmerkmal der gesamten Gesellschaftsordnung beschrieben:

»In der Produktion fördert das Werkzeug, im Konsum die konditionierte Wahl die Lüge, die Vermittlungen, die den Menschen als Produzent und Konsument dazu verleiten, in einer tatsächlichen *Passivität* illusionär *aktiv* zu sein, und die ihn in ein wesensmäßig abhängiges Wesen verwandeln.« (Vaneigem 1980: 79f., Hervorhebung im Original)

Das Phänomen der sozialen Hierarchie, das die Situationistische Internationale ganz in dadaistischer und surrealistischer Tradition problematisierte, wurde in der Ordnung des Spektakels auf eine neue Weise virulent. Immer weniger ließ sich dieses Problem als eines der Differenz zwischen einer sozialen Elite und einer gesellschaftlichen Masse beschreiben. Die Differenz bestand vielmehr zwischen einer technisch organisierten Struktur einerseits und allen Menschen andererseits. Zunächst wurde die massenmediale Informationsübertragung problematisiert, da ihre technische Struktur, wie erwähnt, nur eindimensionale Informationsvermittlungsprozesse zuließ. Im Zeichen der Kybernetik wurde dann die Struktur automatisierter Informationsverarbeitung zum Problem (der konkrete technische Apparat für diese Informationsverarbeitung, der Computer, fand bei den Situationist_innen allerdings nur in seiner Vorform, als Rechenmaschine auf Basis von Lochkarten Erwähnung). Auch jene Expert_innen der Kybernetik, die in der Lage waren, einen kybernetischen Prozess zu programmieren, bildeten keine soziale Elite im herkömmlichen Sinn. Sie erfüllten in einer kybernetischen Apparatur nur die Funktion technokratischer Expert_innen, welche die Programmierung der Maschine entwarfen. Mit ihren fragmentarischen Tätigkeiten wirkten sie an der Errichtung der kybernetischen Gesellschaftsordnung mit, ohne diese allerdings letztlich bewusst steuern zu können. Denn ein einmal etabliertes kybernetisches System operierte auf Grundlage einer Eigenlogik, die ihre Umwelt zu integrieren versuchte. Auch die scheinbar mächtigsten Persönlichkeiten mussten nach Ansicht der Situationistischen Internationale dieser Eigenlogik einmal etablierter kybernetischer Systeme folgen. Im Ergebnis erschuf diese Struktur aus geregelten Informationskreisläufen daher eine »Gesellschaft von Sklaven ohne Herren, die die Kybernetiker für uns vorbereiten« (Vaneigem 1980: 111).

Die situationistischen Praktiken der Kritik lassen sich, anders als die dadaistischen und surrealistischen Praktiken und angesichts der integrierenden Kraft kybernetischer Rückkopplungsprozesse, kaum noch als äußere Angriffe auf die herrschende Ordnung beschreiben. Das *détournement* und die *dérive* bezeichnen vielmehr Vorgehensweisen innerhalb der Ordnung des Spektakels, die erkundet werden sollte, deren Kräfte auf sie selbst zurückgelenkt werden sollten und aus der heraus mögliche Auswege eröffnet werden sollten. Die Berufung auf ein spielerisches Vorgehen und die Vorstellungen zur Konstruktion von Situationen erschienen als Gegenentwürfe zu geregelten Informationskreisläufen und zur Simulation zukünftiger Szenarien, welche die Kybernetik kennzeichneten.

Insgesamt fällt jenseits der hier zusammengefassten, unterschiedlichen Konzeptionen einer Kulturellen Grammatik und der dagegen entwickelten Praktiken auf, dass jede der drei künstlerischen Avantgardebewegungen einen leicht verschobenen Interessenschwerpunkt innerhalb des Zusammenhangs von kulturellen Praktiken, Subjektkonstruktionen und sozialen Strukturen ausprägte. Die Dadaist_innen entwickelten zahlreiche neue kulturelle Praktiken bzw. etablierten diese Praktiken als kulturell anerkannte, künstlerische Verfahrensweisen. Mit diesen brachten sie ihre Kritik an ganz speziellen Gegnerinnen, den blockierten Gesellschaften Europas während des Ersten Weltkriegs und unmittelbar danach, zum Ausdruck. Darüber hinaus blieb die Gruppe in sich vollkommen heterogen und ohne gemeinsamen Nenner. Demgegenüber leisteten die Surrealist_innen die experimentelle und lebenspraktische Erkundung eines neuen, psychoanalytisch konzipierten Menschenbildes. Sie fundierten Praktiken, die oft bereits durch die Dada-Bewegung entwickelt worden waren, auf dem Boden verschiedener Varianten der psychoanalytischen Theorie. Diese konnten sie gegen verschiedene, ideologisch aufgeladene Gesellschaftsentwürfe in Anschlag bringen, deren psychologische Strukturen im Kern vergleichbar sein sollten. Das Interesse der Situationistischen Internationale galt insbesondere einer Analyse der diskursiven Strukturen der sog. Gesellschaft des Spektakels. In ihren Praktiken nahmen sie die dadaistischen und surrealistischen Vorgehensweisen ebenso auf wie deren unterschiedliche kritische Impulse und versuchten, diese Einflüsse angesichts veränderter gesellschaftlicher Ordnungsmuster zu aktualisieren.

Hinsichtlich ihrer Wirkung auf dem »Kriegsschauplatz Öffentlichkeit« lässt sich zusammenfassen, dass alle hier diskutierten Avantgarden »Öffentlichkeit [...] nicht mehr als eine diffuse, unkontrollierbare Instanz betrachte[ten]«, sondern »[i]m Gegenteil, Öffentlichkeit bzw. öffentliche Meinung w[urde] als formbar [und] manipulierbar [...] angesehen« (Lindemann 2001: 31). Die Vorstellung einer Formbarkeit der öffentlichen Meinung basierte auf einem spezifischen, künstlerischen Wissen über kulturelle Prozesse und die Funktionsweisen der Öffentlichkeit bzw. über verschiedene Formen der Kommunikation. Dieses Wissen ließ sich sowohl für Marketingzwecke als auch für politische Auseinandersetzungen anwenden, wie verschiedene Figuren aus dem Kreis der Avantgardebewegungen bereits demonstrierten. Auf diesen beiden Feldern wurden seit den 1980er Jahren explizite Programme der Guerillakommunikation entwickelt, denen sich der folgende Teil der Untersuchung widmet.

Entwicklungslinien der Guerillakommunikation

Kommerzielle Werbung
oder politische Kritik?

»World War III is a guerrilla information war with no division between military and civilian participation.«[1]
MARSHALL MCLUHAN

Die in den zurückliegenden Kapiteln dargestellte Interpretation der künstlerischen Avantgardebewegungen als Vorformen der Guerillakommunikation basierte auf einer politischen Lesart dieser Bewegungen und blendete weitgehend deren Rolle im Kunstbetrieb aus. Sie nahm insbesondere die Intention der Avantgarden ernst, die Kunst aus einem abgetrennten, spezialisierten gesellschaftlichen Teilbereich hinein in eine enge Verbindung mit der Lebenspraxis des Alltags führen zu wollen, und suchte nach Spuren eines solchen politisch motivierten Übergangs. Peter Bürger vertritt in seiner kunsttheoretischen Arbeit *Theorie der Avantgarde* jedoch die Ansicht, dass »die von den Avantgardisten intendierte Aufhebung der Kunst, ihre Rückführung in die Lebenspraxis, de facto nicht stattgefunden ha[be]« (Bürger 1974: 80). Diese Einschätzung erfolgte in der ersten Hälfte der 1970er Jahre insbesondere nach einer Analyse von Dada und Surrealismus als den beiden vielleicht bedeutendsten klassischen Kunstavantgarden. Über damals neuere Entwicklungen innerhalb der Kunst schrieb Bürger:

»Selbstverständlich gibt es auch heute Versuche, die Tradition der Avantgardebewegungen fortzusetzen [...]; aber diese Versuche, wie z.B. die Happenings – man könnte sie als neoavantgardistisch bezeichnen –, vermögen den Protestwert dadaistischer Veranstaltungen nicht mehr zu erreichen, und das unabhängig davon, dass sie perfekter geplant und durchgeführt sein mögen als diese. Das erklärt sich einmal aus der Tatsache, dass die Wirkungsmittel,

---

1 | »Der Dritte Weltkrieg ist ein Informationsguerillakrieg, in dem nicht zwischen militärischer und ziviler Beteiligung unterschieden wird.« (McLuhan 1970: 66, Übersetzung: H.S.).

die die Avantgardisten einsetzten, inzwischen einen beträchtlichen Teil ihrer Schockwirkung eingebüßt haben. [...] Die Wiederaufnahme der avantgardistischen Intentionen mit den Mitteln des Avantgardismus kann in einem veränderten Kontext nicht einmal mehr die begrenzte Wirkung der historischen Avantgarden erreichen.« (Bürger 1974: 79f.)

Aus heutiger Perspektive lässt sich sagen, dass Bürgers Sicht der Dinge insbesondere als ein kritischer Blick zu einem bestimmten Zeitpunkt auf bestimmte Entwicklungen in der Kunst betrachtet werden kann. Die Lockerungen und der Umbau sozialer Strukturen, die in den Konzepten und Praktiken der Avantgarden angelegt waren, hatten nach 1968 zu einer flexibleren, dynamischen Neustrukturierung der Gesellschaften geführt, in denen bspw. dadaistische Provokationen keine politische Relevanz mehr erringen konnten. Mit Blick auf die Kunst als gesellschaftlicher Teilbereich mochte die Einschätzung zudem durchaus richtig sein, dass Dada und Surrealismus nicht zu deren Übergang aus einem weitgehend autonomen gesellschaftlichen Teilbereich in das Alltagsleben geführt haben. Die neoavantgardistische Kunst der 1960er und 1970er Jahre existierte jedenfalls noch immer als Kunst innerhalb dieser Sphäre und schien darüber hinaus keine gesellschaftliche oder politische Relevanz zu entfalten. Erfolgreiche neoavantgardistische Kunst in diesem Sinne produzierte bspw. Andy Warhol mit seiner Pop Art. Diese Arbeiten zeigten bekannte Motive aus der Werbung oder der Kulturindustrie, z.B. Konservenbüchsen oder bekannte Persönlichkeiten. Sie demonstrierten zwar einen spielerischen Umgang mit dem Alltag entnommenen Diskurselementen, deren Entwendung sich jedoch kaum als kritischer, sondern eher als affirmativer Gebrauch beschreiben lässt (Bürger 1974: 79, Anm. 6). Mit dieser Kunst wurde also eher Werbung für ohnehin schon bekannte Konsumprodukte, Figuren aus den Massenmedien oder bekannte Werbemotive gemacht als eine kritische Auseinandersetzung mit sozialen Problemen des Alltags geleistet. Politische Relevanz schienen die durch Dada und Surrealismus entwickelten kulturellen Praktiken in der Gesellschaft jedenfalls nicht entfalten zu können. Innerhalb der Kunst, deren Zerstörung oder Auflösung als gesellschaftlicher Teilbereich zur avantgardistischen Programmatik gehört hatte, hinterließen die früheren Avantgardebewegungen jedoch deutliche Spuren. Bürger schrieb: »Zwar haben die historischen Avantgardebewegungen die Institution Kunst nicht zerstören können, wohl aber haben sie die Möglichkeit zerstört, dass eine bestimmte Kunstrichtung mit dem Anspruch allgemeiner Gültigkeit auftreten kann« (Bürger 1974: 122). Es bestand demzufolge nach der Transformation der Kunst durch die Avantgarden nicht länger die Möglichkeit, dass irgendeine einzelne Kunstrichtung oder ein Kunststil sich als kollektiv verbindliche Schule oder als Leitbild einer Epoche etablieren oder auch nur solche Ansprüche ernsthaft formulieren konnte. Die Kunst hatte sich in eine Ansammlung unterschiedlicher Stile und Methoden verwandelt, weshalb sie als Institution seither durch ihre innere Heterogenität gekennzeichnet ist.

Neben diesen beiden Entwicklungen innerhalb der Kunst, dem Erfolg der Neoavantgarde als Kunst und der Pluralisierung der Stile und Kunstrichtungen innerhalb der Institution, beschrieb Bürger noch eine weitere Entwicklung, die ebenfalls den gesellschaftskritischen Intentionen der klassischen Avantgarden zuwider zu laufen schien. Ein letztlich auch für ihn erkennbarer Übergang avantgardistischer Kunst in das Alltagsleben hatte seines Erachtens unter falschen Vorzeichen stattgefunden, indem die Praktiken als kulturelle Innovationen in die kritisierten gesellschaftlichen Institutionen, wie z.B. Massenmedien oder Werbung, integriert worden waren: »Inzwischen hat [...] mit der Kulturindustrie die falsche Aufhebung der Distanz zwischen Kunst und Leben sich ausgebildet, wodurch auch die Widersprüchlichkeit des avantgardistischen Unterfangens erkennbar wird« (Bürger 1974: 68). Diese Analyse legte mit dem Konzept der Kulturindustrie jedoch einen Bewertungsmaßstab zugrunde, der ein spezifisches Merkmal der avantgardistischen Kulturkritik vernachlässigte. Horkheimer und Adorno versuchten mit dem Konzept der Kulturindustrie und ihrer Kritik daran, das emanzipatorische und kritische Potential der bürgerlichen Hochkultur gegen Trivialisierung und Massenkultur zu verteidigen (Horkheimer/Adorno 1984: 141ff.). Die Avantgardekunst richtete sich jedoch ihrerseits gegen die bürgerliche Kultur, deren exklusiven, elitären gesellschaftlichen Status sie angriff. Entsprechend ist das Verhältnis zwischen Avantgarde und Massenkultur der sog. Kulturindustrie von Beginn an ambivalent und nicht etwa eindeutig negativ, wie auch bspw. Benjamins Ausführungen über das in den 1920er Jahren neue Medium Film verdeutlichen. Er verglich die kulturelle Wirkung des Kinos mit derjenigen dadaistischer Manifestationen: »Der Dadaismus versuchte, die Effekte, die das Publikum heute im Film sucht, mit den Mitteln der Malerei (bzw. der Literatur) zu erzeugen« und »[k]raft seiner technischen Struktur hat der Film die physische Chockwirkung [sic], welche der Dadaismus gleichsam in der moralischen noch verpackt hielt, aus dieser Emballage befreit« (Benjamin 1963: 37, 39). Die Erzeugnisse der Kulturindustrie entwickelten also in gewisser Hinsicht eine vergleichbare revolutionäre, die elitäre Sphäre der Kultur für das Alltagsleben öffnende Wirkung, wie die künstlerischen Manifestationen der Avantgarden es versuchten. Eine Ambivalenz existierte dennoch, die Benjamin mit Blick auf die Rezeptionsleistung des Publikums folgendermaßen ausdrückte: »So muss [...] dasselbe Publikum, das vor einem Groteskfilm fortschrittlich reagiert, vor dem Surrealismus zu einem rückständigen werden« (Benjamin 1963: 34). Man könnte angesichts dieser Ambivalenz der Wirkungen hinsichtlich der Dreiecksbeziehung von Hochkultur (das heißt bürgerlicher Kunst), Avantgardekunst und Massenkultur sagen, dass der avantgardistische Versuch, die Kunst zu überwinden, zu differenzierten Versuchen einer ausgefeilten Lebenskunst führte, während die Massenkultur der Kulturindustrie eher triviale Konsumerzeugnisse produzierte. Sowohl Avantgardekunst als auch Massenkultur wirkten daher, wenn auch auf unterschiedliche Weise, an der Zerstörung kultureller Standards der Hochkultur mit. Weil innerhalb der Kunst als Effekt der avantgardistischen Kritik die Möglichkeit verloren ging, eine einzelne Kunstrichtung als verbindlich, als ›die richtige‹ Kunst einer gewissen Epoche zu bestimmen, ließe sich in gesellschaftlich größerem Maßstab aus Sicht der avantgardistischen Kritik formulieren, dass analog zu dieser Entwicklung in der Kunst in gesamtgesellschaftlicher Perspektive zugleich die Möglichkeit abhanden gekommen war, das ›richtige‹ Leben vom ›falschen‹ oder eine ›richtige‹ Kultur von einer ›falschen‹ zu unterscheiden. Um solche Unterscheidungen treffen zu können, benötigt man gerade die Autorität einer verbindlichen Hochkultur als Referenz, wie sie die verschiedenen Avantgarden eindeutig ablehnten und zu überwinden trachteten. Die ›falsche‹ Aufhebung der Distanz zwischen Kunst und Leben, wie sie Bürger konstatierte, lässt sich aus diesem Grund aus Sicht der Avantgarden nicht auf die inhaltlichen Aussagen der Massenkultur beziehen, sondern auf das Verhältnis von Massenproduktion und Massenkonsum in der Kulturindustrie. Die Widersprüchlichkeit der avantgardistischen Kulturkritik kann daher nicht als Fehler oder Mangel kritisiert werden, sondern war konstitutives Merkmal der avantgardistischen Haltung selbst. Vor diesem Hintergrund lohnt sich also ein detaillierter Blick auf unterschiedliche Übergänge der Avantgardekunst in die Praxis des Alltagslebens, die direkt zum heutigen Phänomen der Guerillakommunikation führen (vgl. Panofsky 2003).

Wichtige Brücken zwischen der Kunst und dem Leben, die zugleich eine direkte Verbindung zur Massenkultur herstellten, bildeten unterschiedliche populäre Jugendkulturen, z.B. die Beat- und Rock'n Roll-Bewegungen ab den 1950er Jahren, aus denen sich im Verlauf mehrerer Jahrzehnte zahlreiche unterschiedliche Subkulturen ausdifferenzierten. Als wichtige kulturgeschichtliche Wegmarke gilt insbesondere die in den 1970er Jahren entstandene Punk-Bewegung (Home 1991, Marcus 1996). In Stuart Homes Buch *The Aussault on Culture*, das eine direkte kulturgeschichtliche Linie von den künstlerischen Avantgarden zu Punk zieht, schimmert außerdem wieder die Verwandtschaft zu militärischem Denken durch. Er charakterisierte diese Entwicklungslinie als einen *Überfall auf die Kultur*. Die Jugendbewegungen waren seit den 1950er Jahren nicht nur durch neue Musikstile geprägt, die gegen herrschende Konventionen verstießen, sondern zugleich mit der Suche nach einer neuen Lebenspraxis oder Lebenskunst verbunden, zu der die Avantgarden vielfältige Wege eröffnet hatten. Das Infragestellen gesellschaftlicher Autoritäten, das Auflösen tradierter Familien- und Rollenbilder und die Kritik an Industrie- und Konsumgesellschaft gingen einher mit der sexuellen Befreiung, dem Experimentieren mit bewusstseinserweiternden Drogen und der Suche nach neuen Formen des Zusammenlebens, bspw. in Kommunen (Teune 2008: 40ff.). Manche subkulturelle Praktiken und Lebensweisen können als wichtige Stationen zwischen der Avantgardekunst und Guerillakommunikation gelten, wie bspw. die Graffitikultur mit ihrem Höhepunkt in den 1970er und 1980er Jahren, der Do-it-yourself-Lebensstil der Punk-Bewegung der 1970er und 1980er Jahre oder der Trendsport Skateboarding der 1960er und 1970er Jahre als neuer Form der Aneignung öffentlicher Räume. Völlinger bezeichnet solche subkulturellen Lebensweisen als laienhafte Formen des »[s]emiotische[n] Widerstand[s]« bzw. des Protests gegen hegemoniale kulturelle

Muster und unterscheidet sie von »[g]ezielte[m] semiotische[m] Widerstand«, wie er durch Kommunikationsguerilleros praktiziert werde. Die Subkulturen zeichnen sich danach durch »ihre alternativen Lebensstile« aus, die sie insbesondere »durch eine kreative Umnutzung kultureller Zeichen und Praktiken« etablieren und mit denen sie sich von der hegemonialen Kultur des ›Mainstreams‹ abgrenzen (Völlinger 2010: 63ff., 81ff.). Die Subkultur erscheint hier vor allem als Gegenkultur sowohl zur Hochkultur als auch zur Massenkultur. Dieses Merkmal der kulturellen Abgrenzung dient Völlinger als Begründung für die Unterscheidung solcher Subkulturen von Guerillakommunikation, die sich nicht von einer hegemonialen Kultur abgrenzen wolle, sondern in diese interveniere, um sie umzugestalten. Diese scheinbar eindeutige Differenz scheint jedoch bei näherer Betrachtung nicht weit zu tragen, wie insbesondere das Beispiel der Graffitikultur verdeutlicht. Graffitis können nicht nur in Form subkultureller Street-Art auftreten, sondern ebenso eine Erscheinungsform der Guerillakommunikation sein, die entweder als professionelles Guerillamarketing auftritt oder eine (mehr oder weniger laienhafte) Alltagspraktik politischer oder sozialer Kritik darstellt. Die subkulturelle Abgrenzung von etablierten Kulturformen und deren Umgestaltung durch Interventionen der Guerillakommunikation lassen sich somit eher als die beiden Seiten derselben Medaille der Veränderung diskursiver Strukturmuster einer Gesellschaft beschreiben. Es wurde bereits argumentiert, dass sich auch das Vorgehen militärischer Guerillas als eine Kombination aus der Zerstörung gegnerischer Strukturen und dem Neuaufbau eigener Strukturen beschreiben lässt. Die Entwicklungen in der Populärkultur werden in der Wissenschaft insbesondere durch die Cultural Studies erforscht. Einer ihrer prominenten Vertreter, John Fiske, bezeichnete die Subkulturen als Erscheinungsformen eines kulturellen Guerillakriegs der Schwachen gegen die herrschende Hoch- oder Massenkultur. In Anlehnung an die Untersuchungen des französischen Soziologen Michel de Certeau zur Alltagskultur schrieb er: »[D]er gesetzestreue, unterworfene Bauer kann jederzeit zum Guerillakämpfer werden. So wie Guerillabanden die Besatzungsmacht bekämpfen, können auch die [kulturell] Schwachen die Mächtigen attackieren« (Fiske 2001: 230).

Eine direkte Verbindungslinie zwischen den künstlerischen Avantgarden sowie dem politischen Protest der 68er Bewegung und dem Auftreten der Kommunikationsguerilla lässt sich in Deutschland über die sog. *Spaßguerilla* ziehen (AG Spass muß sein! 2001, Schwarze 1986). Kommunikationsguerilla wird heute auch als neuer »Sammelbegriff« bezeichnet, der inhaltlich weitgehend synonym zu Spaßguerilla verstanden werden kann (Teune 2008: 60). In den praxisorientierten, handbuchartigen Veröffentlichungen zur Spaßguerilla aus den 1980er Jahren sind einerseits Spuren und Einflüsse der Situationistischen Internationale deutlich erkennbar, andererseits existieren wichtige inhaltliche Parallelen zum Handbuch der Kommunikationsguerilla aus den 1990er Jahren (vgl. AG Spass muß sein! 2001). Unter dem Begriff Spaßguerilla wurden seit den späten 1960er Jahren unterschiedliche Formen des symbolischen politischen Aktivismus zusammengefasst – bspw. Sit-Ins oder

Happenings, die hier nicht als künstlerische, sondern als politische Praktiken angewandt wurden. Mit satirischen und provokativen Aktionen sollten die herrschenden Autoritäten symbolisch attackiert und der Lächerlichkeit preisgegeben werden. Ein wichtiger Ausgangspunkt dieser Form des politischen Protests war die Kommune 1 bzw. einige ihrer Bewohner_innen wie Fritz Teufel (vgl. Teufel/Jarowoy 1980), Rainer Langhans oder Dieter Kunzelmann, der Anfang der 1960er Jahre Mitglied der Gruppe SPUR, des Münchner Zweigs der Situationistischen Internationale, gewesen war. Anfang der 1980er Jahre wurde das Konzept dann vor allem in Zusammenhang mit den politischen Auseinandersetzungen rund um die Berliner Hausbesetzer_innenszene jener Jahre erneut populär. Der Zweck der spaßigen Aktivitäten bestand darin, »[s]tatt eindeutiger Attribuierungen und Abgrenzungen [...] offene Perspektiven [zu schaffen]. Spaßguerilla führt also einen Metadiskurs, der die Bedingungen von Kommunikation zum Inhalt hat« (Teune 2008: 53). Diese Protestformen zielten vor allem darauf, eine irritierende Wirkung beim Publikum zu erreichen, ohne jedoch ein bestimmtes politisches Programm oder eine starre politische Ideologie verbreiten zu wollen. Teune meint hinsichtlich des politischen Zwecks der humoristischen Nadelstiche, die durch Spaßguerilleros der öffentlichen Ordnung beigebracht wurden:

»Das Konzept von Spaßguerilla ist die Irritation derer, die mit solchen Aktionen konfrontiert werden und damit die Sabotage ihres Alltagsverständnisses. Der Spaß dient aber nicht nur der Belustigung dieser Guerilla, sondern er ist eine grundsätzlich neue Idee politischen Handelns. Mit der Spaßguerilla erhielt die Idee der Verunsicherung einen systematischen Ort im Feld politischen Protestes. Mit ihr wurde der Versuch, die herrschenden Verhältnisse durch Lachen oder Verwirrung ins Wanken zu bringen, zu einer bewusst verfolgten Methode.« (Teune 2008: 49)

Avantgardekunst, Gegen- oder Subkulturen und politischer Aktivismus werden heute auch als kulturelle Bezugspunkte für Werbung und Public Relations zitiert. Ein Beispiel, in dem neben den verschiedenen kulturellen Referenzen zugleich der quasimilitärische Charakter dieser Kommunikationsverständnisse zum Ausdruck kommt, liefert das Konzept der *Mindbombs*, der Gedankenbomben, das auf Grundlage eines weiten kulturellen Spektrums aus Ideen der Situationistischen Internationale, subkulturellen Erfahrungen, kritischem, politischem Aktivismus aus dem Umfeld der Neuen Sozialen Bewegungen und Prinzipien der heute sog. Kreativwirtschaft entwickelt wurde. All diese Einflüsse werden dort als Teil eines »kulturgeschichtlichen Abrisses gegenkulturell inspirierter Werbung« gelesen (Hofmann 2008: 61, vgl. 25ff.). Die Gedankenbombe soll vergleichbar zum Guerillamarketing »mit einem begrenzten Einsatz finanzieller Mittel eine möglichst große öffentliche Aufmerksamkeit« erzielen (Hofmann 2008: 12). Der Fokus dieses Kommunikationskonzepts liegt dabei weniger auf der methodischer Planung, Steuerung oder dem

Controlling von Kampagnenprozessen oder der Konzentration auf einzelne mediale Verbreitungswege. Wichtig ist vielmehr die Frage, wie man zu einer zündenden Idee kommt, die den Kern einer Kampagne ausmacht, und auf welche Weise man eine solche Idee dann zweckmäßig kommunizieren kann:

»Eine Gedankenbombe [...] ist die tragende Idee, auf der alles aufbaut, das mythische Bild, das die Menschen emotional ergreift und die subversive Lust, kreative Wege zu finden, die provozieren und für Interesse zu sorgen. Sie ist die Initialzündung der öffentlichen Aufmerksamkeit.« (Hofmann 2008: 136)

Noch unmittelbarer als die politischen Programme der Kommunikationsguerillas beziehen sich manche Anleitungen zum Guerillamarketing auf die Theoretiker des militärischen Guerillakonflikts.[2] Auf die Spitze getrieben wurde diese Herangehensweise durch einen Autor, der unter dem Pseudonym Hannes Eisenmann das berühmte Rote Buch mit Sinnsprüchen Mao Tse-tungs in eine Marketingsprache übersetzte (Eisenmann 2010). Der Autor schreibt:

»Rein spielerisch habe ich begonnen, Maos Worte und Thesen aus der Sicht des Marketingmannes zu betrachten und zu transformieren. So wurde bspw. aus dem *Parteitag* die Jahrestagung, aus *Partisanenkrieg* Public Relations. Und siehe da, wenn die politischen Formulierungen gegen schlichte Begriffe des täglichen Wirtschaftslebens ausgetauscht werden, erfährt das Rote Buch eine erstaunliche Wandlung, ohne Änderung der Grundtendenz. Und noch erstaunlicher: Die Thesen, Weisungen und Gedankens Maos machen jedem Management-Handbuch alle Ehre und sind die ideale Anleitung für eine erfolgreiche Unternehmens-, Außendienst- und Personalführung, Produktvermarktung, Werbung und Verkaufsförderung.« (Eisenmann 2010: 11, Hervorhebung im Original)

Wie bereits in einem früheren Kapitel argumentiert wurde, muss ein Guerillakrieg nicht zwangsläufig revolutionär bspw. im Sinne einer kommunistischen Fortschrittsvision ausgerichtet sein, sondern kann auch mit gegenteiligen, konterrevolutionären Absichten geführt werden. In der Übertragung des Roten Buchs in die Gedankenwelt des Marketings wird diese Möglichkeit besonders deutlich. Nicht nur wird hier der »Partisanenkrieg« in »Public Relations« transformiert, sondern auch »amerikanischer Imperialismus« in »alle Gewerkschaften«, die »Bourgeoisie« in »Globa-

---

2 | Auch die Marketingliteratur im Allgemeinen bezieht sich oft sehr direkt auf militärisches Denken; so bspw. Al Ries und Jack Trout mit ihrem Buch *Marketing Warfare* (deutsch: *Marketing Generalstabsmäßig*), in dem sie sich auf Clausewitz berufen und ihn einen »der größten Marketingstrategen der Welt« nennen (Ries/Trout 1986: 5ff.).

lisierungsgegner«, »chinesische Reaktionäre« in »Betriebsräte«, die »Diktatur« in »unternehmerische Freiheit« oder »revolutionäre Kriege« in »aggressive Marketingmaßnahmen«, um nur einige besonders eindrückliche Beispiele der Verkehrung der Intentionen Maos in ihr Gegenteil zu nennen (Eisenmann 2011: 357ff.). Die auf diese Weise transformierte Thesensammlung mit dem Titel *Mao fürs Marketing* lässt jedenfalls deutlich erkennen, dass sich die Überlegungen zum Vorgehen von Guerillaarmeen jenseits politischer Programme oft als allgemeine Organisationsprinzipien verstehen lassen. Einen frühen Versuch, Organisationsformen der militärischen Guerilla in das Marketing bzw. die Werbung zu übertragen, unternahm Levinson in den 1980er Jahren, als er das Konzept *Guerillamarketing* erfand. Diesem Konzept soll auf den nächsten Seiten zunächst nachgegangen werden, bevor im Anschluss eine Diskussion der politischen *Kommunikationsguerilla* erfolgt.

Guerillamarketing –
Unternehmenspolitik
zwischen Konkurrenzkampf
und Kundenorientierung

>»Die Unternehmer werden lernen müssen, ihre Konkurrenten *anzugreifen* und zu *flankieren*, ihre eigene Position zu *verteidigen* und zu wissen, wie und wann ein *Guerilla*krieg zu führen ist. [...] Vielleicht ist das Marketing tatsächlich ein Krieg [...].«[1]
> AL RIES & JACK TROUT

Das Konzept Guerillamarketing wurde seit Anfang der 1980er Jahre in den USA insbesondere durch Levinson verbreitet.[2] Es reagierte auf die Beobachtung zweier Entwicklungen im Wirtschaftsleben jener Zeit. Eine Vielzahl kleiner Unternehmen versuchte sich im Konkurrenzkampf gegenüber großen Konzernen zu behaupten, und die Märkte wandelten sich immer mehr zu Käufer_innenmärkten, in denen weniger das Angebot sondern zunehmend die Bedürfnisse der Kund_innen eine wichtige Rolle für das Zustandekommen einer Marktbeziehung spielten. Guerillamarketing nach Levinson war dementsprechend durch zwei spezifische Beziehungs- oder Konfliktdimensionen gekennzeichnet, zum einen das Verhältnis kleiner Unternehmen zu größeren Wettbewerbern, das heißt die Vorgehensweisen angesichts einer strategischen Defensive im Konkurrenzkampf, sowie zum anderen das Verhältnis eines Unternehmens zu zunehmend eigensinnigen Kund_innen, das heißt eine veränderte Kund_innenorientierung. Guerillamarketing im Sinne Levinsons meinte eine Unternehmensstrategie, die sich insbesondere aus den Existenzbedingungen eines klei-

---

1 | Ries/Trout 1986: 22, Hervorhebung im Original.
2 | Einen vergleichenden Überblick über die mehr oder weniger voneinander unterscheidbaren Ansätze Levinsons und anderer Autor_innen bieten Kuchar und Herbert (Kuchar/Herbert 2010: 23ff.).

nen Unternehmens ergab. »Um als kleine oder mittlere Firma zu überleben, müssen Sie Guerilla sein«, brachte er seinen Ansatz auf den Punkt (Levinson 1990: 9). Ein Guerillaunternehmen prägten verschiedene spezifische Organisationsmerkmale, die insbesondere im Vergleich zu großen Konzernen sichtbar wurden. Während letztere meist schwerfällige, bürokratische Strukturen aufwiesen, kennzeichneten ein kleines Unternehmen seine »Geschwindigkeit und Flexibilität«, die einen entscheidenden Vorteil gegenüber den großen Konkurrenten ausmachten und von Levinson als »Teil der eigentlichen Essenz des Guerilla-Marketing« bezeichnet wurden (Levinson 1990: 22). Die beiden Merkmale bezogen sich zunächst auf eine zeitliche Dimension des unternehmerischen Handelns, die bei einem kleinen Betrieb deutlich kürzere Aktions- und Reaktionszeiten ermöglichten als es in einem Großunternehmen der Fall sein konnte. Sie bezogen sich darüber hinaus auf eine strukturelle Dimension der Unternehmenspraxis, das heißt auf die Möglichkeit, einmal etablierte Arbeitsroutinen zu unterbrechen und neue Vorgehensweisen zu entwickeln. Geschwindigkeit und Flexibilität verweisen damit deutlich auf die autonomen Handlungsweisen einer militärischen Guerillaeinheit, die durch ihre erhöhte Mobilität gekennzeichnet war und oft ohne übergeordnete Organisationsstrukturen aus sich selbst heraus Organisationsstrukturen und Vorgehensweisen entwickeln musste, um ihre Ziele zu erreichen.

Während ein Großunternehmen als eine stark strukturierte und bürokratisierte Organisation verstanden werden konnte, existierten in einem kleinen Unternehmen deutlich weniger formale Strukturen. Im Gegenzug spielten allerdings persönliche Merkmale einer Kleinunternehmer_in eine wichtigere Rolle als die einzelnen Personen in einem Großunternehmen. Levinson definierte angesichts dieser Beobachtung »fünf Persönlichkeits-Merkmale« einer erfolgreichen Marketingguerilla, respektive einer Guerillaunternehmer_in, die allesamt auch als Merkmale einer militärischen Guerilla gelten könnten: »Geduld, Aggressivität, Einfallsreichtum, Sensibilität und ein starkes Ego« (Levinson 1990: 61, vgl. 65ff.). In einem neueren Ratgeber werden allerdings andere Persönlichkeitsmerkmale aufgeführt, nämlich »Extrovertiertheit, Liebenswürdigkeit, emotionale Ausgeglichenheit, Gewissenhaftigkeit und die Offenheit für neue Erfahrungen« (Levinson 2008: 327). Vergleichbar zu einer militärischen Guerillaeinheit, in der es kaum hierarchische Gliederungen oder spezialisierte Truppenteile gab, war auch eine Marketingguerilla durch ihre Ungebundenheit und ihr eher unspezifisches Wissen charakterisiert. Nach Levinson sollte sie »Kenntnisse über ein breites Spektrum von Themen [...] erwerben. Guerillas sind Generalisten, keine Spezialisten« (Levinson 1990: 43). So wie in Vorstellungen zur Guerillakriegsführung klassische militärtheoretische Überlegungen in ihr Gegenteil verkehrt worden waren, sollten nach Levinson »Guerillas wissen, dass sie *rückwärts denken* müssen«, um Erfolge gegen größere Konkurrenten erzielen zu können (Levinson 1990: 43, Hervorhebung im Original). Der strategischen Defensive eines kleinen Unternehmens in Auseinandersetzung mit einem größeren Konkurrenten sollte bspw. mit einem offensiven Vorgehen in einzelnen, taktisch günstigen Situationen begegnet werden. »Beim offensiven Vorgehen haben Sie mehr Steuerungsmöglichkeiten als in der Defensive. Wenn Sie angreifen, müssen Ihre Konkurrenten auf Sie reagieren, statt ihren eigenen Plan fortzusetzen. Jetzt werden sie durch *Ihren* Plan gelenkt. [...] Firmen, die Guerilla-Marketing-Aktionen in Angriff nehmen zwingen die Konkurrenz oft, taktische Fehler zu begehen« (Levinson 1990: 98, Hervorhebung im Original). Die Betonung der Offensive im Untertitel *Offensives Werben und Verkaufen für kleinere Unternehmen* des ersten deutschsprachigen Guerillamarketing-Ratgebers lässt sich in dieser Hinsicht verstehen.

Neben der flexibleren Organisation, der taktischen Beweglichkeit und den persönlichen Eigenschaften einer Unternehmer_in charakterisierte ein kleines Guerillaunternehmen im Vergleich zu einem Großkonzern insbesondere sein Mangel an finanziellen Ressourcen. Dieser Mangel musste durch die Vorteile auf der Ebene der Organisation, der Vorgehensweise und des persönlichen Einsatzes ausgeglichen werden. Statt Geld konnte man »Zeit, Energie, Fantasie und Wissen« als alternative Ressourcen ins Feld der Auseinandersetzung führen (Levinson 2008: 17). Das Stichwort, unter dem sich die Vorteile zusammenfassen ließen, lautete Intelligenz. Mit einer intelligenten Unternehmens- und Kommunikationsstrategie, mit intelligenten Organisationsstrukturen und Intelligenz als persönlicher Eigenschaft der Unternehmer_in könne, so die Annahme, die finanzielle Macht ressourcenstarker Konkurrenz überwunden werden. Nicht zuletzt war diese Intelligenzbehauptung auch das Argument, mit dem Levinson seine (intelligenten) Ratgeber verkaufen wollte. In diesen Büchern, so meinte der Autor,

»werden Sie etwas über [...] Marketing-Ziele und Abkürzungen zu diesen Zielen erfahren. Sie werden lernen, das zu tun, was diese großen Verschwender [die ressourcenstarken Großunternehmen] tun, ohne Geld zu verschleudern. Da wir nur sehr wenig gratis bekommen, werden Sie etwas mehr arbeiten müssen. Aber statt auf die Macht des Geldes zu bauen, können Sie auf die Kraft der Intelligenz setzen.« (Levinson 1990: 9)

Qualität besiegt Quantität, so könnte man verallgemeinernd diese Grundthese des Guerillamarketings zusammenfassen. Wie in einem militärischen Guerillakonflikt wurde in der Konzeption des Guerillamarketings ein enger Zusammenhang zwischen der strategischen Konfliktposition einer Guerilla, das heißt ihrer defensiven Lage angesichts übermächtiger Konkurrenz, ihrem Organisationsprinzip als kleiner, flexibler Struktur und ihren konkreten Vorgehensweisen hergestellt. Die beiden generellen Handlungsweisen, die Zerstörung gegnerischer Strukturen und der Neuaufbau eigener Strukturen, werden auch als Prinzipien des Guerillamarketings diskutiert. Einerseits sollen punktuelle, taktische Angriffsstrategien eines unterlegenen Herausforderers durch ihre ständige Wiederholung die Konkurrenz auf einem bestimmten Markt entmutigen und ggf. verdrängen können, damit man sich selbst dort festsetzen kann (Kotler u.a. 2007: 1124ff.). Andererseits wird unter Guerillamarketing auch eine Nischenstrategie verstanden, der es darum geht, neue Marktsegmente zu besetzen und dabei »jenen Spielraum, den der Marktführer zulässt, sei er auch noch so klein«, zu nutzen (Ries/Trout 1986: 124). Man könnte beide Strategien grob als eine destruktive und eine konstruktive Vorgehensweise bezeichnen (Kuchar/Herbert 2010: 24f.). Sie bilden gewissermaßen die zwei Seiten einer Medaille, das heißt den gezielten Regelbruch und die kreative Neustrukturierung als Handlungsprinzipien, die auch das Vorgehen einer militärischen Guerillabewegung charakterisieren. Zugleich existiert auch im Guerillamarketing die Vorstellung eines Übergangs zu traditionellem Marketing als einer Art regulärer Krieg, sobald das Unternehmen eine gewisse Größe erreicht hat:

»Eines Tages werden Sie kein wagemutiger junger Unternehmer mehr sein. Wenn Sie die Prinzipien des Guerilla-Marketings mit Erfolg in die Praxis umsetzen, werden Sie reich und berühmt, und Sie werden die magere, hungrige Mentalität des wagemutigen Unternehmers verlieren. [...] Haben Sie erst einmal dieses Stadium erreicht, ist ihre Zuflucht zu den Lehrbuchformen des Marketings unumgänglich, denn Sie werden zu sehr durch Angestellte, Traditionen, Büroarbeit, Managementebenen und die notwendige Bürokratie belastet sein, als dass Sie noch flexibel genug für Guerilla-Marketing sein könnten.« (Levinson 1990: 13)

Diese Vorstellung eines Übergangs von Guerillamarketing zu regulärem Marketing sollte auch auf einige der großen Konzerne heutiger Zeit zutreffen, die selbst »zu ihrer Zeit soviel Guerilla-Marketing wie möglich betrieben« haben (Levinson 1990: 13). In neueren Diskussionen des Guerillamarketings zeichnet sich darüber hinaus ab, dass inzwischen nicht nur kleine Unternehmen, sondern auch große Konzerne die Vorgehensweisen des Guerillamarketings anwenden, die sich in dieser Perspektive zu generellen Praktiken eines »Marketing[s] im 21. Jahrhundert« (Levinson 2008: 17ff.) bzw. zu einer »marketingmixübergreifenden Basisstrategie, einer marketingpolitischen Grundhaltung der Marktbearbeitung« (Zerr 2003: 1) entwickelt haben. Die Entwicklung betrifft jedoch vornehmlich die Vorgehensweisen der Guerillawerbung, das heißt die konkreten Kommunikationsmaßnahmen und das Brechen von Spielregeln öffentlicher Kommunikation im Kampf um die Aufmerksamkeit potentieller Kund_innen. Auf der Ebene der Organisationsstrukturen können die Großunternehmen nicht die Vorteile an Schnelligkeit und Flexibilität eines kleinen Guerillaunternehmens aufholen. Aus diesem Grund kann nur ein »kleiner Betrieb, [ein] Start-up-Unternehmen oder [ein] Selbstständiger [...] bei den Guerilla-Taktiken aus dem Vollen schöpfen« (Levinson 2008: 24). In Analogie zur militärischen Kriegsführung könnte man deshalb sagen, dass eine echte Marketingguerilla nur dann existiert, wenn sie als eigenständige Organisation in strategisch defensiver Lage operiert und dabei die Vorgehensweisen des Guerillakonflikts (des Kleinkriegs) anwendet. Diese Vorgehensweisen können zwar prinzipiell auch von Großorganisationen (regulären Armeen) angewandt werden, jedoch handelt es sich dann um Randerscheinungen einer Auseinandersetzung, die im Kern auf große Konflikte mit gleichartigen Gegner_innen (Entscheidungsschlachten) ausgerichtet ist, oder aber um Gegenstrategien angesichts einer Konkurrenz, die mit Mitteln des Guerillamarketings (oder als politisch motivierte Kommunikationsguerilla[3]) einen selbst angreift. Wie im Krieg stellt auch im Marketing die »Guerilla-Taktik [...] die Lehrbuchtaktik nicht in Frage. Aber sie bietet [...] eine Alternative zum teuren Standard-Marketing« und zwar insbesondere dann, wenn die Möglichkeiten dieser Form des Marketings aufgrund begrenzter Ressourcen nicht nur sehr eingeschränkt existieren (Levinson 1990: 9). Ihre Anwendung durch große Unternehmen beschreibt jedenfalls nur ein mögliches Instrument im ›Marketing-Mix‹, nicht jedoch den inneren Zusammenhang mit den Organisationsstrukturen des Unternehmens.

Neben dem Verhältnis zu größeren Konkurrenzunternehmen war Guerillamarketing nach Levinsons Ansicht auch durch ein spezifisches Verhältnis zu den Kund_innen gekennzeichnet. Es sollte nicht nur der Durchsetzung des Unternehmensinteresses an höherem Umsatz und steigendem Gewinn dienen, sondern zugleich die Interessen und Bedürfnisse der Kund_innen ernst nehmen, letztlich also eine Art symbiotische Beziehung zum beiderseitigen Vorteil zwischen dem Unternehmen und den Kund_innen etablieren. Auch in dieser Hinsicht unterschied sich Guerillamarketing vom traditionellen Marketing, wie es insbesondere Großunternehmen praktizierten. Dieses ließe sich eher als Erscheinungsform einer parasitären Beziehung bezeichnen, in der ein Unternehmen insbesondere seinen eigenen Vorteil im Blick behält. »Traditionelles Marketing«, so schreibt Levinson, sei »schon immer ein egozentrisches Geschäft« gewesen, in dem »man sich den Kopf darüber [zerbreche], wie sich am meisten aus einem Kunden herausschlagen« lasse. Von solchen Vorstellungen lässt sich Guerillamarketing durch ein besonderes Interesse an egalitären Kundenbeziehungen abgrenzen. Zwar sei Guerillaunternehmen »die Bedeutung des Customer Lifetime Value (CLV) – eine Kennzahl aus der Betriebswirtschaft – selbstverständlich auch klar. Dennoch zerbrechen sie sich zudem darüber den Kopf, was sie einem Kunden geben könnten« (Levinson 2008: 20). Versucht man, diesen Gedankengang noch einmal in mehr militärischem Vokabular nachzuvollziehen, so könnte man sagen, dass traditionelles Marketing in Levinsons Verständnis Kund_innen eher als Gegner_innen einer Auseinandersetzung betrachtete. Die bis heute allgegenwärtige Rede von der ›Zielgruppe‹ einer Kommunikationskampagne ordnet sich bspw. deutlich in ein solches Denkschema ein. Analog zu Clausewitz' Vorstellung, der Zweck eines Kriegs bestehe darin, dem Gegner den eigenen Willen aufzu-

---

3 | Auch durch kritische Wissenschaftler_innen werden solche Formen des Guerillamarketings als Entwendung oder Degradierung gegenkultureller Diskurselemente im Marketing beschrieben, bspw. als »Aneignung von Widerstandssymbolen und -methoden durch die Wirtschaft« (Völlinger 2010: 115) oder von »Protestemblemata in kommerziellen Werbeanzeigen« (Maier 2006).

drängen, sollte durch traditionelles Marketing dem Kunden ein Produkt oder eine Dienstleistung aufgedrängt werden. Guerillamarketing würde nach Levinsons Ansicht dagegen versuchen, Kund_innen nicht als Gegner_innen, sondern als Verbündete zu betrachten. Demnach sollte das Ziel des Marketings nicht darin bestehen, den Kund_innen eine Ware zu verkaufen, sondern stattdessen darin, eines ihrer Bedürfnisse zu erfüllen oder eines ihrer Probleme zu lösen. Als wichtiges Element der Umsetzung dieser Kund_innenbeziehung nennt Levinson eine möglichst wahrhaftige Darstellung der Unternehmensidentität und nicht den strategischen Aufbau eines Unternehmensimages. Den Unterschied zwischen Image und Identität markierte er folgendermaßen: »*Image* besagt etwas Künstliches, etwas, das nicht echt ist. *Identität* erinnert besser daran, worum es bei Ihrem Geschäft geht, und das Wort vermittelt Ehrlichkeit, weil es wirklich ehrlich ist« (Levinson 1990: 32, Hervorhebung im Original). Und: »Ein Image deutet etwas Falsches an. Es suggeriert eine Fassade. Es hat den Geist des Schwindels. [...] Dies ist anders, wenn Sie nicht Ihr Image, sondern Ihre *Identität* vermitteln. Eine Identität ist ehrlich. Sie ist kein Schwindel. Sie führt nicht irre« (Levinson 1990: 110, Hervorhebung im Original). Zu einer solchen ehrlichen Selbstdarstellung eines Unternehmens gegenüber seinen Kund_innen gehöre auch der Verkauf einer ›ehrlichen‹ Ware, was sowohl deren Qualität meine als auch eine ehrliche Werbung mit einschließe. Die Identität eines Guerillaunternehmens solle über den Weg des Guerillamarketings einen inneren Zusammenhang zwischen der Unternehmensorganisation, dem äußeren Erscheinungsbild und der angebotenen Ware herstellen, während ein Image das Erscheinungsbild eines Unternehmens meine, ohne dass damit etwas über dessen Identität ausgesagt sei (Levinson 1990: 59).

Eine weitere Dimension dieser besonderen Haltung gegenüber den Kund_innen wird deutlich, wenn man einen Blick in typische Ratgeberliteratur zur politischen Wahlkampf- bzw. Kampagnenführung wirft. Auch dort existiert die Vorstellung von Zielgruppen politischer Werbung, und man differenziert die Wähler_innen in unterschiedliche Kategorien, die sich grob als Stamm- und Wechselwähler_innen, als Stammwähler_innen gegnerischer Parteien und als Uninteressierte bezeichnen lassen. Auffällig ist insbesondere, dass Stammwähler_innen gegnerischer Parteien und Uninteressierte von vornherein völlig aus den kommunikativen Bemühungen einer Kampagne ausgeschlossen bleiben, während die eigenen Stammwähler_innen und vor allem die Wechselwähler_innen als Zielgruppen politischer Werbung zu bestimmten Anschlusshandlungen motiviert werden sollen. »[S]ollte man nicht auch diejenigen zu überzeugen versuchen, die mehr oder minder fest im anderen Lager sind? Oder diejenigen zu mobilisieren versuchen, die sich bisher politisch nie beteiligt haben? Die professionelle Antwort: absolut nein« (Althaus 2002: 18). Hier wird deutlich sichtbar, dass klassische Kampagnenkommunikation die Möglichkeit der Irritation und Verunsicherung oder der Zerstörung gegnerischer Strukturen, die eine wichtige Seite der Guerillakommunikation ausmachen, nicht in Betracht zieht. Entgegen solcher beschränkter Vorstellungen von den Möglichkeiten kommunikativer Aktivitäten widmet sich das Guerillamarketing eines Unternehmens durchaus auch dessen »Antikunden« (Zerr 2003: 4f.), deren Vorstellungen und Werte durch Kommunikation destabilisiert werden können. Levinson unterscheidet in seinem Guerillamarketing-Konzept zwischen »drei Märkten [...] – dem Universum, Ihren Interessenten und Ihren Kunden«, deren einzelne Mitglieder allesamt mögliche Gesprächspartner_innen und potentielle Kund_innen sein und perspektivisch in die symbiotische Beziehung mit dem Unternehmen integriert werden sollten: »Sie haben die heilige Verpflichtung, einen Prozess einzuleiten und beizubehalten, der Mitglieder des Universums zu Interessenten, diese zu Kunden macht und mit Beständigkeit und Enthusiasmus bei ihnen wirbt« (Levinson 1990: 114).

Traditionellen Vorstellungen von Marketing und Werbung ging es darum, die Bedürfnisse der Kund_innen so an die Bedürfnisse des Unternehmens anzupassen, dass eine Ware verkauft werden konnte. »*Versuchen Sie so zu denken, wie Ihr Kunde denkt*«, lautete dagegen ein Ratschlag für Guerillamarketing, in dem die genaue Umkehrung dieser Vorstellung zum Ausdruck kam (Levinson 1990: 186, Hervorhebung im Original). In der Konsequenz bedeutete dies, das Unternehmen an die Bedürfnisse der einzelnen Kund_innen anzupassen und sie unter diesen umgekehrten Vorzeichen nicht als Teil einer Zielgruppe zu betrachten, sondern als »Individu[en] und [...] menschliche Wesen [...], [deren] Zufriedenheit *niemals selbstverständlich ist*« und um die man sich folglich bemühen könne (Levinson 1990: 182, Hervorhebung im Original). Dieser idealistischen Vorstellung einer bestenfalls egalitären, symbiotischen Beziehung zwischen Unternehmen und Kund_innen stehen allerdings die materiellen Notwendigkeiten gegenüber, die mit dem Betrieb eines gewinnorientierten Geschäfts einhergehen. Gerade das Erfüllen dieser materiellen Notwendigkeiten sollte mit Guerillamarketing möglichst effizient erreicht werden, indem neue Vorgehensweisen auf dem Weg zu diesem Ziel beschritten wurden. Das Streben nach materiellem Gewinn bildete somit auch für Marketingguerillas den Dreh- und Angelpunkt ihrer Bemühungen. »Marketing ist alles, was Sie tun, um Ihr Geschäft zu fördern«, schrieb Levinson, das heißt »um maximalen Gewinn aus minimalen Investitionen zu erzeugen« und »so mühelos wie möglich eine Menge Geld zu verdienen« (Levinson 1990: 11). Die Notwendigkeit zur Gewinnmaximierung ergab sich nicht zuletzt aus der Konkurrenzsituation zu finanzstarken Großunternehmen, gegen die sich ein kleines Unternehmen am Markt zu behaupten versuchte.

Zwischen den beiden sichtbar gewordenen Polen des Guerillamarketings, der idealen Geschäftsbeziehung zum gegenseitigen Vorteil einerseits und der materiellen Notwendigkeit zur Gewinnmaximierung auf Seiten des Unternehmens andererseits, musste daher die konkrete Ausgestaltung des Verhältnisses zu den Kund_innen stattfinden. Den Vorstellungen für die Organisation symbiotischer Beziehungen zwischen zufriedenen Kund_innen und erfolgreichen Unternehmen standen in Levinsons Ratgebertexten deshalb Hinweise auf optimierte Strategien der psychologischen Bearbeitung der Kund_innen durch das Unternehmen zur Seite. In diese

Strategien sollten unterschiedliche Erkenntnisse aus der psychoanalytischen und psychologischen Forschung einfließen:

»Gute Guerillas wissen, dass es zwei Marketing-Schulen gibt. Die Freud'sche, bei der die Haltung des Interessenten verändert werden soll, und die Skinner'sche, die das Verhalten des Kunden zu ändern versucht. Welche Schule ist besser? Keine von beiden. Guerillas beginnen, die Haltung des Interessenten mit dem Freud'schen Marketing zu ändern und gehen am Schluss mit dem Skinner'schen Modell vor. Die Kombination beider ist unglaublich stark. [...] *Sie brauchen einen geistigen Anteil, bevor sie einen Marktanteil erzielen können.*« (Levinson 1990: 96, Hervorhebung im Original)

Guerillamarketing sollte mit anderen Worten sowohl auf der Ebene der Erforschung des Unbewussten ansetzen, um die Begierden der Kunden in Richtung einer bestimmten Form der Befriedigung zu lenken, als auch auf der Ebene der Beeinflussung des Verhaltens, das durch Konditionierungsprozesse in bestimmter Hinsicht geformt bzw. auf bestimmte Weise hervorgebracht werden soll. Im Ergebnis erscheint die im Zeichen des Guerillamarketings idealisierte Beziehung zwischen Unternehmen und Kund_innen plötzlich in einem anderen Licht. Levinson schreibt: »Guerilla-Marketing richtet sich sowohl an das Unbewusste wie an das Bewusste. Es verändert Haltungen, während es das Verhalten modifiziert. Es dringt auf den Kunden von allen Seiten ein. Es überredet, nötigt, versucht, zwingt, schwärmt und befiehlt dem Kunden zu tun, was Sie wollen. Es überlässt wenig dem Zufall« (Levinson 1990: 44). Zu den psychologischen Dimensionen, die bei der Ansprache beachtet werden können, zählen mittlerweile die Unterschiede zwischen vernunftbetonten und gefühlsbetonten Menschen, die »visuelle, auditive und kinästhetische Wahrnehmung« der Kund_innen sowie die Vorstellung, dass »Marketing in seiner reinsten Form [...] sich in die Seele eines Kindes zu versetzen und sich am kindlichen Verhalten zu orientieren« versuche (Levinson 2008: 402, 405, 406). Die durch Guerillamarketing etablierte Beziehung zwischen Unternehmen und Kund_innen lässt sich unter diesem Blickwinkel und im Vergleich mit traditionellem Marketing weniger als eine ehrlichere Form des Umgangs, sondern eher als eine intensivere, wenngleich eventuell indirekte Form der interessengeleiteten Beeinflussung charakterisieren. Deren Ziel besteht vor allem in der Aktivierung der Kund_innen zu bestimmten, für das Unternehmen produktiven Verhaltensweisen und weniger in dem Bemühen, möglichst viel Profit »aus dem Kunden herauszuschlagen« – der materielle Gewinn soll sich über den Umweg einer Aktivierung produktiver Kund_innen jedoch von selbst einstellen.[4]

---

4 | Vgl. dazu auch die Figur des *Prosumers*, des *produktiven Konsumenten*, sowie die unterschiedlichen Formen seiner für Unternehmen produktiven Aktivitäten (Richard u.a. 2008: 12ff.).

Das Marketing eines Unternehmens beinhaltet typischerweise die vier Marketingkomponenten Preispolitik, Produktpolitik, Distribution und Kommunikation. Diese vier Komponenten sollen ein bestimmtes »Leistungsangebot« eines Unternehmens in einen bestimmten »Zielmarkt« vermitteln (Patalas 2006: 17). Durch seine Marketingaktivitäten knüpft das Unternehmen Beziehungen mit einer bestimmten Umwelt, dem Markt, auf dem es sein Angebot absetzen möchte. Ein Großteil der Literatur über Guerillamarketing beschäftigt sich trotz dieser vier Komponenten insbesondere mit der kommunikativen Dimension des Marketings, so dass der Eindruck entsteht, Guerillamarketing sei vor allem »eine zeitgemäße Interpretation eines stark kundenorientierten Marketings mit einem Übergewicht auf der Kommunikationspolitik« (Patalas 2006: 41). Kuchar und Herbert plädieren nach einer empirischen Untersuchung sogar dafür, anstatt von Guerillamarketing besser von Guerillawerbung zu sprechen, da »die überwiegende Mehrheit der recherchierten Guerilla Marketing-Beispiele Werbung darstellt« (Kuchar/Herbert 2010: 11). Über diese Schwerpunktsetzung auf Kommunikationsaktivitäten hinaus bleiben die praxisorientierten Handbücher und die rare wissenschaftliche Literatur jedoch recht vage, wenn es darum geht, die kommunikativen Praktiken des Guerillamarketings genauer zu bestimmen. In der Marketingliteratur finden sich oft eine Reihe wiederkehrender oder vergleichbarer Attribute, die diese Praxis näher beschreiben sollen. Ein Vergleich der wichtigsten Texte zeigt, dass in ihnen insbesondere folgende Zuschreibungen in unterschiedlichen Kombinationen auftauchen, die Guerillamarketing näher bestimmen sollen (Kuchar/Herbert 2010: 24ff.): kreativ, innovativ, unkonventionell, riskant, frech, provokant, rebellisch, außergewöhnlich, überraschend, lustig, unberechenbar, untypisch, originell, intelligent, aufsehenerregend, spektakulär, kostengünstig, unkompliziert, einfach, direkt, schnell, leicht verständlich, ansteckend, sich selbstständig verbreitend – die Auflistung ließe sich weiter fortsetzen. Diese abstrakten Begriffe können allerdings im Grunde wenig bis nichts erklären oder eine präzise Orientierung dafür anbieten, was Guerillamarketing genau sein soll. Sie erzeugen stattdessen einen offenen Raum für mehr oder weniger vage Fantasien. Neben den unklaren Begrifflichkeiten werden daher in allen Texten zum Thema konkrete Beispiele aus der Praxis angeführt, die als Einzelfälle zu deren Illustration herangezogen werden. Die offenkundigen definitorischen Schwierigkeiten liegen im Prinzip der Einmaligkeit der Guerillaaktionen und im bereits thematisierten chamäleonartigen Charakter der Figur des Partisanen begründet. Wo ständige Veränderung zum Prinzip der Existenz gehört, lässt sich nicht eindeutig feststellen, womit man es zu tun hat.

Die aufgezählten Attribute des Guerillamarketings lassen sich jedoch grob in Gruppen zusammenfassen, die jeweils auf unterschiedliche Dimensionen des Phänomens verweisen. Begriffe wie ›kreativ‹, ›originell‹ und ›innovativ‹ beschreiben (1) die Eigenschaft des Neuseins eines Diskurselements im Vergleich zu anderen Diskurselementen, die in der Welt der Marketingkommunikation eingesetzt werden, sowie die besondere Bedeutung geistiger Ressourcen. Begriffe wie ›unkonventionell‹, ›provokant‹ und ›rebellisch‹ verweisen auf (2) das Brechen von Regeln, die als Referenzen zur Einordnung und Bewertung der Guerillaaktion existieren. Begriffe wie ›kostengünstig‹ oder ›unkompliziert‹ beschreiben (3) den begrenzten finanziellen Aufwand und die geringe Komplexität der Handlung, die Guerillamarketing auszeichnen sollen. Begriffe wie ›überraschend‹, ›aufsehenerregend‹ oder ›leicht verständlich‹ beschreiben (4) die angestrebte große Wirkung auf das Publikum einer Guerillamarketing-Aktion. Begriffe wie ›ansteckend‹ und ›sich selbst verbreitend‹ thematisieren (5) die Dynamik eines emergenten Kommunikationsprozesses, der durch Guerillamarketing angestoßen werden soll. Begriffe wie ›riskant‹ oder ›unberechenbar‹ bezeichnen dagegen (6) die Gefahr unkontrollierbarer Nebenwirkungen eines Kommunikationsversuchs. Diese sechs Dimensionen lassen sich wiederum zu drei Paaren zusammenfassen, die jeweils in differenzierten Beziehungen zueinander stehen. Das Neusein und das Brechen von Regeln bilden ein Paar, das zwei Seiten der kulturellen Dimension des Guerillamarketings betrifft, das heißt den kulturellen Kontext, innerhalb dessen Guerillamarketing stattfindet. Der begrenzte Aufwand und die große Wirkung beleuchten die beiden Seiten der materiellen Dimension, das heißt die Effizienz und Effektivität, die Guerillamarketing aus Sicht einer Organisation und mit Blick auf die angesprochenen Kund_innen haben soll. Die Dynamik sich selbst verbreitender Informationen als Chance und Risiko des Guerillamarketings betrifft dagegen zwei unterschiedliche Entwicklungsrichtungen des Kommunikationsprozesses, der in Zeit und Raum stattfindet. Auffällig ist an dem ersten Paar, dass es sich um scheinbar dichotome Begrifflichkeiten handelt, das heißt die beiden Eigenschaften neu und irregulär, welche die produktive und die destruktive Seite des Guerillamarketings bezeichnen, scheinen intuitiv schwer miteinander vereinbar zu sein. Das zweite Paar erscheint dagegen in Form eines kausalen Zusammenhangs zwischen geringem Aufwand und hohem Nutzen, der zumindest auf den ersten Blick Faszination hervorruft. Das dritte Paar besteht entgegen dieses Kausalitätsdenkens aus zwei Richtungsvariablen, die auf unterschiedliche, offene Möglichkeitsräume zukünftiger Entwicklungen verweisen. Die Begriffspaare bilden also spezifische, spannungsreiche Beziehungen, innerhalb derer sich Guerillamarketing-Kommunikation entwickeln kann und orientieren muss. Gemeinsam strukturieren sie den Diskurs des Guerillamarketings. Diesen drei diskursiven Räumen soll nun im Einzelnen nachgegangen werden.

KREATIVITÄT, INNOVATION UND REGELBRUCH ALS KULTURELLE MERKMALE DES GUERILLAMARKETINGS

Als wichtiges Motiv für den Einsatz des Guerillamarketings und die Faszination, die es auf Werbetreibende ausübt, wird oft eine Krise klassischer Werbung angeführt. Potentielle Ansprechpartner_innen der Werbebotschaften seien angesichts deren Omnipräsenz inzwischen zu »Werbeverweigerern« geworden: »Häufig ärgern wir uns sogar regelrecht über die Penetranz oder Ideenlosigkeit, die uns von der Werbung in täglich mehr als 1.500 auf uns einwirkenden Werbebotschaften zugemutet wird« (Patalas 2006: 43). Gegen diese, aus Sicht des Marketings problematische Entwicklung soll als alternative Methode der Kund_innenansprache Guerillamarketing zum Einsatz kommen. Andere Autor_innen (die keine Guerillamarketing-Ratgeber verkaufen wollen) sind jedoch nicht sicher, ob die Prinzipien traditioneller Werbung, wie Wiederholung, Ernsthaftigkeit, Verständlichkeit usw., tatsächlich nicht mehr wirksam sind, sondern sehen eher ein Neben- und Miteinander unterschiedlicher Vorgehensweisen, die sich teilweise widersprechen, teilweise jedoch ergänzen und die »[b]eide [...] kommunikativ richtig und erfolgreich sein« können (Gaede 2002: 90). Die oft aufgerufenen Kriterien der Kreativität, Innovativität u.ä. bleiben in der Guerillamarketing-Literatur meist unbestimmte Schlagworte. Zu ihrer Bestimmung wird oft das Kriterium ihrer Effektivität, ein höherer Umsatz und Gewinn, herangezogen. Aus dieser Ex-post-Perspektive zählt als kreativ, was erfolgreich war (vgl. Levinson 2008: 67). Für den Bereich der Kommunikationsaktivitäten gilt dasselbe Bewertungsschema. Kreativ, innovativ oder originell war eine Marketingaktion, wenn sie Aufmerksamkeit erregen konnte. Dieses Kriterium lässt sich zunächst auf die Wahrnehmung inhaltlicher Aussagen, die neu oder anders sein können, beziehen und bewertet die Aktion vom Ende des Kommunikationsprozesses her. Kreativität und Innovation bezeichnen allerdings verschiedene Wege zu einem solchen Ende, die in der Guerillamarketing-Literatur jedoch nicht differenziert werden.

Kreativität und Innovation lassen sich nach Boris Groys als zwei unterschiedliche Formen der Genese inhaltlicher Aussagen begreifen (vgl. Groys 1992: 66ff.). Kreativität meint ein gleichsam ›göttliches‹ Erschaffen von Ideen aus dem Nichts (vgl. Bröckling 2004). Deren Auftauchen vollzieht sich im Modus des Zufallsereignisses, dessen Quellen im Unbewussten liegen. »Sie müssen lediglich den kreativen Gedankenblitz beisteuern«, rät in diesem Sinne bspw. Levinson seinen Leser_innen, denn »[d]ie Idee ist Ihr Sechser im Lotto« (Levinson 2008: 72). Auf welche Weise man solche Einfälle eventuell gezielt erzeugen kann, bleibt jedoch eine offene Frage. Mit der Notwendigkeit »zielgerichtete[r] Kreativität« (Levinson 2008: 71) – schließlich soll die Kund_in nicht nur aufmerksam werden, sondern eine Botschaft verstehen und letztlich auch eine Ware kaufen – wird angesichts der Offenheit und Unbestimmtheit des Nichts als Ausgangspunkt der Kreativität allerdings eine paradoxe Anforderung formuliert, die nicht systematisch erfüllt werden kann. Kreativität in einem präzisen Sinne bezieht sich auf das unberechenbare Moment im Schaffensprozess einer Marketingguerilla. Innovation im Sinne Groys' erscheint dagegen als ein vergleichsweise bewusst zu steuernder Prozess. Sie lässt sich begreifen als eine »Umwertung der Werte, [eine] Lageveränderung von einzelnen Dingen hinsichtlich der Wertgrenzen, welche die valorisierten kulturellen Archive vom profanen Raum abtrennen« (Groys 1992: 66). Innovation meint mit anderen Worten das Einführen von Elementen in einen herrschenden Diskurs, die diesem zuvor fremd waren. Diese Elemente müssen demnach nicht neu im Sinne von zuvor nicht existent sein, sondern sie sollen neu im Vergleich zu bereits anerkannten Elementen eines herrschenden Diskurses sein. Ihr Neuigkeitswert entsteht durch einen Prozess, in dem zunächst nicht als wertvoll anerkannte und deshalb ausgeschlossene Elemente in einen Diskurs aufgenommen und auf diese Weise als neue wertvolle Elemente anerkannt werden. Ein solcher Innovationsprozess beschreibt also eine gesellschaftliche Angelegenheit, den Konflikt um die soziale Anerkennung eines diskursiven Elements. Daneben verweist er auf die handwerkliche Seite des quasi-künstlerischen Schaffens, als das sich Guerillamarketing auch begreifen lässt. Levinson schreibt: »Zweifellos ist Marketing auch eine Form der Kunst, da sie die künstlerischen Ausdrucksformen des Schreibens, Zeichnens, Fotografierens, Tanzens, Singens, Editierens und der Schauspielerei beinhaltet«, die seines Erachtens »[z]usammengenommen [als] die vermutlich eklektischste Kunstform, die es je gegeben hat«, betrachtet werden können (Levinson 2008: 16). In der Marketingliteratur wird wie erwähnt nicht systematisch zwischen Kreativität und Innovation (oder weiteren Attributen wie z.B. Originalität) unterschieden. So fasst Levinson als »Essenz der Kreativität« eine Vorgehensweise auf, die eher als Innovation gelten kann und deutlich an die Collage- und Montagetechniken der künstlerischen Avantgarden erinnert. Man müsse »zwei oder mehr Elemente miteinander verbinden, die nie zuvor kombiniert wurden«, meint er (Levinson 1990: 42), und beschreibt damit eine typische Vorgehensweise des innovativen Überschreitens kultureller Wertgrenzen. Beispiele für solche Innovationen sind seit langem aus der Werbung bekannt, bspw. die Verbindung des Zigarettenkonsums mit dem Freiheitsmythos des Wilden Westens (Levinson 1990: 43).

Innovationen verweisen zugleich auf die oft zitierte rebellische Dimension des Guerillamarketings, denn die innovative Transformation von Kommunikation muss nicht unbedingt als ein Überschreiten von Wertgrenzen, sondern kann auch als das Brechen von Spielregeln verstanden werden. Es geht also nicht ausschließlich um die Frage, mit welchen inhaltlichen Aussagen der Kampf gegen Konkurrent_innen oder um Kund_innen geführt, sondern auch um die Frage, auf welche Weise diese Auseinandersetzung ausgetragen wird. Levinson schreibt über den Umgang eines Guerillaunternehmens mit Regeln:

»Sie brauchen nicht einem Regelwerk zu folgen, einem Ausschuss Rede und Antwort zu stehen, einer festgelegten Struktur zu folgen. Sie sind ein Guerilla. Sie *sind* die Organisation. Sie antworten sich selbst. Sie bestimmen und Sie brechen die Regeln. Das bedeutet, dass Sie verblüffend, unerhört, überraschend, nicht vorhersagbar, brillant und schnell sein sollten.« (Levinson 1990: 22f., Hervorhebung im Original)

Innovationen und das Brechen von Regeln in der Werbung diskutiert ausführlich Werner Gaede in seinem Buch *Abweichen... von der Norm*, einer »Enzyklopädie kreativer Werbung« (Gaede 2002). Das Prinzip der Abweichung beschreibt, auch wenn

Gaede es als kreatives Prinzip bezeichnet, ein innovatives Vorgehen im Sinne Groys', da nicht das Generieren von etwas Neuem aus dem Nichts gemeint ist, sondern ein Spiel mit geltenden Normen. Es kann nur dann gezielt vorgenommen werden, wenn ein Verständnis für die Wertgrenzen und Regeln herrscht, die überschritten oder gebrochen werden sollen. Die Normen, von denen abgewichen werden kann, lassen sich in »beschreibende (deskriptive) und vorschreibende (präskriptive) Normen« differenzieren (Gaede 2002: 29). Deskriptive Normen können als statistische Regelmäßigkeiten, bspw. als Mittelwerte oder Normalverteilungen auftreten, sie können typische subjektive Erfahrungen oder bekannte Naturgesetze, verbreitetes Wissen oder bekannte semiotische Muster, das heißt bekannte Zeichenzusammenhänge, sein. In Abgrenzung dazu gelten als präskriptive Normen gesellschaftliche Vorschriften, das heißt typische soziale Verhaltensmuster, moralische Erwartungen, juristische Gesetze, religiöse oder auch ästhetische oder technische Normen. Sie können konstitutiv wirken, also bestimmte soziale Erscheinungen erschaffen und von anderen abgrenzen – ein Bild ist bspw. kein Text. Sie können regulativ wirken, das heißt bestimmte Vorgehensweisen etablieren oder ausschließen, z.B. in Form der Orthografie und Grammatik einer Sprache oder als gesetzliche Regelungen. Oder sie können technisch-pragmatische Festsetzungen sein, etwa exakt fixierte Maßeinheiten wie Zeit-, Temperatur- oder Längenmaße. Als deskriptive Norm kann mit anderen Worten all das bezeichnet werden, »was regelmäßig geschieht«, und als präskriptive Norm all das, »was gesellschaftlich verabredet ist [und] eingehalten wird« (Gaede 2002: 37, vgl. 29ff.). Beide Formen etablieren Erwartungshorizonte für zukünftige Ereignisse, die ›normalerweise‹ geschehen sollten.

Normen, die allgemein auf Erfahrungen oder gesellschaftlichen Normierungen basieren und als Wissen existieren können, erfahren in einzelnen gesellschaftlichen Teilbereichen eine spezifische Ausprägung bzw. nehmen eine spezifische Form an. Im Bereich der Werbung unterscheidet Gaede eine Reihe unterschiedlicher Normen, die ein offenes, weiter zu differenzierendes und möglicherweise zu ergänzendes Normensystem bilden, das unterschiedliche Spielräume für Abweichungen eröffnet. Die Werbe- oder Kommunikationsnormen können hinsichtlich typischer inhaltlicher Aussagen, hinsichtlich konzeptioneller Standards, also anerkannter Verfahren zur Planung und organisatorischen Umsetzung von Kommunikation, hinsichtlich typischer Formen der Codierung einer Botschaft, das heißt der gestalterischen Standards, sowie hinsichtlich typischer Mediennutzung jeweils für das Marketing eines bestimmten Unternehmens oder für die Werbung für ein bestimmtes Produkt ermittelt werden. Diese vier normierten Bereiche können in dieser Reihenfolge als »Grundmuster kommunikativen Gestaltens« nacheinander betrachtet werden und eröffnen bei detaillierter, auf konkrete Unternehmen oder Waren bezogener Betrachtung zahllose verschiedene Möglichkeiten des Abweichens von Normen (Gaede 2002: 87). Dieser Katalog an Vorgehensweisen wird darüber hinaus als nicht vollständig oder umfassend bezeichnet, denn das Prinzip der Normabweichung soll gerade den Blick für Offenheiten und Unvollständigkeiten schärfen und kann deshalb keine abschließenden Aussagen treffen: »[I]n der gewollten Unschärfe, der gewollten Unvollkommenheit liegt für jeden die Chance des individuellen Weiterdenkens, individuellen Weiterentwickelns« (Gaede 2002: 82).

Aufmerksamkeit können kommunikative Ereignisse vor allem dann erregen, wenn sie von einem der normalen oder normativen Erwartungshorizonte abweichen. Als ungewöhnlich, spektakulär, originell etc. werden solche von der Norm abweichenden Ereignisse nach Gaedes Meinung allerdings erst wahrgenommen, wenn die Abweichung sinnvoll erscheint, also wenn anstatt eines mit einem bestimmten Erwartungshorizont verbundenen Sinns durch sie ein alternatives Sinnangebot geschaffen wird. »Die kommunikative Sinnhaftigkeit – in Verbindung zur Abweichung – ist also unverzichtbar« (Gaede 2002: 42). Das alternative Sinnangebot meint damit keinen eindeutigen anderen Sinn, sondern eine Abweichung von der Norm scheint nur dann als eine Abweichung erkennbar zu sein, wenn sie noch in einer Verbindung zu dem normalen Erwartungshorizont steht, das heißt wenn eine mehr oder weniger offensichtliche Zweideutigkeit der Aussage existiert. Denn wird zu weit von einer existierenden Norm abgewichen, kann dies dazu führen, dass eine Aussage als sinnlos angesehen wird und deshalb keine Wirkung beim Publikum erzeugen kann. Das alternative Sinnangebot muss jedoch nicht unbedingt als eine angemessene und verständliche Aussage in Erscheinung treten (das wäre ein Charakteristikum traditioneller Werbung), sondern ist meist durch ihre nur bedingte Verständlichkeit gekennzeichnet (Gaede 2002: 90). Die einfachste Vorgehensweise zum Erschaffen einer zweideutigen Aussage ist es, eine der Erwartung offensichtlich genau entgegengesetzte Behauptung zu kommunizieren, bspw. indem eine Ware explizit nicht angeboten oder nicht positiv und vorteilhaft ausgelobt wird (vgl. Gaede 2002: 102ff.).

Für das Abweichen von Normen formuliert Gaede fünf, sich teilweise überschneidende »Regeln der Regel-Verletzung«, die als Heuristiken den Zugang zu verschiedenen Vorgehensweisen eröffnen sollen (Gaede 2002: 78ff.). Das erste Prinzip nennt er »Deformation« und beschreibt damit verschiedene Verfahren der Veränderung einer diskursiven Vorlage. Elemente, bspw. Buchstaben eines Wortes, werden weggelassen, ausgetauscht, hinzugefügt oder umgestaltet. Das zweite Prinzip besteht im Herstellen von »Distanz«, das heißt zwei Elemente werden in eine möglichst distanzierte, spannungsreiche Beziehung gesetzt. Das dritte Prinzip heißt »Diskrepanz« und meint die Kombination verschiedener, normalerweise nicht zueinander passender Elemente zu einem übergreifenden Element oder das Einführen eines kontrastierenden Elements in eine fremde Umgebung. Als viertes heuristisches Prinzip führt Gaede das »Spielen« auf, das auch als »Erwartungs-Durchbrechung« im engeren Sinne bezeichnet werden kann. Es arbeitet mit in manchen diskursiven Elementen bereits angelegten normalen Doppeldeutigkeiten oder mit Ähnlichkeiten verschiedener Elemente, die eine spielerische Abweichung zulassen. Das fünfte Prinzip, die »Verschiebung«, erfolgt durch Interpretationen oder Begründungen einer Aussage, die aus einem anderen sachlichen Zusammenhang stammen und im Normalfall keinen Bezug zu dem Inhalt einer Aussage besitzen.

Das Brechen von Regeln kann auch hinsichtlich der Konzeption und des kommunikativen Vorgehens auf unterschiedliche Weise stattfinden. Das wichtigste Kennzeichen des Guerillamarketings ist in diesem Zusammenhang die Einmaligkeit der Aktion, die sowohl in zeitlicher als auch in räumlicher Perspektive existiert. Idealtypisch ist sie weder wiederholbar noch kann sie an jedem beliebigen Ort durchgeführt werden, sondern nur als ein singuläres Ereignis in einem bestimmten Kontext und zu einem bestimmten Zeitpunkt stattfinden. Im Rahmen dieses generellen Kennzeichens lassen sich verschiedene konkrete Vorgehensweisen identifizieren.

Einmal kann als irreguläre Verfahrensweise des Guerillamarketings das Ausbrechen aus umgrenzten medialen Strukturen gelten, also die räumliche Erweiterung eines Diskurses. Das Prinzip besteht darin, gezielt Werbung an Orten durchzuführen, die zuvor als werbefreie Zonen existierten. Bspw. werden Aktionen durchgeführt, bei denen aus einer Plakatwand über die Umrahmung des Plakats hinaus Teile der Botschaft auf die Wand oder allgemeiner in die Umgebung hinausragen. Oder Werbung wird völlig losgelöst von regulärer Werbung an scheinbar ungewöhnlichen Orten betrieben. Solche Aktionen werden auch als »Ambient-Marketing« bezeichnet – die Werbung soll dabei in einen Teil der sonst werbefreien Umgebung ausstrahlen oder aus Sicht der Kund_innen in einen Bereich ihrer Umgebung eindringen, der zuvor nicht durch Werbebotschaften codiert war (Kuchar/Herbert 2010: 37ff.). Weil solche Orte (noch) nicht durch Werbebotschaften belegt waren, sollen potentielle Kund_innen dort keine Botschaften erwarten und deshalb durch deren Präsenz irritiert werden.

Das Überschreiten von Grenzen kann auch als Eindringen in vorhandene Strukturen, als ein Umcodieren stattfinden, das durch das Einführen neuer Elemente in einen existierenden Diskurs erreicht wird und diesen dann verändern soll. Konkreter meint es die Reaktion eines (kleinen) Unternehmens auf eine Marketingaktion eines (größeren) Konkurrenzunternehmens. Ein solches Vorgehen wird in der Literatur auch als »Ambush-Marketing« bezeichnet, durch das einem Konkurrenten im direkten Konflikt ein Hinterhalt gelegt werden soll. Beispiele für solche Vorgehensweisen sind insbesondere aus der Werbung von Sportartikelherstellern bekannt. Die auf eine Sportveranstaltung konzentrierte Aufmerksamkeit, die ein Konkurrent mit seinen Sponsoringaktivitäten auf sich zu lenken versucht, soll mit einer »Trittbrettfahreraktion« auf einen selbst umgelenkt werden (Patalas 2006: 67, Kuchar/Herbert 2010: 46ff.). Mit vergleichsweise geringem finanziellem Aufwand werden dafür einzelne Personen als Werbeträger_innen verpflichtet, die während der Veranstaltung besondere Aufmerksamkeit erringen sollen. Geeignete Protagonist_innen können im Fall einer Sportveranstaltung sowohl Spitzen- als auch Breitensportler_innen sein, wie etwa älteste oder jüngste Teilnehmer_innen, denen oft ein besonderes Interesse der Medien gilt.

Eine dritte Variante des Überschreitens von Grenzen kann auch darin bestehen, gezielt Elemente aus vorhandenen Diskursen herauszulösen und mit diesen dann in einem neuen Kontext ein Spiel um deren inhaltliche Aussage zu treiben. Bspw.

könnte in einer vergleichenden Werbung eine Konkurrent_in direkt oder indirekt Erwähnung finden, jedoch durch den Kontext negativ bewertet werden – traditionelle Werbung würde sich dagegen ausschließlich auf die Verbreitung der eigenen Marke beschränken und diese positiv darstellen.

Auf der Ebene der Gestaltung oder Codierung der Botschaft existiert ebenfalls eine Fülle von Möglichkeiten des Abweichens von Normen. Die Irregularität einer Guerillaaktion ergibt sich auch hier aus der Regularität, von der sie sich absetzt. Die qualitative Differenz der abweichenden Optionen hängt damit von gestalterischen Standards eines bestimmten Marketingkontextes, einer Unternehmensbranche oder einer Warenklasse, ab und wird erreicht, indem man mit einer sprachlichen, bildlichen, auditiven oder audiovisuellen Codierung von ihnen abweicht. Solche gestalterischen Standards existieren jedoch auch unabhängig von bestimmten Marketingkontexten als normative Regeln oder empirische Regelmäßigkeiten, die Standards innerhalb einer ganzen Gesellschaft setzen. Es handelt sich bspw. im Bereich sprachlicher Codierung um grammatikalische oder orthografische Regeln, die angewandt werden sollen, bzw. um den regelmäßigen Gebrauch einer bestimmten Standard- oder Landessprache oder um das Verfassen logisch sinnvoller Sätze, die als normal angesehen werden. Gestalterische Normen können sich aber auch aus der Eigenlogik diskursiver Elemente ergeben, bspw. auf der Ebene einzelner Worte oder Zeichen, die verändert werden können, bzw. in Beziehungen zwischen verschiedenen Diskurselementen zusammenhängender Aussagen, etwa zwischen Sprache und Bild (Gaede 2002: 171ff.). Auch auf dieser Ebene können Abweichungen oder Regelbrüche erfolgen.

Die gestalterischen Möglichkeiten stehen in engem Zusammenhang zum medialen Träger einer Botschaft, der ebenfalls eine Normalität etabliert, von der abgewichen werden kann. Dies kann geschehen, indem formale Beschränkungen des Werbemediums selbst überwunden werden, bspw. indem die Zweidimensionalität eines Plakats um dreidimensionale Objekte ergänzt wird oder indem durch die grafische Gestaltung eine einzige Botschaft in verschiedene Teilelemente zerlegt wird, die erst durch die Rezipient_innen zusammengesetzt werden müssen (z.B. Fragmente einer Anzeige, verteilt auf verschiedene Seiten einer Zeitschrift). In der Beziehung zu einem Medium, innerhalb dessen die Werbung untergebracht werden soll, können Abweichungen darin bestehen, die formale, gestalterische oder auch inhaltliche Trennung zwischen redaktionellem Inhalt und Werbung aufzuheben oder aber strukturelle Merkmale eines Mediums (z.B. die Heftklammer in der Mitte einer Zeitschrift) in die Gestaltung und den Inhalt einer Botschaft einzubeziehen. Darüber hinaus können auch ganz neue Objekte zu Werbemedien umfunktioniert werden, bspw. wenn Botschaften als Graffiti auf Fußwege gesprüht werden (Gaede 2002: 132ff.).

Das Einzigartige erfolgreicher Kreativität, Innovationen oder Regelbrüche liegt in ihrer Einmaligkeit oder Nichtwiederholbarkeit begründet, das heißt in dem Faktum, dass man eine innovative inhaltliche Aussage oder eine abweichende gestalterische Lösung nicht beliebig oft wiederholen kann, ohne deren besondere Wirksamkeit einzubüßen. Kreativität und Innovation als Handlungsmaximen lösen deshalb eine zwanghafte Dynamik zu ständiger Veränderung in Form fortwährender Kreativität, Innovation oder Regelbrüche aus. Allerdings kann der Prozess der Kreation von Ideen aus dem Nichts nicht kontrolliert herbeigeführt werden:

»Man kann zwar Bedingungen formulieren, die für das Entstehen von Neuem günstiger oder ungünstiger sind, man kann Neuerungen in immer kleinere Schritte zerlegen, man kann Beschreiben, was dabei im Gehirn geschieht – es bleibt ein letztlich nicht erklärbarer ›Sprung‹, theologisch gesprochen: ein Wunder.« (Bröckling 2004: 139)

Deshalb bleibt vornehmlich die innovative Umwertung vorhandener Elemente bzw. das Abweichen von Normen als mögliche Option zur planvollen Fortsetzung dieser Dynamik bestehen. Guerillamarketing als einmalige oder einzigartige Aktion kann jedenfalls auf ganz verschiedene Weise tatsächlich in Erscheinung treten und muss einem ständigen Wandlungsprozess unterliegen. Im Falle ihrer Wiederholung erschiene eine solche Marketingaktion nicht mehr als kreativ oder innovativ, sondern als etabliert und würde zu einer Form traditioneller Werbung mutieren, die beim Publikum unter Umständen Langeweile oder Verärgerung auslösen würde. Das Ungewöhnliche einer Abweichung würde sich mit anderen Worten in eine neue Normalität verwandeln. Darüber hinaus kann der Prozess einer sich beschleunigenden Umwertung von Diskurselementen selbst zu einem wiederkehrenden Strukturmerkmal des Marketings werden und in Erwartung ständiger Veränderung selbst zu einer vorhersehbaren (oder berechenbaren) und langweiligen Angelegenheit werden, »denn ständig originelle Kampagnen zu starten, ist auf Dauer überhaupt nicht mehr originell« (Patalas 2006: 48). Das Problem der durch Werbung hervorgerufenen Langeweile und der Zwang zu Kreativität, Innovation und Regelbrüchen entstehen also nicht nur auf der Ebene der inhaltlichen Aussagen oder der Gestaltung, die in traditioneller Werbung ständig wiederholt und in Guerillawerbung oft variiert werden, sondern auch auf der Ebene der Kommunikationsprozesse und des medialen Auftritts, die ebenfalls nicht zu routinierten Verfahrensweisen verfestigt werden dürfen. Die paradoxe Folge einer solchen Dynamik besteht darin, dass »wenn die Abweichung zur Norm werden würde, [...] die Norm zur Abweichung werden« müsste (Gaede 2002: 90). Es geht mit anderen Worten, wenn Normales oder Normiertes einer beschleunigten Dynamik von Abweichungen und Regelbrüchen ausgesetzt ist, tendenziell das Prinzip der Normen und Normalitäten verloren, und gegen das Verfahren der Regelbrüche würde ein Prozess der Normalisierung als abweichendes Prinzip erscheinen.

Als zweite Problematik einer solchen Dynamik der Regelbrüche oder Normabweichungen kommt die Frage nach der Anerkennung und der Rechtmäßigkeit des Guerillamarketings in den Blick. Der Umgang mit Normen im Sinne allgemein anerkannter gesellschaftlicher Konventionen scheint heute, ein knappes Jahrhundert nachdem in Zürich Dada das Licht der Welt erblickte, weitaus flexibler als damals zu sein. Eine Zeit lang galt bspw. sexuell freizügige Werbung als Garantin für öffentliche Aufmerksamkeit, doch inzwischen scheinen die meisten Tabus – neben Sexualität die Werbung mit Aidskranken, Bildern des Kriegs, sterbenden Menschen usw. – bereits gebrochen worden zu sein. Eventuell kann man bei manchen Menschen noch mit doppeldeutigen Anspielungen auf Tierliebe ähnliche Wirkungen erzielen (Liebl 2005). Eine vergleichsweise sichere Methode, durch Normabweichungen Aufmerksamkeit zu erzielen, besteht allerdings im Spiel mit gesetzlichen Regeln. Zumindest in einer unklaren Zone zwischen legaler Werbung und illegaler Schleichwerbung bewegt sich Guerillamarketing, wenn Lügengeschichten inszeniert werden, die durch Journalist_innen als vermeintlich wahre Ereignisse aufgegriffen und auf redaktionellen Wegen verbreitet werden (Jackisch 2010). Aber auch das eindeutige Überschreiten rechtlicher Grenzen wird im Guerillamarketing praktiziert. Dabei kann es sich sowohl um Ordnungswidrigkeiten als auch um Straftaten handeln, die einer staatlichen Verfolgung unterliegen. Die Frage, auf welche Weise genau und gegen welches Gesetz im Einzelnen verstoßen wird, eröffnet erneut einen weiten Möglichkeitsraum für Guerillamarketing-Aktionen. Es kann sich um Verstöße gegen das Wettbewerbsrecht handeln, indem bspw. ein Wettbewerber verunglimpft wird (Neujahr/Mänz 2009: 6), oder auch um strafrechtlich relevante Delikte, wie z.B. das Sprühen von Graffitis oder das Austauschen von Straßenschildern. Ein angegriffener Wettbewerber, der Klage einreicht, oder die staatliche Behörde, die eine Strafverfolgung einleitet, kreieren in solchen Fällen oft unabsichtlich erst die öffentliche oder mediale Aufmerksamkeit, die mit einer Guerillaaktion erreicht werden soll. Eine in den Medien verbreitete redaktionelle Botschaft über den Fall gilt zwar in erster Linie dem juristischen Regelbruch. Um über eine solche Tat berichten zu können, muss jedoch beinahe zwangsläufig auch auf die Botschaft der Guerillaaktion selbst eingegangen werden, und unter Umständen wird auch das beschuldigte Unternehmen zu einer öffentlichen Stellungnahme aufgefordert (bspw. Dick 2010). Wenn gelegentlich argumentiert wird, Guerillamarketing bewege sich in Gesetzeslücken oder Grauzonen des Rechts, dann mag dies für viele Aktionen stimmen. Damit zugleich zu suggerieren, solche Lücken ließen sich »einfach rechtlich zukitten« (Patalas 2006: 177), verkennt jedoch das Handlungsprinzip des Regelbruchs im Guerillamarketing. Es ist gerade dort möglich und wirkt, wo Normen existieren, von denen abgewichen werden kann. Dass von Überschreitungen gesetzlicher Grenzen manchmal abgeraten wird, hängt daher vermutlich eher mit der Herausforderung zusammen, einen juristisch einwandfreien Guerillamarketing-Ratgeber zu verfassen. Hinsichtlich der öffentlichen Wirksamkeit einer Guerillaaktion scheint die juristische Inkorrektheit einen recht sicheren Weg zu besonderer Aufmerksamkeit zu eröffnen.

EFFIZIENZ UND EFFEKTIVITÄT DES GUERILLAMARKETINGS

Guerillamarketing wird, wie bereits erwähnt, in der Literatur charakterisiert durch seine besondere Effizienz und Effektivität. Es soll sowohl durch einen vergleichsweise geringen finanziellen Aufwand als auch durch eine besonders große Wirksamkeit hinsichtlich des Erzeugens von Aufmerksamkeit gekennzeichnet sein. Guerillamarketing führt dabei anstelle materieller Ressourcen geistige Ressourcen ins Feld der Auseinandersetzung. »[S]tatt auf die Macht des Geldes zu bauen, können Sie auf die Kraft der Intelligenz setzen« - so hatte Levinson diese Verschiebung ausgedrückt (Levinson 1990: 9). Als besonderer Effekt eines solchen Guerillamarketings soll ein Moment der Überraschung erzeugt werden. Dieser tritt ein, wenn Erwartungen des Publikums nicht erfüllt werden, sondern es mit einem vom Normalen abweichenden Geschehen konfrontiert wird. Die Überraschung generiert für einen einzelnen Moment eine besondere Aufmerksamkeit und damit eine effektive Form der Wahrnehmung. Die Einzigartigkeit einer Guerillamarketing-Aktion, das heißt ihre besondere Qualität im Vergleich zu anderen Kommunikationsformen, soll also mit der Einmaligkeit ihrer Ausführung korrespondieren. Effizienz und Effektivität des Guerillamarketings beruhen auf der besonderen Qualität einer Aktion, die wirken soll, ohne beständig wiederholt zu werden, denn die Wiederholung einer Werbebotschaft ist meist mit dem Einsatz finanzieller Ressourcen verbunden: Materialien müssen in großer Anzahl hergestellt, Werbeflächen gemietet oder Sendezeit muss gekauft werden. Die Vorstellungen, wie solche effizienten und effektiven Aktionen genau wirken sollen, lassen sich entlang der beiden Konfliktdimensionen des Guerillamarketings, der Auseinandersetzung mit größeren Konkurrenzunternehmen und der Kommunikation mit Kund_innen, differenzieren.

In der allgemeinen Marketingliteratur werden unterschiedliche, an militärischem Strategiedenken geschulte Vorgehensweisen diskutiert, wie ein kleineres Unternehmen sich im Wettbewerb gegen größere Unternehmen behaupten kann. Solche kleineren Unternehmen werden als »Verfolger« des »Marktführers« bezeichnet und können entweder »Herausforderer« sein, das heißt den Konkurrenten bekämpfen und zu verdrängen versuchen, oder sich als »Mitläufer mit ihrem Rang begnügen und alle gewagten Manöver vermeiden« (Kotler u.a. 2007: 1124). Für ein Vorgehen als herausforderndes Unternehmen existieren die beiden bereits erwähnten, grundlegenden Varianten des kreativen Entdeckens und Besetzens neuer Marktnischen und des Zerstörens und Besetzens der Position der Konkurrenz durch innovatives Eindringen in bereits existierende Märkte. Etwas differenzierter lassen sich die beiden Vorgehensweisen in fünf Taktiken eines herausfordernden Unternehmens unterscheiden, den »Frontal-, Flanken-, Umzingelungs-, Vorbei- und Guerilla-Angriff« (Kotler u.a. 2007: 1125ff.). Diese fünf Taktiken lassen sich wiederum unterteilen in jene Vorgehensweisen, die einen großen materiellen Einsatz erfordern und somit kein Guerillamarketing sind, und jene, die mit vergleichsweise geringem Ressourcenaufwand ihre Ziele erreichen sollen. »Frontalangriff« und

»Umzingelungsangriff« können nicht als Methoden des Guerillamarketings gelten, da sie mit einem erhöhten Ressourceneinsatz verbunden sind, den sich ein Guerillaunternehmen nicht leisten kann. Bei der frontalen Konfrontation handelt es sich um einen konzentrierten Angriff auf genau jenen Ort, an dem die Konkurrenz ihre größten Stärken besitzt, bspw. in einem geografischen Marktgebiet, das sie dominiert, oder auf eine Produktpalette, mit der sie den Markt beherrscht. Das Prinzip der Umzingelung meint dagegen einen Angriff auf alle denkbaren Punkte zugleich, egal ob es sich um Stärken oder Schwachstellen handelt, was ebenfalls einen großen materiellen Aufwand erfordert. Ein herausforderndes Unternehmen, das solche Operationen umsetzen kann, ist also nur hinsichtlich seiner Marktposition kleiner, hinsichtlich seiner Ausstattung mit materiellen Ressourcen muss es dagegen seiner Konkurrenz überlegen sein. Dagegen sind mit vergleichsweise geringem Ressourceneinsatz zu realisierende Taktiken der »Vorbeiangriff« und der »Guerilla-Angriff«, die zwei typische Vorgehensweisen des Guerillamarketings bezeichnen. Im ersten Fall werden »[a]m Gegner vorbei [...] Märkte angegriffen, die leicht zu erobern sind und die Ausgangsbasis des Angreifers« vergrößern. Methodisch handelt es sich also um ein »Ausmanövrieren des Gegners« mittels Auskundschaften und Besetzen von Marktnischen, die durch ganz neue oder qualitativ modifizierte Produkte entstehen oder als geographisch bisher nicht besetztes Gebiet existieren. Diese Taktik meint die konstruktive Variante des Guerillamarketings. Mit dem »Guerilla-Angriff« wird dagegen die nadelstichartige Störung der Konkurrenz in Märkten und Geschäftsfeldern bezeichnet, die diese kontrolliert. Das konkrete Vorgehen »besteht [in] kleinen, immer wiederkehrenden Offensiven in verschiedenen Geschäftsbereichen des Gegners, um diesen zu entmutigen und sich mit der Zeit selbst dort festzusetzen« und meint die destruktive Variante des Guerillamarketings. Die fünfte Taktik, der »Flankenangriff« vereint als hybride Übergangsform verschiedene Elemente aus den genannten Vorgehensweisen, das heißt die Konkurrenz wird punktuell in einem Markt angegriffen, den sie nicht richtig kontrolliert oder auf dem sie deutliche Schwächen hat, wo also ihre »Leistung [...] nicht überzeugend ist« (Kotler u.a. 2007: 1127).

Neben dem Konkurrenzkampf mit Wettbewerbern auf einem Markt, in dem sich ein Guerillaunternehmen unter möglichst geringem Ressourceneinsatz zu behaupten versucht, soll Guerillamarketing aber auch eine Beziehung zu Kund_innen etablieren und aufrechterhalten. Diese Beziehung soll zudem einem bestimmten Unternehmenserfolg dienen, letztlich dem Verkauf von Waren und dem Erzielen von Gewinn. Auf dem Weg zu diesem Ziel wird Guerillamarketing insbesondere als Guerillawerbung verstanden, die eine besondere Effektivität der Kund_innenansprache auszeichnen soll. Als Vergleichsfolie für diese besondere Wirksamkeit wird eine Krise traditioneller Werbung konstatiert, die sich aus Sicht des Publikums insbesondere durch ihre Allgegenwart und ihr langweiliges Erscheinungsbild charakterisieren lässt (Patalas 2006: 43, Zerr 2003: 2). Ihre ständige und omnipräsente Wiederholung, die im Konkurrenzkampf eine Dynamik hin zu einem immer noch häufigeren und engmaschigeren Verbreiten der Botschaft auslöst, führt zu einem Informationsüberangebot und beim potentiellen Publikum zu einer kognitiven Überlastung, der es durch ein Nichtbeachten der Informationen und Botschaften begegnet. Die Orientierung an vermeintlich allgemeingültigen gestalterischen Standards und typischen Werbeformen führt im Konkurrenzkampf zudem zu einer kommunikativen Entdifferenzierung durch formale oder inhaltliche Austauschbarkeit der Botschaften, mit denen Waren und Unternehmen beworbenen werden. Mit solcher Werbung, die ein undifferenziertes Informationsüberangebot produziert, kann bei einem wenig involvierten Publikum kaum Aufmerksamkeit errungen werden (Gaede 2002: 43f.). Diese aus Sicht des Marketings existierende Problematik des geringen »Involvements« scheint für traditionelle Werbung vor allem deshalb zu entstehen, weil sie ihre potentiellen Kund_innen – um auf die Denkweise des Clausewitz'schen Kriegs zurückzukommen – als Gegner_innen versteht, denen durch erhöhten Werbedruck etwas aufgedrängt werden soll. Gegen den Werbedruck versuchen sich die Kund_innen zu schützen oder ihn abzuwehren, denn »Informationsüberfluss heißt offensichtlich auch Informationsüberdruss« (Gaede 2002: 44). Guerillamarketing kennzeichnet demgegenüber eine andere Einstellung zu Kund_innen, die einerseits in eine quasi-symbiotische Beziehung zum Unternehmen integriert, andererseits zu produktiven, für das Unternehmen vorteilhaften Handlungen aktiviert werden sollen. Levinson empfiehlt für das Realisieren dieser beiden Ziele den Weg einer dialogischen Vorgehensweise:

»Traditionelles Marketing ist ein Monolog. Einer redet oder schreibt etwas, alle anderen hören zu oder lesen. Denkbar ungünstige Voraussetzungen für eine gute Beziehung. *Guerilla Marketing ist ein Dialog.* Einer redet oder schreibt etwas, der andere reagiert darauf. Ein interaktiver Prozess beginnt. Der Kunde wird in das Marketing einbezogen. [...] Beziehungen entwickeln sich über den Dialog.« (Levinson 2008: 23, Hervorhebung im Original)

Was Levinson Dialog nennt, muss man sich allerdings nicht unbedingt im Sinne eines Gesprächs vorstellen, sondern es kann allgemeiner als aktive Rolle des Publikums im Zuge der Realisierung einer Marketingaktion verstanden werden. Die Aktivierung des Publikums stellt somit ein wichtiges Ziel des Guerillamarketings dar, sie soll die geringe Aufmerksamkeit gegenüber Werbebotschaften überwinden und letztlich zu deren besserer Wahrnehmung und Erinnerung führen (Gaede 2002: 47). Eine solche Aktivierung wird auf der Ebene der inhaltlichen Aussagen z.B. durch die oben bereits diskutierten Zweideutigkeiten angeregt, deren Verstehen die aktive Beteiligung des Publikums erfordert. Hinsichtlich ihrer Wirkungen auf das Publikum lassen sich aus Werbebotschaften formal drei verschiedene »Techniken der Aktivierung« herauslesen, mit denen bestimmte Effekte erzielt werden sollen (vgl. Gaede 2002: 45). Dabei handelt es sich einmal um die Arbeit mit der Intensität der physischen Erscheinung einer Botschaft, bspw. deren Farbe, Größe oder Kontrast, die aufgrund ihrer erhöhten Intensität besonders intensive Reize auslösen soll. Zweitens handelt es sich um die Arbeit mit kognitiven Irritationen, die mit Hilfe gedanklicher Widersprüche oder Konflikte hervorgerufen werden können und einen Überraschungseffekt auslösen sollen. Die dritte Technik der Aktivierung arbeitet auf der emotionalen Ebene einer Botschaft, das heißt mit »Schlüsselreize[n], die biologisch vorprogrammierte Reaktionen auslösen (Kindchen-Schema, Sex-Appeal, Augen-Schema...)«, oder mit verschiedensten Gefühlen (gegenüber Menschen, Tieren oder abstrakten Werten), die verfremdet werden können und damit ebenfalls zu einer aktiven Auseinandersetzung anregen sollen (Gaede 2002: 45). Die mit einer aktivierenden Werbung in Zusammenhang gebrachten Effekte werden als ein »besseres Wahrnehmen im Konkurrenzkampf der Informationen« und als eine bessere »Verarbeitungstiefe« und Erinnerung der wahrgenommenen Informationen beschrieben, denn »[d]ie gedankliche Anstrengung, wie sie die semantische und kognitive Auseinandersetzung mit einem Stimulus fordert, erhöht die Gedächtniswirkung« und »[j]e tiefer die Verarbeitung ist, desto stärker und beständiger ist die Gedächtnisspur [...] und somit die Erinnerung« (Gaede 2002: 47).

Solche Aktivierungsversuche sollen allerdings nicht allein die Aufmerksamkeit des Publikums erregen, sondern zu einem zielgerichteten, im Sinne des Unternehmens produktiven Verhalten anregen. Auch Botschaften des Guerillamarketings sollen letztlich richtig verstanden werden und möglichst zum Erwerb einer bestimmten Ware oder Dienstleistung motivieren, damit das Marketing treibende Unternehmen einen wirtschaftlichen Erfolg erringen kann. Mit dem Versuch einer zielgerichteten Aktivierung wird allerdings eine paradoxe Anforderung formuliert, denn es existiert eine Art systematische Vermittlungslücke zwischen der Intention des Unternehmens und den Handlungen der Kund_innen, die überbrückt werden muss, um bestimmte Verhaltensweisen hervorzurufen. Die Aktivierung als Modus der Verhaltensbeeinflussung ist dabei nicht identisch mit anderen Versuchen, diese Vermittlungslücke zu überbrücken, bspw. mit autoritären Anweisungen, die befolgt werden sollen, oder mit herkömmlicher Werbung, die ihren Rezipient_innen bestimmte Verhaltensweisen aufzudrängen versucht. Diese beiden Kommunikationsformen sind Versuche der äußeren Lenkung von Verhalten und Aufmerksamkeit, die möglichst direkte Anschlusshandlungen, also bestimmte Reaktionen hervorrufen sollen. Im Fall der traditionellen Werbung soll die Aufnahme und Verarbeitung der Botschaften mit möglichst geringem eigenen Aufwand durch tendenziell passive Rezipient_innen möglich sein, weshalb sie inhaltlich und gestalterisch so einfach wie möglich umgesetzt werden und möglichst überall präsent sein soll (Gaede 2002: 48). Der »aktive Kommunikant« jedoch, den Guerillamarketing adressieren soll, »stellt höhere Anforderungen an die intellektuelle und künstlerische Qualität der Werbung« (Gaede 2002: 50). Soziale Prozesse der Aktivierung lassen sich zudem »nicht als bloß äußeres Einwirken begreifen. Sie sind in dem Maße erfolgreich, in dem sie als Selbstaktivierungsaufforderung funktionieren« und »die Akteure dazu veranlassen und befähigen, eigenständig im Sinne vorgegebener Zielgrößen tätig zu werden« (Kocyba 2004: 19). Im konkreten Fall der Werbung werden Effekte der durch Aktivierung erzeugten Selbsttätigkeit als »vom Rezipienten selbst generierte Stimuli« beschrieben (Gaede 2002: 47). Diese selbst generierten Stimuli sind neben dem qualitativ ›ehrlichen‹ Produkt, das durch Guerillaunternehmen angeboten werden soll, ein zweiter Gewinn für die Kund_innen. Es handelt sich dabei um »eine kommunikative [oder] kognitive Gratifikation«, die auf unterschiedliche Weise realisiert werden kann (Gaede 2002: 48, vgl. 48ff.). Die notwendig aktive Rolle der Rezipient_innen soll ihnen einerseits vermitteln, dass sie als mündige Konsument_innen ernst genommen werden, und kann ihnen andererseits ein Erlebnis der eigenen Intelligenz bescheren, wenn die Entschlüsselung einer doppeldeutigen Botschaft gelungen ist. Darüber hinaus kann mit einzigartigen Guerillamarketing-Aktionen der Versuch unternommen werden, möglicherweise vorhandene Kommunikationsbedürfnisse zu bedienen, wie jene nach besonderen Informationen, guter Unterhaltung, hervorragender Ästhetik oder lustigen Witzen. Die Kunst des effizienten Guerillamarketings und zugleich die paradoxe Anforderung an seine Effektivität bestehen also darin, die zwei Ebenen der materiellen und der kommunikativen Beziehung zum Kunden so miteinander zu verbinden, dass sich für das Unternehmen ein finanzieller Gewinn einstellt, der auf Seiten der Kund_innen durch eine Mischung aus kommunikativer Gratifikation und dem Gebrauchswert des erworbenen Produkts ausgeglichen wird - und auf dem Weg zu diesen Zielen alle gern mitmachen.

VIRALE PROZESSE: ZUR EMERGENZ DER GUERILLAMARKETING-BOTSCHAFTEN

Ein wichtiges Merkmal des Guerillamarketings ist die selbstständige Weiterverbreitung der Botschaften, die unabhängig von zusätzlichen Werbebemühungen des Unternehmens stattfinden soll. Eine solche Verbreitung geschieht, wenn direkte Rezipient_innen zu Multiplikator_innen der Botschaft werden. Der Prozess lässt sich damit als eine weitere Folge der Aktivierung bezeichnen, die diesmal nicht die kognitive Selbsttätigkeit der Rezipient_innen meint, sondern eine produktive Kommunikationsleistung, die sie für das Unternehmen leisten sollen. Aufgrund dieses Merkmals wird Guerillamarketing auch als »ansteckend« bezeichnet (Zerr 2003: 5f.). Diese Begrifflichkeit des sich Ansteckens ist sonst aus einem medizinischen Sprachgebrauch bekannt, wo sie die Übertragung von Krankheiten durch Krankheitserreger bezeichnet. Als ›Erreger‹ sich selbst verbreitender Botschaften taucht im Kontext der Diskussionen um Guerillamarketing der ›Virus‹ auf und mit ihm das Konzept des *Viralen Marketings*. Die Präsenz gerade dieses Begriffs ist dabei kein Zufall, denn er weckt über seine Verbindung mit Krankheiten hinaus vielfältige Assoziationen, die auch in den Bereich der Kommunikation verweisen. »Viren«, so schreibt bspw. Sarasin,

»sind überall. Sie zirkulieren in unseren Körpern, begleiten unsere Kontakte und unsere Kommunikation; sie reisen in den Netzen, die uns verbinden, hausen in unseren Maschinen und verändern unser Denken. Fast scheint es, als seien sie die wahre Essenz, das Wesen der Dinge selbst: reine Information, die sich replizieren will und sich endlos vermehrt. Alles andere erscheint dagegen als bloße Hülle, Container, Passage – sterbliches Material, vergängliche Körper.« (Sarasin 2004: 285)

Ein Teil der Diskussion des Viralen Marketings dreht sich um die Frage, ob es eine Erscheinungsform bzw. ein Instrument des Guerillamarketings ist (Kuchar/Herbert 2010: 42, Neujahr/Mänz 2009: 20, Patalas 2006: 72ff.), oder ob es sich um eine eher eigenständige Form handelt, deren Mechanismen oder »Gesetze« allerdings oft im Guerillamarketing anzutreffen sind (Kutzborski 2007: 40, 67ff., vgl. Zerr 2003: 5). Guerillamarketing im engen Sinne wird dabei mit einer Guerillaaktion identifiziert, während Virales Marketing den Prozess der selbstständigen Verbreitung einer Botschaft meint. Diese Differenzierung bleibt jedoch etwas schematisch, denn in jedem Fall soll Guerillamarketing »[...] auf Anhieb schaffen, einen Ball ins Rollen zu bringen, der dann selbständig weiterrollt. Guerilla Marketing setzt also auf Multiplikation und – ähnlich wie das Viral-Marketing – auf selbständige Weiterverbreitung der Botschaft« (Zerr 2003: 5). Für die Frage, wie sich eine Botschaft selbstständig weiterverbreitet, hilft jedenfalls die Bezugnahme auf den Virus, die keineswegs nur metaphorisch gemeint ist. Ein biologischer Virus ist nichts als »ein bloßes Stück DNA oder RNA geschützt durch ein wenig Protein«, das »als beinahe körper- und substanzlose[r] Parasit [...] an den Rändern und in den Ritzen des *Bios*« existiert (Sarasin 2004: 285, Hervorhebung im Original). Ein solches Stück DNA oder RNA – man könnte auch sagen ein Gen – lässt sich als Träger einer biologischen Erbinformation verstehen. Als kulturelles Pendant zum biologischen Gen wird in der Guerillamarketing-Literatur das von Dawkins entwickelte Konzept des *Mem* diskutiert, das auch als »Virus des Geistes« bezeichnet wird (Brodie 1996, zit. n. Dawkins 2005: 10). Im Bereich des Marketings wird auch von »Ideenvirus« gesprochen (Godin 2004: 22f., 57). Unter einem Mem versteht man »[e]in Element einer Kultur, das offenbar auf nicht genetischem Weg, [sondern] insbesondere durch Imitation weitergegeben wird« (Oxford English Dictionary, zit. n. Dawkins 2005: 9). Biologische Viren verbreiten ihre Erbinformation, indem sie ihre Wirtszellen die fremden Gene des Virus als Kopien reproduzieren lassen. Die Verbreitung eines Mems erfolgt dagegen durch eine Form der kulturellen Kopie, der Imitation durch andere Menschen (Dawkins 2005: 7f.), und lässt sich darüber hinaus in Analogie zu Mechanismen der Ausbreitung von Genen begreifen: »Meme wandern vertikal von Generation zu Generation« – wenn z.B. Kinder die Sprache ihrer Eltern lernen –, »doch sie verbreiten sich auch horizontal, innerhalb einer Generation, wie Viren bei einer Epidemie« (Dawkins 2005: 10). Für Levinson steht jedenfalls fest, dass eine grundlegende Notwendigkeit des Guerillamarketings die Existenz eines Mems ist, das sich gleich einem Virus ausbreiten kann (Levinson 2008: 19f.).

Es lassen sich zwei Wege der Weiterverbreitung bzw. zwei Öffentlichkeiten identifizieren, in denen sich die Botschaften fortpflanzen sollen: die virale Verbreitung in sozialen Netzwerken durch persönliche Kontakte und die Verbreitung via Massenmedien, die angeregt werden sollen, redaktionell über eine Guerillamarketing-Aktion zu berichten. Eine Art Brücke zwischen diesen beiden Sphären bildet die Kommunikation im Internet. Rosen bezeichnet Massenmedien auch als »Mega-Hubs« (Rosen 2000: 53ff.), das heißt als ›Riesenknoten‹ in Netzwerken, so dass sich konzeptionell keine grundlegende Differenz hinsichtlich der viralen Verbreitung von Botschaften in Netzwerken, im Internet oder in Massenmedien ausmachen lässt. Das Ziel des Guerillamarketings besteht letztlich darin, relevante Personen mit einem kulturellen Virus zu infizieren. Im Fall der Verbreitung in sozialen Netzwerken oder im Internet zielt der Prozess auf Kund_innen, die weiteren potentiellen Kund_innen eine Botschaft übermitteln. Im Fall der Massenmedien richtet es sich an Menschen, die bestimmte Rollen oder Funktionen ausüben, das heißt an Journalist_innen, bekannte Persönlichkeiten, Expert_innen oder Politiker_innen. Die virale Verbreitung einer Botschaft in die Massenmedien hinein folgt also demselben Grundmuster wie ihre Verbreitung in sozialen Netzwerken. Hinsichtlich der Botschaft bzw. des Mems gilt dieselbe Notwendigkeit der Kreativität und Innovativität, wie im Fall direkter Kommunikation mit den Kund_innen, denn »[j]e ungewöhnlicher Ihre Aktion ist, umso größer ist die Chance, dass die Medien darüber berichten« (Patalas 2006: 145). Die direkte Kommunikation in sozialen Netzwerken wird als der wichtigste Weg zur Verbreitung von Botschaften für kleine Unternehmen gehandelt, während das Eindringen in die Massenmedien insbesondere dem Interesse großer Unternehmen an medialer Präsenz dienen soll (Patalas 2006: 46). Als Synonym zur ›Mund-zu-Mund-Propaganda‹ existiert zudem der Begriff des »Buzz-Marketings«, mit dem Marketing durch das ›Gerede der Leute‹ bezeichnet wird (Kuchar/Herbert 2010: 42, vgl. Rosen 2000). Die Wirksamkeit solcher persönlicher Gespräche wird mit dem besonderen Vertrauen begründet, das man Ratschlägen von Freund_innen oder Bekannten entgegenbringt. »Es sind vor allem andere Menschen, die uns auf Basis ihrer Erfahrungen und ihres Wissens auf Produkte, Ereignisse oder Dienstleistungen aufmerksam machen« (Neujahr/Mänz 2009: 9). Ähnliches gilt für das Vertrauen der Menschen in redaktionelle Beiträge der Massenmedien, die glaubwürdiger erscheinen als Marketingkommunikation (Patalas 2006: 145).

Als ein Theorem zur systematischen Analyse solcher Prozesse sich selbst verbreitender Botschaften wird das Konzept des *Tipping Point* herangezogen, das auf Erkenntnissen der Netzwerkforschung aufbaut (Kutzborski 2007: 43). Es »besagt, dass man [...] das Phänomen der Mundpropaganda oder eine ganze Anzahl von anderen geheimnisvollen Veränderungen im Alltagsleben am besten versteht, wenn man sie sich als Epidemien vorstellt« (Gladwell 2000: 14f.).[5] Soziale Prozesse wie die Verbreitung von Botschaften durch Mund-zu-Mund-Propaganda sind aus dieser Perspektive durch drei Eigenschaften charakterisiert, die in Analogie zu Prozessen der Verbreitung von Infektionskrankheiten beschrieben werden können. Dabei handelt es sich erstens um das Prinzip der Ansteckung, zweitens um den Zusammenhang von kleinen Ursachen und großen Wirkungen und drittens um die dramatische Beschleunigung des Prozesses, die ab einem bestimmten Punkt der Entwicklung – dem Tipping Point – einsetzt. Der Begriff der Ansteckung beschreibt eine Übertragungsleistung, die oft nicht einfach wahrnehmbar (wie im Fall eines Virus) oder auch (noch) nicht erklärbar ist, die jedoch als »überraschend machtvoll« beschrieben wird (Gladwell 2000: 15). Ein bekanntes Phänomen ansteckenden Verhaltens ist das unwillkürliche Gähnen, das sich innerhalb von Gruppen ausbreitet, ohne dass bisher ergründet werden konnte, wie genau die Übertragung von einer Person auf die nächste stattfindet. Es wurde oben bereits darauf hingewiesen, dass es sich im Bereich der Kultur bei solchen Übertragungen vor allem um Imitationsleistungen handelt. Das Machtvolle der Ansteckung besteht neben ihrer Unsichtbarkeit vor allem in der Geschwindigkeit ihrer Ausbreitung, denn die Übertragung erfolgt nicht als lineare Fortsetzung, sondern als »geometrische Progression«, das heißt in Form eines exponentiellen Wachstums, bei dem sich mit jedem Schritt der Ausbreitung die Zahl der Infektionen vergrößert (Gladwell 2000: 16). Als notwendig für eine effektive virale Verbreitung einer Botschaft wird die Multiplikation der Infektionen mindestens um den Faktor 1,2 mit jedem Schritt der Verbreitung angegeben (Godin, zit. n. Kutzborski 2007: 63). Ein solcher, sich selbst beschleunigender Ansteckungsprozess kann schließlich zu einer Epidemie anwachsen, die ab einem Tipping Point beginnt, das heißt ab jenem Moment, an dem »das Unerwartete zum Normalfall wird« weil »die radikale Veränderung [...] – all unseren Erwartungen entgegen – eine Gewissheit« wird (Gladwell 2000: 21). Eine bestimmte normale oder stabile Situation bricht dann schnell in sich zusammen, ein System ändert mit dramatischer Geschwindigkeit seine Funktionsweise und wird ggf. durch eine neue stabile Situation, eine andere Normalität abgelöst. Breitet sich bspw. ein Grippevirus

---

5 | Als historisches Beispiel einer solchen kommunikativen Epidemie führt Gladwell – nicht zufällig – die Mobilisierung amerikanischer Siedlermilizen im Umland der Stadt Boston an, die in der Nacht vom 18. auf den 19. April 1775 erfolgte und den Beginn der amerikanischen Revolution, des Unabhängigkeitskriegs darstellte. Sie richtete sich gegen reguläre englische Kolonialtruppen, deren Plan belauscht worden war, an jenem Tag auszurücken, um Waffendepots der Milizen zu beschlagnahmen. Die Mobilisierung »begann an einem kalten Frühlingsmorgen mit einer Mund-zu-Mund-Epidemie, die von einem Stalljungen ausging und ganz Neuengland erfasste [...]« (Gladwell 2000: 94).

zu einer Epidemie aus, kann das Erleiden dieser Krankheit in einer sozialen Gruppe innerhalb kürzester Zeit zum Normalfall werden.

Wichtig für eine epidemische Ausbreitung sind nach diesem Theorem Eigenschaften des Erregers selbst, Eigenschaften des Trägers, der ihn verbreitet, und der Kontext, in dem die Ansteckung stattfindet. Der virale Erreger ist insbesondere hinsichtlich seiner Fähigkeit zur »Verankerung« von entscheidender Bedeutung (Gladwell 2000: 95ff.). Er kann sich nur dann erfolgreich weiterverbreiten, wenn es ihm gelingt, sich bei seinem Wirt zumindest für eine gewisse Zeit einzunisten. Eine Infektionskrankheit kann sich demnach nur dann zu einer Epidemie ausweiten, wenn der Krankheitserreger bestimmte Eigenschaften aufweist, die ihm ein Überleben in seinem Wirt sichern, damit er sich von dort aus weiter verbreiten kann. Im Fall der Kommunikation handelt es sich bei der Verankerung um das bereits diskutierte Ziel einer besonderen psychischen Verarbeitungstiefe, die durch Guerillamarketing erreicht werden soll, um »eine ansteckende Botschaft unvergesslich zu machen« (Gladwell 2000: 35). Am effizientesten erweisen sich Prozesse memetischer Vererbung, wie man die Übertragung eines viralen Mems auch bezeichnen kann, wenn nicht nur der »Phänotyp«, das heißt die äußere Erscheinungsform einer Botschaft imitiert wird, »sondern die Bauanleitung«, das heißt wenn sich Instruktionen verbreiten, wie man ein bestimmtes Mem selbst fertigen kann (Dawkins 2005: 13). Die Analogie zur Do-it-yourself-Haltung mancher subkultureller Bewegung liegt hier ebenso auf der Hand wie die Nähe zu Versuchen, politische Kampagnen durch die Initiierung von Graswurzelbewegungen zu unterstützen. Bspw. im amerikanischen Präsidentschaftswahlkampf 2008 wurden über die Kampagnenwebseite des späteren Präsidenten Obama nicht nur Werbung angeboten, um Botschaften zu kommunizieren, sondern auch Werbematerialien und Anleitungen zum Aufbau eigener Unterstützer_innengruppen verbreitet. Der Vorteil bei der Verbreitung solcher Instruktionen besteht darin, dass die Botschaft auch bei einer Verbreitung über mehrere Stationen kaum verändert wird, es finden – um in der Analogie zur Biologie zu bleiben – kaum ›Mutationen‹ der inhaltlichen Aussage statt. Versucht man dagegen, allein inhaltliche Botschaften, also ›Phänotypen‹ ohne deren Bauanleitung zu verbreiten, ist die Wahrscheinlichkeit viel größer, dass sich die Aussagen im Verlauf der Übertragung über mehrere Stationen verändern.

Als wichtige Träger einer sozialen Epidemie gelten Menschen, »deren Leben und Verhalten von der Norm der Gesellschaft deutlich abweicht« und die besonders »gesellig«, »energisch oder kenntnisreich« sind oder einen besonderen »Einfluss [...] auf ihre Umgebung haben« (Gladwell 2000: 29ff.). Sie sind Meinungsführer_innen in einem bestimmten sozialen Kontext. Besonders viele (und möglicherweise enge) Kontakte zu anderen Menschen kennzeichnen diese Personen, deren Anzahl jedoch zumeist gering ist. Man kann ihre sozialen Positionen als wichtige Knotenpunkte in sozialen Netzwerken beschreiben (Gladwell 2000: 44ff.). Diese Menschen können in drei Gruppen differenziert werden, die auf drei verschiedenen Wegen Einfluss in Netzwerken ausüben. Die erste Gruppe, die sog. »Kenner« (Gladwell 2000: 67), entdeckt in einem bestimmten Wissensgebiet oder einer bestimmten Subkultur wichtige oder neue Informationen, sammelt diese und kann sie überzeugend weitergeben: »Kenner sind im Grunde Informationsmakler« (Gladwell 2000: 76). Daneben bildet die Gruppe der sog. »Vermittler« wichtige Knotenpunkte in Netzwerken, die soziale Verbindungen über weite Entfernungen knüpfen. Sie kennen nicht nur eine große Anzahl an Menschen sondern auch viele Personen, die andere wichtige Knotenpunkte in sozialen Netzwerken bilden (Gladwell 2000: 49ff.). Sie sind diejenigen, die Menschen miteinander verknüpfen und so Informationen schnell weit verbreiten können. Die dritte Gruppe der sog. »Verkäufer« überzeugt andere Menschen davon, dass die neuen Informationen relevant oder wichtig sind (Gladwell 2000: 77ff.). Sie sind für den Einfluss, den die Botschaft erlangen soll, von Bedeutung. Ein Ziel des Guerillamarketings besteht darin, solche wichtigen Personen zu identifizieren, um sie zielgerichtet ansprechen und im Sinne des Unternehmens aktivieren zu können.

Als drittes Element, das Einfluss auf die Ausbreitung einer Epidemie ausübt, gilt der Kontext, in dem sich der ›Virus‹ und sein ›Wirt‹ bewegen. Für die Weiterverbreitung einer viralen Marketingbotschaft ist es einerseits wichtig, dass ein Kontext existiert, der soziale Kontakte ermöglicht. Dabei kann es sich um soziale Orte wie Bars oder ähnliches handeln, an denen Botschaften weiterverbreitet werden. Es können aber auch Faktoren wie das Wetter, das möglicherweise soziale Kontakte begünstigt oder erschwert, eine Rolle spielen. Es ist mit anderen Worten »die Macht der Umstände« bzw. es sind solche Einflüsse auf das psychische Leben, wie sie die Situationistische Internationale in ihren Experimenten des Umherschweifens in der Stadt erkundet hat, von Bedeutung für das Entstehen und die Ausbreitung einer sozialen Epidemie, denn »[d]er Schlüssel zur Veränderung des Verhaltens von Menschen liegt [...] oft in den kleinsten Details ihrer unmittelbaren Situation« versteckt (Gladwell 2000: 38, 139ff.). Ein Element einer Guerillamarketing-Aktion kann also darin bestehen, für soziale Kontakte günstige Rahmenbedingungen zu schaffen (Rosen 2000: 120ff.). Zu den Umständen, welche die Verbreitung einer Botschaft in Netzwerken beeinflussen, wird neben den äußeren Rahmenbedingungen auch die soziale Dynamik miteinander kommunizierender Menschen gezählt, die zu einer Angleichung innerhalb von Gruppen, zu synchronen Verhaltensweisen führen kann. Intuitiv können Gestik, Mimik oder der Tonfall der Stimmen aufeinander abgestimmt werden und »körperliche und akustische Harmonie« oder einen gemeinsamen emotionalen Zustand erzeugen (Gladwell 2000: 90). Solche Dynamiken können auch innerhalb von größeren Gruppen entstehen und durch diese weiter verbreitet werden. Wichtig ist dabei die innere Struktur solcher Gruppen, die dank »eine[s] starken Zusammengehörigkeitsgefühl[s] die Kraft haben, das epidemische Potenzial einer Botschaft oder einer Idee zu vergrößern« (Gladwell 2000: 179). Die besondere Kohärenz entsteht sowohl durch eine Art »Gruppendruck« im Netzwerk, das heißt durch die gegenseitige, hierarchiefreie Beeinflussung der Verhaltensweisen aller Mitglieder einer Gruppe durch alle anderen Mitglieder, als auch durch ein kollektives Gedächtnis, eine »transaktive Erinnerung«, die darin besteht, »jemanden so gut zu kennen, dass man weiß, was diese Person weiß, so dass man [ihr] auf ihrem Spezialgebiet vollkommen vertrauen kann« (Gladwell 2000: 193). Beide Elemente sind für den Transfer einer Botschaft innerhalb der Gruppe und über die Gruppe hinaus von Bedeutung. In diesem Zusammenhang wird auch argumentiert, dass nur selten mehr als 150 Menschen ein gemeinsames Zusammengehörigkeitsgefühl entwickeln können, da größere Gruppen zu einer internen Differenzierung neigen würden. Als Begründung wird neben empirischen Beobachtungen gruppendynamischer Prozesse auf psychologische Erkenntnisse verwiesen, die auf eine »beschränkte gesellschaftliche Kanalkapazität« hinweisen, das heißt jede einzelne Person scheint hinsichtlich ihrer Fähigkeiten, enge soziale Beziehungen zu anderen Menschen zu pflegen, Kapazitätsbeschränkungen zu unterliegen (Gladwell 2000: 180ff.). Folgt man dieser Argumentation, kann eine Gruppe mit starkem Zusammengehörigkeitsgefühl nur eine relativ geringe Größe erreichen, da bei weiterem Wachstum eine Komplexität erreicht wird, die nicht mehr individuell verarbeitet werden kann, und entweder zur Spaltung der Gruppe führt oder durch formale Organisationsformen, bspw. Hierarchien, bewältigt werden muss. In formalisierten Organisationen reduziert sich jedoch die innere Kohärenz einer Gruppe, was der epidemischen Verbreitung einer Botschaft hinderlich ist. Hier könnte sich eine weitere Begründung für die in der Literatur vertretene These finden, dass Guerillamarketing insbesondere durch kleine Organisationen praktiziert werden kann. Levinson jedenfalls meint, dass sich »[s]chon oft [...] Marketing im engsten Kreis der Freunde als Beginn einer viralen Marketingkampagne erwiesen« hat (Levinson 2008: 333).

Virale Prozesse sind dadurch charakterisiert, dass sie ohne direkte Steuerung dennoch ein bestimmtes Ziel erreichen sollen. Die Chance der viralen Verbreitung von Botschaften wird deshalb von manchen Autor_innen mit der Kehrseite eines erhöhten Risikos verbunden. Anhand dieser Prozesse werde »eine zentrale Gefahr des Guerilla Marketing deutlich: Öffentliche Diskussionen [seien] – einmal angestoßen – durch den Absender nur noch schwer zu kontrollieren« (Zerr 2003: 5f.). In diesem Zusammenhang wird auch die empirische Annahme massenmedialer Kommunikation, dass ›bad news‹ im Grunde ›good news‹ seien, in den Bereich des Guerillamarketings übertragen: Die These, die ein besonderes Risiko viraler Prozesse beschreiben soll, lautet dann, dass »gute Erfahrungen deutlich seltener weiter gegeben [werden] als schlechte« (Neujahr/Mänz 2009: 9). Diese Eigenschaft dürfte jedoch im seltensten Fall im Interesse eines Guerillaunternehmens sein, das ja gerade gute Nachrichten über sein Angebot, seinen Service oder ähnliches verbreiten möchte. Die virale Verbreitung von Botschaften beschreibt aus dieser Perspektive daher weniger einen effizienten oder effektiven Weg, durch Kommunikation ein bestimmtes Ziel zu erreichen, als einen besonders risikoreichen. Allerdings kann keine Form von Kommunikation das Erreichen bestimmter Wirkungen garantieren, da auch ein noch so intensives Aufdrängen bestimmter Botschaften durch konventionelle Werbung einen Spielraum für Interpretationen bestehen lässt. Entsprechend findet sich in der Literatur über Guerillamarketing auch die gegenteilige Ansicht, dass die Kommunikation in sozialen Netzwerken, insbesondere die angestrebte vertrauensvolle Beziehung zu den Kund_innen, eine Versicherung gegen die virale Verbreitung schlechter Nachrichten sei. Deren produktive Rolle soll dann nicht allein darin bestehen, aktiv durch »Empfehlungen und Mundpropaganda« dazu beizutragen, den Kund_innenkreis zu erweitern, sondern eine gute Beziehung soll darüber hinaus dazu beitragen, im möglichen Krisenfall den Schaden so gering wie möglich zu halten – sie ist hier Prävention gegen das »Lauffeuer[,] [als das] sich Kritiken ausbreiten« (Levinson 1990: 183f.). Man könnte in Analogie zur Biologie auch von einer Art Immunisierung sprechen, wie sie ein infizierter Körper entwickeln kann. Allerdings richtet sie sich hier nicht gegen jeden Virus, sondern soll das soziale Netzwerk gegen den ›schlechten Virus der schlechten Nachrichten‹ resistent machen.

ZUSAMMENFASSUNG: DAS NETZWERK ALS STRUKTURMERKMAL DES GUERILLAMARKETINGS

Fragt man nach der Struktur der Kulturellen Grammatik, die im Diskurs des Guerillamarketings sichtbar wird, zeichnet sich das Bild eines tendenziell nichthierarchisch organisierten Netzwerks ab, dessen Gegenüber sich durch tendenziell stabile Dominanz und formale Hierarchien kennzeichnen lässt. Deutlich erkennbar ist diese Gegenüberstellung insbesondere anhand der Konkurrenz eines Guerillaunternehmens zu größeren Unternehmen, die einen bestimmten Markt beherrschen. Das Strukturmerkmal des Netzwerks charakterisiert bereits die innere Organisation eines typischen Guerillaunternehmens, das als kleines und oft junges Unternehmen ohne besondere formelle Strukturierungen auskommen soll. Ein solches Unternehmen wird als flexibel, dynamisch und weitgehend hierarchiefrei organisiert beschrieben. Guerillamarketing soll eine Brücke zu den Kund_innen eines solchen Unternehmens etablieren. Dabei wird diese Beziehung ebenfalls anhand netzwerkartiger Strukturen gedacht. Kund_innen werden durch Guerillamarketing als gleichberechtigte Dialogpartner_innen und aktive Unterstützer_innen des Unternehmens angesprochen. Gegenseitiges Vertrauen und der gemeinsame Vorteil, die bereits die Zusammenarbeit innerhalb eines Guerillaunternehmens charakterisieren, sollen auch die wichtigsten Strukturmerkmale der Beziehung zu den Kund_innen sein. Die netzwerkartige Struktur eines Start-up-Unternehmens lässt sich durch geschickte organisatorische Differenzierung zwar prinzipiell auch dann beibehalten, wenn ein Unternehmen zu einem größeren Konzern anwächst (Gladwell 2000), allerdings scheint eine solche Organisation recht selten tatsächlich zu existieren. Im Fall von Großunternehmen meint Guerillamarketing daher in erster Linie eine Kommunikationsstrategie, die sich meist aus der Positionierung eines bestimmten (Lifestyle-)Produkts ergibt, das verkauft werden soll, nicht jedoch aus der strukturellen Position, in der sich ein kleines Unternehmen im Vergleich zur größeren Konkurrenz befindet, oder aus internen Strukturmerkmalen, die in die Außenbeziehungen verlängert werden. Es wird in solch einem Fall kein deutlicher Zusammenhang zur internen Organisation erkennbar.

Die Organisationsstrukturen des Guerillamarketings stehen in engem Zusammenhang mit den Vorstellungen über die beteiligten Subjekte. In der Beschreibung der Figur des Guerillaunternehmers kommen die beiden Dimensionen zum Ausdruck, welche die Marktbeziehungen des Unternehmens charakterisierten, das heißt die Konkurrenz im Wettbewerb mit anderen Unternehmen und die symbiotische, egalitäre Beziehung zu den Kund_innen. Entsprechend werden mit dieser Figur Persönlichkeitsmerkmale verbunden, die teilweise in einer deutlichen Diskrepanz zueinander stehen. Aggressivität und Kompromisslosigkeit in der Auseinandersetzung mit Konkurrenzunternehmen soll einhergehen mit einer besonderen Dialogorientierung, Offenheit, Ehrlichkeit und einem auf gegenseitigen Vorteil bedachten Umgang mit den Kund_innen. Dieser kooperative, nicht konfrontative Umgang miteinander soll zudem auch die Verhaltensweisen der Mitarbeiter_innen eines Guerillaunternehmens bei der internen Koordination im Unternehmen charakterisieren. Kund_innen werden im Guerillamarketing als eigensinnig handelnde Menschen verstanden, die sich der machtvollen Position bewusst sind, die sich ihnen aufgrund des Wandels von Verkäufer- zu Käufermärkten eröffnet. Es handelt sich nicht um Menschen, die notwendige Bedürfnisse befriedigen müssen oder die durch Werbemaßnahmen zum Konsum bestimmter Waren oder Dienstleistungen gedrängt werden können. Die Kund_innen des Guerillamarketings sind anspruchsvoll sowohl hinsichtlich einer intensiven Beziehung zum Unternehmen und der Qualität des zu erwerbenden Produkts als auch hinsichtlich der Qualität der Marketingbemühungen. Sie sind vor allem auch durch ihre aktive Beteiligung an der Realisierung des Guerillamarketings gekennzeichnet. Deutlich wird dies in der Guerillawerbung, die durch gezielt mehrdeutige Aussagen gekennzeichnet ist, deren Entschlüsselung eine intensive Beteiligung ihrer Rezipient_innen erfordert. Das Stichwort, unter dem sich Kund_innen wie Unternehmer_innen und Mitarbeiter_innen, Marketingaussagen und Organisationsstrukturen versammeln, lautet ›Intelligenz‹. Dass unterschiedliche Typen von Netzwerker_innen, das heißt die diskutierten Figuren der sog. ›Kenner‹, ›Vermittler‹ und ›Verkäufer‹, in Prozessen viraler Informationsvermittlung zentrale Rollen spielen, unterstreicht den Netzwerkcharakter der Kulturellen Grammatik des Guerillamarketings. In diesen Figuren verschwimmt zudem deutlich die Grenze zwischen Unternehmen und Kund_innen, die zu überwinden ein wichtiges Anliegen des Guerillamarketings ist. Denn ob es sich bei ihnen um Mitarbeiter_innen oder um Kund_innen des Unternehmens handelt, ist im Grunde völlig irrelevant. Wichtig ist nur, dass sie die Aufgaben des Verbreitens von Informationen und des Vernetzens von Menschen in sozialen Netzwerken erfüllen können, und je weniger (Personal-)Kosten das Erbringen dieser Leistung erfordert, desto gelungener wird das Marketing aus Sicht des Unternehmens sein.

Die Aussagen des Guerillamarketings zeichnen sich gegenüber den Botschaften herkömmlicher Werbung durch ihre gestalterische Qualität, ihre inhaltliche

Mehrdeutigkeit und die Veränderlichkeit ihrer Verbreitungswege aus. Regelbrüche, Innovationen und Kreativität, welche die Kultur des Guerillamarketings charakterisieren, werden insbesondere auf dieser Ebene der inhaltlichen Aussagen und ihrer Verbreitung erkennbar. Auch in ihnen zeichnet sich das Merkmal einer nichthierarchischen Netzwerkstruktur deutlich ab, denn das Spiel mit Normen und Normalitäten untergräbt die vermeintlich verbindliche Autorität dominanter Aussagen und gültiger Kommunikationsmuster. Es etabliert stattdessen Differenzierungs- und Pluralisierungsprozesse sowie Prozesse ständiger Transformation, die das Gegenteil von Normalisierungen oder Normierungen sind und erzeugt, anstatt zu formalen, hierarchischen Strukturen zu führen, flexible und sich dynamisch verändernde Netzwerkstrukturen. Die Prozesse des Guerillamarketings lassen sich ebenfalls entlang seiner beiden Beziehungsdimensionen differenzieren. Im Konflikt mit der zunächst überlegenen Konkurrenz kann man zwei Varianten der Guerillapraxis unterscheiden, die Zerstörung der gegnerischen Strukturen durch Konfrontation, das heißt das Untergraben dominanter Marktpositionen, und das Ausmanövrieren der Konkurrenz durch das Besetzen von Marktnischen. Das Guerillamarketing großer Unternehmen gleicht dagegen eher der Reaktion etablierter Armeen oder politischer Ordnungen auf die Herausforderung einer Guerillabewegung. Es handelt sich um Versuche der Selbsttransformation großer, starrer Strukturen, die sich meist auf den Einsatz des Guerillamarketings als Kommunikationsstrategie beschränken und ähnelt damit dem Einsatz leichter und beweglicher Einheiten, die am Rande einer regulären Armee mit Mitteln des Kleinkriegs agieren.

Das typische Merkmal der Kommunikationsprozesse des Guerillamarketings ist die virale Verbreitung der Botschaften. Der Prozess wird einerseits als egalitärer Austausch beschrieben, in dem das dialogische Prinzip, das bereits innerhalb eines Guerillaunternehmens gilt, in die Kund_innenbeziehung übertragen wird und darüber hinaus selbst organisierte Dialoge mit weiteren (potentiellen) Kund_innen anstoßen soll. Virale Prozesse sind damit durch das Prinzip der Aktivierung gekennzeichnet, das heißt Kund_innen sollen zu produktiver Selbsttätigkeit im Sinne der Unternehmensziele angeregt werden. Neben der Entschlüsselung mehrdeutiger Informationen meint das vor allem auch die Selbstorganisation in sozialen Netzwerken, wodurch sich Wege der viralen Verbreitung von Botschaften eröffnen sollen. Glücken solche viralen Prozesse, dann zeichnet diese Form der Kommunikation eine besondere Effizienz und Effektivität aus. Von einem Risiko wird allerdings insofern gesprochen, als virale Prozesse nicht direkt gesteuert oder kontrolliert werden können. Hier wird deutlich, dass Guerillamarketing durch dieselbe Diskrepanz charakterisiert ist, die jede Form interessengeleiteter Kommunikation charakterisiert: Es kann die prinzipielle Vermittlungslücke zwischen der Intention einer gesendeten Botschaft und ihrer Interpretation nicht überbrücken. Den in dieser Beziehung immer vorhandenen riskanten Spielraum als einen Mangel des Guerillamarketings zu bezeichnen wäre jedoch völlig falsch, denn in ihm liegt gerade dessen besonderer Reiz begründet: Die Vermittlungslücke ist im Fall des Guerillamarketings kein

Rest Freiheit, den es durch weitere Werbung zu beschränken gilt, sondern es handelt sich um gezielt geschaffene Freiräume, in denen eine kommunikative Gratifikation – oder mit anderen Worten ein kommunikativer Mehrwert – entstehen kann. Solche Freiräume sind allerdings definierte bzw. im Sinne eines bestimmten Zwecks gestaltete Spielräume, in denen die Kund_innen eines Guerillaunternehmens schließlich zum Kauf einer Ware verführt werden sollen.

Kommunikationsguerilla -
Irritation als Gesellschaftskritik

»Das ›Konzept Kommunikationsguerilla‹ bezeichnet [...] vor allem eine bestimmte *Haltung* gegenüber politischer Kommunikation [...]. [Es meint,] nicht die Interpretationsmöglichkeiten *kontrollieren* zu wollen, sondern Kommunikationssituationen zu schaffen, die abweichende und divergente Lesarten von Informationen oder Situationen zu *entfesseln* vermögen.«[1]
HANDBUCH DER KOMMUNIKATIONSGUERILLA

Als Kehrseite der durch kommerzielles Guerilamarketing strukturierten Beziehung zwischen Unternehmen und Kund_innen lässt sich die sog. *Konsumguerilla* begreifen, die mit dem Attribut des gesellschaftlichen *Widerstand[s] gegen Massenkultur* in Verbindung gebracht wird (Richard/Ruhl 2008). Guerilamarketing und Konsumguerilla stehen sich dabei jedoch nicht frontal gegenüber, sondern in beiden Fällen handelt es sich um Konzeptionen, welche die Beziehung zwischen Unternehmen und Konsument_innen beschreiben – allerdings aus unterschiedlichem Blickwinkel. Die Differenz zwischen beiden Konzepten verschwimmt in jenem Übergangsbereich, wo Unternehmen und Kund_innen tatsächlich weitgehend gleichberechtigt miteinander umgehen. Jenseits dieses Übergangsbereichs ist die Beziehung als Guerilamarketing und als Konsumguerilla durch jeweils unterschiedliche qualitative Charakteristika gekennzeichnet. Im vorangegangenen Kapitel wurde darauf hingewiesen, dass Guerilamarketing zwischen dem Anspruch einer symbiotischen, egalitären Beziehung zwischen Unternehmen und Kund_innen einerseits und Versuchen zielgerichteter, produktiver Aktivierung der Kund_innen zum Vorteil des Unternehmens andererseits changiert. Die aktive Rolle der Konsument_innen muss nicht auf die Vermarktung einer Ware beschränkt sein, sondern

---

1 | autonome a.f.r.i.k.a. gruppe u.a. 2001: 174, 181, Hervorhebung im Original.

kann bis zu einem produktiven Innovationsverhalten führen, durch das der Bereich der Produktentwicklung aus dem Unternehmen ausgelagert und stattdessen in die Beziehung zwischen Kund_innen und Unternehmen verschoben wird. Das Konzept Konsumguerilla eröffnet ebenfalls den Zugang zu unterschiedlichen Möglichkeiten, wie diese Beziehung im Einzelnen ausgestaltet werden kann. Typische Konsument_innenfiguren, die Einfluss auf das Unternehmenshandeln ausüben, sind bspw. der reflektierte, fordernde »Smartshopper«, der »Schnäppchenjäger«, der subkulturell inspirierte »Konsumbilderstürmer« oder der produktive »Prosumer« (Richard u.a. 2008). Zurzeit wird der zwischen Guerillamarketing und Konsumguerilla existierende Übergangsbereich insbesondere durch das Konzept des *Cultural Hacking* markiert (Düllo/Liebl 2005). Als Marketing- oder Werbestrategie für Unternehmen beschreibt es Möglichkeiten des explorativen Erkundens und Beeinflussens fragmentierter Bedürfnisse potentieller oder bereits existierender Kund_innen. Nach diesem Konzept soll die »Kommunikation mit den Kunden – ob in PR, Werbung oder Marktforschung – [...] unter Bedingungen postmoderner, globalisierter Unübersichtlichkeit immer gekennzeichnet sein von einem ehrlichen, offenen Interesse an den Orientierungsmustern der möglichen Kunden«. Das ehrliche Interesse soll dabei so weit gehen, dass Vorgehensweisen der Unternehmen »getrieben [sein sollen] von spielerischem Ernst und ernstem Spiel – wozu nicht zuletzt auch ein Mindestmaß an Absichtslosigkeit gehört« und dass »Kunden als gleichberechtigte Interaktions-/Kommunikationspartner« wahrgenommen werden (Düllo u.a. 2005: 347f.). Auf der anderen Seite wird Cultural Hacking als Kund_innenverhalten, als die oft »versteckte und unberechenbare Innovationstätigkeit auf Seiten der Konsumenten« verstanden. Diese Tätigkeit erstreckt sich von »alltäglichen, beiläufigen Akten der Zweckentfremdung [...] über Veränderungen zum Zwecke der Produktindividualisierung [...] bis hin zu künstlerischen Strategien der Objekt-Modifikation«. Aus Sicht eines Unternehmens handelt es sich bei solchem Kund_innenverhalten »um einen Aneignungsprozess außerhalb der eigenen Kontrollsphäre« bzw. um Akte der »Zweckentfremdung (*détournement*)«, die auf verschiedene Weise bewertet werden können. Einerseits kann man sie als »einen zweiten Akt der Produktion« verstehen, ein ganz alltägliches Verhalten, das viele schon an den Tag gelegt haben, z.B. indem sie einen Nagel als Kleiderhaken genutzt haben. Andererseits ist die zweckentfremdete Aneignung der Waren durch ihre Nutzer_innen »für Hersteller außerordentlich brisant, denn die Konsumenten verwenden die Dinge oftmals ganz anders, als es in der Gebrauchsanweisung steht und von Anbietern intendiert war« (Liebl 2008: 33ff.). Die Aneignung kann dabei nicht nur hinsichtlich des konkreten materiellen Gebrauchs der Waren stattfinden, sondern auch auf der Ebene ihrer symbolischen Codierung, z.B. dem Image einer Marke. Am Attribut der »Coolness« lässt sich beispielhaft zeigen, dass diese symbolische Codierung sich nicht sicher durch Marketingstrategien erzeugen lässt, sondern als eine »Mentalitätsstrategie« auf Seiten der Konsument_innen erzeugt wird bzw. in deren Haltung zu verorten ist (Düllo 2005: 48, vgl. Liebl 2008: 36).

Entfernt man sich einen Schritt aus der engen symbiotischen Beziehung von Konsument_innen und Unternehmen, dann wird die erwähnte Brisanz solcher Strategien zweckentfremdeter Aneignung deutlicher erkennbar. Es handelt sich um Formen des Abweichens von Normen, das heißt um Kreativität oder um das Prinzip des Regelbruchs, die sich beide auch gegen die Interessen des Unternehmens selbst richten können. Die produktiven Innovationen der Konsument_innen, die sich als konstruktive Kritiken der Produkte oder deren symbolischer Codierung begreifen lassen, können in konfrontative Praktiken der Kritik umschlagen und gegen die Aktivitäten eines Unternehmens gerichtet sein. Die Beziehung zwischen Unternehmen und Konsumguerillas, die keine Kund_innen sondern Bürger_innen sein möchten, ist dann durch Auseinandersetzungen charakterisiert. Angesichts dieses qualitativen Wandels werden als Pole der Beziehung zwischen Unternehmen und Konsumguerilla ein »ostentativ gelebte[r] Lifestyle- und Markenkult als Zeichen von Dynamik und Leistungsfähigkeit einerseits« – das heißt eine Form des symbiotischen Miteinanders – »und hartnäckige Konsumverweigerung andererseits« – das heißt eine Form radikaler Kritik – genannt (Richard u.a. 2008: 10). Spätestens an dem Pol der Verweigerung wird eine enge Verwandtschaft zwischen Konsumguerilla und Kommunikationsguerilla sichtbar. Aber auch jenseits dieser Form der Kritik existieren eng verwandte Praktiken der kritischen Auseinandersetzung, so dass sich manche Form der Konsumguerilla als identisch mit Kommunikationsguerilla in einem spezifischen Politikfeld bezeichnen lässt. Für eine differenzierte Betrachtung kann auch hier eine Ebene symbolischer Codierung von Produkten analytisch unterschieden werden von einer Ebene des konkreten materiellen Gebrauchs.

Kritik an symbolischen Codierungen von Unternehmen und Produkten äußert sich einerseits in Form sog. Antiwerbung. Vor allem in Nordamerika existieren für diese Form der Kommunikationsguerilla auch die Begriffe des Culture Jamming und des Adbusting (Lasn 2005). Antiwerbung richtet sich insbesondere gegen die inhaltlichen Aussagen von Werbebotschaften, denen durch Entwendung der Markenzeichen eine andere Botschaft entgegengesetzt werden soll. Indem die ursprünglichen Zeichen und Aussagen verfremdet und in einen neuen Kontext eingeordnet werden, sollen neue Aussagen generiert werden, die in starkem Widerspruch zu den durch das Unternehmen intendierten Ideen stehen. Oft wird bei diesem Verfahren nicht nur die Botschaft, sondern zugleich auch die mediale Plattform des kritisierten Unternehmens entwendet. Die praktische Umsetzung erfolgt dann bspw., indem ein bereits installiertes Werbeplakat umgestaltet wird.

»Bei diesem Verfahren muss das Unternehmen den Preis für seine eigene Subversion bezahlen, entweder buchstäblich, weil es ja für die Reklametafel bezahlt hat, oder metaphorisch, weil bei jeder Umwertung eines Logos die gewaltigen Ressourcen angezapft werden, die investiert wurden, um dem Logo Bedeutung zu verleihen.« (Klein 2001: 291)

Auf der Ebene der symbolischen Codierung kann sich Kritik aber auch in einem breiteren Sinne nicht nur gegen einzelne Marken, sondern gegen das Prinzip ›Marke‹ richten. Denn die Entwendung einzelner Marken kann von Werbeagenturen wiederum selbst zweckentfremdet eingesetzt werden. Zu besichtigen waren bspw. bereits Werbung, welche die eigene Zerstörung in sich integriert hatte, oder ironische Spiele mit der eigenen Marke, die gegen symbolische Angriffe auf der Ebene inhaltlicher Aussagen immunisieren sollten. Auch gegen solche Strategien richtet sich die Verweigerung des Prinzips ›Marke‹. Mit *No Logo!*, dem Titel des im Jahr 2000 erschienenen Buchs von Naomi Klein, wurde inzwischen so etwas Ähnliches wie eine eigene Anti-Marke für den Kampf gegen Markenfetischismus entwickelt. An dieser Stelle wird nun auch der politische Bezug dieser Form von Kommunikationsguerilla sichtbar, denn die Kritik richtet sich hier nicht mehr nur gegen ein einzelnes Unternehmen oder dessen Produkt, sondern gegen bestimmte Organisationsprinzipien der Weltwirtschaft und die Macht großer Konzerne, die nicht nur mit ihren Produkten und über ihren Einfluss auf politische Entscheidungen, sondern auch durch ihre allgegenwärtigen symbolischen Codierungen die Lebenswelten der Menschen zu dominieren scheinen. Kritik kann mit Mitteln der Guerillakommunikation also auf der Ebene der produzierten Waren, der Kommunikationsmaßnahmen, der Unternehmenspolitik oder der übergreifenden wirtschaftlichen oder politischen Strukturen geäußert werden.

Auf der Ebene des konkreten materiellen Gebrauchs soll ein Beispiel die zweckentfremdete Aneignung von Waren durch Kommunikationsguerilla verdeutlichen. In dem Fall richtet sich die Kritik ebenfalls gegen soziale oder politische Strukturen. Es handelt sich um eine Aktion einer Hamburger Gruppe, die sich als *prekäre Superhelden* bezeichnete (vgl. Bröckling 2010). Besondere öffentliche Aufmerksamkeit konnte sie durch eine Kombination aus einem von Konventionen abweichenden Erscheinungsbild und dem Brechen gesetzlicher Regeln, das heißt konkret der illegalen Wegnahme von Konsumprodukten, erreichen. Die Guerilaaktion wurde am 28. April 2006 in Hamburg durchgeführt. Etwa dreißig Personen, verkleidet in Kostümen imaginärer Comic-Superheld_innen, drangen in ein Feinkostgeschäft ein, eigneten sich Waren im Wert von etwa 1.500 Euro an und verließen den Laden, ohne für die erbeuteten Lebensmittel zu zahlen. Sie hinterließen stattdessen einen Blumenstrauß als Dankeschön sowie ein Bekenner_innenschreiben, in dem sie sich und die Ziele ihrer Aktion vorstellten. Die sofort eingeleitete Großfahndung der Polizei blieb erfolglos. Erfolgreich war dagegen die Guerillakommunikation der Superheld_innen, denn die mit Fotos dokumentierte Aktion erregte Aufsehen nicht nur in der regionalen und überregionale Presse sowie in zahlreichen Weblogs und Online-Publikationen, sondern ihre Wirkung reichte bis nach Großbritannien, Spanien, Italien und in die USA.[2] Bspw. die *Hamburger Morgenpost* berichtete am 29.

---

2 | Vgl. die Verweise in den Kommentaren des Berichts *Euromayday HH: Superhelden im Frischeparadies* (SpiderMum 2006).

April unter dem Titel »Klassenkampf vor dem 1. Mai« ausführlich über den Verlauf der Aktion:

»Der Raubzug war nach wenigen Momenten vorüber. Offenbar hatte ein Mitglied der Gruppe kurz zuvor mehrere Einkaufskörbe mit den edlen Lebensmittel gefüllt: unter anderem mit Magnum Flaschen des Champagners Ruinart (99,53 Euro), Filet vom Kobe-Rind (108,46 Euro pro Kilogramm), Hirschkeulen, edles Olivenöl und teure Valrhona-Schokolade. Dann kamen die Komplizen, schnappten sich die prall gefüllten Körbe und rannten aus dem Laden. Kurz darauf rasten 14 Peterwagen durch Altona. Der Polizeihubschrauber Libelle machte sich aus der Luft auf die Suche nach den Flüchtigen. Bisher ohne Erfolg. Offenbar hatten sich die bunt maskierten Ladendiebe akribisch vorbereitet.« (Hamburger Morgenpost Online 2006)

Neben der Beschreibung des Ablaufs berichtete die Presse aber auch ausführlich über die Held_innen selbst, deren Motivation und die Hintergründe des Geschehens. Die »prekäre[n] Superhelden« hatten versucht, mit ihrer symbolischen Aktion auf die ihres Erachtens problematische soziale Struktur der Gesellschaft aufmerksam zu machen. »Ob als vollvernetzte Dauerpraktikantin, Callcenterangel, aufenthaltslose Putzfrau oder ausbildungsplatzloser Ein-Euro-Jobber: Ohne die Fähigkeiten von Superhelden ist ein Überleben in der Stadt der Millionäre nicht möglich. Obwohl wir den Reichtum von Hamburg City produzieren, haben wir kaum etwas davon«, so hieß es in dem am Tatort zurückgelassene Bekenner_innenschreiben der Guerilla (SpiderMum 2006). Trotz der Tatsache, dass es sich um eine strafrechtlich relevante Aktion handelte, schwang in den Presseberichten eine gewisse Sympathie für die Superheld_innen mit. In »Robin-Hood-Manier« habe die Gruppe die erbeuteten Delikatessen nicht etwa selbst verbraucht, sondern »an Erzieherinnen, Praktikanten, Putzfrauen und Ein-Euro-Jobber verteilt« (Hamburger Morgenpost Online 2006).

Beispielhaft für eine gelungene Guerillakommunikationsaktion wird hier das Zusammenspiel von inhaltlichem Anliegen und kommunikativer Umsetzung erkennbar. Mit ihren an Revolutionsikonen und ›echte‹ Comic-Held_innen angelehnten Namen wie »Santa Guevara, Spider Mum, Operaistorix und Multiflex« und dem an den mythischen Volkshelden Robin Hood erinnernden Handeln gelang es der Gruppe, sich mit einem Mix positiv besetzter Assoziationen in Verbindung zu bringen, die ihnen die Sympathien einer breiten Bevölkerungsschicht garantieren und dabei zugleich auf die soziale Problematik prekärer Lebenslagen aufmerksam machen konnten. Der Blumenstrauß, den die Gruppe einer – wie die *Hamburger Morgenpost* schrieb – »völlig verdutzten Mitarbeiterin« des Geschäfts in die Hand drückte (Hamburger Morgenpost Online 2006), unterstrich das Bemühen um einen sympathischen Auftritt. An diesem Detail fällt insbesondere auf, dass die in erster Instanz Geschädigten, das Feinkostgeschäft und dessen Mitarbeiter_innen, offensichtlich nicht als ›Gegner_innen‹ der Guerillaaktion betrachtet wurden.[3] Die soziale Problematik sollte also nicht am Beispiel des Verkaufspersonals sichtbar gemacht, sondern auf einer abstrakteren Ebene thematisiert werden. Entsprechend erscheint die Selbststilisierung als Superheld_innen nicht nur auf die Aktion im Feinkostgeschäft gemünzt, sondern symbolisierte zugleich die Rolle, welche die Held_innen jeder einzelnen, prekär beschäftigten Person in Hamburg in deren alltäglichem Leben zuschrieben. Superheld_innen waren nicht etwa ausschließlich die kostümierten Comicfiguren, sondern gerade all diejenigen Adressat_innen der Aktion, die sich ihrer alltäglichen ›Heldenkräfte‹ vielleicht gar nicht bewusst waren. Die soziale Problematik, auf die aufmerksam gemacht werden sollte, beschränkte sich nicht nur auf die prekäre Beschäftigungssituation in Praktikum, Teilzeitjob oder befristeter Arbeit, sondern bezog sich zugleich auch auf die Verteilung materieller Ressourcen, die nach Ansicht der Superheld_innen ungerecht war. Der scharfe Kontrast zwischen der »Stadt der Millionäre« und bspw. einer »Spider Mum [...] irgendwo zwischen Kita, unbezahltem und bezahltem Putzen« konnte mit der Aktion auf präzise und zugleich humorvolle Weise ausgedrückt werden. Das Entwenden der Luxuslebensmittel aus einem Geschäft im Hamburger Nobelviertel Blankenese war vor diesem Hintergrund nicht nur ein Mittel, um öffentliche Aufmerksamkeit zu erringen, sondern zugleich auch eine beispielhafte, selbst organisierte Umverteilungsaktion im Sinne des inhaltlichen Anliegens der Superheld_innen. Dass die Gruppe schließlich trotz eines Großeinsatzes der Polizei entwischen und der Staatsgewalt ein Schnippchen schlagen konnte, steigerte wiederum die ›superheldenhafte‹ Aura der gesamten Aktion. Soweit das Beispiel einer gelungenen Kommunikationsguerilla-Aktion.

Auf der Ebene des handwerklichen Vorgehens, des Abweichens von Normen in allen bereits besprochenen Varianten (zwischen kleinen symbolischen Verschiebungen und strafrechtlich relevanten Gesetzesverstößen), erscheint Kommunikationsguerilla als weitgehend identisch mit Guerillamarketing. Anhand des vorgestellten Beispiels der prekären Superheld_innen wird jedoch erkennbar, dass politische Kommunikationsguerilla sich von kommerziellem Guerillamarketing insbesondere hinsichtlich ihres Gegenübers unterscheiden lässt. Guerillamarketing ist, wie ausgeführt wurde, durch eine doppelte Beziehung charakterisiert, die Konkurrenz zu scheinbar überlegenen Unternehmen auf einem Markt und die mehr oder weniger symbiotische Beziehung zu möglichen Kund_innen des Unternehmens. Die spezifische Kulturelle Grammatik, die sich in diesen Konstellationen abzeichnet, gibt in erster Linie den Spielplatz (oder, um im militärischen Jargon zu verbleiben: das Schlachtfeld) für Guerillamarketing-Aktionen ab. Als Guerillaunternehmen ist es notwendig, dieses strukturelle Gerüst zu betrachten, seine Logik zu verstehen und sich in ihm zu bewegen, um Konkurrenzunternehmen besiegen zu können und für

---

3 | In einem Bericht über ein im Zusammenhang mit dem ›Überfall‹ durchgeführtes Gerichtsverfahren wird denn auch eine Mitarbeiterin mit den Worten zitiert: »Aufregend wurde es erst als die Polizei kam« (sun 2008).

Kund_innen als attraktiver Partner einer möglichen Beziehung zu erscheinen. Eine Kritik der Kulturellen Grammatik erfolgt hier – sofern sie überhaupt stattfindet – im Wesentlichen als Nebeneffekt des Guerillamarketings. Im Fall der Kommunikationsguerilla lassen sich andere Beziehungsmuster erkennen. Was für Guerillamarketing die Konkurrenz auf dem Markt ist, erscheint hier als politische Konkurrenz oder Gegner_in in jeder denkbaren Form; was potentielle Kund_innen sind, erscheint hier in verschiedenen Formen als potentielle politische Bündnispartner_in. Hinsichtlich dieser beiden Beziehungen lassen sich gewisse Analogien zum Guerillamarketing finden. Ein echter Unterschied zwischen Guerillamarketing und Kommunikationsguerilla existiert jedoch hinsichtlich der Beziehung zu jenem strukturellen Gerüst der Kulturellen Grammatik, dem Spielplatz oder Schlachtfeld der Guerillakommunikation. Für Kommunikationsguerilla ist dieses Feld der entscheidende Interventionsraum ihrer Aktionen. Die Auseinandersetzungen mit politischen Gegner_innen, die Versuche, Menschen für die eigenen Aktionen zu interessieren, dienen letztlich dem Ziel, die spezifische Struktur bestimmter Kultureller Grammatiken zu hinterfragen, »die Regeln der Kulturellen Grammatik durcheinander[zu]werfen« und ggf. Ansatzpunkte für deren Neugestaltung freizulegen (autonome a.f.r.i.k.a. gruppe u.a. 2001: 28).[4] Das Brechen von Regeln ist deshalb im Fall der Kommunikationsguerilla nicht etwa ein fast sicherer Weg, sich selbst ins Gespräch zu bringen, sondern dient in erster Linie dazu, ein Nachdenken oder Diskutieren über den Sinn und Zweck sowie die Funktionsweise der gebrochenen Regeln anzuregen bzw. Freiräume für eine ›kreative‹ Lebenspraxis zu eröffnen. »Eine Voraussetzung für Kommunikationsguerilla ist, dass das Durcheinanderbringen der Normalität einer konkreten Situation über diese hinausweist und eine grundlegende Kritik artikulieren kann« (autonome a.f.r.i.k.a. gruppe u.a. 2001: 218). An dieser Stelle, im Ansinnen, unhinterfragte gesellschaftliche Regeln zu Objekten der Kritik zu machen und sie im Zweifel außer Kraft zu setzen, liegt die politische Relevanz ihrer Handlungen begründet. Vor diesem Hintergrund soll nun ein Blick auf die Strategien und Methoden der Kommunikationsguerilla geworfen werden.

---

4 | Spaßguerilla unterschied als differenzierendes Merkmal zur ›kreativen Werbung‹ noch »beruhigende« und »beunruhigende Verfremdung«, wobei Werbung für beruhigende, Spaßguerilla für beunruhigende Verfremdungen zuständig sei (AG Spaß muß sein! 2001: 75ff.).

Symbolische Kämpfe zwischen Alltagskreativität und Strategie der Taktiken

Das Konzept ›Kommunikationsguerilla‹ entstand Anfang der 1990er Jahre auf der Suche nach Möglichkeiten der »Auseinandersetzung mit den bürgerlichen Massenmedien« bzw. mit deren hegemonialem Einfluss in der Gesellschaft, der als »ein wesentliches Problem linker politischer Praxis« betrachtet wurde (autonome a.f.r.i.k.a. gruppe/mittlerer neckar 1994b: 7). Es markierte einen Weg, der den Aufbau kritischer Gegenöffentlichkeiten ergänzen sollte, deren »strukturelle Begrenztheit« sich abzuzeichnen schien, weil sie »zumeist der Gefahr der Reproduktion der existenten Kommunikationsverhältnisse« erlag (autonome a.f.r.i.k.a. gruppe/mittlerer neckar 1994a: 148, 151). Während Medien der Gegenöffentlichkeit den Versuch unternahmen, alternative Informationsangebote zur Verfügung zu stellen, zielte Kommunikationsguerilla vor allem auf die alltäglichen Wahrnehmungen und Interpretationsmuster medial verbreiteter Informationen. »Das Konzept Kommunikationsguerilla steht daher nicht im Widerspruch zu einer Praxis der Gegenöffentlichkeit. Eher ergänzen sich beide Konzepte gegenseitig« (autonome a.f.r.i.k.a. gruppe u.a. 2001: 197). Neben der problematischen Macht der Massenmedien, die als kommunikative Einbahnstraßen nur begrenzte Informationsangebote zur Verfügung stellten, existierte in der Perspektive der frühen Kommunikationsguerilla »eine ganze Reihe anderer Kommunikationsbarrieren, die dazu führ[t]en, dass die Subjekte bestimmte vorhandene und abrufbare Informationen gar nicht erst zur Kenntnis« nahmen. Gegen dieses Problem wurde das Konzept der Kommunikationsguerilla entwickelt. Unter dem Begriff sollte »eine eigene soziale Praxis« verstanden werden, die »der Vorstellung [...] von einer alternativen Organisation der Gesellschaft [...] wieder Raum [...] verschaffen« sollte (autonome a.f.r.i.k.a. gruppe/mittlerer neckar 1994a: 148). Kommunikationsguerilla, so markierten die Autor_innen die Möglichkeiten und Grenzen des Konzepts, sei

»grundsätzlich kein Allheilmittel, sondern eine negative und destruktive Taktik. Diese Destruktivität ist aber kein Selbstzweck, sondern [...] eine bestimmte Form des Angriffs auf den hegemonialen Diskurs unter denkbar ungünstigen politischen und ideologischen Bedingungen. Dabei ersetzt sie kein eigenes politisches Projekt, vermag aber unter Umständen den Raum für ein solches Unterfangen ›aufzumachen‹.« (autonome a.f.r.i.k.a. gruppe/mittlerer neckar 1994a: 148)

In dem zuerst 1997 erschienen *Handbuch der Kommunikationsguerilla* wird die Orientierung an einem Politikkonzept propagiert, »das nicht von einer politischen Avantgarde ausgeht, welche die Massen anleitet und führt, sondern davon, dass gesellschaftliche Veränderung aus dem Handeln aller Individuen entsteht« (autonome a.f.r.i.k.a. gruppe u.a. 2001: 30). Noch deutlicher als die künstlerischen Avantgardebewegungen, die den politischen Führungsanspruch marxistisch-leninistischer Avantgarden zurückwiesen, aber dennoch eine wegweisende Funktion in der Gesellschaft auszuüben versuchten, setzt sich die Konzeption der Kommunikationsguerilla von jedem elitären Anspruch ab. Der durch die künstlerischen Avantgarden vorgezeichnete Weg heraus aus kulturell-elitären Praktiken und hinein in das Alltagsleben soll noch einen Schritt weiter gegangen werden. Die Kulturelle Grammatik als Interventionsraum für Kommunikationsguerilla wird unter diesem Blickwinkel als ein »System von Normalisierungen« (autonome a.f.r.i.k.a. gruppe u.a. 2001: 30) beschrieben, das gerade durch seine Effekte auf das alltägliche Leben der Menschen, ihre Wahrnehmungsmuster, Interpretationsrahmen und Verhaltensweisen, charakterisiert ist. Das Ziel der Guerillainterventionen in die Kulturelle Grammatik besteht nun nicht allein darin, die Strukturmuster, denen diese Normalisierungen folgen, sichtbar und somit verhandelbar zu machen sowie die durch sie angeleitete soziale Praxis zu kritisieren und Veränderungen zu fordern. Zugleich soll im Rahmen der Aktionen der Versuch unternommen werden, alternative Alltagspraktiken zu erproben. Kommunikationsguerilla ist also nicht auf rein symbolische Ausdrucksformen beschränkt, sondern lässt sich auch als Propaganda der Tat begreifen.

Als wichtige theoretische Referenz für ihre Überlegungen zum alltäglichen Vorgehen gegen die herrschenden Strukturen findet sich in den Schriften der Kommunikationsguerilla Michel de Certeaus Soziologie des Alltagslebens, die er in seinem Buch *Kunst des Handelns* ausgeführt und als »kriegswissenschaftliche Analyse der Kultur« bezeichnet hat (De Certeau 1988: 20). In dieser Untersuchung findet sich eine eigene Differenzierung von Strategie und Taktik als zwei unterschiedlichen Vorgehensweisen oder »zwei Handlungslogiken« in alltäglichen sozialen Konflikten (De Certeau 1988: 25). Unter Strategie verstand De Certeau

»eine Berechnung von Kräfteverhältnissen, die in dem Augenblick möglich wird, wo ein mit Macht und Willenskraft ausgestattetes Subjekt (ein Eigentümer, ein Unternehmen, eine Stadt, eine wissenschaftliche Institution) von einer ›Umgebung‹ abgelöst werden kann. Sie setzt einen Ort voraus, der als etwas Eigenes umschrieben werden kann und der somit als Basis für die Organisation einer Beziehung zu einer bestimmten Außenwelt (Konkurrenten, Gegner, ein Klientel, Forschungs-›Ziel‹ oder -›Gegenstand‹) dienen kann.« (De Certeau 1988: 23)

Mit Taktik bezeichnete er dagegen

»ein Kalkül, das nicht mit etwas Eigenem rechnen kann und somit auch nicht mit einer Grenze, die das Andere als eine sichtbare Totalität abtrennt. Die Taktik hat nur den Ort des Anderen. Sie dringt teilweise in ihn ein, ohne ihn vollständig erfassen zu können. Sie verfügt über keine Basis, wo sie ihre Gewinne kapitalisieren, ihre Expansion vorbereiten und sich Unabhängigkeit gegenüber den Umständen bewahren kann.« (De Certeau 1988: 23)

Die Fähigkeit zu strategischem Handeln ist mit anderen Worten an die Voraussetzung geknüpft, dass ein ›eigener Ort‹, das heißt eine Art autonome Organisationsstruktur, von der umgebenden Struktur der Gesellschaft abgelöst werden kann. Strategisches Handeln meint davon ausgehend den Versuch, die Logik der eigenen Struktur auf die Umwelt zu übertragen, das heißt sie in Zeit und Raum auszudehnen, indem die Beziehungen zu anderen auf Basis der eigenen Organisationsmuster strukturiert werden. Wenn es gelingt, bestimmte Strukturmuster zu hegemonialen Mustern eines größeren sozialen Systems zu machen, dann entsteht das, was die Kommunikationsguerilla eine Kulturelle Grammatik nennt. In dieser Perspektive meint eine »Strategie der Macht [...], gesellschaftliche Kräfteverhältnisse steuern und gesellschaftliche Räume bestimmen und besetzen zu können« (autonome a.f.r.i.k.a. gruppe u.a. 2001: 30). Gleichsam als Kehrseite der strategischen Vorgehensweise meint Taktik die Fähigkeit zu handeln, ohne über einen ›eigenen Ort‹ zu verfügen, das heißt ohne eigene Strukturmuster organisieren zu können, die sich klar von einer Umgebung abgrenzen lassen. Taktisches Handeln ist also daran gebunden, dass eigene Strukturen nur in Abhängigkeit von anderen Strukturen existieren, und besteht darin, die Lücken, Brüche oder blinden Flecken dieser fremden Strukturen zu nutzen. Es meint mit anderen Worten, günstige Gelegenheiten zu ergreifen und durch »gelungene Streiche, schöne Kunstgriffe, Jagdlisten, vielfältige Simulationen, Funde, glückliche Einfälle sowohl poetischer wie kriegerischer Natur« innerhalb hegemonialer Strukturen für einen Moment eine eigene, eigenwillige Logik durchzusetzen (De Certeau 1988: 24). Mit dieser assoziativen Aufzählung möglicher Finten eines kulturellen Guerillakriegs werden die »Entwendung [und] Umdeutung der strategischen Vorgaben durch alltägliche Taktiken« beschrieben und damit »ein Grundprinzip der Kommunikationsguerilla« benannt (autonome a.f.r.i.k.a. gruppe u.a. 2001: 31). Während das Konzept der Kulturellen Grammatik also eine hegemoniale Struktur beschreibt, die strategisch errichtet werden kann und als ›normal‹ aufrechterhalten wird, meint Kommunikationsguerilla taktische Interventionen in De Certeaus Sinne innerhalb und gegen solche Strukturen, kurz: »Kommunikationsguerilla funktioniert nicht als Strategie, sondern nur als Taktik« (autonome a.f.r.i.k.a. gruppe u.a. 2001: 214). Es handelt sich bei den Taktiken um zeitlich begrenzte und nur lokal wirksame Aktionen mit dem Ziel, »Orte kurzfristig [zu] entwende[n] und Strategien der Macht für einen minimalen Zeitraum außer Kraft« zu setzen. Um diesen vereinzelten, in Zeit und Raum konzentrierten Aktionen eine relevante Kraft für größere gesellschaftliche Zusammenhänge zu verleihen, setzen auch Kommunikationsguerillas auf die ungesteuerte Ausbreitung ihres Wissens und ihrer Taktiken, also auf virale Prozesse bzw. die Intelligenz des Schwarms. Vereinzelte taktische Handlungen sollen sich auf diese Weise zu einer »Strategie der

Taktiken« ausdehnen, die politische Relevanz erlangen könnte. Jenseits lokaler und zeitlich begrenzter Interventionen

»wirken die Taktiken [im Sinne politisch relevanter Interventionen] erst, wenn sie sich nicht mehr als vereinzelte, individualisierte und weitgehend unbewusste Handlungen in den Netzen der Strategien einrichten, sondern sich zu einer bewussten und kollektiven Vorgehensweise verbinden. [...] Es geht darum, in konkreten Situationen die taktische Alltagsbewältigung der Individuen aufzugreifen, sie bewusst zu machen [und] politisch wirksam zu artikulieren.« (autonome a.f.r.i.k.a. gruppe u.a. 2001: 31)

Ob das postulierte Ansinnen, Kommunikationsguerilla in Anlehnung an Alltagspraktiken und als Formen neuer Alltagspraxis zu etablieren, allerdings die tatsächlichen Aktionen adäquat beschreiben kann, bleibt zumindest fraglich. Auch wenn sich ihre Taktiken durch alltägliche Verhaltensweisen – bspw. Missverständnisse oder falsche Interpretationen – inspirieren lassen, so handelt es sich doch um hochgradig reflektierte Aktivitäten. Mit dem Anspruch, »die Vorstellung vom freien, selbständig denkenden Bürger ernster als das System selbst« zu nehmen, wird ein durchaus elitäres Projekt zur Grundlage und zum Ziel der Guerillaaktionen erklärt (autonome a.f.r.i.k.a. gruppe u.a. 2001: 216). Zwar soll dieser Anspruch in erster Linie »das System selbst« überfordern und dessen Schwächen freilegen, doch schwingt immer auch eine Haltung gegenüber dem ›realen‹ Alltag der Menschen mit, die das eigene nicht- oder antielitäre Programm zu untergraben droht. Das bereits zitierte Beispiel der ›prekären Superheld_innen‹ zeigt deutlich, dass es sich bei dieser Art alternativen ›Einkaufens‹ gerade nicht um eine Alltagshandlung, sondern um eine höchst riskante, minutiös vorbereitete Spezialaktion handelte. Auch die Adressierung der vielen prekär beschäftigten Hamburger_innen als ›Superheld_innen des Alltags‹ scheint zu unterstellen, die so Angesprochenen müssten (durch eine bereits aufgeklärte, elitäre Gruppe) über sich selbst bzw. ihre Lage erst noch in Kenntnis gesetzt werden. Die Aktion verdeutlicht also beispielhaft, dass Kommunikationsguerilla oft als »Avantgarde [agiert], ohne doch Avantgarde sein zu wollen« (Bröckling 2010: 296, vgl. 296f.). Diese Form von Avantgardismus, die in der Kommunikationsguerilla erkennbar wird, lässt sich allerdings weniger als Vorreiterin beschreiben, die eine bestimmte Richtung politischer Entwicklung vorzeichnen möchte, sondern sie leistet gleichsam Pionierarbeit, indem sie Wege freilegt, Hindernisse zerstört und Brücken baut, wo ein Vorankommen sonst nicht möglich zu sein scheint. Ihr Ziel ist in erster Linie das Eröffnen neuer Möglichkeitsräume für alltägliches Denken und Handeln.

Als zwei Grundprinzipien ihrer Arbeitsweise werden die Verfremdung und die Überidentifizierung genannt:

»Verfremdungen beruhen auf subtilen Veränderungen der Darstellung des Gewohnten, die neue Aspekte eines Sachverhalts sichtbar machen, Raum für ungewohnte Lesarten gewöhnlicher Geschehnisse schaffen oder über Verschiebungen Bedeutungen herstellen, die nicht vorgesehen oder erwartbar sind. Überidentifizierung dagegen bedeutet, solche Aspekte des Gewohnten offen auszusprechen, die zwar allgemein bekannt, zugleich aber auch tabuisiert sind. Sie nimmt die Logik der herrschenden Denkmuster, Werte und Normen in all ihren Konsequenzen und Implikationen gerade dort ernst, wo diese Konsequenzen nicht ausgesprochen werden (dürfen) und unter den Tisch gekehrt werden.« (autonome a.f.r.i.k.a. gruppe u.a. 2001: 46)

Die beiden Varianten lassen sich auch als Versuche verstehen, Vergessenes oder Verdrängtes bzw. Verbotenes oder Verborgenes in herrschende Diskurse offensiv einzuführen. Verfremdung und Überidentifizierung meinen damit formal genau das, was bereits in Zusammenhang mit Guerillamarketing als innovatives Abweichen von Normen diskutiert worden ist (vgl. autonome a.f.r.i.k.a. gruppe u.a. 2001: 51ff.). Dieses Abweichen kann irritierende Wirkungen entfalten, weil es mit gewohnten Mustern oder Erwartungen bricht. Es erreicht dies vor allem dann, wenn es keine eindeutigen Interpretationen zulässt, sondern das Ziel verfolgt, Räume für unterschiedliche Deutungen zu eröffnen. Als Ziele der Kommunikationsguerilla lassen sich »zwei Absichten emanzipativer Politik« unterscheiden: »Die Dekonstruktion herrschender Codes und die Verbreitung eigener, alternativer bzw. emanzipativer Codes«. Der erste Fall meint die Verfremdungsaktionen im engeren Sinne, denen es darum geht, vorhandene Aussagen oder Codes »zu stören, zu verwirren und zu verschieben« (autonome a.f.r.i.k.a. gruppe u.a. 2001: 184). Im Gegensatz zu Guerillamarketing, wo das Abweichen einen spielerischen Umgang mit Werbebotschaften meint, die traditionell eher eindeutige, klare und kohärente Botschaften zu vermitteln versuchen, arbeitet das Abweichen der Kommunikationsguerilla mit der Annahme, dass »in ganz ›normalen‹, alltäglichen Situationen innere Widersprüche, unausgesprochene Brüche und mögliche Paradoxien verborgen« seien (autonome a.f.r.i.k.a. gruppe u.a. 2001: 47). Ihr Ziel ist somit der Versuch, Transparenz über die herrschende Lage herzustellen und die Möglichkeiten zu alternativem Handeln zu erkunden. Kommunikationsguerilla agiert zwar (meist zwangsläufig) auch auf der Ebene inhaltlicher Aussagen, das Ziel ihrer Interventionen sind jedoch die Strukturmerkmale der Kulturellen Grammatik, das heißt die Art und Weise, wie Aussagen produziert, legitimiert oder ›normalisiert‹ werden, bzw. auf welche Weise Kommunikation strukturiert ist. In erster Linie geht es ihr also um »Eingriffe in den Kommunikationsprozess« (autonome a.f.r.i.k.a. gruppe u.a. 2001: 46). Auf dieser Ebene wird auch die zweite Absicht, das Verbreiten emanzipativer Codes, relevant. Denn Aktionen der Kommunikationsguerilla sollen nicht auf der inhaltlichen Ebene ein bestimmtes Programm oder eine Ideologie verbreiten. Die emanzipierenden Wirkungen sollen im Kommunikationsprozess selbst erzeugt werden, indem die Aktionen nicht »im Sinne einer manipulativen Strategie greifen [...], sondern nur offene Situationen schaffen« (autonome a.f.r.i.k.a. gruppe u.a. 2001: 184). Das Verbreiten emanzipativer Codes meint also den Versuch, die in der Organisationsweise von Kommunikationsprozessen sich spiegelnden sozialen Strukturen sichtbar zu machen und in Frage zu stellen. Auf diesem Weg soll gezeigt werden, »dass das Unmögliche möglich ist, dass es eine Entscheidung und nicht ausschließlich eine unumgängliche Notwendigkeit ist, sich in die gesellschaftliche Normalität einzufügen« (autonome a.f.r.i.k.a. gruppe u.a. 2001: 48). Deshalb existiert nicht das Ziel, alternative Botschaften zu verkünden, sondern es geht darum, verschiedene Deutungen zu ermöglichen – metaphorisch also Wege freizulegen oder Brücken zu bauen, die ein weiteres Vorankommen ermöglichen. »Ob uns die Lesarten, die die Menschen dann entwickeln, gefallen oder nicht, muss offen bleiben« (autonome a.f.r.i.k.a. gruppe u.a. 2001: 184). Eine eigene politische Botschaft oder ein politisches Programm propagieren zu wollen, hieße stattdessen, einen Schritt weiter zu gehen und das defensive Taktieren der Guerilla in die offensive Strategiephase einer Kampagne zum Aufbau einer Gegenöffentlichkeit zu überführen.

AKTIONSRÄUME DER KOMMUNIKATIONSGUERILLA

Wenn Kulturelle Grammatik eine bestimmte Organisationsstruktur beschreibt, die eine gewisse Ausdehnung in Zeit und Raum erreicht und auf diese Weise ein Muster für ›normale‹ Verfahrensformen des Sozialen bereitstellt, dann sind prinzipiell zahlreiche unterschiedliche Varianten solcher Kulturellen Grammatiken denkbar. Dementsprechend sind auch zahlreiche unterschiedliche Interventionsoder Aktionsräume der Kommunikationsguerilla denkbar, das heißt verschiedene gesellschaftliche Strukturen können zum Objekt ihrer Kritik werden (vgl. autonome a.f.r.i.k.a. gruppe u.a. 2001: 32). Denn die Frage, was genau Kommunikationsguerilla ist bzw. auf welche Weise sie agiert, hängt von den Strukturmerkmalen der Kulturellen Grammatik ab, das heißt von der genauen Verfassung und Präzision dessen, was als ›normale Kommunikation‹ angesehen wird. In diesem Punkt gleichen die Aktivitäten der Kommunikationsguerilla exakt dem irregulären Kampf einer Guerillaarmee, der sich nur in Abgrenzung zum regulären Krieg in einer bestimmten historischen Situation bestimmen lässt. Weil sich »die herrschenden gesellschaftlichen Formen inzwischen derart differenziert haben«, lässt sich nach Ansicht der Kommunikationsguerilla heute »eine fest umrissene Kulturelle Grammatik nicht mehr ausmachen« (autonome a.f.r.i.k.a. gruppe u.a. 2001: 218). An dieser Stelle wird eine deutliche Differenz zu den künstlerischen Avantgardebewegungen sichtbar, in deren Aktivitäten sich noch Vorstellungen von vergleichsweise stabilen sozialen Strukturen oder recht fest umrissenen Kulturellen Grammatiken spiegelten, gegen die oder innerhalb derer sie agierten. Solche Vorstellungen lassen sich heute nicht mehr erkennen. Das *Handbuch der Kommunikationsguerilla* führt denn auch eine große Anzahl unterschiedlicher Praktiken vor, die sich insbesondere hinsichtlich ihres ›Gegenübers‹ unterscheiden, der jeweiligen Kulturellen Grammatik, in die interveniert wird. Als unsystematischer Ausschnitt können Formen aufgezählt werden, wie bspw. das »Sniping«, das heißt das Anbringen »[h]interhältige[r] Zeichen«, das »Subvertising« als Form des Umcodierens von Werbebotschaften, »Happening und Unsichtbares Theater« als Formen der Umnutzung des öffentlichen Raums, Aktionen der »Imageverschmutzung« wie Jubelparaden, die Veranstaltungen stören, bis hin zum Tortenwurf auf Wahlkampfveranstaltungen der politischen Konkurrenz (autonome a.f.r.i.k.a. gruppe u.a. 2001: 94ff.). Die Praktiken gleichen unter handwerklichen Gesichtspunkten den bereits oben diskutierten Vorgehensweisen des kreativen Neuschaffens von Ideen, des innovativen Überschreitens von Wertgrenzen oder des gezielten Regelbruchs und lassen sich prinzipiell nicht abschließend erfassen. Vor dem Hintergrund dieser doppelten Unsicherheit hinsichtlich der jeweils relevanten Strukturen Kultureller Grammatiken und hinsichtlich der Unüberschaubarkeit möglicher Vorgehensweisen sollen nun exemplarische Blicke auf drei typische Aktionsräume der Kommunikationsguerilla und ihre jeweiligen Vorgehensweisen in ihnen geworfen werden. Diese Aktionsräume sind die Massenmedien, der öffentliche Raum und das Internet.

Die ersten Überlegungen zur Kommunikationsguerilla wurden angesichts der Beobachtung angestellt, dass bestimmte inhaltliche, politische Positionen in der Berichterstattung der Massenmedien offenbar keine Rolle spielten. Den konkreten Anlass gaben in Deutschland Großdemonstrationen, die Anfang der 1990er Jahre als Reaktionen auf die damaligen Überfälle auf Asylbewerber_innenheime und Hetzjagden auf Migrant_innen durch rechtsradikale Gewalttäter_innen stattfanden.[5] Die Demonstrationen gegen diese Ereignisse wurden durch etablierte politische Akteure wie Parteien organisiert, und es traten zahlreiche führende Politiker_innen jener Zeit auf. Einige Demonstrant_innen sahen jedoch in einer verfehlten Asylpolitik, die genau diese Akteure zu verantworten hätten, einen Teil des Problems. Sie wollten eine »strukturelle Gewalt der Gesetze [...] und der Diskurse (Hatespeech)« führender Politiker_innen zur Sprache bringen, die für ein gesellschaftliches Klima verantwortlich seien, in dem gewaltsame Übergriffe erst möglich wurden (autonome a.f.r.i.k.a. gruppe/mittlerer neckar 1994c: 89). Mit »autonomen Störaktionen« – von

---

5 | Diese Feststellung trifft für Kommunikationsguerilla im engeren Sinne und in Deutschland zu. Die Bewegung lässt sich darüber hinaus in eine globale Neuausrichtung ›linker‹ Politik einordnen, die aus einer gewissen Orientierungslosigkeit nach dem Zusammenbruch des Ostblocks 1989/1990 entstand. In diesem Zusammenhang – insbesondere im Rahmen der seit den 1990er Jahren entstandenen globalisierungskritischen Bewegung – wurden zahlreiche neue, ›kreative‹ Protestformen entwickelt, die vielfach identisch mit Kommunikationsguerilla sind, ohne jedoch immer unter diesem Namen in Erscheinung zu treten (vgl. bspw. Amann 2005).

Pfeifkonzerten bis Farbbeutelwürfen – sollten deshalb die »Heuchlerdemo[s]« genutzt werden, um auch dieser, gegenüber der etablierten Politik kritischen Sicht der Dinge in der politischen Öffentlichkeit Gehör zu verschaffen (autonome a.f.r.i.k.a. gruppe/mittlerer neckar 1994d: 91). Die Massenmedien berichteten allerdings zumeist nicht über die inhaltlichen Anliegen dieser Demonstrant_innen. Stattdessen wurde über die Störaktionen berichtet, und die »Chaoten« der Demonstrationen wurden mit rechtsradikalen Gewalttäter_innen in einen Topf geworfen, indem sich in der Berichterstattung »Pfiffe und Farbbeutel zu Steinen« verwandelten (autonome a.f.r.i.k.a. gruppe/mittlerer neckar 1994c: 86). Das Anliegen bestand also darin, wie es gelingen könne, durch veränderte kommunikative Aktionsformen das »Deutungs- und Interpretationsmonopol [...] der bürgerlichen Öffentlichkeit« so zu unterwandern, dass es nicht länger gelingen würde, »die eigentliche Information [...] unter den Teppich zu kehren und das Auftreten von ›Chaoten‹ zum zentralen Problem während der Kundgebung zu stilisieren« (autonome a.f.r.i.k.a. gruppe/mittlerer neckar 1994c: 88ff.). Ziel der Kommunikationsguerilla war es zunächst, die Massenmedien nicht mehr nur als Sprachrohr oder Kanal einer bürgerlichen Öffentlichkeit zu begreifen, sondern als wichtige Elemente einer diskursiven Struktur, die nach bestimmten Regeln operieren – aber auch beeinflusst werden können. Konkret meinte das die Frage danach, »wo wir selbst im medialen Diskurs positioniert sind und in welches Diskursfeld da eigentlich interveniert wird« (autonome a.f.r.i.k.a. gruppe/ mittlerer neckar 1994d: 100).

Als Ansatzpunkte für Aktionen der Kommunikationsguerilla wurden zum einen die inneren Widersprüchlichkeiten bzw. die Unzulänglichkeiten der Berichterstattung und zum anderen die Ereignisfixierung der Massenmedien identifiziert. An diesen Mechanismen sollte angesetzt werden, indem die mediale Erwartungshaltung gegenüber ›linksradikalen Chaot_innen‹ bewusst enttäuscht und dagegen andere, intelligente bzw. kreative Inszenierungen von Ereignissen durchgeführt wurden. Die erhoffte Wirkung bestand darin, mit Hilfe dieser Irritationen entweder eine inhaltlich andere Berichterstattung anzuregen, da es eventuell »nicht unmöglich [sei], durch phantasievollen und spielerischen Umgang mit verschiedenen Aktionsformen doch noch Inhalte« des eigenen politischen Programms in die Berichterstattung einzuführen (autonome a.f.r.i.k.a. gruppe/mittlerer neckar 1994d: 102). Oder die Berichterstattung würde den alten Mustern folgen und weiterhin von ›linken Chaot_innen‹ und ›Extremist_innen‹ berichten, obwohl die tatsächlichen Ereignisse dazu sichtbar keinerlei Anlass gegeben hatten. Dann würde, als zweite mögliche Wirkung, die Glaubwürdigkeit dieser Medien insgesamt untergraben, indem deren »mannigfache Versuche, linke Aktionen von deren Inhalten zu trennen und zu entpolitisieren« möglicherweise sichtbar würden (autonome a.f.r.i.k.a. gruppe/mittlerer neckar 1994d: 100). Das Wissen um die Funktionsmechanismen der Massenmedien sollte also dazu genutzt werden, entweder eigene Inhalte erfolgreich in die Berichterstattung einzuführen oder aber die als problematisch eingeschätzten Mechanismen selbst für das Publikum sichtbar zu machen. Aufgrund dieser Überlegungen wurden seither Aktionsformen der Kommunikationsguerilla entwickelt. Die erste erhoffte Wirkung soll erreicht werden, indem alternative Wege hinein in die redaktionelle Berichterstattung erkundet werden, und zielt auf die Seite der Massenmedien und dort im Speziellen auf die inhaltliche Berichterstattung. Als zweite erhoffte Wirkung sollen dagegen auf der Seite der Rezipient_innen alternative Interpretationen angestoßen werden. Im Gegensatz zu Ecos semiologischer Guerilla, die jenseits der Massenmedien eine inhaltliche Dimension im Sinne kritischer Programmatiken in die Interpretationsprozesse einführen sollte, ist es allerdings das Ziel der Kommunikationsguerilla, kritische Interpretationen weniger in Hinblick auf bestimmte alternative Inhalte anzuregen, sondern im Sinne einer Pluralität an Inhalten Räume für unterschiedliche Deutungen zu eröffnen und darüber hinaus die Aufmerksamkeit auf strukturelle Probleme der massenmedialen Kommunikation zu lenken. Diese werden als Spiegel gesellschaftlicher Strukturmuster, das heißt der Kulturellen Grammatik, gelesen, gegen die »alternative Vorstellungen von gesellschaftlichen Beziehungen [...] denkbar« gemacht werden sollen (autonome a.f.r.i.k.a. gruppe u.a. 2001: 196).

Ein zweiter Aktionsraum der Kommunikationsguerilla ist der öffentliche Raum. Es ist der Ort, an dem direkte soziale Kontakte zwischen Menschen stattfinden, ohne dass Medien unter fremder Kontrolle als inhaltlicher Filter oder als technische Struktur Teil dieser Beziehungen sind. Innerhalb dieses Raumes lassen sich (mindestens) drei unterschiedliche Felder differenzieren, in die interveniert werden kann. Zum einen existiert die Struktur des öffentlichen Raums selbst, der als Lebensraum die alltäglichen Verhaltensweisen seiner Bewohner_innen beeinflusst. Zweitens existieren in ihm architektonische Konstruktionen, die »als steingewordene Sinnbilder für kulturelle und gesellschaftliche Werte [...] wirken« (autonome a.f.r.i.k.a. gruppe u.a. 2001: 32). Als drittes Feld existieren im öffentlichen Raum bestimmte Medien wie Werbeplakate oder ähnliches, die als Träger für interessengeleitete Botschaften mächtiger wirtschaftlicher oder gesellschaftlicher Akteure dienen.

Die Struktur des öffentlichen Raumes wird insbesondere hinsichtlich ihrer funktionalen Ausrichtung kritisiert, das heißt hinsichtlich der Optimierung für Straßenverkehr und wirtschaftlichen Nutzungen. Vor allem das Auto bzw. der individualisierte, motorisierte Straßenverkehr stehen hier als kritisierte Symbole für einen bestimmten, in den westlichen Industriegesellschaften dominanten Lebensstil. Andere, in ökonomischer Hinsicht zweckfreie und nicht auf Mobilität ausgerichtete Nutzungsformen des öffentlichen Raums, bspw. als Spielplatz für Kinder, als Bühne für Straßenmusik oder als Oberfläche für Street-Art, werden aus Sicht der Kommunikationsguerilla mehr und mehr aus ihm verdrängt. Eine zweite kritisierte Entwicklung ist die zunehmende Privatisierung und Kommerzialisierung öffentlicher Orte, bspw. von Bahnhöfen, wodurch diese Räume für das öffentliche Leben oder auch als Räume politischer Auseinandersetzungen verloren gehen. Solche Privatisierungen gehen meist mit einem Verbot zweckfreier oder zweckfremder Nutzungen einher, das durch Überwachungstechnik oder private Sicherheitsdienste kontrolliert und durchgesetzt wird. Gegen diese Entwicklungen, »dass die Straße zur Ware wird, während man zugleich die Straßenkultur kriminalisiert« (Klein 2001: 321), entstanden Bewegungen und wurden Aktionsformen entwickelt wie Reclaim the Streets, Guerilla-Gardening, Straßentheater, Flash Mobs, Radioballet usw., die als Formen von Kommunikationsguerilla Umnutzungen öffentlicher Räume im Sinne vielfältiger, insbesondere kultureller Aktivitäten initiierten (Amann 2005). Das Prinzip kreativer und überraschender Einzelaktionen wird bspw. realisiert, indem die

»Bewegung zur Rückeroberung der Straße in spontanen Versammlungen belebte Straßen, wichtige Kreuzungen und sogar Stücke der Autobahn [besetzt]. In Windeseile verwandelt dabei eine Menschenmenge durch ein anscheinend spontanes Fest eine Hauptverkehrsader in einen surrealistischen Spielplatz.« (Klein 2001: 322)

Adressat_innen solcher Aktionen sind die Bewohner_innen einer Stadt, deren Alltagsroutinen unterbrochen werden sollen und denen zugleich die Teilnahme an alternativen Lebensformen praktisch ermöglicht werden soll.

Architektur und Werbemedien werden weniger als Objekte, welche die funktionale Struktur des öffentlichen Raums bestimmen, zum Gegenstand von Aktionen der Kommunikationsguerilla, sondern aufgrund ihres speziellen Status und ihrer spezifischen Aussagen, mit denen sie den öffentlichen Raum mit Sinnangeboten oder Handlungsaufforderungen auffüllen. Sie bilden den symbolischen Kontext, innerhalb dessen sich die funktionalen Aspekte des alltäglichen Lebens abspielen, und üben ihren Einfluss vor allem auf die Psyche der Menschen aus. Architektur wird dabei als langfristig wirksamer Eckpfeiler der Kulturellen Grammatik interpretiert, bspw. in Form bedeutender Institutionen einer Gesellschaft, die in repräsentativen Gebäuden untergebracht sind, oder in Form privaten Besitzes, der sich in der Gestaltung von Gebäuden oder Fassaden spiegelt. Für Kommunikationsguerilla beruht

»[d]ie architektonische Beschaffenheit repräsentativer Gebäude [...] auf dem Prinzip der Ästhetisierung politischer Macht. Die moderne Architektur aus Beton, Stahl und Glas verbreitet in ihrer Funktionalität ausstrahlenden Kälte eine elitäre Ästhetik der Einschüchterung.« (autonome a.f.r.i.k.a. gruppe u.a. 2001: 32)

Besonders deutlich werden solche in Architektur und Gestaltung eingeschriebenen Aussagen anhand von Denkmalen, die zumeist an exponierten Plätzen im öffentlichen Raum aufgestellt werden. »Sie verkörpern Machtverhältnisse nicht nur durch ihre materielle und optische Dominanz im Raum, sondern treffen darüber hinaus durch Aufschriften und Gestaltung konkrete Aussagen« (autonome a.f.r.i.k.a. gruppe u.a. 2001: 36). Denkmale stehen für bestimmte, Identität stiftende Erinnerungen oder Ideale einer Gesellschaft und transportieren als codierte Orte diese Ideen durch die Zeit. Schaufenstergestaltungen, Firmenlogos an Gebäuden und Werbemedien präsentieren dagegen einmal die ökonomische Macht einzelner Akteure, indem sie Auskunft darüber geben, wer über ausreichend materielle Ressourcen verfügt, um in die Gestaltung öffentlicher Räume einzugreifen. Daneben verbreiten sie unter Umständen gezielt Botschaften, um die Menschen zu bestimmten Verhaltensweisen, z.B. dem Konsum bestimmter Waren anzuregen. Sie sind, aus einer kritischen Perspektive betrachtet, Partikel einer »geistigen Umweltverschmutzung« (Lasn 2005: 173). Sowohl Architekturen als auch Werbeaussagen lassen sich im öffentlichen Raum als »sichtbare Platzhalter ökonomischer und politischer Macht« verstehen (autonome a.f.r.i.k.a. gruppe u.a. 2001: 32). Aus der Perspektive der Kommunikationsguerilla besteht die gestalterische »Strategie der Macht« darin, kontingente politische oder gesellschaftliche Strukturen »zu ästhetisieren und dadurch Machtverhältnisse zu naturalisieren und unsichtbar zu machen«. Ihre taktischen Vorgehensweisen dagegen verfolgen das Ziel, diese in der Gestaltung öffentlicher Räume zum Ausdruck kommenden »Strategien der Machterhaltung sichtbar und reflektierbar zu machen« (autonome a.f.r.i.k.a. gruppe u.a. 2001: 33). Ein typisches Mittel ist das Anbringen von Graffitis, das bereits in den 1970er Jahren als politische Manifestation bewertet wurde (Baudrillard 1978d). Als wichtig gilt dabei weniger, welche inhaltliche (oder gar politische) Botschaft zum Ausdruck gebracht wird (oft genug haben Graffitis gar keine inhaltliche Aussage), sondern dass eine öffentliche Fläche angeeignet wird und damit bestimmte Regeln gebrochen werden, welche Verfahrenswege bei der Gestaltung öffentlicher Räume ›normalerweise‹ einzuhalten sind.[6] Auf diese Weise werden die Ansprüche politisch oder ökonomisch mächtiger Akteure, »den Raum auch optisch zu kontrollieren und zu bestimmen, ignoriert und in Frage gestellt« oder es werden »eigene Machtansprüche formuliert« (autonome a.f.r.i.k.a. gruppe u.a. 2001: 34). Wer den öffentlichen Raum gestalten bzw. über seine Gestaltung bestimmen darf (politische Institutionen, wirtschaftlich mächtige Akteure, jede einzelne Bewohner_in der Stadt?), und welche Wege zu seiner Gestaltung legitim sind (politische Abstimmungsprozesse, Erwerb oder Miete von Oberflächen, temporäre Aneignungen?) – solche Fragen sollen durch Guerillaaktionen im öffentlichen Raum aufgeworfen werden. Neben der funktionalen Ebene dieses Raums und der Ebene seiner symbolischen Codierung mit gestalterischen Aussagen können auch im öffentlichen Raum angebrachte inhaltliche Aussagen durch Kommunikations-

---

6 | Seit 2005 ist in der Bundesrepublik Deutschland das Anbringen von Graffitis eine Straftat. Nach § 303 Abs. 2 StGB »wird bestraft, wer unbefugt das Erscheinungsbild einer fremden Sache nicht nur unerheblich und nicht nur vorübergehend verändert«. Vgl. zur gegenwärtigen Strafrechtslage bzgl. Graffiti Krüger (2009).

guerilla kritisiert werden. Dies geschieht, indem Werbungen verfremdet und damit deren Botschaften und ihre Urheber_innen in Frage gestellt werden.

Das Internet als ein dritter Aktionsraum für Kommunikationsguerilla[7] lässt sich zunächst idealtypisch anhand zweier scheinbar völlig unterschiedlicher Nutzungsweisen differenzieren. Es kann einerseits als ein Werkzeug »aktivistischer Internetnutzung [...] einer produktiven, sich vernetzenden sozialen Praxis«, das heißt als eine Art mediale Plattform für die Organisation ›realer‹ politischer Aktionen dienen, andererseits kann es »als virtuelles Äquivalent der Straße, als Parallelraum« selbst zum Ort politischer Aktionen der Kommunikationsguerilla werden (autonome a.f.r.i.k.a. gruppe 2005: 198). Viele tatsächliche Guerillaaktionen vereinigen jedoch beide Dimensionen miteinander. Es entsteht dann »als Rekombination und Neuzusammensetzung bereits bestehender sozialer und politischer Strukturen und Praxen« ein »qualitativ neue[r], gleichzeitig virtuelle[r] und physikalische[r] Kommunikationsraum«, in dem »sich traditionelle mit digitalen Kommunikationsformen verbinden« (autonome a.f.r.i.k.a. gruppe 2005: 199). Auf diese Weise gedachte Aktionen im Internet können Wirkungen auch in der ›realen‹ Welt zeitigen oder von dort her Unterstützung erfahren und werden mit dieser Perspektive geplant und durchgeführt. Sie dienen dann als »Fokus für die Gemeinschaft« der auch außerhalb des Internets an politischen Aktionen Beteiligten oder als kommunikative ›Brennpunkte‹, die von weiteren Kommunikationsaktivitäten außerhalb des Internets begleitet werden, um mehr Aufmerksamkeit zu erzielen. Solche Vernetzungen der ›virtuellen‹ und der ›realen‹ Welt bilden ein Hauptanliegen der Guerillaaktionen im Internet. Für Gegner_innen wird es dagegen »sehr schwer, symbolische Aktionen [im Internet] zu stoppen, wenn diese mit Medienarbeit und einer langfristigen Arbeit vor und nach der Aktion einhergehen« (Dominguez 2006: 26).

Internetaktionen der Kommunikationsguerilla arbeiten sich in unterschiedlicher Hinsicht am »Problem der Sichtbarkeit« ab, das heißt an der Frage, wer (oder wer nicht) und auf welche Weise jemand im Internet wahrgenommen wird (autonome a.f.r.i.k.a. gruppe 2005: 201). Entscheidend für die Sichtbarkeit ist wiederum der Datenfluss zwischen den Nutzer_innen des Internets (bzw. deren Computern), der initiiert, unterbrochen oder umgelenkt werden kann. Webseiten bilden die virtuellen Knotenpunkte solcher Datenflüsse im Internet. Als eine Möglichkeit, die eigene Sichtbarkeit zu erhöhen, die zugleich eine Variante von Gegenöffentlichkeit im Internet beschreibt, wird die Idee des »Open Publishing« umgesetzt (autonome a.f.r.i.k.a. gruppe 2005: 204). Bereits seit den 1990er Jahren existiert bspw. die Open-Publishing-Plattform *Indymedia*, und eine weitere Variante stellt auch die im Jahr 2010 bekannt gewordene Plattform *Wikileaks* dar, die man als Forum für anonymes Semi-Open Publishing bezeichnen könnte. Der ›Guerillacharakter‹ dieser

---

7 | Vgl. als Zusammenstellung früher Überlegungen zu Aktionsformen im Internet und deren Dokumentation auch die verschiedenen Beiträge des Bandes *Netzkritik. Materialien zur Internet-Debatte* (nettime 1997).

Internetprojekte und Webseiten besteht insbesondere in ihrem offenen Charakter, der zu Beteiligung einlädt und die virale Verbreitung bzw. die tendenziell hierarchiefreie Vernetzung von Informationen unterstützt. Darüber hinaus testen solche Plattformen aber auch »die Möglichkeiten [einer die] elektronische Kommunikation ausschöpfenden Selbstorganisation« (autonome a.f.r.i.k.a. gruppe 2005: 207). Sie sind somit Spiegel einer bestimmten Organisationsform der forcierten, ebenfalls weitgehend hierarchiefreien Vernetzung von Personen, wie sie Guerillaorganisationen auszeichnen. Das Internet bzw. die Struktur offener Publikationsplattformen und die Organisationsformen der Kommunikationsguerilla unterstützen sich hier gegenseitig (autonome a.f.r.i.k.a. gruppe 2005: 205f.). Für die Kommunikationsguerilla ist dieser Aspekt insofern besonders interessant, als sie davon ausgeht, dass »das Internet mit seiner infizierenden, virusbegünstigenden, unreinen, hybriden Funktionsweise eine Gefahr für bestehende Machtstrukturen darstellt« (autonome a.f.r.i.k.a. gruppe 2005: 208).

Eine andere Aktionsform, die in erster Linie das Ziel verfolgt, politische Gegner_innen ›unsichtbar‹ zu machen, ist der sog. »elektronische« oder »virtuelle zivile Ungehorsam«, den man auch als Online-Demonstration bzw. als virtuelles Sit-In bezeichnen kann (autonome a.f.r.i.k.a. gruppe 2005: 201ff.).[8] Dabei verabredet sich eine größere Anzahl Nutzer_innen, zu einem bestimmten Zeitpunkt gemeinsam und wiederholt auf eine Internetseite zuzugreifen, um deren Server durch die große Zahl der Anfragen zu überlasten, so dass die angeforderte Seite zeitweise blockiert und für andere Nutzer_innen nicht erreichbar ist. »Die Wirkung entspricht der eines *Sit-Ins*, eines Streikpostens oder einer Straßenblockade vor dem Eingang zur Konzernzentrale [...] – keiner kann rein, keiner kommt raus«, so jedenfalls die Idealvorstellung einer solchen Aktion (autonome a.f.r.i.k.a. gruppe 2005: 201f., Hervorhebung im Original). Das (politische) Ziel solcher Aktionen besteht darin, »das Funktionieren der Institutionen in einem Ausmaß [zu stören], dass damit die weitere Machtausübung unterbunden« wird und im Extremfall eine Organisation »kollabiert [...] aufgrund des Kommunikationsverlusts« (Critical Art Ensemble 2007a: 42, 45). Denkbar ist bspw. das zeitweise Unterbinden oder das symbolische Stören wirtschaftlicher oder anderer Prozesse. Der Erfolg dieser sog. Denial-of-Service-Attacken ist zunächst von der Anzahl der beteiligten Aktivist_innen abhängig, so dass ein erfolgreicher Verlauf zugleich den Massencharakter einer Bewegung sichtbar machen kann. Sie lassen sich jedoch auch durch bestimmte Software automatisch initiieren und steuern[9], weshalb solche Aktionen in einem zweiten Sinne virtuell bleiben können: Die Beteiligten haben die Möglichkeit, sich einer anderen Beschäf-

---

8 | Online-Demonstrationen wurden in einer Entscheidung des Oberlandesgerichts Frankfurt/Main im Jahr 2006 als legitime, nicht illegale Meinungsäußerungen im Internet eingestuft (vgl. Initiative Libertad! 2006a: 9).

9 | Denkbar sind auch Computerviren, die fremde Rechner für virtuelle Sit-Ins nutzen. Vgl. den später folgenden Absatz über Hacking.

tigung hinzugeben, während ein Computerprogramm an ihrer Stelle virtuell demonstriert.

Ein frühes und bekanntes Beispiel einer virtuellen Sit-In-Aktion ist der Konflikt um die Webseite *www.etoy.com* der Schweizer Künstler_innengruppe *etoy.CORPORATION*. Ein Online-Versandhandel für Spielzeug mit Namen *eToys*, dessen Internetadresse *www.etoys.com* lautet, wollte der Gruppe ihre Webadresse und damit ihren Markennamen aufgrund der Ähnlichkeiten streitig machen und ging, nachdem ein Übernahmeangebot abgelehnt wurde, unter anderem mit juristischen Mitteln gegen die Künstler_innen vor. Deren Seite wurde daraufhin zeitweise gesperrt. Die Künstler_innen mobilisierten in diesem Konflikt zahlreiche Internetnutzer_innen zu gemeinsamen virtuellen Sit-Ins gegen die Webseite des Versandhandels. Während des wichtigen Weihnachtsgeschäfts des Jahres 1999 konnte die Seite des Unternehmens so über längere Zeit blockiert werden und dessen Umsatzzahlen gingen zurück. In der Folge brach der Aktienkurs ein und das Unternehmen gab in der Auseinandersetzung um die Internetadresse der Künstler_innengruppe auf. »[B]y playing a game on the web, in the court room and on the NASDAQ the etoy.CORPORATION and supporters forced eToys to step back from their aggressive intention«[10] (Etoy.CORPORATION o.J., vgl. Grether 2000).

Der Konflikt um *www.etoy.com*, der sog. *Toywar* (Etoy.CORPORATION o.J.), weist, in sein Gegenteil gewendet, auf eine dritte Möglichkeit hin, wie Kommunikationsguerilla im Internet mit dem Problem der Sichtbarkeit arbeitet. Es geht dabei um das gezielte Besetzen des semantischen Umfeldes einer gegnerischen Webseite, um dort alternative Informationen und Sichtweisen zu platzieren und/oder um für eine erhöhte eigene Sichtbarkeit zu sorgen. Solche Aktionen werden auch als »semiotisches Hijacking« bezeichnet (autonome a.f.r.i.k.a. gruppe 2005: 203). Durch geschicktes Nutzen ähnlicher Internetadressen soll eine Verwechslung gezielt provoziert werden, damit sich Nutzer_innen möglichst häufig auf solche ›Fake-Websites‹ verirren. Durch eine optische Angleichung der Oberfläche kann der Effekt zusätzlich begünstigt werden. Auf solchen Seiten können dann eigene Sichtweisen auf die attackierten Gegner_innen oder auch eigene programmatische Ansichten verbreitet werden. Die Struktur und die Funktionsweise des Internets begünstigen hier eine Auseinandersetzung auf Augenhöhe, denn »was im realen Straßenraum undenkbar wäre – bspw. eine hundert Meter hohe Wagenburg in der Nachbarschaft des Towers der Deutschen Bank zu errichten« – ist im Internet mit dem Aufbau einer semantisch benachbarten und optisch vergleichbaren Webseite viel leichter zu realisieren. Und »aufgrund der komplexen und vieldimensionalen Natur sprachlicher Verknüpfungen und Assoziationen« lassen sich »semantische HausbesetzerInnen« prinzipi-

---

10 | »Die etoy.CORPORATION und ihre Unterstützer_innen zwangen eToys von seinem aggressiven Anliegen Abstand zu nehmen, indem sie spielerisch im Internet, im Gerichtssaal und an der NASDAQ-Börse intervenierten« (Übersetzung: H.S.).

ell nicht nachhaltig vertreiben, sondern können immer wieder mit neuen Adressen im Umfeld ihrer Gegner_innen auftreten (autonome a.f.r.i.k.a. gruppe 2005: 203f.). Metaphorische Ausdrücke, wie Sit-In oder Hausbesetzung, weisen auf ein anderes Konfliktfeld der Kommunikationsguerilla im Internet hin, das nicht das Problem der Sichtbarkeit, sondern das der im Internet angelegten Strukturen betrifft – das Eindringen in fremde Strukturen und deren Umprogrammierung, kurz: das Hacking bzw., politisch aufgeladen, der Hacktivismus. Es handelt sich gewissermaßen um die gegenteilige Taktik zum Aufbau eigener Strukturen, wie sie im Internet bspw. mit Open-Publishing-Plattformen umgesetzt wird. Umstritten innerhalb der netzkritischen Aktivist_innenszene ist, ob es sich bei Hacker_innenaktivitäten um politische Kommunikationsguerilla bzw. eine Form *Elektronische[n] Widerstand[s]* handelt (Critical Art Ensemble 2007, 2007a: 49) oder um eine unpolitische Einzelaktion (autonome a.f.r.i.k.a. gruppe 2005: 202, vgl. Morell/Libertad! 2006: 30f.), bzw. ob das Überwinden oder das Unterwandern elektronischer Barrieren und Abwehrmechanismen als produktiver oder destruktiver Eingriff in vorhandene Strukturen zu bewerten ist (Krapp 2009). Auch hier ergibt sich die Einordnung aus der Frage nach der Struktur der Kulturellen Grammatik, die als ›normal‹ angesehen wird. Hinsichtlich des Internets ist umstritten, ob es ein Raum sein soll, in dem stabile Strukturen existieren, die durch staatliche oder sonstige Regulierungen und die Durchsetzung von Normen stabilisiert werden, oder ob es ein Raum des ständige Wandels, der unaufhaltsamen dynamischen Neucodierung und Umprogrammierung sein soll, gleichsam ein Ort ständiger kreativer Zerstörung. Je nachdem, zu welchem Ideal man tendiert, wird man Hacker_innen machen lassen wollen oder sie verfolgen. Zudem kann es von einem politisch informierten Standpunkt aus einen Unterschied machen, ob sich ein Hacker_innenangriff gegen die chinesische Internetüberwachung richtet oder gegen das amerikanische Verteidigungsministerium, ob er von der Guerillabewegung der Mexikanischen Zapatistas ausgeht oder ob ein staatlicher Geheimdienst einen »digitale[n] Präventivangriff« gegen das iranische Atomprogramm lanciert (NZZ Online 2010).[11] Aufgrund dieser insgesamt unübersichtlichen Lage

»kann Hacktivismus eine politisch konstruktive Form des zivilen Ungehorsams oder eine anarchische Geste darstellen, antikapitalistische Agitation bedeuten oder kommerziellen Protektionismus, Abtreibungsgegnern oder

---

11 | Zahlreiche Medien, unter anderem die *Neue Züricher Zeitung Online*, berichteten im Herbst 2010 über »[e]ine gezielte Hacker-Attacke[, die] Irans Atomprogramm gegolten habe« und aufgrund der komplexen Vorgehensweise »nicht von irgendwelchen Hacker-Amateuren entwickelt worden [sei], sondern von einem Staat, bzw. dessen Geheimdienst, der über die nötigen Ressourcen verfüg[e], um einen solch grossen Aufwand zu betreiben« (NZZ Online 2010).

Befürwortern der Gedankenfreiheit dienen, Weltbürgerschaft im Namen führen oder gegen Weltbank und Welthandel wüten. [Er ist zudem] schon lange von staatlichen Agenturen und internationalen Firmen angeeignet worden.« (Krapp 2009: 192)

Das Hacken von Computerprogrammen lässt sich somit im Übergangsbereich zwischen innovativer und vielleicht politisch agierender Kommunikationsguerilla, Netzkunst, einem testenden Basteln[12], einem auf reine Destruktion abzielenden Cyberterrorismus, geheimdienstlicher Tätigkeit in staatlichem Auftrag, wirtschaftskriminellem Datendiebstahl etc. verorten. Tritt der Hacking als Kommunikationsguerilla in Erscheinung, können seine Interventionen in die Kulturelle Grammatik des Internets als »real existierende[r] Dekonstruktivismus oder als [...] digitale[r] Neo-Situationismus« gelesen werden (Pias 2002: 248). Die »Hackerethik« verpflichtet die auf solche Weise politisch motivierten Hacker_innen auf den Erhalt eines offenen Netzes, den freien Zugang zu Daten und Informationen, welche die Öffentlichkeit betreffen, den Schutz der Privatsphäre des Einzelnen, auf die Förderung von Dezentralisierungen und Misstrauen gegenüber Autoritäten als wichtige Merkmale einer idealen Kulturellen Grammatik des Internets (Chaos Computer Club 2011).

DIMENSIONEN DER KRITIK

Löst man sich aus der Betrachtung der verschiedenen Aktionsräume der Kommunikationsguerilla, dann lassen sich ihre Interventionen in Kulturelle Grammatiken auch hinsichtlich der unterschiedlichen Formen oder Dimensionen der Kritik, die geübt wird, differenzieren. Zu Beginn dieser Untersuchung wurde bereits argumentiert, dass das Konzept der Kulturellen Grammatik sowohl inhaltliche Aussagen (vergleichbar mit Barthes' Begriff des Mythos) als auch die Strukturmerkmale eines

---

12 | Durch einige der frühen Hackeraktivitäten seit den späten 1950er Jahren wurden Computer in Taschenrechner oder Schreibmaschinen verwandelt. »Dass Rechner, Schreibmaschinen und Spiele als Hacks galten, als geradezu situationistische *détournements*, zeigt, wie wenig von den Potentialen einer universalen Maschine als sinnvolle Anwendung damals evaluiert und diskursiv begründbar war«. Manche Hacks, wie bspw. die sog. *blue-boxes* der 1970er Jahre, mit deren Hilfe Gebührenzähler von Telefonverbindungen ausgeschaltet werden konnten, überwanden nicht nur mentale oder technische Barrieren, sondern verletzten »zugleich auch eine juristische und ökonomische Grenze«. Die beiden Hacker und blue-box-Verkäufer Steve Jobs und Steve Wozniak finanzierten aus ihren so erzielten Erlösen jedenfalls die Entwicklung »eine[r] andere[n] Bastelei namens *Apple*-Computer« (Pias 2002: 256ff., Hervorhebung im Original).

Diskurses bezeichnet. Im Verlauf der Betrachtung der verschiedenen Interventionsformen in unterschiedliche Formen Kultureller Grammatiken wurde darüber hinaus deutlich, dass unter Strukturmerkmalen entweder statische Strukturen oder dynamische Strukturierungsprozesse verstanden werden können. Im ersten Fall stellt sich die Frage, auf welche Weise Elemente eines Diskurses zueinander in Beziehung stehen, im zweiten Fall, welcher Logik mögliche (Re-)Strukturierungsprozesse jeweils folgen. Ohne sich in einer unabschließbaren Aufzählung einzelner Praktiken zu verlieren, lassen sich die kritischen Interventionen der Kommunikationsguerilla in Kulturelle Grammatiken ebenfalls anhand dieser drei Dimensionen, den inhaltlichen Aussagen, den statischen Strukturen und den Strukturierungsprozessen, einordnen, wobei jeweils unterschiedliche Wirkungen angestrebt werden.

Eine beispielhafte Erscheinungsform der Kommunikationsguerilla, die auf der Ebene inhaltlicher Aussagen Wirkungen erzielen möchte, ist das sog. Adbusting. Diese Wortschöpfung kombiniert *ad* als Kurzform von *advertisement* (Werbung) und *to bust* (auffliegen lassen) und wird im Deutschen auch als Antiwerbung bezeichnet. Die Auseinandersetzung dreht sich um die bereits erwähnten Meme, jene »Informationseinheit[en] [...], die von Hirn zu Hirn zu Hirn wander[n]« (Lasn 2005: 129). Es kann sich dabei bspw. um einzelne Werbeslogans handeln oder um Melodien, um Wissen oder um politische Einstellungen – allgemein: um Aussagen, die bestimmte inhaltliche Anliegen ausdrücken. Die Wanderung solcher Meme ist nicht nur relevant für das Denken einzelner Personen, sondern kann das Verhalten von Menschengruppen beeinflussen oder ganze Kulturen verändern. »Deswegen ist der Krieg der Meme das geopolitische Schlachtfeld des Informationszeitalters. Wer die Meme hat, hat die Macht« (Lasn 2005: 129). Antiwerbungen richten sich gegen Werbebotschaften, insbesondere gegen die Botschaften großer Konzerne, die nicht mehr (nur) bestimmte Produkte wie Sportartikel, Autos, Cola oder Zigaretten mit bestimmten Gebrauchseigenschaften verkaufen wollen, sondern die Waren als Vehikel für den Verkauf von Lebensstilen oder Emotionen – letztlich von bestimmten Marken – nutzen. Auf dieser Ebene setzt Antiwerbung an und versucht, die »über Jahre hinweg in pingeliger Kleinstarbeit aufgebaut[en]« Marken mit anderen inhaltlichen Aussagen in Verbindung zu bringen und »unter Ausnutzung des ungeheuerlichen Schwungs ihrer eigenen Ikonen und ihres eigenen Marketings auf die Matte zu werfen« (Lasn 2005: 132). Antiwerbung meint das Verfremden bereits existierender Botschaften, deren Markennamen und -logos aufgegriffen werden und deren Aussehen imitiert wird. Der Ansatzpunkt ist also die Bekanntheit bereits etablierter Meme, gegen die sich eine Guerillaaktion durchführen lässt. Die abweichenden inhaltlichen Aussagen werden dabei nicht willkürlich hinzugefügt, sondern ergeben sich aus den Schwächen der angegriffenen Gegner_innen. Wirksame Aktionen werfen einen Blick hinter die Kulissen der glänzenden Oberfläche, die durch Werbung meist dargestellt wird. Es handelt sich damit um eine Variante eines *détournements*, der es darum geht, Werbeaussagen in ihr Gegenteil zu verkehren, indem man gewissermaßen die ›andere Seite‹ der Geschichte erzählt: Der Konsum von Zigaretten steht dann nicht für Freiheit und Abenteuer, sondern für Lungenkrebs und Tod; Autofahren findet nicht auf einsamen Landstraßen vor einer wundervollen Naturkulisse statt, sondern im Smog der Großstädte und in den Staus der Ausfallstraßen; Fastfood wird nicht mehr mit Spaß und einem unkomplizierten Lebensstil verbunden, sondern mit fettiger, ungesunder Ernährung usw.: »Anti-Werbung [...] schneidet durch den Hype und den strahlenden Glanz unserer medialen Realität und enthüllt schlagartig [...] das leere Innenleben des Spektakels« (Lasn 2005: 134f.).

Politische Antiwerbung in einem engeren Sinn spielt mit Diskrepanzen innerhalb des Programms politischer Gegner_innen oder macht auf Ungereimtheiten zwischen deren politischem Programm und der politischen Werbung aufmerksam. Ein gelungenes Beispiel solcher Antiwerbung lieferte die Splitterpartei *Die Partei* im Hamburger Bürgerschaftswahlkampf 2008 ab. Eines ihrer Wahlplakate zeigte den Spitzenkandidaten der gegnerischen Partei CDU, Ole von Beust. Die Botschaft spielte mit der Diskrepanz zwischen der bekannten Homosexualität von Beusts und der ebenso bekannten ablehnenden Haltung gegenüber Homosexualität mancher konservativer Wähler_innen oder Mitglieder der Partei CDU bzw. des sozialen Milieus, aus dem sich die Unterstützer_innen der Partei mutmaßlich rekrutierten. Eine erste Version des Plakats trug über dem Portrait die Aufschrift »CDU-Wähler aufgepasst: Ole von Beust ist schwul!«, und im Anschluss an kritische Äußerungen der Hamburger CDU, die dieses Plakat als »Schmutz« bezeichnete, wurde dessen Aufschrift geändert in: »Schwule Wähler aufgepasst: Ole von Beust ist in der CDU!« (Reents 2008, vgl. Die Partei 2008). Beide Plakatvarianten verkündeten keine eigene politische Botschaft oder Programmatik der Partei *Die Partei*, sondern führten ausschließlich eine mögliche Konfliktlinie innerhalb des gegnerischen politischen Lagers vor. Ein zweites Beispiel mit vergleichbarer Wirkungsweise, das zugleich auch die Möglichkeiten einer sich selbst organisierenden Internetguerilla demonstriert, war der sog. »Schäuble Plakat-Remix-Wettbewerb« des Weblogs *Netzpolitik. org* im Bundestagswahlkampf 2009, in dem ein Wahlplakat der CDU durch über 1.000 Nutzer_innen des Blogs grafisch verändert und als Wettbewerbsbeitrag eingereicht wurde (Beckedahl 2009). Das ursprüngliche Plakat zeigte den damaligen Bundesinnenminister Schäuble und den Wahlslogan »Wir haben die Kraft für Sicherheit und Freiheit«. Die verfremdeten Versionen äußerten Kritik an der Politik des »Überwachungsminister[s] Wolfgang Schäuble« indem sie Botschaften verkündeten wie »Wir haben genug Platz für Ihre Informationen«, »Yes We Scan!« oder »Wir haben die Kraft für sichere Unfreiheit« (Beckedahl 2009a, 2009b). Auch hier wurde kein eigenes politisches Programm verkündet, sondern die Verfremdungen spielten mit einer wahrgenommenen Diskrepanz zwischen der Botschaft des Wahlplakats und dem politischen Programm, für das der Minister stand.

Das Ziel solcher verfremdeter Botschaften der Antiwerbung besteht darin, »im höchsten Grade kognitive Dissonanz« herbeizuführen, »die Menschen [...] aus ihren Verhaltensmustern« herauszulösen und bestenfalls »der gesellschaftlichen Entwicklung einen Anstoß« zu geben (Lasn 2005: 130). Gegner_innen können innerlich verunsichert bzw. Rezipient_innen zu einer Neubewertung der Botschaften angeregt werden. In jedem Fall sollen die Irritationen dieser Formen der Antiwerbung Rezipient_innen dazu anregen, selbstständig zu deren Weiterverbreitung beizutragen und die Mühen der ursprünglichen Werbekampagne, eine bestimmte Botschaft zu verbreiten, zunichte machen. Die genannten Formen von Antiwerbung arbeiten sich an inneren Diskrepanzen anderer Werbebotschaften ab und wollen diese durch ein Hinzufügen zunächst verborgener Elemente sichtbar machen. Es handelt sich dabei um ein Spiel mit unterschiedlichen inhaltlichen Aussagen. Irritierende Effekte können aber auch weiter in Richtung reiner Destruktionen führen. Es handelt sich dann um Formen des De-Marketings, denen es in erster Linie darum geht, positive Konnotationen von Werbebotschaften in negative umzuwandeln (vgl. Lasn 2005: 164ff.) oder um Versuche der Imageverschmutzung, mit denen die hinter einer Botschaft stehenden Akteure direkt angegriffen werden. Indem bspw. »schlechtes Benehmen auf eine ganze Gruppe [...] zurückfällt oder [...] dies zumindest von ›offizieller‹ oder dritter Seite so gesehen wird«, soll das Ziel verfolgt werden, »den Ruf einer Person, einer Gruppe, einer Partei, einer Stadt oder eines Landes nachhaltig zu schädigen« (autonome a.f.r.i.k.a. gruppe u.a. 2001: 149). Mit Aktionen der Imageverschmutzung können auch konkrete Programme torpediert werden, die eine breite öffentliche Unterstützung erfordern. Bekannt sind bspw. *NOlympics*-Bewegungen, die Bewerbungen für Olympische Spiele und die Austragung der Veranstaltung durch Störaktionen zu ›verschmutzen‹ suchen (autonome a.f.r.i.k.a. gruppe u.a. 2001: 149ff.).

Die Verfahrensweise der Imageverschmutzung politischer Akteure oder gesellschaftlicher Institutionen verweist auf die zweite Dimension der Kritik, das Vorgehen gegen statische Strukturmerkmale der Kulturellen Grammatik. Denn »in einem gewissen Sinne« meint Imageverschmutzung »eine Umkehrung des bürgerlichen Repräsentationsprinzips: Anstelle der legitimierten Vertreter versuchen nichtlegitimierte Gruppen, die Repräsentation der Allgemeinheit zu bestimmen« (autonome a.f.r.i.k.a. gruppe u.a. 2001: 149). Der Angriff richtet sich deshalb nicht nur gegen bestimmte inhaltliche Aussagen, sondern mit der Umkehrung des Repräsentationsprinzips wird ein übergreifendes Strukturmuster der Kulturellen Grammatik in Frage gestellt. Gesellschaftliche Institutionen, ob politische, wirtschaftliche, kulturelle oder Verwaltungsorganisationen, ob Schule, Polizei oder Vereine, erlangen auf verschiedene Weise Präsenz im Alltagsleben bzw. werden repräsentiert. Sie können ihre ›normalisierende‹ Wirkung in der Gesellschaft entfalten, indem »das Sich-Einfügen in und die Unterwerfung unter Macht- und Herrschaftsverhältnisse von klein auf gelernt werden« (autonome a.f.r.i.k.a. gruppe u.a. 2001: 14). Beispielhaft lässt sich dies an der Struktur des Schulunterrichts illustrieren. Hier spielen nicht nur die im Unterricht vermittelten Inhalte eine wichtige Rolle für die Sozialisation der Kinder im Sinne einer herrschenden Gesellschaftsordnung, sondern auch strukturelle Merkmale wie die Sitzordnung eines Klassenraums, die eine Differenz zwischen Lehrer_innen und Schüler_innen markiert, die Autorität der Lehrer_innen, die über den Verlauf einer Unterrichtsstunde entscheiden, indem sie deren Struktur vorgeben, die formale Strukturierung des Schulalltags, bspw. durch Pausenklingeln und eine festgelegte Länge der Schulstunden, oder die architektonische Struktur des Schulgebäudes mit speziellen Fachräumen, einem meist abgeschlossenen Zimmer für das Lehrpersonal, der Bibliothek und eventuell einem Freizeitraum für Schüler_innen: »Im Rahmen der geschriebenen und ungeschriebenen Regeln und Konventionen der Schule praktizieren Lernende und Lehrende tagtäglich Verhaltensweisen, die auch in zahlreichen anderen gesellschaftlichen Bereichen dazu dienen, eine auf Machtverhältnissen beruhende Ordnung aufzubauen« bzw. zu erhalten (autonome a.f.r.i.k.a. gruppe u.a. 2001: 14). Die Interventionen der Kommunikationsguerilla in Kulturelle Grammatiken sollen diese zumeist nicht bewusst wahrgenommenen Strukturmuster sichtbar machen und hinterfragen. Das heißt nicht, die Existenz solcher Strukturmuster würde prinzipiell kritisiert. Jedoch wird die Frage aufgeworfen, ob genau die speziellen, in einer Guerillaaktion sichtbar gemachten Muster sinnvoll sind und ob sie respektiert und reproduziert werden sollen oder nicht. Weil hier die Formen der Kommunikation wichtiger genommen werden als die inhaltlichen Aussagen, sind »die Kontexte und Situationen, in denen agiert wird, von zentraler Bedeutung, [und] die genaue Kenntnis der jeweiligen lokalen Verhältnisse ist ausschlaggebend für das Gelingen von Aktionen« (autonome a.f.r.i.k.a. gruppe u.a. 2001: 214). Diese richten sich insbesondere gegen Formen von Autorität und statischer, hierarchischer Organisation als Merkmalen der Kulturellen Grammatik, die sie zu untergraben oder aufzulösen versuchen.

Ein Eingriff der Kommunikationsguerilla in die Struktur einer Kulturellen Grammatik kann sich zunächst gegen den Status bestimmter Personen richten und diesen in Frage stellen. Ziel der Kritik werden Politiker_innen und andere Personen, die in der Öffentlichkeit mit Führungsansprüchen auftreten, oder auch sog. Expert_innen, die ein Informationsbedürfnis befriedigen sollen. Die Aktionen lassen sich unterscheiden in solche, die sich direkt gegen eine Person richten und sie diskreditieren sollen, und solche, die die Aufmerksamkeit des Publikums ablenken und die Person damit aus dem Zentrum des Geschehens entfernen sollen. Zur ersten Variante zählen Attacken wie Farbbeutel-, Torten- oder Eierwürfe. Im Mai 1999 wurde bspw. Bundesaußenminister Fischer auf einer Parteiveranstaltung von *Bündnis90/ Die Grünen* von einem Farbbeutel getroffen. Der Werfer wollte damit gegen die Politik Fischers im Zusammenhang mit einem militärischen Eingreifen der NATO in den Kosovo-Konflikt protestieren (Bickel 2000). Die Vorbilder dieser Aktionsform stammen aus Filmen der 1920er und 1930er Jahre, in denen Charlie Chaplin und andere Held_innen der Stummfilmzeit Autoritäten in regelrechte Tortenschlachten verwickelten. Der Tortenwurf, »[d]ieser anarchische Akt, der gegen alle guten Sitten verstößt, verwandelt gestandene Herren [...] im Nu in Witzfiguren. Die Demütigung ist dabei vollkommen und die wiehernde Schadenfreude groß« (autonome a.f.r.i.k.a. gruppe u.a. 2001: 140). Mit Anschlägen per ›Kalorienbombe‹ oder ›Farbgranate‹ lässt sich meist eine große öffentliche Aufmerksamkeit erzielen, die durch das Verbreiten von Bekenner_innenschreiben genutzt werden kann, um eigene inhaltliche Botschaften in die öffentliche Debatte einzuschleusen.

Die zweite Variante, das Ablenken der Aufmerksamkeit von der Person im Zentrum bspw. einer Wahlkampfveranstaltung, lässt sich durch unangemessenes Verhalten erreichen, das besonders dann effektiv wirkt, wenn es nicht auf den ersten Blick als solches erkennbar erscheint, jedoch die Routinen eines ordentlichen Veranstaltungsablaufs unterbricht. Mögliche Varianten sind bspw. Applaus im ›falschen‹ Moment bzw. ohne Unterlass oder auch inszenierte Diskussionen im Publikum über Rahmenbedingungen einer Veranstaltung, bspw. über die Notwendigkeit des Öffnens von Fenstern oder ähnliche Dinge. Solche Interventionen sollen deutlich machen, dass »[d]er Sinn einer ritualisierten Veranstaltung [...] nicht vorwiegend im gesprochenen Wort und den ausgetauschten Argumenten zu suchen [ist], sondern hauptsächlich [darin], wer wann das Wort ergreifen darf, wer das Recht hat, zu sprechen und gehört zu werden« (autonome a.f.r.i.k.a. gruppe u.a. 2001: 25). Sie wirken automatisch als Störung, auch wenn gar keine als Störung erkennbaren inhaltlichen Äußerungen vorgetragen werden, weil sie in die Struktur einer Veranstaltung eingreifen und das Zentrum der Aufmerksamkeit bspw. vom Podium in Richtung des Zuschauer_innenraums verschieben. Ihr Ziel ist erreicht, wenn sich weitere Zuschauer_innen animiert fühlen, selbst in das Geschehen einzugreifen, indem sie bspw. versuchen Ordnung zu schaffen, dabei jedoch eine Verstärkung der Unordnung bewirken. Diese zweite Variante der Kritik am Status einer Person treibt ihr Spiel mit den Organisationsmustern des Kontexts, der durcheinander gebracht wird und deshalb nicht länger der Person ihren besonderen Status zuweisen kann:

> »Das Spiel mit der Verschiebung der Aufmerksamkeit vom Podium in den Saal verfolgt zwei Ziele: Es behindert effektiv den geordneten Ablauf der Veranstaltung, und es zeigt [...] Dissens auf, und zwar nicht auf der Ebene des vom Veranstalter vorgegebenen Themas, sondern auf der Ebene [der Struktur] der Kulturellen Grammatik.« (autonome a.f.r.i.k.a. gruppe u.a. 2001: 28)

Nicht nur einzelne Personen, auch Organisationen können zum Gegenstand der Kritik ihres Status werden. Im Fall der Adbuster-Bewegung, die insbesondere in Nordamerika gegen ökonomische Strukturen agiert, lassen sich für diesen Aspekt beispielhafte Überlegungen finden, die sich um die Frage des gesellschaftlichen Status großer Konzerne drehen. »Unter der Last der Konzernmacht und des Spektakels«, so verkündet Kalle Lasn, einer der Köpfe der Bewegung, »entwickelt[e] sich die einst so stolze Demokratie [der USA] zu einem Konzernstaat« (Lasn 2005: 147). Diese Organisationen, die im Grunde nur als »juristische Konstruktion[en]« existieren, wurden im Verlauf der Geschichte mit verfassungsmäßigen Rechten ausgestattet, die sie zu *Corporate Citizens*, zu Unternehmen mit Quasi-Bürgerrechten aufgewertet haben (Lasn 2005: 147f.). Ausgestattet mit solchen Statusmerkmalen und darüber hinaus großen materiellen und organisatorischen Ressourcen scheinen sie die menschlichen Bürger_innen mehr und mehr in eine durch Abhängigkeit oder Unterordnung gekennzeichnete Beziehung verwoben zu haben. Bspw. sollen Bürger_innen einer Kommune möglichst nicht mitbestimmen, ob und wie sich ein Unternehmen ansiedeln darf, sondern in erster Linie Kund_innen sein, die als Elemente einer Zielgruppe wahrgenommen und mit Marketingaktionen bearbeitet werden. Gegen diese Umkehrung der Hierarchien, in der nicht mehr Organisationen in Abhängigkeit von Menschen, sondern Menschen in Abhängigkeit von Organisationen existieren, richten sich die Aktionen der Adbusting-Bewegung. Ihre Interventionen sollen als Nadelstiche dazu beitragen, systematisch den »Konzernstaat auseinander zu nehmen und [...] die Souveränität [der Bürger_innen] zurückzuholen, die [...] im vergangenen Jahrhundert verloren[gegangen]« sei (Lasn 2005: 147). Auch solche Versuche einer Umkehrung der Beziehung lassen sich als *détournements* begreifen, die sich auf verschiedenen Beziehungsebenen durchführen lassen: in Form von persönlichen Konflikten in der Kund_innenbeziehung, von organisierten Protesten als Einflussnahmen in öffentliche Debatten oder von Versuchen einer Umstrukturierung der politischen und juristischen Rahmenbedingungen.

Neben dem Status von Organisationen können auch die Organisationsstrukturen selbst in den Fokus der Kritik rücken. Die Kritik richtet sich dann gegen das Merkmal fester, möglicherweise hierarchischer Organisation im Allgemeinen, nicht mehr nur gegen eine etwaige ›falsche‹ Organisation oder Hierarchie. Das Ziel besteht darin, solche festen Formen aufzulösen und in netzwerkartig-dynamische und/oder prekäre Strukturen ohne feste Organisationsmuster zu überführen, die es den Menschen ermöglichen, »[s]pontan, authentisch und lebendig zu sein« (Lasn 2005: 167). Solche Muster einer »Desorganisation« oder »Nicht-Organisation als Prinzip« (Amann 2005c: 47) existieren nicht nur als Ideal für Organisationsformen und Vorgehensweisen im Internet, wie sie am Beispiel des Hacktivismus bereits diskutiert wurden, oder werden für die unkontrollierte, epidemische Ausbreitung von Informationen genutzt, sondern sie dienen auch als Referenz für eine temporäre Auflösung der Ordnung des Alltagslebens. Die zeitweise Umnutzung öffentlicher Räume durch Straßenfeste orientiert sich bspw. am Vorbild des mittelalterlichen (nicht des zeitgenössischen, in reglementierter Folklore erstarrten) Karnevals, der einen Raum ungeregelter Narrenfreiheit eröffnete. Die Idee, »[j]eden Tag zum heimlichen Karneval [zu] machen« (Amann 2005b: 30) und solche närrischen, ungeregelten Räume zu schaffen, verfolgt das Ziel, Perspektiven auf verschiedene Handlungsmöglichkeiten jenseits der etablierten Kulturellen Grammatik des Alltags zu eröffnen, die auf den ersten Blick grotesk erscheinen können:

»[N]icht um die Durchsetzung einer besseren Ordnung [geht] es dabei, sondern darum, die bestehende Normalität der Welt ins Absurde zu überführen. Die Stilmittel des Karnevalesken sind groteske Verschiebungen des Bestehenden. Nicht eine einfache Umkehrung der Machtstrukturen macht die ›verkehrte Welt‹ des Großen Karnevals aus. Die Verschiebung, durch die sie entsteht, überschreitet die Strukturen der Macht ebenso wie deren Umkehrung. Sie zieht die ganze herrschende Welt in den Strudel des Wilden Lachens. In diesem Lachen öffnen sich die Diskurse, lösen sich unumstößliche Wahrheiten auf, erhalten die Dinge neue und vielfältige Bedeutungen. [...] Die Lachende bewegt sich in einer Zwischenwelt [...]. Dort regieren Anti-Hierarchie und fröhliche Relativität der Werte, heitere Anarchie und Verspottung aller Dogmen; dort zeigt sich die Vielzahl der Perspektiven.« (autonome a.f.r.i.k.a. gruppe u.a. 2001: 203f.)

Auf der Ebene der Struktur der Kulturellen Grammatik dient die Kritik der Kommunikationsguerilla der Destabilisierung, Zersplitterung oder Auflösung vorgegebener Organisationsmuster. Auch hier besteht das Ziel vornehmlich darin, offene Möglichkeitsräume zu schaffen, ohne zugleich alternative Strukturen dagegen zu setzen. Wo eine alternative Perspektive dennoch Gestalt annimmt, zeichnet sich ein Bild von Organisationsmustern ab, die durch prekäre oder nur temporär stabile Strukturen, fehlende oder sehr flache Hierarchien und netzwerkartige Beziehungen gekennzeichnet sind.

Als dritte Dimension der Kritik neben derjenigen an inhaltlichen Aussagen und an (statischen) Strukturmustern lassen sich Interventionen in die (Re-)Strukturierungsprozesse der Kulturellen Grammatik ausmachen. Diese Strukturierungsprozesse variieren je nachdem, welche konkrete Institution oder Organisation bzw. welche soziale Beziehung betrachtet wird. Einerseits handelt es sich um Prozesse der »Sozialisation«, deren Effekt »meist relativ klare Erwartungen [sind], wie ein bestimmtes Ereignis oder eine bestimmte Situation ›normalerweise‹ aussehen oder ablaufen müsste« (autonome a.f.r.i.k.a. gruppe u.a. 2001: 46). Gegen solche Routinen kann mit Versuchen der Verfremdung vorgegangen werden, um »bei Akteurinnen und Zuschauern Distanz zu den herrschenden Verhältnissen zu schaffen und so deren scheinbare Natürlichkeit in Frage zu stellen« (autonome a.f.r.i.k.a. gruppe u.a. 2001: 54). Verfremdungen fügen sich in den normalen Ablauf eines Kommunikationsprozesses ein, verändern diesen aber bspw. durch abweichende inhaltliche Aussagen und geben dem Geschehen somit eine andere Richtung. Sie werfen den Strukturierungsprozess aus seiner vorgesehenen Bahn.

Ein gelungenes Beispiel einer solchen Ablenkung ist eine Guerillaaktion der Naturfreundejugend Berlin im Rahmen ihrer Kampagne »Pink Rabbit gegen Deutschland«, mit der zu verschiedenen Anlässen im Jahr 2009 einem Unbehagen an der Konstruktion »nationale[r] Mythen« der Deutschen Ausdruck verliehen werde sollte (Naturfreundejugend Berlin 2009a). Eine ihrer Interventionen erfolgte in ein Fest anlässlich des zweitausendjährigen Jubiläums der Varusschlacht im Juni 2009 im westfälischen Kalkriese und wollte auf die Zweifelhaftigkeit des mit der Schlacht verbundenen Germanen-Mythos aufmerksam machen, der gern als Geburtsstunde der deutschen Nation gehandelt wurde und wird. Am »Originalschauplatz« der Schlacht, so beschreibt die Veranstalterin, die *Varusschlacht im Osnabrücker Land*

GmbH – Museum und Park Kalkriese, dieses Ereignis, hatten sich ca. 400 Darsteller_innen in Römer- oder Germanenkostümen versammelt, um in einer mehrtägigen Veranstaltung zu demonstrieren, »wie sich das Leben vor 2000 Jahren angefühlt haben mag« (Varusschlacht 2009). Auch die Kriegshandlungen selbst wurden nachgestellt. Pink Rabbit, eine Figur mit rosa Häschenkostüm und bewaffnet mit einem bunten Wasserspritzgewehr, mogelte sich ungefragt auf das Schlachtfeld und griff in die ›Kampfhandlungen‹ ein.[13] Das mit viel Pathos versehene Volksfest geriet so unversehens etwas durcheinander. Während die Zuschauer_innen der Veranstaltung augenscheinlich irritiert, aber auch interessiert und amüsiert dem Geschehen folgten, wurden die ›Angriffe‹ des Wasser verspritzenden Häschens durch die mit Holzschwertern bewaffneten ›Römer‹ und ›Germanen‹ beantwortet. Der die Aktion dokumentierende Film führt zunächst die Konstruktion des nationalen Mythos vor, der zugleich in eine größere europäische Erzählung eingeordnet werden sollte. Bspw. wird die auf der Veranstaltung anwesende Bundeskanzlerin Merkel mit den Worten zitiert: »...allerdings haben wir das als Germanen nicht aus eigener Kraft geschafft, sondern es hat des europäischen Gedankens bedurft...«. Die innere Diskrepanz dieser Aussagen, die den nationalen Mythos um den Kriegshelden Hermann in einen friedfertigen, gesamteuropäischen Kontext einordnen soll, wird verdeutlicht, indem ein genauer Kamerablick auf einen Besucher der Veranstaltung einen Aufdruck auf dessen T-Shirt offenbart, der verkündet: »Germaniens Freiheit! ... erfolgreich verteidigt vor 2000 Jahren!« – dem Träger des T-Shirts wird eine pinke Gedankenblase über den Kopf montiert, die verkündet: »EU-Vertrag? Ich bin hier nur der Nazi«. Ein Überblick über die Veranstaltung zeigt zudem, dass das Fest weniger der Geschichtsdidaktik zu dienen scheint, als dem Imbiss- und Getränkeverkauf. Außerdem werden im Video zahlreiche Klischees thematisiert, z.B. der Umgang mit dem Geschlechterverhältnis wenn im Schlachtgetümmel scheinbar ›hilflose‹ Frauen von vermeintlich ›lüsternen‹ Männern verfolgt werden. Den Höhepunkt des ca. zweiminütigen Films stellt schließlich die Intervention des rosa Hasen in das Schlachtgeschehen zwischen Römern und Germanen dar. Man sieht, wie Pink Rabbit von einer Gruppe Germanen verfolgt und mit Holzschwertern geschlagen wird. Der abschließende Kommentar zu einem Bild des Schlachtfeldes, auf dem zahlreiche ›Leichen‹ liegen, lautet: »Das tat weh...«.

Die Verfremdung des Kostümfestes erfolgt in formaler Hinsicht durch nur minimale Verschiebungen. Zunächst wurde auf mögliche Ansatzpunkte für eine Kritik der Veranstaltung hingewiesen, jene Ungereimtheiten, die Verfremdungen sichtbar machen sollen. Im konkreten Fall war es insbesondere die Diskrepanz zwischen dem nationalen Mythos um Hermann/Arminius als siegreichem Anführer der Germanen im Kampf gegen die Römer und angeblichem Begründer der deutschen Na-

---

13 | Die filmische Dokumentation, ein erklärender Text sowie weitere Unterlagen zur Aktion wurde im Anschluss auf der Kampagnenwebseite *Pink Rabbit gegen Deutschland* verbreitet (Naturfreundejugend Berlin 2009b).

tion, und dem Versuch, diese Gedenkveranstaltung in einen Kontext des friedlichen Miteinanders in einem vereinten Europa einzuordnen. Die Intervention des Hasen erfolgte dann als formal sehr geringe, in der inhaltlichen Aussage jedoch recht weite Abweichung vom vorgesehenen Ablauf der Veranstaltung. Zwar war die Figur ebenso kostümiert wie die Darsteller_innen der Römer und Germanen, und sie war genau wie diese mit einer vergleichsweise harmlosen Waffenattrappe ausgestattet. Aufgrund ihrer falschen äußeren Erscheinung (pinkes Hasenkostüm statt antiker Kluft) und der falschen Ausstattung (Spritzgewehr anstatt Holzschwert) wird dennoch sofort allen klar, dass diese Figur nicht Teil der hier erzählten Geschichte ist und sie das Geschehen irritiert. Unabhängig von der Frage, ob eine bestimmte Botschaft transportiert werden soll bzw. welche Botschaft es sein könnte, kritisiert der Auftritt die Inszenierung einer nationalen Mythologie und entlarvt sie als absurdes Schauspiel. Die Verfremdung erfolgt also nicht nur hinsichtlich einer inhaltlichen Aussage, sondern auch durch ein Spiel mit der Konnotation der Aussage. Die scheinbar harmlose Veranstaltung der nachgestellten Varusschlacht entpuppt sich durch die Intervention des Hasen als sehr ernsthafte Angelegenheit, deren Ordnung durch die Darsteller_innen selbst und später durch ein Einschreiten der Polizei wiederhergestellt werden musste. Nur weil die Darsteller_innen der Römer und Germanen ihre Erzählung der Geschichte ernst nahmen, konnten sie sich symbolisch angegriffen fühlen. Auf Seiten der Zuschauer_innen sollen solche Aktionen jedoch nicht als Angriff wahrgenommen werden, sondern »verdrängte oder normalisierte Aspekte gesellschaftlicher Verhältnisse sichtbar und bewusst machen« (autonome a.f.r.i.k.a. gruppe u.a. 2001: 48). Die Verfremdungsleistung dieser Aktion des Pink Rabbit könnte aufgrund seines anderen Aussehens und des leicht abweichenden Verhaltens etwa auf spielerische Weise für einen Moment die Problematik der Fremdenfeindlichkeit in Deutschland sichtbar gemacht haben.

Im Anschluss an die Irritation der Varusschlacht erhielt die Pink-Rabbit-Kommunikationsguerilla einen Bußgeldbescheid der Stadt Bramsche, mit dem die Aktion als Ordnungswidrigkeit geahndet wurde. Es sei »eine Aufführung im Rahmen der Römer- und Germanentage gestört« worden durch eine »[g]rob ungehörig[e] Handlung, die im Widerspruch zur Gemeinschaftsordnung steh[e]«. Die Behörde stellte weiterhin fest:

»Sie haben bekleidet mit einem rosa Hasenkostüm und einer Wasserpistole in der Hand eine Aufführung bei den Römer- und Germanentagen der Varusschlacht gestört [sic], indem sie zwischen eine Aufführung liefen und riefen, sie seien gegen Deutschland. [...] Die Besucher der Veranstaltung fühlten sich gestört und die Polizei musste einschreiten, so dass sich die Allgemeinheit belästigt fühlte [sic].« (Stadt Bramsche 2009)

Die Naturfreundejugend Berlin kommentierte auf ihrer Kampagnenwebseite die amtlich festgestellte Störung durch die Polizei mit »Stimmt!« und die Begründung des Bescheids mit den Worten: »Moment mal: hat das Rabbit jemals etwas gerufen? Nein. Also hat das Ordnungswesen der Stadt Bramsche eine Transferleistung hinbekommen. Glückwunsch!« (Naturfreundejugend Berlin 2009b).

Eine Verfremdungsaktion versucht in den Verlauf eines Kommunikationsprozesses einzugreifen, dessen inhaltliche Aussage (bspw. Frieden und europäische Vereinigung vs. nationaler Mythos) bzw. dessen Logik (bspw. spielerisches Ritual vs. Ernst bzw. Lächerlichkeit) zu verschieben und die Aufmerksamkeit auf innere Ungereimtheiten zu konzentrieren oder auf verwandte Prozesse im Umfeld des vorgesehenen Geschehens zu lenken. Man könnte es auch als ein Ausweichmanöver bezeichnen, das die Sicht auf einen anderen Horizont freigibt, oder als eine Form des Ebenenwechsels, wenn bspw. vorgeblicher Spaß in sichtbaren Ernst umschlägt.

Eine zweite Form der Intervention in Strukturierungsprozesse ist das Verfahren der Überidentifizierung. Dabei geht es im Gegensatz zu Verfremdungen darum, »sich ganz konsequent innerhalb der Logik der herrschenden Ordnung zu positionieren« und dabei einen gewissen Relativismus oder eine Distanziertheit aufzugeben, welche die meisten politischen Positionen der Gegenwart kennzeichnen. Kommunikationsguerilla kann versuchen, diese Distanz zu unterlaufen, »indem sie sich weiter mit der Logik des herrschenden Systems identifiziert, sie ungebrochener ernst nimmt als das System selbst es tut (tun kann)«. Auf diesem Weg sollen »[v]erborgene Wahrheiten« eines Diskurses sichtbar gemacht werden, die »gleichzeitig wesentliche Bestandteile des Systems und mögliche Bruchstellen sind« (autonome a.f.r.i.k.a. gruppe u.a. 2001: 54f., Hervorhebung im Original). Versuche der Überidentifizierung setzen erstens voraus, dass sich »der ›Sprecher‹ scheinbar eindeutig innerhalb der Logik des Systems positioniert« und zweitens, dass »man tatsächlich wesentliche Bruchstellen der herrschenden Diskurse aufgespürt hat« (autonome a.f.r.i.k.a. gruppe u.a. 2001: 56f.).

Beispiele für gelungene Überidentifizierungen liefern einige Aktionen der *Yes Men*, die sich in den 2000er Jahren zu der wohl bekanntesten Kommunikationsguerilla entwickelt haben. Eines ihrer bevorzugten Angriffsziele war eine Zeit lang die Welthandelsorganisation (WTO). Zunächst etablierte die Gruppe mit der Webseite *www.gatt.org* einen Auftritt im unmittelbaren semantischen Umfeld der Welthandelsorganisation. Der Titel der Seite nimmt Bezug auf ein Handelsabkommen, das *General Agreement on Tariffs and Trade* (GATT), das zu den Grundlagen der WTO gezählt wird. Auf dieser Webseite, die sich optisch an die offizielle Seite der WTO anlehnt, werden eigene, kritische Positionen zu deren Politik veröffentlicht. Mehrere Male erhielten die Yes Men über diese Seite Einladungen zu Kongressen oder Interviewanfragen, die sich an die wirkliche WTO richteten. Die Absender_innen hatten offensichtlich nicht genau hingeschaut, auf wessen Webseite sie sich befanden und wem sie ihre Anfrage schickten. Die Gruppe nahm solche auf Verwechslung basierenden Einladungen an und reiste als vermeintlich offizielle Vertretung der WTO zu verschiedenen Konferenzen, auf denen sie deren Politik bzw. ihre Interpretationen der Politik der WTO erläuterte. Mit dem Mittel der Überidentifizierung trieben sie in ihren Vorträgen deren politisches Programm auf die Spitze und darüber hinaus. Sie argumentierten bspw. für eine globale Wirtschaftsordnung, die effizienter und humaner sei, weil die »Sklaven« der nördlichen Industrieländer als freie und billige Arbeitskräfte einfach zu Hause in Afrika bleiben könnten, sie schlugen ein System zur Versteigerung von Wahlstimmen an Unternehmen vor, um die Ineffizienz demokratischer Prozesse im ökonomischen Sinne zu optimieren usw. (The Yes Men 2003: 24, 50f.). Immer ging es um das Kernanliegen der WTO, Hindernisse für einen freien Welthandel abzubauen, das argumentativ auf die Spitze getrieben wurde. Das Erstaunliche dieser Vorträge vor Manager_innen oder Verbandsvertreter_innen war, dass die Yes Men trotz ihrer teilweise absurden Übersteigerungen der WTO-Programmatik niemals als Betrüger entlarvt wurden, sondern sie selbst erst im Anschluss durch ihre Dokumentation der Aktionen und durch Pressearbeit eine Aufklärung über ihre Auftritte herbeiführen mussten:

»[F]or the last three years, the two of us have traveled around the world to important meetings of lawyers, managers, engineers, and policymakers, where we have given elaborate and outrageous lectures about WTO policy – as WTO representatives. Neither one of us studied economics in school. We know very little about the subject, and we won't attempt to convince you otherwise; if you are of sound mind, you would have seen through us immediately. Yet to our surprise, at every meeting we addressed, we found we had absolutely no trouble fooling the experts – those same experts who are ramming the panaceas of ›free trade‹ and ›globalization‹ down the throats of the world's people. Worse – we couldn't get these folks to *disbelieve* us. Some of our presentations were based on official theories and policies – but presented with far more candor than usual, making them look like the absurdities that they actually are. At other times we simply ranted nonsensically. Each time, we expected to be jailed, or kicked out, or silenced, or at least interrupted. But each time, no one batted an eye. In fact, they applauded.«[14] (The Yes Men 2003: 4f., Hervorhebung im Original)

---

14 | »Während der vergangenen drei Jahre reisten wir beide rund um die Welt und trafen Anwälte, Manager, Ingenieure und Politiker auf wichtigen Konferenzen. Wir hielten dort ausgefeilte und zugleich hanebüchene Vorträge über die Politik der WTO – als WTO-Vertreter. Keiner von uns hatte jemals Wirtschaft studiert. Wir wissen wenig über das Thema, und wir wollen nicht versuchen, Sie vom Gegenteil zu überzeugen. Wer im Vollbesitz seiner geistigen Kräfte ist, hätte uns sofort entlarvt. Aber zu unserer Überraschung konnten wir auf jeder Konferenz, auf der wir Vorträge hielten, völlig problemlos die Experten zum Narren halten – dieselben Experten, die der Weltbevölkerung die Wundermittel des ›Freihandels‹ und der ›Globalisierung‹ in den Rachen stopfen. Schlimmer noch – wir waren nicht in der Lage, diese Leute dazu zu

Tatsächlich wollten die Yes Men mit diesen Aktionen die Politik der WTO nicht weiter vorantreiben, sondern kritisieren. Die Kritik gelang insbesondere durch die anschließenden öffentlichen Diskussionen in Massenmedien über diese absurden Vorträge, in denen die Gruppe ihre kritischen Positionen noch einmal explizit formulieren konnten. Mit der Methode der Überaffirmation, die im Rahmen der Auftritte praktiziert wurde, soll es jedoch zunächst gelingen, solche Kritik »in affirmativer statt in kritisch-aufklärerischer Weise« vorzutragen und es politischen Gegner_innen »unmöglich [zu machen], sich der Konsequenz der Argumentation zu entziehen« (autonome a.f.r.i.k.a. gruppe u.a. 2001: 57). Der Eingriff in den Prozess politischer Kommunikation erfolgt hier in Form einer Art Beschleunigung – die Logik eines tatsächlichen politischen Programms wird ein kleines oder größeres Stück weitergedacht, wodurch dessen mögliche Konsequenzen zu Tage treten. Der Regelbruch, mit dem vom ›normalen‹ Verfahren abgewichen wird, bezieht sich dabei weniger auf die Ebene inhaltlicher Aussagen (die Yes Men haben sich bspw. ganz im Sinne der WTO für die Abschaffung von Hemmnissen des freien Warenverkehrs ausgesprochen), sondern auf den gemessenen, relativierenden Stil der Politik, der sonst gepflegt wird. Eine »internalisierte, in sich schon vorweggenommene Kritik« politischer Positionen, die diese unangreifbar erscheinen lässt und eine Politik angeblicher Sachzwänge zu legitimieren scheint, soll durch Überaffirmationen ausgehebelt werden, um auf diese Weise »Implikationen [...], die innerhalb einer Ideologie mittransportiert werden und ihr zugleich scheinbar widersprechen [oder die] zwar allgemein bewusst sind, aber dennoch unausgesprochen und tabuisiert bleiben«, sichtbar zu machen (autonome a.f.r.i.k.a. gruppe u.a. 2001: 54f.).

Im Fall des Konflikts der Yes Men mit der WTO versuchte die Kommunikationsguerilla diesen Aspekt bei einer Konferenz für Wirtschaftsprüfer_innen im australischen Sydney von der Programmatik auf die reale Politik und deren Auswirkungen zu übertragen. Die Yes Men drehten dort ihre Methode der Überaffirmation um, indem sie nicht eine Verschärfung der Politik der WTO propagierten, sondern das Gegenteil, eine schonungslose (scheinbare) Selbstkritik angesichts des Scheiterns dieser Politik praktizierten. Sie präsentierten und diskutierten als vermeintliche Vertreter der WTO eine Vielzahl von Detailinformationen über die negativen Auswirkungen eines liberalisierten Welthandels und verkündeten schließlich das Ende der Existenz dieser Organisation in ihrer gegenwärtigen Form:

bringen, uns *nicht* zu glauben. Einige unserer Vorträge bauten auf anerkannten Theorien und politischen Programmen auf – aber wir präsentierten sie mit viel größerer Offenheit, als sie gewöhnlich vorgestellt werden, und machten so ihre tatsächliche Absurdität sichtbar. Manchmal erzählten wir auch nur sinnloses Zeug. Wir erwarteten jedes Mal, verhaftet oder hinausgeworfen, zum Schweigen gebracht oder wenigstens unterbrochen zu werden. Aber nicht ein einziges Mal zuckte jemand mit der Wimper. Stattdessen ernteten wir Applaus« (Übersetzung: H.S.).

»Over the next two years, we of the WTO will endeavor to launch our organization anew along different lines, based on a new understanding of the purposes of world trade. The new organization will have as its foundation and basis the United Nations Charter of Human Rights, which we feel will be a good basis for insuring that we will have human rather than business interests as our bottom line. Agreements reached under the WTO will be suspended pending ratification by the new incarnation of our organization, which we are tentatively calling the Trade Regulation Organization.«[15] (The Yes Men 2003: 92)

Auch mit diesem Vortrag wurden sie nicht als Hochstapler entlarvt, sondern sie ernteten viel positiven Zuspruch. Es wurde offensichtlich, dass die Yes Men nicht etwa völlig überzogene Ideen geäußert hatten, sondern im Grunde das verdrängte Wissen der australischen Wirtschaftsprüfer_innen im Publikum über die Schattenseiten des liberalisierten Welthandels ans Licht geholt und ausgesprochen hatten. Die übersteigerte Identifizierung fand hier also nicht im Hinblick auf die WTO statt, die der Redner vermeintlich repräsentierte, sondern in Hinblick auf das Publikum der Konferenz, dem mit dem Vortrag ein verdrängter Teil seines eigenen Wissens ins Bewusstsein gerufen wurde:

»[W]ith appalling fact after appalling fact, the audience gave their speaker the raptest attention, some periodically nodding in affirmation. When Sprat [so lautete das Pseudonym des angeblichen Vertreters der WTO] finally wrapped up, there was a hearty and sincere round of applause. A shocked Trevor Beckingham [der Veranstalter] called for questions. At this point it became clear that not only had everyone *believed* the WTO was indeed shutting down, they were *happy* about it. And full of helpful suggestions. [...] As we moved off to the fancy salmon-and-lamb lunch [...], everyone had something real and important to talk about. It seemed that everyone wanted to tell their own

---

15 | »In den kommenden zwei Jahren werden wir von der WTO uns bemühen, unsere Organisation entlang anderer Leitlinien neu auszurichten, die auf einer neuen Zweckbestimmung des Welthandels gründen. Die neue Organisation wird auf Basis der UN-Menschenrechtscharta aufgebaut, von der wir glauben, dass sie eine gute Grundlage bildet, um sicherzustellen, dass menschliche Interessen vor geschäftlichen Interessen Vorrang haben werden. Vereinbarungen, die unter dem Dach der WTO getroffen worden sind, werden außer Kraft gesetzt, bis sie durch die neu ausgerichtete Organisation bestätigt werden, die wir vorläufig Organisation für Handelsregulierung nennen« (Übersetzung: H.S.).

personal story about inequality.«[16] (The Yes Men 2003: 99, Hervorhebung im Original)

Überaffirmation lässt sich also sowohl als Methode der Kritik an politischen Gegner_innen als auch als ein Mittel zur Ansprache möglicher Unterstützer_innen einsetzen. Die Irritation der Kulturellen Grammatik erfolgt in beiden Fällen durch den Versuch, verdrängte bzw. tabuisierte Aspekte dieser Ordnung sichtbar zu machen. Mit der übersteigerten Darstellung politischer Programme sollen die Adressat_innen solcher Aktionen dazu angeregt werden, sich zu positionieren und ihre indifferente Haltung im Schatten der herrschenden Ordnung aufzugeben.

Wenn man die Überaffirmation als Beschleunigung eines Restrukturierungsprozesses der Kulturellen Grammatik verstehen kann, so ist auch ihr Gegenteil, die Verzögerung oder Unterbrechung solcher Prozesse denkbar. Der Karneval, der weiter oben bereits als Beispiel für eine temporäre Auflösung einer stabilen Ordnung diskutiert wurde, kann unter diesem Blickwinkel auch als Unterbrechung von Alltagsroutinen bzw. von normalen Handlungsabläufen verstanden werden. Praktiken, in denen die Unterbrechung von Routinen besonders deutlich sichtbar wird, sind *Flash-Mobs*, jene »sinnbefreite[n] Blitzperformances« (Amann 2005c) im öffentlichen Raum, die den normalen Ablauf des alltäglichen Lebens irritieren. Als Idealfall einer Unterbrechung kann ein Flash-Mob allein darin bestehen, dass eine Anzahl Menschen scheinbar spontan und ohne erkennbare Verabredung oder ohne sichtbares Kommando plötzlich regungslos im Raum verharrt, z.B. indem die Beteiligten einfach stehen bleiben, sich auf den Boden legen oder ähnliches (nicht) tun. Solche Unterbrechungen haben oft keine eigene inhaltliche Aussage. Sie »entblößen die nach Kriterien der Funktionalität und Effektivität durchgeplanten Verhaltensweisen und den auf Nutzen und Verwertung ausgerichteten Ablauf des Lebens« (Amann 2005c: 190). Sie können zudem versuchen, als politische Manifestation im engeren Sinne auf einen problematischen Sachverhalt aufmerksam zu machen, bspw. durch bestimmte Körperhaltungen im öffentlichen Raum auf Überwachungskameras als

---

16 | »Mit jeder neuen, fürchterlichen Tatsache, die der Redner vortrug, wuchs die Aufmerksamkeit des gespannten Publikums und manche fielen periodisch in ein zustimmendes Nicken. Als Sprat [so lautete das Pseudonym des angeblichen Vertreters der WTO] schließlich seinen Vortrag beendete, erntete er herzlichen und aufrichtigen Applaus. Ein betroffener Trevor Beckingham [der Veranstalter] eröffnete die Fragerunde. An diesem Punkt wurde deutlich, dass nicht nur alle *geglaubt* hatten, die WTO werde tatsächlich ihren Betrieb einstellen, sie waren sogar *glücklich* darüber. Und hatten eine Menge hilfreiche Vorschläge. [...] Als wir uns zum schicken Lachs-Lamm-Mittagessen begaben [...] hatte jeder etwas wirklich Wichtiges zu erzählen. Es schien, als ob alle ihre eigenen Erfahrungen mit Ungleichheit berichten wollten« (Übersetzung: H.S.).

strukturierendes Element der Kulturellen Grammatik, das viele Passant_innen im Alltag gar nicht wahrnehmen (vgl. Amann 2005c: 191).

Jenseits dieser möglichen Wirkungen auf Rezipient_innen sind Flash-Mobs aber auch äußeres Anzeichen einer Organisations- und Mobilisierungsfähigkeit, die sich im beinahe unsichtbaren Raum des Internets und der Kommunikation via SMS, Mobiltelefon und Mund-zu-Mund-Propaganda entwickeln kann. Die soziale Koordination im Modus des Flash-Mobs unterbricht damit eingespielte Demonstrations- und Protestroutinen, die aus dem Kontext zentral und hierarchisch organisierter Massenbewegungen wie Gewerkschaften oder Volksparteien stammen. Die Fähigkeit zur nichthierarchischen, horizontalen Koordination sozialer Gruppen in Form einer Art spontaner Schwarmintelligenz ermöglicht anstatt langfristig geplanter Aufmärsche überraschende und scheinbar aus dem Nichts entstandene Manifestationen in der Öffentlichkeit. Organisation kann als Desorganisation auch das Gegenteil von Koordination bedeuten, das heißt die bewusste Zerstreuung einer Gruppe in unkoordiniert handelnde Kleingruppen. Sie verfolgt dann das Ziel, »strukturell ein unkontrollierbares Moment« in den öffentlichen Raum einzuführen (Wieczorek 2005: 183).

Die spontane Organisation in Form von Flash-Mobs oder ähnlichen Vorgehensweisen eröffnen einen weiten Raum für politisches Handeln, in dem sowohl partizipative oder revolutionäre Anliegen Platz finden als auch die Koordination terroristischer Anschläge möglich wird (Rheingold 2002). Die Unterbrechung von Routinen erscheint dabei als besonders wirksam, wenn die Kulturelle Grammatik durch besonders stabile Organisationsmuster, das heißt besonders eingefahrene Routinen geprägt ist. In der westlichen Welt wurde die organisatorische Kraft, die sich hinter Flash-Mobs verbirgt, in den Protesten gegen den WTO-Gipfel in Seattle 1999 erstmalig sichtbar, und auf den Philippinen musste im Januar 2001 Präsident Estrada nach Massenprotesten zurücktreten, die per SMS organisiert worden waren (Rheingold 2002: 157ff.). Im Januar und Februar 2011 wurden die Demonstrationen der sog. Jasmin-Revolution in verschiedenen arabischen Ländern auf diese Weise organisiert, und in China reichte zur gleichen Zeit der anonyme Aufruf im Internet zu »Sonntagsspaziergängen« in Anlehnung an die arabische Jasmin-Revolution aus, die Ordnungskräfte des Staates zu mobilisieren:

»[D]er chinesische Polizeistaat [demonstrierte] mit entlarvender Nervosität seinen eisernen Willen, jeglichen Ansatz von Protest im Keim zu ersticken [...]. Staats- und Parteichef Hu Jintao höchstselbst versammelte führende Kader und schärfte ihnen ein, für eine ›harmonische und stabile‹ Gesellschaft zu sorgen. Pekings Bürgermeister bezeichnete die Sicherheitslage als ›schwierig‹ [...].« (Wagner 2011b)

Die Unterbrechung alltäglicher Routinen im Modus des Flash-Mobs kann also sowohl beim Publikum Irritationen auslösen oder das Erkunden neuer Formen sozialer Organisation meinen als auch politische Gegner_innen zur Unterbrechung ihrer Handlungsroutinen verleiten und auf diese Weise Elemente der herrschenden Kulturellen Grammatik sichtbar machen.

DIE *YES MEN* – TRANSFORMATIONEN EINER KOMMUNIKATIONSGUERILLA

Wenn Kommunikationsguerilla ein Sammelsurium zahlreicher unterschiedlicher Praktiken kommunikativer Irritation der existierenden Gesellschaftsordnung ist, dann stellt sich mit einiger Berechtigung die Frage, wohin diese Aktivitäten führen (sollen). Mögliche Antworten schwanken zwischen konkreten politischen Programmatiken und einer Geste der Verweigerung, die Kommunikationsguerilla als ausschließlich Möglichkeitsräume öffnende und Handlungsroutinen unterbrechende Bewegung begreifen will. Selbst die Autor_innenkollektive des *Handbuch[s] der Kommunikationsguerilla* sind sich nicht sicher, in welche Richtung die Konzeption weist: »Was Kommunikationsguerilla nun wirklich ist – ein Hype, eine neue alte Praxis, ein Abgesang auf die Linke, die Morgenröte der Revolution – müssen die Leserinnen des Buches selbst bestimmen« (autonome a.f.r.i.k.a. gruppe u.a. 2001: 220f.). Mit Blick auf den zu Beginn dieser Untersuchung unternommenen Streifzug durch Theorien und Programme des militärischen Guerillakampfs lässt sich sagen, dass es bei der Beantwortung der Frage, was Kommunikationsguerilla sei, darauf ankommt zu sehen, welche politische Programmatik mit welchem Mittel des Konflikts verbunden wird. Als Mittel des politischen Konflikts sind die Guerillapraktiken genauso vielfältig einsetzbar und vermutlich in Variationen schon immer existent, wie es Erscheinungen des Kleinkriegs am Rande vieler regulärer militärischer Auseinandersetzungen der Geschichte gab.[17] Begreift man sie jedoch selbst als Form von Politik (nicht nur als Mittel), dann kennzeichnet sie – ganz abstrakt – eine Tendenz zu möglichst losen, nichthierarchischen und spontanen Organisationsformen sowie ein besonderes Interesse an politischen Strukturproblemen, die sichtbar gemacht und in den Fokus der Aufmerksamkeit gerückt werden sollen. Kommunikationsguerilla beschreibt damit das Gegenteil strategischer Politik, die nach einem einheitlichen Plan und möglichst gut organisiert vorgehen möchte, die sich weniger für die Bearbeitung von Problemen interessiert, als vielmehr dafür, zielgerichtete Interessen durchzusetzen. Lösungen für die angesprochenen Probleme werden durch Kommunikationsguerilla zumeist nicht formuliert – zum ›So nicht!‹ einer Guerillaaktion, mit dem ein Problem benannt wird, gehört nicht zwangsläufig ein politisches Ziel,

---

17 | Bspw. existieren auch vereinzelte Berichte über Aktionen einer »Faschistische[n] Kommunikationsguerilla«, die mit vergleichbaren Mitteln wie etwa gefälschten Publikationen die Öffentlichkeit zu beeinflussen versucht (Autonome Antifa Freiburg 2008).

das verfolgt werden soll. Es dennoch zu formulieren und ggf. mit Mitteln der Gegenöffentlichkeit offensiv in die politische Debatte einzubringen, wäre eine andere, an Kommunikationsguerilla anschließende Form politischer Kommunikation. Kommunikationsguerilla beschreibt eine taktische Vorgehensweise aus einer besonders defensiven oder marginalen gesellschaftlichen Position heraus. In Marcus Kleiners Definition erscheint sie deshalb als Versuch der »aktionsbasierten Störung alltäglicher Medienkommunikationen und Medieninszenierungen bzw. gesellschaftlicher Kommunikationsprozesse sowie als elektronischer Widerstand [...] gegen gesellschaftliche und mediale Hegemonie« (Kleiner 2005: 321).

Jenseits dieser Bemerkungen lässt sich aus einer politikwissenschaftlichen Perspektive kaum eine positive Bestimmung der Kommunikationsguerilla leisten. Aufgrund ihres bewusst verfolgten Anliegens, die Ordnung(en) der Kulturellen Grammatik zu irritieren, könnte man nur formulieren, dass Kommunikationsguerilla einen Teil genau jener Praktiken bezeichnet, die sich nicht eindeutig klassifizieren oder zuordnen lassen. Im besten Fall mögen ihre Irritationen eine transitorische Kraft entfalten, welche die herrschende Ordnung verschiebt und neu strukturiert. Was zu Beginn eines solchen Prozesses als irreguläre Guerillaaktion bewertet würde, verwandelte sich dann im Verlauf zu einer anerkannten, ›normalen‹ Erscheinung. Einen solchen Effekt könnte man beschreiben, wenn sich einzelne taktische Interventionen der Kommunikationsguerilla auf dem Weg ihrer Vervielfältigung tatsächlich zu einer ›Strategie der Taktiken‹ weiterentwickeln sollten und aus diesem Prozess dann vielleicht eine veränderte (symbolische oder soziale) Ordnung hervorgehen würde. In einem solchen Transformationsprozess der als ›normal‹ anerkannten Kulturellen Grammatik geht jedoch die Irregularität der Kommunikationsguerilla verloren – mit anderen Worten: Sie stellt immer weniger eine Irritation dar und geht in eine reguläre Form politischer Kommunikation über. Vor diesem Hintergrund wäre es im Grunde ein sinnloses Unterfangen, ein zusammenfassendes, abschließendes Kapitel über Kommunikationsguerilla schreiben zu wollen, ohne an deren Prinzipien vorbeizugehen. Deshalb soll dieser Abschnitt mit einem Epilog enden, in dem die Entwicklung jener bereits erwähnten Kommunikationsguerilla skizziert wird, die in den vergangen gut zehn Jahren vermutlich die größte öffentliche Aufmerksamkeit erringen konnte: die Gruppe *The Yes Men* (vgl. Sarreiter 2007). Sie scheint sich heute in einem Transformationsprozess hin zu einer weitgehend anerkannten Organisation zu befinden.

Die beiden bekannten Köpfe der Yes Men treten unter den Pseudonymen Mike Bonanno und Andy Bichlbaum auf. Mitte der 1990er Jahre hatten sie unabhängig voneinander einzelne Guerillaaktionen durchgeführt und damit einige öffentliche Aufmerksamkeit – von Zeitungsberichten bis Fernsehnachrichten in den USA und in weiteren Ländern – erregt. Bonanno tauschte bspw. über Monate in heimlichen Aktionen die Sprachboxen von Spielzeugfiguren des Armeehelden *GI Joe* und der *Barbie-Puppe* aus und stellte die Figuren danach zurück in die Regale der Spielzeuggeschäfte. Die Käufer_innen erwarben dann Puppen, die mit tiefer Stimme »Dead men tell no lies« (Tote Männer lügen nicht) sagten, oder Soldaten, die ihre Besitzer_innen piepsig fragten »Wanna go shopping?« (Willst Du einkaufen gehen?). Die Telefonnummern, die auf den Verpackungen des Spielzeugs für mögliche Beschwerden angegeben waren, hatte Bonanno durch die Nummern von Nachrichtenagenturen ersetzt, so dass die Öffentlichkeit Kenntnis von der Aktion erlangte (Sarreiter 2007: 328). Die mediale Aufmerksamkeit, die dieses Spiel mit Geschlechterklischees erregte, wurde durch ein anonymes Video verstärkt, das einen Einblick in die »gender transformation laboratories« (Gender-Umwandlungslabore) der »Barbie Liberation Organization« (Barbie-Befreiungsorganisation) gewährte (The Yes Men 2003: 7). Die erste Intervention des anderen Protagonisten, Andy Bichlbaum, entstand aus der Langeweile, die ihm ein Arbeitsauftrag als Programmierer von Videospielen bereitete. Seine Aufgabe war es, kleine Figuren zu programmieren, die in einem Action-Computerspiel herumlaufen würden. Was er schließlich schuf, war eine Armee schwuler Männer in Badehosen, die von Zeit zu Zeit im Spiel auftauchten, sich umarmten, küssten und den Spieler_innen vor dem Bildschirm Kusshände zuwarfen. Die Guerillaaktion wurde erst entdeckt, nachdem bereits tausende dieser Spiele verkauft worden waren. Sie kostete Bichlbaum zwar seinen Arbeitsplatz, diese besondere Version des Spiels erntete jedoch weltweite mediale Aufmerksamkeit (The Yes Men 2003: 6). Ende der 1990er Jahre fanden beide zusammen und betrieben seither die Webseite *www.rtmark.com*, eine Plattform für »Sabotagesponsoring«, die zumindest vorgibt solche Künstler_innen finanziell zu unterstützen, »die großen Konzernen kleine Streiche spielen wollen« (taz.de 1998). Die ersten Preise verliehen sich die beiden Macher der Seite selbst für ihre eigenen Aktionen (The Yes Men 2003: 7).

Als Yes Men spezialisierte sich die Gruppe auf die Umsetzung einer Taktik, die sie *identity correction* (Identitätskorrektur) nennen und die jene Überaffirmation oder Überidentifizierung meint, die bereits weiter oben anhand eines Beispiels beschrieben wurde. Die Wirksamkeit dieser Methode für das Generieren öffentlicher Aufmerksamkeit beruht unter anderem darauf, dass angegriffene Gegner_innen sich gezwungen fühlen, über den Weg der Richtigstellung eine Distanzierung von den Aussagen zu erreichen, die ihnen in einer Guerillaaktion zugeschrieben werden. Da es sich bei diesen Aussagen jedoch nicht um falsche Behauptungen handelt, sondern sie eine verdeckte Wahrheit verkünden, befinden sich die Angegriffenen in einem Dilemma – gerade durch die Distanzierung wird ihr ›wahres Gesicht‹ umso deutlicher erkennbar und aufwändige Imagekampagnen, die ein anderes Bild erzeugen sollen, drohen zu nutzlosen Verausgabungen zu werden.

Eine erste solche Identitätskorrektur gelang den Yes Men im US-Präsidentschaftswahlkampf des Jahres 2000, in den sie mit der Webseite *www.GWBush.com* eingriffen. Sie imitierten das Erscheinungsbild der offiziellen Wahlkampfseite des Kandidaten George W. Bush, *www.GeorgeWBush.com*, und platzierten dort eine Reihe anderer Informationen, die weniger vorteilhaft für Bush waren als dessen offizielle Wahlwerbung.

»Our GWBush.com [...] featured different highlights from Bush's career: the decline of Texas to the status of most polluted state in the Union under his stewardship; his repeated and abject failures at business ventures; his refusal to deny that he had taken cocaine, while thousands of Texans languished in jail for the same crime; and, in the ›Genealogy Fun‹ section, his grandfather's ties to the nazis.«[18] (The Yes Men 2003: 8)

Bushs Wahlkampfteam reagierte mit Urheberrechtsklagen und reichte eine Beschwerde ein, welche die Yes Men zwingen sollte, sich als politische Unterstützer_innengruppe offiziell registrieren zu lassen. Außerdem begann es, für mehrere tausend Dollar Internetadressen im semantischen Umfeld des Namens George W. Bush aufzukaufen, um weitere vergleichbare Störaktionen gegen die eigene Kampagne zu verhindern. Schließlich sah sich der Kandidat Bush selbst zu einer Stellungnahme genötigt. In einer live ausgestrahlten Fernsehsendung sagte er, angesprochen auf die Webseite der Yes Men: »Of course I've heard of the site, and this guy's just a garbage man. I don't like it, and you wouldn't either. There ought to be limits to freedom«[19] (zit. n. The Yes Men 2003: 8). Diese Aussage provozierte hunderte Zeitungsartikel, Fernseh- und Radiobeiträge über die dermaßen ›geadelte‹ Seite *www.GWBush.com* und den sich sonst als Kämpfer für die Freiheit gebenden Präsidentschaftskandidaten, womit die Identitätskorrektur geglückt war: George Bushs ›wahres Gesicht‹ schien deutlicher erkennbar als zuvor.

Eine weitere, vergleichbar erfolgreiche Identitätskorrektur erreichten die Yes Men Ende 2004 in der Auseinandersetzung mit dem Chemiekonzern Dow Chemical (The Yes Men 2004). Die Gruppe erhielt über die von ihr betriebene Webseite *www.DowEthics.com* eine Interviewanfrage des Fernsehsenders BBC World Television, der auf der Suche nach einer offiziellen Stellungnahme des Unternehmens zum Bhopal-Chemieunfall war und dabei den Internetauftritt der Yes Men mit der wirklichen Webseite des Konzerns verwechselte. Ende 2004 jährte sich zum zwanzigsten Mal der Chemieunfall im indischen Bhopal, der in einem Tochterunternehmen des Konzerns stattgefunden hatte. Eine aus einem Tank einer Chemiefabrik ausgetretene Giftwolke forderte (nach unterschiedlichen Angaben) bis zu 25.000 Todesopfer,

---

18 | »Unsere Webseite GWBush.com [...] präsentierte verschiedene Höhepunkte aus Bushs Karriere: Texas' Entwicklung zum am meisten verschmutzten Staat der USA unter seiner Verantwortung, seine wiederholt und kläglich gescheiterten geschäftlichen Wagnisse, seine Weigerung zu leugnen, dass er Kokain konsumiert hatte, während tausende Texaner aufgrund desselben Vergehens im Gefängnis saßen, sowie, in der Rubrik ›genealogischer Spaß‹, die Verbindungen seines Großvaters zu den Nazis« (Übersetzung: H.S.).

19 | »Selbstverständlich habe ich von dieser Seite erfahren, und dieser Typ ist einfach ein Müllmann. Ich mag das nicht, und Sie würden es auch nicht mögen. Die Freiheit sollte ihre Grenzen haben« (Übersetzung: H.S.).

verseuchte die Region und löste in der Folge zahlreiche Erkrankungen bei mehreren hunderttausend Menschen im Umland der Fabrik aus (Amnesty International). Dow Chemical hatte sich stets geweigert, die Verantwortung zu übernehmen, das Fabrikgelände zu sanieren und für Entschädigungen oder eine angemessene Krankenversorgung der Opfer aufzukommen. Andy Bichlbaum konnte sich dank der Anfrage der BBC in deren Studio begeben, wo er im Namen von Dow Chemical verkündete, dass der Konzern zwanzig Jahre nach dem Unfall die volle Verantwortung übernehmen und zwölf Milliarden Dollar investieren würde, um die Umweltschäden zu beseitigen und die Opfer zu entschädigen. Das live ausgestrahlte Interview wurde in den folgenden zwei Stunden mehrmals wiederholt und die Nachricht zur Top-Meldung auf dem Portal *news.google.com*. An der Frankfurter Börse verlor die Aktie des Konzerns in dieser Zeit rund zwei Milliarden Dollar an Wert. Nachdem Dow Chemical die Meldung dementiert hatte und das Interview aus dem Programm der BBC entfernt worden war, blieb das Dementi seinerseits einen Tag lang die Top-Meldung im Nachrichtenportal von Google. Die Yes Men ›unterstützten‹ ihrerseits das Gegensteuern des Konzerns gegen die falsche Ankündigung, indem sie eine eigene Pressemeldung im Namen von Dow über ihre Webseite *www.DowEthics.com* verbreiteten:

»Dow will NOT commit ANY funds to compensate and treat 120,000 Bhopal residents who require lifelong care. [...] Dow will NOT remediate (clean up) the Bhopal plant site. [...] Dow's sole and unique responsibility is to its shareholders, and Dow CANNOT do anything that goes against its bottom line unless forced to by law.«[20] (dowethics.com 2004)

Auch diese ›falsche‹ Pressemeldung wurde eine Zeit lang als echte Verlautbarung des Unternehmens aufgefasst und weiterverbreitet. Erreicht wurde zumindest, dass das Thema ›Bhopal-Katastrophe‹ überhaupt auf die Agenda der Medien gelangte: »[T]his 20th anniversary of the catastrophe, news about Bhopal and Dow is front and center in the US news. And [...] Dow has been forced to show, by its curt refusal to do anything, just what ›corporate social responsibility‹ really means«[21] (The Yes Men 2004).

---

20 | »Dow wird KEINE Fonds zur Entschädigung und Behandlung der 120.000 Einwohner von Bhopal, die eine lebenslange Behandlung benötigen, einrichten. [...] Dow wird das Fabrikgelände in Bhopal NICHT sanieren (säubern). [...] Dows Verantwortung gilt einzig und allein seinen Teilhabern, und Dow KANN NICHTS tun, das gegen diesen Grundsatz verstößt, bevor es gesetzlich dazu gezwungen wird« (Übersetzung: H.S.).
21 | »An diesem 20. Jahrestag der Katastrophe stehen Bhopal und Dow an der Spitze und im Zentrum amerikanischer Nachrichten. Und [...] Dow demonst-

Die Yes Men entwickelten sich mit diesen und weiteren Aktivitäten in vergleichsweise kurzer Zeit zu einer bekannten Kommunikationsguerilla. Die wachsende Bekanntheit half ihnen bei der Planung ihrer Projekte, bspw. weil sie von anderer Seite Anregungen und Unterstützung wie den Zugang zu Internetadressen wie *www.GWBush.com* oder *www.gatt.org* angeboten bekamen. Ihnen wurden bspw. auch Insiderinformationen über eine fünfzig Millionen Dollar teure Kampagne des Ölkonzerns Chevron zugespielt, die sie für die Durchführung einer gezielten Gegenkampagne nutzen konnten, welche die Kampagne des Konzerns ins Leere laufen ließ (The Yes Men 2010). Was zunächst als individuelle (Freizeit-)Aktion zweier einzelner Personen begann, entwickelte sich zu einer professionell organisierten Unternehmung, wie in den aufwändig vorbereiteten und inszenierten Vorträgen deutlich wird, die sie als vermeintliche Vertreter der WTO oder der US Chamber of Commerce (Klaß 2010) oder von Unternehmen wie Dow Chemical, McDonalds oder dem Öl- und Rüstungskonzern Halliburton unternahmen.[22] Die Finanzierung dieser Projekte gelang dank der inzwischen erreichten Bekanntheit über Spendengelder. Daneben wurden die Aktionen in einem Buch (The Yes Men 2003) sowie in zwei Filmen (2007: *The Yes Men – Streich für Streich die Welt verändern* und 2010: *The Yes Men fix the World*) dokumentiert, aus deren Verkauf Erlöse erzielt wurden.[23] Der zweite Film gewann zudem mehrere Preise, unter anderem den Publikumspreis der Berlinale 2010.

Die gestiegene Aufmerksamkeit für die Gruppe brachte allerdings auch Probleme mit sich. Im Herbst 2009 klagte die US-Handelskammer gegen die Identitätskorrektur, welche die Yes Men an ihr unternommen hatten, und begründete dies mit dem Hinweis auf den Verkauf der Yes Men-Dokumentationen, denn »these acts are nothing less than commercial identity theft masquerading as social activism and must be stopped«[24] (zit. n. Reuters 2009). Vorangegangen war eine Pressekonferenz, auf der die Yes Men als angebliche Vertreter_innen der Handelskammer deren Abkehr von ihrer umweltschädlichen Klimapolitik verkündeten (The Yes Men 2009). Die Handelskammer hatte sich zuvor gegen eine schärfere Klimagesetzgebung ausgesprochen, was die Yes Men nun als ihre vermeintlichen Sprecher_innen zurücknahmen. Wenige Minuten nach Beginn der Pressekonferenz erschien jedoch ein erregter Vertreter der Handelskammer im Raum und verkündete, dies sei keine offi-

---

rierte durch seine knappe Weigerung, irgendetwas zu tun, unfreiwillig, was ›Corporate Social Responsibility‹ wirklich bedeutet« (Übersetzung: H.S.).

22 | Für einen Überblick über alle Aktionen zwischen 1999 und 2010 vgl. The Yes Men (2011).

23 | Alle drei Artikel wurden zeitweise auch als Gratis-Download im Internet angeboten.

24 | »[D]iese Aktionen sind nichts weniger als kommerzieller Identitätsdiebstahl, der sich als sozialer Aktivismus maskiert, und müssen unterbunden werden« (Übersetzung: H.S.).

zielle Veranstaltung der Kammer. Es entspann sich eine Auseinandersetzung um die Legitimität und Wahrhaftigkeit der gegensätzlichen Aussagen. Der wirkliche Pressesprecher versuchte seine Legitimation zu untermauern, indem er bspw. mehrere der versammelten Journalist_innen direkt ansprach, er würde sie kennen, und offensiv seine Visitenkarten verteilte. Die Legitimation des Yes Man Andy Bichlbaum versuchte er zu untergraben, indem er fragte, ob er eine offizielle Visitenkarte der Kammer besitze, mit der er sich ausweisen könne. Bichlbaum hatte dieser Enttarnung zwar wenig entgegenzusetzen, auffällig war jedoch auf der anderen Seite, dass der offizielle Vertreter der Handelskammer es strikt vermied, zu den inhaltlichen Aussagen der falschen Pressekonferenz Stellung zu nehmen. Bichlbaum hatte zuvor den versammelten Journalist_innen erklärt: »Clean coal is a technology that not only has not been proven, it basically doesn't exist«[25] (The Yes Men 2009) – eine Aussage, die in klarem Widerspruch zur Politik der US-Handelskammer stand, allerdings von deren Vertreter nicht widerlegt werden konnte. Auch dieser Aspekt wurde in anschließenden Medienberichten über diese ›falsche‹ Pressekonferenz diskutiert. So blieb zumindest unentschieden, wer anlässlich dieser beinahe gescheiterten Aktion der Yes Men tatsächlich mit dem Anspruch aufgetreten war, den anwesenden Journalist_innen ›wahrhaftige Aussagen‹ zu vermitteln.

Sichtbar wurde in dieser Konferenz jedoch ein Problem einer erfolgreichen Kommunikationsguerilla, wie sie die Yes Men heute sind: Werden ihre Mitarbeiter_innen (zu) bekannt, besteht die Gefahr, dass Überraschungen und Täuschungen nicht mehr funktionieren, da ihre notwendige Tarnung bzw. ihr chamäleonartiger Charakter verloren zu gehen droht. Die Yes Men haben daher inzwischen ein eigenes Weiterbildungsprogramm für jüngere, noch unbekannte Kommunikationsguerillas aufgebaut (Kaul 2010): das *Yes Lab*, »a series of brainstorms and trainings to help activist groups carry out media-getting creative actions, focused on their own campaign goals«[26] (The Yes Lab 2011). Sie führen aber auch weiterhin eigene Aktionen durch, darunter solche, für die sie nicht persönlich in der Öffentlichkeit auftreten müssen. Im November 2008 veröffentlichte die Gruppe eine gefälschte Ausgabe der Zeitung *New York Times*, die sie in Zusammenarbeit mit »hundreds of independent writers, artists, and activists« (hunderten unabhängigen Texter_innen, Künstler_innen und Aktivist_innen) zustande brachte. Die Zeitung wurde in mehr als einer Million Exemplaren in New York und weiteren Städten der USA verteilt und markierte mit ihrer Vorgehensweise den Übergang von einer Guerillaaktion zu einer breiten ›levée en masse‹, der Beteiligung hunderter Menschen, genauso wie

---

25 | »Saubere Kohle ist eine Technologie, die nicht nur nicht nachgewiesen werden konnte, sie existiert im Grunde nicht« (Übersetzung: H.S.).
26 | »[E]ine Reihe von Brainstormings und Übungen, um Aktivit_innengruppen bei der Durchführung ihrer eigenen öffentlichkeitswirksamen, kreativen und auf ihre Kampagnenziele ausgerichteten Aktionen zu unterstützen« (Übersetzung: H.S.).

den Übergang von Guerillakommunikation zum Aufbau einer Gegenöffentlichkeit (The Yes Men 2008). Diese Sonderausgabe war auf den 4. Juli 2009 datiert, dem Nationalfeiertag der Vereinigten Staaten mehrere Monate nach ihrem Erscheinen, und verkündete eine ganze Reihe ›guter Nachrichten‹ aus der Zukunft, wie bspw. das Ende des Irakkriegs oder die Anklage des (zum Erscheinen der Ausgabe noch amtierenden, im Juli 2009 jedoch bereits ehemaligen) US-Präsidenten George W. Bush wegen Hochverrats (nytimes-se.com 2009). Diese Ausgabe der New York Times erregte weltweite Aufmerksamkeit und inspirierte einige Nachahmer_innen.

In Deutschland erschien im Frühjahr 2009 eine gefälschte Ausgabe der Wochenzeitung Die Zeit, die ebenfalls viele ›gute Nachrichten aus der Zukunft‹ verkündete. Das globalisierungskritische Netzwerk Attac produzierte und verteilte diese Zeitung in 150.000 Exemplaren, was zu einer breiten Aufmerksamkeit in der deutschen Presse führte (bspw. Kloth 2009). Im September 2010 publizierte Attac mit einer ähnlichen Aktion eine Beilage zur tageszeitung (taz), die den Namen Financial Crimes Deutschland trug und sich optisch wie thematisch an der Zeitung Financial Times Deutschland orientierte (Attac 2010). Die in ihr verbreiteten Informationen zur Wirtschafts- und Finanzkrise repräsentierten die politischen Anliegen des Netzwerks Attac. Ebenfalls im Herbst 2010 wurde die Hauszeitung des Westdeutschen Rundfunks, WDR Print, von einer Redaktionsgruppe des Senders gefälscht, um Kritik an der Programmpolitik der Senderleitung zum Ausdruck zu bringen (freienseiten.de 2010). Neben der geäußerten Kritik wurde zugleich »ein politischer Systemwechsel herbeigeschrieben: Statt des Rundfunkrats regier[e] künftig ein Zuschauer- und Zuhörerparlament den Sender. Echte Demokratie statt Parteien-Proporz im Führungsgremium« (Reißmann 2010). Auch diese Guerillaaktion war durch die New York Times der Yes Men inspiriert.

Die Yes Men selbst sendeten ein vorläufig letztes Lebenszeichen jedoch aus einem scheinbar ganz anderen gesellschaftlichen Umfeld heraus. Sie waren im September und Oktober 2010 mit einer Ausstellung in der Galerie des Columbia College Chicago vertreten, das sie als eine der wichtigsten politischen Künstler_innengruppen des Jahrzehnts ankündigte (Columbia College Chicago 2010). Diese Ausstellung lässt sich vielleicht als ein Schritt hin zu einer ›Normalisierung‹ der Yes Men und ihrer Aktionsmethoden interpretieren. Ob diese scheinbare Rückkehr aus dem politischen Leben in die gesellschaftliche Sphäre der Kunst ein Ende des politischen Projekts der Yes Men bedeutet, so wie im Fall der künstlerischen Avantgarden deren Einzug in die Museen und Sammlungen ihre politischen Ideen zunehmend verdeckte, bleibt abzuwarten.

Auf der Schwelle zu kommunikativen Netz- und Schwarmkonflikten?

> »Der Blick auf *netwars* ist der kühle Blick auf eine vielfältige Avantgarde der Kommunikationsgesellschaft, deren einziger gemeinsamer Nenner in ›the use of network forms of organization, doctrine, strategy and technology attuned to the information age‹ besteht.«[1]
>
> EVA HORN

Ein bis zu diesem Punkt immer wieder explizit thematisiertes und in den einzelnen Beschreibungen aufscheinendes Problem des Guerillakonflikts besteht in seiner relativen Unbestimmtheit – unabhängig davon, ob es sich um eine militärische oder eine kulturelle bzw. kommunikative Auseinandersetzung handelt. Diese Unbestimmtheit existiert im Fall der politischen Guerillakommunikation einerseits als programmatische Offenheit, die politische Inhalte insbesondere als Negationen gegnerischer inhaltlicher Aussagen oder gar nicht im Sinne weitgehender Inhaltsleere kennt, und andererseits als organisatorische Differenz, die vor allem als Abweichung von hierarchischen, statischen oder klar geregelten gesellschaftlichen Strukturen und Prozessen diskutiert wird. Es wurde zudem argumentiert, dass eine Kulturelle Grammatik der Gegenwart als Gegenüber der kommunikativen Guerillataktiken kaum zu identifizieren ist bzw. dass unterschiedliche Strukturmuster nebeneinander existieren, woraus sich zum Teil die Existenz einer Vielzahl unterschiedlicher abweichender Taktiken erklärt. In diesen Taktiken leben Varianten oder Weiterentwicklungen jener Vorgehensweisen der künstlerischen Avantgardebewegungen fort, die als Vorformen von Guerillakommunikation unter bestimmten gesellschaftspolitischen Bedingungen diskutiert wurden. Diese Bedingungen existieren als übergreifende Strukturmuster einer Kulturellen Grammatik inzwischen nicht mehr. Eine dadaistische Darbietung kann heute bspw. keine metaphysisch begründete Autorität

---

1 | Horn 2009: 43, Hervorhebung im Original.

an der Spitze des Staates mehr irritieren, weil es diese nicht gibt. Die weitere Anwendung vergleichbarer Taktiken weist deshalb offenbar auf die fortwährende Existenz solcher Strukturmuster auf einem anderen organisatorischen Level hin – etwa auf eine Vielzahl vermeintlicher ›kleiner Monarch_innen‹ in der Gesellschaft, die allesamt noch durch neodadaistische Aktionen ›entthront‹ werden könnten.

Trotz der Beobachtung von Konflikten um unterschiedliche Wertesysteme und verschiedene Organisationsmuster innerhalb einer pluralistischen Gesellschaft, die jeweils hergestellt oder in Frage gestellt werden können, bleibt die Frage nach einer eventuell existierenden neuen Kulturellen Grammatik der Gegenwart. Lassen sich nach Durchsicht der unterschiedlichen Varianten der Guerillakommunikation, insbesondere ihrer konstruktiven Dimension, Hinweise darauf ausmachen? Und wenn ja, welche Konturen kommender Konflikte zeichnen sich ab? Im Kapitel über Guerillamarketing wurde bereits das Netzwerk als Strukturmuster einer Kulturellen Grammatik der Gegenwart bezeichnet. Die in manchen Aktionen unterschiedlicher Kommunikationsguerillas aufscheinende Abweichung von hierarchisch geregelten Organisationsmustern weist ebenfalls in Richtung einer solchen Struktur, denn nichthierarchische Organisation ist das zentrale Merkmal von Netzwerken. Darüber hinaus werden die bereits im Guerillamarketing erkennbaren Ansätze zu ungesteuerten Prozessen der Selbstregelung oder Selbstorganisation im Fall der Kommunikationsguerilla noch weiter getrieben in Richtung äußerst prekärer Strukturen bis hin zu gleichsam gegen jegliche Organisiertheit gerichteten Prozessen der Selbstauflösung oder der gezielten Unterbrechung und Desintegration sozialer Zusammenhänge. Das Organisationsprinzip des Netzwerks, das oft noch als statische Struktur mit stabilen Knotenpunkten und einigermaßen festen Fäden (Kommunikationskanälen) zwischen diesen Knoten gedacht werden kann, wird damit weiterentwickelt in Richtung dynamischer Schwarmorganisationen, das heißt eines Beziehungsgefüges einzelner individueller Elemente, die immer in Bewegung bleiben und sich ohne zentrale Steuerungsinstanz organisieren, aber den Schwarm auch jederzeit auflösen oder neu formieren können. Für solche Schwarmorganisationen müssen »die Konzepte von Steuerung und Handlungsfähigkeit vollkommen neu« beschrieben werden:

»Die Koordination der Einzelindividuen in der Gruppe funktioniert [...] durch etwas, das zugleich Interaktion, Kommunikation und Anpassung an die Umwelt ist. Durch die schiere Menge entsteht [...] aus einfachsten Handlungstypen ein komplexes Gesamtverhalten, das allerdings weder als Analyse von Einzelaktionen noch als Blick auf das Ganze beschreibbar ist. Es ist vielmehr eine Struktur, die nur als System von *Relationen* – als Gesamtzusammenhang vieler Elemente – verstehbar ist, nicht aber von einem einzigen Punkt her (einer Befehls- oder Orientierungsinstanz oder auch der Determinierung eines Verhaltens durch seine Umwelt). Schwärme sind so das Inbild der komplexen

Verknüpftheit aller mit allen, ohne dass diese Verknüpfung auf eine ›einzige‹ Quelle rückführbar wäre.« (Horn 2009: 44 u. 46, Hervorhebung im Original)

Die Verknüpfungen in Schwärmen, so wäre mit Blick auf die Desintegrationstendenzen mancher Guerillakommunikation zu ergänzen, können äußerst prekäre, instabile und temporäre Erscheinungen sein und die Beziehungen deshalb besser noch als Ansammlung vielfältiger Assoziationen *und* Dissoziationen bezeichnet werden. In solchen Organisationsformen ändert sich zudem der Status der Subjekte, die nicht länger als vermittelnde Knotenpunkte in Netzwerken erscheinen, zwischen denen Informationen ›fließen‹. Subjekte und deren Handlungen in Schwärmen sind vielmehr selbst ›Information‹, die benachbarten Individuen Orientierung für die Koordination von Handlungsabläufen bietet: Im Schwarm besteht »Kommunikation [...] nicht im Gebrauch der Zeichen, sondern in der Bewegung [...] selbst« (Horn 2009: 45). Um den Unterschied deutlich zu machen sei an die Figuren der ›Kenner‹, ›Vermittler‹ und ›Verkäufer‹ aus den Konzepten des viralen Marketings erinnert, die nicht etwa selbst ›Information‹ sind, sondern unterschiedliche Figuren von Informationsvermittlern bzw. Knotenpunkten in Netzwerken beschreiben (vgl. das Kapitel *Virale Prozesse: Zur Emergenz der Guerillamarketing-Botschaften*). Die Vorstellung, dass im Schwarm die Bewegungen der Individuen selbst Informationen in einem Kommunikationsprozess sind, erinnert in unserem Kontext jedoch an verschiedene Praktiken der zuvor diskutierten künstlerischen Avantgardebewegungen, etwa an die einzig mit Klangmalereien arbeitenden ›bruitistischen‹, ›simultanistischen‹ und ›statischen‹ Vorträge von dadaistischen Lautgedichten, durch die nicht eigentlich Informationen vermittelt werden sollten, sondern in denen selbst Aussagen angelegt und performativ ausgedrückt wurden (vgl. das Kapitel *Sinnentleerung und Zufallskonstruktion*). Erinnert sei zudem an die experimentellen Erkundungen dynamischer Stadtlandschaften durch die Situationistische Internationale, das heißt ihre Methode der *dérive*, in der die Transformation des Subjekts und seiner Bewegungen in ›Information‹ ebenfalls bereits vollzogen wurde. Sehr deutlich wird dies bspw. anhand der Experimente, in denen die Bewegungen eines Kreisverkehrs erkundet wurden, um auf diese Weise der Logik eines kybernetischen Feedbacks auf die Spur zu kommen. Denn offensichtlich spielten die im Kreisverkehr umherschweifenden Situationist_innen dabei die ›Rolle‹ der Information, die in einer Rückkopplungsschleife ›zirkuliert‹ (vgl. das Kapitel *Die Methoden* détournement *und* dérive *und die Konstruktion von Situationen*). Formal handelt es sich bei diesem Verständnis der Individuen und ihrer Praktiken als Information um jene Auflösung einer vermeintlich prinzipiellen Differenz zwischen der ›Welt der Zeichen‹ und der ›Welt der Dinge‹, für die zu Beginn dieser Untersuchung im Zusammenhang mit dem hier verwandten Diskursverständnis theoretisch argumentiert wurde (vgl. das Kapitel *Diskursanalyse und Kommunikationsguerilla*). Zugleich zeichnet sich in der Koordination von Schwärmen ein Prozess ab, der den emergenten, gleichsam unbewussten Prozessen der Konstitution von Massen gleicht, wie sie die Massenpsychologie in den Blick zu bekommen versucht (Stäheli 2009b: 90f.). Der »Massivität der Masse« (Stäheli 2009b: 97) steht der Schwarm allerdings als leichte und flüchtige, mehr spielerische denn massive, kurz: als ›schwärmerische‹ Organisationsform gegenüber. Erinnert sei in diesem Zusammenhang an die gerade gegen homogene Massenorganisation gerichteten psychologischen Überlegungen und Experimente der Surrealist_innen, bis hin zu Marcel Mariëns Kampagnenkonzeption, deren Umsetzung in selbst organisierte (Schwarm-)Handlungen autonomer Gruppen münden sollte (vgl. das Kapitel *Eine Wahlkampagne als surrealistischer Staatsstreich*). Im Gegensatz zur homogenen Masse ist der Schwarm also eine lose und heterogene Organisationsform. Wie in der Masse werden Individuen im Schwarm allerdings ebenfalls »zu bloßen Relaisstationen von Emotionen und Informationen« und ihre (unbewusste) Assoziation »optimiert Kommunikationsprozesse, indem Hindernisse, welche die Übertragungsgeschwindigkeit beeinträchtigen, weitgehend reduziert werden«. Es wirken mit anderen Worten kognitive und soziale Automatismen, die über Prozesse der »Deindividuierung und de[n] Verlust individueller Rationalität [...] zu dem automatengleichen Verhalten« der einzelnen Elemente eines Schwarms führen (Stäheli 2009b: 91f.). Anders als in der Masse beschreibt im Schwarm ein solches automatengleiches Verhalten allerdings nur die eine Seite der Medaille, das heißt die Prozesse temporärer Assoziation. Diese können unmittelbar in Prozesse temporärer Dissoziation übergehen, wodurch die zuvor noch im Schwarm vereinten Elemente sich in autonome und ggf. bewusst agierende »independent units« verwandeln (Arquilla/Ronfeldt 2000: 21).

Fragt man nun danach, wie Konflikte durch Netzwerkorganisationen und Schwärme ausgetragen werden können, dann muss der Bogen zurück zum inhaltlichen Ausgangspunkt der hier beschriebenen genealogischen Reihe geschlagen werden. Denn diese Frage wird bisher insbesondere unter dem militärischen Blickwinkel neuer Erscheinungsformen des Kriegs als *Netwar* und neuer Kampftaktiken des *Swarming* diskutiert (Arquilla/Ronfeldt 2000, 2001). Zugleich verschwimmt in dieser Diskussion die scheinbar eindeutige Differenz von Krieg und Kommunikation, von physischem Kampf und kommunikativem Konflikt, in einem Raum relativer Ununterscheidbarkeit. Denn in Netzkriegen und Schwarmkonflikten werden »die Errungenschaften moderner Informationstechnologien (und damit die Möglichkeit der permanenten Kommunikation kleinster Einheiten miteinander) und die Vorzüge selbstgesteuerter, verstreuter Akteure zu einer völlig dezentralisierten Form der Kriegführung integriert« (Horn 2009: 44). »[M]anaging [...] information flows« (Arquilla/Ronfeldt 2000: viii), das heißt das Organisieren komplexer Kommunikationsprozesse, wird zu einem integralen Bestandteil der Kampfhandlung selbst. Mit anderen Worten: Kommunikation ist Krieg, und zwar nicht in einem metaphorischen Sinn, wie er die Grundlage dieser Untersuchung bildete.

Ein prominentes Beispiel dieser Verbindung von Krieg und Kommunikation, das zugleich eine neue Form des Guerillakonflikts beschreibt, ist der Aufstand der *Zapatistischen Nationalen Befreiungsarmee* (EZLN) im südlichen mexikanischen

Bundesstaat Chiapas in den 1990er Jahren. Diese Erhebung der indigenen Bevölkerung war eine Mischung aus militärischem und kommunikativem Guerillakampf, auf den die mexikanische Zentralregierung mit traditionellen militärischen Mitteln reagierte. Für den kommunikativen Aspekt der Erhebung steht insbesondere ein Sprecher der Guerillaorganisation EZLN, der sich *Subcommandante Marcos* nennt. Marcos ist die prominente Verkörperung eines militärischen Guerillakämpfers, der zugleich Kommunikationsguerillero ist. Sein Titel ›Subcommandante‹ leistet eine »Dekonstruktion des Prinzips des Revolutions- oder Guerillaführers« (vgl. autonome a.f.r.i.k.a. gruppe u.a. 2001: 40); sein öffentliches Auftreten als eine anonyme, mit Skimaske getarnte Person etabliert im Diskurs ein Element, das sowohl anonymes Individuum als auch kollektive (Schwarm-)Identität ist. Die Figur ›Marcos‹ tritt in diesem Kommunikationsprozess als leerer Signifikant in Erscheinung, sie ist zentrale Referenz der Selbstorganisation des Schwarms an Unterstützer_innen der Erhebung, und ihre Äußerungen als Sprecher der EZLN bilden wichtige Elemente des Konflikts:

»Die Person des realen Guerilleros bleibt ohne fixierbare, festgeschriebene Geschichte. Die erkennbaren Attribute wie Skimütze und Uniform verstecken seine wahre Rolle als leeres Zeichen nicht, sondern unterstreichen sie sogar noch. Gerade weil die reale Person unscharf bleibt, kann diese Leerstelle durch zahllose Erzählungen und Legenden angefüllt werden. In diesem Prozess wurde der kollektive Mythos ›Marcos‹ zum allgegenwärtigen Träger verschiedenster Bedeutungen [...].« (vgl. autonome a.f.r.i.k.a. gruppe u.a. 2001: 40f.)

Unter der Parole »Auch wir sind Marcos« kam es in den 1990er Jahren zu Solidaritätskundgebungen zehntausender Mexikaner_innen sowie zu einer vielfältigen, internationalen Unterstützungsbewegung für die indigene Guerilla in Chiapas:

»The EZLN's media-savvy behavior and the Mexican government's heavy-handed response quickly arouse a multitude of foreign activists associated with human-rights, indigenous-rights, and other types of nongovernmental organizations (NGOs) to swarm – electronically as well as physically – out of the United States, Canada, and Europe into Mexico City and Chiapas.«[2] (Arquilla u.a. 1998: 3)

---

2 | »Der intelligente Umgang der EZLN mit den Medien und die ungeschickte Antwort der mexikanischen Regierung rüttelte schnell eine Menge ausländischer Aktivisten von Menschenrechts- und Ureinwohnerrechtsorganisationen sowie von weiteren Nichtregierungsorganisationen (NGOs) wach, die elektronisch und physisch aus den USA, aus Kanada und aus Europa in Richtung Mexico City und Chiapas schwärmten« (Übersetzung: H.S.).

Für John Arquilla und David Ronfeldt, die in den 1990er Jahren für die *RAND Corporation* die ersten grundlegenden Untersuchungen zur Logik militärischer Netwars und Swarmings unternahmen, bildet die Zapatistische Bewegung den Präzedenzfall eines »social netwar« (Arquilla u.a. 1998: xi). Netwars bilden in ihrer Definition »the societal end« (das gesellschaftliche Ende) eines breiten Spektrums an Mischformen aus militärischem und kommunikativem Konflikt (Arquilla u.a. 1998: 18ff.) und werden wie frühere Guerillakriege als irreguläre Erscheinungen gewertet (Arquilla/Ronfeldt 2001: v). Es handelt sich um Auseinandersetzungen, die durch einen geringen Einsatz physischer Gewalt und insbesondere »nonmilitary modes of conflict« (nichtmilitärische Konfliktmodi) gekennzeichnet sind. Das andere Ende dieses Spektrums, die »information-oriented military warfare« (informationsorientierte militärische Kriegsführung), wird dagegen als *Cyberwar* bezeichnet (Arquilla u.a. 1998: 8, vgl. Arquilla/Ronfeldt 1993). Bei der Analyse dieser Mischformen aus Kampf und Kommunikation arbeiten die beiden Autoren mit einem weiten Verständnis von Information, »that refers not only to communication media and the messages transmitted, but also to the increasingly material ›information content‹ of all things«[3] (Arquilla/Ronfeldt 2000: iii). Sie unterscheiden zudem verschiedene Idealtypen von Netzwerken, die in unterschiedlichen Kombinationen miteinander verknüpft sein können: Typische ›statische‹ Netzwerke sind lineare Verknüpfungen (Ketten), zentralisierte, nichthierarchische Netzwerke (sternförmige Netze bzw. Hubs) sowie »all-channel network[s]« (Mehrkanal-Netzwerke), das heißt dezentrale Netze, in denen alle Knoten mit allen anderen Knoten zugleich verknüpft sind (Arquilla u.a. 1998: 11ff.). Dynamische Schwärme können solche Organisationsformen zeitweise einnehmen und wieder auflösen. Um die Vielzahl möglicher Netz- oder Schwarmphänomene analytisch erfassen zu können, haben Arquilla und Ronfeldt fünf Dimensionen oder »levels of theory and practice« (Theorie- und Praxisebenen) definiert, die jeweils auf verschiedene Weise konkret ausgeprägt sein können und in ihrem Zusammenspiel die Gestalt eines Netzes oder Schwarms bestimmen: »the technological, social, narrative, organizational, and doctrinal levels« (die technologische, die gesellschaftliche, die Erzähl-, die Organisations- und die doktrinäre Ebene; Arquilla/Ronfeldt 2001: x). Vom Ende her betrachtet könnte man sagen, dass die in dieser Untersuchung diskutierten Erscheinungen der Guerillakommunikation als unterschiedliche Ansätze oder Zwischenschritte auf dem Weg zu solchen Phänomenen netzwerkartiger oder schwarmähnlicher Formen der Kommunikation und Selbstorganisation verstanden werden können, die jeweils auf differenzierte Weise technische (mediale), soziale, narrative, organisatorische und doktrinäre (theoretische) Elemente zueinander in Beziehung setzten, um ihre spezifischen Vorgehensweisen und Zwecke zu verwirklichen. Swarming wird darüber hinaus in der

---

3 | [...] »das sich nicht nur auf Medienkommunikation und Informationsübertragung bezieht, sondern auch auf den wachsenden materiellen ›Informationsinhalt‹ aller Dinge« (Übersetzung: H.S.).

militärischen Debatte als neue Doktrin gehandelt, die traditionelle Organisations- und Aktionsformen der *Melee* (tumultartiges Handgemenge), des *Massing* (konzentriertes Vorgehen) und des *Maneuver* (systematische Bewegung) mit großem Organisations- und Informationsaufwand auf einem höheren Niveau der vernetzten, dynamischen Kriegführung vereint. Für diese neue Doktrin liefern neben der Zapatistischen Erhebung nicht zuletzt Mao Tse-tungs Konzeption des Guerilla- und Volkskriegs sowie weitere Guerillaarmeen und soziale Bewegungen wichtige historische Vorbilder (Arquilla/Ronfeldt 2000: 9, 26). Darüber hinaus existiert jedoch auch eine ganze Reihe historischer Beispiele am Rande regulärer Kriegführung, die durch vergleichbare Vorgehensweisen charakterisiert sind, oder es werden unterschiedliche Schwarmorganisationen im Tierreich, bspw. bei Bienen, Ameisen oder Fischen, als Inspirationsquellen oder als »unhintergehbare[s] epistemologische[s] Paradigma für eine menschliche Kulturtechnik« herangezogen (Horn 2009: 45).

Netzwerke und Schwärme als militärische Organisations- und Aktionsformen sind also kein neues Phänomen, und sie integrieren im Grunde bekannte Vorgehensweisen. Mit dieser Integration entsteht allerdings eine neue Qualität der Konfliktaustragung, die eng mit »the current information and communications revolution« (der gegenwärtigen Informations- und Kommunikationsrevolution) verknüpft ist (Arquilla/Ronfeldt 2000: 9). Ihr Erscheinen als systematische Doktrin oder Theorie der Kriegführung ist deshalb ein Phänomen der Gegenwart. Überträgt man diese Beobachtung auf das Feld der politischen Kommunikation, dann ließe sich die Vermutung äußern, dass die beschriebenen Entwicklungen der Guerillakommunikation sich in Richtung eines neuen Paradigmas der Netz- und Schwarmkommunikation weiterentwickeln werden, in dem die bekannten Formen und Vorgehensweisen der kommunikativen Konfliktbewältigung auf einem höheren organisatorischen Niveau integriert und jeweils situationsbezogen angewandt werden. Im Fall des Guerillamarketings wird zumindest behauptet, dass es sich bereits um ein solches neues Paradigma ›für das 21. Jahrhundert‹ handele (vgl. das Kapitel *Guerillamarketing – Unternehmenspolitik zwischen Konkurrenzkampf und Kundenorientierung*); im Fall der politischen Kommunikation fällt zumindest ins Auge, dass ›das Netz‹ insbesondere im Sinne des Mediums Internet bereits zu einem neuen, zentralen Aktionsraum und Kommunikationsmittel sowie zum Gegenstand der Untersuchung avanciert ist, das den etablierten Gebrauch und die etablierte Analyse massenmedialer Kommunikation wenigstens ergänzt. Eine solche Entwicklung bedeutet allerdings, dass die abweichenden Praktiken der Guerillakommunikation in eine neue Normalität übergehen und dabei tendenziell das etablierte Gegenüber der Guerillakommunikation, bspw. hierarchisch verfasste Kommunikationsformen oder typische Massenmedien, verschwindet und sich selbst zu einer netzwerkartigen Struktur weiterentwickelt. Mit anderen Worten: Das konventionelle Gegenüber geht zunehmend verloren und wird seinerseits, gleich einer Guerillagruppierung, zu einer schwer fassbaren, gleichsam chamäleonartigen Erscheinung. Deutlich wird dies vor allem im Fall des Guerillamarketings, das heute nicht mehr nur von kleinen, neu gegründeten Unternehmen in der Auseinandersetzung mit großen, etablierten Konzernen betrieben wird, sondern auch von großen Konzernen, die dadurch weniger gut fassbar oder angreifbar erscheinen. Im Fall der gesellschaftskritischen Kommunikationsguerilla, deren politische Gegner_innen sich vielleicht am besten in der sprichwörtlichen Figur des ›Hais im globalen Finanzkapitalismus‹ fixieren lassen, die durch die Bewegungen eines Schwarms ›kleiner Fische‹ verwirrt, von ihrer Beute abgelenkt und vielleicht sogar vertrieben werden kann, muss diese Vorstellung ebenfalls korrigiert werden. Um im Bild des Fischschwarms zu bleiben ließe sich hier feststellen, dass die Gegner_innen der Kommunikationsguerilla nicht mehr in Gestalt von Haifischen auftreten werden, die als Räuber_innen einzelne, isolierte Individuen fressen, sondern in Gestalt der Fischerei mit Schleppnetzen oder Ringwaden, die einen ganzen Schwarm einkreisen und abfischen, wobei gerade dessen konzentrierte, koordinierte Erscheinungsform, die gegen Räuber_innen Schutz verspricht, hier zum Nachteil werden kann. Gegen solche Strategien müssen dann wiederum neue, abweichende Taktiken entwickelt werden. Für den Fall der militärischen Netz- und Schwarmkonflikte fassen Arquilla und Ronfeldt die Transformation des Kriegs im Zusammenspiel zweier Konfliktparteien folgendermaßen zusammen:

»Against a conventional adversary on a traditional battlefield, the swarming of directed fires should have devastating effects. Against an elusive opponent trying to fight in an irregular fashion, the coordinated swarming of networked forces should enable them to defeat the enemy in detail. However, it should be noted that even a networked swarm force will have a hard time dealing with guerrilla forces enjoying the support of a populace that can sustain, hide, and nurture them.«[4] (Arquilla/Ronfeldt 2000: 5)

Anders als Arquillas und Ronfeldts Überlegungen dreht sich diese Untersuchung nicht um Mischformen des militärisch-kommunikativen Netwar und Swarming, und sie betrachtet weder Fische oder Nylonnetze noch in erster Linie das Internet als Medium vernetzter Kommunikation. Stattdessen interessiert sie sich für Diskurse und die Art und Weise ihrer Organisation, das heißt es geht ihr um Aussagen oder präziser: um Signifikate, die systematisch in Beziehung zueinander gesetzt wer-

---

4 | »Gegen einen konventionellen Gegner auf einem traditionellen Schlachtfeld sollte der durch Swarming gezielt durchgeführte Beschuss verheerende Folgen haben. Gegen einen schwer fassbaren Gegner, der auf irreguläre Weise zu kämpfen versucht, sollte das koordinierte Swarming einer Netzwerk-Truppe ermöglichen, feindliche Kräfte einzeln nacheinander zu besiegen. Allerdings sollte beachtet werden, dass auch eine Netzwerk-Schwarm-Truppe Schwierigkeiten damit haben wird, eine Guerillaarmee zu besiegen, die durch eine Bevölkerung unterstützt wird, die ihr Nachschub liefern, sie verstecken und ernähren kann« (Übersetzung: H.S.).

den können (vgl. das Kapitel *Diskursanalyse und Kommunikationsguerilla*). Überträgt man die Idee der Netzwerke und Schwärme in diesen Bereich, dann lassen sie sich als Vorlagen verstehen, nach deren Muster (dynamische) Netzstrukturen von Signifikaten bzw. netzwerkartige oder schwarmähnliche Ordnungen von Aussagen beschrieben werden können. Auf diese Weise treten die zeitgenössischen Formen der Guerillakommunikation in Erscheinung. Wenn Netzwerk und Schwarm in dieser Untersuchung als Charakteristika der zeitgenössischen Guerillakommunikation diskutiert werden, dann ist es allerdings wichtig zu sehen, dass Netwar und Swarming in den militärtheoretischen Untersuchungen Arquillas und Ronfeldts nicht als Guerillakrieg, sondern als neues Paradigma der regulären Kriegführung entwickelt werden. Netzwerke und Schwärme sollen hier nicht konventionellen Gegner_innen gegenüber stehen, sondern sie stehen sich selbst in Konflikten zwischen regulären und irregulären Netzen oder Schwärmen bzw. im Sinne einer Differenzierung von »offensive« und »defensive swarming« (offensivem und defensivem Swarming) gegenüber (Arquilla/Ronfeldt 2000: 33). Arquillas und Ronfeldts Frage lautet demnach, wie ein Staat bzw. dessen Armee mit Hilfe von netzwerkartigen Organisations- und schwarmähnlichen Aktionsformen, das heißt durch »strategic swarming« (strategisches Swarming, Arquilla/Ronfeldt 2000: 6), *gegen* netzwerkartig und schwarmähnlich agierende nichtstaatliche Gegner_innen vorgehen könne. Neben Guerillagruppierungen wie der EZLN werden damit bspw. auch kriminelle oder Terrornetzwerke angesprochen – allgemein: »the growing power of small units, groups, and individuals who are able to connect and act conjointly by adopting network forms of organization«[5] (Arquilla/Ronfeldt 2000: 2).

Im Feld der politischen Kommunikation werden solche Konfliktkonstellationen bisher nicht diskutiert, sondern die wissenschaftliche Diskussion und die Praxis in den Kernbereichen der Politik drehen sich (so jedenfalls die These am Ausgangspunkt dieser Untersuchung) vornehmlich um das Paradigma der Kampagnenkommunikation, das heißt um Kommunikationsprozesse, die (um im militärischen Jargon zu bleiben) als *Massing* und *Maneuver* im Sinne konventioneller Konfliktaustragung im Zeitalter der Massenmedien oder Massenmobilisierung konzipiert werden. Sie bleiben dabei einem vergleichsweise traditionellen Verständnis einer um staatliche Institutionen herum organisierten Politik verhaftet, das sich insbesondere für Fragen des Formulierens, Legitimierens und Durchsetzens kollektiv bindender Entscheidungen, allgemein: für Fragen der politischen Steuerung interessiert (vgl. die Kapitel *Einleitung: Politische Kommunikation als Irritation* und *Militanz und militärische Rhetorik*). Aus dieser Perspektive erscheinen die irritierenden Praktiken der Guerillakommunikation bzw. die Kommunikation in Netzen und Schwärmen vor allem als unterhaltsame oder gefährliche Abweichungen von ›normalen‹

---

5 | [...] »die wachsende Macht kleiner Einheiten, Gruppen und Individuen, die in der Lage sind, sich zu verbinden und gemeinschaftlich zu handeln, indem sie netzwerkartige Organisationsformen übernehmen« (Übersetzung: H.S.).

kommunikativen Verfahren der Politik. Aus ihrer eigenen Perspektive erscheinen diese Phänomene dagegen einerseits als Herausforderung staatlicher Organisation bzw. einer Politik, die »in Termini von Hierarchie und Kontrolle, Inklusion und Exklusion, Befolgung und Transgression von Regeln, Eingrenzung und Abgrenzung strukturiert ist«, sowie andererseits als Affirmation eines »Denken[s] des Lebens als System« (Horn 2009: 45) dynamischer Relationen ohne eindeutige oder stabile Strukturen, das heißt als Ansätze zu hoch komplexen Mischformen aus Prozessen gesellschaftlicher Selbstregelung und ungeregelten sozialen Dynamiken über temporäre Assoziationen und Dissoziationen in Netzwerken und Schwärmen. Die in der politischen Soziologie klassische Gegenüberstellung von gesellschaftlicher Selbstregelung einerseits und politischer Steuerung andererseits (Mayntz/Scharpf 1995) wird hier verbunden mit der Frage nach der Art und Weise der kommunikativen oder diskursiven Konstitution einer Gesellschaft sowie der Frage nach Konflikten zwischen unterschiedlichen Organisationsformen und ggf. deren Transformation im Verlauf einer Auseinandersetzung.

Wenn politische Kommunikation bis heute weitgehend mit Blick auf die politische Steuerung durch staatliche Institutionen gedacht wird, die als gleichsam konventionelle Gegnerin der ›irregulären‹ Guerillakommunikation nach wie vor gegenübersteht, so stellt sich dennoch die Frage, ob und inwiefern Ansätze zu Konzeptionen der Netzwerk- oder Schwarmkommunikation auch im Sinne strategischer Steuerungsprozesse diskutiert werden. Öffnet man den Blick auf weitere Kommunikationskonzepte jenseits des engeren Feldes der politischen Kommunikation, dann erscheinen hier insbesondere die bereits erwähnten Überlegungen zum kybernetischen Kommunikations-Controlling als einer komplexen Form der strategischen Steuerung von Kommunikationsprozessen am Horizont (vgl. das Kapitel *Situationistische Internationale und Guerillakommunikation*). Dieses Konzept wird bisher im Bereich der Unternehmenskommunikation und im Hinblick auf die Frage nach deren Beitrag zur Wertschöpfung eines Unternehmens diskutiert. Es knüpft dabei Verbindungen zwischen Kommunikations-, Organisations- sowie Managementtheorien und wird auf seinem spezifischen Gebiet als »weltweit [...] führend« bezeichnet (Zerfaß/Pfannenberg 2010: 8). Im Kommunikations-Controlling wird das systematische Vernetzen verschiedener Aussagen organisiert, die innerhalb und außerhalb der Organisation ›Unternehmen‹ generiert und verarbeitet werden, um diese Organisation in ihrer Umwelt und bezogen auf den Zweck ihrer Existenz erfolgreich am Leben zu halten sowie dynamisch weiterzuentwickeln. Es geht mit anderen Worten um ein Zusammenspiel aus »Informationsversorgung« und »Rationalitätssicherung« bzw. »im Kern um die systematische Anwendung und Verknüpfung bekannter Management- und Evaluationsmethoden« zum Zweck der Steuerung von Kommunikationsprozessen und der Optimierung von Kommunikation im Hinblick auf den Zweck der Organisation (Zerfaß 2010: 36f., 41). Die Wirkungen oder Effekte, die solchermaßen verknüpfte Aussagensysteme generieren sollen, werden dabei nicht als »unidirektionale Beeinflussbarkeit der Stakeholder im Unternehmensumfeld« oder als »Steuerbarkeit von Kommunikationsprozessen« beschrieben, wie man sie etwa in älteren Vorstellungen der Public Relations oder des Marketings finden könnte, sondern als »korridorale Kausalität« konzipiert (Zerfaß 2010: 44, vgl. Rolke/Zerfaß 2010). Kommunikation ist nach diesem Verständnis nicht einfach Informationsvermittlung, sondern »ein höchst komplexer Prozess mit Interdependenzen, Reaktionen, Missverständnissen, Korrekturversuchen und Barrieren« (Rolke/Zerfaß 2010: 54). In einem solchen Prozess lassen sich kausale Zusammenhänge im üblichen Wortsinn nicht bestimmen, sondern Kausalität wird nach diesem Verständnis ein konstruierter bzw. aus der Ex-post-Perspektive behaupteter Effekt des Diskurses:

»Wer kommuniziert, will Wirkungen erzielen. Und wer etwas bewirken will, hat eine – wie stark auch immer reflektierte – Vorstellung von *Ursache-Wirkungs-Beziehungen*. [...] Kommunikationswirkungen sind weder präzise prognostizierbar noch stabil, weil sie immer wieder durch intervenierende Faktoren beeinflusst werden. Sie vollziehen sich innerhalb bestimmter Schwankungsbreiten, die sich über Indikatoren entlang einer vermuteten, vielleicht auch empirisch bestätigten Wirkungskette sichtbar machen lassen und weisen meist eine erkennbare Stoßrichtung auf. Für diese Art einer eher groben Kausalbeziehung, bei der es mehr um die Resultate als um filigrane Wirkungsbeziehungen geht, soll hier der Begriff der ›korridoralen Kausalität‹ eingeführt werden.« (Rolke/Zerfaß 2010: 53f., Hervorhebung im Original)

Diese Idee einer ›korridoralen Kausalität‹ gleicht in dieser Hinsicht also der ebenfalls nur aus einer Ex-post-Perspektive sichtbaren Kreativität als Effekt des Guerillamarketings und beschreibt zudem eine Variante jener »›produktive[n]‹ Selbstreferentialität«, die auf andere Weise auch für die Beschreibung der koordinierten Bewegungen einzelner Elemente in Schwärmen herangezogen wird (Stäheli 2009b: 99). Korridorale Kausalität ›entsteht‹, weil man Wirkungen erzielen will, und sie ›existiert‹, wenn sich gewünschte Effekte empirisch beobachten lassen. Darüber hinaus bleibt eine Beziehung zwischen Kommunikationshandlung und gewünschter Wirkung, das heißt ein kausaler Zusammenhang im präzisen Sinn, unsichtbar bzw. vermutet. Entsprechend dürfen die »Darstellungen der Wirkungsstufen von Kommunikation nicht als mechanistische, empirisch belegbare und rechenbare Modelle missverstanden werden« (Zerfaß 2010: 44).

Interessant am Konzept der ›korridoralen Kausalität‹ ist aus dem Blickwinkel dieser Untersuchung insbesondere der Begriff des ›Korridors‹, durch den die Struktur des Aussagennetzes, das durch Kommunikations-Controlling geknüpft wird, – das heißt die Ansätze zu einer Kulturellen Grammatik – metaphorisch umschrieben wird. Das Bild des Korridors verdeutlicht, dass hier nicht ein linearer Zusammenhang zwischen Ursache und Wirkung konzipiert wird, sondern abstrakte Modelle für »Bezugsrahmen, die [...] als Sprachinstrumente [...] vor allem eine diskursive Planung und Reflexion des Handelns ermöglichen sollen« (Zerfaß 2010: 44). Durch

Kommunikations-Controlling soll also ein diskursiver Korridor konstruiert werden – man könnte vielleicht auch das Bild eines schlauchförmigen oder eines sich spiralförmig weiter entwickelnden Diskursnetzes gebrauchen –, in dessen ›Innerem‹ sich andere Aussagen »kontextabhängig« verfangen und in »eine erkennbare Richtung« weiterentwickeln sollen (Rolke/Zerfaß 2010: 54). Konkret meint das bspw. das Wissen, Sprechen und Handeln potentieller Kund_innen, Mitarbeiter_innen, Geschäftspartner_innen oder weiterer ›Anspruchsgruppen‹ eines Unternehmens, die mit Hilfe der konkreten Instrumente des Kommunikations-Controllings[6] wahrgenommen, reflektiert und in Hinblick auf die Zwecke des Unternehmens durch »geplante Impulssetzung« – man könnte auch sagen: durch strategische Irritationen – neu ›ausgerichtet‹ werden sollen (Rolke/Zerfaß 2010: 57). Der ›Korridor‹ beschreibt also eine Art ›Schleppnetz‹ aus Aussagen, in dessen Innenraum andere Aussagen dynamisch weiterentwickelt werden sollen und aus dem es systematisch nur einen Ausgang zu geben scheint, der selbst zudem dynamisch immer weiter in Richtung der gewünschten Effekte verschoben wird. Im Korridor soll auf diese Weise eine »Wirkungskette« aufeinander folgender Elemente entstehen, als deren Ende ein bestimmtes Ziel erreicht wird: »Gehörtes wird beispielsweise zu Wissen und Wissen zu Verhalten – aus Sicht des Unternehmens wünschenswerterweise zu geldwertem Verhalten« (Rolke/Zerfaß 2010: 54f.). Durch Kommunikations-Controlling soll allerdings nicht allein die äußere Umwelt eines Unternehmens reflektiert und justiert werden, sondern auch das Unternehmen selbst und dessen Handlungen, indem der Korridor als selbstreflexives und in sich veränderliches Netzwerk konzipiert wird. Ausgenommen von dieser Selbstreflexivität bleibt allein die oberste Führungsebene des »strategischen Managements« eines Unternehmens, die *von außen*, gleichsam aus dem Blickwinkel eines Feldherrenhügels, das Überprüfen und Weiterentwickeln der Organisation, seiner Umwelt und des Kommunikations-Controllings in Form einer »ungerichtete[n] strategische[n] Überwachung« leisten soll (Zerfaß 2010: 45).

Diese Konzeption des Kommunikations-Controllings scheint auf den ersten Blick wenig mit Politik bzw. mit politischer Kommunikation oder mit Guerillakommunikation zu tun zu haben. Dennoch lassen sich einige mehr oder weniger direkte Verbindungen zur Welt politischer Konflikte nachzeichnen. Zunächst sind Unternehmen und ihr wirtschaftliches Handeln selbst Gegenstand gesellschaftlicher Auseinandersetzungen. Zweitens treten mittlere und große Unternehmen, die typischerweise solche komplexen Steuerungsinstrumente anwenden (Zerfaß/Pfannenberg 2010: 13), selbst als *Corporate Citizens*, das heißt als quasi-öffentliche Institutionen in Erscheinung und erbringen Leistungen, die sonst von ›echten‹ öf-

---

6 | Dafür muss für jede Organisation jeweils ein eigenes Controlling-System aufgebaut werden, in dem kommunikationswissenschaftliche Evaluationsinstrumente, bspw. Verfahren der Publikums- und Medienwirkungsforschung, und betriebswirtschaftliche Managementinstrumente, bspw. Scorecards und Benchmarking-Konzepte, integriert werden (Zerfaß 2010: 39f.).

fentlichen, das heißt demokratisch legitimierten Institutionen erbracht werden (Wood/Logsdon 2001). Welche Leistungen sie im Einzelnen und auf welche Weise sie diese erbringen, könnte demnach eine Frage sein, die via Kommunikations-Controlling auf die beschriebene Weise reflektiert und ermittelt wird. Drittens stammt das Konzept des Kommunikations-Controllings zwar aus der Welt der Unternehmenskommunikation, es soll darüber hinaus jedoch prinzipiell auch für eine Anwendung durch andere Organisationen, die »professionell kommunizieren«, geeignet sein (Rolke/Zerfaß 2010: 50). Es handelt sich bei Kommunikations-Controlling also um ein exemplarisches Konzept, das früher oder später auch durch politische Organisationen umgesetzt werden könnte, genau so, wie bereits andere vergleichbare, kybernetische Steuerungsinstrumente aus der Wirtschaft in der öffentlichen Verwaltung und zu Zwecken der politischen Steuerung implementiert werden (vgl. das Kapitel *Situationistische Internationale und Guerillakommunikation*). Schließlich kann Kommunikations-Controlling eventuell als Beispiel herangezogen werden, um die allgemeine Logik der Auseinandersetzung zwischen kybernetischer Steuerung einerseits und gesellschaftlicher Selbstorganisation in Schwärmen andererseits zu betrachten. Diese Problematik dürfte in Zukunft immer deutlicher in den Fokus der Wissenschaft und Praxis rücken, insbesondere in Zusammenhang mit Fragen der Organisation und Kommunikation via Internet, das nicht nur als Medium der Selbstorganisation gesellschaftskritischer Akteure, bspw. der Kommunikationsguerilla, genutzt wird (vgl. das Kapitel *Aktionsräume der Kommunikationsguerilla*), sondern auch ein Raum für vielfältige kybernetische Steuerungsversuche ist, bspw. für die automatisierte, algorithmische Organisation von Informationen in Suchmaschinen (nutzer_innenspezifische Suchergebnisse), Online-Kaufhäusern (kund_innenspezifische Warenangebote) oder sozialen Netzwerken (dynamische Selektion von Informationsangeboten). Vergleichbare Mechanismen sind prinzipiell auch für die Organisation politischer Informationen oder Aussagen im engeren Sinne denkbar, und erste kritische Auseinandersetzungen mit diesen Phänomenen existieren ebenfalls bereits (bspw. Pariser 2012). Vor diesem Hintergrund erscheint es sinnvoll, die Frage zu stellen, ob und inwiefern einige der vorgestellten Taktiken der Guerillakommunikation solche dynamischen, netzwerkartigen Aussagensysteme irritieren können, wie sie hier exemplarisch anhand des Korridorkonzepts des Kommunikations-Controllings vorgestellt wurden.

Man kann vermuten, dass im Prinzip zahllose abweichende, irritierende Praktiken denkbar sind und die effektivsten Guerillaaktionen gegen diese spezifische Form von Ordnung bisher noch nicht erfunden wurden.[7] Um dennoch zumindest einen groben Anhaltspunkt für mögliche Irritationen zu finden, ist es wichtig sich in

---

7 | Ein gleichsam klassischer Ansatzpunkt für kommunikative Guerillaaktionen ist freilich die ebenso klassische Autorität des Top-Managements, das außerhalb oder oberhalb der kybernetischen Steuerungsprozesse ›ungerichtet‹ seine Entscheidungen fällt.

Erinnerung zu rufen, dass wir nicht von Nylonnetzen auf der einen und von Fischschwärmen auf der anderen Seite sprechen (oder ähnlichem), sondern es auf beiden Seiten mit diskursiven Elementen bzw. Aussagen zu tun haben, die auf bestimmte Art und Weise in Beziehung zueinander stehen. Die Aussagennetze, die durch Kommunikations-Controlling geknüpft und zu einem zielgerichteten, dynamischen Korridor geformt werden, bestehen also aus keinem anderen, klar abgrenzbaren ›Material‹ als jene Aussagen, die als ungerichtete, umherschwärmende und vielleicht völlig ziellose Elemente ›eingefangen‹ und neu justiert werden sollen. Es geht auf beiden Seiten um Sprechen, Geschriebenes, Handeln etc., das heißt um diskursive Elemente, die sich in dynamischen Relationen (wie Zeichenprozesse) zueinander ›bewegen‹. Ein konkreter Aussagenkorridor existiert darüber hinaus in der Praxis nicht aus sich selbst heraus, sondern ist auf jene ungerichteten, umherschwärmenden Elemente als Referenzen angewiesen, um sich selbst formen zu können. Kommunikations-Controlling ist mit anderen Worten, wie jedes kybernetische System, auf Feedback angewiesen. Das Controlling-System selbst leistet nur eine »Unterstützungsfunktion« bzw. es schafft »die Grundlagen für Steuerung und Kontrolle […], deren Umsetzung aber systematisch in der Verantwortung der Kommunikationsverantwortlichen selbst bleibt« (Zerfaß 2010: 35f.). Das heißt, durch den Aufbau eines Kommunikations-Controlling-Systems wird nur ein Werkzeug geschaffen, und das feinmaschige Netz an Aussagen, das jenen dynamischen Korridor bilden soll, entsteht erst im Zusammenspiel dieses Werkzeugs mit konkreten Aussagen aus der Umwelt und aus dem Inneren einer Organisation, die wahrgenommen und analysiert werden, auf die reagiert wird und die neu ausgerichtet werden. Die typischen ›Verweigerungstaten‹ mancher Guerillaaktion könnten vor diesem Hintergrund als Versuche gedeutet werden, die selbstreflexiven Optimierungsprozesse des Korridors und seine Funktion des ›Richtens‹ von Aussagen zu unterlaufen, indem einfach keine Referenzen angeboten werden. Solche Nicht-Taten zu realisieren, ist allerdings eine einigermaßen schwierige Angelegenheit, zumal dann, wenn nicht nur Informationen oder Aussagen im engeren Sinne, sondern auch ›die Bewegungen‹ einzelner Elemente selbst als Informationen ausgewertet werden können. Referenzen müssen darüber hinaus sinnvolle, differenzierte Aussagen im Horizont der Erwartungen einer Organisation bzw. des Controlling-Systems als Wahrnehmungsapparat der Kommunikationsaktivitäten sein. Die typischen Vorgehensweisen der Sinnentleerung (vgl. das Kapitel *Sinnentleerung und Zufallskonstruktion*), des *détournement* (vgl. das Kapitel *Die Methoden détournement und dérive und die Konstruktion von Situationen*), der Verfremdung und Überidentifizierung (vgl. das Kapitel *Symbolische Kämpfe zwischen Alltagskreativität und Strategie der Taktiken*) schaffen allerdings keine sinnvollen, sondern auf jeweils verschiedene Weise gleichsam ›unsinnige‹ Aussagen. Solche Aussagen können zwar unter Umständen, das heißt je nachdem, wie viel Sinn sich ihnen doch entlocken lässt, als kreative oder innovative Abweichungen integriert und zur Optimierung des ›Korridors‹ genutzt werden (vgl. das Kapitel *Kreativität, Innovation und Regelbruch als kulturelle Merkmale des*

Guerillamarketings). Sie können unter Umständen allerdings auch den ›Programmcode‹ eines kybernetischen Controlling-Systems irritieren (vgl. das Kapitel *Exkurs: Kybernetik und Hyperrealität*), und zwar unter der Voraussetzung, dass es sich um Abweichungen handelt, die den in das Controlling-System eingeschriebenen Erwartungshorizont überschreiten, mit anderen Worten: dass sie auf der Ebene der Kulturellen Grammatik intervenieren.

Solche Formen der »Paradoxie-Produktion« (Düllo u.a. 2005: 347) verweisen schließlich, insbesondere wenn es um ›Verwirrung‹ auf der Ebene des ›Programmcodes‹ geht, auf das Prinzip des *Hacking*. Hacking meint, »in fremde Systeme eindringen, sich darin orientieren und dann neue und überraschende Orientierungen einführen« (Düllo/Liebl 2005). Bezogen auf das konkrete Beispiel der korridoralen Aussagennetze als fremder Systeme würde das Folgendes bedeuten: Wenn Kommunikations-Controlling den Versuch meint, Aussagen in Form eines korridorgleichen Netzes zu organisieren, das systematisch nur einen bestimmten Ausgang offen lässt, nämlich die jeweils als Wirkung erwünschte, gerichtete Aussage oder Handlung, dann müsste das Hacken dieses Systems der Versuch sein, gleichsam Löcher in die ›Wände‹ des Korridors zu bohren bzw. Löcher in die korridorgleichen Aussagennetze zu reißen. Dafür müssten taktisch einzelne Aussagen so mit dem Aussagennetz des Korridors verwoben werden, dass die ›korridorale‹ Struktur dieses Netzes verändert würde und sich neue Lücken, Ungereimtheiten, Brüche usw. auftäten. Auf welche Weise dieses Programm in die Tat umgesetzt werden könnte, bliebe dabei jeweils an die konkrete Einzelsituation gebunden, in der agiert werden soll. Unter den Bedingungen der Netzkriege und des Swarming als einem neuen Paradigma zeitgenössischer Konfliktaustragung und angesichts diverser kybernetischer, ggf. computerisierter Steuerungsmechanismen scheint Hacking jedenfalls zu einer wichtigen Metapher für verschiedenste irritierende Praktiken des Eindringens in fremde Systeme und deren situatives Aufbrechen oder -bohren zu sein. Im Bereich der militärisch-kommunikativen Konflikte der Netwars und Cyberwars wird festgestellt, dass »all across the conflict spectrum, computer hackers are on the move, with their stealthy, disruptive techniques«[8] (Arquilla/Ronfeldt 2000: 2). Hacking wird darüber hinaus zu einer Metapher für zahlreiche kommunikative Handlungen des Regelbruchs jenseits militärischer Konflikte im Sinne eines Unterbrechens von Handlungsroutinen oder technischen Automatismen, insbesondere im Zusammenhang mit elektronischer Kommunikation im Internet, aber auch darüber hinaus. Bspw. werden Aktionen im öffentlichen Raum einer Stadt, unter anderem das sog. *Guerilla Gardening*, inzwischen auch als *Urban Hacking* bezeichnet und damit vor einem anderen Horizont gedeutet (Friesinger u.a. 2011). Die bereits erwähnte Internetplattform Wikileaks ist ein aktuelles Beispiel mit deutlichem Bezug zu politischer Kommunikation, bei dem zwar kein Hacking von Computerprogrammen erfolgt,

---

8 | [...] »über das gesamte Konfliktspektrum verteilt Computerhacker mit ihren heimlichen Störmanövern auf dem Vormarsch sind« (Übersetzung: H.S.).

das jedoch auf der Ebene des ›Programmcodes‹ öffentlicher Kommunikation als vergleichbare, strukturelle Intervention gelten kann (vgl. das Kapitel *Aktionsräume der Kommunikationsguerilla*). Deren Betreiber_innen um den schillernden »Hackerkönig« Julian Assange haben mit dem Begriff *leak* (Leck) die undichte Stelle, die durch das Prinzip des Löcherbohrens entsteht, bereits in den Namen der Plattform eingeschrieben (vgl. Geiselberger 2011). Aber auch im Feld des Marketings wird mit dem Konzept des *Cultural Hacking* diese Metaphorik aufgegriffen und das Prinzip angewandt (vgl. die Kapitel *Guerillamarketing und Kommunikationsguerilla* sowie *Kommunikationsguerilla – Irritation als Gesellschaftskritik*).

Wie im Fall der Guerillametapher versammelt der Begriff des Hacking also irreguläre militärische Aktionen, soziale oder politische Protestformen sowie innovative Geschäftspraktiken als ambivalente Abweichungen von etablierten Regeln oder Regelmäßigkeiten. Den (teil-)automatisierten Steuerungsversuchen auf Grundlage kybernetischer Programme, wie sie bspw. im Kommunikations-Controlling konzipiert sind, stehen somit zwei unterschiedliche, sich ergänzende Prinzipien gegenüber. Neben den Formen der Selbstorganisation in Netzwerken und Schwärmen, für die kognitive und soziale Automatismen relevant sind, bildet das im Begriff des Hacking zusammengefasste Prinzip des ›Aufbohrens‹ von Routinen eine zweite, auf das Unterbrechen von Automatismen spezialisierte Dimension. Wir finden in beiden Prinzipien die bereits in klassischen Konzepten des Guerillakonflikts existierende formale Zweiteilung der Handlungsprinzipien in das (Zer-)Stören fremder und den Aufbau eigener Strukturen wieder, die ggf. auch zu einer (Selbst-)Transformation eines herrschenden Systems beitragen könnten (vgl. das Kapitel *Zwischenfazit: Guerillakrieg und politische Kommunikation*). Im Zusammenhang verschiedener Formen kybernetischer Steuerung, gesellschaftlicher Selbstorganisation in Netzwerken und Schwärmen sowie Routinen unterbrechenden Hackings könnte sich schließlich möglicherweise eine politische Kultur abzeichnen, deren Kulturelle Grammatik durch das Phänomen verschiedenster (kognitiver, sozialer, technischer usw.) ›Automatismen‹ und das abweichende Prinzip der ›Entautomatisierung‹ (bspw. durch Hacking) gekennzeichnet wäre (vgl. Bublitz u.a. 2010, 2011). Eine solche politische Kultur über die hier skizzierten Elemente hinaus zu beschreiben, wäre jedoch ein anderes Thema, das deutlich aus dem Konfliktfeld der Guerillakommunikation hinausführt.

Schluss

Aussagen in Stellung bringen.
Rückblick und Perspektiven

> »Und manche wollen einen utopischen Unsinn, manche eine ordentliche Hölle, manche ein paradiesisches Chaos, aber wer hat recht?
> Die Spaßgerilja, die Unsinn vorspielt, um Sinn zu ernten.«[1]
>
> FRITZ TEUFEL & ROBERT JAROWOY

In dieser Untersuchung wurde der Versuch unternommen, dem vor allem in Form einer sprachlichen Metapher sichtbaren Phänomen der Guerillakommunikation als einer Verfahrensweise des politischen Konflikts nachzuspüren. Die inhaltliche Diskussion wurde im vorangegangenen Kapitel mit der Beschreibung von Netzkriegen und Schwarmkonflikten abgeschlossen, die das vorläufige Ende dieser Genealogie der Guerillakommunikation bildet. Die Untersuchung musste sich in ihrer Vorgehensweise einerseits ein ganzes Stück der Logik eines Partisanenkonflikts angleichen, um das Phänomen Guerillakommunikation nachvollziehen zu können. Andererseits war sie gezwungen, flüchtige Teilaspekte zu umkreisen, um ihrer in Ansätzen habhaft zu werden. Aus dem chamäleonhaften Charakter des Gegenstands wie seiner Untersuchung resultieren einige Unschärfen oder Unklarheiten, die für eine Lektüre des Textes hinderlich sein mögen. Es ist deshalb an der Zeit, die Annäherungsversuche aufgeben und das unzugängliche Terrain, in dem sich eine Guerillamiliz bewegt und wo sie Erfolge erringen kann, wieder zu verlassen, um stattdessen den zurückgelegten Weg aus einer größeren Distanz zu betrachten. In diesem Schlusskapitel sollen aus der so gewonnenen Perspektive einige für das Verständnis der Untersuchung wichtige Themen noch einmal zusammenfassend angesprochen werden: die Eigenart ihres Gegenstands, einige Unzulänglichkeiten seiner Beschreibung, ein methodisches Problem der Arbeit sowie der Kontext, in den sie

---

1 | Teufel/Jarowoy 1980: 5.

eingeordnet werden kann. Außerdem sollen Perspektiven für weitere Forschungen benannt werden, die sich aus der Untersuchung ableiten lassen.

Das Thema wurde zu Beginn unter loser Bezugnahme auf Luhmann als eine Untersuchung von Erscheinungen politischer Kommunikation bezeichnet, die als Irritationen bezeichnet werden können. Guerillakommunikation ist letztlich nur als irritierende, das heißt als negative Praxis fassbar, die nicht nur von den inhaltlichen Aussagen eines herrschenden Diskurses, sondern insbesondere von Regeln oder Regelmäßigkeiten einer herrschenden diskursiven Ordnung, der ›Kulturellen Grammatik‹, abweicht. Für die Konzeption solcher Abweichungen existiert eine ganze Reihe unterschiedlicher Handlungsprinzipien, die im Verlauf dieser Untersuchung beschrieben wurden und die angesichts unterschiedlicher konkreter Gegenüber in der praktischen Umsetzung jeweils variieren können. Es bleibt jedoch unsicher (bzw. eher unwahrscheinlich), ob diese Prinzipien abschließend erfasst werden können. Wenn im vorangegangenen Kapitel argumentiert wurde, dass die beschriebenen historischen Erscheinungen der Guerillakommunikation sich eventuell zu einer neuen politischen Kultur der kommunikativen Netz- und Schwarmkonflikte ›normalisieren‹ werden, dann bedeutet dies auch, dass mit einiger Wahrscheinlichkeit zukünftig neue abweichende Formen der Kommunikation auftauchen werden. Ob man diese dann als ›Guerillakommunikation‹ bezeichnen wird oder nicht, ist im Grunde nebensächlich. Es existieren einige Anzeichen dafür, dass die Metapher des Hacking diese Funktion der Guerillametapher zur Bezeichnung abweichender Praktiken übernehmen könnte, sollten sich kommunikative Netz- und Schwarmkonflikte tatsächlich in einer ›Kulturellen Grammatik der Automatismen‹ verdichten. Das Phänomen der Guerillakommunikation lässt nach seiner inneren Logik also keine einfache abschließende Betrachtung zu, etwa eine eindeutige Antwort auf die Frage, was denn Guerillakommunikation nun sei, sondern es ist wie Luhmanns Motiv der Irritation dadurch charakterisiert, »dass jede Festlegung den Verdacht auf sich zieht, zu viel sagen zu wollen« (Luhmann 2004: 151).

Diese Untersuchung war von der Annahme ausgegangen, dass die Praktiken der Guerillakommunikation als Erscheinungen am ausgeschlossenen Rand oder auf der verdeckten bzw. vergessenen Rückseite oder in den inneren Lücken und Brüchen herrschender Diskurse aufgefasst werden können und dass durch ihre Betrachtung Aussagen über die formale Struktur der diskursiven Ordnungen bzw. der Kulturellen Grammatiken getroffen werden können. Guerillakommunikation meint also nicht nur ein Abweichen von inhaltlichen Aussagen und deren Verschieben, sondern darüber hinaus vor allem ein Abweichen von und den Versuch einer Verschiebung der jeweils herrschenden Kulturellen Grammatik. Folgt man dieser Annahme, dann lässt sich als Resümee festhalten, dass die einzelnen Kapitel über die künstlerischen Avantgardebewegungen als historische Vorformen und über die zeitgenössischen Formen des Guerillamarketing und der Kommunikationsguerilla jeweils Hinweise auf verschiedene Kulturelle Grammatiken liefern, von denen auf unterschiedliche Weise abgewichen wurde. In dieser Genealogie wurde ein recht deutlicher Wandel erkennbar. Von (1) den Angriffen der Dada-Bewegung auf metaphysisch begründete Zentren der politischen Ordnung und die von dort aus organisierten starren Beziehungsmuster der Autorität und des Gehorsams sowie von der dadaistischen Suche nach einer neuen sozialen Beweglichkeit führte die genealogische Reihe über (2) die aus dem unbewussten Denken generierten Ansätze des Surrealismus zu einer selbstbestimmten und selbst geregelten, authentischen Lebensweise als Gegenentwurf zu Massenorganisationen und (3) die situationistischen Überlegungen und Experimente zu einem Leben in netzwerkartigen und kybernetisch organisierten Ordnungen sowie deren Suche nach deren Spielräumen bis hin zu (4) den zeitgenössischen Überlegungen und Experimenten zur Struktur kommunikativer Netz- und Schwarmkonflikte in den Konzepten der Guerillakommunikation. An einigen Stellen konnte zudem angedeutet werden, dass die ehemals abweichenden Praktiken zwischenzeitlich selbst als typische Muster in veränderte herrschende Ordnungen eingegangen sind. Mit Luhmanns Konzept der Irritation lässt sich diese doppelte Bewegung von Abweichung und strukturellem Wandel folgendermaßen zusammenfassen:

»[Das] Konzept der Irritation erklärt die Zweiteiligkeit des Informationsbegriffs. Die eine Komponente ist freigestellt, einen Unterschied zu registrieren, der sich als Abweichung von dem einzeichnet, was schon bekannt ist. Die zweite Komponente bezeichnet die daraufhin erfolgende Änderung der Strukturen des Systems, also die Eingliederung in das, was für die weiteren Operationen als Systemzustand vorausgesetzt werden kann. Es geht [...] um einen Unterschied, der einen Unterschied macht.« (Luhmann 2004: 47)

Irritationen sind mit anderen Worten Abweichungen, die wahrgenommen und ggf. verarbeitet werden. Und mit der Verarbeitung solcher Irritationen ändert sich möglicherweise die Struktur eines Systems, was bis hin zu »Metamorphosen des Staates« führen kann (Luhmann 1995: 101ff.). Die konkrete Ordnung eines historischen Systems spiegelt sich wiederum in den typischen Aussagen einer Zeit bzw. insbesondere in der Art und Weise, wie Aussagen in Beziehung zueinander gesetzt werden und auf diese Weise ein formales Ordnungsmuster – die Kulturelle Grammatik – etablieren. Das angesprochene Problem der Unschärfe resultiert also wesentlich daraus, dass Guerillakommunikation nur als Abweichung von sog. regulären Kommunikationsformen existiert, und weil sie nur in Relation zu diesen existiert, ergibt es keinen Sinn, sie eindeutig von ihnen abgrenzen zu wollen. Im Gegenteil wird das Phänomen nur in Beziehung zu seinem regulären Gegenüber überhaupt als Abweichung sichtbar. Dieses Gegenüber konnte im Zuge der Untersuchung, sowohl im Kapitel über die militärtheoretischen Konzeptionen als auch in den Kapiteln über die kulturrevolutionären Konzepte der Avantgarden und die zeitgenössischen Programme der Guerillakommunikation, nur sporadisch skizziert werden. Auch in dieser Hinsicht existiert also eine Unsicherheit dieser Untersuchung. Auf der anderen

Seite lässt sich sagen, dass dieses Problem überhaupt nur auf Grundlage dieser Arbeit sichtbar wurde, denn erst aus der hier etablierten Perspektive kann man unterschiedliche Konfliktformen, wie sie in der Militärtheorie seit langem diskutiert werden, auch im Bereich der politischen Kommunikation differenzieren, ihre jeweilige Logik ergründen, Vergleiche anstellen und etwaige Abweichungen von einem Regulären erkennen. Es wäre mit anderen Worten eine noch zu leistende Aufgabe, auch das Phänomen der Kampagnenkommunikation, das als zentrale Referenz der Guerillakommunikation genannt wurde, sowie weitere Varianten politischer Kommunikation auf ähnliche Weise zu beschreiben, wie es diese Untersuchung in Bezug auf ihren Gegenstand unternommen hat. In diesem Zusammenhang würden dann auch solche Guerillaaktionen besser in den Blick kommen, die als Randerscheinungen im Rahmen klassischer Kampagnen existieren und hier nicht gesondert analysiert wurden. Außerdem könnte man weitere Übergangsphänomene zwischen verschiedenen Formen politischer Kommunikation – und damit auch den angesprochenen transitorischen Charakter eines Guerillakonflikts (vgl. die Kapitel *Der transitorische Charakter der Guerilla* und *Zwischenfazit: Guerillakrieg und politische Kommunikation*) – besser diskutieren.

Die Untersuchung bewegt sich in einem Raum zwischen zwei sehr unterschiedlichen Forschungsparadigmen. Einerseits handelt es sich um eine weitgehend quantitativ-empirisch arbeitende politische Kommunikationsforschung, die ihr Thema oft system- oder organisationstheoretisch reflektiert und aus der Sicht etablierter Akteure Steuerungsprobleme und Handlungsmöglichkeiten innerhalb des politischen Systems erkundet. Andererseits handelt es sich um eine diskursanalytisch-argumentativ vorgehende Kultursoziologie, die soziale Ordnungen problematisiert, das heißt aus einem ganz anderen Blickwinkel herrschende Diskurse oder typische Regierungsprogramme hinsichtlich ihrer Wahrheiten und Pathologien analysiert, ohne dabei sonderliches Interesse an (alternativen) Handlungsmöglichkeiten zu entwickeln. Der Platz der Untersuchung zwischen den etablierten Fragestellungen dieser beiden Forschungszweige bzw. zwischen den damit teilweise etablierten ›Fronten‹ des Wissenschaftsbetriebs erklärt sich zuerst aus dem Gegenstand ihrer Untersuchung. Gerade weil er eigentümlich unscharf zwischen den skizzierten Fragen changiert und dabei das strategische Problem einer äußerst prekären Lage reflektiert, ist er von Interesse. Die lateinischen Worte ›inter‹ und ›esse‹ meinen ›zwischen‹ und ›sein‹, und genau dieses ›Zwischensein‹ zeichnet das Phänomen der Guerillakommunikation auf vielfältige Weise aus. Es bezeichnet kommunikative oder kulturelle Praktiken, die sowohl handlungsleitende Beispiele für den instrumentellen Gebrauch als auch kritische Auseinandersetzungen mit der Gesellschaftsordnung sowie ihrer kommunikativen Verfahren der politischen Steuerung sind. Diese Zwischenlage des Gegenstands spiegelt sich in der Untersuchung und könnte für einige Unschärfen verantwortlich sein. Es kann nicht ausgeschlossen werden, dass es zu Missverständnissen kommt bzw. dass aus beiden etablierten Perspektiven diese Arbeit unvollständig oder unzulänglich erscheint. Die Untersuchung folgt methodisch zwar dem zweiten genannten Paradigma, sucht dabei jedoch aus gleichsam gegensätzlicher Perspektive die Nähe zu den Fragestellungen jener wissenschaftlichen Debatte, die dem erstgenannten Paradigma folgt. Aus der Umsetzung dieses Forschungsprogramms ergeben sich zahlreiche ›offene Enden‹ des Textes, die ihn zugleich in die Nähe seines Gegenstands rücken. Neben diesen scheinbaren Unzulänglichkeiten resultiert manche tatsächliche Unzulänglichkeit des Textes aus der explorativen Vorgehensweise in dem skizzierten Zwischenraum, da der Gesamtzusammenhang bzw. der ›rote Faden‹ dieser Untersuchung erst in ihrem Verlauf sichtbar wurde.

Jenseits dieser Probleme innerhalb des Textes lassen sich leicht Lücken in der beschriebenen genealogischen Reihe ausmachen. Die Untersuchung bildet keine vollständige Entwicklung ab, sondern nur ausgewählte Elemente und partielle Strukturen einer weitaus variableren Ansammlung diskursiver Praktiken. Die Geschichte der Guerillakommunikation beginnt nicht im Jahr 1916 in Zürich und zwar nicht nur deshalb, weil bereits die Dadaist_innen meinten, Dada sei immer schon da gewesen. Zur Vorgeschichte der Guerillakommunikation unserer Tage zählt bspw. die Figur Till Eulenspiegel aus dem 15. Jahrhundert, den die Autor_innen des *Handbuch[s] der Kommunikationsguerilla* als »den ersten Kommunikationsguerillero« bezeichnen (autonome a.f.r.i.k.a. gruppe u.a. 2001: 201ff.). Bei der Untersuchung künstlerischer Bewegungen als Vorformen von Guerillakommunikation konnte nur ein kleiner Ausschnitt der tatsächlichen Vielfalt betrachtet werden. Insbesondere die Gruppe SPUR nach ihrem Ausschluss aus der Situationistischen Internationale und deren Einfluss auf die 1968er Bewegung in der Bundesrepublik Deutschland verdienten sicherlich eine erneute Betrachtung unter dem hier vorgeschlagenen Blickwinkel. Aber auch zahlreiche andere künstlerische Interventionen lassen sich aus dem Blickwinkel des Guerillagedankens als eine spezifische Form politischen Konflikts analysieren (Kastner 2007). Und auch die Spaßguerilla als eine weniger künstlerische, aber mehr politisch-humoristische Interventionsform, die kurz Erwähnung fand, sowie weitere Formen kultureller Guerillabewegungen bilden ebenfalls mögliche Elemente einer detaillierteren Genealogie der Guerillakommunikation. Die untersuchten historischen Phänomene sind zudem nur einzelne, ausgewählte Erscheinungen, die im Kontext der europäischen Geschichte des 20. Jahrhunderts auftraten, aber auch im Rahmen dieses historischen Ausschnitts und aus dem Blickwinkel politischer Kommunikation wohl eher als Randerscheinungen zu bezeichnen sind.

Weiterhin könnte die Bezeichnung der Untersuchung als Genealogie missverständlich sein bzw. als methodisch fragwürdig kritisiert werden, da sie aufgrund ihres sehr heterogenen Gegenstands keine typische genealogische Studie ist. Solche Arbeiten versuchen zumeist, bekannte und stabile soziale Institutionen (bei Nietzsche etwa die Moral seiner Zeit, bei Foucault bspw. das moderne Strafsystem) hinsichtlich ihrer disparaten, umkämpften und zufälligen Entstehungsgeschichte zu befragen, auf diese Weise deren innere Logik sichtbar zu machen, selbstverständliche Wahrnehmungsmuster zu destabilisieren und schließlich die Institution ihrer scheinbaren Unhinterfragbarkeit zu berauben. Auf diese Weise wird der Gegenstand der Untersuchung, das heißt eine dominierende soziale Institution, die einer Gesellschaft gleichsam in Fleisch und Blut übergegangen ist, einer genealogischen Kritik unterzogen. Sie soll eine »künstlich herbeigeführte Krise im Selbstverständnis« der Leser_innen bzw. ihres Verständnisses des untersuchten Gegenstands hervorrufen (Saar 2009: 255). Ein mit dieser Kritik einhergehender »Aufruf« zur (Selbst-)Transformation bleibt jedoch hinsichtlich seiner Zielrichtung »unterbestimmt« (Saar 2009: 256). Eine genealogische Untersuchung will mit anderen Worten die Kontingenz des Sozialen sichtbar machen und damit aus ihrer Sicht fragwürdige, allzu einfache, stabile und verbreitete Wahrheiten hinterfragen.

Abweichend von diesem Forschungsprogramm typischer Genealogien hatte es diese Arbeit mit einem anderen Problem zu tun. Ihr Untersuchungsgegenstand ist keine dominierende Institution, sondern ein marginales Phänomen, das bereits als vollkommen disparat, ständig kämpfend und chronisch instabil wahrgenommen wird. Das methodische Problem der Arbeit lässt sich daher in der Frage zusammenfassen, was geschieht, wenn man einen solchen, kaum fassbaren Gegenstand mit Hilfe einer diskursanalytisch vorgehenden Genealogie betrachtet? Verpufft deren potentiell transformierender Impuls im Vakuum eines nicht vorhandenen Problems? Oder wohin bzw. wogegen richtet sich dieser Impuls, wenn er sich nicht gegen den Gegenstand selbst richtet? Diese Problematik wurde in der Diskurstheorie bisher kaum diskutiert; sie benennt jedoch das Programm, dem diese Genealogie implizit gefolgt ist. Ein Hinweis darauf findet sich in der zu Beginn als Referenz herangezogenen genealogischen Untersuchung *Darwin und Foucault* von Philipp Sarasin, die mit einem ähnlichen methodischen Problem umgeht, indem sie ihre beiden Protagonisten, deren genealogische Vorgehensweisen und ihr Denken von Kontingenzen auf diese selbst und ihre Arbeiten als Untersuchungsgegenstand anwendet (Sarasin 2009). Sichtbar wird dabei, dass mit der Umkehrung des Problems auch das einer typischen Genealogie entgegengesetzte Ergebnis entsteht, das heißt der prekäre Gegenstand der Untersuchung – in Sarasins Fall die Verkettung des Denkens zweier Wissenschaftler, die auf den ersten Blick nichts miteinander zu tun haben – wird zunächst überhaupt sichtbar und gewinnt Konturen. Dem prekären Gegenstand *Guerillakommunikation* Konturen zu verleihen, ihn einer ernsthaften Betrachtung zu unterziehen und damit das oft als unsinnig Erscheinende hinsichtlich seines Sinns zu befragen, war auch das erste Ziel dieser Arbeit. Darüber hinaus werden durch einen so konstituierten Gegenstand aber auch zwei zuvor getrennte Gebiete der Wissenschaft miteinander verbunden, was jeweils überraschende Einsichten ermöglicht – im Fall von *Darwin und Foucault* etwa die Erkenntnis, dass aus der neuen Perspektive betrachtet, beide Helden der Untersuchung »jeweils das Gegenteil dessen sagen, was von ihnen erwartet wird und wofür sie vom Biologismus bzw. vom Kulturalismus üblicherweise als wirkmächtige Referenz, ja als heilige Namen angerufen werden« (Sarasin 2009: 424). Dieser zweite Effekt einer solchen untypischen Genealogie verweist zudem auf eine wissenschaftliche Methode, für die Bruno Latour in seinem Aufsatz *An Attempt at a »Compositionist Manifesto«* ein programmatisches Plädoyer entworfen hat. Dessen Ziel besteht in »building a common world«, allerdings mit »the certainty that this common world has to be built from utterly heterogeneous parts that will never make a whole, but at best a fragile, revisable, and diverse composite material«[2] (Latour 2010: 474). Der transformierende Impuls einer solchen Genealogie richtet sich mit anderen Worten nicht gegen den Gegenstand ihrer Untersuchung, sondern eher gegen die etablierten Wahrheiten jener Wissensgebiete, zwischen denen sie angesiedelt ist.

Dank ihrer Zwischenlage eröffnet die Arbeit auch Einsichten über die Beschreibungen des Gegenstands hinaus. Aus Sicht der politischen Kommunikationsforschung könnte insbesondere die diskurstheoretische Vorgehensweise mit dem dazugehörigen Verständnis ihres Untersuchungsgegenstands von Interesse sein. Angesichts dieses Gegenstands sowie des gewählten methodischen Zugangs wird eine grundlegende Problematik der etablierten Kommunikationsforschung (auch über ihren politischen Zweig hinaus) deutlich greifbar. Diese wird nach wie vor von einem informationstheoretischen Paradigma dominiert, das Kommunikation als Prozess der Informationsübertragung oder -vermittlung bzw. des Informationstransfers beschreibt (Merten 1999: 77f., 115). Guerillakommunikation dagegen produziert oftmals Aussagen ohne jeglichen bzw. mit einem schwer entzifferbaren Informationsgehalt, und ein etwaiger zielgerichteter Informationstransfer ist oftmals ebenso wenig greifbar. Man kann vermuten, dass gerade aus diesem Grund die etablierte politische Kommunikationsforschung nichts zu diesem Phänomen zu sagen hat, da sie es aus ihrem Blickwinkel im Grunde nur als vermeintlich sinnlos oder unsinnig disqualifizieren kann. Guerillakommunikation produziert Aussagen, die mit dem informationstheoretischen Paradigma nicht anders beschrieben werden können denn als Irritationen; sie sind, wie Luhmann bemerkte, ein »Mysterium« und können »mit den Operationen des Systems« nicht geklärt werden (Luhmann 2004: 27, vgl. das Motto des Kapitels *Einleitung: Politische Kommunikation als Irritation*). Dennoch handelt es sich bei den beschriebenen Formen der Guerillakommunikation offensichtlich um Erscheinungen politischer Kommunikation, und dass sie in der politischen Kommunikationsforschung nicht diskutiert werden, weist aus dem Blickwinkel dieser Untersuchung auf eine Schwäche des herrschenden Forschungsparadigmas hin.

Dieses Paradigma, das Kommunikation als Informationsfluss oder -austausch konzipiert, basiert auf dem mathematischen Modell der nachrichtentechnischen In-

---

2 | In seinem *Versuch eines »Kompositionistischen Manifests«* plädiert Latour also dafür, »eine gemeinsame Welt zu bauen« in »der Gewissheit, dass diese gemeinsame Welt aus vollkommen heterogenen Bestandteilen errichtet werden muss, die niemals eine vollständige, sondern bestenfalls eine fragile, überprüfbare und facettenreiche Mischmaterie ergeben« (Übersetzung: H.S.).

formationsübertragung von Claude Shannon und Warren Weaver aus den 1940er Jahren, mit dem sie technische Probleme des Telefonierens, das heißt Probleme der Übertragung von Informationen von einem Telefonapparat zum anderen, beschrieben haben (Shannon/Weaver 1949). Obwohl dieses Modell nur für technische Informationsübertragungen entwickelt wurde, und es nicht für die Beschreibung semantischer Prozesse (also zwischenmenschlicher Kommunikation) nützt, beeinflusste es über Jahrzehnte das sozialwissenschaftliche Verständnis von Kommunikation. Begriffe wie Sender und Empfänger, wie Kanal oder Medium, wie Informationsübertragung oder Politikvermittlung bestimmen, basierend auf diesem Verständnis, immer noch weitgehend die Sprache der etablierten politischen Kommunikationsforschung und insbesondere auch die praxisorientierten, programmatischen Texte zum Thema politische Kommunikation, die im Zentrum des Interesses dieser Untersuchung standen. Die Orientierung an diesem informationstheoretischen Paradigma wird inzwischen als klarer »Fehlgriff« der sozialwissenschaftlichen Kommunikationsforschung bezeichnet (Merten 1999: 75), da »der technische Empfang von Signalen nicht gleichzusetzen [ist] mit der Information eines Menschen« (Beck 2010: 20f.). Bspw. eine »ungelesene Tageszeitung im Briefkasten ›informier[e]‹ [also] allenfalls den Briefkasten, aber nicht den Abonnenten« (Beck 2010: 21). Klaus Beck schlägt dagegen vor, menschliche Kommunikation nicht als »Informationsübertragung« zu verstehen,

»sondern [als] die wechselseitige, absichtsvolle (intentionale) Verständigung über Sinn mithilfe symbolischer Zeichen, an der mindestens zwei Menschen mit ihrer artspezifischen kognitiven Autonomie, aber auch in ihrer sozialen und kulturellen Bedingtheit beteiligt sind.« (Beck 2010: 54)

Ein sozialwissenschaftliches Konzept politischer Kommunikation müsste also, von einem Verständnis für die Logik semantischer Prozesse ausgehend, einen anderen Zugang zum Gegenstand ihres Interesses und ein verändertes Vokabular zu seiner Beschreibung entwickeln. Aus dem Blickwinkel dieser Untersuchung, in der Politik als konflikthafter Prozess verstanden wurde, erscheint allerdings Becks Verständnis von Kommunikation als zu limitiert und damit ebenfalls problematisch, wenngleich auf andere Weise als das informationstheoretische Konzept. Politische Kommunikation wird in der Perspektive dieser Arbeit gerade nicht als Prozess wechselseitiger Verständigung über Sinn greifbar, sondern als Konflikt um die kollektiv verbindliche Durchsetzung eines bestimmten (Eigen-)Sinns. Aus dieser Perspektive geht es in der Politik zumeist um das Formulieren und Durchsetzen von Interessen, was zugleich durch Kommunikation erreicht und legitimiert werden soll. Nur in solchen Konfliktkonstellationen können stark asymmetrische Beziehungen Relevanz erlangen und kann Guerillakommunikation als irritierende Praxis auf der defensiven Seite solcher Asymmetrien eingesetzt werden. Dabei mögen für die konkrete Ausprägung solcher asymmetrischer Beziehungen technische Apparate der Informationsübertragung durchaus relevant sein, wie das prominente Beispiel der semiologischen Guerilla von Umberto Eco verdeutlicht, die dieser ja als Gegenprogramm zu der scheinbar überwältigenden Macht massenmedialer Informationsübertragung konzipierte. Die Relevanz technischer Apparate für soziale Beziehungen bedeutet jedoch nicht, man müsse für die Beschreibung sozialer Phänomene auch ein technisches Verständnis von Informationsübertragung zugrunde legen, wie es die Kommunikationswissenschaft seit der Übernahme des Modells von Shannon und Weaver getan hat. Mit dem methodischen Vorgehen dieser Arbeit, das auf dem ihr zugrunde liegenden, spezifischen Diskursverständnis basiert, wurde im Gegenteil der Versuch unternommen, ein sozialwissenschaftliches Instrumentarium heranzuziehen, das auf Grundlage sprachwissenschaftlicher Erkenntnisse und im Wissen um die Logik semantischer Prozesse entwickelt wurde, und damit Phänomene politischer Kommunikation inklusive der Rolle technischer Apparate oder Medien zu beschreiben. Dieser Zugang impliziert zudem die Möglichkeit, neben Verständigungsprozessen über Sinn auch Konflikte um unterschiedliche (Eigen-)Sinnigkeiten zu erfassen. Darüber hinaus wird mit dem diskutierten transitorischen Charakter der Guerilla die Möglichkeit denkbar, aus einem Kommunikationsmodus des Konflikts in einen Modus der Verständigung überzugehen: In einer stark asymmetrischen Beziehung möchte eine Seite ihren Eigensinn (ihr Interesse) durchsetzen und die andere Seite setzt diesen Bemühungen Formen von Guerillakommunikation entgegen, die sie unterwandern oder ad absurdum führen und somit ins Leere laufen lassen. Als Resultat eines solchen Konflikts ist zunächst denkbar, dass jeweils eine der beiden Seiten die Oberhand gewinnt und sich somit entweder der Eigensinn der überlegenen Konfliktpartei oder die Sinnleere, die demonstrative Unbestimmtheit und Offenheit der Guerilla durchsetzt. Im zweiten Fall wäre allerdings erst die eine, ›destruktive‹ Dimension in Erscheinung getreten, durch die eine Guerillabewegung nach der militärischen Guerillatheorie charakterisiert ist. Die zweite, ›konstruktive‹ Dimension könnte dann darin bestehen, aus einem Modus des Konflikts in einen Modus der Verständigung überzugehen – in diesem Sinne könnte man jedenfalls Maos Definition, der Zweck eines Guerillakriegs bestehe in der Abschaffung des Kriegs, auf Kommunikation übertragen (vgl. das Kapitel *Maos Ansichten zur Struktur und Dynamik eines Guerillakriegs*).

Politische Kommunikation erscheint aus dem Blickwinkel dieser Untersuchung also nicht etwa als abstrakter Prozess der Entscheidungsfindung und Politikvermittlung oder als Problem der Responsivität politischer Akteure, sondern stattdessen als strategisches Spiel um die jeweils überlegene Anordnung von Aussagen, das heißt wie diese ›in Stellung‹ gebracht oder neu ausgerichtet werden können, wie dadurch ein politisches Programm oder ein Akteur gleichsam umzingelt oder in die Zange genommen werden kann, wie man eine komfortable Stellung errichtet oder unterminiert, oder wie man ein Bündnis zulassen kann. In solchen Prozessen können technische Apparate oder Medien als Werkzeuge der Anordnung von Aussagen durchaus eine relevante Rolle spielen, und diese ›diskursiven Manöver‹ lassen sich auch kaum unabhängig von inhaltlichen Programmen analysieren. Dennoch scheint die formale Frage nach typischen Kommunikationsmustern bzw. nach der Kulturellen Grammatik doch relevant für die Beziehungen zwischen politischen Akteuren und damit für die Gesellschaft insgesamt zu sein. Unter diesem Blickwinkel würden vor allem Konflikte in der Politik greifbarer, und das oftmals unsystematische und nicht selten irreguläre Geschäft politischer Kommunikation würde nicht hinter seltsam ›blutleeren‹ Modellen des politischen Prozesses verschwinden, die auf einem informationstheoretischen Verständnis von Kommunikation basieren und für die Beschreibung politischer Kommunikation zumeist herangezogen werden. Durch einen diskurstheoretischen Blickwinkel wird also vor allem der Fokus der Betrachtung verschoben bzw. ergänzt. In den gängigen Konzeptionen wird politische Kommunikation, insbesondere wenn man sie als strategische Kommunikation fasst, von ihrem Ende her gedacht, das heißt sie fokussieren auf politische Entscheidungen als vermeintliche Referenz eines linear oder zirkulär gedachten Politikprozesses. Damit wird jedoch tendenziell unsichtbar, dass in der Praxis politische Kommunikation keineswegs immer strategisch von ihrem Ende her zu denken ist, sondern oft besser als iterativer Prozess verstanden werden kann, in dessen komplexen, nichtlinearen Verlauf eventuell ein Ergebnis entsteht, der aber auch scheitern kann. In der politischen Praxis lässt sich immer wieder beobachten, dass programmatische Ziele variiert werden und gerade keine Entscheidung herbeigeführt wird, weil das Bemühen sich vor allem darum dreht, einen dynamisch ablaufenden Prozess der Anordnung von Aussagen bzw. der ›diskursiven Manöver‹ möglichst unter Kontrolle zu bringen. Die Verschiebung der Aufmerksamkeit weg von der Entscheidung als dem vermeintlichen Ziel politischer Kommunikation und hin zu den Strategien und Taktiken der Anordnung von Aussagen, mit denen in einem politischen Prozess um dessen Kontrolle gekämpft wird, kann aus der Perspektive dieser Untersuchung nachvollzogen und beschrieben werden.

Wie im Fall der militärischen Guerilla handelt es sich bei den in dieser Untersuchung beschriebenen Phänomenen um eigenständige Formen der Guerillakommunikation, wenngleich die konkreten Vorgehensweisen, die Guerillamethoden, auch als Mittel am Rande anderer Formen politischer Kommunikation eingesetzt werden können. Ihre Betrachtung eröffnet daher auch den Zugang zu zahlreichen kommunikativen Aktionen des Verzögerns, Ablenkens und Unterbrechens von Prozessen, des Täuschens und Überrumpelns anderer Akteure, des Zerredens, Aussitzens oder Umdeutens von Problemlagen etc., also zu Erscheinungsformen der Guerillakommunikation innerhalb etablierter Organisationen und institutionalisierter Politikprozesse, die man systematischer als Mittel der politischen Auseinandersetzung am nur scheinbaren Rand regulärer politischer Konflikte beschreiben und bei denen man gezielter nach deren Verfahrensformen, Wirkungsweisen und Zwecken in politischen Prozessen fragen könnte. Solche Praktiken genossen bisher allenfalls in anekdotischen Untersuchungen die Aufmerksamkeit der Wissenschaft (bspw. Jaehrling 1999, Schölzel 2008). Mit dem Phänomen des Filibuster, das in einem früheren Abschnitt kurz Erwähnung fand (vgl. das Kapitel *Zwischenfazit: Guerillakrieg und politische Kommunikation*), das heißt jener im amerikanischen Senat institutionell verankerten, aber auch anderswo praktizierten Obstruktionstaktik, existiert eine beispielhafte kommunikative Praxis im Kernbereich politischer Institutionen, die in enger Verwandtschaft zu den beschriebenen Vorgehensweisen der Guerillakommunikation steht. Darüber hinaus wird seit einiger Zeit eine Krise etablierter Politikformen bzw. etablierter Formen politischer Kommunikation diagnostiziert. Am Pariser politikwissenschaftlichen Institut *SciencePo* wurde als Reaktion auf diese Diagnose und unter der Direktion von Bruno Latour im Jahr 2010 ein experimenteller Studiengang für Kunst und Politik »Master d'expérimentation arts et politique« begründet. Dessen programmatisches Anliegen besteht in einer Erneuerung der Ausdrucksweisen politischer Kommunikation, für die gezielt die Fähigkeiten von Künstler_innen zur experimentellen Erforschung und Entwicklung neuer Praktiken in einen sozial- und medienwissenschaftlichen Zusammenhang integriert werden sollen (SciencePo 2011).

Gleichsam als Rückseite der hier recht ausführlich beschrieben Konsequenzen für die politische Kommunikationsforschung könnte aus Sicht der diskursanalytisch arbeitenden Kultursoziologie diese Untersuchung aber auch dazu dienen, das Politische deutlicher als etwas zu erkennen, das oft in Gestalt kommunikativer Verfahren in Erscheinung tritt. Solche Verfahrensformen etablieren unterschiedliche Ordnungsmuster der Diskurse, das heißt Kulturelle Grammatiken, die nicht immer typische Wahrheitsregime sein müssen, wie Foucault sie in *Die Ordnung des Diskurses* beschrieben hat (Foucault 2007). Diesem formalen Aspekt der kommunikativen Anordnung von Aussagen zu verschiedenen Ordnungen der Diskurse wurde bisher kaum Aufmerksamkeit geschenkt. Diskursanalysen, die sich um Inhalte oder Programme der untersuchten Aussagensysteme drehen, z.B. deren Konstruktionen, Zuschreibungen und Ausschließungen sichtbar machen wollen, könnten durch ein Verständnis für die kommunikativen Verfahren, die ihren Anteil an der Erstellung eines Diskurses haben, möglicherweise bereichert werden.

Bibliographie

Acker, Adolphe u.a. (1935): »Gegenangriff. Kampfbund der revolutionären Intellektuellen«, in: Asholt/Fähnders, Manifeste und Proklamationen der europäischen Avantgarde (1909-1938), S. 416-417.

Aderhold, Dieter (1973): Kybernetische Regierungstechnik in der Demokratie. Planung und Erfolgskontrolle, München: Olzog Verlag.

AG Spaß muß sein! (Hg.) (2001): Spassguerilla, Neudruck der Ausgabe von 1984, 4. Auflage, Münster: Unrast.

Alquié, Ferdinand (1933): »A André Breton«, in: Le Surréalisme au service de la Révolution, Nr. 5 (1933), S. 43.

Althaus, Marco (2002): »Strategien für Kampagnen. Klassische Lektionen und modernes Targeting«, in: Ders. (Hg.), Kampagne! Neue Strategien für Wahlkampf, PR und Lobbying, Münster: LIT, S. 11-44.

Altmann, Georges u.a. (1925): »Zunächst und immer Revolution!«, in: Asholt/Fähnders, Manifeste und Proklamationen der europäischen Avantgarde (1909-1938), S. 352.

Amann, Marc (Hg.) (2005): go.stop.act! Die Kunst des kreativen Straßenprotests, Grafenau/Frankfurt a. M.: Trotzdem.

Amann, Marc (2005a): »Einleitung. Die Kunst des kreativen Straßenprotests«, in: Ders., go.stop.act!, S. 9-21.

Amann, Marc (2005b): »Carnival Against Capitalism. Karneval, Umzüge, Masken, verkehrte Welten«, in: Ders., go.stop.act!, S. 23-33.

Amann, Marc (2005c): »Flash Mobs. Sinnbefreite Blitzperformances«, in: Ders., go.stop.act!, S. 185-193.

Amnesty International (o.J.): »25 Jahre nach Bhopal: Opfer warten auf Gerechtigkeit«, in: Amnesty International, http://www.amnesty.de/25-jahre-nach-bhopal-opfer-warten-auf-gerechtigkeit (27.04.2011).

Aragon, Louis u.a. (1925): »Erklärung des Büros für surrealistische Forschungen (27.1.1925)«, in: Asholt/Fähnders, Manifeste und Proklamationen der europäischen Avantgarde (1909-1938), S. 344.

Arnold, Heinz Ludwig (Hg.) (2001): Aufbruch ins 20. Jahrhundert. Über Avantgarden (= TEXT + KRITIK. Zeitschrift für Literatur, Sonderband), München: Boorberg.

Arp, Hans (1921): »Deklaration«, in: Riha/Schäfer/Merte, DADA total, S. 280.

Arp, Hans/Lissitzky, El (1925): Die Kunstismen, Reprint 1990, Baden: Verlag Lars Müller.

Arquilla, John/Ronfeldt, David (2000): Swarming and the Future of Conflict, http://www.rand.org/pubs/documented_briefings/DB311.html (14.02.2012), Santa Monica: RAND Corporation.

Arquilla, John/Ronfeldt, David (2001): Networks and Netwars. The Future of Terror, Crime, and Militancy, http://www.rand.org/pubs/monograph_reports/MR1382.html (14.02.2012), Santa Monica: RAND Corporation.

Arquilla, John/Ronfeldt, David (1993): »Cyberwar is coming!«, in: Comparative Strategy, Jg. 12, Nr. 2, S. 141-165. Ebenfalls erschienen in: http://www.rand.org/pubs/reprints/RP223.html (16.02.2012), Santa Monica: RAND Corporation.

Arquilla, John/Ronfeldt, David/Fuller, Graham/Fuller, Melissa (1998): The Zapatista »Social Netwar« in Mexico, http://www.rand.org/pubs/monograph_reports/MR994.html (16.02.2012), Santa Monica: RAND Corporation.

Asholt, Wolfgang/Fähnders, Walter (Hg.) (2005): Manifeste und Proklamationen der europäischen Avantgarde (1909-1938), Stuttgart/Weimar: J. B. Metzler.

Asprey, Robert B. (2002): War In The Shadows. The Guerilla In History, Lincoln: iUniverse.

Attac (2010): »Financial Crimes Deutschland«, in: financial-crimes.net vom 29.09.2010, http://www.financial-crimes.net/pdf.php (27.04.2011).

autonome a.f.r.i.k.a. gruppe (2002): »Kommunikationsguerilla – Transversalität im Alltag?«, in: http://www.republicart.net/disc/artsabotage/afrikagruppe01_de.pdf (21.01.2010). Ebenfalls erschienen in: Gerald Raunig (Hg.) (2003), Transversal. Kunst und Globalisierungskritik, Wien: Turia + Kant, S. 95-105.

autonome a.f.r.i.k.a. gruppe (2005): »Stolpersteine auf der Datenautobahn? Politischer Aktivismus im Internet«, in: Amann, go.stop.act!, S. 194-209.

autonome a.f.r.i.k.a. gruppe/Luther Blissett/Sonja Brünzels (2001): Handbuch der Kommunikationsguerilla, Berlin u.a.: Assoziation A.

autonome a.f.r.i.k.a. gruppe/mittlerer neckar (1994): Medienrandale. Rassismus und Antirassismus. Die Macht der Medien und die Ohnmacht der Linken?, Grafenau: Trotzdem.

autonome a.f.r.i.k.a. gruppe/mittlerer neckar (1994a): »Kommunikationsguerilla – Der Kampf geht weiter. Anstiftung zu einer subversiven kommunikativen Praxis«, in: Dies., Medienrandale, S. 143-161.

autonome a.f.r.i.k.a. gruppe/mittlerer neckar (1994b): »Einleitung«, in: Dies., Medienrandale, S. 7-12.

autonome a.f.r.i.k.a. gruppe/mittlerer neckar (1994c): »Medien-Randale (I). Kleine doitsche Medienkunde und Fragen militanter Praxis«, in: Dies., Medienrandale, S. 80-90.

autonome a.f.r.i.k.a. gruppe/mittlerer neckar (1994d): »Medien-Randale (II). Weitere Fragen politischer Praxis«, in: Dies., Medienrandale, S. 91-106.

Autonome Antifa Freiburg (2008): »Faschistische Kommunikationsguerilla«, in: Autonome Antifa Freiburg vom 19.08.2008, http://www.autonome-antifa.org/spip.php?page=antifa&id_breve=1695&design=1 (23.03.2011).

Ball, Hugo (1988): Der Künstler und die Zeitkrankheit. Ausgewählte Schriften, Frankfurt a. M.: Suhrkamp.

Ball, Hugo (1992): Die Flucht aus der Zeit, Hg. Bernhard Echte, Zürich: Limmat Verlag.

Ball, Hugo (2003): Briefe 1904-1927. Band I: 1904-1923, Hg. Gerhard Schaub/Ernst Teubner, Göttingen: Wallstein Verlag.

Ball, Hugo (Hg.) (1916): Cabaret Voltaire. Eine Sammlung künstlerischer und literarischer Beiträge, Zürich: Meierei.

Ball, Hugo (1909/1910): »Nietzsche in Basel. Eine Streitschrift«, in: Ders., Der Künstler und die Zeitkrankheit, S. 61-101.

Ball, Hugo (1916b): »Eroeffnungs-Manifest, 1. Dada-Abend«. in: Riha/Schäfer/Merte, DADA total, S. 34.

Ball, Hugo (1918): »Propaganda hier und dort«, in: Ders., Der Künstler und die Zeitkrankheit, S. 224-227.

Baringhorst, Sigrid (1998): Politik als Kampagne. Zur medialen Erzeugung von Solidarität, Opladen: Westdeutscher Verlag.

Barthes, Roland (1964): Mythen des Alltags, Frankfurt a. M.: Suhrkamp.

Bataille, Georges (1975): Das theoretische Werk Band I: Die Aufhebung der Ökonomie, München: Rogner & Bernhard.

Bataille, Georges (1978): Die psychologische Struktur des Faschismus und Die Souveränität, München: Matthes & Seitz.

Baudrillard, Jean (1978): KOOL KILLER oder Der Aufstand der Zeichen, Berlin: Merve.

Baudrillard, Jean (1978a): Agonie des Realen, Berlin: Merve.

Baudrillard, Jean (1989): Paradoxe Kommunikation, Bern: Benteli.

Baudrillard, Jean (1994): Die Illusion des Endes oder der Streik der Ereignisse, Berlin: Merve.

Baudrillard, Jean (2005): Der symbolische Tausch und der Tod, Berlin: Matthes & Seitz.

Baudrillard, Jean (1978b): »Politik und Simulation«, in: Ders., KOOL KILLER, S. 39-48.

Baudrillard, Jean (1978c): »Requiem für die Medien«, in: Ders., KOOL KILLER, S. 83-118.

Baudrillard, Jean (1978d): »KOOL KILLER oder Der Aufstand der Zeichen«, in: Ders., KOOL KILLER, S.19-38.

Baudrillard, Jean (2006): »Resonanzkörper der Radikalität«, in: Zweifel/Steiner/Stahlhut, In girum imus nocte et consumimur igni, S. 40.

Baudrillard, Jean (2008): Das perfekte Verbrechen, in: The European Graduate School, http://www.egs.edu/faculty/jean-baudrillard/articles/das-perfekte-verbrechen/ (04.11.2010).

Beck, Klaus (2010): Kommunikationswissenschaft, 2., überarbeitete Auflage, Konstanz: UVK.

Beckedahl, Markus (2009a): »Der Schäuble Plakat-Remix-Wettbewerb«, in: Netzpolitik.org vom 10.08.2009, http://netzpolitik.org/2009/der-schaeuble-plakat-remix-wettbewerb/ (15.03.2011).

Beckedahl, Markus (2009b): »Die Gewinner des Schäuble Plakat-Remix-Wettbewerb«, in: Netzpolitik.org vom 02.09.2009, http://netzpolitik.org/2009/die-gewinner-des-schaeuble-plakat-remix-wettbewerb/ (15.03.2009).

Benjamin, Walter (1963): »Das Kunstwerk im Zeitalter seiner technischen Reproduzierbarkeit«, in: Ders., Das Kunstwerk im Zeitalter seiner technischen Reproduzierbarkeit. Drei Studien zur Kunstsoziologie, Frankfurt a. M.: Suhrkamp, S. 7-44.

Benjamin, Walter (1969): »Der Sürrealismus. Die letzte Momentaufnahme der europäischen Intelligenz«, in: Ders., Über Literatur, Frankfurt a. M.: Suhrkamp, S. 87-103.

Bentele, Günter (2008): »Sichtwort: Guerilla-PR«, in: Ders./Romy Fröhlich/Peter Szyszka (Hg.), Handbuch der Public Relations. Wissenschaftliche Grundlagen und berufliches Handeln. Mit Lexikon, 2., korrigierte und erweiterte Auflage, Wiesbaden: VS Verlag für Sozialwissenschaften, S. 592.

Bernays, Edward (1967): Biographie einer Idee. Die Hohe Schule der PR. Lebenserinnerungen, Düsseldorf/Wien: Econ.

Bernays, Edward (2007): Propaganda. Die Kunst der Public Relations, Freiburg: orange-press.

Beyme, Klaus von (2005): Das Zeitalter der Avantgarden. Kunst und Gesellschaft 1905-1955, München: C.H. Beck.

Bickel, Markus (2000): »Es hat den richtigen getroffen«, in: Gegeninformationsbüro, http://gib.squat.net/gruene/farbbeutel/ (17.03.2011).

Blanqui, Auguste (1868/69): »Instruktionen für den Aufstand«, in: Schickel, Guerilleros, Partisanen, S. 98-115.

Bluma, Lars (2005): Norbert Wiener und die Entstehung der Kybernetik im Zweiten Weltkrieg. Eine historische Fallstudie zur Verbindung von Wissenschaft, Technik und Gesellschaft, Münster: LIT.

Böhringer, Hannes (1978): »Avantgarde – Geschichten einer Metapher«, in: Archiv für Begriffsgeschichte, Jg. 22 , Nr. 1, S. 90-114.

Boltanski, Luc/Chiapello, Ève (2006): Der neue Geist des Kapitalismus, Konstanz: UVK.
Breton, André (1994): Nadja, Frankfurt a. M.: Suhrkamp.
Breton, André (1996): Entretiens – Gespräche. Dada, Surrealismus, Politik, hrsg. von Unda Hörner und Wolfgang Kiepe, Dresden: Verlag der Kunst.
Breton, André (2004): Die Manifeste des Surrealismus, Reinbek bei Hamburg: Rowohlt.
Breton, André (2004a): »Erstes Manifest des Surrealismus 1924«, in: Ders., Die Manifeste des Surrealismus, S. 9-43.
Breton, André (2004b): »Zweites Manifest des Surrealismus 1930«, in: Ders., Die Manifeste des Surrealismus, S. 49-99.
Breton, André (2004c): »Vorwort zur Neuauflage des Manifestes 1929«, in: Ders., Die Manifeste des Surrealismus, S. 5-8.
Breton, André (2004d): »Als die Surrealisten noch recht hatten 1935«, in: Ders., Die Manifeste des Surrealismus, S. 101-112.
Breton, André (2004e): »Prolegomena zu einem Dritten Manifest des Surrealismus oder nicht 1942«, in: Ders., Die Manifeste des Surrealismus, S. 113-123.
Breton, André/Rivera, Diego (1938): »Für eine freie revolutionäre Kunst«, in: Asholt/Fähnders, Manifeste und Proklamationen der europäischen Avantgarde (1909-1938), S. 421-425.
Bröckling, Ulrich (2007): Das unternehmerische Selbst. Soziologie einer Subjektivierungsform, Frankfurt a. M.: Suhrkamp.
Bröckling, Ulrich (2004): »Kreativität«, in: Ders./Krasmann/Lemke, Glossar der Gegenwart, S. 139-144.
Bröckling, Ulrich (2006): »Kritik oder die Umkehrung des Genitivs. Eine Bricolage«, in: Mittelweg 36, Jg. 15, Nr. 4, S. 93-100.
Bröckling, Ulrich (2010): »Jenseits des kapitalistischen Realismus: Anders anders sein«, in: Sighard Neckel (Hg.), Kapitalistischer Realismus. Von der Kunstaktion zur Gesellschaftskritik, Frankfurt a. M.: Campus, S. 281-301.
Bröckling, Ulrich/Feustel, Robert (Hg.) (2010): Das Politische denken. Zeitgenössische Positionen, Bielefeld: transcript.
Bröckling, Ulrich/Krasmann, Susanne/Lemke, Thomas (Hg.) (2004), Glossar der Gegenwart, Frankfurt a. M.: Suhrkamp.
Brodie, Richard (1996): Virus of the Mind. The New Science of Meme, Seattle: Integral Press.
Bublitz, Hannelore/Marek, Roman/Steinmann, Christina Louise/Winkler, Hartmut (Hg.) (2010): Automatismen, München: Wilhelm Fink.
Bublitz, Hannelore/Kaldrack, Irina/Röhle, Theo/Winkler, Hartmut (Hg.) (2011): Unsichtbare Hände. Automatismen in Medien-, Technik- und Diskursgeschichte, München: Wilhelm Fink.
Buchstein, Hubertus/Jörke, Dirk (2003): »Das Unbehagen an der Demokratietheorie«, in: Leviathan, Jg. 31, Nr. 4, S. 470-496.

Bürger, Peter (1974): Theorie der Avantgarde, Frankfurt a. M.: Suhrkamp.

Carls, Nada (2007): Guerilla-Marketing im Kulturbetrieb. Inovative Ansätze für die Kommunikation komplexer Produktionen, Saarbrücken: VDM Verlag.

Centralkomitee der Situationistischen Internationale (1963a): »Kommunikation Ersten Ranges«, in: Der Deutsche Gedanke. Organ der Situationistischen Internationale für Mitteleuropa, Nr. 1 (1963), Brüssel, S. 4-8.

Chaos Computer Club (2011): »Hackerethik«, in: Chaos Computer Club, http://www.ccc.de/de/hackerethik (14.03.2011).

Citroen-Dada (= Paul Citroen) (1966): »Eine Stimme aus Holland«, in: Huelsenbeck, DADA-Almanach, S. 102-104.

Clausewitz, Carl von (1980): Vom Kriege. Hinterlassenes Werk des Generals Carl von Clausewitz, 19. Auflage (Nachdruck 1991), Bonn: Dümmler.

Columbia College Chicago (2010): »Keep it Slick: Infiltrating Capitalism With The Yes Men«, in: Art&Education vom 07.09.2010, http://www.artandeducation.net/announcement/keep-it-slick-infiltrating-capitalism-with-the-yes-men/ (25.03.2011).

Critical Art Ensemble (2007): Elektronischer Widerstand, Wien: Passagen.

Critical Art Ensemble (2007a): »Elektronischer ziviler Ungehorsam«, in: Dies., Elektronischer Widerstand, S. 41-59.

Dalí, Salvador (1974): Unabhängigkeitserklärung der Phantasie und Erklärung der Rechte des Menschen auf seine Verrücktheit. Gesammelte Schriften, München: Rogner & Bernhard.

Dalí, Salvador (1930a): »Moralische Position des Surrealismus«, in: Ders., Unabhängigkeitserklärung der Phantasie, S. 22-26.

Dalí, Salvador (1930b): »Die sichtbare Frau«, in: Ders., Unabhängigkeitserklärung der Phantasie, S. 129-207.

Dawkins, Richard (2005): »Vorwort«, in: Susan Blackmore, Die Macht der Meme oder Die Evolution von Kultur und Geist, München: Spektrum, S. 7-21.

Debord, Guy (1996): Die Gesellschaft des Spektakels und Kommentare zur Gesellschaft des Spektakels, Berlin: Edition Tiamat.

Debord, Guy (1997): Panegyrikus. Erster Band, Berlin: Edition Tiamat.

Debord, Guy (2002): Potlatch. Informationsbulletin der Lettristischen Internationale, Berlin: Edition Tiamat.

Debord, Guy (1958a): »Thesen über die kulturelle Revolution«, in: Situationistische Internationale 1958-1969. Gesammelte Ausgaben des Organs der Situationistischen Internationale, Deutsche Zweitausgabe, Band 1, Nr. 1 (1958), S. 23-24.

Debord, Guy (1958b): »Theorie des Umherschweifens«, in: Situationistische Internationale 1958-1969. Gesammelte Ausgaben des Organs der Situationistischen Internationale, Deutsche Zweitausgabe, Band 1, Nr. 2 (1958), S. 52-56.

Debord, Guy (1961): »Perspektiven einer bewussten Änderung des alltäglichen Lebens«, in: Situationistische Internationale 1958-1969. Gesammelte Ausgaben des

Organs der Situationistischen Internationale, Deutsche Zweitausgabe, Band 1, Nr. 6 (1961), S. 198-205.

Debord, Guy (1964): »Korrespondenz mit einem Kybernetiker«, in: Situationistische Internationale 1958-1969. Gesammelte Ausgaben des Organs der Situationistischen Internationale, Deutsche Zweitausgabe, Band 2, Nr. 9 (1964), S. 53-56.

Debord, Guy (2002a): »Geheul für de Sade«, in: Ders., Potlatch, S. 307-317.

Debord, Guy (2002b): »Theorie des Umherschweifens«, in: Ders., Potlatch, S. 332-340.

Debord, Guy/Sanguinetti, Gianfranco (1973): Die wirkliche Spaltung der Internationalen. Öffentliches Zirkular der Situationistischen Internationalen (1972), Düsseldorf: Projektgruppe Gegengesellschaft.

Debord, Guy/Wolman, Gil (2002): »Die Entwendung: Eine Gebrauchsanleitung«, in: Debord, Potlatch, S. 320-331.

De Certeau, Michel (1988): Kunst des Handelns. Berlin: Merve.

Derrida, Jacques (2002): Politik der Freundschaft, Frankfurt a. M.: Suhrkamp.

Derrida, Jacques (2000): »Die Struktur, das Zeichen und das Spiel im Diskurs der Wissenschaften vom Menschen«, in: Ders., Die Schrift und die Differenz, Frankfurt a. M.: Suhrkamp, S. 422-442.

Deutsch, Karl W. (1970): Politische Kybernetik. Modelle und Perspektiven, 2., unveränderte Auflage, Freiburg: Rombach.

Deutsche Akademie der Künste zu Berlin (Hg.) (1967): Der Malik-Verlag 1916-1947. Ausstellungskatalog, 2. Auflage, Berlin: Aufbau Verlag.

Dick, Michael (2010): »Guerilla-Marketing macht auf Kinofilm A-Team aufmerksam«, in: LVZ Online vom 10.08.2010, http://nachrichten.lvz-online.de/leipzig/citynews/guerilla-marketing-macht-auf-kinofilm-a-team-aufmerksam/r-citynews-a-43580.html (03.03.2011).

Die Partei (2008): »Plakatmotive zur Bürgerschaftswahl 2008«, in: Die Partei, http://www.die-partei-hamburg.de/media/ (15.03.2011).

dowethics.com (2004): »Dow ›Help‹ Announcement Is Elaborate Hoax«, in: dowethics.com im Dezember 2004, http://www.dowethics.com/r/about/corp/bbc.htm (24.03.2011).

Düllo, Thomas (2005): »Coolness: Beharrlichkeit und Umcodierung einer erfolgreichen Mentalitätsstrategie«, in: Düllo/Liebl, Cultural Hacking, S. 47-72.

Düllo, Thomas/Liebl, Franz (Hg.) (2005): Cultural Hacking. Kunst des strategischen Handelns, Wien: Springer.

Düllo, Thomas/Liebl, Franz/Schieleit, Oliver/Suhr, André (2005): »›Beyond John Malkovich‹ oder: Warum ins Hirn der Masse kriechen?«, in: Düllo/Liebl, Cultural Hacking, S. 342-349.

Echte, Bernhard (1992): »Nachwort«, in: Ball, Die Flucht aus der Zeit, S. 303-316.

Echte, Bernhard (1996): »Hugo Ball – Ein sonderbarer Heiliger? Einleitende Überlegungen zu seinem Leben und Werk«, in: Wacker, Dionysius DADA Areopagita, S. 13-40.

Eco, Umberto (2007): »Für eine semiologische Guerilla«, in: Ders., Über Gott und die Welt. Essays und Glossen, 8. Auflage, München: dtv, S. 146-156.

Eisenack, Marco (2011): »Plakatierte Plagiate: ›Guttenbergs Ghostwriter: Ich schrieb sie in einer Nacht‹«, in: mucbook vom 03.03.2011, http://www.mucbook.de/2011/03/03/fake-verwirrt-guttenberg-fans/ (26.03.2011).

Eisenmann, Hannes (2010): Mao fürs Marketing, Leipzig: Engelsdorfer Verlag.

Elger, Dietmar/Grosenick, Uta (Hg.) (2004): Dadaismus, Köln: Taschen.

Engels, Friedrich (1870): »Über den Krieg«, in: Schickel, Guerilleros, Partisanen, S. 116-126.

Enzensberger, Hans Magnus (1970): »Baukasten zu einer Theorie der Medien«, in: Ders. (Hg.), Kursbuch 20: Über ästhetische Fragen, Frankfurt a. M.: Suhrkamp, S. 159-186.

Ernst, Max (2006): »Was ist Surrealismus?«, in: Ders., Schnabelmax und Nachtigall. Texte und Bilder, Hamburg: Edition Nautilus, S. 77-85.

Etoy.CORPORATION (o.J.): »TOYWAR 1999«, in: etoy.CORPORATION, http://www.etoy.com/projects/toywar/ (11.03.2011).

Fähnders, Walter (2001): »Avantgarde und politische Bewegungen«, in: Arnold, Aufbruch ins 20. Jahrhundert, S. 60-75.

Feustel, Robert/Schölzel, Hagen (2010): »Jean Baudrillard: Die künstlichen Paradiese des Politischen«, in: Bröckling/Feustel, Das Politische denken, S. 295-312.

Fiedler, Leonhard M. (1989): »Dada und der Weltkrieg. Aspekte der Entstehung einer internationalen Bewegung in Literatur und Kunst«, in: Hardt, Literarische Avantgarden, S. 194-211.

Fiske, John (2001): »Körper des Wissens«, in: Rainer Winter/Lothar Mikos (Hg.), Die Fabrikation des Populären. Der John Fiske-Reader, Bielefeld: transcript, S. 213-245.

Ford, Simon (2007): Die Situationistische Internationale. Eine Gebrauchsanleitung, Hamburg: Nautilus.

Foucault, Michel (1991): Die Geburt der Klinik. Eine Archäologie des ärztlichen Blicks, Frankfurt a. M.: Fischer.

Foucault, Michel (1992): Was ist Kritik?, Berlin: Merve.

Foucault, Michel (2001ff.): Dits et Ecrits. Schriften in vier Bänden, Frankfurt a. M.: Suhrkamp.

Foucault, Michel (2001b): In Verteidigung der Gesellschaft. Vorlesungen am Collège de France 1975-76, Frankfurt a. M.: Suhrkamp.

Foucault, Michel (2007): Die Ordnung des Diskurses, 10. Auflage, Frankfurt a. M.: Fischer.

Foucault, Michel (2008): Die Hauptwerke, Frankfurt a. M.: Suhrkamp.

Foucault, Michel (2001a): »Wer sind Sie, Professor Foucault? (Gespräch mit P. Caruso, 1967)«, in: Ders., Dits et Ecrits, Band I, S. 770-793.

Foucault, Michel (2002): »Nietzsche, die Genealogie, die Historie«, in: Ders., Dits et Ecrits, Band II, S. 166-191.

Foucault, Michel (2008a): »Archäologie des Wissens«, in: Ders., Die Hauptwerke, S. 471-699.

freienseiten.de (2010): »Der WDR sucht Fälscher seiner Hauszeitung«, in: freienseiten.de vom 28.20.2010, http://www.freienseiten.de/index.php/Diverses/-Der-WDR-sucht-Falscher-seiner-Hauszeitung.html (25.03.2011).

Freud, Sigmund (1999a): Die Traumdeutung, Gesammelte Werke, Band 2/3, Frankfurt a. M.: Fischer.

Freud, Sigmund (1999b): Massenpsychologie und Ich-Analyse, Gesammelte Werke, Band 13, Frankfurt a. M.: Fischer.

Friedrich Wilhelm III., König von Preußen (1813): »Verordnung über den Landsturm«, in: Schickel, Guerilleros, Partisanen, S. 69-87.

Friesinger, Günther/Grenzfurthner, Johannes/Ballhausen, Thomas (Hg.) (2010): Urban Hacking. Culture Jamming Strategies in the Risky Spaces of Modernity, Bielefeld: transcript.

Gaede, Werner (2002): Abweichen... von der Norm. Enzyklopädie kreativer Werbung, München: Langen Müller.

Galison, Peter (1994): »The Ontology of the Enemy: Norbert Wiener and the Cybernetic Vision«, in Critical Inquiry, Jg. 21, Nr. 1, S. 228-266.

Gehricke, Frank (2009): Guerilla-Marketing für Schauspieler. 100 Tipps, wie Sie (fast) ohne Geld erfolgreicher werden, Berlin: actorsahead!

Geiselberger, Heinrich (Red.) (2011): Wikileaks und die Folgen. Netz – Medien – Politik, Frankfurt a. M.: Suhrkamp.

Gladwell, Malcolm (2000): Der Tipping Point. Wie kleine Dinge Großes bewirken können, Berlin: Berlin Verlag.

Glotz, Peter (1986): Kampagne in Deutschland. Politisches Tagebuch 1981-1983, Hamburg: Hoffmann & Campe.

Gmeiner, Alois (2008): Low Budget Werbung & Guerilla-Marketing für Anwalt, Notar, Steuerberater. Blitzschnell und supergünstig neue Klienten werben, Norderstedt: Books on Demand.

Gmeiner, Alois (2008a): Low Budget Werbung & Guerilla-Marketing für Arzt, Zahnarzt, Tierarzt, Apotheker. Blitzschnell und supergünstig neue Patienten werben, Norderstedt: Books on Demand.

Godin, Seth (2004): Purple Cow. So infizieren Sie Ihre Zielgruppe durch Virales Marketing, Frankfurt a. M.: Campus.

Golyscheff, Jefim/Hausmann, Raoul/Huelsenbeck, Richard (1994): »Was ist der Dadaismus und was will er in Deutschland?«, in: Riha/Schäfer/Merte, DADA total, S. 138-139.

Graber, Doris/Smith, James M. (2005): »Political Communication Faces the 21st Century«, in: Journal of Communication, Jg. 55, Nr. 3, S. 479-507.

Grether, Reinhold (2000): »Wie die Etoy-Kampagne geführt wurde. Ein Agentenbericht«, in: Telepolis vom 09.02.2000, http://www.heise.de/tp/artikel/5/5768/1.html (11.03.2011).

Groys, Boris (1992): Über das Neue. Versuch einer Kulturökonomie, München: Hanser.

Grünberger, Hans (1990): »Die Kippfigur des Partisanen. Zur politischen Anthropologie von Rolf Schroers«, in: Münkler, Der Partisan, S. 42-60.

Guevara, Ernesto Che (1987): Episoden aus dem Revolutionskrieg, 4. Auflage, Leipzig: Reclam.

Guevara, Ernesto Che (2003): Ausgewählte Werke in Einzelausgaben. Band 1: Guerillakampf und Befreiungsbewegung, 4. Auflage, Bonn: Pahl-Rugenstein.

Guevara, Ernesto Che (2003a): Ausgewählte Werke in Einzelausgaben. Band 6: Der neue Mensch – Entwürfe für das Leben in der Zukunft, 4. Auflage, Bonn: Pahl-Rugenstein.

Guevara, Ernesto Che (1965): »Der Sozialismus und der Mensch in Kuba«, in: Ders., Ausgewähle Werke. Band 6: Der neue Mensch, S. 14-36.

Haffner, Sebastian (1966): »Der neue Krieg«, in: Mao, Theorie des Guerillakriegs, S. 5-34.

Hamburger Morgenpost Online (2006): »Rosa Spiderman auf Diebestour«, in: Hamburger Morgenpost Online vom 29.04.2006, http://www.mopo.de/news/rosa-spiderman-auf-diebestour,5066732,5710808.html (04.03.2011).

Hardt, Manfred (Hg.) (1989): Literarische Avantgarden, Darmstadt: Wissenschaftliche Buchgesellschaft.

Hausmann, Raoul (1982): Texte bis 1933. Band I: Bilanz der Feierlichkeit, München: edition text + kritik.

Hausmann, Raoul (1992): Am Anfang war DADA, hrsg. von Karl Riha und Günter Kämpf, 3., völlig neu gestaltete Auflage, Gießen: Anabas Verlag.

Hausmann, Raoul (1994a): »Pamphlet gegen die Weimarische Lebensauffassung«, in: Riha/Schäfer/Merte, DADA total, S. 101-104.

Hausmann, Raoul (1994b): »Der deutsche Spießer ärgert sich«, in: Riha/Schäfer/Merte, DADA total, S. 109-112.

Hecken, Thomas (2006): Avantgarde und Terrorismus. Rhetorik der Intensität und Programm der Revolte von den Futuristen bis zur RAF, Bielefeld: transcript.

Hennis, Wilhelm (1963): »Rat und Beratung im modernen Staat«, in: Ders. (2000), Politikwissenschaftliche Abhandlungen. Band 2: Politikwissenschaft und politisches Denken, Tübingen: Mohr Siebeck, S. 161-176.

Herzfelde, Wieland (1967): »Wieland Herzfelde über den Malik-Verlag«, in: Deutsche Akademie der Künste zu Berlin, Der Malik-Verlag 1916-1947, S. 5-70.

Hieber, Lutz/Moebius, Stephan (Hg.) (2009): Avantgarden und Politik. Künstlerischer Aktivismus von Dada bis zur Postmoderne, Bielefeld: transcript.

Hieber, Lutz/Moebius, Stephan (2009a): »Grundriss einer Theorie des künstlerischen Aktivismus von Dada bis zur Postmoderne«, in: Dies., Avantgarden und Politik, S. 7-29.

Hofmann, Martin Ludwig (2008): Mindbombs. Was Werbung und PR von Greenpeace und Co. lernen können, München: Wilhelm Fink.

Home, Steward (1991): The Assault on Culture. Utopian currents from Lettrisme to Class War, Stirling: A.K. Press.

Horn, Eva (2009): »Der Feind als Netzwerk und Schwarm. Eine Epistemologie der Abwehr«, in: Pias, Abwehr, S. 39-51.

Huelsenbeck, Richard (Hg.) (1966): DADA Almanach, New York: Something Else Press.

Huelsenbeck, Richard (1984): En avant Dada, 3., erweiterte Auflage, Hamburg: Edition Nautilus.

Huelsenbeck, Richard (1916): »Erklärung. Vorgetragen im ›Cabaret Voltaire‹, im Frühjahr 1916«, in: Riha/Schäfer/Merte, DADA total, S. 33.

Huelsenbeck, Richard (1918): »Erste Dadarede in Deutschland«, in: Riha/Schäfer/Merte, DADA total, S. 96-99.

Huelsenbeck, Richard (1984a): »Deutschland muß untergehen! Erinnerungen eines alten dadaistischen Revolutionärs«, in: Ders., En avant Dada, S. 51-62.

Huelsenbeck, Richard (1985): »Dada siegt«, in: Ders./Tristan Tzara, Dada siegt! Bilanz und Erinnerung, Hamburg: Nautilus/Nemo Press, S. 7-53.

Huelsenbeck, Richard/Tzara, Tristan (1916): »DADA. Dialogue entre un cocher et une alouette«, in: Ball, Cabaret Voltaire, S. 31.

Initiative Libertad! (Hg.) (2006): go.to/online-demo. Handbuch Online-Aktivismus, Frankfurt a.M.: edition libertad!

Initiative Libertad! (2006a): »Come in and go on«, in: Dies., go.to/online-demo, S. 9-10.

Initiative Libertad!/Dominguez, Ricardo (2006): »Interview mit Ricardo Dominguez. Was macht ein Elektro-Störer?, in: Initiative Libertad!, go.to/online-demo, S. 24-26.

Ivain, Gilles (1958): »Formular für einen neuen Urbanismus«, in: Situationistische Internationale 1958-1969. Gesammelte Ausgaben des Organs der Situationistischen Internationale, Deutsche Zweitausgabe, Band 1, Nr. 1 (1958), S. 18-22.

Jackisch, Samuel (2010): »Verboten gute Werbung«, in: SPIEGEL Online vom 10.01.2010, http://www.spiegel.de/wirtschaft/service/0,1518,667651,00.html (03.03.2011).

Jäger, Ludwig (1975): Zu einer historischen Rekonstruktion der authentischen Sprach-Idee F. de Saussures. Dissertationsschrift, Universität Düsseldorf.

Jaehrling, Karen (1999): Der Einsatz wissenschaftlicher Beratung zur Strukturierung der politischen Kommunikation – eine »informelle Funktion« am Beispiel der Wehrpflichtdebatte, in: Zeitschrift für Parlamentsfragen, Jg. 30, Nr. 3, S. 686-699.

Jarren, Otfried/Donges, Patrick (2006): Politische Kommunikation in der Mediengesellschaft. Eine Einführung, 2., überarbeitete Auflage, Wiesbaden: VS Verlag für Sozialwissenschaften.

Jorn, Asger (1960): »Das Ende der Ökonomie und die Verwirklichung der Kunst«, in: Situationistische Internationale 1958-1969. Gesammelte Ausgaben des Organs der Situationistischen Internationale, Deutsche Zweitausgabe, Band 1, Nr. 4 (1960), S. 119-122.

J.V. Martin (= Jeppesen, Martin Viktor)/Strijbosch, J./Vaneigem, R./Viénet, R. (1964): »Antwort auf eine Untersuchung für eine sozio-experimentelle Kunst«, in: Situationistische Internationale 1958-1969. Gesammelte Ausgaben des Organs der Situationistischen Internationale, Deutsche Zweitausgabe, Band 2, Nr. 9 (1964), S. 49-52.

Kastner, Jens (2007): Transnationale Guerilla. Aktivismus, Kunst und die kommende Gemeinschaft, Münster: Unrast.

Katalog der Ersten Internationalen DADA-MESSE (1967), in: Deutsche Akademie der Künste zu Berlin, Der Malik-Verlag 1916-1947, Beilage.

Kaul, Martin (2010): »Yes Men brauchen Nachwuchs«, in: tageszeitung Online vom 06.08.2010, http://taz.de/1/leben/alltag/artikel/1/yes-men-suchen-nachwuchs/ (25.03.2011).

Khatib, Abdelhafid (1958): »Versuch einer psychogeographischen Beschreibung der Pariser Hallen«, in: Situationistische Internationale 1958-1969. Gesammelte Ausgaben des Organs der Situationistischen Internationale, Deutsche Zweitausgabe, Band 1, Nr. 1 (1958), S. 46-50.

Klaß, Christian (2010): »The Yes Men. Mit Bittorrent gegen das System«, in: golem.de vom 25.07.2010, http://www.golem.de/1007/76721.html (24.03.2011).

Klawitter, Niels (2009): »Achtung Gag-Guerilla!«, in: SPIEGEL Online vom 09.02.2009, http://www.spiegel.de/spiegel/print/d-64082641.html (26.03.2011).

Klein, Naomi (2001): No Logo! Der Kampf der Global Players um Marktmacht. Ein Spiel mit vielen Verlierern und wenigen Gewinnern, München: Riemann.

Klein, Naomi (2007): Die Schock-Strategie. Der Aufstieg des Katastrophen-Kapitalismus, Frankfurt a. M.: Fischer.

Kleiner, Marcus S. (2005): »Semiotischer Widerstand. Zur Gesellschafts- und Medienkritik der Kommunikationsguerilla«, in: Gerd Hallenberger/Jörg-Uwe Nieland (Hg.), Neue Kritik der Medienkritik. Werkanalyse, Nutzerservice, Sales Promotion oder Kulturkritik?, Köln: Herbert von Halem, S. 314-366.

Klingsöhr-Leroy, Cathrin (2006): Surrealismus, Köln: Taschen.

Kloth, Carsten (2009): »Attac verteilt gefälschte ›Zeit‹«, in: Der Tagesspiegel Online vom 21.03.2009, http://www.tagesspiegel.de/politik/deutschland/attac-verteilt-gefaelschte-zeit/1479374.html (25.03.2011).

Knoke, Felix (2009): »Web-Guerilla erklärt dem Urheberrecht den Krieg«, in: SPIEGEL Online vom 21.04.2009, http://www.spiegel.de/netzwelt/web/0,1518,620190,00.html (26.03.2011).

Kocyba, Hermann (2004): »Aktivierung«, in: Bröckling/Krasmann/Lemke, Glossar der Gegenwart, S. 17-22.

König, Karl (1996): Abwehrmechanismen, Göttingen/Zürich: Vandenhoeck & Ruprecht.

Kotler, Philip/Keller, Kevin Lane/Bliemel, Friedhelm (2007): Marketing-Management. Strategien für wertschaffendes Handeln, 12., aktualisierte Auflage, München: Pearson Studium.

Krapp, Peter (2009): »Digital korrekt: Zwischen Terror und Spiel«, in: Pias, Abwehr, S. 189-205.

Krüger, Matthias (2009): »Die gegenwärtige Strafrechtslage zu Graffiti«, in: Reinhold Sackmann/Silvio Kison/André Horn (Hg.), Graffiti kontrovers. Die Ergebnisse der ersten mitteldeutschen Graffitistudie, Halle(Saale): mdv, S. 50-64.

Kuchar, Annika/Herbert, Stefan (2010): Guerilla Werbung. Kein weißer Fleck mehr in der Werbelandschaft, Ilmenau: Universitätsverlag Ilmenau.

Küchemann, Fridtjof (2004): »Die konservative Klick-Guerilla«, in: Frankfurter Allgemeine Zeitung Online vom 09.03.2004, http://www.faz.net/s/RubC-C21B04EE95145B3AC877C874FB1B611/Doc~E3FF5336E66314D5AB880BFB 4A52DEC14~ATpl~Ecommon~Scontent.html (26.03.2011).

Kunczik, Michael (2004): »PR-Theorie und PR-Praxis: Historische Aspekte«, in: Ulrike Röttger (Hg.), Theorien der Public Relations. Grundlagen und Perspektiven der PR-Forschung, Wiesbaden: VS Verlag für Sozialwissenschaften, S. 195-214.

Kutzborski, Regina (2007): Guerilla Marketing und Virales Marketing. Alternativen zur klassischen Werbung?, Hamburg: Diplomica.

Lacan, Jacques (2002): Über die paranoische Psychose in ihren Beziehungen zur Persönlichkeit und Frühe Schriften über die Paranoia, Wien: Passagen.

Lacan, Jacques (1933): »Motifs du Crime Paranoïaque«, in: Le Minotaure 3/4 (1933/34), http://aejcpp.free.fr/lacan/1933-12-12.htm (28.05.2010).

Laclau, Ernesto (2002): »Was haben leere Signifikanten mit Politik zu tun?«, in: Ders., Emanzipation und Differenz, Wien: Turia+Kant, S. 65-78.

Lasn, Kalle (2005): Culture Jamming – Das Manifest der Antiwerbung, 2. Auflage, Freiburg: Orange Press.

Latour, Bruno (2010): »An Attempt at a ›Compositionist Manifesto‹«, in: New Literary History, Jg. 41, Nr. 3, S. 471-490. Ebenfalls erschienen in: http://speap.sciences-po.fr/e107_files/downloads/manifesto_speap.pdf (05.09.2011).

Lenin, Wladimir I. (1906): »Der Partisanenkampf«, in: Schickel, Guerilleros, Partisanen, S. 127-139.

Lettristische Internationale (2002): »Zwei Protokolle von Umherschweif-Experimenten«, in: Debord, Potlatch, S. 341-349.

Lettristische Internationale (2002a): »Position des Contrescarpe-Kontinents«, in: Debord, Potlatch, S. 350-354.

Levinson, Jay Conrad (1990): Guerilla Marketing. Offensives Werben und Verkaufen für kleinere Unternehmen, Frankfurt a. M.: Campus.

Levinson, Jay Conrad (2008): Guerilla-Marketing des 21. Jahrhunderts. Clever werben mit jedem Budget, Frankfurt a. M.: Campus.

Liebl, Franz (2005): »Unbekannte Theorie-Objekte der Trendforschung (XLIV): Tier-Liebe als Trieb-Kraft im Konsumverhalten«, in: Ders./Düllo, Cultural Hacking, S. 273-295.

Liebl, Franz (2008): »Konsuminnovationen durch Cultural Hacking: Das Beispiel Ikea-Hacking«, in: Richard/Ruhl, Konsumguerilla, S. 33-54.

Liebl, Franz/Düllo, Thomas/Kiel, Martin (2005): »Before and After Situationism – Before and After Cultural Studies: The Secret History of Cultural Hacking«, in: Düllo/Liebl, Cultural Hacking, S. 13-46.

Lindemann, Uwe (2001): »Kriegsschauplatz Öffentlichkeit. Die Sturmtrupps, Partisanen und Terroristen der künstlerischen Avantgarde«, in: Arnold, Aufbruch ins 20. Jahrhundert, S. 17-36.

Linebaugh, Peter/Rediker, Marcus (2008): Die vielköpfige Hydra. Die verborgene Geschichte des revolutionären Atlantiks, Berlin/Hamburg: Assoziation A.

Löwenthal, Leo (1982): Falsche Propheten. Studien zum Autoritarismus, Schriften Band 3, Frankfurt a. M.: Suhrkamp.

Löwy, Michael (1987): Che Guevara, Frankfurt a. M.: isp-Verlag.

Luhmann, Niklas (1995): Gesellschaftsstruktur und Semantik. Studien zur Wissenssoziologie der modernen Gesellschaft, Band 4, Frankfurt a. M.: Suhrkamp.

Luhmann, Niklas (2004): Die Realität der Massenmedien, 3. Auflage, Wiesbaden: VS Verlag für Sozialwissenschaften.

Mao Tse-tung (1966): Theorie des Guerillakriegs oder Strategie der Dritten Welt, Reinbek: Rowohlt.

Mao Tse-tung (1936): »Strategie des chinesischen revolutionären Krieges«, in: Ders., Theorie des Guerillakriegs, S. 35-102.

Mao Tse-tung (1938): »Über den lange auszuhaltenden Krieg«, in: Schickel, Guerilleros, Partisanen, S. 140-165.

Mao Tse-tung (1938a): »Über den verlängerten Krieg«, in: Ders., Theorie des Guerillakriegs, S. 133-204.

Marchart, Oliver (2010): »Claude Lefort: Demokratie und die doppelte Teilung der Gesellschaft«, in: Bröckling/Feustel, Das Politische denken, S. 19-32.

Marcinkowski, Frank (2001): »Politische Kommunikation und politische Öffentlichkeit. Überlegungen zur Systematik einer politikwissenschaftlichen Kommunikationsforschung«, in: Ders. (Hg.), Politik der Massenmedien. Heribert Schatz zum 65. Geburtstag, Köln: Herbert von Halem, S. 237-256.

Marcus, Greil (1996): Lipstick Traces. Von Dada bis Punk – Eine geheime Kulturgeschichte des 20. Jahrhunderts, Reinbek: Rowohlt.

Margolis, Jonathan/Garrigan, Patrick/Mistol, Barbara (2009): Guerilla Marketing für Dummies, Weinheim: Wiley-VCH.

Mariën, Marcel (1989): Weltrevolution in 365 Tagen. Versuch über das Unmögliche, Berlin: Edition Tiamat.

Marx, Karl (1957): Das Kapital. Kritik der politischen Ökonomie. Erster Band, 7. Auflage, Berlin: Dietz Verlag.

Mauss, Marcel (2009): Die Gabe. Form und Funktion des Austauschs in archaischen Gesellschaften, 8. Auflage, Frankfurt a. M.: Suhrkamp.

Mayntz, Renate/Scharpf, Fritz W. (Hg.) (1995): Gesellschaftliche Selbstregelung und politische Steuerung, Frankfurt a. M./New York: Campus.

McLuhan, Marshall (1970): Culture is our Business, New York: Balantine Books.

McLuhan, Marshall/Fiore, Quentin (1967): The Medium is the Massage. An Inventory of Effects, New York: Bantam Books.

Merten, Klaus (1999): Einführung in die Kommunikationswissenschaft. Band 1: Grundlagen der Kommunikationswissenschaft, Münster: Lit.

Meyer, Raimund (1985): »›Dada ist gross, Dada ist schön‹. Zur Geschichte von ›Dada Zürich‹«, in: Hans Bollinger/Guido Magnaguagno/Raimund Meyer, Dada in Zürich, Zürich: Kunsthaus Zürich, S. 9-79.

Miller, Mark Crispin (2007): »Nachwort«, in: Bernays, Propaganda, S. 137-158.

Morell, Anne/Libertad! (2006): »Online-Aktivismus: Vom virtuellen Sit-In bis zur digitalen Sabotage. Eine kleine Einführung in die Welt der elektronischen Proteste«, in: Initiative Libertad!, go.to/online-demo, S. 29-33.

Mundhenke, Florian (2008): »Politische Inszenierung im Zeitalter ihrer (medialen) Simulation – Die Wahlkampagne der PARTEI mit Baudrillard gelesen«, in: Andreas Dörner/Christian Schicha (Hg.), Politik im Spot-Format. Zur Semantik, Pragmatik und Ästhetik politischer Werbung in Deutschland, Wiesbaden: VS Verlag für Sozialwissenschaften, S. 295-312.

Münkler, Herfried (Hg.) (1990): Der Partisan. Theorie, Strategie, Gestalt, Opladen: Westdeutscher Verlag.

Münkler, Herfried (1990a): »Vorwort«, in: Ders., Der Partisan, S. 7-11.

Münkler, Herfried (1990b): »Die Gestalt des Partisanen. Herkunft und Zukunft«, in: Ders., Der Partisan, S. 14-39.

Nadeau, Maurice (2002): Geschichte des Surrealismus, Reinbek bei Hamburg: Rowohlt.

Naturfreundejugend Berlin (2009a): Pink Rabbit gegen Deutschland. Positionen der antinationalen Kampagne zum ›Gedenkjahr‹ 2009, Berlin: Naturfreundejugend Berlin, http://www.naturfreunde-berlin.de/pink/media/downloads//Broschuere.pdf (21.03.2011).

Naturfreundejugend Berlin (2009b): »Pink Rabbit gegen den Germanen-Mythos«, in: Pink Rabbit. Eine Kampagne der Naturfreundejugend Berlin, http://www.naturfreunde-berlin.de/pink/index.php?id=6-15-0-0-0 (21.03.2011).

nettime (Hg.) (1997): Netzkritik. Materialien zur Internet-Debatte, Berlin: Edition ID-Archiv.

Neujahr, Elke/Mänz, Andreas (2009): »Guerilla und Kommunikation – Überraschend, spektakulär, innovativ«, in: Günter Bentele/Manfred Piwinger/Gregor Schönborn (Hg.), Kommunikationsmanagement (Loseblattwerk), Nr. 2.32, München, S. 1-28.

nytimes-se.com (2009): New York Times Special Edition, http://www.nytimes-se.com/ (25.03.2011).

NZZ Online (2010): »Der digitale Präventivangriff. Eine gezielte Hacker-Attacke soll Irans Atomprogramm gegolten haben«, in: Neue Züricher Zeitung Online vom 23.09.2010, http://www.nzz.ch/nachrichten/panorama/der-digitale-praeventivangriff-1.7656956 (11.03.2011).

Ohrt, Roberto (1990): Phantom Avantgarde. Eine Geschichte der Situationistischen Internationale und der modernen Kunst, Hamburg: Edition Nautilus.

Ohrt, Robert (2008): »Das 20. Jahrhundert verlassen. Ein Vorwort (1995)«, in: Situationistische Internationale, Der Beginn einer Epoche. Texte der Situationisten, 2. Auflage, Hamburg: Nautilus, S. 5-13.

Orlich, Max Jakob (2011): Situationistische Internationale. Eintritt, Austritt, Ausschluss. Zur Dialektik interpersoneller Beziehungen und Theorieproduktion einer ästhetisch-politischen Avantgarde (1957-1972), Bielefeld: transcript.

Orlich, Max (2008): »›Don't be nice – it's the kiss of death‹. Streitlust und Streitkultur der Avantgarden«, in: Gunther Gebhard/Oliver Geisler/Steffen Schröter (Hg.), StreitKulturen. Polemische und antagonistische Konstellationen in Geschichte und Gegenwart, Bielefeld: transcript, S. 97-124.

Osborn, Alex F. (1957): Applied Imagination, New York: Charles Scriber's Sons.

Packard, Vance Oakley (1958): Die geheimen Verführer. Der Griff nach dem Unbewussten in jedermann, Düsseldorf: Econ.

Pagel, Gerda (1989): Jacques Lacan zur Einführung, Hamburg: Junius.

Panofsky, Aaron L. (2003): »From Epistemology to the Avant-garde. Marcel Duchamp and the Sociology of Knowledge in Resonance«, in: Theory, Culture & Society, Jg. 20, Nr. 1, S. 61-92.

Pariser, Eli (2012): Filter Bubble. Wie wir im Internet entmündigt werden, München: Carl Hanser.

Patalas, Thomas (2006): Guerilla Marketing. Ideen schlagen Budget, Berlin: Cornelsen Verlag Scriptor.

Peters, Uwe Henrik (2007): Lexikon Psychiatrie, Psychotherapie, Medizinische Psychologie, 6., völlig neu bearbeitete und erweiterte Auflage, München/Jena: Urban & Fischer.

Pias, Claus (Hg.) (2009): Abwehr. Modelle – Strategien – Medien, Bielefeld: transcript.

Pias, Claus (2002): »Der Hacker«, in: Eva Horn/Stefan Kaufmann/Ulrich Bröckling (Hg.), Grenzverletzer. Von Schmugglern, Spionen und anderen subversiven Gestalten, Berlin: Kadmos, S. 248-270.

Pierce, John (1965): Phänomene der Kommunikation. Informationstheorie, Nachrichtenübertragung, Kybernetik, Düsseldorf: Econ.

Pfannenberg, Jörg/Zerfaß, Ansgar (Hg.) (2010): Wertschöpfung durch Kommunikation. Kommunikations-Controlling in der Unternehmenspraxis, Frankfurt a. M.: Frankfurter Allgemeine Buch.

Proganatz, Frauke (2009): »Guerilla-Gärtner. Kampf der Betonwüste«, in: Frankfurter Allgemeine Zeitung Online vom 14.10.2009, http://www.faz.net/s/ Rub17F63AFFF64D40A2AE70D5417E9AD100/Doc~E921F0F57CB7D401CB B7F44ED1D595B62~ATpl~Ecommon~Sspezial.html (26.03.2011).

Promberger, Kurt (1995): Controlling für Politik und öffentliche Verwaltung, Wien: Verlag Österreich.

Reents, Edo (2008): »Hamburg darf nicht sterben«, in: Frankfurter Allgemeine Zeitung vom 31.01.2008, S. 35.

Reißmann, Ole (2010): »WDR-Mitarbeiter fälschen Hauszeitung«, in: SPIEGEL Online vom 29.10.2010, http://www.spiegel.de/kultur/gesellschaft/ 0,1518,726077,00.html (25.03.2011).

Reuters (2009): »U.S. Chamber Files Civil Complaint to Protect Trademark and Intellectual Property From Unlawful Use«, in: Reuters vom 26.10.2009, http://www. reuters.com/article/2009/10/26/idUS220603+26-Oct-2009+PRN20091026 (24.03.2011).

Reynolds, Richard (2009): Guerilla Gardening. Ein botanisches Manifest, Freiburg: Orange Press.

Rheingold, Howard (2002): Smart Mobs. The next Social Revolution, Cambridge MA: Basic Books.

Richard, Birgit/Ruhl, Alexander (Hg.) (2008): Konsumguerilla. Widerstand gegen Massenkultur?, Frankfurt a. M.: Campus.

Richard, Birgit/Ruhl, Alexander/Wolff, Harry (2008): »Prosumer, Smart Shopper, Crowdsourcing und Konsumguerilla: Ein Streifzug zur Einführung«, in: Richard/Ruhl, Konsumguerilla, S. 9-20.

Richter, Hans (1964): DADA – Kunst und Antikunst. Der Beitrag Dadas zur Kunst des 20. Jahrhunderts, Köln: Dumont.

Ries, Al/Trout, Jack (1986): Marketing Generalstabsmäßig, Hamburg: McGraw-Hill Book.

Riha, Karl/Schäfer, Jörgen (1994): »Nachwort. DADA total«, in: Riha/Schäfer/Merte, DADA total, S. 345-384.

Riha, Karl/Schäfer, Jörgen/Merte, Angela (1994): DADA total. Manifeste, Aktionen, Texte, Bilder, Stuttgart: Philipp Reclam jun.

Roberts, Anwen (2010): »Akupunktur für die Architektur. Studenten beim Guerilla-Training«, in: SPIEGEL Online vom 22.07.2010, http://www.spiegel.de/unispie gel/wunderbar/0,1518,707745,00.html (26.03.2011).

Rodrigues, Olinde (1989): »Der Künstler, der Gelehrte und der Industrielle«, in: Hardt, Literarische Avantgarden, S. 13-16.

Rolke, Lothar/Zerfaß, Ansgar (2010): »Wirkungsdimensionen der Kommunikation. Ressourceneinsatz und Wertschöpfung im DPRG/ICV-Bezugsrahmen«, in: Pfannenberg/Zerfaß, Wertschöpfung durch Kommunikation, S. 50-60.

Rosen, Emanuel (2000): Net-Geflüster. Kreatives Netzwerk-Marketing oder Wie man aus Geheimtipps Megaseller macht, München: Econ.

Röttger, Ulrike (Hg.) (2006): PR-Kampagnen. Über die Inszenierung von Öffentlichkeit, 3., überarbeitete und erweiterte Auflage, Wiesbaden: VS Verlag für Sozialwissenschaften.

Saar, Martin (2007): Genealogie als Kritik. Geschichte und Theorie des Subjekts nach Nietzsche und Foucault, Frankfurt a. M.: Campus.

Saar, Martin (2009): »Genealogische Kritik«, in: Rahel Jaeggi/Tilo Wesche (Hg.), Was ist Kritik?, Frankfurt a. M.: Suhrkamp, S. 249-267.

Sarasin, Philipp (2003): Geschichtswissenschaft und Diskursanalyse, Frankfurt a. M.: Suhrkamp.

Sarasin, Philipp (2009): Darwin und Foucault. Genealogie und Geschichte im Zeitalter der Biologie, Frankfurt a. M.: Suhrkamp.

Sarasin, Philipp (2003a): »Geschichtswissenschaft und Diskursanalyse«, in: Ders., Geschichtswissenschaft und Diskursanalyse, S. 10-60.

Sarasin, Philipp (2004): »Virus«, in: Bröckling/Krasmann/Lemke, Glossar der Gegenwart, S. 285-292.

Sarasin, Philipp (2006): »›Une analyse structurale du signifié‹. Zur Genealogie der Foucault'schen Diskursanalyse«, in: Franz X. Eder (Hg.), Historische Diskursanalysen. Genealogie, Theorie, Anwendungen, Wiesbaden: VS Verlag für Sozialwissenschaften, S. 115-129.

Sarcinelli, Ulrich (2011): Politische Kommunikation in Deutschland. Medien und Politikvermittlung im demokratischen System, 3., erweiterte und überarbeitete Auflage, Wiesbaden: VS Verlag für Sozialwissenschaften.

Sarreiter, Benedikt (2007): »Die Yes Men«, in: Heinrich Geiselberger (Hg.), Und jetzt? Politik, Protest und Propaganda, Frankfurt a. M.: Suhrkamp, S. 323-333.

Saussure, Ferdinand de (2001): Grundfragen der allgemeinen Sprachwissenschaft, hrsg. von Charles Bally und Albert Sechehaye, 3. Auflage, Berlin/New York: De Gruyter.

Saxer, Ulrich (1998): »System, Systemwandel und politische Kommunikation«, in: Otfried Jarren/Ulrich Sarcinelli/Ulrich Saxer (Hg.), Politische Kommunikation in der demokratischen Gesellschaft: Ein Handbuch mit Lexikonteil, Opladen/Wiesbaden: Westdeutscher Verlag, S. 21-64.

Schickel, Joachim (1970): Guerrilleros, Partisanen. Theorie und Praxis, 2. Auflage, München: Hanser.

Schlichting, Hans Burkhard (1996): »Anarchie und Ritual. Hugo Balls Dadaismus«, in: Wacker, Dionysius DADA Areopagita, S. 41-68.

Schmitt, Carl (1997): Der Nomos der Erde im Völkerrecht des Jus Publicum Europaeum, 4., unveränderte Auflage, Berlin: Duncker & Humblot.

Schmitt, Carl (2006): Theorie des Partisanen. Zwischenbemerkung zum Begriff des Politischen, 6., unveränderte Auflage, Berlin: Duncker & Humblot.

Schölzel, Hagen (2008): »Mut zur Lücke? Widerstand im französischen Parlament mit Giddens und Foucault gelesen«, in: Daniel Hechler/Axel Philipps (Hg.),

Widerstand denken. Michel Foucault und die Grenzen der Macht, Bielefeld: transcript, S. 117-133.

Schölzel, Hagen (2010a): »Militärische Rhetorik und künstlerische Praxis. Bemerkungen zu Guerillakommunikation in der Politik«, in: Robert Grünewald/Ralf Güldenzopf/Melanie Piepenschneider (Hg.), Politische Kommunikation. Beiträge zur politischen Bildung, Berlin: Lit, S. 79-91.

Schölzel, Hagen (2010b): »Spielräume der Wissenschaft. Diskursanalyse und Genealogie bei Michel Foucault«, in: Robert Feustel/Maximilian Schochow (Hg.), Zwischen Sprachspiel und Methode. Perspektiven der Diskursanalyse, Bielefeld: transcript, S. 17-32.

Schroers, Rolf (1961): »Legitime Illegalität. Zur Situation des Partisanen«, in: Merkur. Deutsche Zeitschrift für europäisches Denken, Jg. 15, Nr. 8, S. 701-717.

Schrupp, Antje (1990): »Die Partisanentheorie Mao Tse-tungs«, in: Münkler, Der Partisan, S. 98-115.

Schulte, Thorsten (2007): Guerilla Marketing für Unternehmertypen. Das Kompendium, 3. Auflage, Sternenfels: Wissenschaft & Praxis.

Schumpeter, Joseph A. (1946): Kapitalismus, Sozialismus und Demokratie, Bern: A. Francke.

Schwarze, Achim (1986): Spass-Guerilla. Die fröhliche Subversion aus dem Hausbriefkasten, Frankfurt a. M.: Eichborn.

Senghaas, Dieter (1966): »Kybernetik und Politikwissenschaft. Ein Überblick«, in: Politische Vierteljahresschrift, Jg. 7, Nr. 2, S. 252-276.

Serner, Walter (1919): »Der erste Dadaisten-Kongress in Genf«, in: Riha/Schäfer/Merte, DADA total, S. 205-206.

Serner, Walter (1920): »Polizeiliche Auflösung des dadaistischen Weltkongresses«, in: Riha/Schäfer/Merte, DADA total, S. 207-208.

Serner, Walter (1920a): »Das Urteil im Genfer Dadaisten-Prozess«, in: Riha/Schäfer/Merte, DADA total, S. 209.

Serner, Walter (1920b): »Dada-Ball in Genf«, in: Riha/Schäfer/Merte, DADA total, S. 210-211.

Serner, Walter (1920c): »Das erste Dada-Meeting ohne Skandal«, in: Riha/Schäfer/Merte, DADA total, S. 212.

Shannon, Claude E./Weaver, Warren (1949): The Mathematical Theory of Communication, Urbana: University of Illinois Press.

SciencesPo (2011): »Ecole des Arts Politiques. Master d'expérimentation arts et politiques«, in: http://speap.sciences-po.fr/fr.php?item.1 (05.09.2011).

Situationistische Internationale (1958-1969). Gesammelte Ausgaben des Organs der Situationistischen Internationale, 2 Bände, Deutsche Zweitausgabe, basierend auf der 1976er Ausgabe des MaD Verlag, neu hrsg. durch si-revue.de, ohne Ort und Verlag.

Situationistische Internationale (1958a): »Ein bitterer Sieg des Surrealismus«, in: Situationistische Internationale 1958-1969. Gesammelte Ausgaben des Organs der

Situationistischen Internationale, Deutsche Zweitausgabe, Band 1, Nr. 1 (1958), S. 7-8.

Situationistische Internationale (1958b): »Der Lärm und die Wut«, in: Situationistische Internationale 1958-1969. Gesammelte Ausgaben des Organs der Situationistischen Internationale, Deutsche Zweitausgabe, Band 1, Nr. 1 (1958), S. 8-10.

Situationistische Internationale (1958c): »Der Kampf um die Kontrolle der neuen Konditionierungstechniken«, in: Situationistische Internationale 1958-1969. Gesammelte Ausgaben des Organs der Situationistischen Internationale, Deutsche Zweitausgabe, Band 1, Nr. 1 (1958), S. 10-12.

Situationistische Internationale (1958d): »Definitionen«, in: Situationistische Internationale 1958-1969. Gesammelte Ausgaben des Organs der Situationistischen Internationale, Deutsche Zweitausgabe, Band 1, Nr. 1 (1958), S. 17.

Situationistische Internationale (1958e): »Vorbereitende Probleme zur Konstruktion einer Situation«, in: Situationistische Internationale 1958-1969. Gesammelte Ausgaben des Organs der Situationistischen Internationale, Deutsche Zweitausgabe, Band 1, Nr. 1 (1958), S. 15-16.

Situationistische Internationale (1959): »Die Zweckentfremdung als Negation und Vorspiel«, in: Situationistische Internationale 1958-1969. Gesammelte Ausgaben des Organs der Situationistischen Internationale, Deutsche Zweitausgabe, Band 1, Nr. 3 (1959), S. 75-76.

Situationistische Internationale (1960a): »Die situationistische Grenze«, in: Situationistische Internationale 1958-1969. Gesammelte Ausgaben des Organs der Situationistischen Internationale, Deutsche Zweitausgabe, Band 1, Nr. 5 (1960), S. 143-144.

Situationistische Internationale (1962a): »Die 5. Konferenz der S.I. in Göteburg«, in: Situationistische Internationale 1958-1969. Gesammelte Ausgaben des Organs der Situationistischen Internationale, Deutsche Zweitausgabe, Band 1, Nr. 7 (1962), S. 242-248.

Situationistische Internationale (1962b): »Die Rolle der S.I.«, in: Situationistische Internationale 1958-1969. Gesammelte Ausgaben des Organs der Situationistischen Internationale, Deutsche Zweitausgabe, Band 1, Nr. 7 (1962), S. 235-237.

Situationistische Internationale (1962c): »Situationistische Nachrichten«, in: Situationistische Internationale 1958-1969. Gesammelte Ausgaben des Organs der Situationistischen Internationale, Deutsche Zweitausgabe, Band 1, Nr. 7 (1962), S. 266-271.

Situationistische Internationale (1962d): »Es werden bessere Tage kommen«, in: Situationistische Internationale 1958-1969. Gesammelte Ausgaben des Organs der Situationistischen Internationale, Deutsche Zweitausgabe, Band 1, Nr. 7 (1962), S. 228-235.

Situationistische Internationale (1962e): »Geopolitik der Schlaftherapie«, in: Situationistische Internationale 1958-1969. Gesammelte Ausgaben des Organs der

Situationistischen Internationale, Deutsche Zweitausgabe, Band 1, Nr. 7 (1962), S. 221-227.

Situationistische Internationale (1962f): »Der Vorrang der Kommunikation«, in: Situationistische Internationale 1958-1969. Gesammelte Ausgaben des Organs der Situationistischen Internationale, Deutsche Zweitausgabe, Band 1, Nr. 7 (1962), S. 238-241.

Situationistische Internationale (1963a): »Herrschaft über die Natur, Ideologien und Klassen«, in: Situationistische Internationale 1958-1969. Gesammelte Ausgaben des Organs der Situationistischen Internationale, Deutsche Zweitausgabe, Band 1, Nr. 8 (1963), S. 275-286.

Situationistische Internationale (1963b): »All the King's men«, in: Situationistische Internationale 1958-1969. Gesammelte Ausgaben des Organs der Situationistischen Internationale, Deutsche Zweitausgabe, Band 1, Nr. 8 (1963), S. 302-306.

Situationistische Internationale (1963c): »Situationistische Internationale Anti-Public-Relations-Service«, in: Situationistische Internationale 1958-1969. Gesammelte Ausgaben des Organs der Situationistischen Internationale, Deutsche Zweitausgabe, Band 1, Nr. 8 (1963), S. 332.

Situationistische Internationale (1964a): »Der Fragebogen«, in: Situationistische Internationale 1958-1969. Gesammelte Ausgaben des Organs der Situationistischen Internationale, Deutsche Zweitausgabe, Band 2, Nr. 9 (1964), S. 32-35.

Situationistische Internationale (1964b): »Betrachtungen über die Gewalt«, in: Situationistische Internationale 1958-1969. Gesammelte Ausgaben des Organs der Situationistischen Internationale, Deutsche Zweitausgabe, Band 2, Nr. 9 (1964), S. 19-21.

Situationistische Internationale (1966): »Über die Entfremdung. Untersuchung mehrerer konkreter Aspekte«, in: Situationistische Internationale 1958-1969. Gesammelte Ausgaben des Organs der Situationistischen Internationale, Deutsche Zweitausgabe, Band 2, Nr. 10 (1966), S. 110-144.

Situationistische Internationale (1969a): »Ausgewählte Urteile über die S.I., geordnet nach Hauptmotivation«, in: Situationistische Internationale 1958-1969. Gesammelte Ausgaben des Organs der Situationistischen Internationale, Deutsche Zweitausgabe, Band 2, Nr. 12 (1969), S. 276-284.

Situationistische Internationale (1969b): »Der Beginn einer Epoche«, in: Situationistische Internationale 1958-1969. Gesammelte Ausgaben des Organs der Situationistischen Internationale, Deutsche Zweitausgabe, Band 2, Nr. 12 (1969), S. 225-256.

Situationistische Internationale (1969c): »Die Praxis der Theorie«, in: Situationistische Internationale 1958-1969. Gesammelte Ausgaben des Organs der Situationistischen Internationale, Deutsche Zweitausgabe, Band 2, Nr. 12 (1969), S. 305-336.

Sorokin, Pitirim A./Merton, Robert K. (1937): »Social Time. A Methodological and Functional Analysis«, in: American Journal of Sociology, Jg. 42, Nr. 5, S. 615-637.

SpiderMum (2006): »Euromayday HH: Superhelden im Frischeparadies«, in: Indymedia vom 28.04.2006, http://de.indymedia.org/2006/04/145010.shtml (04.03.2011).

Stadt Bramsche (2009): »Bußgeldbescheid vom 29.07.2009«, in: Pink Rabbit. Eine Kampagne der Naturfreundejugend Berlin, http://www.naturfreunde-berlin.de/pink/media/bilder//Ordnungswidrigkeit.JPG (21.03.2011).

Stäheli, Urs (2009): »Die politische Theorie der Hegemonie: Ernesto Laclau und Chantal Mouffe«, in: André Brodocz/Gary S. Schaal (Hg.), Politische Theorien der Gegenwart. Band 2, 3. Auflage, Stuttgart: UTB, S. 193-224.

Stäheli, Urs (2009b): »Emergenz und Kontrolle in der Massenpsychologie«, in: Eva Horn/Lucas Marco Gisi (Hg.), Schwärme – Kollektive ohne Zentren. Eine Wissensgeschichte zwischen Leben und Information, Bielefeld: transcript, S. 85-99.

Stahlhut, Heinz/Steiner, Juri/Tettero, Siebe/Zweifel, Stefan (2006): »Vorwort: In girum imus nocte et consumimur igni. In Kreisen schweifen wir durch die Nacht und verzehren uns im Feuer – Die Situationistische Internationale (1957-1972)«, in: Zweifel/Steiner/Stahlhut, In girum imus nocte et consumimur igni, S. 7-14.

Stöcker, Christian (2008): »Guerilla gegen Google. Aggressiver Web-Spaß«, in: SPIEGEL Online vom 15.07.2008, http://www.spiegel.de/netzwelt/web/0,1518,565806,00.html (26.03.2011).

Stöcker, Christian (2011): »Netz besiegt Minister. Affäre Guttenberg«, in: SPIEGEL Online vom 01.03.2011, http://www.spiegel.de/netzwelt/netzpolitik/0,1518,748358,00.html (26.03.2011).

sun (2008): »Superheldin-Prozess HH endet mit Freispruch«, in: Indymedia vom 08.10.2008, http://de.indymedia.org/2008/10/229006.shtml (04.03.2011).

taz.de (1998): »Kleine Sabotageakte gegen Barbie bis Titanic«, in: tageszeitung Online vom 10.09.1998, http://www.taz.de/1/archiv/archiv/?dig=1998/09/10/a0137 (24.03.2011).

Teufel, Fritz/Jarowoy, Robert (1980): Märchen aus der Spaßgerilja, Hamburg/Bremen: Libertäre Assoziation/Roter Funke.

Teune, Simon (2004): Kommunikationsguerilla. Ursprünge und Theorie einer subversiven Protesttaktik. Unveröffentlichte Diplomarbeit, Berlin: Freie Universität.

Teune, Simon (2008): »Wie ein Fisch im Wasser der Zeichenwelt. Spaßguerilla seit den 1960er Jahren«, in: Psychologie & Gesellschaftskritik, Jg. 32, Nr. 4, S. 39-67.

The Yes Lab (2011): »What's The Yes Lab?«, in: Yes Lab, http://yeslab.org/index.php (25.03.2011).

The Yes Men (2003): The Yes Men. The True Story of the End of the World Trade Organization, ohne Ort und Verlag. Ebenfalls erschienen bei: Disinformation Co., New York (2004).

The Yes Men (2004): »Dow Does The Right Thing«, in: The Yes Men im November 2004, http://theyesmen.org/hijinks/bbcbhopal (24.03.2011).

The Yes Men (2008): »New York Times Special Edition«, in: The Yes Men im November 2008, http://theyesmen.org/hijinks/newyorktimes (25.03.2011).

The Yes Men (2009): »Chamber of Commerce Goes Green«, in: The Yes Men im Oktober 2009, http://theyesmen.org/hijinks/chamber (25.03.2011).

The Yes Men (2010): »Chevron's $50 Million Ad CampaignGets Flushed«, in: The Yes Men vom 19.10.2010, http://theyesmen.org/hijinks/chevron (25.03.2011).

The Yes Men (2011): »Latest Hijinks«, in: The Yes Men, http://theyesmen.org/hijinks (24.03.2011).

Tzara, Tristan (1998): Sieben Dada Manifeste, 4. erweiterte Auflage, Hamburg: Edition Nautilus.

Tzara, Tristan (1918): »Manifest Dada 1918«, in: Riha/Schäfer/Merte, DADA total, S. 35-45.

Tzara, Tristan (1966): »Chronique Zurichoise 1915-1919«, in: Huelsenbeck, DADA Almanach, S. 10-29.

Tzara, Tristan (1998a): »Dada Manifest über die schwache Liebe und die bittere Liebe«, in: Ders., Sieben Dada Manifeste, S. 79-102.

Tzara, Tristan (1998b): »Erinnerungen an Dada«, in: Ders., Sieben Dada Manifeste, S. 110-123.

Tzara, Tristan u.a. (1918): »Dadaistisches Manifest«, in: Riha/Schäfer/Merte, DADA total, S. 91-94.

Van Crefeld, Martin (2001): Die Zukunft des Krieges, 2. Auflage, München: Gerling Akademie Verlag.

Van den Berg, Hubert/Fähnders, Walter (2009): »Die künstlerische Avantgarde im 20. Jahrhundert – Einleitung«, in: Dies. (Hg.), Metzler Lexikon Avantgarde, Stuttgart/Weimar: Metzler, S. 1-19.

Vaneigem, Raoul (1980): Handbuch der Lebenskunst für die jungen Generationen, 3. Auflage, Hamburg: Edition Nautilus.

Vaneigem, Raoul (1963): »Basisbanalitäten (II)«, in: Situationistische Internationale 1958-1969. Gesammelte Ausgaben des Organs der Situationistischen Internationale, Deutsche Zweitausgabe, Band 1, Nr. 8 (1963), S. 306-321.

Varusschlacht (2009): »2000 Jahre Varusschlacht – ein Rückblick«, in: Varusschlacht im Osnabrücker Land GmbH – Museum und Park Kalkriese, http://www.kalkriese-varusschlacht.de/varusschlacht-2000-jahre-varusschlacht/veranstaltungshighlights/2000-jahre-varusschlacht-veranstaltungen.html (21.03.2011).

Viénet, René (1977): Wütende und Situationisten in der Bewegung der Besetzungen, Hamburg: Nautilus.

Viénet, René (1967): »Die Situationisten und die neuen Aktionsformen gegen Politik und Kunst«, in: Situationistische Internationale 1958-1969. Gesammelte

Ausgaben des Organs der Situationistischen Internationale, Deutsche Zweitausgabe, Band 2, Nr. 11 (1967), S. 180-184.

Vöhringer, Bernd (2004): Computergestützte Führung in Kommunalverwaltung und -politik. Steuerung mit New Public Management und Informationstechnologie, Wiesbaden: Deutscher Universitäts-Verlag.

Völlinger, Andreas (2010): Im Zeichen des Marktes. Culture Jamming, Kommunikationsguerilla und subkultureller Protest gegen die Logo-Welt der Konsumgesellschaft, Marburg: Tectum.

Vowe, Gerhard (2006): »Feldzüge um die öffentliche Meinung. Politische Kommunikation in Kampagnen am Beispiel von Brent Spar und Mururoa«, in: Röttger, PR-Kampagnen, S. 75-94.

Wacker, Bernd (Hg.): Dionysius DADA Areopagita. Hugo Ball und die Kritik der Moderne, Paderborn: Verlag Ferdinand Schöningh.

Wagner, Franz Josef (2011a): »Post von Wagner: Lieber Dr. zu Guttenberg«, in: Bild Online vom 17.02.2011, http://www.bild.de/news/standards/news/post-von-wagner-16015226.bild.html (26.03.2011).

Wagner, Wieland (2011b): »Peking fürchtet den Revolutionsfunken. Chinas Jasmin-Revolution«, in: SPIEGEL Online vom 27.02.2011, http://www.spiegel.de/politik/ausland/0,1518,747989,00.html (24.03.2011).

Weigel, Hans/Lukan, Walter/Peyfuss, Max D. (1983): Jeder Schuss ein Russ. Jeder Stoss ein Franzos. Literarische und graphische Kriegspropaganda in Deutschland und Österreich 1914-1918, Wien: Brandstätter.

Wieczorek, Wanda (2005): »Radioballett und Radiodemo. Zerstreuung im Zusammenhang«, in: Amann, go.stop.act!, S. 175-183.

Wiener, Norbert (1952): Mensch und Menschmaschine. Kybernetik und Gesellschaft, Frankfurt a. M.: Metzner.

Wiener, Norbert (1992): Kybernetik. Regelung und Nachrichtenübertragung im Lebewesen und in der Maschine, Düsseldorf: Econ.

Wolf, Andreas (1990): »Che Guevara. Die Strategie des ›foco‹ und ihr Scheitern in Bolivien«, in: Münkler, Der Partisan, S. 116-127.

Wood, Donna J./Logsdon, Jeanne M. (2001): »Theorising Business Citizenship«, in: Jörg Andriof/Malcolm McIntosh (Hg.), Perspectives on Corporate Citizenship, Sheffield: Greenleaf Publishing, S. 83-103.

Zerfaß, Ansgar (2010): »Controlling und Kommunikations-Controlling aus Sicht der Unternehmensführung: Grundlagen und Anwendungsbereiche«, in: Pfannenberg/Zerfaß, Wertschöpfung durch Kommunikation, S. 28-49.

Zerfaß, Ansgar/Pfannenberg, Jörg (2010): »Statt eines Vorworts: Die Entwicklung des strategischen Kommunikations-Controllings in Deutschland«, in: Pfannenberg/Zerfaß, Wertschöpfung durch Kommunikation, S. 7-14.

Zerr, Konrad (2003): »Guerilla Marketing in der Kommunikation – Kennzeichen, Mechanismen und Gefahren«, in: http://www.guerilla-marketing-portal.de/doks/pdf/Guerilla-Zerr.pdf (11.05.2009). Ebenfalls erschienen in: Uwe Kamenz

(Hg.) (2003), Applied Marketing. Anwendungsorientierte Marketingwissenschaft der deutschen Fachhochschulen, Berlin u. a.: Springer, S. 583-590.

Zweifel, Stefan/Steiner, Juri/Stahlhut, Heinz (Hg.): In girum imus nocte et consumimur igni. In Kreisen schweifen wir durch die Nacht und verzehren uns im Feuer – Die Situationistische Internationale (1957-1972), Hg. für Museum Tinguely, Zürich: Rignier Kunstverlag.

Dank

Das Buch basiert auf meiner im Jahr 2011 an der Universität Leipzig abgeschlossenen Dissertationsschrift. Im Verlauf ihrer Entstehung haben viele Menschen bewusst oder unbewusst Einfluss ausgeübt. Ohne sie wäre ich nicht auf die Idee zu dieser Arbeit gekommen, und sie wäre nicht zu diesem Ende geführt worden. Ihnen allen bin ich sehr dankbar.

Ich danke an erster Stelle meinem Doktorvater, Professor Ansgar Zerfaß (Universität Leipzig), sowie meinem Zweitbetreuer, Professor Ulrich Bröckling (Albert-Ludwigs-Universität Freiburg), die mich beide, wenngleich auf unterschiedliche Weise, sehr bei diesem Projekt unterstützt haben. Ihre Geduld, ihre Nachfragen, ihre Hinweise und ihre kritischen Kommentare, insbesondere aber ihr Beispiel waren Orientierung und wichtige Motivation zugleich.

Mein Dank gilt auch den Kolleg_innen aus den Doktorand_innenkolloquien meiner beiden Betreuer, allen voran Howard Nothhaft und Robert Feustel, die in zahlreichen Diskussionen und nach der Lektüre einzelner Kapitel wertvolle Hinweise gegeben haben. Besonders danke ich zudem Jens Hälterlein, der als beinahe täglicher Gesprächspartner in den letzten Monaten der Niederschrift und als kritischer Leser des gesamten Manuskripts einen großen Anteil am Gelingen des Unternehmens hat. Eine große Hilfe war zudem Anja Krause, die vor der Drucklegung den Text einer intensiven Korrektur unterzogen hat.

Wichtig in anderer Hinsicht waren meine Familie und einige Freund_innen. Während die Arbeit an diesem Buch einem anstrengenden Streifzug in zunächst sehr unsicherem Terrain glich, konnte ich mich, wenn nötig, immer zu euch zurückziehen und einfach »wie ein Fisch im Wasser« sein. Herzlichen Dank euch allen!

Kultur- und Medientheorie

Sabine Fabo, Melanie Kurz (Hg.)
Vielen Dank für Ihren Einkauf
Konsumkultur aus Sicht von Design,
Kunst und Medien

November 2012, 188 Seiten, kart.,
zahlr. z.T. farb. Abb., 19,80 €,
ISBN 978-3-8376-2170-9

Erika Fischer-Lichte, Kristiane Hasselmann,
Alma-Elisa Kittner (Hg.)
Kampf der Künste!
Kultur im Zeichen von Medienkonkurrenz
und Eventstrategien

April 2013, ca. 300 Seiten, kart., zahlr. Abb., ca. 28,80 €,
ISBN 978-3-89942-873-5

Sandro Gaycken (Hg.)
Jenseits von 1984
Datenschutz und Überwachung in
der fortgeschrittenen Informationsgesellschaft.
Eine Versachlichung

Januar 2013, ca. 170 Seiten, kart., ca. 19,80 €,
ISBN 978-3-8376-2003-0

Leseproben, weitere Informationen und Bestellmöglichkeiten
finden Sie unter www.transcript-verlag.de

Kultur- und Medientheorie

SVEN GRAMPP, JENS RUCHATZ
Die Fernsehserie
Eine medienwissenschaftliche Einführung

März 2013, ca. 200 Seiten, kart., ca. 16,80 €,
ISBN 978-3-8376-1755-9

ANNETTE JAEL LEHMANN,
PHILIP URSPRUNG (HG.)
Bild und Raum
Klassische Texte zu Spatial Turn
und Visual Culture

Juni 2013, ca. 300 Seiten, kart., ca. 29,80 €,
ISBN 978-3-8376-1431-2

RAMÓN REICHERT
Die Macht der Vielen
Über den neuen Kult der digitalen Vernetzung

April 2013, ca. 200 Seiten, kart., ca. 24,80 €,
ISBN 978-3-8376-2127-3

**Leseproben, weitere Informationen und Bestellmöglichkeiten
finden Sie unter www.transcript-verlag.de**

Kultur- und Medientheorie

VITTORIA BORSÒ,
MICHELE COMETA (HG.)
**Die Kunst, das Leben zu
»bewirtschaften«**
Biós zwischen Politik, Ökonomie
und Ästhetik
Aurora Rodonò
Januar 2013, ca. 300 Seiten, kart., ca. 29,80 €,
ISBN 978-3-8376-1756-6

VITTORIA BORSÒ (HG.)
**Wissen und Leben –
Wissen für das Leben**
Herausforderungen einer
affirmativen Biopolitik
Januar 2013, ca. 260 Seiten,
kart., ca. 29,80 €,
ISBN 978-3-8376-2160-0

UTA DAUR (HG.)
Authentizität und Wiederholung
Künstlerische und kulturelle
Manifestationen eines Paradoxes
Januar 2013, ca. 250 Seiten,
kart., zahlr. Abb., ca. 29,80 €,
ISBN 978-3-8376-1924-9

ÖZKAN EZLI, ANDREAS LANGENOHL,
VALENTIN RAUER,
CLAUDIA MARION VOIGTMANN (HG.)
**Die Integrationsdebatte zwischen
Assimilation und Diversität**
Grenzziehungen in Theorie, Kunst
und Gesellschaft
März 2013, ca. 260 Seiten, kart., ca. 28,80 €,
ISBN 978-3-8376-1888-4

URS HANGARTNER, FELIX KELLER,
DOROTHEA OECHSLIN (HG.)
Wissen durch Bilder
Sachcomics als Medien von Bildung
und Information
Januar 2013, ca. 260 Seiten, kart.,
zahlr. z.T. farb. Abb., ca. 29,80 €,
ISBN 978-3-8376-1983-6

MARKUS LEIBENATH,
STEFAN HEILAND,
HEIDEROSE KILPER,
SABINE TZSCHASCHEL (HG.)
Wie werden Landschaften gemacht?
Sozialwissenschaftliche Perspektiven
auf die Konstituierung
von Kulturlandschaften
März 2013, ca. 200 Seiten, kart., ca. 26,80 €,
ISBN 978-3-8376-1994-2

CLAUDIA MAREIS, MATTHIAS HELD,
GESCHE JOOST (HG.)
Wer gestaltet die Gestaltung?
Praxis, Theorie und Geschichte
des partizipatorischen Designs
März 2013, ca. 300 Seiten, kart.,
zahlr. z.T. farb. Abb., ca. 29,80 €,
ISBN 978-3-8376-2038-2

TOBIAS NANZ, JOHANNES PAUSE (HG.)
Politiken des Ereignisses
Mediale Formierungen von
Vergangenheit und Zukunft
Juli 2013, ca. 300 Seiten, kart.,
zahlr. Abb., ca. 29,80 €,
ISBN 978-3-8376-1993-5

MARION PICKER, VÉRONIQUE
MALEVAL, FLORENT GABAUDE (HG.)
Die Zukunft der Kartographie
Neue und nicht so neue
epistemologische Krisen
Januar 2013, ca. 330 Seiten,
kart., zahlr. Abb., ca. 29,80 €,
ISBN 978-3-8376-1795-5

**Leseproben, weitere Informationen und Bestellmöglichkeiten
finden Sie unter www.transcript-verlag.de**

Zeitschrift für Kulturwissenschaften

Dorothee Kimmich,
Schamma Schahadat (Hg.)

Essen

Zeitschrift für
Kulturwissenschaften,
Heft 1/2012

Mai 2012, 202 Seiten,
kart., 8,50 €,
ISBN 978-3-8376-2023-8

■ Der Befund zu aktuellen Konzepten kulturwissenschaftlicher Analyse und Synthese ist ambivalent. Die **Zeitschrift für Kulturwissenschaften** bietet eine Plattform für Diskussion und Kontroverse über »Kultur« und die Kulturwissenschaften – die Gegenwart braucht mehr denn je reflektierte Kultur sowie historisch situiertes und sozial verantwortetes Wissen. Aus den Einzelwissenschaften heraus wird mit interdisziplinären Forschungsansätzen diskutiert. Insbesondere jüngere Wissenschaftler und Wissenschaftlerinnen kommen dabei zu Wort.

Lust auf mehr?
Die **Zeitschrift für Kulturwissenschaften** erscheint zweimal jährlich in Themenheften. Bisher liegen 11 Ausgaben vor.
Die **Zeitschrift für Kulturwissenschaften** kann auch im Abonnement für den Preis von 8,50 € je Ausgabe bezogen werden.
Bestellung per E-Mail unter: bestellung.zfk@transcript-verlag.de

www.transcript-verlag.de